CHRISTIAN STORCK

Nationale und europäische
Beschäftigungssubventionen an Unternehmen

D1726260

Herrn Prof. Karel Lute
für die angenehme Zusammenarbeit
und die kritische Begleitung
dieser Arbeit

Christian Storck

Frankfurt, den 21.10.2001

Schriften zum Europäischen Recht

Herausgegeben von

Siegfried Magiera und Detlef Merten

Band 79

Nationale und europäische Beschäftigungssubventionen an Unternehmen

Eine Untersuchung des Förderrechtsrahmens
in den neuen Bundesländern am Maßstab
der Zweck-Mittel-Analyse

Von

Christian Storck

Duncker & Humblot · Berlin

Die Deutsche Bibliothek – CIP-Einheitsaufnahme

Storck, Christian:
Nationale und europäische Beschäftigungssubventionen an Unternehmen :
eine Untersuchung des Förderrechtsrahmens in den neuen Bundesländern
am Maßstab der Zweck-Mittel-Analyse / Christian Storck. –
Berlin : Duncker und Humblot, 2001
  (Schriften zum europäischen Recht ; Bd. 79)
  Zugl.: Heidelberg, Univ., Diss., 1999
  ISBN 3-428-10292-4

D 16

Fremddatenübernahme und Druck:
Berliner Buchdruckerei Union GmbH, Berlin
Printed in Germany

ISSN 0937-6305
ISBN 3-428-10292-4

Gedruckt auf alterungsbeständigem (säurefreiem) Papier
entsprechend ISO 9706 ♾

Meinen Eltern & Christiane

„Wir wissen nur eines über die Zukunft – sie wird nicht wie die Gegenwart aussehen."

Jorge Luis Borges, argentinischer Schriftsteller

Vorwort

Mein besonderer Dank gilt Prof. Haverkate, der die Arbeit wesentlich unterstützt und gefördert hat. Durch die anregenden Diskussionen und offenen Gespräche wurde die Arbeit kritisch, fruchtbar und wohlwollend begleitet.

Daneben möchte ich auch Prof. Schmidt-Aßmann für die zügige Zweitkorrektur der Arbeit bedanken. Den Herausgebern dieser Schriftenreihe, Prof. Magiera und Prof. Merten, möchte ich danken, dass diese Arbeit in dieser renommierten Reihe erscheinen darf.

Für die Aufnahme in das Graduiertenkolleg „Unternehmensorganisation und unternehmerisches Handeln nach deutschem, europäischem und internationalem Recht" der juristischen Fakultät der Ruprechts-Karls-Universität Heidelberg gilt mein Dank den Kollegleitern, insbesondere dem Sprecher des Kollegs, Prof. Hommelhoff. Daneben ermöglichte die Deutsche Forschungsgemeinschaft durch ein großzügiges Stipendium ein konzentriertes und zügiges Arbeiten.

Im Austausch mit dem Kollegiaten erhielt ich zudem Anregung und Unterstützung durch Herrn Bottenschein, Herrn Dr. Cannivé, Herrn Dr. Bormann, Frau Dr. Roider sowie Frau Saßmann. Danken möchte ich auch den Wirtschaftsministerien der Länder Mecklenburg-Vorpommern, Sachsen, Sachsen-Anhalt, Brandenburg, Berlin und Thüringen für die vielfältige Unterstützung. Bei der Korrektur und Erstellung des Manuskripts waren mir Frau Ulrike Specht, Herr Horwedel, Herr Schmidt und Herr Veith behilflich. Ihnen sowie Herrn Dr. Geißler für die langjährige Zusammenarbeit habe ich zu danken.

Rechtsprechung und Literatur konnten bis Frühjahr 2000 berücksichtigt werden.

Heidelberg, Dezember 2000   *Christian Storck*

Inhaltsübersicht

Problemstellung und Gang der Untersuchung

4. Teil

Perspektiven eines Ordnungsrahmens   397

Inhaltsverzeichnis

3. Teil

Europäische Beschäftigungssubventionen   290

4. Teil

Perspektiven eines Ordnungsrahmens 397

Abkürzungsverzeichnis

a.A.	anderer Ansicht
a.F.	alter Fassung
ABl. SA	Amtsblatt des Landes Sachsen
ABl.	Amtsblatt der Europäischen Gemeinschaft
ABM	Arbeitsbeschaffungsmaßnahme
Abs.	Absatz
AFG	Arbeitsförderungsgesetz
AFRG	Arbeitsförderungsreformgesetz
AG	Aktiengesellschaft
ANBA	Amtliche Nachrichten der Bundesanstalt für Arbeit
Anm.	Anmerkung
AO	Anordnung
AöR	Archiv des öffentlichen Rechts
AQMV	Arbeit und Qualifizierung für Mecklenburg-Vorpommern
ArbuR	Arbeit und Recht
Art.	Artikel
AuB	Arbeit und Beruf
AusBer	Ausschussbericht
AusglBankG	Ausgleichsbankgesetz
BAnz	Bundesanzeiger
BArbBl	Bundesarbeitsblatt
BayVBl	Bayrische Verwaltungsblätter
BB	Betriebsberater
BBB	Bürgschaftsbank zu Berlin-Brandenburg
Bd.	Band
BDI	Bundesverband der Deutschen Industrie
BeitrAB	Beiträge zur Arbeitsmarkt- und Berufsforschung
BetrVG	Betriebsverfassungsgesetz
BGB	Bürgerliches Gesetzbuch
BGBl. I bzw. II	Bundesgesetzblatt Teil I bzw. Teil II
BHO	Bundeshaushaltsordnung
BIP	Bruttoinlandsprodukt
BlStSozArbR	Blätter für Steuerrecht, Sozialversicherung und Arbeitsrecht
BMWi	Bundesministerium für Wirtschaft
BR	Bundesrat

BRD	Bundesrepublik Deutschland
BRHG	Bundesrechnungshofgesetz
BSG, BSGE	Bundessozialgericht, Sammlung der Entscheidungen
BT	Besonderer Teil
BT	Bundestag
Bull. EG	Bulletin der Europäischen Gemeinschaft
Bull. EU	Bulletin der Europäischen Union
BVerfG, BVerfGE	Bundesverfassungsgericht, Sammlung der Entscheidungen
BVerfGG	Bundesverfassungsgerichtsgesetz
BVerwG, BVerwGE	Bundesverwaltungsgericht, Sammlung der Entscheidungen
bzw.	beziehungsweise
CEE	Communauté économique européenne
d. h.	das heißt
DB	Der Betrieb
DDR	Deutsche Demokratische Republik
ders.	derselbe
DGB	Deutscher Gewerkschaftsbund
DIHT	Deutscher Industrie- und Handelstag
DIW	Deutsches Institut für Wirtschaftsforschung
DJT	Deutscher Juristentag
DM	Deutsche Mark
DÖV	Die Öffentliche Verwaltung
DSM	Dispute Settlement Mechanism
DStR	Deutsches Steuerrecht
DtA	Deutsche Ausgleichsbank
DVBl	Deutsches Verwaltungsblatt
e.V.	eingetragener Verein
EAG	Europäische Atomgemeinschaft
EAGFL	Europäischer Ausrichtungs- und Garantiefonds für die Landwirtschaft
ect.	et cetera
ECU	European Currency Unit
EEA	Einheitliche Europäische Akte
EEC	European Economic Community
EEF	Europäischer Entwicklungsfonds
EFRE	Europäischer Fonds für regionale Entwicklung
EFZW	Europäischer Fonds für währungspolitische Zusammenarbeit
EG	Europäische Gemeinschaft
EGKS	Europäische Gemeinschaft für Kohle und Stahl
EGKSV	Vertrag zur Gründung der Gemeinschaft für Kohle und Stahl
EGV	Vertrag zur Gründung der Europäischen Gemeinschaft
EIB	Europäische Investitionsbank

EIF	Europäischer Investitionsfonds
EKH-Programm	Eigenkapitalhilfeprogramm
ELR	European Law Review
EMRK	Europäische Menschenrechtskonvention
ERP	European Recovery Program
ESF	Europäischer Sozialfonds
EStG	Einkommensteuergesetz
et al.	et allii
EU	Europäische Union
EuGH	Gerichtshof der Europäischen Gemeinschaften
EuGRZ	Europäische Grundrechtezeitschrift
EUR	Euro
EuR	Europarecht
EUV	Vertrag zur Gründung der Europäischen Gemeinschaft
EuZW	Europäische Zeitschrift für Wirtschaftsrecht
EWG	Europäische Wirtschaftsgemeinschaft
EWGV	Vertrag zur Gründung der Europäischen Wirtschaftsgemeinschaft
EWS	Europäisches Wirtschafts- und Steuerrecht
FAZ	Frankfurter Allgemeine Zeitung
ff.	fortfolgende (Seite, Artikel)
FIAF	Fonds für die Ausrichtung der Fischerei
FinArch	Finanzarchiv
FördG	Fördergebietsgesetz
FR	Finanzrundschau
FuE	Forschung und Entwicklung
GA	Gemeinschaftsaufgabe „Verbesserung der regionalen Wirtschafts-struktur"
GA	Generalanwalt
GATS	General Agreement on Trade in Services
GATT	General Agreement on Tariffs and Trade
gem.	gemäß
GewArch	Gewerbearchiv
GFK	Gemeinschaftliches Förderkonzept
GG	Grundgesetz
GmbH	Gesellschaft mit beschränkter Haftung
GRW	Gesetz über die GA
GVBl.	Gesetzes- und Verordnungsblatt
h.M.	herrschende Meinung
HGrG	Gesetz über die Grundsätze des Haushaltrechts
Hrsg.	Herausgeber
i. S. d.	im Sinne des
i.V.m.	in Verbindung mit

InvZulG	Investitionszulagengesetz
JA	Juristische Arbeitsblätter
JCM Studies	Journal of Common Market Studies
JöR	Jahrbuch des öffentlichen Rechts
JuS	Juristische Schulung
JZ	Juristenzeitung
KD	Konsolidierungsdarlehen
KfW	Kreditanstalt für Wiederaufbau
KfW-G	Gesetz über die Kreditanstalt für Wiederaufbau
KfZ	Kraftfahrzeug
KMU	kleine und mittlere Unternehmen
KOM	Dokumente der Europäischen Kommission
KSE	Kölner Schriftenreihe zum Europarecht
KStG	Körperschaftsteuergesetz
LHO	Landeshaushaltsordnung
LIP	Landesinvestitionsprogramm für den Mittelstand
lit.	litera
LVerf	Landesverfassung
MBl. LSA	Ministerialblatt des Landes Sachsen-Anhalt
MFG	Mittelstandsförderungsgesetz (Sachsen-Anhalt)
MfG	Mittelstandsförderungsgesetz (Thüringen)
Mio.	Millionen
Mrd.	Milliarden
n.F.	neue Fassung
NJW	Neue Juristische Wochenzeitschrift
Nr.	Nummer
NVwZ	Neue Zeitschrift für Verwaltungsrecht
NZA	Neue Zeitschrift für Arbeitsrecht
NZS	Neue Zeitschrift für Sozialrecht
OCED	Organisation for Economic Cooperation and Development
OLG	Oberlandesgericht
PersV	Die Personalvertretung
PGI	Programm im Rahmen einer Gemeinschaftsinitiative
RabelsZ	Rabels Zeitschrift für ausländisches und internationales Privatrecht
RAE	Revue des Affaires Européenes
RdA	Recht der Arbeit
Rdnr.	Randnummer
RegE	Regierungsentwurf
RevMC	Revue du Marché Commune
RGBl.	Reichsgesetzblatt
RIW	Recht der internationalen Wirtschaft
S.	Satz

S.	Seite
SäHO	Sächsische Haushaltsordnung
SAM	Strukturanpassungsmaßnahme
SDSRV	Schriftenreihe des deutschen Sozialrechtsverbandes
SF	Sozialer Fortschritt
SGB I	Sozialgesetzbuch, erstes Buch – Allgemeiner Teil
SGB III	Sozialgesetzbuch, drittes Buch – Arbeitsförderung
SGB IV	Sozialgesetzbuch, viertes Buch – Gemeinsame Vorschriften
SGB X	Sozialgesetzbuch, zehntes Buch – Verwaltungsverfahren
SGG	Sozialgerichtsgesetz
Slg.	Amtliche Sammlung der Entscheidungen des Gerichtshofs / Gericht 1. Instanz
SozR	Sammlung von höchstrichterlichen Entscheidungen zum Sozialrecht
SozSich	Soziale Sicherheit
SRH	Sozialrechtshandbuch
st. Rspr.	Ständige Rechtsprechung
StGB	Strafgesetzbuch
StuW	Steuer und Wirtschaft
StWG	Gesetz zur Förderung der Stabilität und des Wachstums der Wirtschaft
ThürVwVfG	Thüringisches Verwaltungsverfahrensgesetz
TRIPS	Agreement on Trade-Related Aspects of Intellectual Property
Tz.	Teilziffer
UAbs.	Unterabsatz
US	United States
USA	United States of America
usw.	und so weiter
v.	von
VerwArch	Verwaltungsarchiv
vgl.	vergleiche
VIZ	Zeitschrift für Vermögens- und Investitionsrecht
VO	Verordnung
VVDStRL	Veröffentlichungen der Vereinigung der Deutschen Staatsrechtslehrer
VW	Volkswagen
VwVfG	Verwaltungsverfahrensgesetz
WiR	Wirtschaftsrecht
WiSt	Wirtschaftswissenschaftliches Studium
Wisu	Das Wirtschaftsstudium
WSI-Mitteilungen	Zeitschrift des wirtschafts- und sozialwissenschaftlichen Instituts des DGB
WTO	World Trade Organisation

WuV	Wirtschaft und Verwaltung
z. B.	zum Beispiel
ZaöRV	Zeitschrift für ausländisches öffentliches Recht und Völkerrecht
ZFRG	Gesetz zur Förderung des Zonenrandgebietes
ZfS	Zentralblatt für Sozialversicherung (Sozialhilfe und Versorgung)
ZfSH / SGB	Zeitschrift für Sozialhilfe / Sozialgesetzbuch
ZfZ	Zeitschrift für Zölle und Verbrauchssteuern
ZHR	Zeitschrift für das gesamte Handels- und Wirtschaftsrecht
Ziff.	Ziffer
ZögU	Zeitschrift für öffentliche und gemeinwirtschaftliche Unternehmen
ZRP	Zeitschrift für Rechtspolitik

Problemstellung und Gang der Untersuchung

Kennzeichnend für das Subventionsrecht ist dessen Uferlosigkeit. Die Ziele sind vielfältig, die Strukturen wenig transparent, rechtliche Kontrollmaßstäbe gibt es kaum. Was gefördert, wie gefördert und wer gefördert wird, entzieht sich meist dem Betrachter. Daraus lässt sich schlussfolgern, dass diese Unfassbarkeit geradezu ein Wesensmerkmal von Subventionen darstellt, eine Transparenz rechtlich weder gefordert noch hergestellt werden kann. Zusammenfassend spricht man vom sogenannten Subventionsdschungel. In einer Vielzahl von Untersuchungen zum Subventionsrecht wird die Unfassbarkeit von Subventionen immer wieder als Hauptmangel dieses Rechtsgebiets erkannt. Indes wurde bislang kaum der Versuch unternommen, diesen Mangel auch konkret nachzuweisen, vielmehr wird dieser als vorgegeben betrachtet. Dabei ist der konkrete Nachweis der Defizite des Subventionsrechts die Voraussetzung zur Entwicklung neuer Ordnungsstrategien, die zu einer erhöhten Fassbarkeit von Subventionen führen sollen.

Hauptgrund für die Unfassbarkeit von Subventionen stellt die Unbestimmtheit der Förderzwecke dar. Das Ziel von Subventionen wird meist unzureichend benannt oder verliert sich in allgemeinen Formulierungen. Dabei bildet der Förderzweck das wichtigste Element jedweder Subvention. Allein über den Förderzweck lassen sich Subventionen verfassungsrechtlich rechtfertigen. Erst mit der Benennung des Förderzwecks wird die Zielrichtung einer Subvention deutlich. Das gesamte Verhalten der Beteiligten richtet sich am Förderzweck aus. Über den Förderzweck lässt sich eine Koordination verschiedener Förderprogramme erreichen. Auch eine nachträgliche Kontrolle kann allein anhand des Förderzwecks erfolgen. Folglich steht und fällt mit der Bestimmtheit des Förderzwecks die Fassbarkeit von Subventionen. Daher wird die Frage nach der ausreichenden Bestimmtheit des Förderzwecks im Mittelpunkt der Untersuchung stehen.

Über Subventionen lassen sich nun eine Reihe von Förderzwecken verfolgen, so etwa im Kultur-, Sport-, Wirtschafts-, Industrie-, Forschungs-, Umwelt-, Bildungs- oder Landwirtschaftsbereich. Die Rechtsstrukturen sind dabei im wesentlichen vergleichbar, lediglich einzelne Detailfragen sind den Besonderheiten des jeweiligen Förderbereichs angepasst. Die vorliegende Untersuchung greift aus diesem Spektrum möglicher Zielrichtungen den Bereich der Beschäftigungssubventionen heraus. Durch diese wird das Ziel verfolgt, Arbeitsplätze zu schaffen bzw. zu erhalten. Gerade der Bereich der Beschäftigungsförderung kann dabei als ein sich rasant weiterentwickelndes Teilgebiet angesehen werden. So sind in Deutschland nach wie vor über 4 Millionen Menschen ohne Arbeit. Die Massenarbeitslosigkeit gilt derzeit als das drängendste Problem, das einer zwingenden Lösung bedarf. Hauptinstrument von staatlicher Seite bilden dabei Beschäftigungssubventionen, über die Arbeitsplätze teilfinanziert bzw. Investitionen in neue Arbeitsplätze angestoßen werden sollen. Der gesamte Bereich der aktiven Arbeitsmarktpolitik sowie der allgemeinen Wirtschaftsförderung ist dabei auf das Ziel einer Erhöhung der Beschäftigung ausgerichtet. Folglich bietet sich der Bereich der Beschäftigungssubventionierung an, um die Bestimmtheit der Förderzwecke zu untersuchen und den Subventionsdschungel zu lichten.

Ein Großteil der Beschäftigungssubventionen fließt dabei in die fünf neuen Bundesländer. Auch zehn Jahre nach der deutschen Einheit sind die wirtschaftlichen Folgen der Planwirtschaft nicht beseitigt, der Transformationsprozess nicht vollständig abgeschlossen. Gerade in den neuen Bundesländern zeigen sich die Beschäftigungsprobleme am deutlichsten. Demnach lässt sich dort nach wie vor eine verstärkte Subventionstätigkeit erkennen, ohne die die wirtschaftlichen Probleme in noch viel stärkerem Maße in Erscheinung treten würden. In den neuen Bundesländern ist das Subventionssystem daher äußerst facettenreich ausgestaltet, so dass sich für den Bereich der Beschäftigungssubventionen ein Blick in die neuen Bundesländer lohnt. Aber nicht nur die nationale Ebene unternimmt eine Reihe von Anstrengungen zur Bekämpfung der Massenarbeitslosigkeit, die inzwischen als ein europäisches Problem betrachtet wird. So finden auch auf europäischer Ebene eine Reihe von Förderaktivitäten im Bereich der Beschäftigungsförderung statt. Vor allem die europäischen Strukturfonds verpflichten sich immer stärker dem Ziel, eine Erhöhung der Beschäftigung zu erreichen. Vor dem aktuellen Hintergrund der Reform der Strukturfonds im Rahmen der AGENDA 2000 und der neuen Programmierungsphase für die neue Förderperiode 2000 – 2006 ist es daher angebracht, die Betrachtungen um die europäische Dimension zu erweitern.

Insgesamt steht damit ein aktuelles Teilgebiet des Subventionsrechts auf dem Prüfstand: Der Förderrechtsrahmen für nationale und europäische Beschäftigungssubventionen. Zunächst werden im *1. Teil* die dogmatischen Grundlagen der Untersuchung gelegt. Der Maßstab der Zweck-Mittel-Analyse kann dabei aus dem Verfassungsrecht entwickelt werden und ist insbesondere vor dem Hintergrund des effektiven Grundrechtsschutzes zu sehen. Der Maßstab umfasst insgesamt sechs Kriterien, anhand denen der Förderrechtsrahmen für Beschäftigungssubventionen bewertet werden kann. Im Mittelpunkt der Zweck-Mittel-Analyse steht dabei die Bestimmtheit des Förderzwecks.

Dieser Maßstab soll im *2. Teil* auf den Bereich der nationalen Beschäftigungssubventionen angewandt werden. Hierbei werden zunächst die unmittelbaren Beschäftigungssubventionen, die vornehmlich im SGB III geregelt sind, im Blickpunkt der Analyse stehen. Zu nennen sind hier vor allem Arbeitsbeschaffungs-, Strukturanpassungsmaßnahmen und Eingliederungszuschüsse. Im weiteren Verlauf werden dann mittelbare Beschäftigungssubventionen einer Prüfung unterzogen. Darunter fallen sämtliche Maßnahmen der Wirtschaftsförderung mit beschäftigungswirksamem Charakter. Insbesondere die Förderung aus dem ERP-Sondervermögen, die Förderung durch die Kreditanstalt für Wiederaufbau bzw. die Deutsche Ausgleichsbank, die Schiffsbauförderung, die steuerliche Förderung, die Regionalförderung im Rahmen der Gemeinschaftsaufgabe „Verbesserung der regionalen Wirtschaftsstruktur" sowie landesspezifische Fördermaßnahmen werden die weiteren Betrachtungen bestimmen. Die einzelnen Förderprogramme werden hierbei einzeln am Maßstab der Zweck-Mittel-Analyse gemessen, etwaige Defizite herausgestellt und Lösungsansätze aufgezeigt.

Mit dem *3. Teil* soll dann die nationale Förderrechtsebene verlassen und der Bereich der europäischen Beschäftigungssubventionen ins Blickfeld genommen werden. Hier hat sich mit den europäischen Strukturfonds ein eigenständiger Förderrechtsrahmen entwickelt, der ebenfalls am Maßstab der Zweck-Mittel-Analyse bewertet wird. Daneben soll auch die Fördertätigkeit der Europäischen Investitionsbank analysiert werden. Schließlich gilt es auch auf europäischer Ebene ein Reformkonzept anzudenken, das etwaige Mängel zu verhindern weiß. Insbesondere die europäische Beschäftigungsstrategie zeigt hierbei neue Perspektiven einer europäischen Beschäftigungssubventionierung auf.

Ausgehend von dem Befund der bisherigen Untersuchung sollen im *4. Teil* Perspektiven einer Weiterentwicklung des Ordnungsrahmens für Beschäftigungssubventionen entwickelt werden. Die Zweck-Mittel-Analyse hat gezeigt, dass der Förderrechtsrahmen insgesamt den Anforderungen nur unzureichend genügt. Um zukünftig eine Einhaltung der erstellten Kriterien zu erreichen, gilt es den Maßstab der Zweck-Mittel-Analyse in ein aufsichtsrechtliches Kontrollsystem zu integrieren. Hierbei bietet sich die europäische Beihilfenkontrolle an, die als europäische Subventionsaufsicht nach den Art. 87 ff. EGV nationale Förderprogramme auf ihre Vereinbarkeit mit dem Gemeinsamen Markt hin überprüft. In dieses Beihilfenkontrollsystem lässt sich der Maßstab der Zweck-Mittel-Analyse durchaus integrieren, so dass über eine aufsichtsrechtliche Prüfung die Einhaltung desselben erreicht wird. Aufgrund kompetenzrechtlicher Lücken der europäischen Beihilfenkontrolle unterfallen nicht sämtliche Beschäftigungssubventionen der europäischen Subventionsaufsicht. Folglich ist die europäische Beihilfenkontrolle dergestalt zu ergänzen, dass ein lückenloses Aufsichtssystem errichtet wird, das die Einhaltung der Kriterien der Zweck-Mittel-Analyse gewährleistet.

3*

1. Teil

Dogmatische Grundlagen

In diesem ersten Teil sollen die dogmatischen Grundlagen der weiteren Untersuchung gelegt werden. Ziel ist es, vor einem verfassungsrechtlichen Hintergrund einen Maßstab zu entwickeln, anhand dessen Subventionen fassbarer gemacht werden können und eine ausreichende Bestimmtheit der Förderzwecke erreicht wird. Hierzu gilt es ein Anforderungsprofil herauszuarbeiten, den Maßstab der Zweck-Mittel-Analyse. Dieser soll sodann an den Förderrechtsrahmen für Beschäftigungssubventionen angelegt werden.

A. Beschäftigungssubventionen als Untersuchungsgegenstand

Im Mittelpunkt einer Überprüfung der rechtlichen Förderstruktur am Maßstab der Zweck-Mittel-Analyse steht dabei das Recht der nationalen und europäischen Beschäftigungssubventionen. Damit beschränkt sich der Untersuchungsgegenstand auf einen speziellen Bereich des Subventionsrechts, den es im Folgenden genau festzulegen gilt. Ausgangspunkt ist dabei zunächst ein allgemeiner Subventionsbegriff, vor dessen Hintergrund dann der spezielle Begriff der Beschäftigungssubvention entwickelt werden soll. Bei der Festlegung des Untersuchungsgegenstandes wird sowohl die nationale als auch die europäische Ebene zu betrachten sein.

I. Allgemeiner Subventionsbegriff

Subventionen lassen sich allgemein als vermögenswerte Leistungen des Staates oder eines anderen Verwaltungsträgers an einen Subventionsempfänger zur Förderung eines im öffentlichen Interesse liegenden Zwecks bezeichnen[1]. Die Leistung erfolgt ohne marktmäßige Gegenleistung, jedoch ist sie Mittel zur Erreichung eines Zwecks, der ohne die Subvention nicht erreicht werden würde[2]. Unter diese Defi-

---

[1] BVerwG in NJW 1959, 1098 ff.

[2] *Bleckmann,* Gutachten zum Thema „Ordnungsrahmen für das Recht der Subventionen", in: Ständige Deputation des DJT (Hrsg.), Verhandlungen des 55. DJT, Bd. I, S. D8 ff.; *Bleck-*

nition können nun eine Vielzahl von staatlichen Zuwendungen unterschiedlichster Zielrichtung subsumiert werden, mit der Folge, dass zwar einheitliche Betrachtungen möglich sind, die Eigenarten einzelner Subventionsfelder indes keine hinreichende Berücksichtigung finden.

Vor diesem Hintergrund ist in Literatur[3] und Rechtsprechung[4] die Diskussion über eine genaue Begriffsbestimmung zu sehen. Das Ringen um inhaltliche Schärfe des Subventionsbegriffes ist dabei nicht bloßer Selbstzweck der wissenschaftlichen Diskussion. Vielmehr ergibt sich diese zum einen aus den unterschiedlichen Problemansätzen der Abhandlungen, die dabei jeweils eigene Schwerpunkte in die Subventionsdefinition legen[5], zum anderen ist man bestrebt, durch die Begriffsbildung Konturen für die dann folgenden diffusen Probleme des Subventionsrechts zu erhalten. Damit haben diese Definitionsversuche durchaus ihre Berechtigung. So kann es bei der Einordnung von Steuerbefreiungen, Realleistungen an Unternehmen als Anreiz zur Industrieansiedlung oder der Befreiung von parafiskalischen Abgaben problematisch sein, die entwickelten Grundsätze des Subventionsrechts zur Anwendung kommen zu lassen. Allerdings haben diese Abhandlungen nach wie vor nicht zu einem einheitlichen und allgemein anerkannten Subventionsbegriff geführt[6]. Neben diese Schwierigkeiten bei der Bestimmung eines geeigneten nationalen Terminus tritt schließlich noch das europäische Begriffsverständnis. Dieses geht dabei weniger vom Begriff der Subvention als vom Begriff der Beihilfe aus, wie er in den Art. 36 UAbs. 2, Art. 73 und Art. 87 ff. EGV[7] seine Anwen-

---

mann, Subventionsrecht, S. 9 ff.; *Haverkate,* Subventionsrecht, in: Schmidt, Reiner (Hrsg.), Öffentliches Wirtschaftsrecht BT1, § 4 Rdnr. 3.

[3] *Andresen,* Die Anfechtungsklage des nichtsubventionierten Konkurrenten, S. 16; *Badura,* Wirtschaftsverwaltungsrecht, in: Schmidt-Aßmann (Hrsg.), Besonderes Verwaltungsrecht, 3.Abschnitt Rdnr. 82; *Bleckmann,* Gutachten zum Thema „Ordnungsrahmen für das Recht der Subventionen", in: Ständige Deputation des DJT (Hrsg.), Verhandlungen des 55. DJT, Bd. I, S. D8 ff.; *Flaig,* Subventionsrecht, in: Klein (Hrsg.), Öffentliches Finanzrecht, VI. Kapitel Rdnr. 14 ff.; *Grosser,* Die Spannungslage zwischen Verfassungsrecht und Verfassungswirklichkeit bei Vergabe von staatlichen Wirtschaftssubventionen durch die öffentliche Hand, S. 26 ff.; *Hoischen,* Die Beihilferegelung in Artikel 92 EWGV, S. 19 ff.; *Jakobs,* Michael Ch., Rechtsfragen des Subventionswesens, BayVBl 1985, 353; *Oldiges,* Richtlinien als Ordnungsrahmen der Subventionsverwaltung, NJW 1984, 1927; *Stern,* Rechtsfragen der öffentlichen Subventionierung Privater, JZ 1960, 518 ff.; *Stober,* Handbuch des Wirtschaftsverwaltungs- und Umweltrechts, § 110 II, S. 1221 ff.; *Stober,* Besonderes Wirtschaftsverwaltungsrecht, § 59 III 1; *Tettinger,* Verwaltungsgerichtliche Kontrollmaßstäbe im Subventionsrecht, GewArch 1981, 105 ff.; *Zacher,* Verwaltung durch Subventionen, VVDStRL 1967, 317.

[4] BVerfGE 17, 210 (216); BVerwG in BB 1959, 390; BGH in NJW 1959, 1429.

[5] *Bleckmann,* Gutachten zum Thema „Ordnungsrahmen für das Recht der Subventionen", in: Ständige Deputation des DJT (Hrsg.), Verhandlungen des 55. DJT, Bd. I, S. D9; *Ipsen,* Subventionen, in: Isensee / Kirchhof (Hrsg.), Handbuch des Staatsrechts IV, § 92 Rdnr. 1 ff.

[6] Auch die Legaldefinition in § 264 Abs. 6 StGB wird man für das Öffentliche Recht nicht nutzbar machen können, da die Norm lediglich auf den strafrechtlichen Bereich zugeschnitten ist. Eine allgemeingültige Definition lässt sich daraus nicht herleiten.

[7] Der Untersuchung wird im folgenden der Vertrag zur Gründung der Europäischen Gemeinschaft vom 25. 3. 1957 in der konsolidierten Fassung mit den Änderungen durch den

dung findet. Indes bietet auch das europäische Recht keine Legaldefinition des Beihilfebegriffs. Demnach wird nach der Rechtsprechung des Europäischen Gerichtshofes eine Beihilfe in einer Vergünstigung durch Bevorzugung bestimmter Unternehmen oder Produktionszweige oder der Zuwendung eines unentgeltlichen Vorteils an Private gesehen[8]. Die Europäische Kommission[9] hat überdies im Rahmen der Beihilfenkontrolle eine nahezu unüberschaubare Kasuistik zum Beihilfenbegriff ausgebildet[10]. Im wesentlichen hat sich dabei ein am Einzelfall orientierter Beihilfebegriff entwickelt, der bei abstrakter Betrachtung weitgehend konturlos bleibt.

Angesichts dieser Definitionsschwierigkeiten und des Facettenreichtums verschiedenster Fallgestaltungen im nationalen und europäischen Subventionsrecht scheint die Formulierung eines allgemeinen Subventionsbegriffs ein nahezu hoffnungsloses Unterfangen darzustellen[11]. Vor diesem Hintergrund lässt sich daher durchaus die Frage aufwerfen, ob ein allgemeiner Subventionsbegriff überhaupt anzustreben ist. Dies ist insbesondere dann zu bejahen, wenn durch eine einheitliche Definition Sachverhalte zusammengefasst, Probleme prägnanter aufgezeigt und Lösungen vereinheitlicht werden können. Unterschiedliche Definitionsansätze gewinnen an Bedeutung, wenn Theorien, methodologisch verschiedenartige Ansätze oder Untersuchungsergebnisse miteinander verglichen werden[12]. Hierbei ist ein am Untersuchungsgegenstand orientierter Subventionsbegriff zu entwickeln. Ziel muss es sein, durch etwaige Konkretisierungen, Abgrenzungen und Nuancierungen des Subventionsbegriffs die Argumentationslinie von Detailfragen einzelner Subventionsbereiche zu entlasten. Demgegenüber ist der Subventionsbegriff möglichst weit zu fassen, um alle Grundprobleme berücksichtigen und pointiert aufzeigen zu können. Nur dann lässt sich aus einer Begriffskonkretisierung etwas

---

Vertrag von Amsterdam vom 2. 10. 1997 (CONF/4005/97 ADD 2) zugrundegelegt; dieser trat am 1.Mai 1999 in Kraft – vgl. zu den Auswirkungen des Inkrafttretens die Mitteilung der Europäischen Kommission, KOM (1999) 581 vom 1. 5. 1999.

[8] EuGH – De Gezamenlijke Steenkolenmijnen/Hohe Behörde der EGKS, 30/59 – Slg. 1961, 7 (42 ff.); EuGH – Italien/Kommission, 173/73 – Slg. 1974, 709 (718); EuGH – Steinike und Weinlig/Deutschland, 78/76 – Slg. 1977, 597 (612 und 613); EuGH – Griechenland/Kommission, 57/86 – Slg. 1988, 2869 (2871); EuGH – Banco de Crédito Industrial, C-387/92 – Slg. 1994, I-877 (907).

[9] Vgl. beispielsweise *Europäische Kommission,* 16. Bericht über die Wettbewerbspolitik (1986), Ziff. 278; *Europäische Kommission,* 17. Bericht über die Wettbewerbspolitik (1987), Ziff. 220; *Europäische Kommission,* Wettbewerbsrecht in den Europäischen Gemeinschaften, Band IIA, S. 145 ff.; ausführlich auch *Bleckmann,* Europarecht, Rdnr. 2051 ff.

[10] Vgl. hierzu die Ausführungen unten 4. Teil, A., II., 1.

[11] Vgl. ebenso *Ipsen,* Öffentliche Subventionierung Privater, S. 55; *Welter,* Subventionen als Rechtsbegriff, BB 1962, 496; *Zuleeg,* Die Rechtsform der Subventionen, S. 14, der aber auf die Einheit der Lösungen abstellt und nicht von einer Abgrenzung der Problematiken ausgeht.

[12] *Bleckmann,* Subventionsrecht, S. 9 ff.; *Gröbner,* Subventionen – Eine kritische Analyse, S. 11; *Leinfellner,* Einführung in die Erkenntnis- und Wissenschaftstheorie, S. 88; *Stücke,* Eigentum an Wirtschaftssubventionen, S. 4.

Substanzielles gewinnen. Ausgangspunkt der Untersuchung soll dabei der vom BVerwG[13] verwandte Subventionsbegriff sein. Danach sind Subventionen vermögenswerte Leistungen des Staates oder eines anderen Verwaltungsträgers an einen Subventionsempfänger zur Förderung eines im öffentlichen Interesse liegenden Zwecks.

1. Subventionsgeber

Hinsichtlich der möglichen Subventionsgeber besteht insoweit Einigkeit, dass der Bund, die Länder, die Gemeinden und Gemeindeverbände, die sonstigen Körperschaften sowie Anstalten und Stiftungen des öffentlichen Rechts zu diesem Kreis gehören[14]. Aber auch die Europäische Gemeinschaft tritt direkt als Subventionsgeber auf. Sie vergibt im Rahmen der Gemeinschaftsinitiativen[15] selbst Fördermittel[16]. Probleme können sich allerdings dann ergeben, wenn die Europäische Gemeinschaft lediglich als Kofinanzier auftritt. Die Mittel fließen dabei zunächst an den einzelnen Mitgliedstaat, der diese dann nach Maßgabe der Europäischen Gemeinschaft zweckgebunden an den Subventionsempfänger vergibt. Hier stellt sich die Frage, ob der Mitgliedstaat oder aber die Europäische Gemeinschaft als Subventionsgeber zu bezeichnen ist[17].

2. Subventionsempfänger

Nach allgemeinem Verständnis kommen als Subventionsempfänger Privatrechtssubjekte, also natürliche oder juristische Personen des Privatrechts, in Betracht[18]. Zur Verdeutlichung des Untersuchungsgegenstands sind einige Abgrenzungen notwendig. Die Untersuchung beschränkt sich auf das Unternehmen als Subventionsempfänger. Man kann insoweit auch von Wirtschaftssubventionen

---

13 BVerwG in NJW 1959, 1098 ff.

14 *Götz,* Recht der Wirtschaftssubventionen, S. 29 ff.; *Henke,* Das Recht der Wirtschaftssubventionen als öffentliches Vertragsrecht, S. 1 ff.; *Klenke,* Wirtschaftssubventionen und Eigentumsgarantie des Art. 14 Grundgesetz, S. 4; *Maurer,* Allgemeines Verwaltungsrecht, § 17 Rdnr. 7; *Schetting,* Rechtspraxis der Subventionierung, S. 32; *Schmidt,* Reiner, Wirtschaftspolitik, Wirtschaftsverwaltungsorganisation, Wirtschaftsförderung in: Achterberg / Püttner (Hrsg.), Besonderes Verwaltungsrecht I, Kapitel 1 Rdnr. 135; *Zacher,* Verwaltung durch Subventionen, VVDStRL 1967, 317.

15 Dazu ausführlich unten 3. Teil, A., II., 4.

16 *Seidel,* Subventionshoheit und Finanzierungslast in der EWG, in: Börner / Jahrreiß / Stern (Hrsg.), Einigkeit und Recht und Freiheit, Festschrift für Karl Carstens, Bd. 1, S. 275.

17 Auf diese besondere europarechtliche Problematik wird noch gesondert und ausführlich einzugehen sein, vgl. unten 3. Teil, A., I., 1.

18 Vgl. nur *Götz,* Recht der Wirtschaftssubventionen, S. 13, 23; *Janknecht,* Rechtsformen von Subventionierungen, S. 6; *Maurer,* Allgemeines Verwaltungsrecht, § 17 Rdnr. 7; *Zuleeg,* Die Rechtsform der Subventionen, S. 18.

sprechen. Demnach zählen zu den möglichen Subventionsempfängern in erster Linie Gewerbe- und Dienstleistungsbetriebe, seien es nun einzelne Unternehmer, ganze Unternehmensgruppen oder gar Wirtschaftszweige[19]. Entscheidend ist, dass deren Tätigkeit erwerbswirtschaftlich orientiert ist[20].

Auszuklammern sind alle soziale und kulturelle Leistungen an Privatpersonen[21]. Eine solche Beschränkung des Untersuchungsgegenstandes ist zum einen aufgrund der sonst ausufernden Darstellung des nationalen Arbeitsförderungsrechts hinsichtlich der Leistungen an Arbeitnehmer notwendig, zum anderen fordert die anschließende europäische Betrachtungsebene, insbesondere die Beihilfenkontrolle, eine Beschränkung auf staatliche Zuwendungen an Unternehmen[22]. Gleichzeitig scheiden bei den Betrachtungen alle Transferleistungen aus, die zwischen Bund, Länder und Gemeinden im Rahmen des vertikalen und horizontalen Finanzausgleichs erfolgen[23]. Es handelt sich hierbei um bloße Leistungsverschiebungen unter Hoheitsträgern. Man spricht insoweit von sogenannten Dotationen[24]. Den Empfängern fehlt jegliche Unternehmensqualität[25].

Schwierig ist demgegenüber die Frage zu beantworten, ob Leistungen an Verwaltungsträger[26], die zwar Unternehmensqualität besitzen, jedoch ganz oder teilweise im Eigentum des Staates stehen, noch als Subventionen zu qualifizieren sind. Eine Subventionsqualität solcher Leistungen wird teilweise gänzlich ver-

---

[19] *Götz,* Recht der Wirtschaftssubventionen, S. 1 ff.

[20] *Ewringmann / Hansmeyer,* Zur Beurteilung von Subventionen, S. 15; *Unkelbach,* Grundrechtliche Bindungen des Bundesgesetzgebers bei der Vergabe von Leistungssubventionen zugunsten der gewerblichen Wirtschaft, S. 30.

[21] Vgl. *Andresen,* Die Anfechtungsklage des nichtsubventionierten Konkurrenten, S. 15; *Ipsen,* Öffentliche Subventionierung Privater, S. 7; *Stern,* Rechtsfragen der öffentlichen Subventionierung Privater, JZ 1960, 519 ff.

[22] *Hoischen,* Die Beihilferegelung in Artikel 92 EWGV, S. 27; *Mederer,* Wolfgang, in: Groeben / Thiesing / Ehlermann (Hrsg.), Kommentar zum EU- / EG-Vertrag, Vorbemerkungen zu den Art. 92 bis 94 Rdnr. 6; *Rengeling,* Das Beihilferecht der Europäischen Gemeinschaften, in: Börner / Neundörfer (Hrsg.), Recht und Praxis der Beihilfen im Gemeinsamen Markt, S. 29; *Schümann,* Wirtschaftsförderung für die neuen Bundesländer im Lichte des EWGV, S. 165 ff.

[23] *Bleckmann,* Subventionsrecht, S. 13; *Ipsen,* Öffentliche Subventionierung Privater, S. 5; *Schmidt,* Reiner, Wirtschaftspolitik, Wirtschaftsverwaltungsorganisation, Wirtschaftsförderung in: Achterberg / Püttner (Hrsg.), Besonderes Verwaltungsrecht I, Kapitel 1 Rdnr. 135.

[24] *Haverkate,* Subventionsrecht, in: Schmidt, Reiner (Hrsg.), Öffentliches Wirtschaftsrecht BT1, § 4 Rdnr. 9; *Schetting,* Rechtspraxis der Subventionierung, S. 91.

[25] Im Rahmen der europäischen Strukturfonds erfolgt die Leistung formell von der Europäischen Gemeinschaft an den Mitgliedstaat. Allein der Mitgliedstaat tritt mit dem Subventionsempfänger, dem Unternehmen in Kontakt. Es findet eine Kofinanzierung nationaler Förderprogramme durch die Gemeinschaft statt. Folglich ist das Unternehmen Letztempfänger der kombinierten Fördermittel aus den Mitgliedstaaten und den europäischen Strukturfonds, so dass konsequenterweise die EG-Förderung durch die Strukturfonds dem Subventionsbegriff unterfällt; ausführlich dazu unten 3. Teil, A., I.

[26] Ausführlich zum Begriff des Verwaltungsträgers *Maurer,* Allgemeines Verwaltungsrecht, § 21 Rdnr. 1 ff.

neint[27]. Das Unternehmen sei dem Funktionsbereich des Staates zuzurechnen, so dass etwaige Mitteltransfers den staatlichen Binnenbereich nicht verlassen. Ferner seien öffentliche Unternehmen, die sich im Eigentum des Staates befinden, sowieso einem öffentlichen Zweck verpflichtet, so dass es einer Regulierung durch das Subventionsrecht nicht bedürfe. Eine differenzierende Sichtweise[28] schlägt vor, öffentliche Unternehmen dann aus dem Kreis der möglichen Subventionsempfänger zu nehmen, wenn ihnen eine eigene Rechtspersönlichkeit fehle, sie also in unmittelbarer staatlicher Verwaltung stehen. Rechtlich seien sie dann nämlich mit dem Staat identisch, so dass eine Subventionierung nicht mehr stattfinden könne[29]. Ist das öffentliche Unternehmen dagegen in Form einer GmbH oder AG errichtet worden, so seien die staatlichen Leistungen nach Maßgabe des Subventionsrechts zu betrachten.

Beide Argumentationsansätze vermögen nicht zu überzeugen. Untersucht man den Subventionsbegriff nämlich unter funktionalen Gesichtspunkten, so wird deutlich, dass im Vordergrund die Erreichung eines bestimmten öffentlichen Zwecks steht, beispielsweise die Förderung strukturschwacher Gebiete, der Umweltschutz oder die Schaffung von Arbeitsplätzen. Vor diesem Hintergrund kann es keinen Unterschied machen, ob die Fördermittel einem privaten oder öffentlichen Unternehmen zukommen[30]. Eine weitere Schwierigkeit liegt darin, genau festzulegen, wann ein Unternehmen nun öffentlich-rechtlichen Charakter besitzt. Staatliche Unternehmensbeteiligungen erfolgen in unterschiedlicher Höhe, mit unterschiedlichen Intentionen und letztlich unterschiedlicher Einflussnahme des Staates. Auch vermag nicht zu überzeugen, warum es für die Einordnung einer staatlichen Zuwendung trotz gleicher Interessenlage allein auf den Rechtscharakter des Subventionsempfängers ankommen soll. Wählt der Staat die Form des öffentlichen Unternehmens ohne Rechtspersönlichkeit, so sei die Zuwendung als bloßer Finanztransfer anzusehen. Bei der Wahl einer privatrechtlichen Form des öffentlichen Unternehmens dagegen liege plötzlich eine Subvention vor. Allein der Organisationsakt entscheidet dann über die rechtliche Qualifizierung künftiger Zuwendungen. Gerade mit Blick auf die europäische Beihilfenkontrolle erscheint dies wenig überzeugend[31]. Danach kommen als Beihilfeempfänger nicht nur Unternehmen in privater Hand in Betracht, sondern sämtliche Unternehmen, unabhängig von ihrer Rechtsform[32]. Dieses Subventionsverständnis ist vor dem Hintergrund zu sehen,

---

27 *Eppe,* Subventionen und staatliche Geschenke, S. 81; *Ipsen,* Öffentliche Subventionierung Privater, S. 7 ff.; *Maurer,* Allgemeines Verwaltungsrecht, § 17 Rdnr. 7; *Schmidt,* Reiner, Wirtschaftspolitik, Wirtschaftsverwaltungsorganisation, Wirtschaftsförderung in: Achterberg / Püttner (Hrsg.), Besonderes Verwaltungsrecht I, Kapitel 1 Rdnr. 135.

28 *Bleckmann,* Subventionsrecht, S. 14.

29 Vgl. die Darstellung bei *Koppensteiner,* Das Subventionsverbot im EGKSV, S. 82.

30 *Bohling,* Wirtschaftspolitische und wirtschaftsverfassungsrechtliche Probleme staatlicher und kommunaler Subventionen, S. 53; *Stober,* Handbuch des Wirtschaftsverwaltungs- und Umweltrechts, § 111, S. 1226 ff.

31 So *Schetting,* Rechtspraxis der Subventionierung, S. 95.

dass das Gemeinschaftsrecht nach Art. 3 Abs. 1 lit.g EGV einem System verpflichtet ist, das den Wettbewerb innerhalb des Binnenmarkts vor Verfälschungen schützen will. Damit richtet sich der europäische Blick in erster Linie auf das Wettbewerbsproblem[33]. Nun führt aber jede Zuwendung zunächst einmal zu einem Vermögensvorteil für das bedachte Unternehmen. Dieser ist gleichsam Anreiz und Lenkungsmittel zur Erfüllung des weiteren öffentlichen Zwecks. Durch diese vermögensmäßige Besserstellung des subventionierten Unternehmens kommt es zu einer Beeinflussung des Wettbewerbs. Das Wettbewerbsproblem bildet folglich den Dreh- und Angelpunkt bei Subventionen an Unternehmen[34]. Betrachtet man nun die Subventionswirkung, so ist es für das nichtbedachte Unternehmen ohne Bedeutung, welchen Rechtscharakter der Subventionsempfänger besitzt oder in welchem Eigentum das bedachte Unternehmen steht. Von entscheidendem Gewicht ist vielmehr das Kriterium der Wettbewerbsbeeinflussung und einer ausreichenden Rechtfertigung derselben. Daher ist im Ergebnis der Kreis der Subventionsempfänger in zwei Schritten zu bestimmen. Zunächst muss für den Subventionsempfänger eine Unternehmensqualität, unabhängig von der Rechtsform, festgestellt werden. Im Anschluss daran gilt es, infolge der Subventionierung eine Wettbewerbsbeeinflussung zu konstatieren[35].

3. Subventionsformen

Die konkrete Subventionierung kann mittels verschiedener Formen erfolgen. Zwei Kategorien lassen sich hierbei unterscheiden. Auf der einen Seite stehen die direkten Subventionen, auch Leistungssubventionen[36] genannt, die sich durch di-

---

[32] Vgl. dazu ausführlich unten 4. Teil, A., II., 3.

[33] Vgl. *Müller-Graff*, Die Erscheinungsformen der Leistungssubventionstatbestände aus wirtschaftsrechtlicher Sicht, ZHR 1988, 403 ff.

[34] *Andresen*, Die Anfechtungsklage des nichtsubventionierten Konkurrenten, S. 24; *Pietzcker*, Staatliche Förderung industrieller Forschung und Entwicklung – öffentlichrechtlich betrachtet, ZHR 1982, 396; *Preußner*, Kontrolle und Beherrschbarkeit von Wirtschaftssubventionen, S. 19 ff.; *Unkelbach*, Grundrechtliche Bindungen des Bundesgesetzgebers bei der Vergabe von Leistungssubventionen zugunsten der gewerblichen Wirtschaft, S. 24.

[35] So im Ergebnis auch *Bohling*, Wirtschaftspolitische und wirtschaftsverfassungsrechtliche Probleme staatlicher und kommunaler Subventionen, S. 78; *Bullinger*, Staatsaufsicht in der Wirtschaft, VVDStRL 1965, 264 ff.; *Ewringmann/Hansmeyer*, Zur Beurteilung von Subventionen, S. 15; *Haverkate*, Rechtsfragen des Leistungsstaats, S. 147; *Haverkate*, Subventionsrecht, in: Schmidt, Reiner (Hrsg.), Öffentliches Wirtschaftsrecht BT1, § 4 Rdnr. 9; *Koppensteiner*, Das Subventionsverbot im EGKSV, S. 82; *Schetting*, Rechtspraxis der Subventionierung, S. 95.

[36] *Bohling*, Wirtschaftspolitische und wirtschaftsverfassungsrechtliche Probleme staatlicher und kommunaler Subventionen, S. 94 ff.; *Henke*, Das Recht der Wirtschaftssubventionen als öffentliches Vertragsrecht, S. 217 ff.; *Maurer*, Allgemeines Verwaltungsrecht, § 17 Rdnr. 4,6; *Schmidt*, Reiner, Wirtschaftspolitik, Wirtschaftsverwaltungsorganisation, Wirtschaftsförderung in: Achterberg/Püttner (Hrsg.), Besonderes Verwaltungsrecht I, Kapitel 1 Rdnr. 138.

rekte positive Zuwendungen auszeichnen. Als konkrete Ausgestaltung sind Zuschüsse zu nennen, die als Prämien, Beihilfen oder Zuzahlungen geleistet werden. Aber auch sonstige Finanzierungsformen, wie Darlehen mit niedriger Verzinsung oder die direkte Realförderung, indem beispielsweise ein Unternehmen ein Grundstück zu günstigen Bedingungen erhält, ferner die Gewährung von Kreditsicherheiten seitens des Staates im Rahmen privater Darlehensverträge sind den Leistungssubventionen zuzuordnen. Auf der anderen Seite stehen die sogenannten Verschonungssubventionen. Hierunter fällt die Befreiung von etwaigen allgemeinen Abgabepflichten, insbesondere die Gewährung von Steuervergünstigungen. Die verwaltungsrechtliche Literatur[37] nimmt diese letzte Gruppe überwiegend aus dem Bereich der Subventionen heraus. Begründet wird dies mit der rechtlichen Zuordnung zum Steuerrecht und der sich daraus ergebenden unterschiedlichen Behandlung. Letztlich wird damit aber kein treffliches Argument genannt. Für die vorliegende Untersuchung sind diejenigen Subventionen von Interesse, bei denen sich Wettbewerbs- und Freiheitsprobleme stellen. Die Betrachtung des Förderzwecks, seiner Erreichung und Sicherung stehen im Vordergrund. Hierbei macht es keinen Unterschied, ob der Subventionsempfänger den Vorteil nun in Form einer positiven Leistung oder aber in Form einer negativen Verschonung erhält. Die Wirkung, eine vermögensmäßige Besserstellung, ist die gleiche, unabhängig davon, welche „rechtliche Verpackung" gewählt wird. Folglich sind Verschonungssubventionen in die Betrachtungen miteinzubeziehen[38].

4. Fehlende marktmäßige Gegenleistung

Als weiteres Kriterium einer Subvention ist das Fehlen einer marktmäßigen Gegenleistung zu nennen[39]. Abzugrenzen sind hierbei die Fälle, in denen der Staat für seine Leistung ein Äquivalent erhält. Dies ist bei bloßen Beschaffungsgeschäften und fiskalischen Hilfsgeschäften der Fall. Hier nimmt der Staat als

---

[37] *Arndt,* Wirtschaftsverwaltungsrecht, in: Steiner (Hrsg.), Besonderes Verwaltungsrecht, S. 835; *Badura,* Wirtschaftsverwaltungsrecht, in: Schmidt-Aßmann (Hrsg.), Besonderes Verwaltungsrecht, S. 327; *Frotscher,* Wirtschaftsverfassungs- und Wirtschaftsverwaltungsrecht, S. 184; *Henke,* Das Recht der Wirtschaftssubventionen als öffentliches Vertragsrecht, S. 2 ff.; *Maurer,* Allgemeines Verwaltungsrecht, § 17 Rdnr. 4; *Schmidt,* Reiner, Wirtschaftspolitik, Wirtschaftsverwaltungsorganisation, Wirtschaftsförderung in: Achterberg / Püttner (Hrsg.), Besonderes Verwaltungsrecht I, Kapitel 1 Rdnr. 136; *Zuleeg,* Subventionsrecht zur Schaffung und Erhaltung von Arbeitsplätzen, in: Kittner (Hrsg.), Arbeitsmarkt – ökonomische, soziale und rechtliche Grundlagen, S. 156.

[38] Wie hier *Ipsen,* Öffentliche Subventionierung Privater, S. 55; *Janknecht,* Rechtsformen von Subventionierungen, S. 6; *Oldiges,* Richtlinien als Ordnungsrahmen der Subventionsverwaltung, NJW 1984, 1927; *Tettinger,* Die Investitionszulage als Instrument des Wirtschaftsverwaltungs- und Steuerrechts, DVBl 1980, 632; *Zacher,* Verwaltung durch Subventionen, VVDStRL 1967, 316 ff.

[39] *Ewringmann / Hansmeyer,* Zur Beurteilung von Subventionen, S. 19 ff.; *Haverkate,* Subventionsrecht, in: Schmidt, Reiner (Hrsg.), Öffentliches Wirtschaftsrecht BT1, § 4 Rdnr. 12.

Käufer am Markt teil. Diesen Geschäften fehlt jeder unmittelbare Bezug zum öffentlichen Interesse[40]. Berechtigte Bedenken bestehen aber dann, wenn der Staat alleiniger Abnehmer ist, ein Markt – wie beispielsweise in der Wehrindustrie – letztlich nicht vorhanden ist. Hier lässt sich über das Merkmal der fehlenden marktmäßigen Gegenleistung nur hinweghelfen, wenn man auf ein möglichst ausgeglichenes Verhältnis von Leistung und Gegenleistung abstellt. Problematisch ist darüber hinaus die Beteiligung des Staates an Kapitalgesellschaften. Meist erhält er dafür Anteilseigentum am Unternehmen, so dass der Subventionscharakter zunächst fern liegt. Hier hat der EuGH[41] dennoch eine Beihilfe – und damit auch eine Subvention – bejaht, wenn sich der Staat beim Erwerb der Anteile nicht wie ein vernünftiger Eigentümer verhalten hat. Insgesamt ist bei der Beurteilung des Fehlens einer marktmäßigen Gegenleistung entscheidend, dass ein Markt überhaupt besteht und die staatliche Zuwendung nicht als marktübliches Äquivalent angesehen werden kann.

5. Leistungszweck

Anknüpfend an das Fehlen einer marktmäßigen Gegenleistung steht der staatlichen Zuwendung die Verfolgung eines sich mit dem Gemeininteresse deckenden Zieles gegenüber. Zentrales Element jeder Subventionierung bildet dabei der öffentliche Zweck[42]. Der subventionierende Staat möchte auf gesellschaftliche Abläufe ordnend und lenkend einwirken, Fehlentwicklungen verhindern, politische Akzente setzen. Der Begünstigte soll durch die Zuwendung lediglich angehalten werden, sein Verhalten auf den öffentlichen Zweck hin auszurichten. Hinsichtlich der in Betracht kommenden Zweckrichtungen stehen dem Staat vielfältige Möglichkeiten offen. Begrenzung erfährt diese Freiheit durch das öffentliche Interesse, dem Nutzen für die Allgemeinheit. Mit Blick auf die unterschiedlichen Zweckrichtungen von Fördermaßnahmen und die damit verbundenen verschiedenen Förderstrukturen ist es geboten, den Untersuchungsgegenstand zu verengen.

---

[40] Zum Leistungszweck siehe unten 1. Teil, A., I., 5.

[41] EuGH – SA Intermills / Kommission, 323 / 82 – Slg. 1984, 3809 (3823); EuGH – Belgien / Kommission, 234 / 84 – Slg. 1986, 2263 (2285 ff.); EuGH – Belgien / Kommission, 40 / 85 – Slg. 1986, 2321 (2345).

[42] *Eppe,* Subventionen und staatliche Geschenke, S. 20; *Friauf,* Bemerkungen zur verfassungsrechtlichen Problematik des Subventionswesens, DVBl 1966, 730; *Götz,* Recht der Wirtschaftssubventionen, S. 45; *Haverkate,* Rechtsfragen des Leistungsstaats, S. 146; *Stern,* Rechtsfragen der öffentlichen Subventionierung Privater, JZ 1960, 518; *Ipsen,* Öffentliche Subventionierung Privater, S. 53; *Vogel,* Begrenzung von Subventionen durch ihren Zweck, in: Stödter / Thieme (Hrsg.), Hamburg Deutschland Europa, Festschrift für Hans-Peter Ipsen, S. 551; *Wolff / Bachof,* Verwaltungsrecht III, § 154 Rdnr. 14; *Zacher,* Verwaltung durch Subventionen, VVDStRL 1967, 308.

II. Begriff der Beschäftigungssubventionen

Vorliegend soll sich auf den Bereich der Beschäftigungssubventionen beschränkt werden. Anknüpfungspunkt bildet dabei der Begriff der Beschäftigung. Fraglich ist hierbei, was unter Beschäftigung und einer Förderung derselben zu verstehen ist. Hierzu gilt es, das nationale und europäische Recht ins Blickfeld zu nehmen.

1. Verankerung im nationalen Recht

Der Begriff der Beschäftigungssubventionen ist im nationalen Recht nur schwach ausgeprägt[43]. Dahingegen verwendet der Gesetzgeber den Begriff der Arbeitsförderung. In § 1 Abs. 1 SGB III[44] findet sich eine allgemeine Umschreibung der Aufgaben der Arbeitsförderung, wonach ein „Ausgleich am Arbeitsmarkt", also eine verbesserte Beschäftigungsstruktur erreicht werden soll. In § 2 SGB III wird diesbezüglich auf die besondere Verantwortung der Arbeitgeber für Beschäftigungsmöglichkeiten, aber auch der Arbeitnehmer für ihre eigenen beruflichen Möglichkeiten hingewiesen. In der Entsprechungsklausel des § 1 Abs. 2 SGB III, die besagt, dass die Arbeitsförderung im Einklang mit den beschäftigungspolitischen Zielen der Sozial-, Wirtschafts- und Finanzpolitik stehen soll, findet sich schließlich der Begriff der Beschäftigung[45]. Ausgehend vom Begriff der Arbeitsförderung lassen sich Beschäftigungssubventionen als Subventionen charakterisieren, die dem Ziel verpflichtet sind, Arbeitsplätze zu schaffen bzw. zu erhalten[46].

Dabei muss hinsichtlich der Leistungsempfänger zwischen Arbeitnehmer und Arbeitgeber differenziert werden, da die Regelungen völlig unterschiedlich ausgestaltet sind. Dies zeigt sich schon in der Trennung des Leistungskataloges der nationalen Arbeitsförderung für Arbeitnehmer gem. § 3 Abs. 1 i.V.m. dem Vierten

---

[43] Insbesondere *Zuleeg,* Subventionsrecht zur Schaffung und Erhaltung von Arbeitsplätzen, in: Kittner (Hrsg.), Arbeitsmarkt – ökonomische, soziale und rechtliche Grundlagen, S. 157 hat hierzu eine Begriffsbestimmung vorgenommen; aber auch *Haverkate,* Subventionsrecht, in: Schmidt, Reiner (Hrsg.), Öffentliches Wirtschaftsrecht BT1, § 4 Rdnr. 116 setzt den Begriff der Beschäftigungssubventionen voraus; vielfach wird der allgemeine Begriff der Wirtschaftssubventionen verwendet, vgl. dazu *Preußner,* Kontrolle und Beherrschbarkeit von Wirtschaftssubventionen, S. 12; *Wolff/Bachof,* Verwaltungsrecht III, § 154 Rdnr. 8.

[44] Das Recht der Arbeitsförderung war bislang im Arbeitsförderungsgesetz vom 25. 6. 1969, BGBl. I S. 582 geregelt. Mit dem Arbeitsförderungs-Reformgesetz (AFRG) vom 24. 3. 1997, BGBl. I S. 594 wurde das AFG als Buch III in das Sozialgesetzbuch eingegliedert.

[45] Der Begriff der „Beschäftigung" ist dabei in § 7 Abs. 1 SGB IV legaldefiniert, wonach Beschäftigung jede nichtselbständige Arbeit, insbesondere in einem Arbeitsverhältnis darstellt.

[46] *Haverkate,* Subventionsrecht, in: Schmidt, Reiner (Hrsg.), Öffentliches Wirtschaftsrecht BT1, § 4 Rdnr. 116; *Zuleeg,* Subventionsrecht zur Schaffung und Erhaltung von Arbeitsplätzen, in: Kittner (Hrsg.), Arbeitsmarkt – ökonomische, soziale und rechtliche Grundlagen, S. 157.

Kapitel des SGB III und für Arbeitgeber gem. § 3 Abs. 2 i. V. m. dem Fünften Kapitel des SGB III. Wie schon ausgeführt[47], kommen als Subventionsempfänger lediglich Unternehmen, also tatsächliche oder potentielle Arbeitgeber in Betracht. Aber auch hier lassen sich zwei weitere Fallgruppen unterscheiden. Einmal kann die Förderung unmittelbar auf die konkrete Beschäftigungslage in einem Unternehmen einwirken, indem beispielsweise ein Arbeitsplatz direkt subventioniert wird. Man spricht insoweit von unmittelbaren Beschäftigungssubventionen[48]. Dem stehen sogenannte mittelbare Beschäftigungssubventionen gegenüber, die zunächst darauf abzielen, die Wirtschaftslage eines Unternehmens zu verbessern, das sich dann in der Lage sieht zu expandieren, neue Arbeitskräfte benötigt und damit in letzter Konsequenz Arbeitsplätze schafft. Ferner kann hinsichtlich der möglichen Beschäftigungsmaßnahmen eine konservative und eine investive Komponente unterschieden werden. Die erstere umfasst die Sicherung von Arbeitsplätzen. Durch die Beschäftigungssubvention soll ein wirtschaftlich betrachtet unrentabler Arbeitsplatz aufgrund des mangelnden Arbeitsplatzangebots erhalten bleiben. Die investive Komponente betrifft die Schaffung neuer, rentabler Arbeitsplätze. Diese erfordern vielfach einen enormen investiven Kapitalaufwand, der durch die staatliche Leistung gemindert werden und gleichzeitig als Anreiz zur Schaffung neuer Arbeitsplätze dienen soll. Sowohl die konservative als auch die investive Förderung ist als Beschäftigungssubvention anzusehen. Nach Betrachtung des nationalen Rechts ist im Ergebnis festzuhalten, dass eine Subvention als Beschäftigungssubvention zu qualifizieren ist, wenn diese entweder mittelbar oder unmittelbar die Schaffung bzw. die Erhaltung von Arbeitsplätzen zum Ziel hat.

2. Ausgestaltung im europäischen Recht

Im Ergebnis sehr ähnlich stellt sich die Betrachtung der europäischen Rechtsebene dar. Auch diese kennt explizit keinen Begriff der Beschäftigungssubvention. Dennoch findet sich im europäischen Primärrecht an verschiedenen Stellen der Begriff der „Beschäftigung". So wird dieser in Art. 146 EGV direkt erwähnt, in Art. 2 Abs. 1 1.Spiegelstrich EUV[49], Art. 2 EGV, Art. 3 Abs. 1 lit.i EGV, Art. 136 Abs. 1 EGV genannt. Ferner werden im Protokoll über die Sozialpolitik zum Vertrag über die Europäische Union (Maastricht-Vertrag)[50] „beschäftigungspolitische Maßnahmen" auf Gemeinschaftsebene angesprochen[51]. Schließlich wurde durch den Am-

---

[47] Dazu oben 1. Teil, A., I., 2.

[48] *Zuleeg,* Subventionsrecht zur Schaffung und Erhaltung von Arbeitsplätzen, in: Kittner (Hrsg.), Arbeitsmarkt – ökonomische, soziale und rechtliche Grundlagen, S. 157.

[49] Der Untersuchung wird im folgenden der Vertrag über die Europäische Union vom 7. 2. 1992 in der konsolidierten Fassung mit den Änderungen durch den Vertrag von Amsterdam vom 2. 10. 1997 (CONF/4005/97 ADD 1) zugrundegelegt.

[50] Vertrag über die Europäische Union vom 7. 2. 1992; bekanntgemacht am 19. 10. 1993, BGBl. II S. 1947.

sterdamer Vertrag mit den Art. 125 – Art. 130 EGV ein eigenes Beschäftigungskapitel eingeführt[52]. Darin ist in Art. 125 EGV als Ziel die Koordinierung der Beschäftigungsstrategie und die Förderung der Qualifizierung, Ausbildung und Anpassungsfähigkeit der Arbeitnehmer sowie der Fähigkeit der Arbeitsmärkte, auf die Erfordernisse des wirtschaftlichen Wandels zu reagieren, formuliert[53]. Art. 127 Abs. 1 EGV fordert zudem einen Beitrag der Gemeinschaft zur Erreichung eines hohen Beschäftigungsniveaus; Optimalziel ist dabei das Erreichen der Vollbeschäftigung. Aus diesen Betrachtungen des europäischen Primärrechts lassen sich keine Unterschiede zum nationalen Recht erkennen. Der Begriff der Beschäftigungssubventionen gilt daher für beide Rechtsebenen gleichermaßen.

III. Zwischenergebnis

Insgesamt konnte mit der bisherigen Darstellung der Untersuchungsgegenstand näher umrissen und begrenzt werden. Ausgehend von einem allgemeinen Subventionsbegriff wurde ein für das deutsche und europäische Recht gleichermaßen geltender Begriff der Beschäftigungssubventionen entwickelt. Dieser soll hier abschließend noch einmal genannt werden:

Beschäftigungssubventionen sind vermögenswerte Leistungen des Staates, die zu einer möglichen Beeinflussung des Wettbewerbs führen, an öffentlich- oder privatrechtliche Unternehmen, die hierfür keine marktübliche, äquivalente Gegenleistung erbringen. Unmittelbarer bzw. mittelbarer Zweck der Förderung stellt die Schaffung oder Erhaltung von Arbeitsplätzen dar.

B. Die Zweck-Mittel-Analyse als rechtlicher Maßstab

Nach der Darstellung des Untersuchungsgegenstand soll nun der Prüfungsmaßstab, anhand dessen der Förderrechtsrahmen für Beschäftigungssubventionen rechtlich bewertet werden soll, näher untersucht werden. Als Maßstab werden die Kriterien der Zweck-Mittel-Analyse herangezogen. Es ist nun zu fragen, ob überhaupt ein Bedürfnis nach einem solchen Maßstab im Subventionsrecht besteht und

---

[51] *Barth,* Bruno, Beschäftigungspolitik in der EU – In eigener Verantwortung, BArbBl Nr. 7–8, 1996, 9; *Stahlberg,* Europäisches Sozialrecht, Rdnr. 191.

[52] Mit der Einführung des Beschäftigungskapitels dürften die Bemühungen der Europäischen Kommission, eine bessere Koordinierung der verschiedenen mitgliedstaatlichen Beschäftigungspolitiken zu erreichen, Erfolg gehabt haben; vgl. dazu die Mitteilung der Europäischen Kommission zur Entwicklung des sozialen Dialogs auf Gemeinschaftsebene, KOM (96) 448.

[53] Eine genauere Untersuchung der Normen erfolgt unten im 3. Teil, C., II.

– falls dies zu bejahen ist – welche Anforderungen die Zweck-Mittel-Analyse an die Förderrechtsstrukturen stellt. Um allerdings die Zweck-Mittel-Analyse als Maßstab und Rechtsinstrument anwenden zu können, ist zunächst ein Verständnis der dahinterstehenden Dogmatik zwingend erforderlich.

I. Dogmatische Herleitung und inhaltliche Ausgestaltung der Zweck-Mittel-Analyse

Bei der dogmatischen Herleitung und inhaltlichen Ausgestaltung der Zweck-Mittel-Analyse lassen sich zwei Betrachtungsebenen unterscheiden, die nationale und die europäische. Beide Rechtsebenen kennen eine Zweck-Mittel-Analyse. Fraglich ist jedoch, ob es sich dabei um ein einheitliches Rechtsinstrument handelt oder aber eine Differenzierung nach nationalem und europäischem Recht vorzunehmen ist. Die Betrachtung der jeweiligen dogmatischen Ansätze und inhaltlichen Ausgestaltungen soll diese Frage beantworten.

1. Nationale Betrachtungsebene

Auf nationaler Ebene werden für die Zweck-Mittel-Analyse unterschiedlichste Terminologien verwandt, man spricht von Verhältnismäßigkeitsprinzip[54], Übermaßverbot[55], Zumutbarkeit[56] oder dem Gebot des geringstmöglichen Eingriffs[57]. Vorliegend soll der Terminus der *Zweck-Mittel-Analyse* verwendet werden. Ein Grund für diese weitere Wortschöpfung liegt in der Anwendung der Zweck-Mittel-Analyse auf die besondere Rechtsmaterie des Subventionsrechts. Ein anderer ist in der Verwendung der Zweck-Mittel-Analyse als Maßstab zur Überprüfung eines abstrakten Förderrechtsrahmen zu sehen. Bei dieser Untersuchung steht die Analyse des Zwecks der Förderung und die zu seiner Erreichung eingesetzten Mittel im Vordergrund. Insoweit ist die Zweck-Mittel-Analyse Ausdruck des allgemeinhin bekannten Verhältnismäßigkeitsprinzips, indes diesem vorgelagert und materiell von diesem durchaus zu trennen und zu unterscheiden[58]. Mit der Verwendung des

---

[54] *Arndt / Rudolf,* Öffentliches Recht, S. 39; *Dechsling,* Das Verhältnismäßigkeitsgebot, S. 5; *Grabitz,* Freiheit und Verfassungsrecht, S. 1 ff.; *Hirschberg,* Der Grundsatz der Verhältnismäßigkeit, S. 1 ff.

[55] *Degenhart,* Staatsrecht I, Rdnr. 324 ff.; *Lerche,* Grundrechtsschranken, in: Isensee / Kirchhof (Hrsg.), Handbuch des Staatsrechts V, § 122 Rdnr. 16; ausführlich *Lerche,* Übermaß und Verfassungsrecht, S. 29 ff.

[56] *Lücke,* Die Grundsätze der Verhältnismäßigkeit und der Zumutbarkeit, DÖV 1974, 769 ff.; *Ossenbühl,* Zumutbarkeit als Verfassungsmaßstab, in: Rüthers / Stern (Hrsg.), Freiheit und Verantwortung im Verfassungsstaat, S. 315 ff., der allerdings einen Unterschied zwischen Verhältnismäßigkeit und Zumutbarkeit ausmachen will.

[57] *Bleckmann,* Subventionsrecht, S. 36.

Begriffes der Zweck-Mittel-Analyse soll verdeutlicht werden, dass damit ein Maßstab existiert, der dem eigentlichen Verhältnismäßigkeitsprinzip vorgelagert ist und dessen Anwendung erst möglich macht[59]. Im Folgenden soll nun einheitlich der Terminus der Zweck-Mittel-Analyse verwendet werden.

Man ist sich nun trotz der terminologischen Vielfalt bei der inhaltlichen Ausgestaltung weitgehend einig[60]. Wird mit einem, wie auch immer gearteten staatlichen Handeln ein Zweck verfolgt, so muss dieser überhaupt verfolgt werden dürfen. Ferner muss das hierzu eingesetzte Mittel zur Erreichung des Zwecks geeignet, gleichzeitig aber auch die geringste Eingriffswirkung auf Grundrechtspositionen haben, also erforderlich bzw. notwendig sein. Schließlich ist ein ausgewogenes Verhältnis von verfolgtem Zweck und erfolgter Beeinträchtigung notwendig, auch Angemessenheit oder Verhältnismäßigkeit im engeren Sinne genannt. Der Grundsatz der Zweck-Mittel-Analyse bildet dabei auf nationaler Ebene einen allgemeinen Grundsatz des Verwaltungsrechts[61] wie auch des Verfassungsrechts[62], der gewohnheitsrechtlich verfestigt ist[63]. Dessen Hauptfunktion besteht in einer Aktualisierung und Effektuierung des grundrechtlichen Freiheitsschutzes, gleichsam als Prüfungsmaßstab zur Beurteilung von Grundrechtseingriffen[64].

Im nationalen Recht ist man sich indes uneinig darüber, wo die Zweck-Mittel-Analyse dogmatisch zu verorten sei. Vielfach wird das Rechtsstaatsprinzip, das in Art. 28 Abs. 1 S. 1 GG ausdrücklich und in Art. 20 Abs. 3, Art. 1 Abs. 3 GG mittelbar seine Erwähnung findet, bemüht[65]. Danach muss jegliches staatliches Handeln für den Bürger berechenbar und vorhersehbar sein[66]. Ferner darf die Freiheit

---

[58] Ausführlich dazu unten 1. Teil, C.

[59] Siehe dazu die Kriterien der Zweck-Mittel-Analyse unten 1. Teil, C.

[60] BVerfGE 30, 292 (316); BVerfGE 33, 171; BVerfGE 67, 157 (173); *Huster,* Rechte und Ziele, S. 96 ff.; *Kirchhof,* Mittel staatlichen Handelns, in: Isensee / Kirchhof (Hrsg.), Handbuch des Staatsrechts III, § 59 Rdnr. 26; *Pieroth / Schlink,* Grundrechte, Rdnr. 279 ff.; *Ress,* Der Grundsatz der Verhältnismäßigkeit im deutschen Recht, in: Deutsche Sektion der Internationalen Juristenkommission (Hrsg.), Der Grundsatz der Verhältnismäßigkeit in europäischen Rechtsordnungen, S. 17 ff.

[61] BVerwG in DÖV 1971, 857 (858); ferner BVerwGE 1, 263 (265); BVerwGE 3, 297 (300); BVerwGE 10, 173 (176).

[62] BVerfGE 15, 235 (239); BVerfGE 16, 194 ff.; BVerfGE 30, 250 (263); BVerfGE 49, 89 (130).

[63] BVerfGE 23, 133; *Jakobs,* Michael Ch., Der Grundsatz der Verhältnismäßigkeit, DVBl 1985, 98; *Maurer,* Allgemeines Verwaltungsrecht, § 4 Rdnr. 28.

[64] *Ress,* Der Grundsatz der Verhältnismäßigkeit im deutschen Recht, in: Deutsche Sektion der Internationalen Juristenkommission (Hrsg.), Der Grundsatz der Verhältnismäßigkeit in europäischen Rechtsordnungen, S. 7.

[65] BVerfGE 23, 133; BVerfGE 30, 1 (20); BVerfGE 35, 382 (400); BVerfGE 43, 242 (288); BVerfGE 49, 24 (58).

[66] *Hesse,* Grundzüge des Verfassungsrechts der Bundesrepublik Deutschland, Rdnr. 185; *Jakobs,* Michael Ch., Der Grundsatz der Verhältnismäßigkeit, DVBl 1985, 98; *Lerche,* Übermaß und Verfassungsrecht, S. 58; *Pieroth / Schlink,* Grundrechte, Rdnr. 312.

des Bürgers nur durch überwiegende Gemeinschaftszwecke eingeschränkt werden[67]. Mancherorts[68] wird auf Art. 19 Abs. 2 GG verwiesen, der nicht nur den Kernbereich eines Grundrechts schützt, sondern bei jeglicher Grundrechtsantastung eine Abwägung im Sinne der Zweck-Mittel-Analyse erfordert. Eine weitere Argumentation basiert auf Art. 1 Abs. 1 GG. Dabei wird zum einen entwickelt, dass der Staat verpflichtet ist, dem Bürger zu dienen, zum anderen, dass staatliches Handeln an Rationalität und Gemeinwohl gebunden ist[69]. Gerade aus der Achtung der Menschenwürde ergibt sich, dass staatliche Entscheidungen nicht einem bloßen Selbstzweck verpflichtet sind, sondern einem Rechtfertigungserfordernis unterliegen[70]. Schließlich wird auf den allgemeinen Grundrechtskatalog des Grundgesetzes zurückgegriffen[71]. Den grundrechtlichen Schrankenregelungen ist zu entnehmen, dass die öffentliche Gewalt die Rechte des Bürgers nur insoweit einschränken darf, wie dies für einen öffentlichen Zweck unverzichtbar ist. Darauf aufbauend ergibt sich das Erfordernis einer Zweck-Mittel-Kontrolle staatlichen Handelns[72]. Trotz dieser unterschiedlichen dogmatischen Ansätze kann für das nationale Recht festgehalten werden, dass die Zweck-Mittel-Analyse als Rechtsinstrument anerkannt ist und als solche nicht in Frage gestellt wird. Zwar mag die dogmatische Verankerung nach wie vor strittig sein, der materielle Gehalt dagegen erstreckt sich einheitlich auf die Prinzipien der Geeignetheit, Erforderlichkeit und Angemessenheit[73].

2. Europäische Sichtweise

Auch das europäische Gemeinschaftsrecht kennt die Zweck-Mittel-Analyse, wie der EuGH[74] bereits 1956 konstatierte. Gemeinschaftsgrundrechte können danach durch ein öffentliches Interesse, wie auch dem Allgemeinwohl dienende Ziele der

---

[67] *Stern,* Das Staatsrecht der Bundesrepublik Deutschland I, S. 862.

[68] *Lerche,* Übermaß und Verfassungsrecht, S. 79; *Schnapp,* Die Verhältnismäßigkeit des Grundrechtseingriffs, JuS 1983, 853.

[69] *v. Arnim,* Staatslehre der Bundesrepublik Deutschland, S. 235 ff.; *Stern,* Das Staatsrecht der Bundesrepublik Deutschland I, S. 862.

[70] Vgl. ausführlich *Dechsling,* Das Verhältnismäßigkeitsgebot, S. 97 ff.

[71] BVerfGE 23, 133; BVerfGE 30, 292 (315 ff.); BVerfGE 38, 281 (302); *Hirschberg,* Der Grundsatz der Verhältnismäßigkeit, S. 192; *Huster,* Rechte und Ziele, S. 467; *Schlink,* Abwägung im Verfassungsrecht, S. 192; *Schnapp,* Die Verhältnismäßigkeit des Grundrechtseingriffs, JuS 1983, 852.

[72] Teilweise wird hierbei eine Strukturgleichheit zu Art. 3 Abs. 1 GG angenommen; so beispielsweise *Hirschberg,* Der Grundsatz der Verhältnismäßigkeit, S. 121 ff.; *Wittig,* Zum Standort des Verhältnismäßigkeitsgrundsatz im System des Grundgesetzes, DÖV 1968, 821 ff.; dem nicht folgend *Huster,* Rechte und Ziele, S. 99.

[73] Die genauen Anforderungen der Zweck-Mittel-Analyse werden noch näher ausgeführt, dazu unten 1. Teil, C.

[74] EuGH – Fédération Charbonnière de Belgique / Hohe Behörde der EGKS, 8/55 – Slg. 1955, 297 (311).

Gemeinschaft eingeschränkt werden[75]. Dies ist unstreitig[76]. Der EuGH unterteilt seine Prüfung in Kategorien, die dem deutschen Recht nahezu entsprechen. Eine gemeinschaftsrechtliche Maßnahme muss demnach geeignet[77] sein, wobei den Gemeinschaftsbehörden ein weiter Beurteilungsspielraum eingeräumt wird. Ferner soll die Gemeinschaftsmaßnahme das mildeste Mittel zur Erreichung des angestrebten Ziels darstellen und nicht über das Erforderliche hinausgehen[78]. Schließlich muss der Zweck einer Maßnahme in einem angemessenen Verhältnis zu Beeinträchtigungen individueller Rechtspositionen stehen[79]. Jedoch kommt der so ausge-

---

[75] EuGH – Internationale Handelsgesellschaft / Einfuhr- und Vorratsstelle für Getreide und Futtermittel, 11 / 70 – Slg. 1970, 1125 (1137 und 1138); EuGH – Nold / Kommission, 4 / 73 – Slg. 1974, 491 (508); EuGH – Bela Mühle Josef Bergmann / Grows-Farm, 114 / 76 – Slg. 1977, 1211 (1221); EuGH – Liselotte Hauer / Land Rheinland-Pfalz, 44 / 79 – Slg. 1979, 3727 (3747); EuGH – Queen & Man (Sugar) / Intervention Board for Agricultural Produce, 181 / 84 – Slg. 1985, 2889 (2903); EuGH – Strafsache gegen Franz Keller, 234 / 85 – Slg. 1986, 2897 (2912 ff.).

[76] *Beutler / Bieber / Pipkorn / Streil,* Die Europäische Union, S. 229; *Bleckmann,* Europarecht, Rdnr. 112; *Frowein,* Eigentumsschutz im Europarecht, in: Grewe / Rupp / Schneider (Hrsg.), Europäische Gerichtsbarkeit und nationale Verfassungsgerichtsbarkeit, Festschrift für Hans Kutscher, S. 193; *Herdegen,* Europarecht, Rdnr. 172; *Kutscher,* Zum Grundsatz der Verhältnismäßigkeit im Recht der Europäischen Gemeinschaften, in: Deutsche Sektion der Internationalen Juristenkommission (Hrsg.), Der Grundsatz der Verhältnismäßigkeit in europäischen Rechtsordnungen, S. 89 ff.; *Schiller,* Der Verhältnismäßigkeitsgrundsatz im Europäischen Gemeinschaftsrecht nach der Rechtsprechung des EuGH, RIW 1983, 929; *Schweitzer,* Staatsrecht III, Rdnr. 402; *Weber,* Das Verwaltungsverfahren, in: Schweitzer (Hrsg.), Europäisches Verwaltungsrecht, S. 75.

[77] EuGH – Einfuhr- und Vorratsstelle für Getreide und Futtermittel / Köster, Berodt & Co, 25 / 70 – Slg. 1970, 1161 (1177); EuGH – Schröder / Deutschland, 40 / 72 – 1973, 125 (142); EuGH – Hans Markus Stölting / Hauptzollamt Hamburg-Jonas, 138 / 78 – 1979, 713 (722); EuGH – Fratelli Pardini, 808 / 79 – Slg. 1980, 2103 (2120); EuGH – Walter Rau Lebensmittelwerke und andere / Kommission, 279, 280, 285, 286 / 84 – Slg. 1987, 1069 (1125).

[78] EuGH – Internationale Handelsgesellschaft / Einfuhr- und Vorratsstelle für Getreide und Futtermittel, 11 / 70 – Slg. 1970, 1125 (1136); EuGH – Balkan-Import-Export / Hauptzollamt Berlin-Packhof, 5 / 73 – Slg. 1973, 1091 (1112); EuGH – NV Roomboterfabriek „De Beste Boter" und Josef Hocke, Butterschmelzwerk / Bundesanstalt für Landwirtschaftliche Marktordnung, 99 und 100 / 76 – Slg. 1977, 861 (873); EuGH – SA Buitoni / Fonds d'Orientation et de Régularisation du Marché Agricoles, 122 / 78 – 1979, 677 (684); EuGH – Forges de Thy-Marcionelle et Monceau / Kommission, 26 und 86 / 79 – Slg. 1980, 1083 (1093); EuGH Debayser, Sucre Union und Jean Lion / Fonds d'Intervention et de Régularisation du Marché du Sucre, Landwirtschaftsminister, Haushaltsminister, 152 / 80 – Slg. 1981, 1291 (1307); EuGH – Merkur Fleisch-Import / Hauptzollamt Hamburg-Ericus, 147 / 81 – Slg. 1982, 1389 (1396); EuGH – Kommission / Deutschland, C-62 / 90 – Slg. 1992, I-2575 (2609).

[79] EuGH – NV Roomboterfabriek „De Beste Boter" und Josef Hocke, Butterschmelzwerk / Bundesanstalt für Landwirtschaftliche Marktordnung, 99 und 100 / 76 – Slg. 1977, 861 (873); EuGH – Bela Mühle Josef Bergmann / Grows-Farm, 114 / 76 – Slg. 1977, 1211 (1221); EuGH – Granaria / Hoofdproduktschap voor Akkerbouwprodukten, 116 / 76 – Slg. 1977, 1247 (1264); EuGH – SA Buitoni / Fonds d'Orientation et de Régularisation des Marché Agricoles, 122 / 78 – 1979, 677 (684); EuGH – Liselotte Hauer / Land Rheinland-Pfalz, 44 / 79 – Slg. 1979, 3727 (3747); EuGH – Merkur Fleisch-Import / Hauptzollamt Hamburg-Ericus, 147 / 81 – Slg. 1982, 1389 (1396).

stalteten Zweck-Mittel-Analyse auf Gemeinschaftsebene eine besondere Bedeutung zu. Während das nationale Recht eine dezidierte Schrankensystematik für den Bereich der Grundrechte kennt, fehlt es auf europäischer Ebene an einer solchen. Dieses Defizit wird durch eine verstärkte Zweck-Mittel-Kontrolle ausgeglichen.

Auf europäischer Ebene besteht ebenfalls Streit hinsichtlich der dogmatischen Herleitung der Zweck-Mittel-Analyse. Aber auch die Herleitung und Entwicklung der Gemeinschaftsgrundrechte selbst kann als offene Frage betrachtet werden. Diese Schwierigkeiten fußen zum einen auf dem Fehlen eines ausformulierten europäischen Grundrechtskatalogs, zum anderen auf der Entwicklung einer fragmentarischen Grundrechtsdogmatik allein anhand der Kasuistik des EuGH[80]. Dabei ließe sich mit Blick auf die Art. 30 S. 2, Art. 34 Abs. 2, Art. 39 Abs. 3, Art. 134 UAbs. 3 EGV die Zweck-Mittel-Analyse durchaus direkt aus den Gründungsverträgen der Europäischen Gemeinschaft selbst herleiten[81]. Ebenfalls diskutiert wird eine Entwicklung aus einem, dem EGV immanenten Rechtsstaatsprinzip[82], wobei die Zweck-Mittel-Analyse dabei als Strukturprinzip der europäischen Rechtsordnung verstanden wird[83]. Schließlich wird, insbesondere durch den EuGH[84], die Zweck-Mittel-Analyse aus einem wertenden Rechtsvergleich der einzelnen nationalen Verfassungstraditionen entwickelt[85]. Die Zweck-Mittel-Analyse steht dabei in engem

---

[80] *Bleckmann,* Die Rechtsquellen des Europäischen Gemeinschaftsrechts, NVwZ 1993, 827; *Gündisch,* Allgemeine Rechtsgrundsätze in der Rechtsprechung des EuGH, in: Schwarze (Hrsg.), Das Wirtschaftsrecht des Gemeinsamen Marktes in der aktuellen Rechtsentwicklung, S. 103 ff.; *Hilf,* Ein Grundrechtskatalog für die Europäische Gemeinschaft, EuR 1991, 21; für den Bereich der Grundfreiheiten vgl. *Jarass,* Elemente einer Dogmatik der Grundfreiheiten, EuR 1995, 202; *Pernice,* Gemeinschaftsverfassung und Grundrechtsschutz, NJW 1990, 2410; *Wittkowski,* Das Maastricht-Urteil des Bundesverfassungsgerichts vom 12. 10. 1993 als Solange III-Entscheidung?, BayVBl 1994, 361.

[81] *Jarass,* Elemente einer Dogmatik der Grundfreiheiten, EuR 1995, 221; *Kutscher,* Zum Grundsatz der Verhältnismäßigkeit im Recht der Europäischen Gemeinschaften, in: Deutsche Sektion der Internationalen Juristenkommission (Hrsg.), Der Grundsatz der Verhältnismäßigkeit in europäischen Rechtsordnungen, S. 91; *Pernice,* Grundrechtsgehalte im Europäischen Gemeinschaftsrecht, S. 231 ff.; *Ress,* Der Grundsatz der Verhältnismäßigkeit im deutschen Recht, in: Deutsche Sektion der Internationalen Juristenkommission (Hrsg.), Der Grundsatz der Verhältnismäßigkeit in europäischen Rechtsordnungen, S. 39 ff.

[82] *Arndt,* Europarecht, S. 87; *Häberle,* Gemeinwohljudikatur und Bundesverfassungsgericht, AöR 1970, 197; *Ipsen,* Europäisches Gemeinschaftsrecht, S. 512; *Kutscher,* Zum Grundsatz der Verhältnismäßigkeit im Recht der Europäischen Gemeinschaften, in: Deutsche Sektion der Internationalen Juristenkommission (Hrsg.), Der Grundsatz der Verhältnismäßigkeit in europäischen Rechtsordnungen, S. 91; *Schweitzer,* Staatsrecht III, Rdnr. 400.

[83] *Gündisch,* Allgemeine Rechtsgrundsätze in der Rechtsprechung des EuGH, in: Schwarze (Hrsg.), Das Wirtschaftsrecht des Gemeinsamen Marktes in der aktuellen Rechtsentwicklung, S. 115; *Pernice,* Grundrechtsgehalte im Europäischen Gemeinschaftsrecht, S. 234; *Schweitzer,* Staatsrecht III, Rdnr. 93.

[84] EuGH – Internationale Handelsgesellschaft / Einfuhr- und Vorratsstelle für Getreide und Futtermittel, 11 / 70 – Slg. 1970, 1125 (1176); EuGH – Nold / Kommission, 4 / 73 – Slg. 1974, 491 (508).

[85] *Bleckmann,* Die Rechtsquellen des Europäischen Gemeinschaftsrechts, NVwZ 1993, 827; *Bleckmann / Pieper,* Maastricht – die grundgesetzliche Ordnung und die Superrevisions-

Zusammenhang zu den Gemeinschaftsgrundrechten. Diese beanspruchen jedoch keine absolute Geltung, sondern können durch Allgemeininteressen insoweit eingeschränkt werden, als diese der Zweck-Mittel-Analyse entsprechen müssen[86].

3. Zwischenergebnis

Trotz dieser, auch im europäischen Recht, unterschiedlichen dogmatischen Ansätze lässt sich bei der materiellen Ausgestaltung der Zweck-Mittel-Analyse nahezu Deckungsgleichheit mit dem nationalen Recht konstatieren[87]. Dies verwundert angesichts der Herleitung aus den gemeinsamen Verfassungsüberlieferungen der Mitgliedstaaten kaum[88]. Inhaltlich besagt die Zweck-Mittel-Analyse, dass der Zweck durch das staatliche Handeln erreichbar sein muss, gleichzeitig nur die geringsten Freiheitsbeeinträchtigungen auftreten dürfen und schließlich ein ausgewogenes Verhältnis zwischen diesen und dem verfolgten Ziel herrschen soll. Die Zweck-Mittel-Analyse stellt dabei nicht nur ein nationales Prinzip dar, sondern kann durchaus als ius commune europaeum bezeichnet werden.

---

instanz, RIW 1993, 972; *Frowein,* Eigentumsschutz im Europarecht, in: Grewe / Rupp / Schneider (Hrsg.), Europäische Gerichtsbarkeit und nationale Verfassungsgerichtsbarkeit, Festschrift für Hans Kutscher, S. 196; *Pernice,* Gemeinschaftsverfassung und Grundrechtsschutz, NJW 1990, 2413; *Roider,* Perspektiven einer europäischen Rundfunkordnung, 3. Teil, I; *Schwarze,* Europäisches Verwaltungsrecht II, S. 689 ff.; *Schweitzer,* Staatsrecht III, Rdnr. 399; *Triantafyllou,* Vom Vertrags- zum Gesetzesvorbehalt, S. 158 ff.

86 EuGH – Liselotte Hauer / Land Rheinland-Pfalz, 44 / 79 – Slg. 1979, 3727 (3746); EuGH – Vittorio Testa, Salvino Maggio und Carmine Vitale / Bundesanstalt für Arbeit, 41, 121, 796 / 79 – Slg. 1980, 1979 (1997); EuGH – SMW Winzersekt GmbH / Land Rheinland-Pfalz, C-306 / 93 – in EuZW 1995, 109 ff.

87 So ebenfalls *Arndt,* Europarecht, S. 87; *Gündisch,* Allgemeine Rechtsgrundsätze in der Rechtsprechung des EuGH, in: Schwarze (Hrsg.), Das Wirtschaftsrecht des Gemeinsamen Marktes in der aktuellen Rechtsentwicklung, S. 114; *Hilf,* Ein Grundrechtskatalog für die Europäische Gemeinschaft, EuR 1991, 29; *Jarass,* Elemente einer Dogmatik der Grundfreiheiten, EuR 1995, 225; *Pernice,* Grundrechtsgehalte im Europäischen Gemeinschaftsrecht, S. 234; *Pernice,* Gemeinschaftsverfassung und Grundrechtsschutz, NJW 1990, 2415; *Ress,* Der Grundsatz der Verhältnismäßigkeit im deutschen Recht, in: Deutsche Sektion der Internationalen Juristenkommission (Hrsg.), Der Grundsatz der Verhältnismäßigkeit in europäischen Rechtsordnungen, S. 38; *Schiller,* Der Verhältnismäßigkeitsgrundsatz im Europäischen Gemeinschaftsrecht nach der Rechtsprechung des EuGH, RIW 1983, 930; *Triantafyllou,* Vom Vertrags- zum Gesetzesvorbehalt, S. 160.

88 EuGH – Internationale Handelsgesellschaft / Einfuhr- und Vorratsstelle für Getreide und Futtermittel, 11 / 70 – Slg. 1970, 1125 (1136); EuGH – Einfuhr- und Vorratsstelle für Getreide und Futtermittel / Köster, Berodt & Co, 25 / 70 – Slg. 1970, 1161 (1176); EuGH – Merkur Fleisch-Import / Hauptzollamt Hamburg-Ericus, 147 / 81 – Slg. 1982, 1389 (1396); EuGH – Hermann Schräder HS Kraftfutter / Hauptzollamt Gronau, 265 / 87 – Slg. 1989, 2237 (2267 ff.); EuGH – Kommission / Deutschland, C-62 / 90 – Slg. 1992, I-2575 (2609).

II. Die Zweck-Mittel-Analyse als tauglicher Maßstab

Die Zweck-Mittel-Analyse ist daher insgesamt als Rechtsmaßstab weitgehend anerkannt. Mit diesem können Freiheitsprobleme bewertet, individuelle Rechtspositionen und öffentliche Interessen gegeneinander abgewogen werden. Fraglich ist aber, ob mit den Kategorien der Geeignetheit, der Erforderlichkeit und der Angemessenheit eine solche Bewertung tatsächlich zufriedenstellend gelingt. Insbesondere für das Leistungsrecht lässt sich fragen, ob mit der Zweck-Mittel-Analyse ein tauglicher Bewertungsmaßstab für Subventionen existiert.

1. Kritik an der Zweck-Mittel-Analyse

In der kritischen Auseinandersetzung mit dem Maßstab der Zweck-Mittel-Analyse werden verschiedene Argumentationen verfolgt. So wird bemängelt, dass sich Mitnahmeeffekte infolge einer Subvention von vornherein nicht vermeiden lassen[89]. Zur Begründung wird vorgebracht, dass der Subventionsgeber nur eine begrenzte Kenntnis von der Motivationslage des geförderten Unternehmens besitzt. Die Frage, ob der Förderzweck sich nicht auch ohne die Förderung eingestellt hätte, also die Fördermittel vom Unternehmen letztlich nur „mitgenommen" wurden, kann daher per se nicht beantwortet werden[90]. Ein weiterer Ansatzpunkt der Kritik ist die unendliche Vielfalt von Zwecken, die mit Subventionen insgesamt und einzelnen Fördermaßnahmen im Besonderen verfolgt werden können[91]. Gerade wenn die Zahl der staatlichen Förderzwecke unüberschaubar ist, so macht es wenig Sinn auf den Subventionszweck abzustellen und an diesem eine Bewertung von Rechtspositionen festzumachen. Der Subventionszweck kann daher keine entscheidende Rolle bei der Überprüfung der Rechtmäßigkeit einer Subvention spielen[92]. Dieses Ergebnis wird noch untermauert, indem den Freiheitsrechten im Subventionsrecht keine eigenständige Relevanz zugebilligt wird. Da es durch Subventionen zu keinem Grundrechtseingriff kommen kann, ist eine Anwendung der Zweck-Mittel-Analyse nicht erforderlich[93].

Schließlich wird der Zweck-Mittel-Analyse jegliche Tauglichkeit abgesprochen, als Maßstab zur Bewertung von Subventionen zu dienen[94]. Ausgangspunkt dieser Feststellung ist das Fehlen geeigneter Maßstäbe zur Konkretisierung der Kriterien

---

[89] *Gusy,* Subventionsrecht I, JA 1991, 287.

[90] *Pietzcker,* Staatliche Förderung industrieller Forschung und Entwicklung – öffentlich-rechtlich betrachtet, ZHR 1982, 397; *Roellecke,* Forschungsförderung für die Industrie, BB 1981, 1908.

[91] *Gusy,* Subventionsrecht I, JA 1991, 287.

[92] *Gusy,* Subventionsrecht I, JA 1991, 287.

[93] *Gusy,* Subventionsrecht I, JA 1991, 290.

[94] *Froch / Gusy,* Das Übermaßverbot als Maßstab staatlicher Subventionsvergabe?, VerwArch 1990, 529.

der Geeignetheit, Erforderlichkeit und Angemessenheit. Insbesondere vermag die Wirtschaftswissenschaft keine Kriterien zu benennen, die derart hinreichende Tatsachengrundlagen schaffen, damit eine Bewertung durch die Zweck-Mittel-Analyse möglich wird[95]. Zunächst wird versucht, die Geeignetheit anhand wirtschaftswissenschaftlicher Beurteilungsmaßstäbe zu messen und zu fragen, ob der öffentliche Zweck durch die Leistung gefördert wird. So wird der fiskalische Maßstab mit der Begründung verworfen, dass dieser lediglich ex post angewandt werden kann. Es kann lediglich nachträglich überprüft werden, ob die beabsichtigte Kaufkraftzuführung administrativ-technisch gelungen ist[96]. Auch eine Betrachtung des betriebswirtschaftlichen Erfolgs des geförderten Unternehmens führt nicht weiter, da die Subvention zunächst immer erst in Betriebsmittel umgewandelt wird, das Resultat folglich nur vorläufiger Natur sein kann[97]. Ein anderer Maßstab versucht über das angestrebte Verhalten des Subventionsempfängers eine taugliche Tatsachenbasis zu schaffen. Hierbei muss der Subventionsempfänger die Subvention als Anreiz für eine Verhaltensänderung empfinden[98]. Jedoch kann diese Kausalitätsbetrachtung erst ex post und darüber hinaus nur sehr vage erfolgen[99]. Schließlich werden auch die Beturteilungsmaßstäbe der Ziel- und Systemkonformität[100] verworfen. Hierbei wird zum einen gefragt, ob die staatliche Leistung als zielkonform gilt, das angestrebte Ziel verwirklicht und nicht durch Nebenwirkungen kompensiert wird. Zum anderen wird im Rahmen der Systemkonformität gefragt, wie sich Subventionen zur Funktionsfähigkeit des gesamten Wirtschaftssystems verhalten. Die Ablehnung dieser Maßstäbe wird damit begründet[101], dass eine Betrachtung des Gesamtsystems nichts über die Wirksamkeit der konkreten Förderung aussagt. Ferner wäre eine Gesamtprognose sämtlicher Wirtschaftsdaten zu erstellen, um alle etwaigen Wirkungen erfassen und bewerten zu können.

Insgesamt wird daher konstatiert, dass kein wirtschaftlicher Beurteilungsmaßstab besteht, der feststellen kann, ob eine Subvention den angestrebten Zweck fördert. Für das Kriterium der Erforderlichkeit kommt man letztlich zu demselben Ergebnis, da Freiheitseinbußen nicht in Marktpreisen berechnet werden können[102].

---

[95] *Froch/Gusy*, Das Übermaßverbot als Maßstab staatlicher Subventionsvergabe?, Verw-Arch 1990, 530.

[96] *Ewringmann/Hansmeyer*, Zur Beurteilung von Subventionen, S. 79.

[97] *Hansmeyer*, Subventionen in der Bundesrepublik Deutschland, S. 22.

[98] Theorie der Merklichkeit von Subventionen, vgl. *Hansmeyer*, Subventionen in der Bundesrepublik Deutschland, S. 24.

[99] *Froch/Gusy*, Das Übermaßverbot als Maßstab staatlicher Subventionsvergabe?, Verw-Arch 1990, 521.

[100] Hierzu *Berthold*, Zur Theorie der Subventionen, S. 121 ff.; *Gutowski/Thiel*, Referat zum Thema „Ordnungsrahmen für das Recht der Subventionen", in: Ständige Deputation des DJT (Hrsg.), Verhandlungen des 55. DJT, Bd. II, S. M53 ff.

[101] *Froch/Gusy*, Das Übermaßverbot als Maßstab staatlicher Subventionsvergabe?, Verw-Arch 1990, 524 ff.

[102] Vgl. dazu die Abgrenzung zur Kosten-Nutzen-Analyse oben 1. Teil, B., IV., 1.

Da im Ergebnis weder eine Prognostizierbarkeit noch Zurechenbarkeit von Subventionswirkungen möglich ist, kann auch keine Abwägung im Rahmen der Angemessenheit erfolgen[103]. Die Argumentation führt schließlich dazu, dass die Zweck-Mittel-Analyse keinerlei taugliche Maßstäbe für das Subventionsrecht zur Verfügung stellt. Ihre Anwendbarkeit ist daher in Frage zu stellen.

2. Die Zweck-Mittel-Analyse als anerkannter Rechtsmaßstab

Die damit geäußerte Kritik begegnet indes starken Bedenken. Schon der methodische Ansatz, die Zweck-Mittel-Analyse mit wirtschaftswissenschaftlichen Beurteilungsmaßstäben anzureichern, kann als verfehlt angesehen werden. Es kann nicht darum gehen, rechtliche Kategorien wie die Geeignetheit durch andere zu ersetzen. Im Rahmen der Geeignetheit ist zu untersuchen, ob mit dem beabsichtigten Mittel der Zweck überhaupt erreicht werden kann. Hierbei handelt es sich um eine prognostische Analyse. Diese kann per se keine völlige Sicherheit über die beabsichtigte Zielkonformität geben, jede Prognose bleibt letztlich im Bereich der Vermutung. Mit dem Argument der Unvorhersehbarkeit von Subventionswirkungen ist daher nichts gewonnen. Gerade unter dem Aspekt der Zielkonformität sind zur weitgehenden Absicherung der Prognose möglichst viele Aspekte, Daten und Wirkungen in die Analyse einzubeziehen.

Geht man diesen Weg konsequent, so müsste man durchaus eine – dann unmögliche – wirtschaftliche Gesamtschau vornehmen. Das Kriterium der Geeignetheit will aber nicht alle potentiellen Wirkungen einer Subventionierung erfassen. Vielmehr geht es darum, eine Schlüssigkeitsprüfung durchzuführen, ob mit dem Einsatz von Fördermitteln der Zweck überhaupt erreicht werden kann[104]. Hierbei reicht es aus, den Blickwinkel auf den konkreten Bereich der Förderung zu beschränken, sei es regional, temporär oder marktspezifisch. Zudem überrascht es kaum, dass sämtliche wirtschaftswissenschaftliche Beurteilungsmaßstäbe angesichts der Geeignetheitsprüfung scheitern. Es geht eben nicht um eine wirtschaftliche Gesamtschau bzw. eine völlig abgesicherte Kausalitätsprüfung, sondern um die rechtliche Überprüfung staatlichen Handelns. Dazu können wirtschaftliche Maßstäbe ersichtlich nicht in der Lage sein, wie ein weiterer Blick auf die Erforderlichkeitsprüfung zeigt. Hierzu bietet die Wirtschaftswissenschaft keinerlei Möglichkeiten an.

---

[103] *Gutowski/Thiel,* Referat zum Thema „Ordnungsrahmen für das Recht der Subventionen", in: Ständige Deputation des DJT (Hrsg.), Verhandlungen des 55. DJT, Bd. II, S. M62.

[104] So sind gerade auch in der wirtschaftswissenschaftlichen Literatur Subventionswirkungsanalysen anerkannt, die durchaus in der Lage sind, subventionsinduzierte Hauptwirkungsverläufe bei der Subventionsgewährung zu bewerten; vgl. *Andel,* Finanzwissenschaft, S. 102 ff.; *Nieder-Eichholz,* Die Subventionsordnung, S. 96 ff.; *Recktenwald,* Steuerüberwälzungslehre, S. 60 ff.; *Riedel,* Investitionsförderung mittelständischer Unternehmen in strukturschwachen Regionen, S. 82 ff.

Darüber hinaus verfolgt der subventionierende Staat mit der Förderung einen bestimmten Zweck. Er setzt gerade die Subventionierung zur Lenkung des Subventionsempfängers in Richtung des Förderziels ein. Diesen Lenkungscharakter Subventionen allerdings abzusprechen, kann daher kaum überzeugen. Zum Nachweis dieser Lenkungswirkung ist es gerade erforderlich, dass der Ist-Zustand und der Soll-Zustand analysiert werden. Hierzu zwingt die Zweck-Mittel-Analyse. Es leuchtet dann allerdings nicht ein, warum die Frage der Geeignetheit nicht gelöst werden kann. Nimmt man beispielsweise den Fall der Beschäftigungssubventionen, so kann die Anzahl der Arbeitsplätze als eine Tatsachengröße dienen. Ob nun etwaige Fördermittel diese Zahl erhöhen, kann prognostisch festgestellt und durch empirische Untersuchungen als hinreichend wahrscheinlich vermutet werden[105]. Eine solche hypothetische Prüfung wirtschaftlicher Wirkungszusammenhänge ist sicher anspruchsvoll, aber wohl kaum sinnlos, denn nur über diese besteht die Möglichkeit Subventionen so zu platzieren, dass sie zur Erreichung des Ziels beitragen und die höchste Allokationseffizienz erreichen[106]. Die Fehleinschätzung der oben genannten Ansicht liegt darin, dass von der Unklarheit der Subventionierung auf eine solche der Zweck-Mittel-Analyse geschlossen wird. Vielmehr führt die Unklarheit der Förderzwecke zur Rechtswidrigkeit der Subventionierung[107]. Allein die Zweck-Mittel-Analyse vermag diejenigen Kategorien zu bilden, die eine rechtliche Bewertung von Subventionen zulassen. Der Förderrechtsrahmen wird in eine zweckdeutliche Struktur gezwungen. Nur so lassen sich die aufgeworfenen Freiheitsprobleme lösen[108].

Auch das Argument der unvermeidbaren Mitnahmeeffekte kann daher nicht überzeugen. Sicher ist mit diesen ein Hauptproblem jeder Subventionierung angesprochen[109]. Jedoch lassen sich Mitnahmeeffekte durch eine verstärkte Subventionsüberwachung bzw. -kontrolle vermeiden[110]. Über mögliche Rechtsauflagen kann erreicht werden, dass der Verhaltensspielraum des Subventionsempfängers möglichst gering gehalten wird, so dass dieser sich – gleichsam automatisch – in

---

[105] Zu solchen empirischen Studien vgl. beispielsweise *Ewringmann / Hansmeyer,* Zur Beurteilung von Subventionen, S. 95 ff.; *Gornig / Seidel / Vesper / Weise,* Regionale Strukturpolitik unter den veränderten Rahmenbedingungen der 90er Jahre, S. 48 ff.; *Hagen / Toepel,* Europäische Strukturfonds in Sachsen: Zwischenevaluierung für die Jahre 1994 bis 1996, S. 235 ff.; *Meinhardt / Seidel / Stille / Teichmann,* Transferleistungen in die neuen Bundesländer und deren wirtschaftliche Konsequenzen, S. 51 ff.; *Rabe,* Implementation wirtschaftsnaher Arbeitsmarktpolitik, S. 30 ff.

[106] *Andel,* Finanzwissenschaft, S. 255.

[107] So völlig zutreffend *Haverkate,* Subventionsrecht, in: Schmidt, Reiner (Hrsg.), Öffentliches Wirtschaftsrecht BT1, § 4 Rdnr. 91.

[108] So im Ergebnis sehr deutlich *Huster,* Rechte und Ziele, S. 128, der insbesondere das Problem der Gewichtung verschiedener Rechtspositionen anspricht und von einer Präponderanz der Rechte ausgeht (S. 125).

[109] *Andel,* Finanzwissenschaft, S. 256; *Werner,* Subventionsabbau – gesetzliche Zwänge schaffen, S. 35.

[110] Siehe hierzu unten 1. Teil, C., VI.

Richtung des Förderziels bewegt. Ferner gilt, je konkreter das Förderziel bestimmt ist, desto geringer ist die Möglichkeit, dieses Ziel gar nicht erreichen zu wollen, sondern lediglich die Förderung als Wettbewerbsvorteil mitzunehmen.

Schließlich muss man von der Vorstellung Abstand nehmen, dass der Förderzweck sich unter keinen Umständen ohne die Förderung hätte einstellen dürfen. Bei der Inanspruchnahme einer Subvention spielen aufseiten des Subventionsempfängers eine Reihe von Motiven eine Rolle, so dass es ausreicht, dass die Subvention ein, wenn auch gewichtiger, Anreiz zur Vornahme der Verhaltensänderung darstellt. Der Einwand, dass aufgrund der Zweckevielfalt im Subventionsrecht ein Abstellen auf den Förderzweck nichts Substantielles aussagt, kann so nicht tragen. Der Subventionsgeber wird nämlich erst über die Zweck-Mittel-Analyse gezwungen, den Zweck der Förderung zu bestimmen. Ihn trifft über diesen Maßstab eine sogenannte Zweckverdeutlichungspflicht[111]. Fehlt es an einer deutlichen Zweckbestimmung, so kann in der Tat keine Zweck-Mittel-Analyse mehr stattfinden. Ist der Subventionszweck aber hinreichend bestimmt, so kann er auch im Zentrum der Betrachtungen stehen. Mithin entfaltet dieser dann sogar eine begrenzende Wirkung auf die Subventionierung.

Ferner kann nicht überzeugen, die Zweck-Mittel-Analyse allein der Eingriffsdogmatik zuzuordnen. In Anbetracht der vielfältigen potentiell betroffenen Grundrechtspositionen, insbesondere der Wettbewerbsfreiheit und des Gleichheitssatzes, muss dem staatlichen Handeln ein Regulativ gegenüberstehen[112]. Dies ist in der Zweck-Mittel-Analyse und der darin verankerten Zweckverdeutlichungspflicht zu sehen. Sie garantiert den Schutz individueller Freiheit. Den Freiheitsrechten im Bereich des Subventionsrechts jegliche Bedeutung abzusprechen, ist daher verfehlt. Es gilt zu erkennen, dass auch eingriffslose Freiheitsbeeinträchtigungen möglich sind[113].

---

[111] *Haverkate,* Gesetzesgestaltung und Rechtsanwendung im Leistungsrecht, NVwZ 1988, 778; *Haverkate,* Subventionsrecht, in: Schmidt, Reiner (Hrsg.), Öffentliches Wirtschaftsrecht BT1, § 4 Rdnr. 90; *Hirschberg,* Der Grundsatz der Verhältnismäßigkeit, S. 158 ff.; *Huster,* Rechte und Ziele, S. 94; *Riedel,* Investitionsförderung mittelständischer Unternehmen in strukturschwachen Regionen, S. 2; *Schmidt,* Reiner, Wirtschaftspolitik, Wirtschaftsverwaltungsorganisation, Wirtschaftsförderung in: Achterberg / Püttner (Hrsg.), Besonderes Verwaltungsrecht I, Kapitel 1 Rdnr. 146; *Vogel,* Begrenzung von Subventionen durch ihren Zweck, in: Stödter / Thieme (Hrsg.), Hamburg Deutschland Europa, Festschrift für Hans-Peter Ipsen, S. 541.

[112] *Badura,* Wirtschaftsverwaltungsrecht, in: Schmidt-Aßmann (Hrsg.), Besonderes Verwaltungsrecht, 3. Abschnitt Rdnr. 86; *Bleckmann,* Subventionsrecht, S. 151; *Friehe,* Das Abwehrrecht des Wettbewerbers gegen die Subventionierung eines Konkurrenten, JuS 1981, 871; *Preußner,* Kontrolle und Beherrschbarkeit von Wirtschaftssubventionen, S. 90; *Roellekke,* Forschungsförderung für die Industrie, BB 1981, 1908; *Unkelbach,* Grundrechtliche Bindungen des Bundesgesetzgebers bei der Vergabe von Leistungssubventionen zugunsten der gewerblichen Wirtschaft, S. 95; *Wolff / Bachof,* Verwaltungsrecht III, § 154 Rdnr. 15.

[113] *Friauf,* Referat zum Thema „Ordnungsrahmen für das Recht der Subventionen", in: Ständige Deputation des DJT (Hrsg.), Verhandlungen des 55. DJT, Bd. II, S. M14 ff.

Im Ergebnis ist festzuhalten, dass die Kritik an der Zweck-Mittel-Analyse nicht zu überzeugen vermag. Es wird versucht die Zweck-Mittel-Analyse durch wirtschaftswissenschaftliche Maßstäbe zu ersetzen. Hierbei wird völlig verkannt, dass betroffene Freiheitsaspekte damit nicht bewertet werden können. Allein die Zweck-Mittel-Analyse vermag hierfür rechtliche Kategorien zu bilden, die eine Bewertung ermöglichen. Im Folgenden soll nun ausgehend von der grundsätzlichen Anerkennung und Tauglichkeit der Zweck-Mittel-Analyse der Frage nachgegangen werden, inwieweit ein Bedürfnis nach einem Rechtsmaßstab der Zweck-Mittel-Analyse im Subventionsrecht besteht.

III. Bedürfnis nach einer Zweck-Mittel-Analyse im Subventionsrecht

An einem solchen Bedürfnis ließe sich insbesondere deshalb zweifeln, da die Zweck-Mittel-Analyse zunächst auf Grundrechtseingriffe im klassischen Sinne zugeschnitten war. Man könnte nun argumentieren, dass diese allein im Bereich belastenden Verwaltungshandelns Anwendung finden kann[114]. Der Bereich des staatlichen Leistungshandelns sei demgegenüber eingriffsneutral. Vielmehr würde der Rechtskreis des Bürgers aufgrund der Gewährung von staatlichen Leistungen erweitert. Folglich könne auf eine Begrenzung staatlichen Handelns durch die Zweck-Mittel-Analyse verzichtet werden. Diese Sichtweise greift ersichtlich zu kurz. So wird verkannt, dass staatliche Leistungen, insbesondere Subventionen immer Freiheitsprobleme aufwerfen. So besteht ein Zusammenhang zwischen der Begünstigung des Bedachten und der Benachteiligung des Nichtbedachten[115]. So ist ersterer beispielsweise in der Lage, aufgrund der Subventionsgewährung seine Marktposition zu verbessern. Seine Ertragsseite gestaltet sich durch die staatliche Zuwendung positiver, er vermag seine Produkte billiger anzubieten. Der nichtbedachte Konkurrent dagegen wird gezwungen, sich dieser Preisgestaltung anzupassen, da er sonst nur schwer am Markt bestehen wird. Damit kann dieser aber durch die Subventionsvergabe in seinen Rechten verletzt sein[116]. Letztlich verschwimmt das System von Eingriff und Begünstigung[117]. Auf einen Punkt gebracht, die Förderung des einen birgt immer den Nachteil des anderen in sich[118]. Daher muss die

---

[114] Vgl. hierzu die Darstellung bei *Dechsling,* Das Verhältnismäßigkeitsgebot, S. 87; *Jarass,* Wirtschaftsverwaltungsrecht, § 10 Rdnr. 48.

[115] BVerfGE 17, 1 (23); BVerfGE 46, 120 (137); BVerwGE 71, 183 (191).

[116] BVerwGE 30, 191 (197).

[117] Auf den engen Zusammenhang von Zweck-Mittel-Analyse und Freiheit stellt ab *Huster,* Rechte und Ziele, S. 100; *Schmidt,* Reiner, Klagebefugnis des Konkurrenten bei Subvention an Wettbewerber, BB 1969, 653.

[118] *Friehe,* Das Abwehrrecht des Wettbewerbers gegen die Subventionierung eines Konkurrenten, JuS 1981, 871; *Haverkate,* Rechtsfragen des Leistungsstaats, S. 149; *Helmstädter,* Wirtschaftsförderung für „Starke oder Schwache"?, S. 56 ff.; *Jarass,* Der Vorbehalt des Ge-

Zweck-Mittel-Analyse als Korrektiv auch im Subventionsrecht uneingeschränkte Anwendung finden.

1. Erfordernis aus Sicht des nichtbedachten Konkurrenten

Von diesen grundsätzlichen Überlegungen aus muss allerdings die Frage gestellt werden, wie diese potentiellen Nachteile rechtlich zu bewerten sind und ob diese zu einer Anwendung der Zweck-Mittel-Analyse auch im Subventionsrecht zwingen. Als mögliche Nachteile kommen hierbei insbesondere Grundrechtspositionen des Subventionskonkurrenten in Betracht. Die Zweck-Mittel-Analyse greift allerdings erst dann als rechtliches Korrektiv ein, wenn eine mögliche Antastung von Grundrechtspositionen des nichtbedachten Konkurrenten bejaht werden konnte. Es sollen nun im Folgenden die in Betracht kommenden Grundrechtspositionen des nichtbedachten Subventionskonkurrenten aufgezeigt werden.

a) Grundrechtspositionen des Subventionskonkurrenten

Für den Subventionskonkurrenten kommen dabei insbesondere die Art. 12 Abs. 1, Art. 14 Abs. 1, Art. 2 Abs. 1, Art. 3 Abs. 1 GG[119] in Betracht. Art. 12 Abs. 1 GG schützt dabei vor spezifischen staatlichen Eingriffen in die Berufs- und Gewerbefreiheit. Mit der Subventionierung müsste nun mindestens die Berufsausübung des Nichtbedachten erschwert werden. Zwar ließe sich argumentieren, dass der Produktabsatz, welcher der berufsausübenden Produktion unmittelbar nachfolgt, in einem durch die staatliche Zuwendung verzerrten Wettbewerb behindert wird. Jedoch verschafft dies dem Konkurrenten allenfalls einen Wettbewerbsvorsprung, der Mitbewerber hat nach wie vor die Möglichkeit, am Wettbewerb teilzunehmen. Die Abwehr von lediglich wirtschaftlichen Belastungen wird nicht vom Schutzbereich der Berufsfreiheit umfasst[120].

---

setzes bei Subventionen, NVwZ 1984, 477; *Nieder-Eichholz,* Die Subventionsordnung, S. 119 ff.; *Preußner,* Kontrolle und Beherrschbarkeit von Wirtschaftssubventionen, S. 19 ff.; *Ress,* Der Grundsatz der Verhältnismäßigkeit im deutschen Recht, in: Deutsche Sektion der Internationalen Juristenkommission (Hrsg.), Der Grundsatz der Verhältnismäßigkeit in europäischen Rechtsordnungen, S. 27; *Vogel,* Begrenzung von Subventionen durch ihren Zweck, in: Stödter / Thieme (Hrsg.), Hamburg Deutschland Europa, Festschrift für Hans-Peter Ipsen, S. 549; *Zuleeg,* Zur künftigen Entwicklung des Subventionsrechts, DÖV 1984, 734.

[119] Im Rahmen von Pressesubventionen kann als Sonderfall Art. 5 Abs. 1 GG angeführt werden.

[120] *Buhren,* Rechtsposition des Dritten im Wirtschaftsverwaltungsrecht, DVBl 1975, 329; *Friehe,* Das Abwehrrecht des Wettbewerbers gegen die Subventionierung eines Konkurrenten, JuS 1981, 871; *Götz,* Recht der Wirtschaftssubventionen, S. 274; *Henke,* Das Recht der Wirtschaftssubventionen als öffentliches Vertragsrecht, S. 119 ff.; *Zuleeg,* Subventionskontrolle durch Konkurrentenklage, S. 80.

Demgegenüber schützt Art. 14 Abs. 1 GG alle vermögenswerte Güter. Nun könnte man das Unternehmen in seiner Gesamtheit zum Eigentum i. S. d. Art. 14 Abs. 1 GG machen[121]. Dabei wird aber verkannt, dass sich die Subventionierung allenfalls auf Erwerbschancen auswirkt, die gerade keine geschützten Rechtspositionen darstellen. Würde man das Unternehmen und insbesondere seinen Wert dem Eigentumsschutz unterstellen, führte dies dazu, dass die Verschlechterung der Marktstellung durch die Subventionierung an Art. 14 Abs. 1 GG zu messen wäre, obwohl die Position am Markt lediglich Ausdruck etwaiger Gewinnchancen ist[122]. Nun umfasst die Eigentumsgarantie aber den eingerichteten und ausgeübten Gewerbebetrieb des Nichtsubventionierten, vor allem auch bestehende Geschäftsverbindungen und den Kundenstamm, die durch die Subventionierung des Konkurrenten Ziel des Angriffs sind. Jedoch ist erforderlich, dass der Gewerbebetrieb in seiner Substanz betroffen wird, insbesondere sein Schutz nicht weitergehen kann als der seiner wirtschaftlichen Grundlage[123]. Bei genauer Betrachtung stellt es eine bloße Hoffnung dar, nicht mit einem subventionierten Marktteilnehmer konkurrieren zu müssen. Denn als Reaktion könnte der Nichtbedachte seinen Produktpreis anpassen. Im Ergebnis wären zwar die Gewinnaussichten geringer, damit aber der Schutzbereich des Art. 14 Abs. 1 GG nicht berührt[124]. Etwas anderes kann nur dann gelten, wenn die Subventionierung die Existenzgefährdung bzw. die Vernichtung des eingerichteten und ausgeübten Gewerbebetriebs des Nichtbedachten zur Folge hat[125]. Zwar sind auch dann, bei näherer Analyse, lediglich bloße Vermögensexpektanzen betroffen, jedoch wurde aufgrund derselben der Gewerbebetrieb überhaupt erst aufgebaut. Art. 14 Abs. 1 GG muss aber gerade dann einschlägig sein, wenn die staatliche Zuwendung den Nichtsubventionierten derart „schwer und unerträglich getroffen" hat, dass der „Bestand des eingerichteten und ausgeübten Gewerbebetriebs ernsthaft in Frage gestellt" wird[126].

Schließlich wird auf das allgemeine Freiheitsgrundrecht des Art. 2 Abs. 1 GG verwiesen, das die Handlungsfreiheit auf wirtschaftlichem Gebiet garantiert[127].

---

[121] Vgl. die Darstellung bei *Friehe,* Das Abwehrrecht des Wettbewerbers gegen die Subventionierung eines Konkurrenten, JuS 1981, 868.

[122] BVerfGE 17, 232 (248); BVerfGE 28, 119 (142); BVerfGE 30, 292 (334 ff.); BVerfGE 39, 210 (237); BVerfGE 68, 193 (222); BVerfGE 74, 129 (148).

[123] BVerfGE 51, 193 (221); BVerfGE 58, 300 (353); BVerfGE 74, 129 (148).

[124] BGH in DB 1967, 1312 (1313); BGH in DB 1968, 2211 (2212).

[125] *Ipsen,* Subventionen, in: Isensee / Kirchhof (Hrsg.), Handbuch des Staatsrechts IV, § 92 Rdnr. 76; *Jarass,* Der Vorbehalt des Gesetzes bei Subventionen, NVwZ 1984, 477; *Klenke,* Wirtschaftssubventionen und Eigentumsgarantie des Art. 14 Grundgesetz, S. 148; *Müller-Graff,* Unternehmensinvestitionen und Investitionssteuerung im Marktrecht, S. 468.

[126] BVerwG in DÖV 1983, 342 (343); vgl. aber auch BVerfG in NJW 1992, 36 ff.

[127] In der Literatur ist dabei strittig, ob die Wettbewerbsfreiheit in Art. 12 Abs. 1, Art. 14 oder eben Art. 2 Abs. 1 GG festzumachen ist; vgl. zu dieser Diskussion *Cannivé,* Infrastrukturgewährleistung in der Telekommunikation zwischen Staat und Markt, 4. Kapitel C III 1; *Friehe,* Das Abwehrrecht des Wettbewerbers gegen die Subventionierung eines Konkurrenten, JuS 1981, 868 ff.; *Gusy,* Subventionsrecht II, JA 1991, 332; *Pieroth / Schlink,* Grundrechte,

Teil dieser Handlungsfreiheit ist auch die Freiheit der Teilnahme am Wettbewerb[128]. Wird nun aber der Konkurrent subventioniert, ist er in der Lage, seine Produkte günstiger anzubieten, der Nichtsubventionierte muss seinen Produktpreis daran ausrichten. Damit kommt es aber zu einer relevanten staatlichen Marktbeeinflussung, zu einem Eingriff in die freie Preisgestaltung des Nichtbedachten. Folglich ist Art. 2 Abs. 1 GG, in der besonderen Form der Wettbewerbsfreiheit, einschlägig[129]. Dieser grundsätzlichen Anerkennung wird von der Rechtsprechung[130] eine Einschränkung dergestalt entgegengesetzt, dass die Wettbewerbsfreiheit nur dann berührt ist, wenn es sich um eine „schwere und unerträgliche" Beeinträchtigung handelt[131].

Als letztes Abwehrrecht des Subventionskonkurrenten ist der allgemeine Gleichheitssatz[132] des Art. 3 Abs. 1 GG zu nennen, der bei vergleichbaren Sachverhalten willkürliche staatliche Maßnahmen verhindern will[133]. Gerade für die

---

Rdnr. 814 ff.; *Püttner,* Subventionierung von Anzeigenblättern, JuS 1995, 1070; *Stober,* Handbuch des Wirtschaftsverwaltungs- und Umweltrechts, § 31 I, S. 343; *Zuleeg,* Nationales Subventionsrecht als Wirkungsfeld und Wirkungsfaktor des europäischen Subventionsrechts, in: Börner / Bullinger (Hrsg.), Subventionen im Gemeinsamen Markt, S. 14; zum Verhältnis von Wettbewerbsfreiheit und Lauterkeitsrecht vgl. nur *Bottenschein,* Restriktionen der Wertreklame, Einleitung A.

128 BVerfGE 37, 1 (18); BVerfGE 42, 374 (385).

129 *Andresen,* Die Anfechtungsklage des nichtsubventionierten Konkurrenten, S. 113; *Badura,* Wirtschaftsverwaltungsrecht, in: Schmidt-Aßmann (Hrsg.), Besonderes Verwaltungsrecht, 3.Abschnitt Rdnr. 86; *Bleckmann,* Subventionsrecht, S. 151; *Friehe,* Das Abwehrrecht des Wettbewerbers gegen die Subventionierung eines Konkurrenten, JuS 1981, 871; *Fröhler / Lenz,* Die Konkurrentenklage im Subventionsrecht, GewArch 1976, 75; *Groeschke,* Der wettbewerbsrechtliche Unterlassungs- und Schadensersatzanspruch aufgrund der unrechtmäßigen Subventionierung von Konkurrenten, BB 1995, 2330; *Lübbe-Wolff,* Die Grundrechte als Eingriffsabwehrrechte, S. 293 ff.; *Mössner,* Die öffentlichrechtliche Konkurrentenklage, JuS 1971, 136; *Preußner,* Kontrolle und Beherrschbarkeit von Wirtschaftssubventionen, S. 90; *Roellecke,* Forschungsförderung für die Industrie, BB 1981, 1908; *Schmidt, Reiner,* Klagebefugnis des Konkurrenten bei Subvention an Wettbewerber, BB 1969, 653; *Unkelbach,* Grundrechtliche Bindungen des Bundesgesetzgebers bei der Vergabe von Leistungssubventionen zugunsten der gewerblichen Wirtschaft, S. 95; *Wolff / Bachof,* Verwaltungsrecht III, § 154 Rdnr. 15; *Zuleeg,* Subventionskontrolle durch Konkurrentenklage, S. 83.

130 BVerwGE 30, 191 (198); BVerwGE 32, 173 (179); BVerwGE 60, 154 (160); kritisch zu dieser Rechtsprechung *Zuleeg,* Subventionskontrolle durch Konkurrentenklage, S. 80 ff.

131 Diese Rechtsprechung zu Recht kritisierend *Lübbe-Wolff,* Die Grundrechte als Eingriffsabwehrrechte, S. 308 ff.

132 Hierzu grundlegend *Huster,* Rechte und Ziele, S. 15 ff.

133 BVerwG in NJW 1978, 1539 (1540); *Badura,* Wirtschaftsverwaltungsrecht, in: Schmidt-Aßmann (Hrsg.), Besonderes Verwaltungsrecht, 3.Abschnitt Rdnr. 89; *Bleckmann,* Subventionsrecht, S. 151; *Gusy,* Subventionsrecht II, JA 1991, 332; *Friauf,* Anmerkungen zum BVerwG-Urteil vom 25. 10. 1968, DVBl 1969, 371; *Haverkate,* Subventionsrecht, in: Schmidt, Reiner (Hrsg.), Öffentliches Wirtschaftsrecht BT1, § 4 Rdnr. 86; *Jarass,* Wirtschaftsverwaltungsrecht, § 10 Rdnr. 48; *Pietzcker,* Staatliche Förderung industrieller Forschung und Entwicklung – öffentlichrechtlich betrachtet, ZHR 1982, 401; *Püttner,* Subven-

Konkurrenzsituation am Markt zwischen Nichtsubventioniertem und Subventioniertem ist Art. 3 Abs. 1 GG als Maßstab heranzuziehen. Zwar gibt Art. 3 Abs. 1 GG dem subventionierenden Staat einen weiten Beurteilungsspielraum, dennoch wird er durch die Bindung an Art. 3 Abs. 1 GG gehalten, einen sachlichen Grund für eine differenzierte Subventionierung zu benennen, letztlich den Zweck seines Handelns zu bestimmen. Der Gleichheitssatz verpflichtet den Subventionsgeber zur Benennung und Einhaltung des Subventionszwecks[134]. Im Ergebnis können also Rechtspositionen des nichtbedachten Konkurrenten durch die Subventionierung berührt sein, so dass das staatliche Handeln sowohl an diesen Grundrechten als auch am Prinzip der Zweck-Mittel-Analyse zu messen ist.

b) Berufung auf europäische Gemeinschaftsgrundrechte

Dieses für das nationale Recht gefundene Ergebnis findet seine Ergänzung in der europäischen Rechtsebene. Auch hier bestehen konkrete Rechtspositionen, auf die sich der nichtbedachte Subventionskonkurrent bei einer Subventionsgewährung durch die Europäische Gemeinschaft berufen kann. Ebenfalls in Betracht kommt das Recht der Berufsfreiheit, das der EuGH[135] in langjähriger Rechtsprechung entwickelt hat. Letztlich kann es aber aus denselben Gründen wie im deutschen Recht nicht für den Subventionskonkurrenten nutzbar gemacht werden, da durch die Subventionsgewährung keine spezifische Beeinträchtigung der Berufsfreiheit vorliegt, die Belastungen allenfalls wirtschaftlicher Natur sind[136].

Auch beim Gemeinschaftsgrundrecht des Eigentums lassen sich Parallelen zum deutschen Recht ziehen. So ist die Eigentumsfreiheit inzwischen vom EuGH[137] in ständiger Rechtsprechung anerkannt worden. Problematisch ist aber auch hier, ob sich der Schutzbereich auf Marktchancen und -anteile erstreckt, die durch staatli-

---

tionierung von Anzeigenblättern, JuS 1995, 1070; *Schmidt,* Reiner, Klagebefugnis des Konkurrenten bei Subvention an Wettbewerber, BB 1969, 653; *Selmer,* Anmerkungen zu BVerwGE 30, 191, NJW 1969, 1267; *Zuleeg,* Zur künftigen Entwicklung des Subventionsrechts, DÖV 1984, 736.

[134] *Preußner,* Kontrolle und Beherrschbarkeit von Wirtschaftssubventionen, S. 96; *Selmer,* Anmerkungen zu BVerwGE 30, 191, NJW 1969, 1267; *Zuleeg,* Zur künftigen Entwicklung des Subventionsrechts, DÖV 1984, 740.

[135] EuGH – Kommission / Deutschland, 116/82 – Slg. 1986, 2519 (2545); EuGH – Strafsache gegen Franz Keller, 234/85 – Slg. 1986, 2897 (2912); EuGH – Walter Rau Lebensmittelwerke und andere / Bundesanstalt für landwirtschaftliche Marktordnung, 133 – 136/85 – Slg. 1987, 2289 (2338 ff.); EuGH – Union nationale des entraîneurs et cadres techniques professionnels du football (Unectef) / Georges Heylens und andere, 222/86 – Slg. 1987, 4097 (4117); EuGH – Hermann Schräder HS Kraftfutter / Hauptzollamt Gronau, 265/87 – Slg. 1989, 2237 (2267).

[136] EuGH – Walter Rau Lebensmittelwerke und andere / Kommission, 279, 280, 285, 286/84 – Slg. 1987, 1069 (1093).

[137] EuGH – Deutsche Grammophon / Metro SB Großmärkte, 78/70 – Slg. 1971, 487 (499); EuGH – Nold / Kommission, 4/73 – Slg. 1974, 491 (507).

che Zuwendungen an einen Mitkonkurrenten geschmälert werden. Der EuGH[138] hat den Eigentumsschutz nicht in diese Richtung ausgedehnt, so dass das Vermögen bzw. bloße zukünftige Gewinnaussichten auch über den europäischen Weg nicht geschützt werden.

Demgegenüber kann sich der Nichtbegünstigte auf den allgemeinen Gleichheitsgrundsatz europäischer Prägung berufen[139], dessen Besonderheit darin liegt, dass zur Rechtfertigung einer Ungleichbehandlung bzw. Gleichbehandlung nicht ein bloßer sachlicher Grund ausreicht, sondern dieser sich an den europäischen Vertragsbestimmungen auszurichten hat. Eine Diskriminierung liegt demnach vor, wenn zum einen die potentielle Möglichkeit einer Wettbewerbsverfälschung besteht, die zum anderen nicht durch objektiv gewichtige Gründe gerechtfertigt werden kann[140]. Damit geht der europäische Gleichbehandlungsgrundsatz über das im deutschen Recht verankerte Willkürverbot in Art. 3 Abs. 1 GG hinaus[141]. Entscheidend ist vorliegend, dass sich hieraus auch auf europäischer Ebene ein Rechtfertigungsmoment im Rahmen der Subventionierung ergibt, das letztlich in einer Zweck-Mittel-Analyse mündet[142].

Ein weiterer Unterschied zum deutschen Recht ist in den vom EuGH ausdrücklich anerkannten Rechtspositionen der Handelsfreiheit[143], der allgemeinen Wirtschaftsfreiheit[144] wie auch der Wettbewerbsfreiheit[145] zu sehen, die der Subven-

---

[138] EuGH – Nold / Kommission, 4 / 73 – Slg. 1974, 491 (508); EuGH – Biovilac / Europäische Wirtschaftsgemeinschaft – Slg. 1984, 4057 (4079).

[139] EuGH – Albert Ruckdeschel und Hansa Lagerhaus Ströh / Hauptzollamt Hamburg-St. Annen; Diamalt / Hauptzollamt Itzehoe, 117 / 76 und 16 / 77 – Slg. 1977, 1753 (1770); EuGH – Edeka Zentrale / Deutschland, 245 / 81 – Slg. 1982, 2745 (2754); EuGH – Biovilac / Europäische Wirtschaftsgemeinschaft – Slg. 1984, 4057 (4058); EuGH – Malte Klensch und andere / Staatssekretär für Landwirtschaft und Weinbau, 201 und 202 / 85 – Slg. 1986, 3477 (3507); EuGH – Bundesanstalt für landwirtschaftliche Marktordnung / Raiffeisen Hauptgenossenschaft, 215 / 85 – Slg. 1987, 1279 (1300).

[140] EuGH – Dukavit Futtermittel / Finanzamt Warendorf, 139 / 77 – Slg. 1978, 1317 (1333); EuGH – Französische Regierung / Kommission, 15 und 16 / 76 – Slg. 1979, 321 (340); EuGH – Walter Rau Lebensmittelwerke und andere / Kommission, 279, 280, 285, 286 / 84 – Slg. 1987, 1069 (1124).

[141] Hierzu *Arndt,* Europarecht, S. 83; *Löw,* Der Rechtsschutz des Konkurrenten gegenüber Subventionen aus gemeinschaftsrechtlicher Sicht, S. 120 ff.

[142] EuGH – Bela-Mühle Josef Bergmann / Grovos-Farm, 114 / 76 – Slg. 1977, 1211 (1221); EuGH – Ölmühle Hamburg / Hauptzollamt Waltershof; Firma Kurt A. Becher / Hauptzollamt Bremen-Nord, 119 und 120 / 76 – Slg. 1977, 1269 (1286); ferner *Müller-Graff,* Unternehmensinvestitionen und Investitionssteuerung im Marktrecht, S. 472; *Pernice,* Grundrechtsgehalte im Europäischen Gemeinschaftsrecht, S. 206.

[143] EuGH – Internationale Handelsgesellschaft / Einfuhr- und Vorratsstelle für Getreide und Futtermittel, 11 / 70 – Slg. 1970, 1125 (1135); EuGH – Einfuhr- und Vorratsstelle für Getreide und Futtermittel / Köster, Berodt, 25 / 70 – Slg. 1970, 1161 (1176); EuGH – Nold / Kommission, 4 / 73 – Slg. 1974, 491 (507); EuGH – Procureur de la République / Association de défense des brûleurs d'huile usagées (ADBHU), 240 / 83 – Slg. 1985, 531 (548).

[144] EuGH – Finsider / Kommission, 63 und 147 / 84 – Slg. 1985, 2857 (2882).

tionskonkurrent in erster Linie für sich nutzbar machen kann. Dabei hat der Gerichtshof den freien Wettbewerb als „fundamentales Prinzip des Gemeinschaftsrecht"[146] bezeichnet, insbesondere mit Blick auf die Verankerung im europäischen Primärrecht, wie die Art. 2, Art. 3 Abs. 1 lit.g, Art. 81, Art. 82, Art. 86, Art. 87, Art. 298 EGV zeigen. Zwar handelt es sich hierbei in erster Linie um objektivrechtliche Normen, jedoch entnimmt der EuGH[147] diesen auch eine individualrechtliche Komponente und entwickelt so das Gemeinschaftsgrundrecht der Wettbewerbsfreiheit[148].

Damit wird deutlich, dass sämtliche Rechtsakte der Gemeinschaft im Subventionsrecht an den betroffenen Grundrechten zu messen sind. Vor diesem Hintergrund ist auch auf europäischer Ebene die Zweck-Mittel-Analyse von entscheidender Bedeutung. So werden auf europäischer Ebene Grundrechte ebenfalls nicht schrankenlos gewährt, vielmehr können diese durch das öffentliche Interesse bzw. das Allgemeininteresse der Gemeinschaft eingeschränkt werden[149]. Eine wesentliche Begrenzung der staatlichen Eingriffsmöglichkeiten ist dabei im Prinzip der Zweck-Mittel-Analyse zu sehen[150]. Im Rahmen des Subventionsrechts kommt zwar den Gemeinschaftsbehörden ein weiter Beurteilungsspielraum zu, dennoch werden diese über die Zweck-Mittel-Analyse gezwungen, Subventionen durch erhebliche öffentliche Interessen zu rechtfertigen, die im übrigen im EGV aufgeführt sein müssen[151]. Zusammenfassend lässt sich aus der Sicht des Subventionskonkur-

---

[145] EuGH – Metro SB-Großmärkte / Kommission, 26 / 76 – Slg. 1977, 1875 (1902); EuGH – Walter Rau Lebensmittelwerke und andere / Bundesanstalt für landwirtschaftliche Marktordnung, 133 – 136 / 85 – Slg. 1987, 2289 (2339); EuGH – Bundesrepublik Deutschland / Kommission, 284 / 84 – Slg. 1987, 4013 (4041).

[146] EuGH – Procureur de la République / Association de défense des brûleurs d'huiles usagées, 240 / 83 – Slg. 1985, 531 (550).

[147] Vgl. EuGH – Fruit / Company, 44 / 70 – Slg.1971, 427 (429); EuGH – Nold / Kommission, 4 / 73 – Slg. 1974, 491 (507); EuGH – Maizena, 139 / 79 – Slg.1980, 3393 (3421 ff.); EuGH – Procureur de la République / Association de défense des brûleurs d'huiles usagées, 240 / 83 – Slg. 1985, 531 (548); EuGH – Walter Rau Lebensmittelwerke und andere / Bundesanstalt für landwirtschaftliche Marktordnung, 133 – 136 / 85 – Slg. 1987, 2289 (2339).

[148] Auch in der Literatur wird ein europäisches Grundrecht der Wettbewerbsfreiheit anerkannt; vgl. *Bleckmann*, Europarecht, Rdnr. 108; *Ipsen*, Europäisches Gemeinschaftsrecht, S. 607; *Löw*, Der Rechtsschutz des Konkurrenten gegenüber Subventionen aus gemeinschaftsrechtlicher Sicht, S. 79; *Pernice*, Grundrechtsgehalte im Europäischen Gemeinschaftsrecht, S. 124; *Pernice*, Gemeinschaftsverfassung und Grundrechtsschutz, NJW 1990, 2413; *Zieger*, Die Rechtsprechung des EuGH – Eine Untersuchung der Allgemeinen Rechtsgrundsätze, JöR 1973, 318.

[149] EuGH – Liselotte Hauer / Land Rheinland Pfalz, 44 / 79 – Slg. 1979, 3727 (3746); EuGH – Vittorio Salvino Maggio und Camine Vitale / Bundesanstalt für Arbeit, 41, 121, 796 / 79 – Slg. 1980, 1979 ff.; EuGH – SMW Winzersekt GmbH / Land Rheinland-Pfalz, C-306 / 93 – in EuZW 1995, 109 ff.

[150] EuGH – Internationale Handelsgesellschaft / Einfuhr- und Vorratsstelle für Getreideund Futtermittel, 11 / 70 – Slg. 1970, 1125 (1137); EuGH – Procureur de la République / Association de défense des brûleurs d'huiles usagées, 240 / 83 – Slg. 1985, 531 (549).

renten festhalten, dass sowohl im nationalen als auch im europäischen Recht im Rahmen der Subventionierung Freiheitsprobleme auftreten können. Der nichtbedachte Konkurrent kann sich dabei insbesondere auf die Rechtspositionen der Wettbewerbsfreiheit, der Eigentumsfreiheit – allerdings mit Einschränkungen – und den Gleichheitsgrundsatz berufen. Die staatlichen Zuwendungen sind daran zu messen. Maßstab der juristischen Prüfung ist dabei die Zweck-Mittel-Analyse.

2. Erfordernis aus Sicht des Subventionsempfängers

Aber auch auf der Seite des Bedachten tauchen Freiheitsprobleme auf, beispielsweise inwieweit dieser durch die Subvention eigene Rechtspositionen, und damit Freiheitsrechte, an den Staat verkauft hat[152], oder ob sich nicht aus den Grundrechten gar eine Leistungspflicht des Staates zur Subventionierung herleiten und sich damit bei Untätigkeit eine Freiheitsbeeinträchtigung konstatieren lässt[153]. Darüber hinaus kann es zu Fallgestaltungen kommen, in denen der Subventionsempfänger auf der einen Seite auf die staatliche Zuwendung angewiesen ist, auf der anderen Seite mit der Subventionsvergabe aber Verpflichtungen, beispielsweise in Form von Nebenbestimmungen zum Subventionsbescheid, verbunden sind, die nachhaltig auf ein bestimmtes Verhalten des Subventionsempfängers hinwirken[154]. Letztlich besteht in dieser Konstellation ein faktischer Zwang, der zu einer Berührung von Freiheitsgrundrechten des Begünstigten führt[155]. Mit der möglichen Beeinträchtigung von Freiheitsrechten kommt aber erneut die Zweck-Mittel-Analyse ins Spiel. Durch diese wird der Subventionsgeber gezwungen, die Zuwendungen an einem öffentlichen Zweck auszurichten und die betroffenen Rechtspositionen ab-

---

151 Zu der gesamten Problematik ausführlich *Löw*, Der Rechtsschutz des Konkurrenten gegenüber Subventionen aus gemeinschaftsrechtlicher Sicht, S. 93 ff.; *Triantafyllou*, Vom Vertrags- zum Gesetzesvorbehalt, S. 164 ff.

152 *Haverkate*, Rechtsfragen des Leistungsstaats, S. 148.

153 *Flaig*, Subventionsrecht, in: Klein (Hrsg.), Öffentliches Finanzrecht, VI. Kapitel Rdnr. 133 ff.; *Jarass*, Wirtschaftsverwaltungsrecht, § 10 Rdnr. 49; *Lübbe-Wolff*, Die Grundrechte als Eingriffsabwehrrechte, S. 226 ff.; *Murswiek*, Grundrechte als Teilhaberechte, soziale Grundrechte, in: Isensee / Kirchhof (Hrsg.), Handbuch des Staatsrechts V, § 112 Rdnr. 76.

154 *Ewringmann / Hansmeyer*, Zur Beurteilung von Subventionen, S. 14; *Kirchhoff*, Gerd, Subventionen als Instrument der Lenkung und Koordinierung, S. 66 ff.

155 *Flaig*, Subventionsrecht, in: Klein (Hrsg.), Öffentliches Finanzrecht, VI. Kapitel Rdnr. 79, 81; *Friauf*, Bemerkungen zur verfassungsrechtlichen Problematik des Subventionswesens, DVBl 1966, 737; *Haverkate*, Subventionsrecht, in: Schmidt, Reiner (Hrsg.), Öffentliches Wirtschaftsrecht BT1, § 4 Rdnr. 68; *Jakobs*, Michael Ch., Rechtsfragen des Subventionswesens, BayVBl 1985, 355; *Jarass*, Der Vorbehalt des Gesetzes bei Subventionen, NVwZ 1984, 477; *Kirchhof*, Verwalten durch mittelbares Einwirken, S. 394 ff.; *Lübbe-Wolff*, Die Grundrechte als Eingriffsabwehrrechte, S. 276 ff.; *Oldiges*, Richtlinien als Ordnungsrahmen der Subventionsverwaltung, NJW 1984, 1929; *Stober*, Allgemeines Wirtschaftsverwaltungsrecht, § 7 I 2 a.

zuwägen. Auch aus Sicht des Subventionsempfängers ergibt sich daher ein Bedürfnis nach einer Zweck-Mittel-Analyse im Subventionsrecht.

3. Objektiv-rechtliche Notwendigkeit einer Zweck-Mittel-Analyse

Eine letzte Überlegung, um der Zweck-Mittel-Analyse im Subventionsrecht Geltungskraft zu verleihen, geht dahin, aus der objektiv-rechtlichen Werteordnung des Grundgesetzes, aber auch des EG-Vertrages eine Pflicht zu zweckbestimmtem, letztlich auch verhältnismäßigem Staatshandeln herzuleiten. So hat das BVerfG[156] hervorgehoben, dass sämtliche Staatsgewalt an das Gemeinwohl gebunden sei, der Staat insbesondere finanzielle Mittel ausschließlich dafür zu verwenden habe. Das Gemeinwohl ist dabei auf der Basis der freiheitlich demokratischen Grundordnung des Grundgesetzes[157] zu entwickeln. Im Rahmen der Subventionierung führt diese Gemeinwohlbindung zu einer Pflicht des Staates, den Zweck der Zuwendung zu bestimmen, letztlich sein Wirken am Prinzip der Rationalität auszurichten[158]. Handelt der Staat nun allerdings verschwenderisch, insbesondere wenn er keinen Zweck für die staatliche Unterstützung zu nennen vermag, so stellt dies eine gemeinwohlwidrige, mithin auch ungeeignete Leistung dar, die zweifelsohne verfassungswidrig ist[159]. Diese Auffassung mündet schließlich in der Feststellung, dass der Staat „nichts verschenken dürfe"[160].

Nun lässt sich gegen diese objektiv-rechtliche Pflicht des Staates zu rationalem Handeln nur schwerlich etwas einwenden, wobei eindeutig verschwenderisches Staatshandeln meist nicht das Problem juristischer Fassbarkeit darstellt. Dann ist aber mit der Begründung einer objektiv-rechtlichen Pflicht des Staates zur Rationalität nur wenig gewonnen, zumal sich der Staat an dehnbaren und inhaltsleeren Begriffen wie dem Gemeinwohl oder der freiheitlich demokratischen Grundordnung auszurichten hat. Ferner ist anzumerken, dass die freiheitlich demokratische Grundordnung gerade auf materiellen Rechtspositionen des Einzelnen, den Grund-

---

[156] BVerfGE 12,354 (364); BVerfGE 44,125 (143).

[157] BVerfGE 2, 12 ff.; BVerfGE 5, 85 (140).

[158] *v. Arnim,* Staatslehre der Bundesrepublik Deutschland, S. 235; *Eppe,* Subventionen und staatliche Geschenke, S. 126 ff.; *Giersch,* Allgemeine Wirtschaftspolitik, Bd. 1, S. 68 ff.; *Grossekettler,* Konzepte zur Beurteilung der Effizienz von Koordinationsmethoden, in: Jahrbuch für Neue Politische Ökonomie, Bd. 1, S. 219; *Hartig,* Ökonomische und polit-ökonomische Aspekte des Einsatzes von Subventionen als Instrument der Wirtschaftspolitik, S. 10; *Hesse,* Grundzüge des Verfassungsrechts der Bundesrepublik Deutschland, Rdnr. 72; *Oldiges,* Richtlinien als Ordnungsrahmen der Subventionsverwaltung, NJW 1984, 1929; *Vogel,* Begrenzung von Subventionen durch ihren Zweck, in: Stödter/Thieme (Hrsg.), Hamburg Deutschland Europa, Festschrift für Hans-Peter Ipsen, S. 550.

[159] *v. Arnim,* Staatslehre der Bundesrepublik Deutschland, S. 240.

[160] *Eppe,* Subventionen und staatliche Geschenke, S. 1 ff.; *Ipsen,* Öffentliche Subventionierung Privater, S. 20; *Vogel,* Begrenzung von Subventionen durch ihren Zweck, in: Stödter/Thieme (Hrsg.), Hamburg Deutschland Europa, Festschrift für Hans-Peter Ipsen, S. 551; *Wolff/Bachof,* Verwaltungsrecht III, § 154 Rdnr. 14.

rechten basiert, so dass ein objektiv-rechtliches Verständnis letztlich nicht ohne subjektiv-rechtliche Interpretationshilfen auskommen kann. Des Weiteren ist es noch ein weiter Weg, von einer Gemeinwohllehre zu einem objektiven Prinzip der Zweck-Mittel-Analyse zu gelangen. Denn wie soll eine Abwägung ohne konkrete subjektive Rechtspositionen aussehen? Eine solche wäre angesichts ihrer Abstraktheit äußerst diffizil und würde bei konsequenter Durchführung zu einer vorgefertigten Rangfolge abstrakter Rechtspositionen führen. Eine solche Wertung der Grundrechte ist dem Grundgesetz allerdings fremd. Im Ergebnis ist die Zweck-Mittel-Analyse daher in engem Zusammenhang mit den Grundrechten zu sehen. Eine objektiv-rechtliche Notwendigkeit begegnet verschiedentlicher Bedenken. Zuzugeben ist allerdings, dass den Staat eine objektive Pflicht trifft, sein Handeln einem bestimmten Zweck zuzuordnen. Daher stellt auch vor diesem Hintergrund der Zweck staatlichen Handelns das am stärksten prägende Element dar, indem dieser eine Subvention definiert und gleichzeitig begrenzt[161].

4. Zwischenergebnis

Somit lässt sich festhalten, dass die Zweck-Mittel-Analyse als rechtliche Kontrollinstanz im Subventionsrecht Geltungskraft entfalten muss. Dies ist mit Blick auf einen wirksamen Schutz der subjektiven Rechte des Subventionskonkurrenten, sei es nun der Wettbewerbsfreiheit, des Rechts am eingerichteten und ausgeübten Gewerbebetrieb oder des allgemeinen Gleichbehandlungsgrundsatzes zu fordern. Aber auch die Grundrechtspositionen des Subventionsempfängers zwingen den subventionierenden Staat dazu, den Zweck etwaiger Subventionsauflagen und damit verbundener Verhaltensanforderungen an den Empfänger näher zu verifizieren und an der Zweck-Mittel-Analyse auszurichten. Neben diese subjektiv-rechtliche Begründung der Zweck-Mittel-Analyse treten durchaus auch objektiv-rechtliche Gesichtspunkte, die dem Staat ein rationales, zweckgebundenes Handeln abverlangen. Dennoch stellt die Zweck-Mittel-Analyse in erster Linie ein Prinzip zur Gewährleistung effektiven Schutzes individueller Freiheit dar. Der Anwendungsbereich erstreckt sich dabei nicht nur auf die Eingriffs-, sondern umfassend auch auf die Leistungsverwaltung[162]. Das Leistungshandeln ist demnach am Maßstab dieser

---

[161] *Vogel*, Begrenzung von Subventionen durch ihren Zweck, in: Stödter / Thieme (Hrsg.), Hamburg Deutschland Europa, Festschrift für Hans-Peter Ipsen, S. 553; *Zacher*, Verwaltung durch Subventionen, VVDStRL 1967, 318; *Zuleeg*, Subventionsrecht zur Schaffung und Erhaltung von Arbeitsplätzen, in: Kittner (Hrsg.), Arbeitsmarkt – ökonomische, soziale und rechtliche Grundlagen, S. 158.

[162] *Bleckmann*, Subventionsrecht, S. 37; *Haverkate*, Rechtsfragen des Leistungsstaats, S. 11; *Haverkate*, Subventionsrecht, in: Schmidt, Reiner (Hrsg.), Öffentliches Wirtschaftsrecht BT1, § 4 Rdnr. 90; *Henke*, Das Recht der Wirtschaftssubventionen als öffentliches Vertragsrecht, S. 57; *Karehnke*, Subventionen und ihre Kontrolle, DÖV 1975, 623; *Maurer*, Allgemeines Verwaltungsrecht, § 10 Rdnr. 17; *Schetting*, Rechtspraxis der Subventionierung, S. 138; *Stern*, Das Staatsrecht der Bundesrepublik Deutschland I, S. 862; *Stern*, Rechtsfragen der öffentlichen Subventionierung Privater, JZ 1960, 523; *Vogel*, Begrenzung von Subventio-

„übergreifenden Leitregel allen staatlichen Handelns"[163] zu messen, in dessen Zentrum im Subventionsrecht die Bestimmung des Förderzweckes steht[164].

IV. Abgrenzung der Zweck-Mittel-Analyse zu ähnlichen Prinzipien

Der Rechtsmaßstab der Zweck-Mittel-Analyse ist abzugrenzen von ähnlichen, scheinbar verwandten Prinzipien. Dies erscheint um so dringlicher, als diese sich teilweise derselben Terminologie bedienen. Durch eine scharfe Abgrenzung wird zudem der Anwendungsbereich der Zweck-Mittel-Analyse deutlich, so dass diese als rechtlicher Maßstab für eine Überprüfung des Förderrechtsrahmens im Bereich der Beschäftigungssubventionen fruchtbar gemacht werden kann.

1. Kosten-Nutzen-Analyse

So ist insbesondere aus wirtschaftswissenschaftlicher Sicht[165] das Prinzip der Wirtschaftlichkeit, auch als Kosten-Nutzen-Analyse bezeichnet, zu nennen. Dieses beruht auf dem Gedanken, dass diejenigen Maßnahmen zu treffen sind, die den meisten Nutzen bei den geringsten Kosten bringen. Es ist nach der ökonomisch optimalen Lösung zu suchen. Damit eng verbunden ist der Grundsatz einer ordnungsgemäßen Haushaltsführung[166], der gerade die Prinzipien der Wirtschaftlichkeit

---

nen durch ihren Zweck, in: Stödter / Thieme (Hrsg.), Hamburg Deutschland Europa, Festschrift für Hans-Peter Ipsen, S. 539 ff.; *Wolff / Bachof,* Verwaltungsrecht III, § 154 Rdnr. 16; *Zacher,* Verwaltung durch Subventionen, VVDStLR 1967, 344.

[163] BVerfGE 23, 127 (133).

[164] *Bleckmann,* Subventionsrecht, S. 36; *Dechsling,* Das Verhältnismäßigkeitsgebot, S. 89; *Friauf,* Bemerkungen zur verfassungsrechtlichen Problematik des Subventionswesens, DVBl 1966, 730; *Haverkate,* Subventionsrecht, in: Schmidt, Reiner (Hrsg.), Öffentliches Wirtschaftsrecht BT1, § 4 Rdnr. 48, 80; *Lerche,* Übermaß und Verfassungsrecht, S. 223 ff.; *Oldiges,* Richtlinien als Ordnungsrahmen der Subventionsverwaltung, NJW 1984, 1929; *Schetting,* Rechtspraxis der Subventionierung, S. 8; *Zuleeg,* Zur künftigen Entwicklung des Subventionsrechts, DÖV 1984, 735.

[165] *Albrecht / Thormählen,* Subventionen – Politik und Problematik, S. 104 ff.; *Andel,* Finanzwissenschaft, S. 83 ff.; *Bohling,* Wirtschaftspolitische und wirtschaftsverfassungsrechtliche Probleme staatlicher und kommunaler Subventionen, S. 284 ff.; *Riedel,* Investitionsförderung mittelständischer Unternehmen in strukturschwachen Regionen, S. 40 ff.; *Schneider,* Investition, Finanzierung und Besteuerung, S. 452.

[166] *v. Arnim,* Staatslehre der Bundesrepublik Deutschland, S. 215; *Grupp,* Steuerung des Verwaltungshandelns durch Wirtschaftlichkeitskontrolle?, DÖV 1983, 662; *Hoffmann-Riem,* Effizienz als Herausforderung an das Verwaltungsrecht – Einleitende Problemskizze, in: Hoffmann-Riem / Schmidt-Aßmann (Hrsg.), Effizienz als Herausforderung an das Verwaltungsrecht, S. 17; *Kriele,* Das demokratische Prinzip im Grundgesetz, VVDStRL 1971, 51; *Zippelius,* Das Wesen des Rechts, S. 107.

und Sparsamkeit umfasst, wie sich in den Art. 114 Abs. 2 S. 1 GG, §§ 7 Abs. 1, 34 Abs. 2 S. 1 BHO, §§ 6 Abs. 1, 19 Abs. 2 S. 1 HGrG zeigt. Fraglich ist nun, ob diese Wirtschaftlichkeitsgesichtspunkte unmittelbar in die Zweck-Mittel-Analyse einzustellen sind.

Hiernach wäre der subventionierende Staat gehalten, zur Erreichung des Subventionsziels das wirtschaftlich kostengünstigste Mittel zu wählen, damit die Mittel optimal eingesetzt werden[167]. Folglich könne die Zweck-Mittel-Analyse um diesen Wirtschaftlichkeitsfaktor erweitert werden, da nur so alle „sozialen Kosten"[168] ausreichend gewürdigt würden. Die staatliche Wirtschaftsförderung werde folglich durch den Kostenfaktor begrenzt[169]. Doch sind solche Kosten-Nutzen-Analysen auf der Basis volkswirtschaftlicher Überlegungen der Zweck-Mittel-Analyse an sich fremd. Zwar gibt es Bestrebungen Kosten-Nutzen-Analysen in die juristische Bewertung miteinzubeziehen und die Erkenntnisse für die Lösung rechtlicher Fragestellungen nutzbar zu machen[170]. Diese Ansätze haben allesamt ihre Berechtigung. Angesichts begrenzter staatlicher Mittel ist die optimale Verteilung derselben nicht nur ein ökonomisches, sondern auch ein rechtliches Problem. Damit sind die Kosten-Nutzen-Analyse, das Effekitivtäts- und Effizienzprinzip als weitere rechtliche Maßstäbe anzuerkennen[171]. Dennoch ist zu bedenken, dass die Prinzipien der Zweck-Mittel- und der Kosten-Nutzen-Analyse verschiedene Prüfungsansätze verfolgen.

So hat die Zweck-Mittel-Analyse den Schutz der Grundrechte vor Rechtsbeeinträchtigungen im Blick. Es geht um die Frage nach der geringsten Freiheitsbeeinträchtigung für den Einzelnen bei der Erreichung eines staatlichen Ziels. Die Kosten-Nutzen-Analyse will demgegenüber den subventionierenden Staat zu einem ressourcenschonenden Einsatz der Mittel zur Zielerreichung zwingen. Es soll der aus wirtschaftlicher Sicht optimale Wirksamkeitsgrad einer Zweck-Mittel-Relation erreicht werden. Demgegenüber ist die Zweck-Mittel-Analyse nicht auf die Frage nach dem optimalen Einsatz staatlicher Mittel, sondern nach der rechtlichen Zulässigkeit staatlichen Leistungshandeln gerichtet[172]. In einem Stufenmodell betrach-

---

167 v. Arnim, Staatslehre der Bundesrepublik Deutschland, S. 216.

168 Grupp, Steuerung des Verwaltungshandelns durch Wirtschaftlichkeitskontrolle?, DÖV 1983, 662; Preußner, Kontrolle und Beherrschbarkeit von Wirtschaftssubventionen, S. 201; Riedel, Investitionsförderung mittelständischer Unternehmen in strukturschwachen Regionen, S. 40; Vogel, Begrenzung von Subventionen durch ihren Zweck, in: Stödter / Thieme (Hrsg.), Hamburg Deutschland Europa, Festschrift für Hans-Peter Ipsen, S. 548.

169 Bieback, Effizienzanforderungen an das sozialstaatliche Leistungsrecht, in: Hoffmann-Riem / Schmidt-Aßmann (Hrsg.), Effizienz als Herausforderung an das Verwaltungsrecht, S. 128; Hoffmann-Riem, Effizienz als Herausforderung an das Verwaltungsrecht – Einleitende Problemskizze, in: Hoffmann-Riem / Schmidt-Aßmann (Hrsg.), Effizienz als Herausforderung an das Verwaltungsrecht, S. 17.

170 Schmidt-Aßmann, Effizienz als Herausforderung an das Verwaltungsrecht – Perspektiven der verwaltungsrechtlichen Systembildung, in: Hoffmann-Riem / Schmidt-Aßmann (Hrsg.), Effizienz als Herausforderung an das Verwaltungsrecht, S. 266 ff.

171 Haverkate, Rechtsfragen des Leistungsstaats, S. 15.

tet, bildet die Zweck-Mittel-Analyse die zwingend erste Stufe. Der Zweck des staatlichen Handelns, der Mitteleinsatz und die damit verbundenen grundrechtlichen Freiheitsbeeinträchtigungen sind gegeneinander abzuwägen. Es werden quasi die „rechtlichen Kosten" einer Bewertung unterzogen. Allein die Zweck-Mittel-Analyse stellt hierfür die notwendigen Kategorien bereit. Auf der zweiten Stufe kann dann eine Kosten-Nutzen-Analyse erfolgen. Hier lässt sich nach einer Optimierungspflicht des Staates fragen. Werden die richtigen Ziele verfolgt? Findet ein optimaler Mitteleinsatz statt? Welches unter mehreren Zielen fordert den geringst möglichen Ressourceneinsatz? Wie lässt sich der optimale Ressourceneinsatz erreichen? Um allerdings zu diesen Fragestellungen zu gelangen, bedarf es zunächst der Feststellung der rechtlichen Zulässigkeit alternativer Ziele bzw. des jeweiligen Mitteleinsatzes. Erst wenn diese Stufe genommen ist, lassen sich Kosten-Nutzen-Analysen anstellen.

Vor diesem Hintergrund verbietet sich eine Vermischung der unterschiedlichen Prinzipien[173]. Würde man nämlich Wirschaftlichkeitsüberlegungen bereits in die Zweck-Mittel-Analyse integrieren, so würde der Grundrechtsschutz in Abhängigkeit zu Wirtschaftlichkeitsüberlegungen geraten[174]. Subjektive Grundrechtspositionen könnten hinter Markterfordernissen zurücktreten. Effizientes wirtschaftliches Handeln und Grundrechtspositionen würden sich in der Abwägung gleichberechtigt gegenüber stehen. Der Freiheitsaspekt der Grundrechte ginge verloren. Den Wert eines Grundrechts vermögen jedoch allein die Kategorien der Zweck-Mittel-Analyse zu bewerten[175]. Die Kosten-Nutzen-Analyse würde diese dagegen aufweichen und den Grundrechtsschutz mindern[176]. Folglich bilden die Zweck-Mittel- und die Kosten-Nutzen-Analyse keine Gegensätze, sondern sie ergänzen sich dergestalt, dass sie in einem Stufenverhältnis zueinander stehen. Während die Zweck-

---

[172] Ähnlich *Papier*, Der Wandel der Lehre von Ermessens- und Beurteilungsspielräumen als Reaktion auf die staatliche Finanzkrise, in: Hoffmann-Riem / Schmidt-Aßmann (Hrsg.), Effizienz als Herausforderung an das Verwaltungsrecht, S. 232 und S. 234 ff.; *Schmidt-Aßmann*, Effizienz als Herausforderung an das Verwaltungsrecht – Perspektiven der verwaltungsrechtlichen Systembildung, in: Hoffmann-Riem / Schmidt-Aßmann (Hrsg.), Effizienz als Herausforderung an das Verwaltungsrecht, S. 247, S. 250 und S. 266.

[173] Beide Aspekte unzutreffend vermengend *Nieder-Eichholz*, Die Subventionsordnung, S. 238 ff.

[174] *Froch / Gusy*, Das Übermaßverbot als Maßstab staatlicher Subventionsvergabe?, VerwArch 1990, 527.

[175] Diese Unterscheidung legt wohl auch *Hoffmann-Riem*, Effizienz als Herausforderung an das Verwaltungsrecht – Einleitende Problemskizze, in: Hoffmann-Riem / Schmidt-Aßmann (Hrsg.), Effizienz als Herausforderung an das Verwaltungsrecht, S. 38 und S. 53 zugrunde, indem er zwar das Erforderlichkeitsprinzip für Effizienzüberlegungen öffnen möchte, allerdings unter der Prämisse, dass die gesetzliche Ermächtigung dies zulässt und eine Auswahl unter mehreren rechtlich zulässigen Mitteln besteht.

[176] Die Stellung des Effizienzgedankens innerhalb der Maßstabslehre im Ergebnis offengelassen *Schmidt-Aßmann*, Effizienz als Herausforderung an das Verwaltungsrecht – Perspektiven der verwaltungsrechtlichen Systembildung, in: Hoffmann-Riem / Schmidt-Aßmann (Hrsg.), Effizienz als Herausforderung an das Verwaltungsrecht, S. 268.

Mittel-Analyse die rechtlichen Aspekte behandelt, nimmt die Kosten-Nutzen-Analyse die ökonomischen Aspekte in den Blick.

2. Prinzip der Zweckmäßigkeit

Dem Prinzip der Wirtschaftlichkeit ganz ähnlich ist das Prinzip der Zweckmäßigkeit. Während die Kosten-Nutzen-Analysen am Wirtschaftlichkeitsprinzip ausgerichtet ist, wird mit dem Prinzip der Zweckmäßigkeit nach der in der gegebenen Situation rechtlich gesehen zweckmäßigsten Lösung gesucht[177]. Ansatzpunkt ist dabei die inhaltliche Ausgestaltung der Ziele staatlichen Handelns und die Frage, ob diese überhaupt verfolgenswert sind. Neben rechtlichen Gesichtspunkten fließen auch Wirtschaftlichkeitsüberlegungen[178], politische und soziale Aspekte in diese Bewertung mit ein. Es wird nach der unter allen Aspekten optimalen Lösung gesucht[179]. Würde man nun die Zweck-Mittel-Analyse um dieses Prinzip erweitern, müsste man dem Subventionsstaat jeglichen Beurteilungsspielraum bei der Bestimmung des Subventionszweckes absprechen. Dem Staat verbliebe nicht mehr die Möglichkeit, einerseits vernünftige Ziele zu verfolgen, die sich andererseits in der gegebenen Situation nicht unbedingt als am zweckmäßigsten darstellen. Um das Beispiel des deutschen Steinkohlebergbaus zu nennen: zur Rechtfertigung der Förderung wird vielfach das Ziel energiepolitischer Autarkie genannt. Angesichts der immensen Fördersummen, der weltpolitischen Entspannungslage und der Möglichkeit, die Einfuhr von Steinkohle auf verschiedene Länder zu spreizen, wäre dieses Ziel durchaus als unzweckmäßig einzustufen, mag es politisch auch vertretbar und rechtlich verhältnismäßig sein. Dem Subventionsstaat muss aber eine Einschätzungsprärogative, ein Beurteilungsspielraum bzw. ein Ermessen[180] bei der Bestimmung des Förderzwecks zukommen. Es kann nicht Aufgabe der Zweck-Mittel-Analyse sein, nach der bestmöglichen oder sinnvollsten Lösung zu suchen. Ziel muss es vielmehr sein, den Staat zum Einsatz der am wenigsten freiheitsbeeinträchtigenden Maßnahme zu zwingen[181].

---

[177] v. Arnim, Staatslehre der Bundesrepublik Deutschland, S. 236.

[178] So würde beispielsweise die Leistungsfähigkeit des Staates in die Belange miteinbezogen, ausführlich zu diesem Aspekt Leisner, Die Leistungsfähigkeit des Staates, S. 15 ff.

[179] Auf die Gefahren einer solchen Optimalitätskontrolle durch die Zweck-Mittel-Analyse weist Huster, Rechte und Ziele, S. 127 ff. hin.

[180] Trotz der durchaus unterschiedlichen Bedeutungen der Begriffe, werden in diesem Zusammenhang sämtliche Termini verwandt, vgl. hierzu Gündisch, Allgemeine Rechtsgrundsätze in der Rechtsprechung des EuGH, in: Schwarze (Hrsg.), Das Wirtschaftsrecht des Gemeinsamen Marktes in der aktuellen Rechtsentwicklung, S. 115; Löw, Der Rechtsschutz des Konkurrenten gegenüber Subventionen aus gemeinschaftsrechtlicher Sicht, S. 114; Schiller, Der Verhältnismäßigkeitsgrundsatz im Europäischen Gemeinschaftsrecht nach der Rechtsprechung des EuGH, RIW 1983, 930; Schwarze, Europäisches Verwaltungsrecht II, S. 834; Zuleeg, Subventionsrecht zur Schaffung und Erhaltung von Arbeitsplätzen, in: Kittner (Hrsg.), Arbeitsmarkt – ökonomische, soziale und rechtliche Grundlagen, S. 180.

3. Subsidiaritätsprinzip

Schließlich ist in diesem Zusammenhang noch das Prinzip der Subsidiarität zu nennen. Dieses hat insbesondere auf europäischer Ebene eine besondere Bedeutung erlangt[182]. Das Subsidiaritätsprinzip, das in Art. 5 EGV ausdrücklich genannt wird, ist für die Frage der Zuständigkeitsabgrenzung zwischen der Europäischen Gemeinschaft und den Mitgliedstaaten von Bedeutung. Aber auch das deutsche Verfassungsrecht kennt durchaus ein solches Prinzip[183], obgleich dessen Verankerung und Reichweite kontrovers diskutiert wird[184].

a) Subsidiarität im deutschen Verfassungsrecht

Das Subsidiaritätsprinzip im deutschen Recht entfaltet seine Wirkung zum einen im Verhältnis Staat – Bürger, zum anderen im Bereich der Staatsorganisation. Ausgangspunkt für die Betrachtung der Ebene Staat – Bürger ist der Gedanke der Selbstverantwortlichkeit. Danach geht die Eigenhilfe der Staatshilfe vor, die individuelle wirtschaftliche Entfaltung besitzt Vorrang gegenüber einer Eigenwirtschaft des Staates[185]. Hierbei lassen sich zwei Stoßrichtungen unterscheiden. Der

---

[181] *Stern,* Das Staatsrecht der Bundesrepublik Deutschland I, S. 867; *Zuleeg,* Zur künftigen Entwicklung des Subventionsrechts, DÖV 1984, 735.

[182] Vgl. hierzu nur *Bernhardt,* Verfassungsprinzipien – Verfassungsgerichtsfunktion – Verfassungsprozeßrecht im EWG-Vertrag, S. 183 ff.; *Hilz,* Subsidiaritätsprinzip und EU-Gemeinschaftsordnung, S. 11 ff.; *Hrbek (Hrsg.),* Die Anwendung des Subsidiaritätsprinzips, S. 7 ff.; *Hrbek (Hrsg.),* Das Subsidiaritätsprinzip der europäischen Union, S. 7 ff.; *Jarass,* EG-Kompetenzen und das Prinzip der Subsidiarität nach Schaffung der Europäischen Union, EuGRZ 1994, 209 ff.; *Kahl,* Möglichkeiten und Grenzen des Subsidiaritätsprinzip nach Art. 3b EG-Vertrag, AöR 1993, 414 ff.; *Kapteyn,* Community Law and the Principle of Subsidiarity, RAE 1991, 35 ff.; *Knemeyer,* Subsidiarität – Föderalismus, Dezentralisation, ZRP 1990, 173 ff.; *Merten (Hrsg.),* Die Subsidiarität Europas, S. 9 ff.; *Pieper,* Subsidiaritätsprinzip – Strukturprinzip der Europäischen Union, DVBl 1993, 711 ff.; *Schelter,* Subsidiarität – Handlungsprinzip für das Europa der Zukunft, EuZW 1990, 217 ff.

[183] *Desch,* Subsidiaritätsprinzip und Sozialhilferecht, S. 1 ff.; *Herzog,* Subsidiaritätsprinzip und Staatsverfassung, Der Staat 1963, 399 ff.; *Hoffmann-Becking,* Die Begrenzung der wirtschaftlichen Betätigung der öffentlichen Hand durch Subsidiaritätsprinzip und Übermaßverbot, in: Menger (Hrsg.), Fortschritte des Verwaltungsrechts, Festschrift für Hans J. Wolff, S. 445 ff.; *Isensee,* Subsidiaritätsprinzip und Verfassungsrecht, S. 9 ff.; *v. Münch,* Staatliche Wirtschaftshilfe und Subsidiaritätsprinzip, JZ 1960, 303 ff.; *Ronellenfitsch,* Wirtschaftliche Betätigung des Staates, in: Isensee / Kirchhof (Hrsg.), Handbuch des Staatsrechts III, § 84 Rdnr. 33; *Stober,* Handbuch des Wirtschaftsverwaltungs- und Umweltrechts, § 15, S. 286 ff.; *Teichmann,* Das Subsidiaritätsprinzip, WiSt 1983, 363 ff.

[184] Vgl. zu dieser Diskussion nur *Hilz,* Subsidiaritätsprinzip und EU-Gemeinschaftsordnung, S. 50 ff.; *Kimminich,* Die Subsidiarität in der Verfassungsordnung des freiheitlich-demokratischen Rechtsstaates, in: Kimminich, Otto (Hrsg.), Subsidiarität und Demokratie, S. 30 ff.; *Pieper,* Subsidiarität, S. 78 ff.

[185] *Isensee, Josef,* Gemeinwohl und Staatsaufgaben im Verfassungsstaat, in: Isensee / Kirchhof (Hrsg.), Handbuch des Staatsrechts III, § 57 Rdnr. 167; *Stober,* Handbuch des Wirtschaftsverwaltungs- und Umweltrechts, § 15 I, S. 287.

Staat ist positiv verpflichtet, alles zur Unterstützung des Individuums zu tun und nur dann Hilfe zu leisten, wenn diese im Interesse der Glieder erforderlich ist[186]. Negativ betrachtet ergibt sich daraus die Verpflichtung des Staates, solche Aufgaben nicht wahrzunehmen, die der Bürger nicht auch ohne Hilfe zu bewältigen in der Lage ist[187]. Dies führt im Ergebnis zu einem Verzicht, zu einem Nicht-Tätigwerden der übergeordneten Gemeinschaft zugunsten der kleineren Einheit[188]. Bezogen auf das Subventionsrecht bedeutet dies, dass eine Subventionierung solange ausscheidet, wie eine Selbsthilfe des sich wirtschaftlich betätigenden Individuums möglich ist.

Für das Verhältnis von Subsidiaritätsprinzip und Zweck-Mittel-Analyse könnte man geneigt sein, eine Identität mit dem Aspekt der Erforderlichkeit dergestalt anzunehmen, dass zu fragen ist, ob der Subventionierte tatsächlich einer Unterstützung bedarf. Hierbei übersieht man aber, dass im Rahmen der Erforderlichkeit lediglich geprüft wird, ob nicht weniger freiheitsbeschränkende Mittel zur Erreichung des Zwecks zur Verfügung stehen, nicht aber, ob das Mittel aufgrund der Selbstverantwortlichkeit des Subventionsempfängers gar nicht eingesetzt werden darf. Damit wird deutlich, dass das Subsidiaritätsprinzip der Zweck-Mittel-Analyse vorgelagert ist. Es geht um die verfassungsrechtliche Zulässigkeit staatlichen Handelns[189]. Zur Zweck-Mittel-Analyse gelangt man erst, wenn diese Frage bejaht werden konnte. Sicher ist zuzugeben, dass der Subventionszweck durch das Subsidiaritätsprinzip begrenzt und die Ausgestaltung des Subventionierungsvorgangs beeinflusst wird. Jedoch ist diese Begrenzung vom Kontrollmaßstab der Zweck-Mittel-Analyse klar zu trennen. Während das Prinzip der Subsidiarität die Entscheidung trifft, ob subventioniert wird, setzt die Zweck-Mittel-Analyse am festgesetzten Zweck an, kontrolliert dessen Ausformung und überwacht die Zweckerreichung[190]. Betrachtet man das Subsidiaritätsprinzip im Bereich der Staatsorganisation, so wird dessen formaler Charakter noch deutlicher. Das Subsidiaritätsprinzip bildet dabei eine Art Kompetenzregel, indem die Frage beantwortet wird, welche staatliche Ebene die jeweiligen Aufgaben am sachgerechtesten zu lösen vermag[191]. Erweitert man nun diesbezüglich die Sichtweise um

---

[186] *Desch,* Subsidiaritätsprinzip und Sozialhilferecht, S. 31; *Stober,* Handbuch des Wirtschaftsverwaltungs- und Umweltrechts, § 15 I, S. 287.

[187] *Isensee,* Subsidiaritätsprinzip und Verfassungsrecht, S. 276; *v. Münch,* Staatliche Wirtschaftshilfe und Subsidiaritätsprinzip, JZ 1960, 303; *Schetting,* Rechtspraxis der Subventionierung, S. 288; *Unkelbach,* Grundrechtliche Bindung des Bundesgesetzgebers bei der Vergabe von Leistungssubventionen zugunsten der gewerblichen Wirtschaft, S. 10 ff.; *Vogel,* Begrenzung von Subventionen durch ihren Zweck, in: Stödter/Thieme (Hrsg.), Hamburg Deutschland Europa, Festschrift für Hans-Peter Ipsen, S. 550.

[188] BVerfGE 10, 83.

[189] *Vogel,* Begrenzung von Subventionen durch ihren Zweck, in: Stödter/Thieme (Hrsg.), Hamburg Deutschland Europa, Festschrift für Hans-Peter Ipsen, S. 550.

[190] *Desch,* Subsidiaritätsprinzip und Sozialhilferecht, S. 28 ff.; *Isensee,* Subsidiarität und Verfassungsrecht, S. 58 ff.; *Schetting,* Rechtspraxis der Subventionierung, S. 288.

das Zuständigkeitsverhältnis zwischen Mitgliedstaat und Europäischer Gemeinschaft, so gelangt man zu Art. 5 EGV und dem Subsidiaritätsprinzip europäischer Prägung.

b) Europäisches Subsidiaritätsprinzip

Art. 5 Abs. 2 EGV nennt dabei ausdrücklich das Subsidiaritätsprinzip[192], wonach in den Bereichen, die nicht in die ausschließliche Zuständigkeit der Gemeinschaft fallen, die Gemeinschaft nach dem Subsidiaritätsprinzip nur tätig wird, sofern und soweit die Ziele der in Betracht gezogenen Maßnahmen auf der Ebene der Mitgliedstaaten nicht ausreichend und daher wegen ihres Umfangs oder ihrer Wirkung besser auf Gemeinschaftsebene erreicht werden können. Damit wurde eine die Gemeinschaft bindende Kompetenzausübungsschranke zugunsten der Mitgliedstaaten installiert[193]. Festzustellen bleibt aber, dass die darin normierte Subsidiarität ein Prinzip zur Bestimmung von Zuständigkeiten innerhalb des Gefüges von Mitgliedstaat und Europäischer Gemeinschaft bleibt. Das europäische Subsidiaritätsprinzip vermag keinerlei Wirkung oder gar Schutz gegenüber individuellen Rechtspositionen zu entfalten. Vor diesem Hintergrund ist auch Art. 5 Abs. 3 EGV zu sehen, der besagt, dass die Maßnahmen der Gemeinschaft nicht über das für die Erreichung der Ziele des Vertrages erforderliche Maß hinausgehen. Dieses Erforderlichkeitselement[194] entfaltet jedoch allein in der Beziehung Mitgliedstaat – Europäische Gemeinschaft seine Wirkung und ist somit im Zusammenhang europäischer Kompetenzbestimmungen zu sehen[195]. Davon strikt zu trennen ist das Prinzip der Erforderlichkeit als Bestandteil der Zweck-Mittel-Analyse. Es dient dem Schutz individueller Rechte, beschränkt staatliches Handeln und entfaltet materielle Wirkung. Es geht dabei um die Lösung von Freiheitsproblemen und nicht um die Klärung von Zuständigkeitsfragen.

---

[191] *Desch,* Subsidiarität und Sozialhilferecht, S. 39; *Isensee,* Gemeinwohl und Staatsaufgaben im Verfassungsstaat, in: Isensee / Kirchhof (Hrsg.), Handbuch des Staatsrechts III, § 57 Rdnr. 167; *Stober,* Handbuch des Wirtschaftsverwaltungs- und Umweltrechts, § 15 II, S. 288.

[192] Hinsichtlich der kontroversen Diskussion zum Subsidiaritätsprinzip vgl. nur *Hrbek (Hrsg.),* Die Anwendung des Subsidiaritätsprinzips, S. 7 ff.; *Hrbek (Hrsg.),* Das Subsidiaritätsprinzip der europäischen Union, S. 7 ff.; *Merten (Hrsg.),* Die Subsidiarität Europas, S. 9 ff.; *Roider,* Perspektiven einer europäischen Rundfunkordnung, 2. Teil III.

[193] *Hilz,* Subsidiaritätsprinzip und EU-Gemeinschaftsordnung, S. 123; *Geiger,* EG-Vertrag, Art. 3b Rdnr. 7; *Kahl,* Möglichkeiten und Grenzen des Subsidiaritätsprinzips nach Art. 3b EG-Vertrag, AöR 1993, 434.

[194] *Thun-Hohenstein,* Der Vertrag von Amsterdam, S. 96; im 2.Protokoll zum Vertrag zur Gründung der Europäischen Gemeinschaft (in der Fassung des Amsterdamer Vertrages) sind ausdrücklich die Grundsätze der Subsidiarität und Verhältnismäßigkeit genannt.

[195] *Bleckmann,* Die Rechtsquellen des Europäischen Gemeinschaftsrechts, NVwZ 1993, 827.

4. Zwischenergebnis

Für die Abgrenzung zur Zweck-Mittel-Analyse kann daher festgehalten werden, dass das Subsidiaritätsprinzip dieser vorgelagert ist. Während die Zweck-Mittel-Analyse am bestehenden Zweck und dessen Verwirklichung ansetzt, behandelt das Subsidiaritätsprinzip die Frage nach der Zulässigkeit des Zwecks als solchem. Ferner fehlt mit Blick auf Art. 5 EGV und die europäische Betrachtungsebene jeglicher Zusammenhang zur Sicherung individueller Freiheitsrechte. Das Subsidiaritätsprinzip dient lediglich als Kompetenzregel. Aber auch die Kosten-Nutzen-Analyse lässt sich klar abgrenzen. So können Rechtspositionen allein unter wirtschaftlichen Aspekten bewertet werden. Es gelingt ihr nicht, die Verfolgung sozialer Zwecke durch die Subventionierung sachgerecht einzuordnen. Zudem besteht die Gefahr, dass Freiheitspositionen hinter Wirtschaftlichkeitsüberlegungen zurückzustehen haben. Schließlich bildet das Prinzip der Zweckmäßigkeit gleichfalls andere Kategorien. Es wird nach der, unter allen Gesichtspunkten, zweckmäßigsten Lösung gesucht. Demgegenüber belässt die Zweck-Mittel-Analyse dem Subventionsgeber diese Entscheidung und knüpft erst nach erfolgter Zweckentscheidung an. Mit ihr gelingt es die widerstreitenden Interessen zu bewerten und in Einklang zu bringen. Eine klare Abgrenzung zu den hier angesprochenen Prinzipien ist nicht nur möglich, sondern auch geboten.

V. Zwischenergebnis

Bisher wurde der Frage nachgegangen, inwieweit eine Zweck-Mittel-Analyse überhaupt existiert und ob diese als Maßstab für das Subventionsrecht dienen kann. Hierbei konnte festgestellt werden, dass die Zweck-Mittel-Analyse sowohl im nationalen als auch im europäischen Recht als Maßstab und Grenze staatlichen Handelns anerkannt ist. Wesentliche Bedeutung kommt ihr bei der Sicherung individueller Freiheitsrechte zu. Aufgrund potentieller Beeinträchtigungen von Grundrechtspositionen, sei es des nichtbedachten Konkurrenten oder des Subventionsempfängers, besteht auch im Subventionsrecht ein Bedürfnis nach einem solchen begrenzenden Maßstab. Allein die Zweck-Mittel-Analyse ist dabei in der Lage, die aufgeworfenen Freiheitsprobleme zu bewerten. Durch die Kategorien der Geeignetheit, der Erforderlichkeit und der Angemessenheit wird ein taugliches Prüfungsraster zur Verfügung gestellt, das die verschiedenen Rechtspositionen ausreichend zu berücksichtigen vermag. Die Zweck-Mittel-Analyse kann daher für das Subventionsrecht im Allgemeinen und das Recht der Beschäftigungssubventionen im Besonderen fruchtbar gemacht werden. Ausgehend von dieser dogmatischen Einordnung der Zweck-Mittel-Analyse ist nun zu Frage, welche Anforderungen hierbei an den Förderrechtsrahmen zu stellen sind. Hierbei wird ein Anforderungsprofil zu entwickeln sein, dem die einzelnen Förderprogramme schließlich zu entsprechen haben.

C. Anforderungen der Zweck-Mittel-Analyse an den Förderrechtsrahmen

Die Zweck-Mittel-Analyse bildet dabei einen umfassenden Kontrollmaßstab, der den gesamten Subventionsvorgang rechtlich ordnet. Es lassen sich hierbei drei verschiedene Anknüpfungspunkte für die Zweck-Mittel-Analyse unterscheiden, die jeweils die zeitliche Entwicklungsstufe der Subventionierung kennzeichnen. Als erster Ansatzpunkt für das Kontrollinstrumentarium ist der Förderrechtsrahmen zu nennen, der die Voraussetzungen einer Subventionsvergabe abstrakt normiert. Dies erfolgt zumeist durch Subventionsgesetze, Verwaltungsrichtlinien oder durch Festsetzungen im Haushaltsplan[196]. Die konkrete Subventionsvergabe bildet dann die nächste Ebene. Der Subventionsnehmer muss im konkreten Fall die Voraussetzungen erfüllen, die der Förderrechtsrahmen an diesen stellt. Das Subventionsverhältnis erfährt nun seine konkrete Ausgestaltung[197]. Schließlich ist noch die rückblickende Betrachtung eines Subventionsvorgangs zu unterscheiden. Hierunter fällt insbesondere die nachträgliche Subventionskontrolle, sei es durch die Gerichte, die Verwaltung oder sonstige Kontrollgremien. Die erfolgte Subventionierung wird aus der ex post-Sicht rechtlich bewertet.

Auf allen drei Ebenen dient die Zweck-Mittel-Analyse als Maßstab der rechtlichen Bewertung und Entscheidung. Bei der nachträglichen Subventionskontrolle wird ex post die Subventionierung anhand der von der Zweck-Mittel-Analyse entwickelten Kategorien überprüft und für rechtmäßig / rechtswidrig erachtet. Ähnliches gilt auf der Ebene der konkreten Subventionsvergabe, bei welcher der Subventionsgeber ebenfalls die Zweck-Mittel-Analyse zur rechtlichen Bewertung heranzieht. Im Unterschied zur nachträglichen Subventionskontrolle dient die Zweck-Mittel-Analyse dann als Maßstab für eine prognostische Betrachtung der konkreten Subventionierung. Die Prüfung erfolgt aus einer ex ante – Sicht. Gerade die Zweck-Mittel-Analyse gibt dem Subventionsgeber ein Instrument in die Hand, an dem eine rechtliche Bewertung möglich wird und das vielfach eingeräumte Ermessen ausgerichtet werden kann. Nur so ist es dem Subventionsgeber möglich, eine rechtlich überprüfbare Subventionsentscheidung zu treffen.

Schließlich stellt die Zweck-Mittel-Analyse aber auch Anforderungen an den Förderrechtsrahmen. Dieser muss derart ausgestaltet sein, dass auf den weiteren

---

[196] Zu der Frage, in welcher Form diese Normierung erfolgen muss vgl. unten 1. Teil, C., I., 2.

[197] Zu den Möglichkeiten der Ausgestaltung des Subventionsverhältnisses *Badura,* Das Subventionsverhältnis, WuV 1978, 137 ff.; *Ehlers,* Die Handlungsformen bei der Vergabe von Wirtschaftssubventionen, VerwArch 1983, 112 ff.; *Henke,* Das Recht der Wirtschaftssubventionen als öffentliches Vertragsrecht, S. 2 ff.; *Schetting,* Rechtspraxis der Subventionierung, S. 65 ff.; *Schmidt,* Reiner, Wirtschaftspolitik, Wirtschaftsverwaltungsorganisation, Wirtschaftsförderung in: Achterberg / Püttner (Hrsg.), Besonderes Verwaltungsrecht I, Kapitel 1 Rdnr. 148 ff.; *Stober,* Handbuch des Wirtschaftsverwaltungs- und Umweltrechts, § 111, S. 1226 ff.

Ebenen eine Prüfung in den Kategorien der Zweck-Mittel-Analyse überhaupt erfolgen kann. Die erste Ebene ist daher nicht nur wesentlich, sondern sie prägt den weiteren Verlauf der gesamten Subventionierung. Sie entscheidet über deren Rechtmäßigkeit bzw. Rechtswidrigkeit. Folglich lohnt es sich, diese erste Ebene – den Förderrechtsrahmen – am Maßstab der Zweck-Mittel-Analyse zu messen. Im Gegensatz zu den beiden darauf folgenden Ebenen steht nicht der konkrete Einzelfall und dessen Besonderheiten, sondern die gesamte Förderrechtsstruktur auf dem Prüfstand. Damit sind Aussagen generellen Charakters möglich und es kann eine Bewertung des rechtlichen Fördersystems erfolgen. Die abstrakten Anforderungen, die dabei an die rechtliche Förderstruktur gestellt werden, sollen im Folgenden aufgezeigt werden, um dann anhand dieses Katalogs den Förderrechtsrahmen nationaler und europäischer Beschäftigungssubventionen überprüfen zu können.

I. Zweckbestimmtheit

Eines der entscheidenden, zugleich aber auch der schwierigsten Anforderungen ist die Bestimmtheit des Förderzwecks. Nahezu einhellig wird der verfolgte öffentliche Zweck als konstitutives Element jeder Subvention gesehen[198]. Doch wie konkret dieser ausgestaltet sein muss oder welcher Zweck als legitim angesehen werden darf, bleibt zumeist offen. Betrachtet man den Förderzweck genauer, so erweist sich dieser vielfach als mehrdeutig[199], pauschal[200] und abstrakt[201]. Man kann von einer undurchsichtigen Vagheit der Zwecke sprechen[202]. Von diesem Dilemma aus ließe sich resignierend feststellen, dass der Subventionszweck per se nicht bestimmbar sei[203]. Jedoch kann dies in Anbetracht der oben dargestellten erheblichen

---

[198] BVerfGE 17, 210 (216); BVerwG in DÖV 1959, 706 (708); *Friauf,* Bemerkungen zur verfassungsrechtlichen Problematik des Subventionswesens, DVBl 1966, 729; *Götz,* Recht der Wirtschaftssubventionen, S. 45; *Ipsen,* Öffentliche Subventionierung Privater, S. 53; *Püttner,* Subventionierung von Anzeigenblättern, JuS 1995, 1072; *Stern,* Rechtsfragen der öffentlichen Subventionierung Privater, JZ 1960, 518; *Vogel,* Begrenzung von Subventionen durch ihren Zweck, in: Stödter/Thieme (Hrsg.), Hamburg Deutschland Europa, Festschrift für Hans-Peter Ipsen, S. 551; *Wolff/Bachof,* Verwaltungsrecht III, § 154 Rdnr. 14; *Zacher,* Verwaltung durch Subventionen, VVDStRL 1967, 318; *Zuleeg,* Subventionsrecht zur Schaffung und Erhaltung von Arbeitsplätzen, in: Kittner (Hrsg.), Arbeitsmarkt – ökonomische, soziale und rechtliche Grundlagen, S. 158.

[199] *Badura,* Das Subventionsverhältnis, WuV 1978, 140; *Nieder-Eichholz,* Die Subventionsordnung, S. 102; *Zuleeg,* Zur künftigen Entwicklung des Subventionsrechts, DÖV 1984, 733.

[200] *Oldiges,* Richtlinien als Ordnungsrahmen der Subventionsverwaltung, NJW 1984, 1929; *Schetting,* Rechtspraxis der Subventionierung, S. 19; *Werner,* Subventionsabbau – gesetzliche Zwänge schaffen, S. 113.

[201] *Dechsling,* Das Verhältnismäßigkeitsgebot, S. 25.

[202] *Haverkate,* Rechtsfragen des Leistungsstaats, S. 24.

[203] *Bleckmann,* Gutachten zum Thema „Ordnungsrahmen für das Recht der Subventionen", in: Ständige Deputation des DJT (Hrsg.), Verhandlungen des 55. DJT, Bd. I, S. D8;

Freiheitsprobleme nicht genügen[204]. Vielmehr müssen geeignete Kriterien und Systeme entwickelt werden, die den Subventionszweck dergestalt konkretisieren, dass dieser rechtlich bewertbar wird. Den leistenden Staat trifft insoweit nicht nur eine Begründungspflicht hinsichtlich seines Handelns[205], sondern darüber hinaus eine Zweckverdeutlichungspflicht[206].

1. Zweckverdeutlichungspflicht

Die Zweckverdeutlichungspflicht ist dabei eine logische Konsequenz der allgemein inhaltlichen Ausgestaltung der Zweck-Mittel-Analyse[207]. Betrachtet man diese, so müssen die Fördermittel zur Zweckerreichung zunächst geeignet sein. Die Prüfung der Geeignetheit hängt dabei entscheidend von der Formulierung des Förderzweckes ab. Nur wenn genau bestimmt ist, welches Ziel mit der Förderung verfolgt wird, lässt sich die Frage beantworten, ob mit der Subventionierung dasselbe überhaupt erreicht werden kann. Im Rahmen der Erforderlichkeit[208] ist dann weiter zu fragen, welches Mittel bei gleicher Eignung der Zweckerreichung die geringsten Freiheitsbeeinträchtigungen mit sich bringt. Je konkreter das Ziel umris-

---

Dechsling, Das Verhältnismäßigkeitsgebot, S. 144; *Froch/Gusy,* Das Übermaßverbot als Maßstab staatlicher Subventionsvergabe?, VerwArch 1990, 512 ff.; *Gusy,* Subventionsrecht I, JA 1991, 286 ff.; *Gutowski/Thiel,* Referat zum Thema „Ordnungsrahmen für das Recht der Subventionen", in: Ständige Deputation des DJT (Hrsg.), Verhandlungen des 55. DJT, Bd. II, S. M63; *Henke,* Das Recht der Wirtschaftssubventionen als öffentliches Vertragsrecht, S. 2; *Müller-Graff,* Unternehmensinvestitionen und Investitionssteuerung im Marktrecht, S. 472.

[204] Siehe hierzu oben 1. Teil, B., III.

[205] *Eppe,* Subventionen und staatliche Geschenke, S. 101 ff.; *Haverkate,* Rechtsfragen des Leistungsstaats, S. 290; *Henseler,* Staatliche Verhaltenslenkung durch Subventionen, VerwArch 1986, 258 ff.; *Kirchhof,* Mittel staatlichen Handelns, in: Isensee/Kirchhof (Hrsg.), Handbuch des Staatsrechts III, § 59 Rdnr. 13 ff.; *Stern,* Das Staatsrecht der Bundesrepublik Deutschland I, S. 51; *Zuleeg,* Zur künftigen Entwicklung des Subventionsrechts, DÖV 1984, 733.

[206] *Haverkate,* Gesetzesgestaltung und Rechtsanwendung im Leistungsrecht, NVwZ 1988, 770; *Haverkate,* Subventionsrecht, in: Schmidt, Reiner (Hrsg.), Öffentliches Wirtschaftsrecht BT1, § 4 Rdnr. 90; *Hirschberg,* Der Grundsatz der Verhältnismäßigkeit, S. 158 ff.; *Huster,* Rechte und Ziele, S. 94; *Preußner,* Kontrolle und Beherrschbarkeit von Wirtschaftssubventionen, S. 155; *Riedel,* Investitionsförderung mittelständischer Unternehmen in strukturschwachen Regionen, S. 2; *Vogel,* Begrenzung von Subventionen durch ihren Zweck, in: Stödter/Thieme (Hrsg.), Hamburg Deutschland Europa, Festschrift für Hans-Peter Ipsen, S. 541; *Werner,* Subventionsabbau – gesetzliche Zwänge schaffen, S. 72 ff.

[207] Vgl. dazu oben, 1. Teil, B., I.

[208] Teilweise findet sich auch die Formulierung als Pareto-Kriterium, das der Wohlfahrtsökonomie entliehen ist und besagt, dass eine Situation genau dann effizient ist, wenn keine Änderung möglich ist, die jemanden besser stellt, ohne die Position anderer zu verschlechtern. Diese Definition verharrt indes im ökonomischen Modell der Kosten-Nutzen-Analyse, da auch finanzielle Verschlechterungen miteinbezogen werden, ohne nach rechtlichen Freiheitsbeeinträchtigungen zu fragen; vgl. hierzu *Dechsling,* Das Verhältnismäßigkeitsgebot, S. 51; *Schlink,* Abwägung im Verfassungsrecht, S. 174.

sen ist, desto klarer kann eine Prüfung des geringstmöglichen Eingriffs erfolgen. Anders gewendet, globale Zweckformulierungen beeinträchtigen die Stringenz des Erforderlichkeitsprinzips dergestalt, dass viele Mittel gerechtfertigt werden können, die Erforderlichkeitsprüfung schließlich leerläuft[209]. Ähnliche Probleme treten bei der Angemessenheitsprüfung auf. Zieht sich der Subventionsgeber bei der Zweckbestimmung auf gewichtige, im Ergebnis aber unbestimmte Allgemeinplätze zurück, so erübrigt sich in letzter Konsequenz eine Abwägung[210]. Der Förderzweck lässt sich durch beliebig viele Unterzwecke anreichern, so dass er scheinbar ein derartiges Gewicht erhält, dass die potentiellen Beeinträchtigungen völlig hinter dem so formulierten öffentlichen Zweck zurücktreten. Selbst die Bestimmung der möglichen Subventionsnachteile wird nahezu unmöglich, da unklar bleibt, welches Ziel die Förderung verfolgt und welche Folgen damit verbunden sind. Um aber eine Abwägungsentscheidung vornehmen zu können, ist schon zu Beginn der Subventionierung eine genaue Verifizierung von Begleiterscheinungen und der zu erwartenden negativen Folgen notwendig, die gerade im Rahmen einer prognostischen Zweck-Mittel-Analyse eine anspruchsvolle Prüfung erforderlich machen. Erneut steht der Zweck des staatlichen Handelns im Vordergrund, da Belastungen des Bürgers primär an diesem gemessen und durch diesen gerechtfertigt werden[211]. Die Abwägung scheitert daher sowohl an der fehlenden Zweckbestimmung als auch an der fehlenden Einschätzung der möglichen Beeinträchtigungen.

So zwingend die Pflicht zur Verdeutlichung der Förderzwecke ist, so kompliziert ist die praktische Umsetzung derselben. Es ist insbesondere problematisch festzustellen, wann eine Förderstruktur der Zweckverdeutlichungspflicht genügt. Denn je konkreter der Förderzweck ist, desto weniger Fallgestaltungen werden erfasst, desto stärker wird der Förderrechtsrahmen zur Normierung des Einzelfalles. Der Förderzweck ist daher ständig dem Spannungsfeld notwendiger Abstraktheit und erforderlicher Zweckdeutlichkeit ausgesetzt[212]. Nun wird man an die Bestimmtheit kein rechnerisches Maß anlegen können, dennoch lassen sich fehlende bzw. offensichtlich pauschale Zweckbestimmungen durchaus erkennen. Erst die konkrete Förderstruktur kann letztlich Aufschluss darüber geben, ob das bestehende Spannungsfeld konkordant aufgelöst wurde. Hierbei wird man nicht nur auf die bloße Beschreibung des Förderzwecks abstellen können, sondern auf den gesamten rechtlichen Rahmen, sei es die Förderkontrolle, die Fördervergabe, die Förderart

---

209 *Lerche*, Übermaß und Verfassungsrecht, S. 223; *Schnapp*, Die Verhältnismäßigkeit des Grundrechtseingriffs, JuS 1983, 854; *Werner*, Subventionsabbau – gesetzliche Zwänge schaffen, S. 114 ff.

210 *Bleckmann*, Subventionsrecht, S. 81; *Dechsling*, Das Verhältnismäßigkeitsgebot, S. 147; *Haverkate*, Rechtsfragen des Leistungsstaats, S. 195, *Huster*, Rechte und Ziele, S. 469; *Werner*, Subventionsabbau – gesetzliche Zwänge schaffen, S. 35 ff.

211 *Haverkate*, Gesetzesgestaltung und Rechtsanwendung im Leistungsrecht, NVwZ 1988, 773; *Hirschberg*, Der Grundsatz der Verhältnismäßigkeit, S. 75; *Jakobs, Michael Ch.,* Der Grundsatz der Verhältnismäßigkeit, DVBl 1985, 97 ff.

212 *Schetting*, Rechtspraxis der Subventionierung, S. 19.

oder die Förderdauer. Sämtliche abstrakten Anforderungen sind vor dem Hintergrund der Erreichung einer ausreichenden Zweckbestimmtheit zu sehen. Mit der Bejahung der Zweckverdeutlichungspflicht geht nun die Frage einher, ob der Förderrechtsrahmen, vor allem die Bestimmung des Förderzwecks, durch den Gesetzgeber oder die Verwaltung erfolgen muss. Mit anderen Worten, zwingt die Zweckverdeutlichungspflicht den Gesetzgeber oder die Verwaltung zur Zweckbestimmung?

2. Zweckdeutlichkeit nur durch Gesetz?

Diese Frage wird nach wie vor unter dem Stichwort der Geltung des Gesetzesvorbehalts im Leistungsrecht diskutiert[213]. Die Diskussion spaltet sich im wesentlichen in zwei Lager, wobei einerseits die Subventionierung allein mittels gesetzlicher Grundlage[214], andererseits die Ausweisung der Subventionierung im Haushaltsplan und die Konkretisierung mittels Subventionsrichtlinien für ausreichend erachtet wird[215]. Es soll nun im Folgenden versucht werden, die Grundlinien der Argumentationen nachzuzeichnen und diese unter dem Aspekt der Zweckverdeutlichungspflicht zu bewerten.

---

[213] Allgemein dazu *Jarass,* Der Vorbehalt des Gesetzes bei Subventionen, NVwZ 1984, 473 ff.; *Schenke,* Subventionen und Gesetzesvorbehalt, GewArch 1977, 313 ff.; *Stober,* Der Vorbehalt des Gesetzes und Verwaltungsvorschriften im Subventionsrecht, GewArch 1993, 136 ff.

[214] Den Gesetzesvorbehalt für das Leistungsrecht bejahend *Bauer,* Der Gesetzesvorbehalt im Subventionsrecht, DÖV 1983, 53 ff.; *Bellstedt,* Bedürfen Subventionen einer gesetzlichen Grundlage?, DÖV 1961, 161 ff.; *Bohling,* Wirtschaftspolitische und wirtschaftsverfassungsrechtliche Probleme staatlicher und kommunaler Subventionen, S. 407; *Friauf,* Bemerkungen zur verfassungsrechtlichen Problematik des Subventionswesens, DVBl 1966, 729 ff.; *Götz,* Recht der Wirtschaftssubventionen, S. 283; *Grosser,* Die Spannungslage zwischen Verfassungsrecht und Verfassungswirklichkeit bei Vergabe von staatlichen Wirtschaftssubventionen durch die öffentliche Hand, S. 74 ff.; *Ipsen,* Öffentliche Subventionierung Privater, S. 15 ff.; *Jakobs, Michael Ch.,* Rechtsfragen des Subventionswesens, BayVBl 1985, 355 ff.; *Klemp,* Öffentliche Finanzhilfen (Subventionen) – Instrumente staatlicher Finanzintervention, S. 164 ff.; *Köttgen,* Subventionen als Mittel der Verwaltung, DVBl 1953, 485 ff.; *Lübbe-Wolff,* Die Grundrechte als Eingriffsabwehrrechte, S. 319; *Maurer,* Allgemeines Verwaltungsrecht, § 6 Rdnr. 13; *Schmidt, Reiner,* Wirtschaftspolitik, Wirtschaftsverwaltungsorganisation, Wirtschaftsförderung, in: Achterberg / Püttner (Hrsg.), Besonderes Verwaltungsrecht I, Kapitel 1 Rdnr. 142; *Stern,* Rechtsfragen der öffentlichen Subventionierung Privater, JZ 1960, 522; *Zuleeg,* Zur künftigen Entwicklung des Subventionsrechts, DÖV 1984, 733.

[215] So in erster Linie die Rechtsprechung BVerwGE 6, 282 ff.; BVerwGE 58, 45 (48); BVerwGE 90, 112 (126); BVerwG in NJW 1977, 1838; BVerwG in DVBl 1979, 881 ff.; BVerfGE 49, 89 (125 ff.); BVerfGE 68, 1 (109); ferner *Henke,* Das Recht der Wirtschaftssubventionen als öffentliches Vertragsrecht, S. 53 ff.; *Karehnke,* Subventionen und ihre Kontrolle – Möglichkeiten und Grenzen, DÖV 1975, 623 ff.; *Kirchhof, Gerd,* Subventionen als Instrument der Lenkung und Koordinierung, S. 201; *Wolff / Bachoff,* Verwaltungsrecht III, § 138 III c 3 Rdnr. 16 ff.

a) Zweckbestimmung mittels Subventionsrichtlinie

Betrachtet man die derzeit geltende Subventionspraxis, so unterliegt die Leistungsverwaltung im Grundsatz nicht dem Gesetzesvorbehalt. Dennoch wird aufgrund des Demokratieprinzips auch für das Subventionsrecht eine parlamentarische Legitimation gefordert, dem durch ein Mindestmaß an parlamentarischer Willensäußerung in Form der Ausweisung der Subventionsmittel im Haushaltsplan nachgekommen wird[216]. Gem. Art. 110 Abs. 2 S. 1 GG wird der Haushaltsplan durch das Haushaltsgesetz festgestellt, das dann die ausreichende Rechtsgrundlage bildet[217]. Sämtliche weitere Fragen der Subventionierung (Förderzweck, Zweckbindung, Förderberechtigte, Subventionsvoraussetzungen) werden schließlich in Verwaltungsvorschriften festgelegt[218].

Diese Subventionsrichtlinien haben unzweifelhaft Innenwirkung und bilden Verhaltensregeln für die Verwaltung, insbesondere den konkret handelnden Entscheidungsträger[219]. Daneben wird ihnen aber auch ein gesetzesvertretender Charakter zugeschrieben[220]. Die Richtlinien basieren auf der Rechtsgrundlage des Haushaltsgesetzes i.V.m. Etattitel und konkretisieren die Förderung im einzelnen. Die demokratische Legitimation kann insoweit mit der von Rechtsverordnungen i. S. d. Art. 80 GG verglichen werden[221]. Daher wird auch konsequent eine Außenrechtswirkung von Subventionsrichtlinien über die Rechtsfigur der Selbstbindung der Verwaltung bejaht. Sowohl dem Subventionskonkurrenten als auch dem Subventionsempfänger solle dadurch effektiver Rechtsschutz zuteil werden[222].

---

[216] BVerwGE 58, 45 (48).

[217] *Ipsen,* Subventionen, in: Isensee / Kirchhof (Hrsg.), Handbuch des Staatsrechts IV, § 92 Rdnr. 39; *Stober,* Handbuch des Wirtschaftsverwaltungs- und Umweltrechts, § 110 I 1, S. 1220.

[218] BVerwG in GewArch 1977, 262 (263); BVerwG in DVBl 1979, 881 ff.

[219] *Ipsen,* Subventionen, in: Isensee / Kirchhof (Hrsg.), Handbuch des Staatsrechts IV, § 92 Rdnr. 41; *Stober,* Handbuch des Wirtschaftsverwaltungs- und Umweltrechts, § 65 I, S. 831 ff.

[220] *Oldiges,* Richtlinien als Ordnungsrahmen der Subventionsverwaltung, NJW 1984, 1927 ff.; *Ossenbühl,* Verwaltungsvorschriften und Grundgesetz, S. 550 ff.

[221] *Ipsen,* Subventionen, in: Isensee / Kirchhof (Hrsg.), Handbuch des Staatsrechts IV, § 92 Rdnr. 42; *Ipsen,* Verwaltung durch Subventionen, VVDStRL 1967, 294; *Jooss,* Subventionsrecht, in: Klein (Hrsg.), Lehrbuch des öffentlichen Finanzrechts, Festschrift für Kurt Meßmer, S. 316; *Ossenbühl,* Autonome Rechtsetzung der Verwaltung, in: Isensee / Kirchhof (Hrsg.), Handbuch des Staatsrechts III, § 65 Rdnr. 27.

[222] *Ipsen,* Subventionen, in: Isensee / Kirchhof (Hrsg.), Handbuch des Staatsrechts IV, § 92 Rdnr. 42; *Krebs,* Zur Rechtssetzung der Exekutive durch Verwaltungsvorschriften, VerwArch 1979, 259 ff.; *Maurer,* Kontinuitätsgewähr und Vertrauensschutz, in: Isensee / Kirchhof (Hrsg.), Handbuch des Staatsrechts III, § 60 Rdnr. 93; *Ossenbühl,* Selbstbindungen der Verwaltung, DVBl 1981, 862 ff.; *Ossenbühl,* Autonome Rechtsetzung der Verwaltung, in: Isensee / Kirchhof (Hrsg.), Handbuch des Staatsrechts III, § 65 Rdnr. 44; *Pietzcker,* Selbstbindungen der Verwaltung, NJW 1981, 2087 ff.; *Stober,* Handbuch des Wirtschaftsverwaltungs- und Umweltrechts, § 65 II, S. 834 – ausdrücklich für die ERP-Richtlinien, *Butz,* Rechtsfragen der Zonenrandförderung, S. 127.

Für die Erfüllung des Publizitätsprinzips sieht man es als ausreichend an, dass die Subventionsrichtlinien in aller Regel im Bundesanzeiger veröffentlicht werden[223]. Das Erstellen der Richtlinien falle in den Zuständigkeitsbereich des jeweils zuständigen Bundesministers[224]. Man glaubt, damit eine ausreichend demokratisch und rechtsstaatlich legitimierte Ausformung des Subventionsrechts erreicht zu haben.

Ferner sei diese Praxis der Subventionierung schnell und flexibel[225], da der Verwaltung ein gewisser Handlungsspielraum verbleibe, ihr dieser angesichts der vielfach prognostischen Entscheidungen gar verbleiben müsse[226]. Würde man demgegenüber zwingend eine gesetzliche Normierung fordern, so bestünde die Gefahr der Übernormierung. Der Gesetzgeber wäre letztlich überfordert[227]. Aufgrund des langwierigen Gesetzgebungsverfahrens würden sich Fördermaßnahmen verzögern, die teilweise schnell und flexibel eingerichtet werden müssen, um der Bedarfssituation gerecht zu werden. Neben die dadurch intendierte Langsamkeit trete zu einem späteren Zeitpunkt die Schwerfälligkeit, Subventionsgesetze wieder abzubauen. Das Subventionsrecht drohe zu „versteinern"[228]. Zudem bestehe die Gefahr, dass der Bürger durch die gesetzliche Normierung möglicherweise schlechter gestellt werde, da er bei einer fehlenden gesetzlichen Regelung überhaupt keine Leistung erhält[229]. Die Forderung nach dem Gesetzesvorbehalt, die als Sicherung der Rechte des Bürgers verstanden wird, würde sich so ins Gegenteil kehren. Folgt man dieser Argumentation, so ist die geltende Subventionspraxis als mit der Verfassung vereinbar anzusehen. Man kommt zu dem Ergebnis, dass das Subventionsrecht durch diese Art der rechtlichen Normierung eine eigene Kodifizierung geschaffen hat, die den Besonderheiten des Leistungsrechts Rechnung trägt und – so die Konsequenz dieser Sichtweise – rechtsstaatlichen Anforderungen genügt[230]. Die Forderung nach dem Gesetzesvorbehalt wäre danach abzulehnen.

---

223 *Ipsen,* Subventionen, in: Isensee / Kirchhof (Hrsg.), Handbuch des Staatsrechts IV, § 92 Rdnr. 47, *Jooss,* Subventionsrecht, in: Klein (Hrsg.), Lehrbuch des öffentlichen Finanzrechts, Festschrift für Kurt Meßmer, S. 316.

224 BVerwG in GewArch 1978, 302.

225 *Bullinger,* Vertrag und Verwaltungsakt, S. 96; *Eyermann,* Subventionen im Rechtsstaat: Gesetzmäßigkeit – Rechtmäßigkeit, WuV 1978, 155; *Sendler,* Subventionen in der höchstrichterlichen Rechtsprechung, WuV 1978, 156; *Stober,* Handbuch des Wirtschaftsverwaltungs- und Umweltrechts, § 10 II 2 b, S. 180.

226 BVerwGE 64, 238 (242).

227 *Kloepfer,* Gesetzgebung im Rechtsstaat, VVDStRL 1982, 63 ff.; *Sendler,* Normenflut und Richter, ZRP 1979, 227 ff.; *Starck,* Übermaß an Rechtsstaat, ZRP 1979, 209 ff.

228 *Hansmeyer,* Subventionen in der Bundesrepublik Deutschland, S. 28 ff.

229 *Ossenbühl,* Vorrang und Vorbehalt des Gesetzes, in: Isensee / Kirchhof (Hrsg.), Handbuch des Staatsrechts III, § 62 Rdnr. 20; *Stober,* Handbuch des Wirtschaftsverwaltungs- und Umweltrechts, § 10 II 2 b aa, S. 181.

230 *Ipsen,* Subventionen, in: Isensee / Kirchhof (Hrsg.), Handbuch des Staatsrechts IV, § 92 Rdnr. 43.

b) Zweckbestimmung mittels Subventionsgesetz

Die Gegenansicht geht indes davon aus, dass die Subventionierung allein durch ein Subventionsgesetz erfolgen kann, insbesondere die Bestimmung des Förderzwecks durch den Gesetzgeber erfolgen muss. Ausgangspunkt der Argumentation ist dabei, dass durch den Haushaltsplan i. V. m. Haushaltsgesetz per se keine hinreichende Zweckbestimmung erfolgen kann, da aufgrund des Bepackungsverbotes gem. Art. 110 Abs. 2 S. 4 GG eine detaillierte Regelung nicht erfolgen kann[231]. Der Haushaltsplan enthält lediglich vage Richtungsentscheidungen, jedoch keine präzisen Zweckdarlegungen. Auch die Erläuterungen zu den einzelnen Titeln des Haushaltsplans i. S. d. § 12 Abs. 4 HGrG bilden bloße Anmerkungen und sind keineswegs verbindliche Zweckkonkretisierungen[232].

Zudem werden die Subventionsangaben nicht hinreichend publiziert, und die Beteiligung des Parlaments bei der Zweckbestimmung der einzelnen Haushaltstitel ist als sehr gering zu bewerten[233]. Dies ergibt sich gerade aus dem Gebot, sachfremde Diskussionen aus den Haushaltsberatungen herauszunehmen[234]. Das Parlament wird im Ergebnis bei der Bestimmung des Subventionszwecks nicht ausreichend beteiligt, da eine Konkretisierung erst durch die Verwaltung mittels Subventionsrichtlinien ohne Einschaltung des Parlaments erfolgt[235]. Im Ergebnis nimmt damit nicht der Subventionsgeber (Parlament), der die Mittel bereitstellt und zuweist, die Zweckbestimmung vor, sondern die ausführende Verwaltung, so dass eine rechtsstaatliche Zweckpräzisierung nicht vorliegt[236].

---

[231] *Haverkate,* Rechtsfragen des Leistungsstaats, S. 201; *Ipsen,* Öffentliche Subventionierung Privater, S. 40; *Kisker,* Staatshaushalt, in: Isensee / Kirchhof (Hrsg.), Handbuch des Staatsrechts III, § 89 Rdnr. 29; *Krebs,* Probleme der rechtlichen Steuerung und Kontrolle von Wirtschaftssubventionen, ZRP 1984, 224; *Maurer,* Allgemeines Verwaltungsrecht, § 6 Rdnr. 14; *Oldiges,* Richtlinien als Ordnungsrahmen der Subventionsverwaltung, NJW 1984, 1929; *Stern,* Das Staatsrecht der Bundesrepublik Deutschland II, S. 1252 ff.; *Zuleeg,* Subventionsrecht zur Schaffung und Erhaltung von Arbeitsplätzen, in: Kittner (Hrsg.), Arbeitsmarkt – ökonomische, soziale und rechtliche Grundlagen, S. 167.

[232] *Haverkate,* Subventionsrecht, in: Schmidt, Reiner (Hrsg.), Öffentliches Wirtschaftsrecht BT1, § 4 Rdnr. 32; *Götz,* Recht der Wirtschaftssubventionen, S. 301; *Kirchhof,* Verwalten durch mittelbares Handeln, S. 259; *Klenke,* Wirtschaftssubventionen und Eigentumsgarantie des Art. 14 Grundgesetz, S. 169.

[233] *Bauer,* Der Gesetzesvorbehalt im Subventionsrecht, DÖV 1983, 58 ff.; *Grosser,* Die Spannungslage zwischen Verfassungsrecht und Verfassungswirklichkeit bei Vergabe von staatlichen Wirtschaftssubventionen durch die öffentliche Hand, S. 74 ff.; *Haverkate,* Rechtsfragen des Leistungsstaats, S. 204, *v. Mutius,* Die Steuerung des Verwaltungshandelns durch Haushaltsrecht und Haushaltskontrolle, VVDStRL 1984, 169 ff.; *Zuleeg,* Nationales Subventionsrecht als Wirkungsfeld und Wirkungsfaktor des europäischen Subventionsrechts, in: Börner / Bullinger (Hrsg.), Subventionen im Gemeinsamen Markt, S. 14.

[234] *Kisker,* Staatshaushalt, in: Isensee / Kirchhof (Hrsg.), Handbuch des Staatsrechts III, § 89 Rdnr. 29.

[235] Ausführlich zur Frage der Rechtsgrundlage durch das Haushaltsgesetz i. V. m. Haushaltsplan *Preußner,* Kontrolle und Beherrschbarkeit von Wirtschaftssubventionen, S. 116 ff.

Doch sind damit eher formale Gesichtspunkte angesprochen. Materiell ist bei den potentiellen Freiheitsbeeinträchtigungen anzusetzen, die durch die Subventionierung auftreten können, sei es auf Seiten des nichtbedachten Subventionskonkurrenten oder aber des Subventionsempfängers[237]. Die Vorenthaltung einer staatlichen Leistung kann den Bürger vielfach gravierender treffen als ein Eingriff, so dass mit dem Eingriff-Begünstigungs-Schema der Frage nach der Geltung des Gesetzesvorbehalts im Leistungsrecht nicht nachzukommen ist[238]. Vielmehr gilt es, staatliche Leistungen als grundrechtssensible Interventionen zu qualifizieren und konsequent allein das Gesetz als verfassungsrechtliche Legitimation anzuerkennen. Erinnert man sich daneben der Wesentlichkeitsrechtsprechung des Bundesverfassungsgerichts[239], nach welcher der Gesetzgeber, losgelöst vom Begriff des Eingriffs, in grundlegenden normativen Bereichen alle wesentlichen Entscheidungen selbst treffen muss, so kommt man für das Subventionsrecht an der Notwendigkeit einer gesetzlichen Regelung nicht vorbei[240]. Dies überzeugt um so mehr, wenn man sich das immense Fördervolumen[241], die sozial-, arbeitsmarkt- und wirtschaftspolitischen Zielsetzungen[242] sowie die potentiellen Grundrechtsbeeinträchtigungen[243] vor Augen führt. Es ist daher verfehlt, den Subventionsbereich als unwesentliche Aufgabe zu verstehen, die dem Handeln der Verwaltung überlassen

---

236 *Haverkate* Gesetzesgestaltung und Rechtsanwendung im Leistungsrecht, NVwZ 1989, 769 ff.; *Schmidt,* Reiner, Wirtschaftspolitik, Wirtschaftsverwaltungsorganisation, Wirtschaftsförderung in: Achterberg / Püttner (Hrsg.), Besonderes Verwaltungsrecht I, Kapitel 1 Rdnr. 142.

237 Zu den möglichen Freiheitsbeeinträchtigungen ausführlich oben 1. Teil, B., III.

238 So auch das BVerfGE 40, 237 (249).

239 BVerfGE 33, 125 (149); BVerfGE 34, 165 (192 ff.); BVerfGE 40, 237 (249); BVerfGE 47, 46 (78 ff.); BVerfGE 48, 210 (221); BVerfGE 49, 89 (126 ff.); BVerfGE 56, 1 (12 ff.); BVerfGE 80, 124 (132); BVerfGE 83, 130 (142).

240 Bzgl. der Wesentlichkeit im Subventionsrecht insbesondere *Bauer,* Der Gesetzesvorbehalt im Subventionsrecht, DÖV 1983, 53 ff.

241 Angesichts des Problems, was als Subvention in die Berechnung einzustellen ist, schwanken die Zahlen teils erheblich – für das Jahr 1993 wurde berechnet: 63 Mrd. DM (Statistische Bundesamt), 114 Mrd. DM (16.Subventionsbericht der Bundesregierung), 216 Mrd. DM (Kieler Institut für Weltwirtschaft).

242 Zu den Zielen und Maßnahmen der Subventionen vgl. 16.Subventionsbericht der Bundesregierung vom 29. 8. 1997, BR-Drucksache 598 / 97, S. 25 ff.

243 Hierzu noch *Bauer,* Der Gesetzesvorbehalt im Subventionsrecht, DÖV 1983, 53 ff.; *Bohling,* Wirtschaftspoltische und wirtschaftsverfassungsrechtliche Probleme staatlicher und kommunaler Subventionen, S. 397; *Bellstedt,* Bedürfen Subventionen einer gesetzlichen Grundlage?, DÖV 1961, 161 ff.; *Friauf,* Referat zum Thema „Ordnungsrahmen für das Recht der Subventionen", in: Ständige Deputation des DJT (Hrsg.), Verhandlungen des 55. DJT, Bd. II, S. M14 ff.; *Klenke,* Wirtschaftssubventionen und Eigentumsgarantie des Art. 14 Grundgesetz, S. 138 ff.; *Lübbe-Wolff,* Die Grundrechte als Eingriffsabwehrrechte, S. 310; *Maunz,* Die staatliche Verwaltung der Zuschüsse und Subventionen, BayVBl 1962, 1 ff.; *Schmidt,* Reiner, Wirtschaftspolitik, Wirtschaftsverwaltungsorganisation, Wirtschaftsförderung, in: Achterberg / Püttner (Hrsg.), Besonderes Verwaltungsrecht I, Kapitel 1 Rdnr. 142; *Zuleeg,* Zur künftigen Entwicklung des Subventionsrecht, DÖV 1984, 734; *Zuleeg,* Nationales Subventionsrecht als Wirkungsfeld und Wirkungsfaktor des europäischen Subventionsrechts, in: Börner / Bullinger (Hrsg.), Subventionen im Gemeinsamen Markt, S. 14.

werden kann. Vielmehr bedarf es zwingend eines parlamentarischen Subventionsgesetzes[244].

Auch das Argument einer dann folgenden Übernormierung verfängt nicht, da
die derzeitige Subventionspraxis gleichfalls nicht ohne rechtlichen Rahmen aus-
kommt. Die Vielzahl von Subventionsrichtlinien zeigen zum einen, dass ein Bedürfnis nach einem Ordnungsrahmen besteht, zum anderen eine Übernormierung
nicht auftritt, wenn Subventionsrichtlinien lediglich in Gesetze umgewandelt werden[245]. Auch eine Versteinerung des Subventionswesens muss nicht zwangsläufig
eintreten, da die Möglichkeit besteht, die Laufzeit von Subventionsgesetzen zu begrenzen[246]. Demgegenüber zeigt die derzeitige Subventionspraxis verstärkte Beharrungstendenzen[247]. Um schließlich auch flexibel auf Notsituationen reagieren
zu können, sind Ausnahmen vom Gesetzesvorbehalt einzuräumen[248].

Durch die gesetzliche Normierungspflicht wird der Bürger auch nicht schlechter
gestellt, da es dem subventionierenden Staat verboten ist, staatliche Geschenke zu
verteilen, er in jedem Fall den Subventionszweck bestimmen muss. Die Frage, auf
welcher rechtsstaatlichen Ebene diese Bestimmung erfolgen muss, hat indes nichts
mit einer Schlechterstellung des Bürgers gemein[249]. Bedenken hinsichtlich der
Zweckbestimmung durch bloße Subventionsrichtlinien ergeben sich zudem aus
dem grundsätzlich fehlenden Außenrechtscharakter derselben. Subventionsrichtlinien sind nur schwer gerichtlich überprüfbar[250]. Dies kann insbesondere daraus ge-

---

[244] *Haverkate*, Gesetzesgestaltung und Rechtsanwendung im Leistungsrecht, NVwZ 1988,
770; *Friauf*, Referat zum Thema „Ordnungsrahmen für das Recht der Subventionen", in:
Ständige Deputation des DJT (Hrsg.), Verhandlungen des 55. DJT, Bd. II, S. M14 ff.; *Jarass*,
Der Vorbehalt des Gesetzes bei Subventionen, NVwZ 1984, 473 ff.; *v. Mutius*, Die Steuerung
des Verwaltungshandelns durch Haushaltsrecht und Haushaltskontrolle, VVDStRL 1984,
169.

[245] *Andresen*, Die Anfechtungsklage des nichtsubventionierten Konkurrenten, S. 146;
Henseler, Staatliche Verhaltenslenkung durch Subventionen im Spannungsfeld zur Unterneh-
merfreiheit des Begünstigten, VerwArch 1986, 258; *Ossenbühl*, Vorrang und Recht – Die
Rechtsquellen im demokratischen Rechtsstaat, in: Isensee / Kirchhof (Hrsg.), Handbuch des
Staatsrechts III, § 61 Rdnr. 55; *Pietzcker*, Vorrang und Vorbehalt des Gesetzes, JuS 1979, 714.

[246] Einen interessanten Bezug zieht dabei *Nieder-Eichholz*, Die Subventionsordnung,
S. 251 zur „Sunset legislation" in den USA, um eine Befristung von Subventionsgesetzen zu
erreichen.

[247] Vgl. die Zusammenstellung der „dienstältesten" Subventionen bei *Nieder-Eichholz*,
Die Subventionsordnung, S. 110.

[248] *Friauf*, Bemerkungen zur verfassungsrechtlichen Problematik des Subventionswesens,
DVBl 1966, 732; *Götz*, Recht der Wirtschaftssubventionen, S. 294; *Maurer*, Allgemeines Verwaltungsrecht, § 6 Rdnr. 15; *Zuleeg*, Subventionskontrolle durch Konkurrentenklage, S. 86.

[249] *Maurer*, Allgemeines Verwaltungsrecht, § 6 Rdnr. 15.

[250] *Götz*, Recht der Wirtschaftssubventionen, S. 46; *Haverkate*, Rechtsfragen des Leistungsstaats, S. 202 ff.; *Krebs*, Probleme der rechtlichen Steuerung und Kontrolle von Wirtschaftssubventionen, ZRP 1984, 227; *Nieder-Eichholz*, Die Subventionsordnung, S. 251;
Schetting, Rechtspraxis der Subventionierung, S. 327 ff.; *Zuleeg*, Zur künftigen Entwicklung
des Subventionsrechts, DÖV 1984, 735.

schlussfolgert werden, dass Verwaltungsvorschriften weder an den Bürger adressiert sind noch Bestimmungen enthalten, die ein Vertrauen des Bürgers begründen könnten. Im Ergebnis bleibt also offen, worauf ein etwaiger Außenrechtscharakter gestützt werden soll[251]. Folgt man dieser Sichtweise, erfordert jede Subventionierung eine gesetzliche Grundlage, insbesondere eine Bestimmung des Förderzwecks durch das Parlament. Die geltende Subventionspraxis wäre demnach als verfassungswidrig einzustufen, da sie dem Gesetzesvorbehalt im Leistungsrecht nicht hinreichend Rechnung trägt.

c) Fazit

Insgesamt zeigt die Darstellung, wie festgefahren die Diskussion ist und wie unüberwindlich sich die beiden Lager gegenüberstehen. Betrachtet man die angesprochenen Fragen genauer, so ist vor dem Hintergrund der Zweckdeutlichkeit primär entscheidend, ob diese eher durch Subventionsgesetze oder aber Verwaltungsrichtlinien gewährleistet wird. Gelingt es nämlich dem Gesetzgeber ebenfalls nicht, den Förderzweck hinreichend zu bestimmen, so hilft die Forderung nach dem Gesetzesvorbehalt im Ergebnis wenig. Folglich ist zunächst nicht die Frage entscheidend, wer den Förderzweck präzisiert, sondern ob es zu einer solchen Präzisierung überhaupt kommt. Denn für die Zweckdeutlichkeit ist letztlich nichts gewonnen, wenn zwar ein Subventionsgesetz verabschiedet würde, dieses aber unbestimmter als die vorherigen Subventionsrichtlinien ist[252].

Vom pragmatischen Standpunkt aus ist zu fragen, welchen Unterschied es macht, wenn eine zweckgerechte Subventionsrichtlinie völlig unverändert in ein Subventionsgesetz übernommen und verabschiedet werden würde. Betrachtet man allein die Frage der Zweckdeutlichkeit, bleibt das Problem gleich. Denn war die Richtlinie vorher schon unbestimmt, so ändert das „Gießen" der Richtlinie in Gesetzesform nichts daran. Daher ist vor jedweder weiteren Diskussion zu fragen, ob eine Zweckverdeutlichung überhaupt stattgefunden hat. Fehlt es an dieser, hilft auch die Forderung nach dem Gesetzesvorbehalt wenig[253]. Stellt sich die Subventionsrichtlinie als zweckdeutlich heraus, so kommt man indes nicht umhin, sich mit dem Problem auseinander zu setzen, ob mit der Exekutive die geeignete und zuständige Ebene die Zweckpräzisierung vorgenommen hat. Das Problem des Ge-

---

[251] *Maurer,* Kontinuitätsgewähr und Vertrauensschutz, in: Isensee / Kirchhof (Hrsg.), Handbuch des Staatsrechts III, § 60 Rdnr. 94.

[252] Dieses Problem wird zwar erkannt, nicht aber etwaige Schlussfolgerungen daraus gezogen; vgl. *Haverkate,* Subventionsrecht, in: Schmidt, Reiner (Hrsg.), Öffentliches Wirtschaftsrecht BT1, § 4 Rdnr. 38; *Sendler,* Subventionen in der höchstrichterlichen Rechtsprechung, WuV 1978, 161; *Stober,* Handbuch des Wirtschaftsverwaltungs- und Umweltrechts, § 10 II 2 b aa, S. 181.

[253] Im Ergebnis ähnlich *Haverkate,* Subventionsrecht, in: Schmidt, Reiner (Hrsg.), Öffentliches Wirtschaftsrecht BT1, § 4 Rdnr. 38; *Sendler,* Subventionen in der höchstrichterlichen Rechtsprechung, WuV 1978, 161.

setzesvorbehalts ist daher allein eine Frage der Gewaltenteilung[254]. Es gilt nun darzulegen, dass aus der Zweckverdeutlichungspflicht heraus sich zwingend die Forderung nach der Zuständigkeit der Legislative ergibt, den Förderzweck zu bestimmen.

Ein gewichtiger Vorteil dieser Sichtweise ist in der erhöhten Transparenz durch das Gesetzgebungsverfahren zu sehen[255]. Der Subventionszweck wird öffentlich diskutiert[256]. Der Gesetzgeber ist gezwungen, seine Maßnahme zu rechtfertigen und zu begründen. Es kommt zu einer erhöhten Transparenz für den Subventionsempfänger, den Subventionskonkurrenten, aber auch für die Subventionsverwaltung, der nun klar und deutlich ihr Handlungsspielraum abgesteckt wird. Es ist eben doch ein gewichtiger Unterschied, ob die Verwaltung selbst ihren Handlungsspielraum – gleichsam nach Belieben – bestimmt, oder aber der Gesetzgeber den Rechtsrahmen hierfür hinreichend ausgestaltet[257].

Sicher ist auf der einen Seite positiv zu bewerten, dass durch Subventionsrichtlinien flexibel auf Bedarfssituationen reagiert werden kann. Negativer Aspekt ist indes, dass dieser Flexibilität keine rechtsstaatliche Kontrolle gegenübersteht, die Subventionierung quasi im rechtsfreien Raum erfolgt. Man bedenke nur, dass die Verwaltung jederzeit die Verwaltungsvorschriften für die Zukunft ändern kann[258]. Zwar wird gefordert, dass eine Änderung sachlich gerechtfertigt sein müsse, jedoch ist dieses Postulat gerichtlich nicht zu überprüfen[259]. Folge ist eine Rechtsunsicherheit für den betroffenen Bürger, gegen die er sich im Ergebnis nicht zu wehren vermag. Allein die Form des Gesetzes genügt den Anforderungen der Rechtsstaatlichkeit und Demokratie, da mit dem Parlament das vom Volkssouverän legitimierte Organ die Freiheit des Bürgers und seine Teilhabe an der Staatsgewalt sichert[260]. Daneben geht aufgrund der Unbestimmtheit des Förderzwecks im Haushaltsgesetz die Gefahr einher, dass nicht deutlich wird, was der Gesetzgeber eigentlich fördern wollte, und dass die Verwaltung bei der Aufstellung der Subventionsrichtlinien selbst kreativ tätig wird. Ob dann allerdings die Zielsetzung der Richtlinie mit dem eigentlich gewollten, aber nicht deutlich genug formulierten Ziel des Gesetzgebers

---

[254] *Ossenbühl,* Vorrang und Vorbehalt des Gesetzes, in: Isensee / Kirchhof (Hrsg.), Handbuch des Staatsrechts III, § 62 Rdnr. 8.

[255] *Preußner,* Kontrolle und Beherrschbarkeit von Wirtschaftssubventionen, S. 130; *Unkelbach,* Grundrechtliche Bindungen des Bundesgesetzgebers bei der Vergabe von Leistungssubventionen zugunsten der gewerblichen Wirtschaft, S. 49.

[256] *Bleckmann,* Subventionsrecht, S. 51; *Nieder-Eichholz,* Die Subventionsordnung, S. 250.

[257] *Zuleeg,* Subventionskontrolle durch Konkurrentenklage, S. 85.

[258] BVerwGE 46, 89 (91); BVerwGE 70, 127 (136); BVerwG in NJW 1980, 75; BVerwG in NJW 1987, 1329 (1331).

[259] *Maurer,* Kontinuitätsgewähr und Vertrauensschutz, in: Isensee / Kirchhof (Hrsg.), Handbuch des Staatsrechts III, § 60 Rdnr. 94.

[260] *Jesch,* Gesetz und Verwaltung, S. 1 ff.; *Kirchhof,* Mittel staatlichen Handelns, in: Isensee / Kirchhof (Hrsg.), Handbuch des Staatsrechts III, § 59 Rdnr. 141.

übereinstimmt, bleibt mehr als fraglich. Entscheidend ist aber, was der Subventionsgeber, der Gesetzgeber, gewollt hat[261]. Über die Subventionsrichtlinien findet eine Zweckpräzisierung nicht durch den Subventionsgeber, sondern durch die Verwaltung statt. Hierbei kann es zu rechtsstaatlichen Zieldivergenzen im Verhältnis Subventionsgesetzgeber – Subventionsverwaltung kommen[262].

Vielfach wird davor gewarnt, dass mit der Bejahung des Gesetzesvorbehalts im Subventionsrecht ein überwiegender Teil der Subventionspraxis für verfassungswidrig erklärt werden würde, obgleich die Verwaltung doch nichts anderes mache, als nach den Zielsetzungen des Gesetzgebers zu handeln[263]. Gerade dieser letzte Zusatz hält einer Überprüfung nicht stand, da der Gesetzgeber seine Zielsetzung gar nicht bzw. sehr vage formuliert[264]. Auch ändert sich durch langjährige Verwaltungspraxis nichts an der Verfassungswidrigkeit derselben. Interessanterweise wird den Subventionsrichtlinien mit aller Mühe Gesetzescharakter zugeschrieben[265]. Man stellt sich die berechtigte Frage, warum sich nicht der naheliegenderen Form, nämlich des Gesetzes bedient wird. Ist es vielleicht die Möglichkeit, über die Subventionsrichtlinien für Intransparenz zu sorgen, die interessierte Öffentlichkeit auszuschließen? Können über interne Verwaltungsvorschriften wahre Zielsetzungen besser verschleiert werden? Kann so die eigene Wählerklientel unauffällig und unbemerkt bedient werden? Lassen sich Förderprogramme völlig unbemerkt von der Öffentlichkeit schnell und unkontrolliert verändern und neu ausrichten?

Es gilt daher die Sichtweise umzukehren. Es ist vom Grundsatz des Gesetzesvorbehalts auszugehen und dann zu fragen, ob eine Ausnahme hiervon geboten und mit einer solchen etwas gewonnen wird. Angesichts der eigenartigen und rechtsstaatlich bedenklichen Strukturen kann man sich den gestellten Fragen nicht verschließen. Der Verlust an Freiheitsschutz und Rechtsstaatlichkeit wiegt indes höher als dies der Vorteil an Flexibilität zu tun vermag. Potentielle Freiheitsbeeinträchtigungen können rechtsstaatlich nur durch den parlamentarischen Gesetzgeber gerechtfertigt werden. Gerade die potentielle Freiheitsgefährdung durch das Leistungsrecht zwingt zu einem umfassenden Gesetzesvorbehalt[266]. Denn wenn man

---

[261] *Haverkate,* Subventionsrecht, in: Schmidt, Reiner (Hrsg.), Öffentliches Wirtschaftsrecht BT1, § 4 Rdnr. 34.

[262] *Haverkate,* Rechtsfragen des Leistungsstaats S. 198 ff.; *Nieder-Eichholz,* Die Subventionsordnung, S. 250.

[263] *Ossenbühl,* Vorrang und Vorbehalt des Gesetzes, in: Isensee / Kirchhof (Hrsg.), Handbuch des Staatsrechts III, § 62 Rdnr. 20; *Stober,* Handbuch des Wirtschaftsverwaltungs- und Umweltrechts, § 10 II 2 a, S. 177.

[264] Vgl. beispielsweise die ERP-Förderstruktur, unten 2. Teil, B., I., 3., a., bb.

[265] *Oldiges,* Richtlinien als Ordnungsrahmen der Subventionsverwaltung, NJW 1984, 1927 ff.; *Ossenbühl,* Autonome Rechtsetzung der Verwaltung, in: Isensee / Kirchhof (Hrsg.), Handbuch des Staatsrechts III, § 65 Rdnr. 28.

[266] Dies noch einmal betonend *Bauer,* Der Gesetzesvorbehalt im Subventionsrecht, DÖV 1983, 55; *Grosser,* Die Spannungslage zwischen Verfassungsrecht und Verfassungswirklichkeit bei Vergabe von staatlichen Wirtschaftssubventionen durch die öffentliche Hand, S. 84;

nur schwerlich zwischen Eingriff und Begünstigung trennen kann, dann mutet es abenteuerlich an, für den Bereich der Begünstigung einen gesetzesfreien Raum zu schaffen. Die Interventionswirkung von Subventionen löst aufgrund der Grundrechtsrelevanz zwingend den Gesetzesvorbehalt aus[267].

Der Zweckverdeutlichungspflicht muss der subventionierende Staat in Form von einzelnen Subventionsgesetzen nachkommen[268]. Darüber hinaus wird vielfach ein Subventionsgrundsätzgesetz[269] gefordert, das ähnlich dem Verwaltungsverfahrensgesetz den allgemeinen Teil des Subventionsrechts normieren soll. Sicher würde ein solches zur Klarstellung des Subventionsrechts beitragen, jedoch muss der Gesetzgeber schon jetzt die dort zu formulierenden Grundsätze beachten[270]. Entscheidend ist vielmehr, dass der Gesetzgeber die Festlegung des Subventionszwecks vornimmt[271]. Erst dann wird er der Zweckverdeutlichungspflicht gerecht. Eine Zweckpräzisierung allein durch Subventionsrichtlinien reicht nicht aus. Der Gesetzesvorbehalt entfaltet im Ergebnis auch für das Leistungsrecht umfassende Wirkung.

II. Zweckbeschränkung

Neben die Präzisierung des Förderzwecks tritt gleichberechtigt die Beschränkung desselben. Meist verbergen sich hinter einer Subventionierung eine Vielzahl

---

Haverkate, Rechtsfragen des Leistungsstaats, S. 203; *Lübbe-Wolff,* Die Grundrechte als Eingriffsabwehrrechte, S. 310.

[267] *Lübbe-Wolff,* Die Grundrechte als Eingriffsabwehrrechte, S. 319.

[268] *Bohling,* Wirtschaftspolitische und wirtschaftsverfassungsrechtliche Probleme staatlicher und kommunaler Subventionen, S. 399; *Götz,* Recht der Wirtschaftssubventionen, S. 286; *Maurer,* Allgemeines Verwaltungsrecht, § 6 Rdnr. 14; *Zuleeg,* Subventionsrecht zur Schaffung und Erhaltung von Arbeitsplätzen, in: Kittner (Hrsg.), Arbeitsmarkt – ökonomische, soziale und rechtliche Grundlagen, S. 167.

[269] *Bleckmann,* Gutachten zum Thema „Ordnungsrahmen für das Recht der Subventionen", in: Verhandlungen des 55. DJT, Bd. I, S. D65; *Friauf,* Referat zum Thema „Ordnungsrahmen für das Recht der Subventionen", in: Ständige Deputation des DJT (Hrsg.), Verhandlungen des 55. DJT, Bd. II, S. M19; *Nieder-Eichholz,* Die Subventionsordnung, S. 266; *Klemp,* Öffentliche Finanzhilfen (Subventionen) – Instrumente staatlicher Finanzintervention, S. 164; *Tuchfeldt,* Über Wirkungen und Verbesserungsmöglichkeiten der Subventionspolitik, Monatsblätter für freiheitliche Wirtschaftspolitik 1966, 596; *Zuleeg,* Zur künftigen Entwicklung des Subventionsrechts, DÖV 1984, 735 – für eine Verquickung beider Möglichkeiten *Bauer,* Der Gesetzesvorbehalt im Subventionsrecht, DÖV 1983, 58; *Bellstedt,* Bedürfen Subventionen einer gesetzlichen Grundlage?, DÖV 1961, 171; *Preußner,* Kontrolle und Beherrschbarkeit von Wirtschaftssubventionen, S. 134; ähnlich der Vorschlag des 55. DJT, Bd. II, S. M199, wonach ein Subventionsgesetz zum Erlass von Rechtsverordnungen ermächtigen soll; kritisch dazu *Haverkate,* Subventionsrecht, in: Schmidt, Reiner (Hrsg.), Öffentliches Wirtschaftsrecht BT1, § 4 Rdnr. 36.

[270] Ausführlich zur Perspektive eines Subventionsgrundsätzegesetz unten 4. Teil, D., III., 1., b.

[271] *Haverkate,* Gesetzesgestaltung und Rechtsanwendung im Leistungsrecht, NVwZ 1989, 769 ff.

von Zwecken, geradezu ein Zwecke-Konglomerat [272]. Die Zweckvielfalt zeigt sich zudem noch in zweierlei Hinsicht. Zum einen wird bei jeder Subventionierung ein primärer, zugleich aber auch ein sekundärer Zweck verfolgt. Der Leistungsstaat wirkt durch die Vergabe zunächst lenkend auf den Begünstigten ein, indem dieser durch den Erhalt der Subvention zu einem weitergehenden Verhalten veranlasst werden soll, dem Primärzweck[273]. Daneben wird aber ein ferner sekundärer Zweck bzw. Endzweck[274] verfolgt, der letztlich durch den Begünstigten mittelbar erreicht werden soll. Auf diesen Endzweck kommt es letztlich an, auf ihn ist die Förderrechtsstruktur ausgerichtet. Er bildet den Endpunkt der Förderung und stellt den entscheidenden Ansatzpunkt für die Zweck-Mittel-Analyse dar[275]. Zum anderen kommt neben dieser Zweckunterscheidung noch hinzu, dass meist auf mehrere Endzwecke abgestellt wird bzw. diese im Laufe der Zeit erweitert oder verengt werden[276]. Schließlich können neben die Hauptzwecke noch Nebenzwecke treten, so dass der staatlichen Förderung meist ein ganzes Zweckbündel gegenübersteht. Daher ist eine Zweckbeschränkung zu fordern. Der Förderzweck ist möglichst schlank zu gestalten. Insbesondere sind keine Zwecke zu verfolgen, die sich gar widersprechen. Ferner muss der Gefahr begegnet werden, dass durch die Vielfalt der Zwecke ein beliebiges Austauschen derselben erfolgen kann. Über die Zweckbeschränkung soll ein gewisses Maß an Zweckdeutlichkeit erreicht werden.

---

[272] *Bleckmann,* Subventionsrecht, S. 105; *Eppe,* Subventionen und staatliche Geschenke, S. 71; *Gutowski/Thiel,* Referat zum Thema „Ordnungsrahmen für das Recht der Subventionen", in: Ständige Deputation des DJT (Hrsg.), Verhandlungen des 55. DJT, Bd. II, S. M45 ff.; *Haverkate,* Rechtsfragen des Leistungsstaats, S. 27; *Henke,* Das Recht der Wirtschaftssubventionen als öffentliches Vertragsrecht, S. 72; *Henseler,* Staatliche Verhaltenslenkung durch Subventionen, VerwArch 1986, 258 ff.; *Schetting,* Rechtspraxis der Subventionierung, S. 8; *Stober,* Besonderes Wirtschaftsverwaltungsrecht, § 60 III; *Stober,* Zur Problematik des § 44a Abs. 1 BHO und des entsprechenden Länderrechts, DÖV 1984, 265; *Vogel,* Begrenzung von Subventionen durch ihren Zweck, in: Stödter/Thieme (Hrsg.), Hamburg Deutschland Europa, Festschrift für Hans-Peter Ipsen, S. 545; *Werner,* Subventionsabbau – gesetzliche Zwänge schaffen, S. 51; *Zuleeg,* Subventionsrecht zur Schaffung und Erhaltung von Arbeitsplätzen, in: Kittner (Hrsg.), Arbeitsmarkt – ökonomische, soziale und rechtliche Grundlagen, S. 159.

[273] Ausführlich zum Primärzweck *Riedel,* Investitionsförderung mittelständischer Unternehmen in strukturschwachen Regionen, S. 41 ff.; *Schetting,* Rechtspraxis der Subventionierung, S. 12 ff.

[274] Der Begriff des sekundären Zwecks ist insoweit missverständlich, da dadurch eine gewisse Wertigkeit zum Ausdruck kommt, die indes nicht besteht. Im folgenden soll daher der Terminus *Endzweck* verwandt werden.

[275] Hierzu *Eppe,* Subventionen und staatliche Geschenke, S. 71; *Haverkate,* Gesetzesgestaltung und Rechtsanwendung im Leistungsrecht, NVwZ 1988, 773; *Vogel,* Begrenzung von Subventionen durch ihren Zweck, in: Stödter/Thieme (Hrsg.), Hamburg Deutschland Europa, Festschrift für Hans-Peter Ipsen, S. 545.

[276] *Groeschke,* Der wettbewerbsrechtliche Unterlassungs- und Schadensersatzanspruch aufgrund der unrechtmäßigen Subventionierung von Konkurrenten, BB 1995, 2329; *Kirchhof,* Mittel staatlichen Handelns, in: Isensee/Kirchhof (Hrsg.), Handbuch des Staatsrechts III, § 59 Rdnr. 27; *Schnapp,* Die Verhältnismäßigkeit des Grundrechtseingriffs, JuS 1983, 854.

III. Zweckklarheit

Eine damit eng verknüpfte Forderung richtet sich an die Klarheit des Förderzwecks. Dadurch soll der Zweckverschleierung entgegengewirkt werden. Ein Zweck kann nämlich nur dann als bestimmt gelten, wenn sich dahinter nicht ein anderer, eigentlich beabsichtigter Zweck verbirgt. Jedoch unterliegt die Zweckbestimmung bis zur Erstellung des Förderrechtsrahmen einer mannigfachen Einflussnahme. So versuchen beispielsweise Lobbyisten auf die Entscheidungsträger einzuwirken und Druck auszuüben[277]. Damit geht die Gefahr einher, dass der Subventionszweck zwar vordergründig durchaus als legitim erscheinen mag, sich dahinter jedoch eine völlig andere Motivation verbirgt. Als Beispiel mag hier dienen, dass die politischen Entscheidungsgremien oftmals versucht sein werden, mit der Subventionsvergabe die eigene Wählerklientel zu bedienen[278]. Dieses hinter der eigentlichen Förderung stehende Ziel wird bei bloßer Betrachtung des Subventionszwecks nicht deutlich. Daher gilt es den Entstehungs- und Entscheidungsprozess näher zu betrachten, zumal sich die politische Entscheidung meist als Kompromiss darstellt, der sich im Ergebnis gerade durch verschleierte oder allgemeingültige Zweckdarstellungen auszeichnet. Diese äußeren Einflüsse gilt es zu erkennen und etwaige Zweckverschleierungen aufzudecken. Die Zweck-Mittel-Analyse bietet hierzu die rechtliche Handhabe. Sie fordert ein Verbot der Zweckverschleierung bzw. positiv formuliert, Zweckklarheit. Eine weitere Fragestellung, die mit dem Problem der Zweckverschleierung korrespondiert, ist, welche einzelnen Rechtsgüter, Werte, Interessen, Folgen in die Abwägung einzustellen sind, schließlich wie diese ins Verhältnis zueinander zu setzen sind, nach welchem Maßstab abzuwägen ist[279]. Sind politische Kosten einzubeziehen? Wie sind Konstellationen zu beurteilen, in denen der Staat ein ohnehin rechtlich angeordnetes Verhalten durch eine Subvention erkauft[280]? Rechtfertigt beispielsweise der Erhalt von 200 industriellen Arbeitsplätzen eine Unternehmenssubvention von 5 Mio. Euro[281]?

Zur Beantwortung der Fragen wird zu diskutieren sein, ob ein Rangordnungskonzept für das Subventionsrecht zu entwickeln ist[282]. Im Vordergrund steht auch

---

[277] v. Arnim, Gemeinwohl und Gruppeninteresse, S. 145; v. Beyme, Interessengruppen in der Demokratie, S. 14 ff.; Bohling, Wirtschaftspolitische und wirtschaftsverfassungsrechtliche Probleme staatlicher und kommunaler Subventionen, S. 225 ff.; Gröbner, Subventionen – Eine kritische Analyse, S. 108; Schetting, Rechtspraxis der Subventionierung, S. 20; Werner, Subventionsabbau – gesetzliche Zwänge schaffen, S. 51 ff.

[278] Haverkate, Rechtsfragen des Leistungsstaats, S. 21; Helmstädter, Wirtschaftsförderung für „Starke oder Schwache"?, S. 33; Issing, Eigennutz und Politikerverhalten, in: Hanusch / Roskamp / Wiseman (Hrsg.), Staat und Politische Ökonomie heute, Festschrift für H.-C. Recktenwald, S. 23 ff.; Nieder-Eichholz, Die Subventionsordnung, S. 143 ff.

[279] Zu den schwierigen Fragen der Abwägung und der Präponderanz der Rechte vgl. Huster, Rechte und Ziele, S. 125 ff.

[280] Haverkate, Rechtsfragen des Leistungsstaats, S. 195.

[281] Zu der Frage der Rentabilität von Subventionen ausführlich Helmstädter, Wirtschaftsförderung für „Starke oder Schwache"?, S. 32 ff.

hier der formulierte Subventionszweck, dessen Bestimmtheit und Klarheit. In diesem Zusammenhang wird die Betrachtung des Subventionsverfahrens stehen, das den Subventionsgeber zu zweckkonformen Subventionsentscheidungen zwingen soll[283].

IV. Zweckkoordination

Die Zweck-Mittel-Analyse erfordert zudem eine Zweckkoordination durch den Förderrechtsrahmen. Dies ist erneut Ausfluss des Gedankens der Zweckbestimmtheit. Vielfach konkurriert die einzelne Subvention mit derjenigen anderer Subventionsträger. Hierbei kann es aufgrund mangelnder Koordinierung zu Zieldivergenzen oder aber zu einer Intensivierung von Freiheitsnachteilen kommen, die der einzelnen Subventionierung als solcher vielleicht nicht zwangsläufig anhaften[284]. So kann einerseits ein Großunternehmen aus sachlichen Gründen wettbewerbsfähiger gemacht werden, andererseits die ebenfalls staatlich geförderte Leistungsfähigkeit kleinerer Konkurrenten dadurch beeinträchtigt werden. Zudem können durch eine fehlende Abstimmung der Fördermechanismen Probleme lediglich räumlich verlagert werden. Beispielsweise kann ein Unternehmen durch Landessubventionen in die Lage versetzt werden, in diesem Bundesland einen neuen Betriebsstandort zu errichten, neue Arbeitsplätze zu schaffen. Auf der anderen Seite kann dies dazu führen, dass ein Altstandort des Unternehmens in einem anderen Bundesland aufgrund der Neuerrichtung seine Rentabilität verliert und geschlossen wird. Im Ergebnis wurden also keine neuen Arbeitsplätze geschaffen[285]. Diese Gefahren der Verschiebungen, unerwünschter Mitnahmeeffekte und Kumulierungen bestehen nicht nur innerhalb der nationalen Förderebenen – Bund, Länder und Gemeinden –, sondern gerade auch hinsichtlich der europäischen Ebene und deren zusätzlichen Fördermöglichkeiten[286]. Gerade vor dem Hintergrund der Zweck-Mittel-Analyse sind sich verstärkende Freiheitsnachteile oder sich in ihrer Wirkung aufhebende Maßnahmen zu verhindern. Der Förderrechtsrahmen muss hierzu geeignete Koordinationsmechanismen zur Verfügung stellen.

---

[282] *Dechsling,* Das Verhältnismäßigkeitsgebot, S. 17.

[283] *v. Arnim,* Staatslehre der Bundesrepublik Deutschland, S. 192 ff.

[284] *Frowein,* Gemeinschaftsaufgaben im Bundesstaat, VVDStRL 1973, 29; *Kirchhoff, Gerd,* Subventionen als Instrument der Lenkung und Koordinierung, S. 140; *Preußner,* Kontrolle und Beherrschbarkeit von Wirtschaftssubventionen, S. 14.

[285] *Zuleeg,* Subventionsrecht zur Schaffung und Erhaltung von Arbeitsplätzen, in: Kittner (Hrsg.), Arbeitsmarkt – ökonomische, soziale und rechtliche Grundlagen, S. 162; mit anderen Beispielen *Nieder-Eichholz,* Die Subventionsordnung, S. 102.

[286] Zur europäischen Förderebene siehe im wesentlichen unten den 3. Teil.

V. Zwecknähe

Neben der bloßen Zweckbestimmung einer Subvention muss diese zur Erreichung des Zweckes auch geeignet sein. Dies erscheint aber gerade vor dem Hintergrund unsicher, dass durch die Finanzhilfe vielfach nur ein Anreiz zu einem weiteren Verhalten des Subventionsempfängers geschaffen wird[287]. Dabei soll der Unternehmer durch die Subventionierung sein Verhalten am staatlichen Zweck ausrichten. Damit hängt die staatliche Zielerreichung vom Verhalten autonomer
Wirtschaftsunternehmen ab. Der Einsatz von Subventionen kann daher nur bedingt
geeignet sein[288]. Folglich wird zu fragen sein, wie diese Abhängigkeit möglichst
gering gehalten, der Subventionsempfänger im Sinne der staatlichen Zwecke gelenkt werden kann und somit als Unsicherheitsfaktor weitgehend ausscheidet. Je
näher der Subventionsempfänger sich mit seiner eigenen Zielsetzung und Motivation am Endzweck befindet, desto geeigneter stellt sich die Subventionierung dar.
Man kann dann von sogenannter Zwecknähe sprechen[289]. Diesem Erfordernis
einer möglichst großen Zwecknähe kommt insbesondere bei mittelbaren Subventionen eine besondere Bedeutung zu, da hier der eigentliche Endzweck noch weiter
vom Primärzweck entfernt liegt. Mit Blick auf die Zweck-Mittel-Analyse und die
Geeignetheitsprüfung ist daher eine möglichst große Nähe von Subventionsempfänger und Subventionszweck zu fordern.

VI. Zweck-Mittel-Kontrolle

Oftmals wird im Subventionsrecht moniert, dass mit der Mittelvergabe die Frage
nach der zweckgerechten Verwendung nicht mehr gestellt wird[290]. Hat der Subventionsgeber nämlich einmal eine Förderung bewilligt, so sieht er damit seine politi-

---

[287] *Friauf,* Bemerkungen zur verfassungsrechtlichen Problematik des Subventionswesens,
DVBl 1966, 733; *Kirchhoff, Gerd,* Subventionen als Instrument der Lenkung und Koordinierung, S. 14; *Riedel,* Investitionsförderung mittelständischer Unternehmen in strukturschwachen Regionen, S. 41 ff.; *Stober,* Handbuch des Wirtschaftsverwaltungs- und Umweltrechts,
§ 111 I 2, S. 1228; *Vogel,* Begrenzung von Subventionen durch ihren Zweck, in: Stödter /
Thieme (Hrsg.), Hamburg Deutschland Europa, Festschrift für Hans-Peter Ipsen, S. 545.

[288] Der Frage der Eignung von Fördermaßnahmen zur Erreichung der Förderzwecke aus
Sicht des Unternehmens geht *Riedel,* Investitionsförderung mittelständischer Unternehmen in
strukturschwachen Regionen, S. 82 ff. nach; aus rechtlicher Sicht *Schetting,* Rechtspraxis der
Subventionierung, S. 6 ff.

[289] Damit eng verknüpft ist das Gebot nach möglichst hoher Effizienz der Subventionierung, vgl. *Nieder-Eichholz,* Die Subventionsordnung, S. 202 ff.

[290] *Bleckmann,* Subventionsrecht, S. 110; *Bohling,* Wirtschaftspolitische und wirtschaftsverfassungsrechtliche Probleme staatlicher und kommunaler Subventionen, S. 223; *Flaig,*
Subventionsrecht, in: Klein (Hrsg.), Öffentliches Finanzrecht, VI. Kapitel Rdnr. 185 ff.;
Kirchhof, Verwalten durch mittelbares Einwirken, S. 377; *Schetting,* Rechtspraxis der Subventionierung, S. 163 ff.

sche Aufgabe als erfüllt an. Zwar basiert die hier zu betrachtende Zweck-Mittel-Analyse eines Förderrechtsrahmens auf einer prognostischen Sichtweise[291], jedoch kann diese allein nicht genügen, denn es wäre widersinnig, eine zunächst zweckgerechte staatliche Unterstützung zu gewähren, ihre anschließende zweckwidrige Entwicklung aber unberücksichtigt zu lassen. Vielmehr hat eine ständige, wie auch immer geartete Kontrolle der Leistungsströme zu erfolgen, damit die Zweck-Mittel-Analyse nicht durch die nachfolgende Praxis unterminiert wird. Der angestrebte Endzweck bedarf daher einer ständigen rechtlichen Bewertung, damit der Subventionsgeber auf Fehlentwicklungen reagieren kann[292]. Daran schließt sich aber das Problem an, welche Beurteilungsmaßstäbe an eine Erfolgskontrolle zu legen sind. Bei direkten Beschäftigungssubventionen mag die Zahl neuer Arbeitsplätze etwas aussagen, anders aber bei mittelbaren Subventionen, deren Primärzweck nur schwerlich zu messen ist. Je größer die Zielverflechtungen letztlich sind, desto unschärfer wird die Prüfung der Zielerreichung[293]. Eine spätere Kontrolle setzt aber eine an rechtsstaatliche Bedingungen geknüpfte Bestimmung des „Wirkungsablaufs"[294] voraus. Neben die Kontrolle durch den leistenden Staat muss eine gerichtliche Kontrolle treten, da erst durch sie der Freiheitsschutz des Bürgers umfassend gewährleistet werden kann[295]. Fraglich ist dabei, ob der Rechtsschutz des Bürgers, sei er nun Subventionsempfänger, Konkurrent oder Dritter, ausreichend ausgestaltet ist. Vielfältige und weite Rechtsschutzmöglichkeiten zwingen den Subventionsgeber sowohl zu einer sorgfältigen Bestimmung als auch zu einer Überprüfung des Leistungszwecks[296]. Die Zweck-Mittel-Analyse jedenfalls zwingt zu einer Zweck-Mittel-Kontrolle.

D. Ergebnis

Für den ersten Teil lässt sich als Ergebnis festhalten, dass die Zweck-Mittel-Analyse ein anerkanntes Rechtsprinzip im nationalen und europäischen Recht darstellt. Insbesondere muss dieses auch im Subventionsrecht Wirkung entfalten, da jede Subventionierung Wettbewerbs-, mithin Freiheitsprobleme aufwirft. Die Zweck-Mittel-Analyse will dabei das staatliche Handeln begrenzen und die individuelle Freiheit schützen und gewährleisten. Allein die Zweck-Mittel-Analyse bil-

---

[291] BVerfGE 30, 250 (263); BVerfGE 49, 89 (130).

[292] *Kirchhoff, Gerd,* Subventionen als Instrument der Lenkung und Koordinierung, S. 40; *Nieder-Eichholz,* Die Subventionsordnung, S. 252 ff.

[293] *Ewringmann / Hansmeyer,* Zur Beurteilung von Subventionen, S. 82 ff.; *Gusy,* Subventionsrecht II, JA 1991, 333.

[294] *Kirchhof,* Verwalten durch mittelbares Einwirken, S. 397.

[295] *Haverkate,* Rechtsfragen des Leistungsstaats, S. 8 ff.

[296] *Reufels,* Europäische Subventionskontrolle durch Private, S. 121 ff.; *Zuleeg,* Subventionskontrolle durch Konkurrentenklage, S. 83 ff.

det hierzu die rechtlichen Kategorien, anhand derer eine juristische Bewertung von Subventionen möglich wird. Die Zweck-Mittel-Analyse setzt dabei nicht nur bei der konkreten Subventionsvergabe und der nachträglichen richterlichen Kontrolle an, sondern stellt auch an den Förderrechtsrahmen abstrakte Anforderungen. Den Subventionsgesetzgeber trifft insbesondere eine Zweckverdeutlichungspflicht bei der Ausgestaltung des Förderrechtsrahmens. Die Zweck-Mittel-Analyse zwingt in erster Linie zu einer ausreichenden Bestimmung des Förderzwecks. Aber auch alle weiteren Anforderungen der Zweck-Mittel-Analyse beziehen sich auf den Förderzweck und wollen eine Konkretisierung desselben erreichen:

- Beschränkung des Förderzwecks

- Klarheit des Förderzwecks – Verbot der Zweckverschleierung

- Koordination der Förderzwecke, insbesondere der Förderebenen

- Nähe von Zielen des Subventionsempfängers und Endzweck

- Kontrollmechanismen

Es gilt nun, diesen Maßstab der Zweck-Mittel-Analyse auf den Förderrechtsrahmen nationaler und europäischer Beschäftigungssubventionen anzuwenden. Hierbei soll eine Analyse des vorhandenen status quo erfolgen und etwaige Defizite aufgezeigt werden. Daneben werden aber auch Lösungsansätze entwickelt und Perspektiven dargelegt, welche die Entwicklung eines der Zweck-Mittel-Analyse gerecht werdenden Förderrechtsrahmen nationaler und europäischer Beschäftigungssubventionen im Blick haben. Der 2. Teil wird sich zunächst dem Förderrechtsrahmen nationaler Beschäftigungssubventionen widmen.

2. *Teil*

Nationale Beschäftigungssubventionen

Der Förderrechtsrahmen nationaler Beschäftigungssubventionen soll nun anhand des aufgestellten Maßstabes der Zweck-Mittel-Analyse einer eingehenden Prüfung unterzogen werden. Besonderes Augenmerk wird dabei auf die Frage zu legen sein, inwieweit der bestehende Rechtsrahmen der Zweckverdeutlichungspflicht genügt. Das gesamte nationale Instrumentarium wird anhand des oben[1] aufgestellten Anforderungsprofils überprüft. Es ist zu fragen, ob sich auf nationaler Ebene ein ausreichend Zweck-Mittel-gerechtes Fördersystem entwickelt hat. Die Betrachtungen werden dabei nach der im Förderrechtsrahmen genannten Zielsetzung unterschieden, wonach zunächst auf unmittelbare Beschäftigungssubventionen einzugehen sein wird.

A. Unmittelbare Beschäftigungssubventionen

Unter unmittelbare Beschäftigungssubventionen fallen diejenigen Zuwendungen, die sich konkret auf die Beschäftigungslage auswirken. Der private Unternehmer erhält die staatliche Zuwendung direkt für die Schaffung bzw. Erhaltung eines Arbeitsplatzes, indem dieser dadurch in die Lage versetzt wird, die Kosten für den Faktor Arbeit zu senken. Bei diesen sogenannten unmittelbaren Beschäftigungssubventionen lässt sich kaum zwischen Primär- und Endzweck unterscheiden. So erhält zwar zunächst der Unternehmer die Förderung, Anknüpfungspunkt bildet aber unmittelbar der Arbeitsplatz und die mit diesem verbundenen Arbeitskosten. Nicht das Unternehmen selbst soll im Ergebnis gefördert werden, sondern dieses soll mittels staatlicher Förderung dazu veranlasst werden, Arbeitsplätze zu schaffen bzw. zu erhalten[2]. Dem Subventionsgeber stehen hierbei eine Reihe von Förderinstrumenten zu Verfügung, die vornehmlich im SGB III geregelt sind.

---

[1] Siehe hierzu oben 1. Teil, C.

[2] *Zuleeg,* Subventionsrecht zur Schaffung und Erhaltung von Arbeitsplätzen, in: Kittner (Hrsg.), Arbeitsmarkt – ökonomische, soziale und rechtliche Grundlagen, S. 160.

I. Arbeitsbeschaffungsmaßnahmen (ABM)

Als typisches Beispiel unmittelbarer Beschäftigungssubventionen sind zweifelsohne Arbeitsbeschaffungsmaßnahmen zu nennen[3]. Nach § 3 Abs. 3 Nr. 5 SGB III erhalten die Träger von Arbeitsförderungsmaßnahmen Darlehen und Zuschüsse zu Arbeitsbeschaffungs- sowie Strukturanpassungsmaßnahmen. Die Förderung von ABM ist in den §§ 260 – 271 SGB III geregelt. Bevor nun der Förderrechtsrahmen genauer dargestellt und der Zweck-Mittel-Analyse unterzogen werden kann, ist zunächst der Subventionscharakter der ABM-Förderung festzustellen.

1. Subventionscharakter der ABM-Förderung

Nach dem der Untersuchung zugrunde gelegten Subventionsbegriff[4] stellen Subventionen Vergünstigungen des Staates oder sonstiger Verwaltungsträger an (öffentliche oder private) Unternehmen ohne marktmäßige Gegenleistung zur Verwirklichung eines öffentlichen Zwecks, hier der Schaffung und Erhaltung von Arbeitsplätzen, dar. Im Rahmen der ABM-Förderung erhalten die sogenannten Maßnahmeträger Mittel zur Schaffung bzw. Erhaltung von Arbeitsplätzen. Subventionsgeber ist dabei die Bundesanstalt für Arbeit gem. § 370 SGB III[5]. In der Rechtsform wird sie von Gesetzes wegen ausdrücklich als rechtsfähige bundesunmittelbare Körperschaft des öffentlichen Rechts bezeichnet, vgl. § 367 SGB III[6]. Der Begriff der Bundesunmittelbarkeit bedeutet dabei, dass diese nicht der Kompetenz der Bundesländer untersteht[7]. Verfassungsrechtlicher Anknüpfungspunkt ist dabei Art. 87 Abs. 2 GG, wonach diejenigen Sozialversicherungsträger als bundesunmittelbare Körperschaften des öffentlichen Rechts errichtet werden, deren Zuständigkeitsbereich sich über das Gebiet eines Bundeslandes hinaus erstreckt, was für die Bundesanstalt für Arbeit zu bejahen ist[8]. Die Förderung durch die Bundesanstalt für Arbeit ist demnach dem Staat zuzurechnen[9]. Die Leistung erfolgt als

---

[3] *Bundesministerium für Arbeit und Sozialordnung (Hrsg.),* Wegweiser durch das neue Arbeitsförderungsrecht, S. 22 ff.; *Görgens,* Beschäftigungspolitik, S. 140; *Haverkate,* Subventionsrecht, in: Schmidt, Reiner (Hrsg.), Öffentliches Wirtschaftsrecht BT1, § 4 Rdnr. 116; *Siegers,* Zu einigen Neuregelungen des Arbeitsförderungsgesetz, BArbBl Nr. 6, 1969, 356; *Zuleeg,* Subventionsrecht zur Schaffung und Erhaltung von Arbeitsplätzen, in: Kittner (Hrsg.), Arbeitsmarkt – ökonomische, soziale und rechtliche Grundlagen, S. 161.

[4] Vgl. zum Subventionsbegriff oben 1. Teil, A., I.

[5] Nach § 9 SGB III gilt das Prinzip der ortsnahen Leistungserbringung, wonach Leistungen vorrangig von den örtlichen Arbeitsämtern erbracht werden sollen.

[6] Ausführlich zum Aufbau und Organisation der Bundesanstalt für Arbeit siehe *Kilian,* Nebenhaushalte des Bundes, S. 456 ff.

[7] BVerfGE 11, 105 (108); BVerfGE 63, 1 (42).

[8] *Jarass / Pieroth,* Grundgesetz-Kommentar, Art. 87 Rdnr. 11; *Loeser,* Die Bundesverwaltung in der Bundesrepublik Deutschland, S. 119; *Köttgen,* Der Einfluss des Bundes auf die deutsche Verwaltung und die Organisation der bundeseigenen Verwaltung, JöR 1962, 282; *Model / Müller,* Grundgesetz-Kommentar, Art. 87 Rdnr. 3; *Broß,* Siegfried, in: v. Münch,

Zuschuss oder Darlehen gem. § 260 Abs. 1 SGB III, eine marktmäßige Gegenleistung wird nicht erbracht, vielmehr verpflichtet sich der Subventionsempfänger zur (Weiter-)Beschäftigung eines förderungsbedürftigen Arbeitnehmers. Der Subventionsempfänger wird in den §§ 260 ff. SGB III als Träger bezeichnet. Nach § 21 SGB III kommen als Träger natürliche oder juristische Personen in Betracht, die Maßnahmen der Arbeitsförderung selbst durchführen oder durch Dritte durchführen lassen. Damit werden sowohl öffentlich-rechtliche Rechtsträger als auch erwerbswirtschaftliche Unternehmen in vollem Umfang erfasst.

Fraglich könnte allerdings sein, ob nicht der in der ABM beschäftigte Arbeitnehmer allein Subventionsempfänger ist. Eine Begünstigung dessen ist keinesfalls zu leugnen, vielmehr ist er Zielpunkt der ganzen Fördermaßnahme, ihm soll eine Beschäftigung ermöglicht werden. Dennoch ist auch der Arbeitgeber, das ABM-Träger-Unternehmen, Begünstigter[10]. Die Auszahlung der Mittel erfolgt gem. § 260 Abs. 1 SGB III an den Träger von ABM. Diesem werden Mittel zur Verfügung gestellt, mit denen er dann Arbeitsplätze zur Ausführung bestimmter – in § 261 SGB III näher beschriebene – Arbeiten finanzieren kann. Im Ergebnis senkt der Maßnahmeträger seine Arbeitskosten, so dass nicht nur dem Arbeitnehmer, sondern auch dem Unternehmer ein Vorteil zuteil wird. Als Subventionsempfänger ist demnach auch das die ABM durchführende Unternehmen zu qualifizieren[11]. Abschließend ist zur Bejahung des Subventionscharakters zu fragen, ob sich aus der ABM-Förderung potentielle Wettbewerbsbeeinträchtigungen ergeben könnten. Man könnte sich hierbei auf den Standpunkt stellen, dass nach § 260 Abs. 1 S. 1 SGB III die in den Maßnahmen geförderten Arbeiten im öffentlichen Interesse liegen müssen, so dass sich Wettbewerbsbeeinflussungen gar nicht erst ergeben könnten[12]. Durch diese Bindung werde ein Wettbewerbsvorteil des begünstigten Unternehmens gegenüber dem nichtbegünstigten Konkurrenzunternehmen verhindert[13]. In letzter Konsequenz verhindere das Merkmal des „öffentlichen Interesses" eine Wettbewerbsbeeinflussung, mithin stelle sich das Freiheitsproblem nicht. Der Subventionscharakter wäre demnach zu verneinen.

Indes verkennt diese Sichtweise die tatsächlichen Auswirkungen von ABM auf den Wettbewerb. Wie bereits festgestellt[14], wird die Wirtschafts- und Wettbewerbs-

---

Grundgesetz-Kommentar, Art. 87 Rdnr. 17 ff.; *Ost/Mohr/Estelmann,* Grundzüge des Sozialrechts, S. 277; *Schulin,* Sozialrecht, Rdnr. 624 ff.

[9] Ausführlich zur nur relativen Staatlichkeit der Bundesanstalt für Arbeit *Dittmann,* Die Bundesverwaltung, S. 249 ff.

[10] BSGE 59, 219 ff.

[11] *Haverkate,* Subventionsrecht, in: Schmidt, Reiner (Hrsg.), Öffentliches Wirtschaftsrecht BT1, § 4 Rdnr. 117; *Knigge/Ketelsen/Marschall/Wittrock,* Kommentar zum AFG, § 91 Rdnr. 4; *Zuleeg,* Querverbindungen des Sozialrechts zum öffentlichen Wirtschaftsrecht, GewArch 1986, 313 ff.

[12] *Knigge/Ketelsen/Marschall/Wittrock,* Kommentar zum AFG, § 91 Rdnr. 9.

[13] *Dückert,* Arbeitsbeschaffungsmaßnahmen, S. 13; *Knigge/Ketelsen/Marschall/Wittrock,* Kommentar zum AFG, § 92 Rdnr. 10.

7*

fähigkeit primär durch die Grundrechte nach Art. 2 Abs. 1, Art. 14 Abs. 1 sowie Art. 3 Abs. 1 GG geschützt[15]. Gerade gegenüber privatwirtschaftlichen Unternehmen kann es für ein Konkurrenzunternehmen, das ABM ausführt, trotz Bejahung eines öffentlichen Interesses zu Wettbewerbsvorteilen kommen[16]. So kann das Unternehmen durch die Maßnahme seine Wettbewerbsfähigkeit im Verhältnis zum Konkurrenten verbessern, selbst wenn die Arbeiten im öffentlichen Interesse stehen, z. B. im Bereich des Umweltschutzes[17]. Der Staat nimmt durch die ABM-Förderung direkten Einfluss auf die Kosten des Faktors Arbeit und somit auch auf den Wettbewerb[18]. Ferner können durch ABM Arbeiten erfolgen, die andere Unternehmen ebenfalls am Markt anbieten. Auch hier kann es zu Wettbewerbsbeeinflussungen kommen[19]. Durch ABM können also trotz der Bezugnahme auf ein „öffentliches Interesse" Wettbewerbsverzerrungen auftreten[20]. Im Ergebnis ist der Subventionscharakter der ABM-Förderung daher zu bejahen[21].

Damit sind bei der Vergabe der ABM-Mittel die Wirkungen derselben auf das Marktgefüge, insbesondere die Rechte des Nichtbedachten, zu beachten. Bei dieser Prognoseentscheidung kommt es entscheidend auf die Zweck-Mittel-Analyse an. Diese zwingt den Förderrechtsrahmen derart in eine Rechtsstruktur, dass auf konkreter Vergabeebene verhältnismäßige Entscheidungen überhaupt erst möglich werden. Der Förderrechtsrahmen muss sich angesichts der dargestellten Freiheitsprobleme an der Zweck-Mittel-Analyse ausrichten, insbesondere die Zweckverdeutlichungspflicht erfüllen. Zunächst soll der Förderrechtsrahmen dargestellt werden, um daran anschließend den Maßstab der Zweck-Mittel-Analyse anzulegen.

2. Förderrechtsrahmen

Ausgangspunkt der Betrachtungen bilden die §§ 260 – 271 SGB III. Diese Regelungen wurden, wie das gesamte Arbeitsförderungsrecht, mit Wirkung zum 1. 1. 1998 durch das Arbeitsförderungs-Reformgesetz (AFRG) vom 24. 3. 1997[22] neu in

---

[14] Siehe dazu oben 1. Teil, B., III., 1.

[15] *Lohre/Mayer/Stevens-Bartol,* AFG, § 91 Rdnr. 4.

[16] *Blechmann,* Arbeitsbeschaffungsmaßnahmen, S. 10; *DIHT,* Impulse für den Arbeitsmarkt, S. 10 ff.

[17] *Lohre/Mayer/Stevens-Bartol,* AFG, § 91 Rdnr. 4.

[18] *Haverkate/Huster,* Europäisches Sozialrecht, Rdnr. 809; *Siegers,* Zu einigen Neuregelungen des Arbeitsförderungsgesetzes, BArbBl Nr. 6, 1969, 353; *Zuleeg,* Subventionsrecht zur Schaffung und Erhaltung von Arbeitsplätzen, in: Kittner (Hrsg.), Arbeitsmarkt – ökonomische, soziale und rechtliche Grundlagen, S. 157.

[19] *Ammermüller,* Reform der Arbeitsförderung – Grundlinien, BArbBl Nr. 7–8, 1997, 7; *Weiland,* ABM-Neuorientierung am Zweiten Arbeitsmarkt, in: Bundesministerium für Arbeit und Sozialordnung (Hrsg.), Wegweiser durch das neue Arbeitsförderungsrecht, S. 241.

[20] *Blechmann,* Arbeitsbeschaffungsmaßnahmen, S. 11; *Lohre/Mayer/Stevens-Bartol,* AFG, § 91 Rdnr. 4.

[21] *Schulin,* Sozialrecht, Rdnr. 653.

[22] Arbeitsförderungsreformgesetz (AFRG) vom 24. 3. 1997, BGBl. I S. 594 ff.

das SGB eingegliedert[23]. Angesichts der Aktualität des Gesetzes, entsprechend geringer Kommentierung, wie auch fehlender höchstrichterlicher Entscheidungen wird aber dennoch auf das vorher geltende Arbeitsförderungsgesetz (AFG)[24] als Interpretationshilfe zurückgegriffen werden müssen. Das AFG löste am 1. 7. 1969 die sogenannte wertschaffende Arbeitslosenhilfe ab[25]. In die §§ 91 – 96 AFG wurden allgemeine Regelungen der Förderung von ABM getroffen, die §§ 97 – 99 AFG betrafen besondere Maßnahmen zur Beschäftigung älterer Arbeitnehmer. Von wesentlicher Bedeutung war neben diesen Bestimmungen des AFG die ABM-Anordnung[26], die von der Bundesanstalt für Arbeit erlassen wurde und die Vorschriften des AFG hinsichtlich des ABM-Rechts ergänzte. Das AFG, wie auch die ABM-Anordnung unterlagen hierbei vielfachen Änderungen[27]. Gerade mit der Wiedervereinigung ergaben sich einige Besonderheiten. So galt das AFG-DDR mit dem Einigungsvertrag bis zum 31. 12. 1992 fort[28]. Hierin gab es erleichterte Voraussetzungen für die Förderung von ABM. Mit den §§ 249c Abs. 4 – 6 AFG wurden diese schließlich mit Geltung bis zum 31. 12. 1996[29] in das Arbeitsförderungsrecht integriert. Ferner fanden sich Besonderheiten bei der Förderung von ABM in den neuen Ländern in § 249d Nr. 10 AFG[30], ebenfalls mit Geltung bis zum 31. 12. 1996. Mit dem 1. 1. 1998 wurde das ABM-Recht – wie gesagt – einheitlich in den §§ 260 ff. SGB III zusammengefasst, deren allgemeine Regelungstechnik im Überblick kurz dargestellt werden soll.

a) Allgemeine Regelungstechnik[31]

Die §§ 260, 261 SGB III bestimmen, unter welchen Voraussetzungen Maßnahmen überhaupt als förderungswürdig anzusehen sind. § 260 Abs. 1 Nr. 1 SGB III formuliert dabei den Grundsatz, dass nur solche Maßnahmen gefördert werden

---

[23] Zur Genese des AFRG vgl. *Henkes,* Reform der Arbeitsförderung – Vom Entwurf zum Gesetz, BArbBl Nr. 7 – 8, 1997, 13 ff.

[24] Arbeitsförderungsgesetz vom 25. 6. 1969, BGBl. I S. 582.

[25] Aus der wertschaffenden Arbeitslosenhilfe ging der Begriff der ABM letztlich hervor; vgl. dazu *Siegers,* Zu einigen Neuregelungen des Arbeitsförderungsgesetz, BArbBl Nr. 6, 1969, 356.

[26] ABM-Anordnung vom 13.12. 1984, ANBA 1985, 71 ff., zuletzt geändert durch die 8. Änderungsanordnung vom 21. 12. 1995, ANBA 1996, 1 ff.

[27] Einen umfassenden Überblick über die gesetzlichen Änderungen gibt *Karasch,* Das AFG ist tot – es lebe das SGB III, ZfS 1997, 319 ff.; zum Anordnungsrecht vgl. *Schmidt,* Robert, Arbeitsbeschaffungsmaßnahmen – Neue Förderung, BArbBl Nr. 7 – 8, 1980, 28.

[28] Einigungsvertrag, Anlage II Sachgebiet E Abschnitt I Nr. 1 e und Abschnitt III Nr. 1 a; Verlängerung durch Gesetz vom 21. 6. 1991, BGBl. I S. 1306.

[29] Art. 11 des AFRG bestimmte allerdings eine Verlängerung bis zum 31. 12. 1997.

[30] Auch hier erfolgte nach Art. 11 AFRG eine Verlängerung der Frist bis Ende 1997.

[31] Einen Überblick über das Arbeitsförderungsrecht im allgemeinen und das Recht der ABM-Förderung im besonderen bieten *Bubeck / Schneider,* Arbeitsförderungsrecht, 5. Kapitel, S. 203 ff.; *Eichenhofer,* Sozialrecht, Rdnr. 467; *Gitter,* Sozialrecht, § 33, S. 219 ff.

können, in denen zusätzliche und im öffentlichen Interesse liegende Arbeiten durchgeführt werden. Die Kriterien der Zusätzlichkeit und des öffentlichen Interesses sind in § 261 SGB III näher definiert. § 260 Abs. 2 SGB III hält darüber hinaus Kriterien für eine bevorzugte Förderung von Maßnahmen bereit. § 260 Abs. 1 Nr. 2 SGB III bestimmt als kumulatives Erfordernis, dass nur solche Arbeitsverhältnisse gefördert werden, die mit vom Arbeitsamt zugewiesenen Arbeitnehmern begründet werden. Die Arbeit muss dabei den Arbeitnehmer beruflich stabilisieren bzw. qualifizieren und dessen Eingliederungsaussichten verbessern. Eine genaue Definition, wer als förderungsbedürftiger Arbeitnehmer gilt, hält § 263 SGB III bereit. Hinsichtlich der Trägereigenschaft von ABM fehlt im neuen SGB III eine dem § 92 AFG gleichlautende Vorschrift. § 21 SGB III definiert vielmehr allgemein als Träger im Sinne des SGB III jede natürliche oder juristische Person, die Maßnahmen der Arbeitsförderung selbst durchführt oder durch Dritte durchführen lässt. Völlig neu eingeführt wurde § 262 SGB III, der in seinem S. 1 bestimmt, dass Maßnahmen im gewerblichen Bereich nur förderungsfähig sind, wenn sie an ein Wirtschaftsunternehmen vergeben werden. Die Art der Förderung ist in den § 3 Abs. 3 Nr. 5, § 260 Abs. 1, §§ 264 – 266 SGB III geregelt, meist als Lohnkostenzuschuss bzw. -darlehen. § 268 SGB III kann schließlich als Kontrollnorm verstanden werden, da hiernach bei Nichteinhaltung der Förderkriterien die staatlichen Zuwendungen zurückzuzahlen sind. Die §§ 269, 270 SGB III regeln besondere arbeitsrechtliche Probleme. Schließlich findet sich in § 271 SGB III die Ermächtigung der Bundesanstalt für Arbeit, in einer Anordnung die Förderbestimmungen näher zu konkretisieren, wovon die Bundesanstalt mit einer neuen ABM-Anordnung Gebrauch gemacht hat[32].

b) Förderungsfähige Maßnahmen

Bei einer genaueren Betrachtung des Förderrechtsrahmens steht nun die Bestimmung des Förderzwecks durch die Regelungen des SGB III im Vordergrund. Zentrale Vorschrift bildet hierbei § 261 SGB III. Nach dessen Abs. 1 sind Maßnahmen förderungsfähig, wenn die in ihnen verrichteten Arbeiten zusätzlich sind und im öffentlichen Interesse liegen[33]. Die genannten Kriterien fanden sich bisher in § 91 Abs. 2 S. 1 AFG und den §§ 6 ff. der ABM-Anordnung vom 13. 12. 1984[34]. Zur Vereinfachung im Interesse des Anwenders wurden die Voraussetzungen nun einheitlich im Gesetz festgelegt[35].

---

[32] Anordnung über die Förderung von Arbeitsbeschaffungsmaßnahmen (ABM-Anordnung) vom 23. 10. 1997, ANBA 1997, 1689.

[33] Der Wortlaut des § 261 Abs. 1 SGB III ist im wesentlichen identisch mit dem des § 260 Abs. 1 Nr. 1 SGB III.

[34] Anordnung des Verwaltungsrats der Bundesanstalt für Arbeit über die Förderung von allgemeinen Maßnahmen zur Arbeitsbeschaffung aus Mitteln der Bundesanstalt (ABM-Anordnung) vom 13. 12. 1984, ANBA 1985, 71; zuletzt geändert durch die 8. Änderungsanordnung vom 21. 12. 1995, ANBA 1996, 1.

aa) Zweckbegrenzung durch das „öffentliche Interesse"

Ein entscheidendes Merkmal[36] bildet nach wie vor die Bindung der Maßnahme an ein öffentliches Interesse. Dies stellt eine erste Einschränkung des Zielkorridors der staatlichen Zuwendung dar[37]. Es handelt sich hierbei um einen unbestimmten Rechtsbegriff, welcher der inhaltlichen Interpretation nach dem telos des Gesetzes bedarf[38]. Daneben will § 261 Abs. 3 SGB III eine Konkretisierung des Begriffs des öffentlichen Interesses erreichen. Danach liegen Arbeiten im öffentlichen Interesse, wenn das Arbeitsergebnis der Allgemeinheit dient (S. 1). Ziel ist also das Erreichen einer Wertschöpfung zugunsten der Allgemeinheit[39]. S. 2 formuliert dagegen negativ, dass Arbeitsergebnisse, die überwiegend erwerbswirtschaftlichen Interessen oder Interessen eines begrenzten Personenkreises dienen, nicht unter das öffentliche Interesse fallen. Eine Einschränkung findet sich demgegenüber in S. 3, wonach ein Arbeitsergebnis durchaus den in der ABM beschäftigten Arbeitnehmern zugute kommen darf, wenn sichergestellt ist, dass die Arbeiten nicht zu einer Bereicherung einzelner führen.

Eindeutiger Anknüpfungspunkt zur Bestimmung des öffentlichen Interesses bildet das Arbeitsergebnis[40]. Entscheidend ist demnach allein das Output der geförderten Arbeit, sei es nun die produzierte Ware oder die erbrachte Dienstleistung. Die Beschäftigung an sich ist letztlich ohne Bedeutung[41], d. h. allein die Beseitigung von Arbeitslosigkeit durch die Schaffung einer ABM-Stelle reicht für die Bejahung des öffentlichen Interesses nicht aus. Daraus ergibt sich die interessante Konstellation, dass mit der Förderung zum einen ein Primärzweck, die Beseitigung von Arbeitslosigkeit[42], verfolgt wird, zum anderen zusätzlich noch ein Nebenzweck verfolgt wird, nämlich durch das Arbeitsergebnis einen unmittelbaren oder

---

35 BT-Drucksache 13/4941, RegE-AFRG zu § 259 Absatz 1, S. 200.

36 Mit Blick auf § 92 Abs. 2 AFG wurde noch gestritten, ob das Merkmal des „öffentlichen Interesses" als leistungsbegründendes Tatbestandsmerkmal oder aber als Schranke bzw. Grenze der Förderungsfähigkeit zu qualifizieren sei. Mit der Gesetzesfassung des § 261 Abs. 1 SGB III dürfte sich dieser Streit zugunsten der Tatbestandlösung entschieden haben, da das öffentliche Interesse als eine der Voraussetzungen der Förderungsfähigkeit gilt, mithin als leistungsbegründendes Tatbestandsmerkmal zu prüfen ist; vgl. zu der früheren Problematik *Bieback, Karl-Jürgen,* in: Gagel, AFG, § 91 Rdnr. 56; *Henning/Kühl/Heuer/Henke,* AFG, § 91 Rdnr. 4, 33; *Knigge/Ketelsen/Marschall/Wittrock,* Kommentar zum AFG, § 91 Rdnr. 9; *Lohre/Mayer/Stevens-Bartol,* AFG, § 91 Rdnr. 2.

37 *Henning/Kühl/Heuer/Henke,* AFG, § 91 Rdnr. 4.

38 *Larenz,* Methodenlehre der Rechtswissenschaft, S. 200 ff.

39 BT-Drucksache 13/4941, RegE-AFRG zu § 259 Absatz 3, S. 200; ferner *Sabel,* SGB III, § 261 – 002.

40 Der von *Blechmann,* Arbeitsbeschaffungsmaßnahmen, S. 12 aufgeworfene Streitstand hinsichtlich der Auslegung des § 91 AFG i.V.m. § 7 ABM-AO (a.F.) kann mit dem eindeutigen Wortlaut des § 261 Abs. 3 S. 2 SGB III als erledigt angesehen werden.

41 BT-Drucksache 13/4941, RegE-AFRG zu § 259 Absatz 3, S. 200.

42 BT Drucksache 13/5676, RegE-AFRG, S. 1.

zumindest mittelbaren Nutzen für das Gemeinwesen zu erreichen. Bei der Bestimmung des öffentlichen Nutzens ist entscheidend, dass sich dieser im Arbeitsergebnis äußert und etwaige Privatinteressen überwiegen muss. Als unproblematisch gelten dabei die Maßnahmen, die unmittelbar und offensichtlich im öffentlichen Interesse liegen, z. B. Aufforstungen, Ortsverschönerungsarbeiten, Eindeichungen, Feldwegebau[43]. Hierbei ist der Personenkreis, dem die Arbeiten zugute kommen, vorher weder bestimmt noch abgegrenzt. Handelt es sich dagegen um einen abgrenzbaren Personenkreis, dann muss dieser zumindest für jeden offen stehen[44].

Als problematisch gestalten sich allerdings die Fälle, in denen der Allgemeinheit lediglich als Nebeneffekt ein Nutzen zufällt, sich dieser primär auf erwerbswirtschaftliche Interessen oder Interessen einzelner bezieht. Dies ist insoweit unschädlich, wie der Nutzen für die Allgemeinheit überwiegt[45]. Bemerkenswert ist, dass gerade diese problematischen Fallkonstellationen durch die Aufzählung bevorzugt zu fördernder Maßnahmen in § 260 Abs. 2 Nr. 1 – 3 SGB III[46] eine authentische Interpretation[47] erhalten haben. Dabei können nach der Nr. 3 Maßnahmen gefördert werden, die strukturverbessernde Arbeiten vorbereiten oder ergänzen, die soziale Infrastruktur verbessern oder der Verbesserung der Umwelt dienen. Hier kommen Erschließungsarbeiten, Verkehrsbaumaßnahmen, Stadtsanierungen, Errichtung von Sportanlagen, Anlegen von Naherholungsgebieten, aber auch sonstige Landschaftspflege- und Naturschutzmaßnahmen in Betracht[48]. Insbesondere auch die Erschließung neuer Industriegelände, private Forschungsvorhaben und stadtplanerisch begründete Industrieverlagerungen lassen sich hierunter subsumieren[49]. In der Nr. 2 werden Maßnahmen für besonders förderungswürdig erklärt, die der Schaffung von Arbeitsmöglichkeiten für schwer vermittelbare Arbeitnehmer dienen. Dieser Kreis ist sehr eng gezogen und erfordert kumulative Vermittlungshindernisse, wie Alter, Schwerbehinderung, Fehlen einer Ausbildung, Langzeitarbeitslosigkeit[50]. Schließlich werden nach Nr. 1 Maßnahmen gefördert, welche die Voraussetzung für die Schaffung von Dauerarbeitsplätzen erheblich verbessern. Hierbei reicht es aus, dass die Voraussetzungen zur Schaffung von Arbeitsplätzen verbessert werden. Ferner braucht diese Verbesserung nicht dem ABM-Beschäftigten selbst zugute zu kommen, es genügt insoweit, dass andere Arbeitslose von den geschaffenen Arbeitsplätzen profitieren[51]. Über die Wertschöpfung des Arbeitser-

---

[43] *Bubeck / Schneider,* Arbeitsförderungsrecht, S. 226; weitere Beispiele finden sich bei *Niesel,* SGB III, § 261 Rdnr. 12.

[44] *Bieback,* Karl-Jürgen, in: Gagel, AFG, § 91 Rdnr. 64.

[45] *Henning / Kühl / Heuer / Henke,* AFG, § 91 Rdnr. 31; *Lohre / Mayer / Stevens-Bartol,* AFG, § 91 Rdnr. 6.

[46] Früher war dies in § 91 Abs. 3 Nr. 1 – 4 AFG normiert.

[47] *Henning / Kühl / Heuer / Henke,* AFG, § 91 Rdnr. 33.

[48] Vgl. hierzu die Beispiele bei *Niesel,* SGB III, § 260 Rdnr. 26 – 28; ferner die Durchführungsanweisung zur ABM-AO (in der bis zum 31. 12. 1997 gültigen Fassung).

[49] *Blechmann,* Arbeitsbeschaffungsmaßnahmen, S. 14.

[50] *Niesel,* SGB III, § 260 Rdnr. 25.

gebnisses wird mit Ende der Förderung die Errichtung eines Dauerarbeitsplatzes finanziert. Die ABM-Förderung dient gleichsam als Anschubfinanzierung[52]. Durch das Arbeitsergebnis der ABM wird eine Dauerbeschäftigung ermöglicht, so dass ein öffentliches Interesse über die bloße ABM-Beschäftigung hinaus vorliegt. Damit sollen neben strukturpolitischen (vgl. Nr. 3) auch arbeitsmarktpolitische Ansätze verwirklicht werden[53].

Im Ergebnis lässt sich festhalten, dass das Merkmal des „öffentlichen Interesses" trotz der Legaldefinition in § 261 Abs. 3 SGB III einer weiten Auslegung zugänglich ist. Gerade auch der systematische Zusammenhang mit § 260 Abs. 2 SGB III zeigt, welche vielfältigen Zwecksetzungen verfolgt werden können. Selbst die Schaffung eines Dauerarbeitsplatzes kann zur Bejahung des Merkmals führen. Gerade die Mischfälle, in denen mehrere Zwecke verfolgt werden, weisen die Schwierigkeit auf, zwischen öffentlichem und privatem bzw. erwerbswirtschaftlichem Interesse zu trennen.

bb) Zwecksicherung durch das Prinzip der „Zusätzlichkeit"

Die Förderfähigkeit bestimmt sich des Weiteren durch das Merkmal der Zusätzlichkeit der in der ABM verrichteten Arbeiten. In den §§ 260 Abs. 1 Nr. 1, 261 Abs. 1 SGB III ist dieses Merkmal verankert, in § 261 Abs. 2 SGB III findet sich eine Legaldefinition. Danach sind Arbeiten dann zusätzlich, wenn sie ohne die Förderung nicht oder erst zu einem späteren Zeitpunkt durchgeführt werden (S. 1). Für Arbeiten, die aufgrund einer rechtlichen Verpflichtung oder üblicherweise von juristischen Personen des öffentlichen Rechts durchgeführt werden, gilt die Einschränkung, dass diese förderungsfähig sind, wenn ohne die Förderung die Arbeiten erst nach zwei Jahren durchgeführt werden würden (S. 2).

Die Legaldefinition in § 261 Abs. 2 SGB III knüpft an das bislang geltende Recht an[54]. Sie fasst die früher geltenden Regelungen der §§ 92 Abs. 2 S. 2 und 3 AFG, § 6 ABM-AO a. F. einheitlich zusammen. Mit der Regelung soll gewährleistet werden, dass nur Arbeiten gefördert werden, die zur Schaffung neuer Arbeitsplätze beitragen[55]. Ferner sollen Mitnahme- und Verdrängungseffekte dergestalt verhindert werden, dass Kosten ohnehin durchzuführender Arbeiten nicht auf die Solidargemeinschaft abgewälzt und durch die Bundesanstalt für Arbeit finanziert

---

[51] *Knigge / Ketelsen / Marschall / Wittrock,* Kommentar zum AFG, § 91 Rdnr. 23; *Schmidt, Robert,* Vorschläge zur Weiterentwicklung des ABM-Systems, BlStSozArbR 1980, 59.

[52] *Knigge / Ketelsen / Marschall / Wittrock,* Kommentar zum AFG, § 91 Rdnr. 11; *Niesel,* AFG, § 91 Rdnr. 9.

[53] BT-Drucksache 13 / 4941, RegE-AFRG zu § 258 Absatz 2, S. 199.

[54] So ausdrücklich die Gesetzesbegründung, BT-Drucksache 13 / 4941, RegE-AFRG zu § 259 Absatz 2, S. 200.

[55] *Henning / Kühl / Heuer / Henke,* AFG, § 91 Rdnr. 38; *Niesel,* AFG, § 91 Rdnr. 11.

werden[56]. Die ABM-Förderung ist darauf angelegt, sich unmittelbar kausal auf die Beschäftigungssituation auszuwirken. Die Funktion des Merkmals der Zusätzlichkeit besteht also darin, den eigentlichen Zweck von ABM sicherzustellen, nämlich die Errichtung neuer Arbeitsplätze. Damit dient es gleichermaßen der Zwecksicherung wie auch der Zweckbestimmtheit. Neben diese Zwecksicherungsfunktion tritt noch das Ziel einer Abgrenzung, gar eines Schutzes des ersten Arbeitsmarkts vor dem zweiten, ABM-geförderten Arbeitsmarkt[57]. Der reguläre Arbeitsmarkt soll durch die Fördermittel nicht derart negativ beeinflusst werden, dass ein normal finanzierter Arbeitsplatz durch einen geförderten Arbeitsplatz ersetzt wird, es gleichsam zu einem Verdrängungswettbewerb der verschiedenen Arbeitsmärkte kommt.

Die inhaltliche Ausgestaltung des Zusätzlichkeitserfordernis erfolgt im Wesentlichen durch § 261 Abs. 2 S. 1 SGB III. Dreh- und Angelpunkt der Prüfung bildet die Frage, wann eine Arbeit vorliegt, die ohne die Förderung nicht oder erst zu einem späteren Zeitpunkt durchgeführt worden wäre. Als Gründe für die eigentliche Nichtdurchführung von Arbeiten bei fehlender Förderung kommen insbesondere mangelnde ökonomische Rentabilität[58] oder aber das Fehlen entsprechender Haushaltmittel im Fall öffentlicher Trägerschaft in Betracht. Entscheidend für eine Bewertung ist dabei die konkrete Aufgaben- und Zielplanung des Trägers, sei dieser nun privatwirtschaftlich oder am Allgemeinwohl orientiert[59]. Indiz fehlender Zusätzlichkeit ist, wenn die Arbeit unabhängig von der Förderung durchgeführt wird[60]. Im früheren § 91 Abs. 2 S. 2 AFG fand sich darüber hinaus noch die Wendung, dass die Förderung für Arbeiten ausgeschlossen ist, die ohne Verzug durchzuführen sind. Nichts anderes kann aber im Rahmen des § 261 Abs. 2 SGB III gelten. Auch mit dessen Normzweck lassen sich Arbeiten, die ihrer Sache nach unaufschiebbar sind, wie z. B. Reparatur-, Instandhaltungs-, Unterhaltungs-, Verwaltungsarbeiten, nicht vereinbaren, da ihnen der Charakter der Zusätzlichkeit fehlt[61]. Insbesondere laufende Tätigkeiten, die für den regulären Geschäftsbetrieb des Unternehmens unabdingbar notwendig sind, können nicht gefördert werden. Hier würden keine neuen Arbeitsplätze geschaffen, sondern sowieso entstehende Kosten auf den subventionierenden Staat abgewälzt. Dem Maßstab der Zusätzlichkeit werden demnach nur vorziehbare Arbeiten gerecht[62].

---

[56] BSG in SozR 4100, zu § 91 AFG, Nr. 4.

[57] *Blechmann*, Arbeitsbeschaffungsmaßnahmen, S. 19; *Weiland*, ABM-Neuorientierung am Zweiten Arbeitsmarkt, in: Bundesministerium für Arbeit und Sozialordnung (Hrsg.), Wegweiser durch das neue Arbeitsförderungsrecht, S. 235.

[58] Urteil des BSG vom 30. 9. 1992 (11 RAr 3 / 92) – unveröffentlicht.

[59] *Bieback*, Karl-Jürgen, in: Gagel, AFG, § 91 Rdnr. 47.

[60] BSG in SozR 3-4100, zu § 91 AFG, Nr. 1.

[61] Ausdrücklich wurden diese Arbeiten durch § 6 Abs. 3 S. 6 ABM-AO a. F. ausgeschlossen.

[62] *Lohre / Mayer / Stevens-Bartol*, AFG, § 91 Rdnr. 21.

Als weitere Fallgruppe des § 261 Abs. 2 S. 1 SGB III sind die Arbeiten zu nennen, die ohne ABM-Förderung erst zu einem späteren Zeitpunkt durchgeführt werden würden. Wie stark der Verfrühungseffekt durch die Förderung sein muss, ist gesetzlich hingegen nicht bestimmt. Man könnte es für ausreichend erachten, wenn die Maßnahmen ohne die Förderung frühestens im nächsten Geschäftsjahr vorgenommen werden, zumindest aber erst sechs Monate nach Antragsstellung beginnen würden[63]. Andere sehen hierin eine große Missbrauchsgefahr, so dass der Vorzieheffekt mindestens zwei Jahre betragen müsse[64]. Diese Zeitspanne wird auch in § 261 Abs. 2 S. 2 SGB III für die Fälle genannt, in denen die Arbeiten auf Grund einer rechtlichen Verpflichtung erfolgen oder üblicherweise von juristischen Personen des öffentlichen Rechts durchgeführt werden. Auch hier muss der Vorzieheffekt zwei Jahre umfassen. Eigentlich müsste eine Förderung von vornherein ausscheiden, da das verpflichtete Unternehmen von seiner Pflicht nicht dadurch frei wird, dass es auf fehlende Finanzierungsmittel verweist. Der rechtlichen Verpflichtung ist unabhängig von der Finanzlage nachzukommen. Folglich würde die Zusätzlichkeit in diesen Fällen generell zu verneinen sein. Dieser Konsequenz will man dadurch begegnen, dass nur solche Verpflichtungen in Betracht kommen, die ohne die Fördermittel erst in zwei Jahren erfüllt werden würden. Die zweite Konstellation bezieht sich auf Arbeiten, die üblicherweise von juristischen Personen des öffentlichen Rechts durchgeführt werden. Damit wird das Ziel verfolgt, nicht solche Arbeiten zu fördern, die sowieso schon von der öffentlichen Hand erledigt werden. Diese soll dazu angehalten werden, ihre angestammten Aufgaben durch einen entsprechenden finanziellen Rahmen abzusichern und sich nicht auf mögliche ABM-Mittel zurückzuziehen. Zu beachten ist, dass nicht auf die konkrete Aufgabenerledigung abzustellen ist, sondern auf die Üblichkeit im Allgemeinen[65]. Insbesondere ist irrelevant, welcher Rechtsträger im Konkreten nun die Arbeiten vollziehen möchte. § 261 Abs. 2 S. 2 SGB III kann daher auch dann einschlägig sein, wenn nun ein privater Träger an die Stelle bisheriger öffentlicher Einrichtungen zur Durchführung üblicher Arbeiten tritt.

cc) Weitere Bestimmungen zur Förderfähigkeit

Schließlich ist die Förderfähigkeit noch an weitere Voraussetzungen geknüpft. So nennt § 260 Abs. 1 Nr. 2 SGB III als weitere Fördervoraussetzung, dass der Subventionsempfänger ein Arbeitsverhältnis mit einem vom Arbeitsamt zugewiesenen Arbeitnehmer zu begründen hat. Der förderungsfähige Personenkreis, der durch die ABM einen Arbeitsplatz erhält, ist in § 263 SGB III näher umrissen. Nach § 263 Abs. 1 SGB III sind Arbeitnehmer förderungsbedürftig, wenn sie langzeitarbeitslos sind und die Voraussetzungen für Entgeltersatzleistungen bei Ar-

---

63 *Knigge / Ketelsen / Marschall / Wittrock*, Kommentar zum AFG, § 91 Rdnr. 13.

64 *Blechmann*, Arbeitsbeschaffungsmaßnahmen, S. 24.

65 *Henning / Kühl / Heuer / Henke*, AFG, § 91 Rdnr. 44; *Lohre / Mayer / Stevens-Bartol*, AFG, § 91 Rdnr. 23.

beitslosigkeit, bei beruflicher Weiterbildung oder bei beruflicher Eingliederung Behinderter erfüllen[66]. Daneben kann das Arbeitsamt nach § 263 Abs. 2 SGB III bei Erfüllung der dort genannten Kriterien die Förderungsbedürftigkeit unabhängig von den oben genannten Erfordernissen feststellen. Entgegen dem Wortlaut stellen die Nr. 2 – 5 alternative Begründungsmöglichkeiten dar, die jedoch kumulativ mit der Nr. 1 erfüllt sein müssen[67]. Mit der Feststellung der Förderungsbedürftigkeit ist aber nicht zwingend eine ABM-Stelle verbunden. Erforderlich ist vielmehr eine in § 269 SGB III geregelte Zuweisung in die konkrete Beschäftigungsmaßnahme. Die Zuweisung ist eine besondere Form der Arbeitsvermittlung, durch die der Arbeitssuchende erst einen Arbeitsplatz erhält[68]. Die Dauer der Zuweisung soll nach der Gesetzesbegründung[69] parallel zur Förderdauer der Maßnahme verlaufen, die gem. § 267 SGB III in der Regel ein Jahr beträgt. § 269 Absatz 2 SGB III regelt die Abberufung des zugewiesenen Arbeitnehmers und ist als actus contrarius zur Zuweisung zu sehen. Schließlich bestimmt § 260 Abs. 1 Nr. 2 SGB III, dass die Arbeitnehmer durch die Arbeit beruflich stabilisiert oder qualifiziert und ihre Eingliederungsaussichten verbessert werden sollen. Dem Ziel der besseren Eingliederung in ungeförderte Arbeit wird durch die Möglichkeit berufsbegleitender Qualifizierung und Praktika in § 261 Abs. 4 SGB III noch weiter Rechnung getragen[70]. Danach schließen solche Weiterbildungsmaßnahmen, die parallel zur Zuweisungs- bzw. Förderungsdauer erfolgen, die Förderungsfähigkeit einer Maßnahme nicht grundsätzlich aus.

---

[66] Der Absatz 1 bestimmt die Förderungsbedürftigkeit kraft Gesetzes, wobei er sich auf die Förderung langzeitarbeitsloser Leistungsbezieher konzentriert. Der Begriff des Langzeitarbeitslosen ist in § 18 SGB III definiert, wonach es sich um einen Arbeitslosen handeln muss, der schon ein Jahr und länger arbeitslos ist. Als Entgeltersatzleistungen kommen das Arbeitslosengeld gem. § 117 SGB III, die Arbeitslosenhilfe gem. § 190 SGB III, das Unterhaltsgeld i. S. d. § 153 SGB III sowie das Ausbildungsgeld gem. § 104 SGB III in Betracht, deren Voraussetzungen dann jeweils vorliegen müssen; zu näheren Einzelheiten vgl. BT-Drucksache 13/4941, RegE-AFRG zu § 261 Absatz 1, S. 200; *Niesel,* SGB III, § 263 Rdnr. 3 ff.; *Sabel,* SGB III, § 263 – 001; *Weiland,* ABM-Neuorientierung am Zweiten Arbeitsmarkt, in: Bundesministerium für Arbeit und Sozialordnung (Hrsg.), Wegweiser durch das neue Arbeitsförderungsrecht, S. 235.

[67] Vgl. zu den näheren Einzelheiten *Niesel,* SGB III, § 263 Rdnr. 8 ff.

[68] *Bieback,* Karl-Jürgen, in: Gagel, AFG, § 93 Rdnr. 1 ff.; *Blechmann,* Arbeitsbeschaffungsmaßnahmen, S. 55 ff.; *Henning/Kühl/Heuer/Henke,* AFG, § 93 Rdnr. 2 ff.; *Knigge/Ketelsen/Marschall/Wittrock,* Kommentar zum AFG, § 93 Rdnr. 1 ff.; *Lohre/Mayer/Stevens-Bartol,* AFG, § 93 Rdnr. 1 ff.

[69] BT-Drucksache 13/4941, RegE-AFRG zu § 267 Absatz 1, S. 202.

[70] *Sabel,* SGB III, § 261 – 002; *Weiland,* ABM-Neuorientierung am Zweiten Arbeitsmarkt, in: Bundesministerium für Arbeit und Sozialordnung (Hrsg.), Wegweiser durch das neue Arbeitsförderungsrecht, S. 243 ff.

c) Trägereigenschaft des Subventionsempfängers

Nachdem bisher die Betrachtung des Förderzwecks im Vordergrund stand, soll nun die Neuregelung der ABM-Trägerschaft näher in den Blick genommen werden, um im Rahmen der Zweck-Mittel-Analyse der Frage nachgehen zu können, ob der Subventionsempfänger ein Erreichen des Förderzwecks hinreichend zu gewährleisten vermag. Das alte Recht sah hierzu noch eine besondere Regelung für das ABM-Förderungsrecht in § 92 AFG vor. In § 92 Abs. 1 AFG wurden sowohl Regiearbeiten[71] als auch Vergabearbeiten[72] erfasst. Entgegen früheren Regelungen[73] wurden unter besonderen Voraussetzungen privatrechtlich organisierte Unternehmen als Maßnahmeträger zugelassen. So mussten nach § 92 Abs. 2 Nr. 2 AFG Unternehmen oder Einrichtungen des privaten Rechts gemeinnützige Zwecke verfolgen oder nach § 92 Abs. 2 Nr. 3 AFG die Erwartung wecken, dass die Förderung den Arbeitsmarkt in wirtschafts- oder sozialpolitisch erwünschter Weise beleben wird[74]. Mit der Eingliederung des Arbeitsförderungsrechts als Drittem Buch des SGB entfiel die Regelung des § 92 Abs. 2 AFG vollständig. Nach der Legaldefinition des § 21 SGB III sind Träger natürliche oder juristische Personen, die Maßnahmen der Arbeitsförderung selbst durchführen oder durch Dritte durchführen lassen.

Die Funktion der Norm besteht darin, klarzustellen, wer gegenüber der Arbeitsverwaltung als verantwortlich gilt[75]. Weiterhin werden damit sowohl Regie- als auch Vergabearbeiten als mögliche Maßnahmen anerkannt. Dagegen kommen nach neuem Recht neben juristischen Personen des öffentlichen nun auch solche des privaten Rechts uneingeschränkt als Maßnahmeträger in Betracht. Nach wie vor ist die Trägereigenschaft aber an eine generelle Eignung geknüpft, wie sich aus den §§ 1, 4 ABM-AO n. F. ergibt. Danach hat der Träger die ordnungsgemäße und erfolgreiche Durchführung der Maßnahme zu gewährleisten, die Gesamtfinanzierung sicherzustellen und eine zusätzliche Finanzierung durch Drittmittel auszuschließen[76]. Ziel der Neugestaltung der ABM-Trägerschaft ist es, erwerbswirtschaftliche Unternehmen noch stärker in die ABM-Förderung zu integrieren[77]. Dem liegt der

---

[71] Eine nähere Erläuterung fand sich in § 8 Abs. 5 ABM-AO a. F.

[72] Vgl. § 8 Abs. 4 ABM-AO a. F.

[73] So konnten beispielsweise nach § 139 Abs. 1 S. 1 AVAVG (vom 16. 7. 1927, RGBl. I S. 187) Unternehmen und Einrichtungen des Privatrechts nicht als Träger von ABM fungieren.

[74] Die Auslegung und Konkretisierung der begrifflichen Einschränkungen war äußerst umstritten, vgl. nur *Bieback,* Karl-Jürgen, in: Gagel, AFG, § 92 Rdnr. 2; *Blechmann,* Arbeitsbeschaffungsmaßnahmen, S. 28; *Henning / Kühl / Heuer / Henke,* AFG, § 92 Rdnr. 6; *Knigge / Ketelsen / Marschall / Wittrock,* Kommentar zum AFG, § 92 Rdnr. 9; *Lohre / Mayer / Stevens-Bartol,* AFG, § 92 Rdnr. 2; *Niesel,* AFG, § 92 Rdnr. 4.

[75] BT-Drucksache,13 / 4941, RegE-AFRG zu § 21, S. 156.

[76] Ausführlich zum neuen Recht *Niesel,* SGB III, § 260 Rdnr. 12 ff.

[77] BT-Drucksache, RegE-AFRG zu § 260, S. 200.

Gedanke zugrunde, dass bei der Trägerschaft eines Wirtschaftsunternehmens die Schaffung eines Dauerarbeitsplatzes als Möglichkeit stärker in Betracht kommt als bei einem öffentlichen Unternehmen[78].

d) Grundsatz des Vergabevorrangs

Schließlich kennt der Förderrechtsrahmen den Grundsatz des Vergabevorrangs, der etwaige Wettbewerbsbeeinträchtigungen infolge von ABM verhindern soll. So werden durch ABM teils Arbeiten durchgeführt, für die ein funktionierender Markt zur Verfügung steht, die mithin Gegenstand des wirtschaftlichen Interesses sind. Das Problem liegt darin, dass durch die ABM-Förderung diese Arbeiten kostengünstiger durchgeführt werden können. Es besteht somit ein grundsätzlicher Wettbewerbsvorteil des ABM-geförderten Unternehmens gegenüber dem nichtgeförderten, am Markt tätigen Unternehmen. In letzter Konsequenz können sich ABM kontraproduktiv auswirken, da Arbeit vom ersten auf den zweiten, kostengünstigeren Arbeitsmarkt verlagert wird, letztlich reguläre Arbeitsplätze dadurch verloren gehen. Diese grundsätzliche Gefahr hat der Gesetzgeber erkannt und darauf legislativ reagiert. So stellt § 262 S. 1 SBG III den Grundsatz auf, dass Maßnahmen im gewerblichen Bereich nur förderungsfähig sind, wenn sie an ein Wirtschaftsunternehmen vergeben werden. Die Norm unterstreicht damit den Vorrang der Vergabearbeiten vor den Regiearbeiten. Mit dem Begriff des gewerblichen Bereichs sollen alle Wirtschaftszweige erfasst werden, in denen eine Konkurrenz zu Wirtschaftsunternehmen in Betracht kommt[79]. Damit ist eine Prüfung immer dann vorzunehmen, wenn ein Träger, dessen Tätigkeit nicht auf Gewinnerzielung gerichtet ist, mit den ABM-geförderten Arbeiten in Konkurrenz zu erwerbswirtschaftlichen Anbietern steht[80]. In S. 2 und 3 sind dann Ausnahmen vom Vergabevorrang formuliert. So kann eine Maßnahme vom Träger dann in Eigenregie durchgeführt werden, wenn auf Grund fehlenden Interesses des in Frage kommenden Wirtschaftszweiges die Arbeiten nicht an Wirtschaftsunternehmen vergeben werden konnten. Nach § 262 S. 2 Nr. 2 SGB III kommt hierfür entweder eine Unmöglichkeit der Vergabe, also fehlende Reaktion von Wirtschaftsunternehmen, oder eine wirtschaftliche Unzumutbarkeit, d. h. ein grobes Missverhältnis zwischen den Kosten bei Durchführung als Vergabearbeit und bei Abwicklung als Regiearbeit[81], in Betracht[82]. In § 262

---

[78] So schon *Blechmann*, Arbeitsbeschaffungsmaßnahmen, S. 30 zu dem früher geltenden § 92 Abs. 2 Nr. 3 AFG, der noch Einschränkungen für Unternehmen des privaten Rechts vorsah.

[79] BT-Drucksache 13/4941, RegE-AFRG zu § 260, S. 200.

[80] *Niesel*, SGB III, § 262 Rdnr. 6; *Wagner*, Klaus-Peter, Arbeitslosenversicherung/Arbeitsförderung, in: Maydell/Ruland (Hrsg.), Sozialrechtshandbuch, Kapitel C Abschnitt 21, Rdnr. 82.

[81] Man bedenke, dass nach § 266 Abs. 1 S. 1 SGB III diesbezügliche Mehraufwendungen bis zu einem gewissen Grad ausgeglichen werden können.

[82] *Niesel*, SGB III, § 262 Rdnr. 8.

S. 2 Nr. 1 SGB III ist darüber hinaus die nach Landesrecht für diesen Wirtschaftsbereich zuständige Behörde bzw. der Fachverband zu beteiligen. Durch diese Stellen soll versucht werden, doch noch eine Vergabe an ein Wirtschaftsunternehmen zu erreichen. Schließlich bildet § 262 S. 3 SGB III eine allgemeine Grenze für die Durchführung von Arbeiten in Eigenregie, wonach eine solche dann ausscheidet, wenn das Verhältnis zwischen ABM-geförderten und nichtgeförderten Arbeitnehmern in dem betroffenen Wirtschaftszweig und dem regionalen Arbeitsmarkt unverhältnismäßig hoch ist. Damit wird eine grobe Abgrenzung des zweiten zum ersten Arbeitsmarkt versucht, wobei die Bestimmung der Verhältniszahl vage bleibt.

Im Ergebnis zeigt sich, dass § 262 SGB III die Akzeptanz der ABM-Förderung durch Wirtschaftsunternehmen erhöhen und gleichzeitig die Vermittlungsaussichten der geförderten Arbeitnehmer verbessern möchte[83]. Ferner sollen durch den Grundsatz des Vergabevorrangs wettbewerbsrechtliche Benachteiligungen von Handwerk und Mittelstand verhindert werden[84]. Der Gesetzgeber wollte mit der Regelung dem angesprochenen Wettbewerbsproblem entgegentreten.

e) Bindung des Ermessens an den Förderzweck

Als letzter Punkt des Förderrechtsrahmens ist das den Arbeitsämtern eingeräumte Ermessen zu nennen und der Frage nachzugehen, an welchen Kriterien dieses ausgerichtet ist. Das Bundessozialgericht[85] hat das Ermessen der Arbeitsämter als „besonders stark ausgeformt" bezeichnet. Dennoch greift § 39 Abs. 1 S. 2 SGB I uneingeschränkt ein, wonach im Sozialrecht ein Anspruch auf pflichtgemäße Ausübung des Ermessens besteht. Selbst wenn die Voraussetzungen einer Förderung vorliegen, entsteht kein Rechtsanspruch des Maßnahmeträgers[86]. Das Ermessen erstreckt sich zum einen auf die Entschließung, überhaupt zu fördern, zum anderen auf die Art[87], den Umfang[88] und die Dauer[89] der Förderung sowie auf die Auswahl bei mehreren förderungsfähigen Maßnahmen[90].

---

[83] BT-Drucksache 13/4941, RegE-AFRG zu § 260, S. 200.

[84] BT-Drucksache 13/5936, AusBer-AFRG zu Art. 10 Nr. 8c, S. 39.

[85] BSG in SozR 3-4100, zu § 91 AFG, Nr. 1.

[86] BSG in SozR 4100, zu § 91 AFG, Nr. 5 und zu § 92 AFG, Nr. 1.

[87] Nach § 260 Abs. 1 SGB III kann die Förderung durch Zuschüsse oder Darlehen erfolgen. § 264 Abs. 1 SGB III bestimmt für Lohnkostenzuschüsse, dass diese zum berücksichtigungsfähigen Arbeitsentgelt eines zugewiesenen Arbeitnehmers erbracht werden. Was als berücksichtigungsfähiges Arbeitsentgelt gilt, ist in § 265 SGB III näher bestimmt, wonach in der Regel 80 % des ortsüblichen bzw. tariflichen Arbeitsentgelts für entsprechend ungeförderte Arbeit als zuschussfähig erachtet wird, vgl. dazu *Niesel*, SGB III, § 265 Rdnr. 1 ff.; *Weiland*, ABM-Neuorientierung am Zweiten Arbeitsmarkt, in: Bundesministerium für Arbeit und Sozialordnung (Hrsg.), Wegweiser durch das neue Arbeitsförderungsrecht, S. 245 ff.

[88] Dieser ist vornehmlich in § 264 Abs. 2 und 3 SGB III geregelt, wobei sich eine zeitlich begrenzte Sonderregel in § 416 SGB III, teils differenziert für das Beitrittsgebiet, findet; vgl. BT-Drucksache 13/4941, RegE-AFRG zu § 262 Absatz 2, S. 201; BT-Drucksache 13/5936,

Die konkrete Ermessensentscheidung der Arbeitsämter hinsichtlich der zu fördernden Maßnahmen ist primär am Förderzweck ausgerichtet, der Schaffung bzw. Erhaltung von Arbeitsplätzen. Sämtliche relevanten Umstände sind einzustellen und abzuwägen[91]. Letztlich bindet der Förderzweck das Ermessen. Er steht im Mittelpunkt der Ermessensentscheidung, bestimmt deren Richtung und wirkt gleichzeitig begrenzend. Daneben ist der Grundsatz der Gleichbehandlung dergestalt zu beachten, dass wesentlich gleiche Förderanträge nicht ungleich behandelt werden dürfen[92]. Liegt ein Fall der Ungleichbehandlung indes vor, so bedarf dieser einer Rechtfertigung, in deren Mittelpunkt die Suche nach einem legitimen Zweck steht. Im früheren § 91 Abs. 2 S. 1 AFG wurde an eine Förderung noch das Erfordernis geknüpft, dass diese nach Lage und Entwicklung des Arbeitsmarktes als zweckmäßig erscheinen musste[93]. In der inhaltlichen Ausgestaltung mussten die Arbeitsämter eine Prognose vornehmen, aus welcher sich die Auswirkungen für die Beschäftigung im betroffenen Arbeitsamtsbezirk ergab[94]. Die Förderung sollte dabei zumindest die grundsätzliche Eignung einer positiven Beschäftigungsentwicklung besitzen. In der Neuregelung des Arbeitsförderungsrechts durch das SGB III ist das Merkmal der arbeitsmarktpolitischen Zweckmäßigkeit vollständig entfallen. Über die Gründe lässt sich allerdings nur spekulieren. Man könnte meinen, dass dieses Erfordernis nun nicht mehr zu prüfen sei. Dies dürfte indes kaum zutreffen. Vielmehr ergibt sich aus den §§ 260 ff. SGB III nahezu selbstverständlich, dass Arbeitsbeschaffungsmaßnahmen arbeitsmarktpolitisch zweckmäßig sein müssen. Schon der Normzweck an sich fordert dies. Folglich wird man im Rahmen der Ermessensentscheidung diesen Grundsatz zu berücksichtigen haben. Schließlich

---

AusBer-AFRG zu § 416a, S. 40; *Bundesministerium für Arbeit und Sozialordnung (Hrsg.),* Wegweiser durch das neue Arbeitsförderungsrecht, S. 25; *Niesel,* SGB III, § 416 Rdnr. 1. Insgesamt beibehalten wurde die prozentuale Anteilsfinanzierung, jedoch ergänzt um die Möglichkeit, nach § 264 Abs. 4 SGB eine Festbetragsförderung vorzunehmen. Nach § 266 SGB III besteht die Möglichkeit einer verstärkten Förderung. Eine Ergänzung der Norm erfolgt durch § 5 ABM-AO; vgl. zur Zielsetzung der Vorschrift *Sabel,* SGB III, § 266 – 001.

[89] Die Dauer der Förderung beträgt in der Regel zwölf Monate (§ 267 Abs. 1 SGB III), wobei der Förderzeitraum nach Abs. 2 verdoppelt werden kann, wenn bevorzugt zu fördernde Maßnahmen gem. § 260 Abs. 2 SGB III vorliegen. Nach § 267 Abs. 3 SGB III kann sogar eine Verlängerung bis zu 36 Monaten erfolgen, wenn der Träger die Verpflichtung übernimmt, dass der zugewiesene Arbeitnehmer einen Dauerarbeitsplatz erhält. In Abs. 4 findet sich schließlich die Möglichkeit, unter bestimmten Voraussetzungen eine wiederholte Förderung zu erreichen.

[90] *Niesel,* SGB III, § 260 Rdnr. 4 und 7.

[91] BSG in SozR 4100, zu § 91 AFG, Nr. 4.

[92] BSG in SozR 4100, zu § 91 AFG, Nr. 4.

[93] Strittig war dabei die rechtliche Qualifizierung. Das Bundessozialgericht schlug das Merkmal eher der Tatbestandsseite zu, BSG in SozR 3-4100, zu § 91 AFG, Nr. 2; andere sahen darin eine Ermessensrichtlinie, *Blechmann,* Arbeitsbeschaffungsmaßnahmen, S. 26; *Knigge/Ketelsen/Marschall/Wittrock,* Kommentar zum AFG, § 91 Rdnr. 17; letztlich offengelassen, *Niesel,* AFG, § 91 Rdnr. 13.

[94] BSG in SozR 3-4100, zu § 91 AFG, Nr. 2.

fordert die Zweck-Mittel-Analyse auf der Ebene der konkreten Ermessensentscheidung, dass eine solche der Zweckrichtung nach auch das Individualinteresse ausreichend berücksichtigt[95]. Hierbei ist entscheidend, dass nicht nur die Interessen
des Arbeitnehmers zu beachten sind, sondern vielmehr auch die des Maßnahmeträgers[96]. Aber auch Grundrechte Dritter stellen allgemeine Grenzen der Ermessensentscheidung dar[97]. Für das Recht der ABM-Förderung bedeutet dies, dass etwaige
Wettbewerbsauswirkungen, insbesondere existenzbedrohender Art, bei der Ermes-
sensbetätigung zu bewerten sind.

Diese etwas ausführlichere Darstellung der Ermessensleitlinien zeigt noch einmal sehr deutlich das Wesen der Zweck-Mittel-Analyse auf. So sind bei der konkreten Entscheidung über die Förderfähigkeit einer Maßnahme eine Reihe von
Gesichtspunkten zu berücksichtigen. Deren rechtliche Bewertung kann nur durch
die Zweck-Mittel-Analyse gelingen, die der Verwaltung einen Maßstab für konkrete Einzelentscheidungen an die Hand gibt. Das Funktionieren dieses Maßstabes hängt aber entscheidend vom Förderrechtsrahmen, insbesondere der Bestimmung des Förderzwecks ab. Die Gesamtabwägung und das Ermessen richten sich
maßgeblich nach dem Förderzweck. Hierfür ist entscheidend, dass der Förderrechtsrahmen dem Maßstab der Zweck-Mittel-Analyse entspricht. Dies gilt es
nun zu bewerten.

3. Rechtliche Bewertung des Förderrechtsrahmens am Maßstab der Zweck-Mittel-Analyse

Nachdem der Förderrechtsrahmen für ABM dargestellt wurde, soll dieser nun
am Maßstab der Zweck-Mittel-Analyse gemessen und etwaige Defizite aufgezeigt
werden. Ausgehend von dieser Analyse sollen anschließend Perspektiven zur Verbesserung des Förderrechtsrahmens aufgezeigt werden.

a) Zweckbestimmtheit

Dreh- und Angelpunkt eines Förderrechtsrahmens bilden der Förderzweck und
dessen Bestimmtheit[98]. Für die ABM-Förderung findet diese Zweckkonkretisierung vornehmlich durch das Merkmal des öffentlichen Interesses statt. Dieses lässt
sich zweifelsohne als unbestimmter Rechtsbegriff qualifizieren[99]. Man muss sich

---

95 BVerwGE 39, 235 (237).

96 BSGE 59, 219 ff.

97 Vgl. hierzu umfassend *Maurer,* Allgemeines Verwaltungsrecht, § 7 Rdnr. 23.

98 Ausführlich zu diesem Kriterium siehe oben 1. Teil, C., I.

99 *Lohre/Mayer/Stevens-Bartol,* AFG, § 91 Rdnr. 1; *Niesel,* AFG, § 91 Rdnr. 8; *Niesel,*
SGB III, § 261 Rdnr. 8; *Knigge/Ketelsen/Marschall/Wittrock,* Kommentar zum AFG, § 91
Rdnr. 9.

daher mit der Frage auseinandersetzen, inwieweit unbestimmte Rechtsbegriffe im Allgemeinen und das Kriterium des öffentlichen Interesses im Besonderen überhaupt eine taugliche Zweckbegrenzung bzw. -konkretisierung darstellen können.

aa) Zweckverdeutlichung durch unbestimmten Rechtsbegriff?

Immerhin lässt sich argumentieren, dass mit der Einführung eines unbestimmten Rechtsbegriffes eine Verdeutlichung des Förderzwecks per se nicht erreicht werden kann. Denn gerade mit der Verwendung solcher Rechtsbegriffe entledigt sich der Gesetzgeber seiner Pflicht, das Ziel seiner Förderung genau zu benennen. Es wird ein scheinbar begrenzender Maßstab eingeführt, der sich letztlich als völlig inhaltsleer geriert. Dem ist sicher zuzustimmen. Dennoch gilt es zu bedenken, dass unbestimmte Rechtsbegriffe kaum vermieden werden können. Nur über diese ist es möglich, auf verschiedene Konstellationen adäquat zu reagieren, insbesondere viele Fallgruppen in den Kreis potentieller Fördermaßnahmen aufzunehmen. Dies unterscheidet den abstrakten Förderrechtsrahmen von der konkreten Subventionsvergabe. Durch die Einführung unbestimmter Rechtsbegriffe kann die Förderstruktur den Lebenssachverhalten gerecht werden und sich an den konkreten Bedürfnissen flexibel ausrichten. Es lässt sich also im Ergebnis festhalten, dass die notwendige Unbestimmtheit eines Rechtsbegriffes nicht zwangsläufig mit einem Verstoß gegen die Zweckverdeutlichungspflicht gleichzusetzen ist. Dennoch muss der verwandte Rechtsbegriff seiner Struktur und Anwendung nach einer Auslegung und Konkretisierung zugänglich sein. Die Zweckverdeutlichungspflicht wird ansonsten völlig untergraben, da die Gesetzesvorgaben eine Konkretisierung vortäuschen, die letztlich keine tatsächlich begrenzende Wirkung aufweist. Folglich gilt es einen Ausgleich zwischen der Pflicht zur Zweckverdeutlichung und der notwendigen Abstraktheit des Förderrechtsrahmens zu erreichen. Fraglich ist, ob diese Balance mit dem Merkmal des „öffentlichen Interesses" im Bereich der ABM-Förderung gelingt.

bb) Das „öffentliche Interesse" als Zweckkonkretisierung

Bei der Analyse des Merkmals zeigte sich bereits, dass der Kreis der förderungsfähigen Maßnahmen beträchtlich ist[100]. Dieses Merkmal weist nahezu keinen Begrenzungscharakter auf und trägt daher kaum etwas zur Konkretisierung des Förderzwecks bei. So wird in der gesetzlichen Konstruktion das eigentlich schon anspruchsvolle Ziel, die Schaffung und Erhaltung von Arbeitsplätzen, noch durch einen weiteren Nebenzweck überfrachtet. Bei genauer Betrachtung zeigt sich, dass eine weite Öffnungsklausel geschaffen wurde, durch die fast nach Belieben Maßnahmen gefördert werden können.

---

[100] Vgl. die Darstellung oben 2. Teil, A., I., 2., b., aa.

Deutlich wird dies insbesondere durch die weitgehend unbestimmt formulierten Tatbestände bevorzugter Förderung des § 260 Abs. 3 SGB III[101]. Zum einen reicht ein mittelbarer Nutzen für die Allgemeinheit aus, zum anderen können durch die ABM Dauerarbeitsplätze direkt oder indirekt geschaffen werden. Diese Ziele begegnen an sich auch keinerlei Bedenken. Indes wird die ABM-Förderung dadurch zu einer allgemeinen Unternehmensförderung, was vom Gesetzgeber so nicht intendiert war[102]. Es können private Industrieansiedlungen gefördert, Arbeitsplätze in kränkelnden Unternehmen direkt subventioniert und private Forschungsvorhaben unterstützt werden. Bei der Neuerrichtung eines Produktionsbetriebes ist es gar unschädlich, dass das Wirtschaftsunternehmen selbst Eigentümer der errichteten Produktionsanlagen wird, da der mittelbare Nutzen für die Allgemeinheit leicht bejaht werden kann, indem man auf die geschaffenen Arbeitsplätze verweist[103]. Da sich nahezu immer die Sicherung eines Dauerarbeitsplatzes infolge der ABM-Förderung behaupten lässt, sind über das Merkmal des öffentlichen Interesses kaum Fördermaßnahmen auszuschließen, die diesem nicht entsprechen. Die prognostische Bewertung der Kausalität zwischen Förderung und daran anschließender Arbeitsplatzschaffung bzw. -erhaltung ist kaum möglich, so dass im Ergebnis Mitnahmeeffekte bewusst in Kauf genommen werden[104]. Jedenfalls lassen sich diese durch das Merkmal des öffentlichen Interesses kaum verhindern.

Im Ergebnis wirkt sich das Merkmal des öffentlichen Interesses seiner eigentlichen Zielsetzung gegenüber, die Förderfähigkeit zu begrenzen, kontraproduktiv aus. Bei systematischer Betrachtung konnte der unbestimmte Rechtsbegriff des öffentlichen Interesses nicht ausreichend konkretisiert werden. Es ist festzustellen, dass mit der Verwendung unbestimmter Rechtsbegriffe der Auslegung und Interpretation derselben eine besondere Bedeutung zukommt. Kann diese indes weitgehend offen gestaltet werden, so wird für die Zweckkonkretisierung letztlich Gegenteiliges erreicht. Der Fördertatbestand wird zur allumfassenden Generalklausel, anstatt zweckdeutliche Vorgaben zu machen[105]. Die Zweckverdeutlichungspflicht wird im Ergebnis umgangen.

---

[101] *Niesel,* SGB III, § 260 Rdnr. 22.

[102] *Haverkate,* Subventionsrecht, in: Schmidt, Reiner (Hrsg.), Öffentliches Wirtschaftsrecht BT1, § 4 Rdnr. 119.

[103] So *Blechmann,* Arbeitsbeschaffungsmaßnahmen, S. 14.

[104] Vgl. auch die empirische Untersuchung *Eichler,* ABM in Sachsen-Anhalt: Vorläufige Ergebnisse einer Untersuchung der Beschäftigungschancen von Teilnehmern im ersten Arbeitsmarkt, in: Ministerium für Arbeit, Soziales und Gesundheit (Hrsg.), Arbeitsmarktdaten Sachsen-Anhalt, S. 50 ff.

[105] *Haverkate / Huster,* Europäisches Sozialrecht, Rdnr. 809 sprechen von einer grundlegenden Unklarheit des geltenden deutschen Arbeitsförderungsrechts.

cc) Verfehlte Zweckkonkretisierung durch das Erfordernis
der „Zusätzlichkeit"

Eine weitere Zweckkonkretisierung sollte über das Prinzip der Zusätzlichkeit erreicht werden. Fraglich ist, ob dieses Merkmal einen Beitrag zur Zweckverdeutlichung leisten kann und so seiner Zwecksicherungsfunktion gerecht wird. Hieran lassen sich berechtigte Zweifel erheben. Blickt man beispielsweise auf den § 261 Abs. 2 S. 2 SGB III, so erscheint der Vergleichsmaßstab des „Üblichen" völlig unbestimmt und sehr weit gefasst[106]. Es bedarf empirischer Untersuchungen, welche Aufgaben üblicherweise von der öffentlichen Hand erledigt werden. Problematisch ist ferner, welches räumliche Gebiet für etwaige Erhebungen heranzuziehen, welche Anforderungen an die Häufigkeit der Durchführung durch juristische Personen des öffentlichen Rechts zu stellen sind. Sicher fallen Pflichtaufgaben einer Gemeinde unter „übliche Arbeiten", was aber ist mit den darüber hinausgehenden Arbeiten und wie weit ist dieser Kreis zu fassen?

Anders als beim Begriff des öffentlichen Interesses ist die Üblichkeit nur schwer durch Auslegung zu ermitteln. Dies liegt in der Natur des Begriffes, der sich allein über empirische und statistische Werte konkretisieren lässt. Daran ändern auch Ersatzbegrifflichkeiten wie Häufigkeit, Normalität oder im Allgemeinen nichts. Ohne statistische Erhebungen kann dieses Merkmal kaum Wirkung entfalten. Aber selbst solche Erhebungen stellen sich als äußerst schwierig dar. Möchte beispielsweise die Gemeinde A in ihrem Bezirk eine ABM-geförderte Dienstleistung zum erstenmal neu anbieten, so würde eine Förderung zu bejahen sein, wenn die Dienstleistung bislang nur in wenigen Gemeinden des Bundeslandes X angeboten wird. Würde aber die Üblichkeit in einem Vergleich der Nachbargemeinden, die aufgrund der regionalen Besonderheiten die Dienstleistung schon länger anbieten, bestimmt, so käme man zu gegenteiligem Ergebnis. Obwohl es zur Schaffung neuer Arbeitsplätze käme, eine bloße Verschiebung von Haushaltsmitteln nicht vorläge, würde eine Förderung der Einschränkung des § 261 Abs. 2 S. 2 SGB III unterliegen. Das Ergebnis hinge also allein vom Bezugspunkt des empirischen Vergleiches ab, der variabel bestimmt werden kann.

Ähnlich verhält es sich mit der Formulierung in § 261 Abs. 2 S. 1 SGB III, dass Arbeiten zusätzlich sind, die ohne die Förderung nicht oder erst zu einem späteren Zeitpunkt durchgeführt werden. Dieser Zeitraum wird, wie in § 261 Abs. 2 S. 2 SGB III, ebenfalls mit zwei Jahren bestimmt. Stellt man dabei primär auf die konkrete Aufgabenplanung des Trägers ab, so ist dasjenige Unternehmen am förderwürdigsten, das auf eine Planung gänzlich verzichtet. Ferner ist es ein leichtes, das Merkmal der Zusätzlichkeit zu umgehen, indem das Unternehmen gerade die Arbeiten von der Planung ausnimmt, die sie später gefördert haben möchte. So wurde

---

[106] Zu dieser Feststellung kommt auch *Görgens*, Beschäftigungspolitik, S. 140; ferner *Lohre / Mayer / Stevens-Bartol*, AFG, § 91 Rdnr. 23, die dieses Kriterium im Ergebnis dennoch für sachgerecht halten.

schon sehr früh die Kritik geäußert, dass die ABM-Förderung der Entlastung der kommunalen Haushalte diene, da der öffentliche Träger seine eigentlichen Pflichtaufgaben durch kostengünstige ABM-Kräfte finanziere[107]. Nichts anderes gilt aber für den privatwirtschaftlichen Bereich.

Neben das Problem der Unbestimmtheit treten noch strukturelle Bedenken. So werden Arbeiten gefördert, die sonst nicht durchgeführt werden. Einerseits dürfen die Arbeiten nicht wirtschaftlich rentabel sein, andererseits nicht zu den üblichen Arbeiten der öffentlichen Hand gehören. Damit verbleiben für ABM oft nur sinnlose Tätigkeiten[108]. Der Grat zur Festlegung von Arbeitsfeldern für ABM wird noch schmaler, wenn man bedenkt, dass nach § 260 Abs. 1 Nr. 2 SGB III die Arbeiten darüber hinaus den Arbeitnehmer beruflich stabilisieren und qualifizieren sollen, also gerade nicht sinnlos sein dürfen. Es bleibt zu fragen, welches Beschäftigungsfeld dieses Paradoxon zu bieten vermag.

Aber auch das Wettbewerbsproblem wird durch das Merkmal der Zusätzlichkeit nicht wirklich gelöst. So können nach wie vor Mitnahme- und Verdrängungseffekte nahezu ungehindert auftreten, die man eigentlich durch das Kriterium der Zusätzlichkeit ausschließen wollte[109]. Insbesondere können die in ABM durchgeführten Arbeiten durchaus in Konkurrenz zu gewerblichen Anbietern treten. Als Beispiel ist hier das Garten- und Landschaftsgewerbe zu nennen, das sich der kostengünstigen ABM-Konkurrenz gegenübersieht[110]. Auf diesem Sektor kommt es verstärkt zu Wettbewerbsverzerrungen durch den Einsatz von ABM. Darüber hinaus bildet sich mit den ABM trotz des Erfordernis der Zusätzlichkeit eine Konkurrenz zum

---

[107] *Dückert*, Arbeitsbeschaffungsmaßnahmen, S. 151; *Hohmann / Krüger / Weyrich*, Missbrauch von Arbeitsbeschaffungsmaßnahmen – arbeitsgerichtliche Klärungsversuche, PersV 1983, 7; *Maier*, Arbeitsbeschaffungsmaßnahmen als regional differenziertes Instrument der Arbeitsmarkt- und Beschäftigungspolitik, in: Garlichs / Maier / Semmlinger (Hrsg.), Regionalisierte Arbeitsmarkt- und Beschäftigungspolitik, S. 231 ff.; *Reissert*, Zweiter Arbeitsmarkt, in: Jarre / Westmüller (Hrsg.), Kommunale Sozialpolitik – Kommunale Arbeitsmarktpolitik, S. 88.

[108] *Buttler*, Zwei aktuelle Arbeitsmarktprobleme, in: Kantzenbach / Mayer (Hrsg.) Beschäftigungsentwicklung und Arbeitsmarktpolitik, S. 101; *Eichler*, ABM in Sachsen-Anhalt: Vorläufige Ergebnisse einer Untersuchung der Beschäftigungschancen von Teilnehmern im ersten Arbeitsmarkt, in: Ministerium für Arbeit, Soziales und Gesundheit (Hrsg.), Arbeitsmarktdaten Sachsen-Anhalt, S. 50 ff.; *Görgens*, Beschäftigungspolitik, S. 141; *Haverkate*, Subventionsrecht, in: Schmidt, Reiner (Hrsg.), Öffentliches Wirtschaftsrecht BT1, § 4 Rdnr. 118; *Haverkate / Huster*, Europäisches Sozialrecht, Rdnr. 809; *Reissert*, Zweiter Arbeitsmarkt, in: Jarre / Westmüller (Hrsg.), Kommunale Sozialpolitik – Kommunale Arbeitsmarktpolitik, S. 88; *Weiblen*, Beschäftigungsförderung, S. 320.

[109] *Buhbe / Hilmer*, Konjunktur und Staat, S. 131 ff.; *Buttler*, Zwei aktuelle Arbeitsmarktprobleme, in: Kantzenbach / Mayer (Hrsg.) Beschäftigungsentwicklung und Arbeitsmarktpolitik, S. 101; *Dückert*, Arbeitsbeschaffungsmaßnahmen, S. 138; *Hohmann / Krüger / Weyrich*, Missbrauch von Arbeitsbeschaffungsmaßnahmen – arbeitsgerichtliche Klärungsversuche, PersV 1983, 7; *Reissert*, Zweiter Arbeitsmarkt, in Jarre / Westmüller (Hrsg.), Kommunale Sozialpolitik – Kommunale Arbeitsmarktpolitik, S. 88.

[110] *Reissert*, Zweiter Arbeitsmarkt, in Jarre / Westmüller (Hrsg.), Kommunale Sozialpolitik – Kommunale Arbeitsmarktpolitik, S. 88.

ersten Arbeitsmarkt[111]. Auf der einen Seite werden scheinbar neue Arbeitsplätze in Form von ABM-Stellen geschaffen, auf der anderen Seite aber reguläre Arbeitsplätze abgebaut[112]. So verdrängen die kostengünstigeren ABM-Stellen Arbeitsplätze vom ersten Arbeitsmarkt. Es kommt damit zur bloßen Finanzierung von bereits früher vorhandenen Arbeitsplätzen durch die Bundesanstalt für Arbeit. Neue Arbeitsplätze werden nicht geschaffen. Ein Ergebnis, das man gerade verhindern wollte. Dieser Verdrängungswettbewerb zwischen zweitem und erstem Arbeitsmarkt ergibt sich aus einer fehlenden Abgrenzung derselben[113].

Diese Problematik ist eine Folge der schwierigen Kontrollmöglichkeit der Fördervoraussetzung nach § 261 Abs. 2 SGB III. So kann zu Beginn der Förderung nahezu jeder Träger behaupten, dass die Arbeiten ohne Förderung nicht durchgeführt worden wären. Wird dann aber gefördert, kann man diese Behauptung nicht mehr überprüfen, die Arbeiten werden schließlich durchgeführt. Damit muss zu Beginn eine Entscheidung getroffen werden, die sich letztlich nicht mehr kontrollieren lässt. Die Zusicherung der Zusätzlichkeit wird dadurch aber zum bloßen Lippenbekenntnis durch den Subventionsempfänger, den ABM-Träger. Die Einhaltung der Fördervoraussetzung der Zusätzlichkeit kann nicht überprüft werden, so dass Missbräuche der geschilderten Art nur schwer zu verhindern sind[114]. Damit ist aber die berechtigte Frage nach dem Sinn dieses Tatbestandsmerkmals zu stellen. Konsequent wäre es vielmehr, vollständig auf das Zusätzlichkeitsprinzip zu verzichten. Ein Merkmal, dass eine Begrenzung des Förderzwecks lediglich vorspiegelt, entwickelt nur scheinbar rechtlich ordnungsgemäße Strukturen. Dahinter lassen sich leicht Missbrauchsfälle verbergen, die man gerade verhindern wollte.

b) Zweckbeschränkung

Ein weiteres Kriterium der Zweck-Mittel-Analyse stellt die Zweckbeschränkung dar, wonach eine Vielzahl der Förderzwecke und eine beliebige Austauschbarkeit derselben verhindert werden soll[115]. Es fällt auf, dass die ABM-Förderung einer Reihe von Zwecken verpflichtet ist. Hauptzweck stellt zweifelsohne die Schaffung bzw. Erhaltung von Arbeitsplätzen dar. Daneben müssen die in der Maßnahme durchgeführten Arbeiten dem öffentlichen Interesse entsprechen. Hierbei muss es sich um Arbeiten handeln die zusätzlicher Natur sind. Schließlich erfordert § 260 Abs. 1 Nr. 2 SGB III, dass die Arbeitnehmer durch die Arbeiten beruflich stabilisiert oder qualifiziert und ihre Eingliederungsaussichten verbessert werden sollen.

---

111 *Haverkate / Huster,* Europäisches Sozialrecht, Rdnr. 809.

112 *Hohmann / Krüger / Weyrich,* Missbrauch von Arbeitsbeschaffungsmaßnahmen – arbeitsgerichtliche Klärungsversuche, PersV 1983, 7.

113 *Haverkate,* Subventionsrecht, in: Schmidt, Reiner (Hrsg.), Öffentliches Wirtschaftsrecht BT 1, § 4 Rdnr. 119.

114 Ähnlich im Ergebnis *Lohre / Mayer / Stevens-Bartol,* AFG, § 91 Rdnr. 17.

115 Ausführlich dazu oben 1. Teil, C., II.

Damit verfolgt die ABM-Förderung eine ganze Reihe von Förderzwecken. Der Gesetzgeber versucht, möglichst viele Zwecke zu verwirklichen. Diese sollen dann gar gegenseitig begrenzend wirken und die Förderung insgesamt zweckbestimmter machen. Es reicht nicht schon das anspruchsvolle Ziel, einen Arbeitsplatz zu schaffen, sondern die Förderung wird mit weiteren Zwecken überfrachtet. Nun ist es nicht so, dass die einzelnen Ziele nicht verfolgenswert wären. Allerdings führt ihre Zusammenfassung in einer Förderung zu einer Vielzahl der Zwecke. Der eigentliche Förderzweck löst sich in viele weitere Unter- und Nebenzwecke auf. Auf den Widerspruch, dass die Tätigkeit zusätzlicher Natur sein und gleichzeitig den Arbeitnehmer qualifizieren soll, wurde schon hingewiesen[116]. Hieraus ergeben sich überdies Zweckdivergenzen, die nur schwerlich aufgelöst werden können.

Im Ergebnis zeigt sich, dass der Förderrechtsrahmen dem Grundsatz der Zweckbeschränkung nicht genügt. Vielmehr werden mit der ABM-Förderung eine Reihe von Zwecken verfolgt. Diese sind zudem vielfach weit gefasst und widersprechen sich teilweise gar. Eine Zweckbestimmtheit wird letztlich nicht erreicht.

c) Zweckklarheit

Der Grundsatz der Zweckklarheit besagt, dass die genannten Zwecke im Förderrechtsrahmen auch den tatsächlich verfolgten Zwecken entsprechen müssen. Der Gesetzgeber soll dazu gezwungen werden, seine Ziele klar zu formulieren und nicht zu verschleiern. Auch hieran lassen sich im Rahmen der ABM-Förderung berechtigte Zweifel erheben. So haben ABM ihrer gesetzlichen Ausgestaltung nach primär das Interesse des Arbeitnehmers im Blick. Dieser ist Zielpunkt der Förderung, er soll einen Arbeitsplatz erhalten und in den Arbeitsmarkt wieder dauerhaft eingegliedert werden. Indes konnte die bisherige Analyse zeigen[117], dass eine Begünstigungswirkung für den Träger keineswegs verneint werden kann. Angesichts der Zweckstruktur[118] lässt sich im Ergebnis noch ein Stück weiter gehen und die These vertreten, dass über die ABM-Förderung eine versteckte Unternehmensförderung stattfindet[119]. Aufgrund der weiten Zweckformulierungen und der Vielzahl der förderfähigen Zwecke scheint dieser Schluss keineswegs verfehlt. Der Förderrechtsrahmen zeigt, dass die Mitnahme der Förderung kaum verhindert wird, Mitnahmeeffekte letztlich in Kauf genommen werden. Damit wandelt sich die ABM-Förderung im Ergebnis aber zu einer allgemeinen Unternehmensförderung, die der Förderrechtsrahmen so keinesfalls nahe legt. Im Ergebnis lässt sich daher durchaus von einer Form der Zweckverschleierung sprechen.

---

[116] Siehe oben 2. Teil, A., I., 3., a., cc.

[117] Vgl. dazu nur oben 2. Teil, A., I., 1.

[118] Siehe insbesondere die kritische Analyse dazu oben, 2. Teil, A., I., 3., a.

[119] *Haverkate*, Subventionsrecht, in: Schmidt, Reiner (Hrsg.), Öffentliches Wirtschaftsrecht BT1, § 4 Rdnr. 117; *Henning / Kühl / Heuer / Henke*, AFG, § 91 Rdnr. 4; *Knigge / Ketelsen / Marschall / Wittrock*, Kommentar zum AFG, § 91 Rdnr. 4.

d) Zwecknähe

Das Erfordernis der Zwecknähe bestimmt, dass die Ziele des Subventionsempfängers und die Ziele der Förderung möglichst eng beieinander liegen sollen. Nur dadurch werden Fehlallokationen erreicht und dem Erfordernis der Geeignetheit genüge getan. Der Förderrechtsrahmen muss hierzu gewisse Vorgaben machen[120]. Ansatzpunkt der Analyse bildet hierbei die Neuregelung der Trägerschaft durch § 21 SGB III. Damit können erwerbswirtschaftliche Unternehmen nahezu unbeschränkt Träger von ABM sein[121]. Dies ist vor dem Hintergrund einer subventionsrechtlichen Gleichbehandlung von privaten und öffentlichen Unternehmen im Wettbewerb als durchaus positiv zu bewerten.

Dennoch hätte diese Neuorientierung konsequent weitergeführt und zu Ende gebracht werden müssen. Mit der vollständigen Öffnung der Förderung für jegliche Unternehmen, unabhängig von ihrer Rechtsform und Zielsetzung, neigt die ABM-Förderung dazu, sich zu einer allgemeinen Unternehmensförderung zu entwickeln. Nur hätte hierfür ein gänzlich anderer Rechtsrahmen geschaffen werden müssen. Dies gilt um so mehr als nun nahezu jedes Unternehmen ABM beantragen kann, sei es nun – betriebswirtschaftlich betrachtet – gesund oder kränkelnd. Gerade für letztere Unternehmen wird die ABM-Förderung zu einer mittelbaren Unternehmenssubvention, die den Betrieb aufrechterhält und vor dem drohenden Zusammenbruch rettet. Dies mag sinnvoll sein, nur intendiert der rechtliche Rahmen der §§ 260 ff. SGB III nicht diese Zielrichtung. Vielmehr ist nach wie vor Ziel der ABM-Förderung, in einem wirtschaftlich prosperierenden Unternehmen neue Arbeitsplätze anzuregen und dadurch möglicherweise Dauerarbeitsplätze zu implementieren[122]. Der Wandel hin zu einer Förderung wirtschaftlich schwacher Unternehmen wird durch die Neuregelung der Trägerschaft nun allerdings verstärkt. Die gesetzliche Regelung hätte sich diesem Wandel anpassen müssen.

Damit einhergehend fehlt es an der notwendigen Zwecknähe. Deutlich wird dies, wenn man sich die unterschiedlichen Zielsetzungen der Beteiligten vor Augen hält. Der private, erwerbswirtschaftliche Unternehmer ist in seinem Handeln primär auf Gewinnmaximierung ausgerichtet. Gerade dafür aber soll die ABM-Förderung ihrem eigentlichen Sinn nach nicht eingesetzt werden, vielmehr stehen das öffentliche Interesse und die Zusätzlichkeit der Arbeiten im Vordergrund. Damit kommt es aber zu einer nahezu unüberbrückbaren Diskrepanz zwischen der Zielvorstellung des möglichen privaten Trägers und der Intention des Gesetzgebers. Möchte nun ein erwerbswirtschaftliches Unternehmen als ABM-Träger auftreten, so wird es gezwungen, seine eigentlichen Ziele für die Dauer der Förderung aufzugeben. Dies wäre der Idealfall. Naheliegender ist es aber, sich scheinbar auf

---

[120] Vgl. zu diesem Kriterium oben 1. Teil, C., V.

[121] Zur Trägerschaft schon oben 2. Teil, A., I., 2., c.

[122] *Haverkate,* Subventionsrecht, in: Schmidt, Reiner (Hrsg.), Öffentliches Wirtschaftsrecht BT1, § 4 Rdnr. 119.

die gesetzlichen Ziele einzulassen, in Wirklichkeit aber das eigentliche Ziel der Gewinnmaximierung weiterzuverfolgen. Dieses Zielstreben ist auch nicht negativ zu bewerten, sondern Voraussetzung jedes funktionsfähigen Unternehmens. Es mutet jedoch eigenartig an, dass berechtigte Unternehmensziele plötzlich negiert werden und die rechtliche Förderstruktur durch ihre Widersprüchlichkeit den Missbrauchsfall geradezu provoziert, anstatt ihn zu verhindern. Durch den Rechtsrahmen ist die Zwecknähe von Subventionsempfänger und Endzweck daher denkbar schlecht ausgestaltet. Denkt man nun diese Konstellation konsequent zu Ende, so verschärft sich auch das Wettbewerbsproblem. Die ABM-Fördermittel werden nicht zweckgemäß im Sinne des Gesetzgebers eingesetzt, sondern der private Unternehmer wird die Fördermittel für seine Zwecke quasi „mitnehmen". Möglicherweise kommt es dadurch zu einer Beeinträchtigung des Wettbewerbs[123]. Die Neuregelung öffnet sich dabei sämtlichen Wirtschaftsunternehmen, so dass sich das Wettbewerbsproblem quantitativ noch verschärft, ohne dass der Rechtsrahmen neue Sicherungsinstrumente geschaffen hätte.

Im Ergebnis lässt sich daher festhalten, dass sich die ABM-Förderung aufgrund verschiedener Mängel zu einer allgemeinen Unternehmensförderung wandelt. Insbesondere lässt die Förderstruktur die notwendige Zwecknähe von Zielen des Subventionsempfängers und Zielen der Förderung vermissen. Es lässt sich vielmehr ein Widerspruch erkennen, den es nicht gelingt aufzulösen.

e) Zweckkoordination

Daran anknüpfend lassen sich auch Mängel hinsichtlich der Zweckkoordination feststellen. So fordert dieses Kriterium, dass eine Abstimmung verschiedener Förderzwecke erfolgt. Eine solche Koordination ist in zweierlei Hinsicht erforderlich, zum einen innerhalb des Förderinstruments selbst, zum anderen aber auch hinsichtlich weiterer Förderprogramme. Hieraus lässt sich der allgemeine Grundsatz herleiten, Zweckdivergenzen zu vermeiden und Kollisionen aufzulösen. Nun lässt sich in der Regelung des Vergabevorrangs ein weiterer Konflikt erkennen. So ist in § 262 SGB III zwar das Verhältnis hinsichtlich der Durchführung einer Maßnahme mittels öffentlichem Träger oder erwerbswirtschaftlichem Unternehmen zugunsten letzterem geklärt. Wirtschaftsunternehmen können vorrangig durch das Instrument der Vergabearbeiten an der Förderung teilhaben. Dennoch ist die Vergabetechnik durchaus kritisch zu bewerten. Die oben schon[124] angesprochenen Zielkonflikte werden durch den Vergabevorrang noch weiter verschärft. Der Träger sieht sich der Einhaltung der Vergabevoraussetzungen verpflichtet, das durchführende Wirtschaftsunternehmen allerdings weiterhin dem Unternehmensziel, Gewinne zu er-

---

[123] *Bieback,* Karl-Jürgen, in: Gagel, AFG, § 92 Rdnr. 2; *DIHT,* Impulse für den Arbeitsmarkt, S. 10 ff.; *Lohre / Mayer / Stevens-Bartol,* AFG, § 92 Rdnr. 2.

[124] Siehe hierzu oben 2. Teil, A., I., 3., d.

wirtschaften. Darüber hinaus besteht ein ungelöster Konflikt zu den in §§ 260, 261 SGB III formulierten Fördervoraussetzungen. So wird ein Wirtschaftsunternehmen eine Vergabearbeit nur dann annehmen, wenn dies wirtschaftlich sinnvoll und rentabel ist. Nun ist aber fehlende Rentabilität gerade ein Indiz für die Zusätzlichkeit einer Maßnahme[125]. Es bleibt zu fragen, ob eine Vergabe an Wirtschaftsunternehmen überhaupt möglich ist, und wenn ja, ob damit nicht die Fördervoraussetzungen letztlich umgangen werden.

Mit der Neuregelung der Trägereigenschaft in § 21 SGB III erscheint es darüber hinaus fraglich, wozu es des Modells der Vergabe von Arbeiten noch bedarf. Allein die Vorteile für die Wirtschaftsunternehmen, nicht direkt den Arbeitsämtern gegenüber verantwortlich zu sein und die Fördervoraussetzungen nicht nachweisen zu müssen[126], vermögen hierfür keine ausreichende Begründung zu geben. Vielmehr verstärkt die Vergabemöglichkeit zusehends die Entwicklung hin zu einer allgemeinen Unternehmensförderung. Die Motivationslage der Beteiligten lässt zumindest darauf schließen. Auch die mit § 262 SGB III verfolgte Zielsetzung, den zweiten zum ersten Arbeitsmarkt in ein angemessenes Verhältnis zu setzen, muss als fehlgeschlagen betrachtet werden. Zwar ist in S. 3 eine Schranke für Eigenregiearbeiten formuliert, jedoch ist diese sehr vage und wohl nur für offensichtliche Missverhältnisse tauglich. Wie aber das Verhältnis des ersten zum zweiten Arbeitsmarkt unterhalb dieser Schwelle zu bewerten ist, bleibt offen. Die Konkurrenz der beiden Arbeitsmärkte besteht nach wie vor, auch wenn § 262 SGB III erste Ansätze einer Lösung bietet.

In einer Gesamtbetrachtung wird man den Vergabevorrang durchaus als richtigen Ansatz bewerten können. Dennoch greift auch diese Regelung zu kurz und vermag die aufgeworfenen Probleme nicht überzeugend zu lösen. Die festgestellte Divergenz zwischen Unternehmensziel und Förderzweck bleibt bestehen. Neben dem Mangel an Zwecknähe besteht daher ein Fehlen ausreichender Zweckkoordination.

f) Zweck-Mittel-Kontrolle

Eine letzte Anforderung an den Förderrechtsrahmen ist die ausreichende Implementierung von Kontrollmechanismen, die eine Überwachung der Subventionierung gewährleisten[127]. Nur so wird erreicht, dass die Zweckverdeutlichungspflicht nicht ad absurdum geführt wird, indem der Förderzweck mittels der konkreten Subventionierung umgangen wird. Der Förderrechtsrahmen muss eine Zweck-Mittel-Kontrolle nicht nur ermöglichen, sondern auch erzwingen. Hier gilt es nun, das vorhandene Kontrollinstrumentarium zu bewerten.

---

[125] Hierzu oben 2. Teil, A., I., 2., b., bb.

[126] *Lohre / Mayer / Stevens-Bartol,* AFG, § 92 Rdnr. 7.

[127] Ausführlich dazu oben 1. Teil, C., VI.

aa) Zweck-Mittel-Kontrolle und Förderrechtsrahmen

Man wird überrascht sein, wie schwach der Ansatz einer Zweck-Mittel-Kontrolle in der Normstruktur der neuen Regelungen ausgestaltet ist. So bieten die §§ 260 ff. SGB III keine expliziten Ausführungen, wie nach bewilligter Förderung deren Ergebnisse, Wirkungen und zweckentsprechende Verwendung kontrolliert werden kann. Dies ist um so erstaunlicher, als zuvor mit § 15 ABM-AO a. F. detaillierte Regelungen hinsichtlich der Auszahlung und der Abrechnung der Zuschüsse vorhanden waren. So bestimmte Abs. 3 beispielsweise, dass der Träger nach Abschluss der Maßnahme innerhalb von 6 Monaten nach Beendigung eine Gesamtabrechnung vorzulegen hat. Der Träger hatte darüber hinaus über die Einhaltung seiner Verpflichtungen, die sich gegenüber der Bundesanstalt aus dem AFG, der ABM-AO a. F., dem Anerkennungsbescheid und etwaiger vertraglicher Verpflichtungen ergeben, Rechenschaft abzulegen (so Abs. 6). Schließlich hatte der Maßnahmeträger nach § 15 Abs. 7 ABM-AO die Maßnahmebelege mindestens 10 Jahre nach Ablauf der Förderungsdauer für Prüfungszwecke aufzubewahren.

Die neue ABM-Anordnung vom 23. Oktober 1997 dagegen enthält diesbezüglich keinerlei Vorschriften. Zwar kann die frühere Anordnung nicht mehr angewandt werden[128], dennoch wird man sie im Sinne von Ermessensleitlinien für das Verfahren durchaus heranziehen können, soweit dies nicht neuen Regelungen widerspricht[129]. Dennoch überzeugt es kaum, dass der Gesetzgeber keinerlei Kontrollmaßnahmen, Wirkungsanalysen und Transparenzanforderungen in die neue gesetzliche Regelung aufgenommen hat. Letztlich fehlt es an einem normierten Raster zur Entdeckung etwaiger Missbräuche. Demgegenüber kann bei Erkennen eines Missbrauchsfalles auf die allgemeinen Aufhebungsvorschriften der §§ 44 ff. SGB X zurückgegriffen werden. Diese werden in § 330 SGB III den Besonderheiten des Arbeitsförderungsrechts angepasst. In diesem Zusammenhang ist auch § 268 SGB III als neue Regelung zu nennen. Hiernach besteht die Möglichkeit, Förderleistungen zurückzuverlangen, wenn der Träger bei der Verlängerung einer Förderung der Verpflichtung zur Schaffung eines Dauerarbeitsplatzes nicht nachkommt. § 268 SGB III stellt eine Modifikation zu den allgemeinen Aufhebungsvorschriften dar und soll eine bisher bestehende Lücke im Förderungsrecht schließen[130].

Im Ergebnis lässt sich sagen, dass die Möglichkeiten der Rückforderung von Förderleistungen nach den §§ 44 ff. SGB X mit den Modifikationen und Ergänzungen der §§ 268, 330 SGB III detailliert und facettenreich ausgestaltet sind. Dagegen besteht für das Kontrollverfahren und das Prüfungsprozedere erheblicher Regelungsbedarf. Hier wird der Gesetzgeber bzw. die Bundesanstalt für Arbeit als Anordnungsermächtigte noch nachzubessern haben. Angesichts der Mängel wird

---

[128] Diese ist gem. Art. 83 Abs. 1, Art. 82 Abs. 1 Nr. 7 AFRG am 31. 12. 1997 außer Kraft getreten.

[129] *Niesel,* SGB III, § 271 Rdnr. 8.

[130] BT-Drucksache 13 / 4941, RegE-AFRG zu § 266, S. 202.

man aber weiter fragen müssen, inwieweit das allgemeine Kontrollinstrumentarium die aufgezeigten Defizite auszugleichen vermag.

bb) Das allgemeine Kontrollinstrumentarium

Das im Subventionsrecht allgemein zur Verfügung stehende Kontrollinstrumentarium basiert im wesentlichen auf der gerichtlichen Kontrolle der Verwaltungsentscheidungen, vorliegend der Förderentscheidungen der Arbeitsämter durch die Sozialgerichte. So bietet § 51 Abs. 1 SGG i.V.m. § 54 Abs. 1 SGG eine Klagemöglichkeit für den potentiellen ABM-Träger zur Anfechtung eines ablehnenden Bescheids über die Gewährung von ABM-Mitteln. Hierbei war bislang strittig, ob der ABM-Antragsteller nach § 54 Abs. 2 SGG überhaupt klagebefugt sein kann[131]. Das Bundessozialgericht hat jedoch einen gerichtlich durchsetzbaren Anspruch des Trägers auf ermessensfehlerfreie Entscheidung ausdrücklich bejaht[132]. Dieser ergibt sich aus der Stellung des Trägers im Verfahren sowie der wirtschaftlichen Begünstigung, die der Träger durch die Bewilligung erfährt. Aber nicht nur bei Ablehnung eines Förderantrags besteht die Möglichkeit gerichtlicher Überprüfung, sondern auch bei positiver Bescheidung kommt eine solche in Betracht. Hier ist insbesondere die Möglichkeit der Konkurrentenklage zu nennen[133].

Darüber hinaus nennt *Blechmann* bei positivem Förderbescheid noch zwei weitere potentielle Kläger[134]. Zum einen kommt der zugewiesene Arbeitnehmer in Betracht, da die Befristung des ABM-Arbeitsverhältnisses von der Wirksamkeit des Anerkennungsbescheides abhängt, sich daraus also eine Klagebefugnis ergeben muss. Von dieser Sonderkonstellation abgesehen wird man ansonsten eine Klagebefugnis des Arbeitnehmers meist ablehnen können. Dem Arbeitnehmer steht

---

131 Vgl. hierzu die Darstellung bei *Blechmann*, Arbeitsbeschaffungsmaßnahmen, S. 43 ff.

132 BSG in NZA 1986, 269; BSG in SozR 4100, zu § 91 AFG, Nr. 4.

133 Ausführlich dazu *Andresen*, Die Anfechtungsklage des nichtsubventionierten Konkurrenten, S. 113; *Badura*, Wirtschaftsverwaltungsrecht, in: Schmidt-Aßmann (Hrsg.), Besonderes Verwaltungsrecht, 3.Abschnitt Rdnr. 86; *Blechmann*, Subventionsrecht, S. 151; *Friehe*, Das Abwehrrecht des Wettbewerbers gegen die Subventionierung eines Konkurrenten, JuS 1981, 871; *Fröhler/Lenz*, Die Konkurrentenklage im Subventionsrecht, GewArch 1976, 75; *Gusy*, Subventionsrecht II, JA 1991, 332; *Henke*, Das Recht der Wirtschaftssubventionen als öffentliches Vertragsrecht, S. 112 ff.; *Jarass*, Wirtschaftsverwaltungsrecht, § 10 Rdnr. 48; *Mössner*, Die öffentlichrechtliche Konkurrentenklage, JuS 1971, 136; *Preußner*, Kontrolle und Beherrschbarkeit von Wirtschaftssubventionen, S. 90; *Püttner*, Subventionierung von Anzeigenblättern, JuS 1995, 1070, *Schmidt, Reiner*, Klagebefugnis des Konkurrenten bei Subvention an Wettbewerber, BB 1969, 653; *Selmer*, Anmerkungen zu BVerwGE 30, 191, NJW 1969, 1267; *Wolff/Bachof*, Verwaltungsrecht III, § 154 Rdnr. 15; *Zuleeg*, Subventionskontrolle durch Konkurrentenklage, S. 83; *Zuleeg* Subventionsrecht zur Schaffung und Erhaltung von Arbeitsplätzen, in: Kittner (Hrsg.), Arbeitsmarkt – ökonomische, soziale und rechtliche Grundlagen, S. 183 ff.; *Zuleeg*, Zur künftigen Entwicklung des Subventionsrechts, DÖV 1984, 736.

134 *Blechmann*, Arbeitsbeschaffungsmaßnahmen, S. 47 ff.

kein Recht zu, dass ein etwaiger Arbeitgeber gefördert wird, so dass es an der erforderlichen subjektiv-rechtlichen Rechtsposition mangelt. Der Arbeitnehmer ist vielmehr auf eine mediatisierte Rolle beschränkt[135]. Zum anderen sind die sonst beim ABM-Träger beschäftigten Arbeitnehmer zu nennen, die die Zusätzlichkeit einer Maßnahme bestreiten. Die Klagebefugnis ist hierbei aus dem drittschützenden Charakter des Merkmales der Zusätzlichkeit herzuleiten, das gerade auch verhindern möchte, dass bereits beschäftigte Arbeitnehmer von ihrem Arbeitsplatz verdrängt werden. Insgesamt bestehen also umfangreiche gerichtliche Kontrollmöglichkeiten für die Betroffenen. Indes kann dieser Befund nicht darüber hinwegtäuschen, dass die gerichtliche Zweck-Mittel-Kontrolle die grundlegende Schwäche aufweist, erst dann einzusetzen, wenn die Förderung schon weitgehend abgeschlossen ist. Es kann mit der gerichtlichen Kontrolle keine begleitende Überwachung der Fördermaßnahme stattfinden. Zudem kann eine gerichtliche Überprüfung immer erst dann erfolgen, wenn ein Kläger zur Verfügung steht. Erhalten nun aber potentielle Kläger keine Kenntnis von der Förderung oder erfahren sie die eigene Beschwer nicht als solche, dann bleiben Missbrauchsfälle möglicherweise im Dunkeln. Im Ergebnis vermag das gerichtliche Kontrollinstrumentarium den Mangel an Kontrollmechanismen im Förderrechtsrahmen nicht zu kompensieren.

Gleiches gilt auch für die in diesem Zusammenhang noch zu nennenden Kontrollinstrumente. Da wäre zum einen die Kontrolle der Bundesanstalt für Arbeit durch das Bundesministerium für Arbeit und Sozialordnung mittels Aufsicht gem. § 401 Abs. 1 SGB III. Hiernach findet eine Prüfung der Einhaltung von Gesetz und sonstigem Recht statt, insbesondere werden auch Ermessensentscheidungen auf die Einhaltung der Grenzen des Ermessens überprüft[136]. Durch diese Rechtsaufsicht können Entscheidungen bei der Gewährung von Fördermitteln auf ihre Rechtmäßigkeit hin überprüft werden. Aber auch hier liegen die Mängel auf der Hand. So ist die Rechtsaufsicht nicht in der Lage, eine umfassende Kontrolle vorzunehmen, vielmehr beschränkt sich diese auf eine allgemeine Evidenzprüfung mit vereinzelten Stichprobenkontrollen. Auch hier bezieht sich die Kontrolle meist nur auf abgeschlossene Sachverhalte, eine begleitende Überwachung findet nicht statt. Hierin liegen auch die Schwächen des Instruments der parlamentarischen Subventionskontrolle mittels Haushaltsrecht[137] und Budgetkontrolle[138]. So entfaltet die

---

[135] *Haverkate*, Finanzierung durch institutionelle oder personenbezogene Förderung, SDSRV 1997, 89 ff.; *Zuleeg*, Subventionsrecht zur Schaffung und Erhaltung von Arbeitsplätzen, in: Kittner (Hrsg.), Arbeitsmarkt – ökonomische, soziale und rechtliche Grundlagen, S. 184.

[136] *Knigge / Ketelsen / Marschall / Wittrock*, Kommentar zum AFG, § 224 Rdnr. 5.

[137] *Hirsch*, Haushaltsplan und Haushaltskontrolle in der Bundesrepublik Deutschland, S. 44; *Schäfer*, Kontrolle der öffentlichen Finanzwirtschaft, in: Neumark (Hrsg.), Handbuch der Finanzwissenschaft, S. 525 ff.; *Zuleeg*, Subventionskontrolle durch Konkurrentenklage, S. 28.

[138] *Rausch*, Bundestag und Bundesregierung, S. 291; *Stadler*, Die parlamentarische Kontrolle der Bundesregierung, S. 279.

Einstellung von Subventionen in den Haushaltsplan gem. §§ 23, 14, 8 HGrG[139] nur geringe Kontrollwirkung[140], angesichts der unzähligen Subventionsprogramme und der Unbestimmtheit der Haushaltstitel[141]. Hierzu in enger Verbindung steht der Subventionsbericht der Bundesregierung nach § 12 Abs. 2 StWG, in dem alle zwei Jahre eine zahlenmäßige Übersicht der Finanzhilfen zusammengestellt wird[142]. Ziel des Subventionsberichts ist es, eine Beherrschbarkeit von Subventionen zu erreichen, was bislang nicht gelang[143]. Grund hierfür ist, dass der Subventionsbericht nicht derart ausgestaltet ist, dass die Ziele klar und deutlich quantifizierbar sind[144]. Da die Förderzwecke lediglich global benannt werden und eine Gegenüberstellung der Soll- und Ist-Zustände fehlt, kann eine Erfolgskontrolle letztlich nicht stattfinden[145]. Ferner fehlen in dem Bericht die Finanzhilfen der Länder sowie nicht haushaltsbelastende Zuwendungen. Als letzte allgemeine Kontrollinstanz sei noch der Bundesrechnungshof erwähnt[146]. Seine Aufgabe besteht in der Prüfung der Rechnungslegung sowie der Wirtschaftlichkeit und Ordnungsgemäßheit der Haushalts- und Wirtschaftsführung (Art. 114 Abs. 2 GG, §§ 88 ff. BHO). Aber auch dieses Instrument ist dergestalt unvollständig, dass lediglich abgeschlossene Vorgänge überprüft[147], nur Einzelfälle einer Kontrolle unterzogen

---

[139] Gesetz über die Grundsätze des Haushaltsrechts des Bundes und der Länder (HGrG) vom 19. 8. 1969, BGBl. I S. 1273.

[140] Vgl. dazu schon die Argumentation bei der Frage nach der Geltung des Gesetzesvorbehalts im Leistungsrecht, oben 1. Teil, C., I., 2.

[141] Im Ergebnis ebenso *Birk,* Steuerung der Verwaltung durch Haushaltsrecht und Haushaltskontrolle, DVBl 1983, 866; *Hirsch,* Haushaltsplan und Haushaltskontrolle in der Bundesrepublik Deutschland, S. 44; *Jüttemeier,* Deutsche Subventionspolitik in Zahlen, S. 20; *Preußner,* Kontrolle und Beherrschbarkeit von Wirtschaftssubventionen, S. 37.

[142] Vgl. den aktuellen 16.Subventionsbericht für die Jahre 1995 bis 1998, BR-Drucksache 598/97 vom 29. 8. 1997.

[143] *Bleckmann,* Gutachten zum Thema „Ordnungsrahmen für das Recht der Subventionen", in: Ständige Deputation des DJT (Hrsg.), Verhandlungen des 55. DJT, Bd. I, S. D69; *Dickertmann,* Öffentliche Finanzierungshilfen, S. 251; *Friauf,* Referat zum Thema „Ordnungsrahmen für das Recht der Subventionen", in: Ständige Deputation des DJT (Hrsg.), Verhandlungen des 55. DJT, Bd. II, S. M33; *Hansmeyer,* Bemerkungen zum Subventionsbericht, FinArch 1971, 103; *Zuleeg,* Subventionskontrolle durch Konkurrentenklage, S. 18.

[144] *Hansmeyer,* Bemerkungen zum Subventionsbericht, FinArch 1971, 112; *Zuleeg,* Subventionsrecht zur Schaffung und Erhaltung von Arbeitsplätzen, in: Kittner (Hrsg.), Arbeitsmarkt – ökonomische, soziale und rechtliche Grundlagen, S. 164.

[145] *Ewringmann / Hansmeyer,* Zur Beurteilung von Subventionen, S. 77 ff.; *Karehnke,* Subventionen und ihre Kontrolle, DÖV 1975, 628.

[146] Dazu *Gröbner,* Subventionen – Eine kritische Analyse, S. 217; *Grupp,* Die Stellung der Rechnungshöfe in der Bundesrepublik Deutschland, S. 160; *Menzel,* Der staatsrechtliche Standort der Finanzkontrolle in der Bundesrepublik und im Ausland, DÖV 1968, 593 ff.; *Schäfer,* Der Bundesrechnungshof im Verfassungsgefüge der Bundesrepublik, DÖV 1971, 542 ff.; *Zuleeg,* Subventionskontrolle durch Konkurrentenklage, S. 30; vgl. ferner die Ausführungen unten 4. Teil, D., II., 1., c.

[147] *Klein,* Grundgesetz und Haushaltskontrolle, DÖV 1961, 805; *Maunz, Theodor,* in: Maunz / Dürig (Hrsg.), Kommentar zum GG, Art. 114 Rdnr. 13; *Vogel,* Verfassungsrechtliche Grenzen der öffentlichen Finanzkontrolle, DVBl 1970, 196; *Zuleeg,* Subventionsrecht zur

werden können[148], Zielkollisionen nicht untersucht und umfassende Wirkungsanalysen nicht vorgenommen werden[149]. Für das Arbeitsförderungsrecht war in § 223 Abs. 1 AFG ausdrücklich eine Prüfung der Haushalts- und Wirtschaftsführung der Bundesanstalt für Arbeit durch den Bundesrechnungshof vorgesehen. Im neuen SGB III findet sich demgegenüber keine entsprechende Regelung mehr. Dies zeigt deutlich die schwindende Kontrollbefugnis des Bundesrechnungshofes.

Als Fazit lässt sich festhalten, dass das übrige Kontrollinstrumentarium nur bedingt zu einer Überprüfung von Subventionen im Allgemeinen und der ABM-Förderungen im Speziellen in der Lage ist. Gerade eine laufende Subventionsüberwachung ist dringend geboten[150]. Mit der Neuregelung des Arbeitsförderungsrechts im SGB III hätte der Gesetzgeber durchaus die Gelegenheit gehabt, eine begleitende Zweck-Mittel-Kontrolle zu installieren. Nachbesserungen sind unentbehrlich.

4. Perspektiven einer Zweck-Mittel-gerechten Förderstruktur

Nachdem anhand des Maßstabes der Zweck-Mittel-Analyse die Schwächen der gesetzlichen Förderstruktur herausgearbeitet wurden, soll nun versucht werden, Lösungswege und Perspektiven aufzuzeigen. Hauptansatzpunkt ist dabei das Erfordernis, die Bestimmtheit des Förderzwecks zu erhöhen.

a) Zweckbestimmtheit erhöhen

Wichtigste Voraussetzung jeder staatlichen Förderung ist die Herausarbeitung des genauen Förderzwecks. Je konkreter dieser benannt werden kann, desto freiheitsschonender und effizienter können die staatlichen Mittel eingesetzt werden. Bei der ABM-Förderung ist dabei eine Überfrachtung der Zwecksetzung festzustellen, die zu diffusen Mitteleinsätzen führt. So sollen ABM-Arbeiten Dauerarbeitsplätze schaffen bzw. erhalten, gleichzeitig im öffentlichen Interesse stehen, zusätzlicher Natur sein und den Arbeitnehmer weiterbilden. Vor dem Hintergrund dieser Vielfalt an Förderzwecken ist zu fragen, ob sich der Subventionsgeber nicht mit den angestrebten Förderzielen übernimmt, gar mit dem Wissen um die Unmöglichkeit der Erreichung seine wahren Ziele zu verschleiern versucht. Die ABM-Förderung ist daher wesentlich an einem bestimmten Förderzweck auszurichten. Zwei Ansätze lassen sich hierbei unterscheiden. Entweder man verfolgt das Ziel, gemeinwohlorientierte Arbeit statt passiver Arbeitslosigkeit zu finanzieren oder

---

Schaffung und Erhaltung von Arbeitsplätzen, in: Kittner (Hrsg.), Arbeitsmarkt – ökonomische, soziale und rechtliche Grundlagen, S. 165.

[148] *Karehnke*, Subventionen und ihre Kontrolle, DÖV 1975, 623.

[149] *v. Arnim*, Grundprobleme der Finanzkontrolle, DVBl 1983, 665; *Karehnke*, Subventionen und ihre Kontrolle, DÖV 1975, 632; *Nieder-Eichholz*, Die Subventionsordnung, S. 162 ff.

[150] So schon *Götz*, Bekämpfung der Subventionserschleichung, S. 39.

man installiert eine Anschubfinanzierung für neue Arbeitsplätze, die dann auch den Unternehmen zugute kommt[151].

aa) Modell 1: Rückführung der Zweckstruktur zu den historischen Ursprüngen

Das erste Modell stellt letztlich eine Rückführung der ABM-Förderung zu ihren Anfängen dar. Historischer Ursprung von ABM bilden sogenannte Notstandsarbeiten[152], die während und nach dem ersten Weltkrieg eingeführt wurden und Arbeitslose zu solchen Arbeiten verpflichteten, die gemeinwohlorientiert waren und in keinerlei Konkurrenz zu privaten Unternehmenstätigkeiten standen[153]. Man bezeichnete dies als „wertschaffende Arbeitslosenfürsorge bzw. Arbeitslosenhilfe", da nicht allein der Zustand der Arbeitslosigkeit finanziert, sondern hierfür gemeinnützige Arbeit verrichtet wurde[154]. Kennzeichnend war zudem, dass private, erwerbswirtschaftliche Unternehmen von der Förderung völlig ausgeschlossen waren[155]. In der weiteren Entwicklung hat sich indes ein deutlicher Wandel von den Notstandsarbeiten hin zu den breit gefächerten ABM gezeigt, an denen insbesondere auch Wirtschaftsunternehmen partizipieren können[156]. Hier gilt es bei der Rückführung der ABM-Struktur anzusetzen. Die Durchführung von ABM ist wieder völlig in staatliche Hände zu legen. Die Förderung ist am Wesen einer „wertschaffenden Arbeitslosenhilfe" auszurichten. Die gesetzliche Ausgestaltung hat dabei zu gewährleisten, dass keinerlei Konkurrenzsituation zu Wirtschaftsunternehmen, die ABM-Arbeiten am Markt anbieten, entsteht. Damit wäre der erste und zweite Arbeitsmarkt scharf voneinander abgegrenzt.

Hierzu könnte ein System – ähnlich dem § 262 SGB III – entwickelt werden, das von unabhängiger Seite eine fehlende Wettbewerbssituation für die in den

---

151 Zu diesem Vorschlag auch ein Positionspapier des *BDI*, Entlasten statt entlassen: Für eine Trendwende am Arbeitsmarkt, S. 7 ff.; ferner eine Umfrage des *DIHT*, Impulse für den Arbeitsmarkt, S. 10 ff.

152 Eine umfassende Darstellung der historischen Entwicklung findet sich bei *Dückert*, Arbeitsbeschaffungsmaßnahmen, S. 16 ff.; speziell zu den Notstandsarbeiten vgl. *Meyer*, Die Notstandsarbeiten und ihre Probleme, S. 3 ff.; *Niess*, Geschichte der Arbeitslosigkeit, S. 13 ff.; *Pommernelle*, Die Notstandsarbeiten der produktiven Erwerbslosenfürsorge, S. 4 ff.; *Weller*, Arbeitslosigkeit und Arbeitsrecht, S. 32 ff.

153 *Meyer*, Die Notstandsarbeiten und ihre Probleme, S. 46.

154 *Fischer*, Staatliche Arbeitsförderung, S. 113; *Schroers*, Wertschaffende Arbeitslosenfürsorge, S. 2 ff.; *Weller*, Arbeitslosigkeit und Arbeitsrecht, S. 80 ff.

155 Dies bestimmte ausdrücklich § 139 Abs. 1 S. 4 AVAVG, vom 16. 7. 1927, RGBl. I S. 187.

156 Der Wandel zeigt sich insbesondere durch das Arbeitsförderungsgesetz vom 25. 6. 1969, BGBl. I S. 582, nach dessen §§ 92 Abs. 2 Nr. 2, 3 AFG erwerbswirtschaftliche Unternehmen unter besonderen Voraussetzungen Träger von ABM sein konnten; vgl. vor allem *Siegers*, Zu einigen Neuregelungen des Arbeitsförderungsgesetz, BArbBl Nr. 6, 1969, S. 356 ff.

ABM durchgeführten Arbeiten konstatiert. Die Möglichkeit von Vergabearbeiten ist allerdings insgesamt auszuschließen. Somit können Wirtschaftsunternehmen auch nicht mittelbar in die Förderung eingebunden werden. An den Prinzipien des öffentlichen Interesses und der Zusätzlichkeit könnte indes festgehalten werden. Diese würden ihre eigentliche Zweckrichtung, nämlich die Begrenzung von ABM wieder erfüllen, da keinerlei Überlagerung durch gegenteilige Zweckvorstellungen von Wirtschaftsunternehmen mehr erfolgt. Die derzeitigen Zweckdivergenzen wären beseitigt[157].

Man billigt damit dem Staat weiterhin einen direkten Zugriff auf die Arbeitslosenzahlen zu. Er vermag die Arbeitslosenstatistik aus politischen Gründen weiterhin positiv zu gestalten[158]. Diese politische Einflussnahme lässt sich jedoch nur bei einem völligen Verzicht auf ABM verhindern. Demgegenüber sollte man diese Einflusswirkung nicht überbewerten, da ABM nach wie vor kapitalintensiv und nur von kurzfristiger statistischer Dauer sind. Ferner sind die in ABM beschäftigten Arbeitnehmer gesondert in der Arbeitsmarktstatistik ausgewiesen. Letztlich würde die ABM-Förderung wieder zu einer wertschöpfenden Arbeitslosenhilfe umgestaltet. Unrentable, gemeinwohlorientierte Arbeiten, an deren Durchführung kein Wirtschaftsunternehmen Interesse haben kann, würde der Staat finanzieren und durchführen. Die staatlichen Mittel erfahren eine allgemeine Wertschöpfung, anders als eine bloße Unterstützung von Arbeitslosigkeit. Der Normzweck wäre wieder darauf ausgerichtet, konsumtive Mittel, wie die Entgeltersatzleistungen im Falle der Arbeitslosigkeit, produktiv zur Wertschöpfung einzusetzen[159]. Wettbewerbsprobleme würden sich indes nicht mehr stellen.

bb) Modell 2: Zweckgebundene Unternehmenssubvention

Demgegenüber lässt sich eine Reform der ABM-Förderstruktur auch in die gegenteilige Richtung denken. Hierbei gilt es, die Hauptschwäche klassischer ABM zu überwinden, lediglich auf zeitlich befristete Beschäftigungsverhältnisse angelegt zu sein und daher eine bloße Überbrückungsfunktion[160] wahrzunehmen. Notwendig ist hierbei, dass man sich gerade von den Ursprüngen der ABM, also der wertschaffenden Arbeitslosenhilfe, der Notstandsarbeiten und dem Zusätzlichkeitsprinzip verabschiedet. Die ABM-Förderung ist zu einer modernen Unternehmenssubvention auszugestalten. Entgegen dem ersten Lösungsmodell darf nicht das blo-

---

157 Hierzu oben 2. Teil, A., I., 3., e.

158 So *Haverkate,* Subventionsrecht, in: Schmidt, Reiner (Hrsg.), Öffentliches Wirtschaftsrecht BT1, § 4 Rdnr. 119, der damit auf mögliche Nebenzwecke der ABM-Förderung hinweist.

159 So die Grundausrichtung der wertschaffenden Arbeitslosenhilfe des AVAVG, vgl. *Siegers,* Zu einigen Neuregelungen des Arbeitsförderungsgesetz, BArbBl Nr. 6, 1969, 356.

160 *Blüm,* Reform der Arbeitsförderung – Vom Kopf auf die Füße, BArbBl Nr. 7–8, 1997, 5; *Görgens,* Beschäftigungspolitik, S. 141.

ße Ziel der kurzfristigen Beschäftigung von Arbeitslosen verfolgt werden, vielmehr muss von Anfang an die Schaffung von Dauerarbeitsplätzen im Mittelpunkt der Förderung stehen. Um dieses Ziel zu erreichen, ist auf das Merkmal der Zusätzlichkeit ganz zu verzichten. Nicht unrentable Arbeiten sollen gefördert, sondern wirtschaftlich lohnende, im Wettbewerb beständige Arbeitsplätze sollen errichtet werden. Es ist dann auch sachgerechter nicht mehr von ABM, sondern von einer Form der Lohnkostensubventionierung zu sprechen[161].

Diese muss dabei zwingend an die Schaffung neuer Arbeitsplätze gekoppelt sein. Der Unternehmer erhält die Zuwendung nur, wenn ein neuer, dauerhafter Arbeitsplatz eingerichtet und mit einem förderungsbedürftigen Arbeitnehmer besetzt wird. Die Förderung soll in erster Linie zur Anschubfinanzierung eines neuen Arbeitsplatzes dienen und gleichzeitig etwaige Nachteile ausgleichen, die dadurch entstehen, dass man den Arbeitsplatz mit einem vom Arbeitsamt zugewiesenen Arbeitnehmer besetzt. Gleiches gilt für Lohnkostenzuschüsse an Unternehmen zur Erhaltung akut bedrohter Arbeitsplätze. Hierdurch wird die Liquiditäts- und Kostensituation[162] des Unternehmens verbessert, so dass die ohne Subventionierung zu entlassenden Arbeitskräfte weiterbeschäftigt werden können. Im Ergebnis führt dies zu einer Art „Kombilohn"[163], der teils vom Arbeitgeber, teils vom Staat finanziert wird[164]. Das Wirtschaftsunternehmen kann die Förderung voll in Anspruch nehmen, dennoch aber das Unternehmensziel der Gewinnmaximierung weiterverfolgen. Diese Ausgestaltung führt zu dem positiven Effekt, dass die Maßnahmen durchaus erfolgreicher durchgeführt werden, wenn der Träger ein unmittelbar eigenes Interesse an diesen besitzt[165].

Welches Modell im Ergebnis den Vorrang verdient, ist letztlich eine politische Entscheidung. Juristisch sind beide Wege nicht nur gangbar, sondern mit Blick auf die Anforderungen, welche die Zweck-Mittel-Analyse an den Förderrechtsrahmen stellt, dringend einzuschlagen. Insgesamt neigt der Gesetzgeber dem zweiten Ansatz der Lohnkostensubventionierung zu. Mit dem neuen SGB III wollte er gerade erreichen, dass Wirtschaftsunternehmen stärker in die Förderung einbezogen wer-

---

[161] *Görgens,* Beschäftigungspolitik, S. 141.

[162] *Görgens,* Beschäftigungspolitik, S. 141.

[163] Vgl. dazu *Munsberg/Niejahr/Schäfer,* Sehnsucht nach Konsens, DER SPIEGEL Nr. 50/1998, S. 27.

[164] Hiervon zu unterscheiden ist die Diskussion bezüglich der Reform der Sozialhilfe, nach welcher angebotsseitig der Anreiz für die Arbeitsaufnahme arbeitsloser Sozialhilfeempfänger gestärkt werden soll. Im Kern soll dabei das Arbeitseinkommen in vermindertem Umfang auf die Sozialhilfeleistung angerechnet werden; dazu *DIHT,* Kombi-Einkommen: Rezept für neue Jobs, Fakten und Argumente zur Wirtschaftspolitik Nr. 2, 1998, S. 1 ff. Eine ausführliche Studie erfolgte bereits für das Land Sachsen-Anhalt, vgl. *Institut für Wirtschaftsforschung Halle/Institut für Strukturpolitik und Wirtschaftsförderung Halle-Leipzig e.V.,* Kombilohn in Sachsen-Anhalt, in: Ministerium für Arbeit, Frauen, Gesundheit und Soziales des Landes Sachsen-Anhalt (Hrsg.), Forschungsbeiträge zum Arbeitsmarkt in Sachsen-Anhalt, S. 6 ff.

[165] *Weiblen,* Beschäftigungsförderung, S. 322.

den[166]. Es wurde gesehen, dass dauerhafte Arbeitsplätze, die nicht einer ständigen staatlichen Unterstützung bedürfen, letztlich nur in der privaten Wirtschaft entstehen können. Daher möchte der Gesetzgeber mehr und mehr Wirtschaftsunternehmen in die ABM-Förderung integrieren[167]. Gerade das Modell 1 führt dazu, dass staatlich finanzierte Arbeitsplätze entstehen, diese aber nur von kurzer Dauer sind und keinerlei Aussicht auf die Errichtung von Dauerarbeitsplätzen bieten. Dies ist in sich durchaus konsequent, da die Verfolgung beider Ziele zu den derzeitigen Problemen und Widersprüchen in der Förderstruktur von ABM führt. Mit der Errichtung eines staatlichen Arbeitssektors lässt sich die Arbeitslosigkeit aber kaum wirksam bekämpfen. Die Kosten wären immens, zumal im Ergebnis mittels ABM dann keine Chance besteht, Dauerarbeitsplätze zu schaffen[168].

Vor diesem Hintergrund ist das Modell 2 dem ersten Ansatz vorzuziehen. Dadurch wird eine Wirtschaftsförderung installiert, die direkt und unmittelbar einen Arbeitsplatz bzw. die Kosten hierfür subventioniert. Anders als im ersten Lösungsansatz wird der direkte staatliche Zugriff auf die Arbeitslosenzahlen verhindert, da das Unternehmen als Subventionsempfänger dazwischen geschaltet ist und den Arbeitsplatz erst errichtet. Dazu kommt es allerdings nur, wenn sich nach betriebswirtschaftlichen Gesichtspunkten die Lohnkostensubventionierung für das durchführende Unternehmen lohnt. Um nun eine strikte Bindung an den ersten Arbeitsmarkt zu erreichen und damit der Arbeitnehmer auch mit Ende der Förderung im Unternehmen verbleibt, ist eine verstärkte Zwecksicherung durch den Förderrechtsrahmen erforderlich. Mitnahmeeffekte müssen dadurch weitgehend ausgeschaltet werden, damit am Ende tatsächlich auch dauerhafte Arbeitsplätze geschaffen werden.

b) Zwecksicherung verstärken

Dieses Ziel muss über eine verstärkte Zwecksicherung und Überwachung dieser Form der zweckgebundenen Unternehmenssubvention erreicht werden, sonst besteht die Gefahr, dass es zu massiven Wettbewerbsverzerrungen kommt. Zum einen kann es infolge der Förderung zu Ungleichgewichten im Verhältnis zwischen Subventionsempfänger und nichtbedachtem Konkurrenzunternehmen kommen, zum anderen noch zusätzlich innerhalb des bedachten Unternehmens zwischen subventioniertem und nicht subventioniertem Arbeitsplatz. Diesen Gefahren muss die rechtliche Förderstruktur entgegenwirken. Um mögliche Wettbewerbsverfälschungen zwischen Subventionsempfänger und nichtbedachtem Konkurrenten zu begegnen, hat eine stringent an der Aufrechterhaltung des Wettbewerbs orientierte Aufsicht zu erfolgen. Eine solche Überwachung bietet sich primär auf europäischer

---

166 Vgl. nur den Vorrang von Vergabearbeiten in § 262 SGB III.

167 BT-Drucksache 13 / 4941, RegE-AFRG zu § 260, S. 200.

168 Im Ansatz ähnlich *Blüm*, Reform der Arbeitsförderung – Vom Kopf auf die Füße, BArbBl Nr. 7 – 8, 1997, 5, der dann allerdings nicht die erforderlichen Konsequenzen zieht.

Ebene im Rahmen der Beihilfenkontrolle an, wobei eine Flankierung durch nationale Aufsichtsinstrumentarien erfolgen muss[169]. Gerade die Art. 87 ff. EGV sind der Gewährleistung eines freien Wettbewerbs verpflichtet, so dass die Beihilfenkontrolle im vollendeten europäischen Binnenmarkt diese Aufgabe durchaus zu erfüllen vermag.

Um darüber hinaus eine Verdrängung von regulären Arbeitsplätzen zu verhindern, muss die Förderung an die Zusage des geförderten Unternehmens gekoppelt sein, in den nächsten Jahren von betriebsbedingten Kündigungen abzusehen. Schon heute werden innerbetrieblich vielfach solche Zusagen gegenüber dem Betriebsrat abgegeben. Diese Zusagen könnten Teil eines ganzen Förderkonzeptes sein. In dieses könnten weitere staatliche Finanzhilfen eingebunden, koordiniert und gebündelt werden. Die unterschiedlichen Zielsetzungen der Beteiligten würden erkannt und auf einen gemeinsamen Nenner gebracht werden. Die Lohnkostensubventionierung wäre im Ergebnis nur ein Teil des Wirtschaftsförderungskonzepts. Um dessen Wirkung noch zu erhöhen, könnte die Möglichkeit der Lohnkostensubventionierung auf einzelne Problemregionen mit besonders hoher Arbeitslosigkeit beschränkt werden. Die Fördermittel würden weitgehend konzentriert. Gerade mit Blick auf die neuen Bundesländer wäre den Unternehmen ein weiterer wirtschaftlicher Anreiz zur Ansiedlung in solchen Problemregionen geboten. Im Wettbewerb der unterschiedlichen Standorte würde so ein künstlicher Vorteil geschaffen, der sich aber gerade aus der besonderen regionalen Problemlage rechtfertigen ließe[170]. Wettbewerbsbeeinträchtigungen sind als solche zu erkennen und zu akzeptieren, denn allein dadurch können Standortnachteile ausgeglichen werden, indem künstliche Wettbewerbsvorteile geschaffen werden. Je konzentrierter die Fördermittel vergeben werden, desto größer sind die Wirkungen und geringer die Fehlallokationen. Wird die Wettbewerbsbeeinflussung als solche wertneutral erkannt, so unterliegt die Förderung insgesamt einem gesteigerten Rechtfertigungszwang, der sich dann in einem erhöhten Maß an Zweckdeutlichkeit niederschlagen muss.

Vorteil dieser Lohnkostensubventionierung wäre zudem, dass lediglich wirtschaftlich gesunde Unternehmen in der Lage sind, langfristige Zusagen abzugeben, auf der einen Seite subventionierte Arbeitsplätze neu zu schaffen, auf der anderen Seite aber keine betriebsbedingten Kündigungen auszusprechen. Durch die Implementation der Förderung in vornehmlich wirtschaftlich gesunden Unternehmen bestünde die berechtigte Hoffnung, dass auch nach Ende der Förderung ein dauerhafter Arbeitsplatz erhalten bleibt.

Schließlich darf die Subventionierung des Lohnes nicht „versteinern", d. h. von unbegrenzter Dauer sein. Hier bietet sich die Möglichkeit der Staffelung des Lohnkostenzuschusses an. Dieser kann sich dann innerhalb des Förderzeitraumes stetig

---

[169] Zur europäischen Beihilfenkontrolle vgl. unten 4. Teil, A.

[170] *Buttler,* Zwei aktuelle Arbeitsmarktprobleme, in: Kantzenbach / Mayer (Hrsg.) Beschäftigungsentwicklung und Arbeitsmarktpolitik, S. 102 ff.

bis auf null verringern. Aber nicht nur restriktive Maßnahmen sind anzuwenden. Vielmehr müsste ein System der Belohnung entwickelt werden, das die Anreize für den Träger erhöht, den Arbeitnehmer auch nach Ende der Förderung zu beschäftigen. § 267 Abs. 3 SGB III kann hierfür durchaus als Ansatzpunkt dienen. Danach kommt eine verlängerte Förderung in Betracht, wenn der Träger die Verpflichtung übernimmt, den Arbeitnehmer später in ein Dauerarbeitsverhältnis zu übernehmen. Solche Anreizeffekte müssten noch stärker in die Förderstruktur integriert werden.

Ein weiterer wichtiger Aspekt ist, dass der zunächst geschaffene Arbeitsplatz anschließend nicht sofort wieder wegrationalisiert werden darf. Hier gilt es Sicherungen einzubauen, wie dies in § 268 SGB III für den Fall der Verlängerung von ABM-Mitteln schon erfolgt ist. Dort ist bestimmt, dass den Unternehmer eine Rückzahlungspflicht trifft, wenn er seiner Verpflichtung zur Schaffung eines Dauerarbeitsplatzes nicht nachkommt. Ähnliches kann auch in dieses Modell integriert werden, um am Ende der Förderung tatsächlich einen dauerhaften Arbeitsplatz geschaffen zu haben. Insgesamt könnten verstärkt Rückzahlungspflichten bei Nichteinhaltung des Förderrahmens installiert werden. Dies hätte den Vorteil, den Subventionsempfänger zu zweckgebundenem Verhalten zu veranlassen, gleichzeitig käme der Subventionsverwaltung die Pflicht zu, die Förderung begleitend zu überwachen. Gerade das Fehlen eines rechtlichen Rahmens für die begleitende Kontrolle wurde als eines der Schwachpunkte der Neuregelung im SGB III erkannt[171]. Der Subventionsempfänger müsste dazu verpflichtet werden, während des Förderzeitraums mehrfach eine Art Sachstandsbericht abzugeben. In diesem müsste der Einsatz der Finanzmittel, aber auch deren konkrete Wirkung genau dargelegt werden. Die Subventionsverwaltung müsste diesen Bericht dann in Relation zu ihrer im voraus erstellten Förderzielplanung setzen und bewerten. So ließen sich Fehlallokationen verhindern, Missbräuche aufdecken und mögliche Nachsteuerungen der Förderung vornehmen. Schließlich müssten die Auswirkungen der Förderung auf das Umfeld – sei es in regionaler, sektoraler, struktureller oder wettbewerbsrelevanter Hinsicht – geprüft werden. Unmittelbar nach Ende der Förderung müsste ein abschließender Rechenschaftsbericht erstellt werden, der letztlich Aufschluss darüber gibt, wie viele Fördermittel eingesetzt wurden und wie viele Arbeitsplätze entstanden sind. Dann erst lässt sich der Erfolg einer Subvention genau verifizieren. Entscheidend ist allerdings, dass eine ausreichende Zieldefinition durch den Förderrechtsrahmen erfolgt, denn ohne eine solche bleiben die Möglichkeiten der Erfolgskontrolle gering[172].

Nur über diese Art der verstärkten Zwecksicherung mittels des Förderrechtsrahmens kann das Modell 2 – Zweckgebundene Unternehmenssubvention – zum Erfolg führen. Geht die politische Entscheidung dahin, Wirtschaftsunternehmen in die aktive Arbeitsmarktpolitik einzubinden, dann ist es dringend erforderlich, den

---

171 Vgl. die Darstellung oben, 2. Teil, A., I., 3., f.

172 *Ewringmann/Hansmeyer,* Zur Beurteilung von Subventionen, S. 82 ff.

Förderrechtsrahmen daran anzupassen. Mit der derzeitigen ABM-Struktur wird man den rechtlichen Anforderungen indes nicht gerecht.

5. Zwischenergebnis

Zusammenfassend lässt sich daher sagen, dass der derzeitige Förderrechtsrahmen den Erfordernissen, welche die Zweck-Mittel-Analyse an diesen stellt, nicht gerecht wird. Ursache hierfür ist die weitgehend unbestimmte Zweckstruktur der ABM-Förderung, die einerseits noch das Modell der wertschöpfenden Arbeitslosenhilfe verfolgt, andererseits aber teilweise schon den Wandel hin zu einer allgemeinen Unternehmenssubvention vollzieht. Diese Undeutlichkeit des Förderrechtsrahmens hat dabei vielfache Mängel zur Folge. So fehlt es nicht nur an der Zweckbestimmtheit, sondern auch an der notwendigen Beschränkung der Zwecke und der Zweckklarheit. Darüber hinaus kommt es angesichts unzureichender Zweckkoordination zu Zweckdivergenzen. Diese führen letztlich auch zu einer weitgehenden Zweckferne bezüglich der Verhaltenssteuerung des Subventionsempfängers mittels der Subventionierung. Die Eingliederung des Arbeitsförderungsrechts in das SGB III hätte die Möglichkeit geboten, das Verhältnis von erstem und zweitem Arbeitsmarkt zu regeln und für die ABM-Förderung eine zielgenaue Zweckrichtung vorzugeben. Diese Chance wurde vertan. Der Gesetzgeber muss aber angesichts der begrenzten staatlichen Mittel, der hohen Arbeitslosigkeit und der Globalisierung der Wirtschaft die Mittel zweckgerecht und effizient einsetzen. Er hat dabei das Wettbewerbsproblem, das sich als Freiheitsproblem darstellt, zu lösen, gleichzeitig muss er aber mit den vorhandenen Mitteln das bestmögliche für ein hohes Beschäftigungsniveau herausholen. Dies gelingt nur über eine zweckdeutliche Förderstruktur. Vor dem Hintergrund der Zweck-Mittel-Analyse ist der Gesetzgeber hierzu verpflichtet. In diesem Sinne gilt es, den Förderrechtsrahmen für ABM weiterzuentwickeln und zu einem modernen Instrument aktiver staatlicher Arbeitsmarktpolitik auszubauen.

II. Strukturanpassungsmaßnahmen (SAM)

Als nächstes Instrument aktiver Arbeitsmarktpolitik sollen nun Strukturanpassungsmaßnahmen am Maßstab der Zweck-Mittel-Analyse untersucht werden. Diese sind im Anschluss an die ABM-Regelungen in den §§ 272 – 279 SGB III normiert und weisen einige Parallelen zur Förderstruktur von ABM auf[173]. Dennoch lassen sich einige Unterschiede aufzeigen. So knüpfen die Fördermaßnahmen nicht an Merkmale wie öffentliches Interesse oder Zusätzlichkeit an, sondern be-

---

[173] Allgemein zu den Voraussetzungen *Bundesministerium für Arbeit und Sozialordnung (Hrsg.)*, Wegweiser durch das neue Arbeitsförderungsrecht, S. 113.

schränken die Förderrichtung sektoral auf die Gebiete des Umweltschutzes, der sozialen Dienste und der Jugendhilfe[174]. Die Förderung erfolgt mittels Lohnkostenzuschüsse, die als pauschale Festbeträge ausgestaltet sind[175]. Auch hinsichtlich der Förderdauer ermöglicht § 276 SGB III längere Förderzeiträume, in der Regel bis zu 36 Monaten. Um den Besonderheiten des Beitrittgebietes gerecht zu werden, bestehen mit § 415 SGB III spezielle Regelungen für die neuen Bundesländer. Schließlich finden nach § 278 SGB III Bestimmungen aus dem ABM-Förderrecht über die begleitende berufliche Qualifizierung zugewiesener Arbeitnehmer, der Kündigungsrechte, die Abberufung, die Vergabe von Arbeiten und etwaiger Rückzahlungspflichten entsprechende Anwendung[176]. Aufgrund dieser strukturellen Parallelen zum ABM-Recht ist zu fragen, welche Funktion der Gesetzgeber den SAM als zusätzlichem Instrument neben den ABM zugedacht hat.

1. Legislatorische Zielsetzung

Mit der Einführung der Strukturanpassungsmaßnahmen sollten die vorher geltenden Förderinstrumente der Lohnkostenzuschüsse West – § 242s AFG – und Ost – § 249h AFG -zusammengefasst werden. Hierbei wurde mit Wirkung zum 1. 1. 1993 zunächst der § 249h AFG eingefügt[177]. Zielsetzung war dabei eine Anschlussförderung für das Beitrittsgebiet zu schaffen, um Arbeitnehmer nicht durch auslaufende ABM, die regelmäßig auf zwei Jahre befristet sind, wieder in die Arbeitslosigkeit zu entlassen[178]. Den besonders schwierigen Problemen auf dem ostdeutschen Arbeitsmarkt als Folge der wirtschaftlichen Transformation im Zuge der deutschen Einheit sollte ein spezielles Programm entgegengesetzt werden[179]. Mit der neuen Regelung wurde die direkte Subventionierung von Lohnkosten möglich. Im Vordergrund stand dabei von Anfang an die Förderung von Maßnahmen in Bereichen, die als besonders dringlich angesehen wurden, wie dem Umweltschutz, der Jugendhilfe und des Sozialdienstes. Mit dem Beschäftigungsförderungsgesetz[180] kam 1994 noch der Bereich des Breitensports, der Kulturarbeit und des Denkmalschutzes hinzu. Durch die Förderung konnten die Lohnersatzleistungen für den Fall der Arbeitslosigkeit, die lediglich konsumtive Zwecke verfolgen, zur

---

[174] So ausdrücklich § 273 SGB III.

[175] *Niesel*, SGB III, § 275 Rdnr. 2.

[176] *Bach*, Heinz Willi, Pauschalierte Lohnkostenzuschüsse zur produktiven Arbeitsförderung, SF 1995, 225; *Lohre / Mayer / Stevens-Bartol*, AFG, § 242s Rdnr. 2.

[177] Art. 1 Nr. 60 des Gesetzes zur Änderung der Fördervoraussetzungen im Arbeitsförderungsgesetz und in anderen Gesetzen, vom 18. 12. 1992, BGBl. I S. 2044.

[178] *Bach*, Heinz Willi, Pauschalierte Lohnkostenzuschüsse zur produktiven Arbeitsförderung, SF 1995, 221; *Gagel, Alexander* in: Gagel, AFG, § 249h Rdnr. 1; *Niesel*, AFG, § 249h Rdnr. 2.

[179] *Wagner*, Klaus-Peter, Arbeitslosenversicherung / Arbeitsförderung, in: Maydell / Ruland (Hrsg.), Sozialrechtshandbuch, Kapitel C Abschnitt 21, Rdnr. 84.

[180] Beschäftigungsförderungsgesetz 1994 vom 26. 7. 1994, BGBl. I S. 1786.

produktiven und beschäftigungswirksamen Arbeitsförderung eingesetzt werden. Erklärtes Ziel war es, nicht die Arbeitslosigkeit zu finanzieren, sondern Arbeitsplätze zu schaffen und den Arbeitnehmer dauerhaft in den Arbeitsmarkt zu integrieren[181]. Der Kostenvergleich von vormals Lohnersatzleistungen und jetzigen Lohnzuschüssen sollte dabei neutral ausfallen. Da die Mittel jedoch zur Durchführung ganzer Projekte nicht ausreichen, ist eine Kofinanzierung von SAM erforderlich. Diese Komplementärfinanzierung soll daher durch Bundes- und Landesprogramme erreicht werden[182].

Mit dem Beschäftigungsförderungsgesetz[183] wurde das System der Subventionierung von Lohnkosten zudem auf den Westen Deutschlands ausgedehnt, indem am 1. August 1994 der § 242s AFG eingeführt wurde, der jedoch einige Abweichungen im Vergleich zur produktiven Arbeitsförderung Ost aufwies. So blieben die zuschussfähigen Projektbereiche auf die ursprünglichen drei Sektoren beschränkt, der Kreis der förderungsfähigen Personen reduzierte sich auf äußerst schwer vermittelbare Arbeitslose und die mögliche Förderdauer war geringer ausgestaltet. Mit dem 1. Januar 1998 wurden die Maßnahmen der produktiven Arbeitsförderung gem. §§ 242s, 249h AFG in den Strukturanpassungsmaßnahmen nach §§ 272 ff. SGB III einheitlich zusammengefasst. Den Besonderheiten in den neuen Ländern wird nun mit dem § 415 SGB III Rechnung getragen.

2. Förderrechtsrahmen

Der Förderrechtsrahmen von Strukturanpassungsmaßnahmen (SAM) wird nun ebenfalls dahingehend untersucht, ob dieser den Anforderungen der Zweck-Mittel-Analyse genügt. In einem ersten Schritt soll die Zweckstruktur von SAM näher beleuchtet werden, um dann in einem zweiten Schritt das Wettbewerbsproblem infolge der SAM-Förderung aufzuzeigen und die Einhaltung der Kriterien der Zweck-Mittel-Analyse zu überprüfen[184].

a) Allgemeine Zweckstruktur

Hauptziel der SAM ist die Verzahnung von Arbeitsmarkt- und Strukturpolitik[185]. Dies wird durch die Grundsatznorm des § 272 SGB III weitaus deutlicher unterstri-

---

[181] *Bach,* Heinz Willi, Pauschalierte Lohnkostenzuschüsse zur produktiven Arbeitsförderung, SF 1995, 222; *Henning/Kühl/Heuer/Henke,* AFG, § 249h Rdnr. 1.

[182] *Bruche/Reissert,* Die Finanzierung der Arbeitsmarktpolitik, S. 132 ff.; *Lohre/Mayer/ Stevens-Bartol,* AFG, § 249h Rdnr. 1; *Rabe,* Implementation wirtschaftsnaher Arbeitsmarktpolitik, S. 9 ff.; *Wagner, Klaus-Peter,* Arbeitslosenversicherung/Arbeitsförderung, in: Maydell/Ruland (Hrsg.), Sozialrechtshandbuch, Kapitel C Abschnitt 21, Rdnr. 84.

[183] Beschäftigungsförderungsgesetz 1994 vom 26. 7. 1994, BGBl. I S. 1786.

[184] Vgl. dazu dann unten 2. Teil, A., II., 3.

[185] BT-Drucksache 13/4941, AFRG-RegE zu § 270, S. 203.

chen als dies in den §§ 242s, 249h AFG der Fall war. Danach können Träger von SAM Zuschüsse erhalten, wenn die Durchführung der Maßnahme dazu beiträgt, neue Arbeitsplätze zu schaffen (§ 272 Nr. 1 SGB III), wenn die Zuschüsse zum Ausgleich von Arbeitsplatzverlusten erforderlich sind, die infolge von Personalanpassungsmaßnahmen entstehen und sich erheblich nachteilig auf den Arbeitsmarkt auswirken (Nr. 2) und dadurch Arbeitsverhältnisse mit vom Arbeitsamt zugewiesenen förderungsbedürftigen Arbeitnehmern begründet werden (Nr. 3). § 272 Nr. 1 SGB III nennt dabei den Endzweck der Förderung, nämlich die Schaffung von Arbeitsplätzen. Es handelt sich um eine unmittelbare Beschäftigungssubvention, da über die Lohnsubventionierung[186] Arbeitsplätze direkt geschaffen werden, die für den Träger bzw. das ausführende Unternehmen kostengünstig sind. Der Verlust von Arbeitsplätzen auf dem allgemeinen Arbeitsmarkt soll dadurch teilweise kompensiert werden[187]. Daneben tritt gem. § 272 Nr. 2 SGB III das weitere Förderziel: den Strukturwandel der Wirtschaft zu unterstützen und etwaige nachteilige Folgen wie den Verlust von Arbeitsplätzen aufzufangen[188]. Der Begriff der Strukturanpassungsmaßnahmen ist insoweit undeutlich, da die Förderung per se gerade nicht die Anpassung von Wirtschaftsstrukturen, insbesondere in den Bereichen Umwelt, Soziales und Jugendhilfe, bezweckt, sondern vielmehr den allgemeinen Anpassungsprozeß der Wirtschaft flankieren möchte[189].

Vergleicht man den eigentlichen Zweck der Förderung mit dem von ABM, dann wird deutlich, dass sich hinsichtlich des groben Zielrasters der Förderung kaum Unterschiede ergeben. Auch SAM sind dem Ziel der Schaffung von Arbeitsplätzen verpflichtet. Der verfolgte Nebenzweck, den Strukturwandel der Wirtschaft zu unterstützen, macht darüber hinaus deutlich, dass sich die deutsche Wirtschaft und damit verbunden der Arbeitsmarkt nicht in einer bloßen Konjunktur-, sondern einer Strukturkrise befinden. Jede Schaffung von Arbeitsplätzen dient dem Ausgleich von Arbeitsplatzverlusten, nachteilige Auswirkungen auf den Arbeitsmarkt sollen verhindert werden. Mit den SAM sollen die Härten des Strukturwandels sozial abgefedert werden[190].

b) Konkrete Ausgestaltung des Rechtsrahmens

Zur Erreichung dieses Ziels sind in § 272 SGB III die grundsätzlichen Fördervoraussetzungen genannt. § 272 Nr. 1 und 2 SGB III besitzen den Charakter von

---

[186] *Neumann,* Die institutionelle Förderung als Instrument der Sozialplanung und Steuerung der Leistungserbringer, SDSRV 1997, 9.

[187] *Henning / Henke / Schlegel / Theuerkauf,* SGB III, § 272 Rdnr. 3; *Rabe,* Implementation wirtschaftsnaher Arbeitsmarktpolitik, S. 5.

[188] BT-Drucksache 13 / 4941, AFRG-RegE zu § 270, S. 203.

[189] *Henning / Henke / Schlegel / Theuerkauf,* SGB III, § 272 Rdnr. 2.

[190] Insoweit spricht *Neumann,* Die institutionelle Förderung als Instrument der Sozialplanung und Steuerung der Leistungserbringer, SDSRV 1997, 9 auch von einer Sozialsubvention.

Programmsätzen, während § 272 Nr. 3 SGB III im Wesentlichen § 260 Abs. 1 Nr. 2 SGB III entspricht, womit sich die strukturelle Parallelität zu den ABM zeigt. Im Rahmen dieser Grundsatznorm ist zu beachten, dass die Möglichkeit der Förderung von SAM bis zum 31. Dezember 2002 begrenzt ist[191]. Völlig verschieden zu ABM ist indes die Förderungsfähigkeit der Maßnahmen ausgestaltet.

aa) Sektorale Förderungsfähigkeit

Während bei ABM die Kriterien der Zusätzlichkeit und des öffentlichen Interesses als begrenzende Elemente dienen, wird im Rahmen der SAM darauf verzichtet. Nach § 273 SGB III sind nur Maßnahmen zur Erhaltung und Verbesserung der Umwelt und zur Verbesserung des Angebotes bei den sozialen Diensten und in der Jugendhilfe förderungsfähig. Für die neuen Bundesländer wird dieser Katalog gem. § 415 Abs. 1 S. 1 SGB III noch auf die Bereiche des Breitensports, der freien Kulturarbeit, der Denkmalpflege bzw. -schutzes und der Wohnumfeldverbesserung erweitert. Damit tritt neben den Endzweck – Arbeitsplätze zu schaffen – der mittelbare Nebenzweck[192], Arbeiten in bestimmten Bereichen zu fördern. Hierbei werden abschließend Branchen festgelegt, in denen SAM überhaupt nur stattfinden können. Arbeiten in diesen Branchen sollen nach dem gesetzgeberischen Willen die Merkmale des öffentlichen Interesses und der Zusätzlichkeit per se gewährleisten, so dass ein zusätzlicher Beschäftigungseffekt unterstellt werden kann und es auf eine detaillierte Einzelfallprüfung der Zusätzlichkeit nicht mehr ankommt[193]. In § 249h Abs. 3 S. 1 AFG dagegen wurde die Subsidiarität der produktiven Arbeitsförderung noch deutlich zum Ausdruck gebracht, indem Arbeiten nur dann bezuschusst werden durften, wenn diese ohne die Förderung nicht durchgeführt werden konnten. Ähnlich wie beim Zusätzlichkeitserfordernis von ABM[194] sollte verhindert werden, dass Beschäftigungsverhältnisse auf dem regulären Arbeitsmarkt infolge der subventionierten Arbeitsplätze verloren gehen[195]. In den §§ 272, 273 SGB III findet sich ein solches Erfordernis nicht mehr. Der Gesetzgeber geht davon aus, dass das Wettbewerbsverhältnis der beiden Arbeitsmärkte durch die sektorale Branchenbegrenzung in § 273 SGB III bewerkstelligt wird.

bb) Förderungsbedürftiger Arbeitnehmer

Als weitere Voraussetzung sind nach § 272 Nr. 3 SGB III – ähnlich den ABM – Arbeitsverhältnisse zwischen Träger bzw. durchführendem Unternehmen und zu-

---

[191] Diese zeitliche Begrenzung bezieht sich auf die Zuweisung bzw. die Durchführung der Maßnahme, vgl. *Niesel*, SGB III, § 272 Rdnr. 6.

[192] So die Terminologie bei *Henning / Henkel / Schlegel / Theuerkauf*, SGB III, vor §§ 272 – 279 Rdnr. 4.

[193] BT-Drucksache 13 / 4941, AFRG-RegE, zu § 271, S. 203.

[194] Vgl. dazu ausführlich oben 2. Teil, A., I.,2., b., bb.

[195] *Henning / Kühl / Heuer / Henke*, AFG, § 249h Rdnr. 23.

gewiesenem förderungsbedürftigem Arbeitnehmer abzuschließen[196]. Formell erfolgt die Förderung gegenüber dem Durchführenden der Maßnahme, Träger oder verrichtendem Unternehmen, so dass es sich bei SAM zweifelsohne um eine Subvention handelt[197]. Materiell steht aber im Mittelpunkt der Förderung der Arbeitslose bzw. der von Arbeitslosigkeit bedrohte Arbeitnehmer. Der Förderzweck ist darauf gerichtet, diesem eine Tätigkeit zu ermöglichen. Man kann daher von einer vermittelten Förderung, mediatisiert durch den Träger bzw. das durchführende Unternehmen, sprechen[198]. Hinsichtlich der Förderungsfähigkeit von Personen gilt § 274 SGB III. Nach Abs. 1 muss es sich um einen anerkannten oder potentiellen Arbeitslosen handeln. Die §§ 118, 17 SGB III finden hier Anwendung. Ferner müssen die Voraussetzungen für Arbeitslosengeld (§§ 117 ff. SGB III) oder für Arbeitslosenhilfe (§§ 190, 191 SGB III) vorliegen. Schließlich ist eine Prognose dahingehend abzugeben, ob dem Arbeitnehmer in absehbarer Zeit eine Arbeit vermittelt werden kann. In Abs. 2 findet schließlich eine Quotierung der Stellen für SAM nach Arbeitslosengeld und -hilfebeziehern statt. Schließlich bedarf es der Zuweisung des förderungsbedürftigen Arbeitnehmers in die Maßnahme nach § 277 SGB III[199]. Insoweit gelten dieselben Grundsätze wie bei der Zuweisung in eine ABM. Über § 278 SGB III findet für den Akt der Abberufung aus der Maßnahme die Vorschrift im Rahmen der Förderung von ABM entsprechende Anwendung.

cc) Kostenneutralität und Kofinanzierung

Die Förderung erfolgt durch einen Lohnkostenzuschuss, der als pauschaler Festbetrag ausgestaltet ist. Die Regeldauer der Förderung ist in § 276 Abs. 1 SGB III mit 36 Monaten festgesetzt. Ausnahmsweise kommt nach § 276 Abs. 2 SGB III auch eine Gesamtdauer von 46 Monaten in Betracht, wenn sich der Träger dazu verpflichtet, den zugewiesenen Arbeitnehmer später in ein Dauerarbeitsverhältnis zu übernehmen. Insgesamt ist die Förderdauer länger als die von ABM. Dieser Unterschied wird mit einer größeren Arbeitseffizienz und der schwierigen Verzahnung mit strukturpolitischen Vorhaben begründet[200]. Sicher spielt aber auch der Ursprung der SAM eine Rolle, wonach diese als Anschlussprogramme zu auslaufenden ABM gerade eine längerfristige Förderung ermöglichen sollen[201].

---

196 Bei ABM finden sich komplementäre Vorschriften in den §§ 260, 263 SGB III.

197 Vgl. hierzu die ähnlich gelagerte Problematik bei ABM, oben 2. Teil, A., I., 1.

198 *Haverkate,* Finanzierung durch institutionelle oder personenbezogene Förderung, SDSRV 1997, 89 ff.

199 Die Zuweisung in ABM ist in § 269 SGB III geregelt.

200 BT-Drucksache, AFRG-RegE zu § 274, S. 204.

201 *Bach,* Heinz Willi, Pauschalierte Lohnkostenzuschüsse zur produktiven Arbeitsförderung, SF 1995, 221; *Gagel,* Alexander in: Gagel, AFG, § 249h Rdnr. 1; *Niesel,* AFG, § 249h Rdnr. 2.

Schließlich bestimmt sich die Höhe der Förderung nach § 275 SGB III. In Absatz 1 ist das Prinzip der Kostenneutralität verankert. Danach sind die Zuwendungen für die Bundesanstalt für Arbeit dergestalt kostenneutral, dass sie die Einsparungen beim Arbeitslosengeld bzw. der -hilfe, einschließlich der Beiträge zur Sozialversicherung, nicht übersteigen dürfen. Dieser Grundsatz der Kostenneutralität für den Haushalt der Bundesanstalt für Arbeit korrespondiert mit dem Ziel, Arbeit statt Arbeitslosigkeit zu finanzieren[202]. Dabei wird davon ausgegangen, dass die Nicht-Beschäftigung ähnliche Kosten verursacht wie die Beschäftigung[203]. Der Lohnkostenzuschuss wird pauschaliert als Festbetrag ausgezahlt und für das ganze Kalenderjahr berechnet[204]. In § 275 Abs. 2 SGB III wurde das bisher in den §§ 242s Abs. 3 S. 2, 249h Abs. 4 S. 1 AFG geregelte Lohnabstandsgebot übernommen[205]. Dieses besagt, dass sich das berücksichtigungsfähige Entgelt[206] in der Regel auf 80 % des üblichen, höchstens des tariflichen Lohnes beläuft[207] und eine freiwillige Schließung dieser Lücke zum Tariflohn eine Kürzung des Zuschusses um den Betrag nach sich zieht, um den das vereinbarte Entgelt das nach § 265 SGB III Berechnete übersteigt (§ 275 Abs. 2 S. 2 SGB III). Dadurch soll zum einen den in SAM zugewiesenen Arbeitnehmern ein finanzieller Anreiz für einen Wechsel in ungeförderte Arbeit gegeben[208] und zum anderen die Kosten für SAM gesenkt werden[209].

Trotz dieser Kostensenkung mittels Lohnabstandsgebot deckt der Festbetrag allein schon nicht die Gesamtkosten einer SAM ab. Um dennoch eine Durchführung

---

[202] *Bach,* Heinz Willi, Pauschalierte Lohnkostenzuschüsse zur produktiven Arbeitsförderung, SF 1995, 226; *Bruche/Reissert,* Die Finanzierung der Arbeitsmarktpolitik, S. 132 ff.; *Henning/Henke/Schlegel/Theuerkauf,* SGB III, vor § 272–279 Rdnr. 17.

[203] *Bach,* Hans-Uwe/Spitznagel, Arbeitsmarktpolitische Maßnahmen, BeitrAB Nr. 163, 1992, 207 ff.

[204] Für 1998 beträgt dieser 2162 DM, BAnz Nr. 18 vom 28. 1. 1998, S. 923.

[205] Hinsichtlich dieses Lohnabstandsgebotes wurden vielfach verfassungsrechtliche Bedenken geäußert, vgl. nur die Kritik bei *Bach,* Heinz Willi, Pauschalierte Lohnkostenzuschüsse zur produktiven Arbeitsförderung, SF 1995, 223; *Blank,* Sorgfältig überlegt – Verfassungsbeschwerde gegen § 249h AFG, Der Gewerkschafter Nr. 12, 1993, 12 ff.; *Henning/Henke/Schlegel/Theuerkauf,* SGB III, § 275 Rdnr. 35 ff.; *Lohre/Mayer/Stevens-Bartol,* AFG, § 249h Rdnr. 3; *Mayer,* ABM und tarifliche Entlohnung in den neuen Bundesländern, ArbuR 1993, 312; *Mayer,* Untertarifliche Bezahlung für subventionierte Arbeitsverhältnisse auf dem 2.Arbeitsmarktim geplanten ARFG, SozSich 1997, 14; *Wagner,* Alexandra, Der Paragraph 249h AFG – Ein neues arbeitsmarktpolitisches Instrument in Ostdeutschland, WSI-Mitteilungen 1993, 465; dennoch sah das BVerfG darin weder einen Verstoß der Tarifautonomie gem. Art. 9 Abs. 3 GG noch einen solchen in Art. 3 Abs. 1 GG, vgl. Beschluss des BVerfG vom 27. 4. 1999 (1 BvR 2203/93 und 897/95); ferner das BAG in NZA 1997, 1171; BAG in NZA 1998, 550.

[206] Zur Berechnung des berücksichtigungsfähigen Arbeitsentgeltes greifen die Regelungen für ABM, vgl. die §§ 275 Abs. 2 S. 1, 265 SGB III.

[207] *Niesel,* SGB III, § 275 Rdnr. 4.

[208] BT-Drucksache, RegE-AFRG, zu § 273 Absatz 2, S. 204.

[209] BT-Drucksache, RegE-AFRG, zu § 273 Absatz 2, S. 204.

der Maßnahmen zu ermöglichen, ist eine Kofinanzierung durch staatliche oder private Stellen erforderlich[210]. Die Gesamtfinanzierung von SAM kann nur durch eine Verschränkung mit weiteren Förderinstrumenten erfolgen. Der Gesetzgeber sieht darin ein Angebot an die Körperschaften von Ländern, Kommunen und sonstigen Dritten, über SAM die in eigenem Interesse liegenden Aufgaben im Umwelt-, Sozial- und Jugendbereich zu erledigen[211]. Konkret tritt beispielsweise der Bund, vertreten durch die Treuhandanstalt bzw. die Bundesanstalt für vereinigungsbedingte Sonderaufgaben[212] als Kofinanzier auf, um die Altlastensanierung in den neuen Ländern zu fördern. Aber auch die neuen Bundesländer haben über verschiedene Landesprojekte Finanzmittel bereitgestellt[213]. Durch die Kofinanzierung wird insbesondere der Projektgedanke betont, da es nicht Aufgabe der Bundesanstalt für Arbeit ist, Maßnahmen in den genannten förderfähigen Politikbereichen zu finanzieren[214]. Über die Kooperation verschiedener Institutionen soll die über die Arbeitsmarktpolitik hinausgehende Zielsetzung im Ergebnis finanziert werden.

c) Wirtschaftsunternehmen und Strukturanpassungsmaßnahmen

Hinsichtlich der Einbindung von Wirtschaftsunternehmen in die Abwicklung von SAM kann im Grundsatz auf die Erkenntnisse im Rahmen von ABM zurückgegriffen werden[215]. Subventionsempfänger ist gem. § 272 SGB III formell der Träger der Maßnahme. Wer nun Träger ist, ist auch für die SAM in § 21 SGB III bestimmt. Danach kommen alle natürlichen oder juristischen Personen in Betracht, die Maßnahmen der Arbeitsförderung durchführen oder durch Dritte durchführen lassen. Damit sind auf den ersten Blick sowohl juristische Personen des öffentlichen Rechts als auch erwerbswirtschaftliche Unternehmen grundsätzlich trägerfähig. Objekt der Förderung ist der Arbeitnehmer, so dass man von einer Sozialsubvention sprechen kann[216]. Über den § 278 SGB III findet schließlich der Vorrang für Vergabearbeiten nach § 262 SGB III entsprechende Anwendung. Insoweit kann auf die Problematik und die rechtliche Bewertung im Rahmen der ABM zurückge-

---

[210] *Henning / Henke / Schlegel / Theuerkauf,* SGB III, § 275 Rdnr. 24; *Lohre / Mayer / Stevens-Bartol,* AFG, § 249h Rdnr. 1; *Schmidt,* Robert, Produktive Arbeitsförderung Ost, BArbBl Nr. 1, 1993, 12; *Weiland,* Die Förderung von ABM und SAM nach dem AFRG, BB 1997, 939.

[211] BT-Drucksache 13/4941, RegE-AFRG zum sechsten Abschnitt, S. 203.

[212] *Schmidt,* Robert, Produktive Arbeitsförderung Ost, BArbBl Nr. 1, 1993, 12.

[213] Vgl. hierzu die Übersicht der Förderung von Landesprojekten nach § 249h AFG bei *Rabe,* Implementation wirtschaftsnaher Arbeitsmarktpolitik, S. 12.

[214] *Knuth,* ABS-Gesellschaften, Beschäftigungsobservatorium Ostdeutschland Nr. 8, 1993, 6; *Lerch,* Arbeitsmarktpolitik aus der Perspektive der Bundesländer, SF 1986, 224.

[215] Vgl. daher oben 2. Teil, A., I., 2., c.

[216] *Haverkate,* Finanzierung durch institutionelle oder personenbezogene Förderung, SDSRV 1997, 89; *Neumann,* Die institutionelle Förderung als Instrument der Sozialplanung und Steuerung der Leistungserbringer, SDSRV 1997, 9.

griffen werden[217]. Hinsichtlich des Vergabevorrangs ist für die neuen Bundesländer zu bemerken, dass nach § 415 Abs. 1 S. 2 SGB III Maßnahmen im Breitensport, der freien Kulturarbeit und der Denkmalpflege nur dann förderungsfähig sind, wenn sie an ein Wirtschaftsunternehmen vergeben werden. Somit ist hier eine zwingende Vergabe ausnahmslos vorgeschrieben. Es handelt sich dabei um eine Verschärfung des Grundsatzes der Vergabe an Wirtschaftsunternehmen.

Schließlich wurde mit § 415 Abs. 3 SGB III eine völlig neue Fördermöglichkeit für Wirtschaftsunternehmen im gewerblichen Bereich installiert. Danach fällt auch die zusätzliche Einstellung von Arbeitslosen in gewerbliche Wirtschaftsunternehmen im Beitrittsgebiet und Berlin (West) unter den Bereich der förderfähigen SAM. Der Arbeitgeber darf nach der Nr. 1 innerhalb der letzten sechs Monate seine Beschäftigungszahlen nicht reduziert haben und für die Dauer der Förderung nicht reduzieren. Ferner hat der Arbeitgeber nach der Nr. 2 für die zugewiesenen Arbeitnehmer berufliche Qualifizierungsmaßnahmen einzurichten. Die §§ 415 Abs. 3 S. 2 – 5 SGB III sehen dann, bezogen auf die Betriebsgröße, Einschränkungen hinsichtlich der Anzahl an förderfähigen Personen in einem Unternehmen vor. Diese Förderung im gewerblichen Bereich knüpft zwar an den Förderrechtsrahmen der SAM an, indes ist deren Zielsetzung verschieden angelegt. So bedarf es für § 415 Abs. 3 SGB III weder eines Trägers, noch einer Maßnahme in einem bestimmten Projektbereich. Förderungsfähig ist damit direkt jedes Wirtschaftsunternehmen im gewerblichen Bereich[218]. Ziel dieser Förderung ist es, Arbeitslose direkt in dem ersten Arbeitsmarkt zu integrieren und dem Unternehmen die Kosten in der Personalaufbauphase abzunehmen[219]. Zielgruppen sind in erster Linie kleine und mittlere Betriebe[220]. Insgesamt findet also eine Unternehmenssubventionierung statt, welche die geförderten Unternehmen dazu bringen soll, Arbeitslose in den regulären Arbeitsmarkt zu integrieren. Ziel dieser Förderung ist allein die Schaffung neuer Arbeitsplätze. Weitere Ziele, wie bei SAM oder ABM, werden nicht verfolgt. Es findet auch keine Begrenzung der Zielsetzung durch etwaige Nebenzwecke statt. Man kann daher von einer reinen Lohnsubventionierung sprechen.

Nun erweist sich der § 415 Abs. 3 SGB III als Fremdkörper im Rahmen der SAM-Förderung. Betrachtet man diese Art der Förderung genauer, so fällt auf, dass erstmals unabhängig von der Trägereigenschaft Wirtschaftsunternehmen für förderfähig erklärt werden. Man könnte dies als besondere Ausnahme deuten. Im Gegenschluss würde man dazu kommen, dass nach § 272 SGB III lediglich nichtgewerbliche Unternehmen als Träger handeln dürften[221]. Wenn schon in § 415 Abs. 3 SGB III Wirtschaftsunternehmen besondere Erwähnung finden, so müsse

---

217 Siehe hierzu oben 2. Teil, A., I., 2., d.

218 *Niesel,* SGB III, § 415 Rdnr. 9.

219 *Weiland,* Die Förderung von ABM und SAM nach dem AFRG, BB 1997, 945.

220 BT-Drucksache 13/5936, AusBer-AFRG zu Art. 10 Nr. 33e, S. 49; zu § 416, S. 39.

221 Dies vertritt *Henning / Henke / Schlegel / Theuerkauf,* SGB III, § 273 Rdnr. 6.

bei einer Förderung nach den Grundsätzen der § § 272 ff. SGB III deren Förderfähigkeit im Gegenschluss verneint werden. Dies vermag auf den ersten Blick durchaus zu überzeugen. Dabei wird verkannt, dass der Grundsatz der Trägereigenschaft in § 21 SGB III normiert ist und Wirtschaftsunternehmen ausnahmslos zugelassen sind. Ferner ist § 415 Abs. 3 SGB III nicht so formuliert, dass der Umkehrschluss zwingend nahe liegt. Vielmehr wird damit eine zusätzliche Fördermöglichkeit geschaffen. Dies verdeutlicht schon die Verwendung der Formulierung „als SAM sind ... auch". Es geht um ein „Mehr" an Förderung für Wirtschaftsunternehmen, nicht um eine Begrenzung der Förderfähigkeit derselben. Bedenkt man zudem die Entstehungsgeschichte der SAM[222], die als Anschluss an auslaufende ABM konzipiert wurden, so zeigt sich die strukturelle Nähe zu den ABM. Sind aber dort Wirtschaftsunternehmen als Träger zweifelsohne zugelassen, so kann für die SAM nur schwerlich etwas anderes gelten. Aber auch aus den bestehenden Unterschieden zu ABM lässt sich nichts Gegenteiliges herleiten. Vielmehr sollte mit der produktiven Arbeitsförderung eine erhöhte Wirtschaftsnähe der Förderung erreicht werden. Diese Neuerung wird durch die Aufgabe des Merkmals der Zusätzlichkeit, die Anerkennung der Gewinnmaximierung bei privater Trägerschaft, den Verzicht auf eine Teilnehmerorientierung und schließlich den Vergabevorrang deutlich[223]. Im Ergebnis ergibt sich aus § 415 Abs. 3 AGB III keine Einschränkung der Trägerschaft von Wirtschaftsunternehmen bei SAM[224].

3. Rechtliche Bewertung des Förderrechtsrahmens am Maßstab der Zweck-Mittel-Analyse

Trotz vielfacher Parallelen zu ABM zeigt sich, dass sich mit den §§ 272 ff. SGB III ein eigenständiger Förderrechtsrahmen für SAM herausgebildet hat. Mit den SAM wurde ein neuartiges Förderinstrument entwickelt, das durchaus die Probleme der ABM-Förderung zu vermeiden sucht und daher auch für diese neue Perspektiven aufzeigt. Im Folgenden soll nun untersucht werden, inwieweit der Förderrechtsrahmen tatsächlich den Anforderungen der Zweck-Mittel-Analyse entspricht. Hierbei wird zunächst aufzuzeigen sein, dass sich durch die SAM-Förderung das Wettbewerbsproblem stellt.

---

[222] Vgl. insoweit oben 2. Teil, A., II., 1.

[223] *Rabe,* Implementation wirtschaftsnaher Arbeitsmarktpolitik, S. 95.

[224] So ebenfalls im Ergebnis *Feckler,* Neuer Fixstern im Westen, BArbBl Nr. 10, 1994, 23; *Rabe,* Implementation wirtschaftsnaher Arbeitsmarktpolitik, S. 95; *Schmidt,* Robert, Produktive Arbeitsförderung Ost, BArbBl Nr. 1, 1993, 11; *Wagner,* Klaus-Peter, Arbeitslosenversicherung / Arbeitsförderung, in: Maydell / Ruland (Hrsg.), Sozialrechtshandbuch, Kapitel C Abschnitt 21, Rdnr. 84; *Weiland,* Die Förderung von ABM und SAM nach dem AFRG, BB 1997, 943; *Weiland,* ABM-Neuorientierung am Zweiten Arbeitsmarkt, in: Bundesministerium für Arbeit und Sozialordnung (Hrsg.), Wegweiser durch das neue Arbeitsförderungsrecht, S. 241.

a) Das Wettbewerbsproblem

Um die mit den Merkmalen der Zusätzlichkeit und des öffentlichen Interesses verbundenen Problemen im Rahmen der ABM-Förderung[225] zu umgehen, wurde eine Projektförderung eingeführt, die letztlich per se diese Voraussetzungen erfüllen soll. Insgesamt zeigt sich, dass auch der Gesetzgeber diesen ABM-Voraussetzungen kritisch gegenübersteht und somit eine Übernahme in die SAM-Förderung nicht erfolgte. Aus den Gesetzesmaterialien lässt sich zudem ersehen, dass der Gesetzgeber die Zusätzlichkeitsprüfung als störend empfindet, wenn es dort heißt, dass mit der Beschränkung auf einzelne Förderbereiche eine „detaillierte Einzelfallprüfung der Zusätzlichkeit vermieden" werden kann[226]. Nun wird man sich aber die berechtigte Frage stellen müssen, ob mit den genannten Bereichen des Umweltschutzes, der sozialen Dienste und der Jugendhilfe tatsächlich jegliche Wettbewerbsverzerrungen vermieden werden. Hierzu sind die förderfähigen Projektbereiche genauer zu betrachten sowie die Motivationen der Beteiligten näher in den Blick zu nehmen. Durch die Lohnsubventionierung entsteht beim Träger bzw. dem durchführenden Unternehmen immer ein Wettbewerbsvorteil. Er kann sein Produkt oder seine Dienstleistung günstiger anbieten. Fehlt es nun an einem Wettbewerb verschiedener Anbieter, so erwächst aus diesem Vorteil im Ergebnis keine Beeinflussung des Wettbewerbs. Einer Abgrenzung bedarf es nicht. Man wird diese Konstellation vielfach im sozialen Bereich antreffen. Weder wird sich ein die Maßnahme durchführendes Unternehmen finden, da es vielfach an der Rentabilität mangelt, noch lohnt sich eine eigene Trägerschaft eines Wirtschaftsunternehmens, da das Unternehmensziel der Gewinnmaximierung mit der Durchführung nicht erreicht wird. Nun bietet aber demgegenüber der Bereich des Umweltschutzes vielfältige Tätigkeiten, die durchaus marktfähige Konkurrenz herausbilden. Beispielsweise zeigt das Bau- und Abbruchgewerbe, das dem Projektbereich des Umweltschutzes zugerechnet werden kann[227], dass es sich um einen stark umkämpften Markt handelt. Hier wirkt sich die Lohnsubventionierung mittels SAM wettbewerbsbeeinflussend aus. Es kann infolge der Subventionierung zunächst zu Expansionen durch Existenzneugründungen kommen. In der Folge setzt ein Verdrängungswettbewerb mit bisherigen markttätigen Unternehmen ein[228].

Das Wettbewerbsproblem bleibt letztlich bestehen. Die Verdichtung der Förderung auf Projektbereiche vermag in diesem Beispielsfall nicht die Abgrenzung zum regulären Markt zu gewährleisten. Eine implizite, ja automatische Zusätzlichkeit durch die Projektbereichsbegrenzung ist daher nur schwer anzunehmen. Vielmehr stellen SAM unmittelbare Beschäftigungssubventionen dar, die sich poten-

---

[225] Siehe hierzu ausführlich oben 2. Teil, A., I., 2., b., aa. und bb.

[226] BT-Drucksache 13/4941, RegE-AFRG zu § 271, S. 203.

[227] *Niesel,* SGB III, § 273 Rdnr. 3.

[228] Instruktiv hierzu *Rabe,* Implementation wirtschaftsnaher Arbeitsmarktpolitik, S. 113.

tiell wettbewerbsbeeinflussend auswirken. Daher ist der Förderrechtsrahmen uneingeschränkt am Maßstab der Zweck-Mittel-Analyse zu messen.

b) Zweckbestimmtheit

Als wichtigste Anforderung ist die Bestimmtheit des Förderzwecks zu nennen[229]. Da es sich bei den SAM in erster Linie um eine Projektförderung handelt, kommt der Konkretisierung der Projektbereiche eine besondere Bedeutung zu. Der diesbezüglich entscheidende § 273 SGB III ist allerdings in hohem Maße unbestimmt, so dass die Subventionsvergabe mit Blick auf die Tatbestandsmerkmale quasi nach Belieben ausgestaltet werden kann[230]. Gerade der Bereich des Umweltschutzes ist vielfältig und facettenreich. Der Gesetzgeber rückt mit den Projektbereichen aufgrund der Unbestimmtheit letztlich sehr nah an die Privatwirtschaft heran, so dass sich verstärkt die Wettbewerbsprobleme stellen[231]. Im Ergebnis kommt es nicht zu einer Begrenzung, sondern zu einer generalklauselartigen Öffnung der Förderfähigkeit. Auch im Rahmen der SAM hätte man sich auf eine strikte Subsidiarität konzentrieren sollen. Besteht eine mögliche Konkurrenz zu Anbietern auf dem regulären Markt, dürfte eine Förderung nicht in Betracht kommen. Damit wären konsequenterweise auch Vergabearbeiten nicht möglich, da diese einen funktionierenden Markt voraussetzen. Letztlich würde man eine strikte Trennung zum regulären Arbeitsmarkt erreichen[232]. Geht man aber den Weg einer verstärkten Anbindung der Lohnsubventionierung an den regulären Arbeitsmarkt, so lassen sich Wettbewerbsbeeinflussungen nicht vermeiden. Wie schon bei den ABM angesprochen[233], sind dann die rechtlichen Rahmenbedingungen anzupassen. So muss das Ziel der Schaffung von Dauerarbeitsplätzen verstärkt mit der Förderung verknüpft werden. Der Subventionszweck ist klar zu benennen. Der Überwachung und Kontrolle der Förderung kommt ein entscheidendes Gewicht zu. Wettbewerbsvorteile müssen geradezu generiert werden, da nur dann die Schaffung dauerhafter Arbeitsplätze möglich wird. Im Gegenzug bedarf die Wettbewerbsbeeinflussung aber einer erhöhten Rechtfertigung. Die Förderstruktur muss noch stärker an den Förderzweck als solchen gebunden und konkretisiert werden.

c) Zweckkoordination

Neben das zentrale Problem der ausreichenden Zweckbestimmtheit und der damit verbundenen Abgrenzung des zweiten zum ersten Arbeitsmarkt tritt im Be-

---

[229] Ausführlich dazu oben 1. Teil, C., I.

[230] *Henning / Henke / Schlegel / Theuerkauf,* SGB III, § 273 Rdnr. 4.

[231] *Rabe,* Implementation wirtschaftsnaher Arbeitsmarktpolitik, S. 7.

[232] Dies entspricht dem vorgestellten Modell 1 bei den ABM, vgl. oben 2. Teil, A., I., 4., a, aa.

[233] Vgl. hierzu Modell 2 im Rahmen der ABM oben 2. Teil, A., I., 4., a., bb.

reich der SAM das Problem der Zweckkoordination. Dies ergibt sich insbesondere aus dem Problem der Gesamtfinanzierung. Die SAM sind aufgrund des Prinzips der Kostenneutralität nicht vollständig von der Bundesanstalt für Arbeit zu finanzieren. Deshalb bedarf es einer Kofinanzierung durch andere staatliche Stellen, die SAM unterstützen und Mittel bereitstellen. Mit der Kofinanzierung bieten sich auf der einen Seite Chancen. So können aufgrund der notwendigen Kooperation und der Zusammenarbeit verschiedener Stellen neue Formen von SAM entstehen. Durch den wechselseitigen Austausch kann ein anregender Diskurs stattfinden, der das System der Arbeitsförderung letztlich weiterentwickelt[234]. Als Folge kann es zu einem kritischen Miteinander kommen, bei dem letztlich die Effizienz der Mittel gesteigert und die Kontrolle über den Mitteleinsatz verstärkt wird.

Dem stehen auf der anderen Seite mannigfache Probleme gegenüber. Das Prinzip der Kofinanzierung wurde bei den SAM aus der Not geboren, um der Mittelknappheit zu begegnen. Es sollte eine Anschlussförderung zu ABM installiert werden, die indes nicht deren finanziellen Aufwand haben durfte. Problematisch ist bei jeder Kofinanzierung der hohe Abstimmungsbedarf der verschiedenen staatlichen Stellen. Der Zeitbedarf bis zur Implementierung von SAM-Stellen ist daher als hoch anzusehen[235]. Darüber hinaus ist ein Netzwerk von Kofinanziers notwendig, um das System der produktiven Arbeitsförderung zu installieren. Hat man nun eine genügende Anzahl von Kofinanziers gefunden, treten Abstimmungsprobleme auf. Jeder Finanzier verfolgt mit der Beteiligung eigene Ziele und Zwecke. Insbesondere will der Kofinanzier erreichen, dass mit den Arbeiten Aufgaben erfüllt werden, die seinem Zuständigkeits-, ja Aufgabenbereich entspringen. Bei jeder Kofinanzierung werden so eine Vielzahl von Zwecke verfolgt. Hierbei kann es zur Überfrachtung des Förderzwecks kommen. So sollen mittels SAM nicht nur Arbeitsplätze geschaffen, sondern auch der Strukturwandel der Wirtschaft flankiert werden. Im Ergebnis wird allerdings ein staatlich subventionierter Arbeitsmarkt errichtet. Eine Anpassung der Wirtschaftsstrukturen an die Erfordernisse der Globalisierung wird dadurch nur schwerlich erreicht. Letztlich wird viel gewollt und wenig erreicht.

Ferner kann die Beteiligung verschiedener Stellen zu Zieldivergenzen führen. Interessenkonflikte zwischen den verschiedenen Förderebenen können auftreten. Es wird beispielsweise etwas mitgefördert, was nicht dem Interesse des Kofinanziers unterfällt. Daneben kann es zu Zuständigkeitskonflikten oder -ausfällen kommen. Es besteht die Gefahr, dass keine staatliche Stelle für die Förderung verantwortlich ist, eine Subventionskontrolle dann aber nicht mehr stattfinden kann. Insgesamt führt dies zu Reibungsverlusten, welche die Förderung ineffektiv werden lassen. Mit dem Stichwort der Ineffizienz ist ein weiterer Aspekt angesprochen. So verspricht man sich von der Kofinanzierung, dass sogenannte Verstärkereffekte

---

234 *Rabe,* Implementation wirtschaftsnaher Arbeitsmarktpolitik, S. 24.

235 *Bach,* Heinz Willi, Pauschalierte Lohnkostenzuschüsse zur Arbeitsförderung, SF 1995, 226.

auftreten, indem die Mittel und das Know-how mehrerer Stellen gebündelt, dadurch Finanzmittel frei und neu eingesetzt werden. Nun besteht aber die Gefahr, dass die Kofinanziers von vornherein mit der Kofinanzierung rechnen, letztlich also gar keine Mittel neu frei werden und jeder der Beteiligten die anteilige Finanzierung schon in die Aufgabenbewältigung einkalkuliert hat. Synergieeffekte werden dadurch verschenkt[236]. Daneben kann die Kofinanzierung dazu führen, dass lediglich die von jeder Stelle selbst zu tragenden Kosten mit dem Nutzen des Projekts gegengerechnet werden, so dass schon im Ansatz eine gewisse Ineffizienz der Subventionierung in Kauf genommen wird.

Ein weiterer Gesichtspunkt greift die Probleme der Kofinanzierung der Wettbewerbsbeeinflussung auf. Durch die Kofinanzierung besteht die Möglichkeit, reguläre staatliche Aufgaben nicht mehr selbständig durchzuführen, sondern über SAM abzuwickeln, um die eigenen Finanzmittel zu schonen. Die Zusätzlichkeit der Arbeiten, die durch die Begrenzung der Projektbereiche erreicht werden sollte, wäre untergraben. Es würden keine Arbeiten durchgeführt, die sonst nicht oder nicht zu gegebener Zeit durchgeführt werden können, sondern laufende Tätigkeiten, zu denen die Kofinanziers ehedem verpflichtet sind. Im Ergebnis führt dies zu einer Finanzierung öffentlicher Aufgaben durch die Mittel der Arbeitsförderung. Der Gesetzgeber hat dieses Problem nicht ausreichend berücksichtigt. Vielmehr unterstreicht er, dass die Kofinanziers gerade dann auftreten sollen, wenn sie im Umwelt-, Sozial- oder Jugendbereich die im eigenen Interesse liegenden Aufgaben durch die SAM erledigen können[237]. Reguläre Aufgaben können somit über SAM abgewickelt werden. Zudem werden bestehende Arbeitsplätze im öffentlichen Dienst gefährdet, da die Gefahr einer Verdrängung dieser Arbeitsplätze durch SAM nur schwerlich geleugnet werden kann.

Mit der Kofinanzierung ist darüber hinaus vielfach die Gefahr verbunden, dass Institutionen allein in vorgefertigte SAM und den darin verfolgten Zielen treten können. Sie werden zu bloßen Kofinanziers, ohne selbst Einfluss auf die Förderziele nehmen zu können. Die Gestaltungsmöglichkeiten der Länder mit ihren eigenen Förderprogrammen sind dann stark eingeschränkt, da sich deren Ziel lediglich auf eine Aufstockung der SAM-Förderung reduziert[238]. Schließlich sollte mit den SAM eine verlängerte Förderung im Vergleich zu ABM erreicht werden. Mit dem Erfordernis der Mischfinanzierung kommt es aber zu einer planerischen Unsicherheit, da die Kofinanziers – meist die Länder – ihre Mittel nur selten für einen Zeitraum von 36 Monaten, wie nach § 276 Abs. 1 SGB III möglich, binden[239]. Als Letztes sei noch angesprochen, dass mit der Kofinanzierung ein weiteres Grundproblem einhergeht, dass eine Förderung nämlich nicht stattfindet, wenn nicht aus-

---

236 *Rabe,* Implementation wirtschaftsnaher Arbeitsmarktpolitik, S. 17.

237 BT-Drucksache 13/4941, RegE-AFRG zum sechsten Abschnitt, S. 203.

238 *Knuth,* ABS-Gesellschaften, Beschäftigungsobservatorium Ostdeutschland Nr. 8, 1993, 6; *Lerch,* Arbeitsmarktpolitik aus der Perspektive der Bundesländer, SF 1986, 224.

239 *Rabe,* Implementation wirtschaftsnaher Arbeitsmarktpolitik, S. 7.

reichend Kofinanziers zur integrierten Finanzierung zur Verfügung stehen[240]. Bereitgestellte Finanzmittel würden ungenutzt bleiben.

Insgesamt birgt die Kofinanzierung eine Reihe von Problemen. Diese werden sich noch vervielfachen, wenn die Europäische Gemeinschaft als Kofinanzier mit den Mitteln der Strukturfonds auftritt[241]. Die Förderstruktur der SAM wird zusätzlich vom Rechtsrahmen bei der Vergabe europäischer Strukturfondsmittel überlagert[242]. Als Lösung der Kofinanzierungsprobleme auf nationaler Ebene käme eine Alleinfinanzierung in Betracht, die allerdings aufgrund der angespannten Haushaltslage der Bundesanstalt für Arbeit nahezu unmöglich erscheint. Damit bleibt lediglich eine Verbesserung des Systems der Kofinanzierung. Hierzu müssten integrierte Förderziele formuliert, Koordinationsgremien gebildet, die Abstimmung der Kofinanziers erhöht werden[243]. Die Kooperation und Koordination müsste stärker in den Rechtsrahmen integriert werden. Bislang fehlen hierzu jegliche gesetzliche Vorgaben. Schließlich müssten zentrale Vorgaben über die Zielhierarchien formuliert werden, um Divergenzen zu vermeiden und die Synergieeffekte zu erhöhen.

d) Zweck-Mittel-Kontrolle

Hinsichtlich der Normierung der Zweck-Mittel-Kontrolle im Förderrechtsrahmen kann insoweit auf die Ausführungen zu den ABM verwiesen werden[244]. Auch in den §§ 272 ff. SGB III ist eine ausdrückliche Kontrolle bzw. begleitende Überwachung nicht vorgesehen. Gemäß der §§ 278, 268 SGB III greift eine speziell normierte Rückzahlungspflicht, wenn die Verpflichtung, ein Dauerarbeitsverhältnis zu begründen, nicht erfüllt wird, aufgrund dieser aber eine Förderverlängerung gewährt wurde. Ansonsten ist auf die allgemeinen Bestimmungen der §§ 44 ff. SGB X zu rekurrieren. Von der Möglichkeit, eine der Förderstruktur angepasste Überwachung und Endkontrolle zu installieren, wurde bislang kein Gebrauch gemacht. Auch im Rahmen von SAM fehlt es an der rechtlichen Verpflichtung der Beteiligten, Rechenschaft über die Fördermaßnahmen abzulegen. Es werden weder Zielvorgaben erstellt noch diese später im Rahmen einer abschließenden Kosten-Nutzen-Analyse bewertet bzw. kontrolliert. Verdrängungs- und Mitnahmeeffekte lassen sich dadurch nur schwer erkennen. Etwaige Wettbewerbsverzerrungen und Freiheitsprobleme können folglich nicht erkannt werden. Infolge der mangelnden Transparenz der einzelnen Fördermaßnahmen greifen auch die allgemeinen Kon-

---

[240] *Bach,* Heinz Willi, Pauschalierte Lohnkostenzuschüsse zur produktiven Arbeitsförderung, SF 1995, 226.

[241] *Rabe,* Implementation wirtschaftsnaher Arbeitsmarktpolitik, S. 134; *Schmidt,* Robert, Produktive Arbeitsförderung Ost, BArbBl Nr. 1, 1993, 12.

[242] Vgl. zur besonderen europäischen Problematik unten 3. Teil.

[243] *Rabe,* Implementation wirtschaftsnaher Arbeitsmarktpolitik, S. 129.

[244] Siehe oben 2. Teil, A., I., 3., f.

trollinstrumente kaum ein, so dass ein geringes Maß an Kontrollintensität zu konstatieren ist.

e) Weitere strukturelle Schwächen

Am Ende seien noch weitere strukturelle Schwächen der SAM-Förderung angesprochen, die in diesem Zusammenhang genannt werden. So ist kritisch anzumerken, dass die SAM-Förderung kein dauerhaftes Instrument darstellt, sondern bis zum 31. Dezember 2002 befristet ist. Vielfach werden Träger aber langfristig planen, da die Projekte meist über einen längeren Zeitraum hinaus verfolgt werden müssen. Mit der Befristung in § 272 SGB III werden Planungsunsicherheiten produziert. Darüber hinaus bedarf es eines gewissen Zeitraums, bis sich ein Netzwerk von Kofinanziers gebildet hat und dieses professionell arbeitet. Ist ein solches System dann installiert, erscheint es widersinnig, dieses nur bis Ende des Jahres 2002 arbeiten zu lassen[245]. Dagegen lässt sich zwar einwenden, dass es nicht Aufgabe der Arbeitsförderung sein kann, Strukturanpassungsprozesse dauerhaft zu fördern[246], eine zeitliche Begrenzung dieses Förderinstruments daher geboten ist. Dabei wird jedoch verkannt, dass die Strukturanpassung lediglich ein mittelbarer Nebenzweck darstellt, der zudem zweckbegrenzend wirken soll. Primärer Hauptzweck bildet nach wie vor die Schaffung neuer Arbeitsplätze. Dies stellt die dringlichste Aufgabe der Arbeitsförderung dar. Insoweit können SAM durchaus auch dauerhaft installiert werden.

Ein weiterer Kritikpunkt knüpft an die Regelung des § 275 Abs. 2 SGB III an. Teilweise[247] wird diese Regelung als Musterbeispiel verunglückter Gesetzgebungstechnik bezeichnet, da das faktisch bestehende Lohnabstandsgebot nicht ausdrücklich formuliert wurde und zudem eine ausdrückliche Verweisung auf § 265 SGB III vermieden wurde. Die Förderung durch einen pauschalen Festbetrag kann der Regelung letztlich kaum entnommen werden. Vielleicht sollten damit die bestehenden verfassungsrechtlichen Bedenken[248] verwischt werden, indem eine un-

---

[245] So ebenfalls im Ergebnis *Bach,* Heinz Willi, Pauschalierte Lohnkostenzuschüsse zur produktiven Arbeitsförderung, SF 1995, 226.

[246] *Weiland,* ABM-Neuorientierung am Zweiten Arbeitsmarkt, in: Bundesministerium für Arbeit und Sozialordnung (Hrsg.), Wegweiser durch das neue Arbeitsförderungsrecht, S. 238.

[247] *Henning/Henke/Schlegel/Theuerkauf,* SGB III, § 275 Rdnr. 1.

[248] Vgl. die Bedenken bei *Bach,* Heinz Willi, Pauschalierte Lohnkostenzuschüsse zur produktiven Arbeitsförderung, SF 1995, 223; *Blank,* Sorgfältig überlegt – Verfassungsbeschwerde gegen § 249h AFG, Der Gewerkschafter Nr. 12, 1993, 12 ff.; *Henning/Henke/Schlegel/Theuerkauf,* SGB III, § 275 Rdnr. 35 ff.; *Lohre/Mayer/Stevens-Bartol,* AFG, § 249h Rdnr. 3; *Mayer,* ABM und tarifliche Entlohnung in den neuen Bundesländern, ArbuR 1993, 312; *Mayer,* Untertarifliche Bezahlung für subventionierte Arbeitsverhältnisse auf dem 2.Arbeitsmarkt im geplanten ARFG, SozSich 1997, 14; *Wagner,* Alexandra, Der Paragraph 249h AFG – Ein neues arbeitsmarktpolitisches Instrument in Ostdeutschland, WSI-Mitteilungen 1993, 465.

deutliche Regelung der Zuschusshöhe eingeführt wurde. Das Lohnabstandsgebot hat zum Ziel, den zweiten vom ersten Arbeitsmarkt abzugrenzen. Dabei wird davon ausgegangen, dass für den Arbeitnehmer Anreize zu einem Wechsel von geförderter in ungeförderte Arbeit geschaffen werden müssen. Neben der Befristung der Arbeitsverhältnisse muss der Arbeitnehmer auch noch eine untertarifliche Entlohnung hinnehmen. Anreize für den Arbeitgeber zu einer Übernahme des Beschäftigten in den ersten Arbeitsmarkt hingegen gibt es nicht. Vielmehr besteht die Gefahr des Lohndumpings, da der Träger nicht gehindert ist, Arbeitsentgelte unterhalb des Lohnabstandsgebots zu vereinbaren[249].

Ein letztes Problem ist das Verhältnis von SAM zu ABM. Die gesetzliche Ausgestaltung sieht hierbei weder ein Exklusivitäts- noch Komplementärverhältnis vor. Mit Blick auf die Entstehungsgeschichte der SAM waren diese als quasi Anschluss-ABM konzipiert. Die Regelungen der §§ 272 ff. SGB III sehen eine solche Begrenzung allerdings nicht vor. SAM wurden als eigenständiges Förderinstrument installiert. Im Verhältnis zu ABM kann diese Art der Förderung allerdings politische Begehrlichkeiten wecken. SAM sind insgesamt für die Bundesanstalt für Arbeit günstiger. Es wird pauschal unter Beachtung der Kostenneutralität gefördert. Über das Instrument der SAM können letztlich mehr Arbeitslose in Arbeit gebracht werden. Die Individualförderung durch ABM könnte zugunsten der Projektförderung durch SAM verringert werden. Der Einsparungseffekt träfe dann die zumeist schwer vermittelbaren Arbeitslosen, deren einzige Chance oftmals darin besteht, über ABM einen Arbeitsplatz zu erhalten[250].

4. Perspektiven

Trotz der aufgezeigten Schwächen ist die SAM-Förderung als eine Weiterentwicklung im Verhältnis zu den ABM zu sehen. So ist es als positiv zu bewerten, dass auf das Merkmal der Zusätzlichkeit verzichtet wurde und der weitgehend unbestimmte Rechtsbegriff des öffentlichen Interesses keine Rolle spielt. Demgegenüber bietet die Projektorientierung der Förderung ein hohes Maß an Flexibilität, wenngleich das Wettbewerbsproblem nur unzureichend gelöst wird. Auch der Ansatz, produktive Arbeit zu fördern und nicht den bloßen Zustand der Arbeitslosigkeit zu finanzieren, vermag insgesamt zu überzeugen[251].

Ein neues und höchst interessantes Förderinstrument stellt die Lohnsubventionierung nach § 415 Abs. 3 SGB III dar. Hiermit wurde eine Förderung installiert, die

---

[249] *Bach,* Heinz Willi, Pauschalierte Lohnkostenzuschüsse zur produktiven Arbeitsförderung, SF 1995, 227.

[250] *Bach,* Heinz Willi, Pauschalierte Lohnkostenzuschüsse zur produktiven Arbeitsförderung, SF 1995, 227; *Rabe,* Implementation wirtschaftsnaher Arbeitsmarktpolitik, S. 97.

[251] *Bach,* Heinz Willi, Pauschalierte Lohnkostenzuschüsse zur produktiven Arbeitsförderung, SF 1995, 226; *Bach,* Hans-Uwe / Spitznagel, Arbeitsmarktpolitische Maßnahmen, BeitrAB Nr. 163, 1992, 207 ff.

neue Arbeitsplätze an den ersten Arbeitsmarkt koppelt. Die Brückenfunktion der SAM in eine reguläre Beschäftigung wird deutlich verstärkt. Das gesetzgeberische Ziel einer stärkeren Wirtschaftsnähe der Förderung dürfte über dieses Instrument zu erreichen sein. Problematisch ist in diesem Zusammenhang allerdings der schwach ausgebildete Rechtsrahmen der Zweck-Mittel-Kontrolle. Beschreitet der Gesetzgeber mit § 415 Abs. 3 SGB III nämlich den Weg hin zu einer allgemeinen Unternehmensförderung, so hat mit Blick auf die damit verbundene Wettbewerbsbeeinflussung eine verstärkte Rechtfertigung derselben und eine dezidierte Erfolgskontrolle zu erfolgen. Hier gilt es den Förderrechtsrahmen deutlich nachzubessern. Will man zudem auf den Vergabevorrang nicht verzichten, also die SAM-Struktur restriktiv auf nichtmarktfähige Bereiche beschränken, so bedarf es bei der Vergabe klarer Regelungen[252]. Das Vergabemodell muss geeignete Abgrenzungskriterien bieten, um nicht einer Substitution regulärer durch subventionierter Beschäftigung Vorschub zu leisten. Hier gilt es die Projektbereiche, insbesondere den Umweltsektor, klarer und eindeutiger zu bestimmen. Der Förderrechtsrahmen muss verhindern können, dass es in Folge der Lohnsubventionierung zu einer Verdrängung bestehender Arbeitsplätze kommt.

Schließlich ist auch das System der Kofinanzierung zu reformieren. So sind weitere Träger, insbesondere die Europäische Union als Trägerin europäischer Regionalpolitik, verstärkt in die Finanzierung zu integrieren, da sie mittelbar von der Förderung profitieren. Auf der anderen Seite sind die einzelnen Bundesländer entschiedener in die Maßnahmen einzubinden. Die Entscheidungskompetenzen sind dabei auf untergeordnete Ebenen zu verlagern[253]. Nur durch eine solche Dezentralisierung kann das Förderinstrument flexibel eingesetzt und den regionalen Bedürfnissen angepasst werden. Auch die Wirkung der Förderung kann unter Berücksichtigung der regionalen Marktstrukturen besser überprüft werden. Je näher die Förderentscheidung an den Empfänger rückt, desto wirtschaftlich effizienter und rechtlich zweckgerechter kann eine solche getroffen werden.

5. Zwischenergebnis

Im Ergebnis wurde mit den Strukturanpassungsmaßnahmen durchaus eine innovative Fördermöglichkeit geschaffen, die größtenteils die Probleme der ABM-Förderung zu vermeiden sucht. Dennoch zeigen sich auch hier Mängel in der Zweckbestimmtheit, der Zweckkoordination wie auch der Zweck-Mittel-Kontrolle. Man wird bei der anstehenden Reform im Jahr 2000 die Chance haben, etwaige Verbesserungen vorzunehmen[254]. Dann wird sich zeigen, ob sich mit den §§ 272 ff. SGB III ein dauerhaftes Instrument zur Schaffung neuer Arbeitsplätze etabliert.

---

252 *Rabe*, Implementation wirtschaftsnaher Arbeitsmarktpolitik, S. 133.

253 *Rabe*, Implementation wirtschaftsnaher Arbeitsmarktpolitik, S. 135.

254 So die Pläne des Bundesarbeitsministeriums im Jahr 2000 das SGB III insgesamt zu reformieren, in: Frankfurter Allgemeinen Zeitung vom 24.Dezember 1998, Nr. 299, S. 13; vgl. ferner die Neugestaltung des SGB III zum 1. 8. 1999, hierzu unten 2. Teil, A., IV., 4.

III. Eingliederungszuschüsse

Neben den ABM und SAM bestehen aber noch weitere unmittelbare Beschäftigungssubventionen, die vornehmlich im Fünften Kapitel des SGB III geregelt sind. Während ABM und SAM in erster Linie eine Trägerförderung darstellen, knüpfen die weiteren Instrumente mit ihren Leistungen direkt beim Arbeitgeber an. Mit der Neugestaltung des Arbeitsförderungsrechts wurden nicht nur bestehende Instrumente wie die Eingliederungszuschüsse reformiert, sondern auch völlige neue Fördermöglichkeiten geschaffen, wie die Einstellungszuschüsse bei Neugründungen oder der Eingliederungsvertrag[255]. Der Rechtsrahmen dieser Förderinstrumente soll nun am Maßstab der Zweck-Mittel-Analyse untersucht werden, wobei zunächst der allgemeine Eingliederungszuschuss, wie er in den § 217 – § 224 SGB III geregelt ist, im Vordergrund steht.

1. Legislatorische Zielsetzung

Die Zuschüsse zur Eingliederung von Arbeitnehmern sind mit dem AFRG zum 1. Januar 1998 neu zusammengefasst worden. Die Regelungen knüpfen insoweit an bisher geltendes Recht an. So wurden der Einarbeitungszuschuss (§ 49 AFG)[256], die Eingliederungsbeihilfe (§ 54 AFG)[257], die Eingliederungshilfe (§ 58 Abs. 1b AFG)[258] sowie der Lohnkostenzuschuss für ältere Arbeitnehmer (§ 97 AFG)[259] und das Sonderprogramm der Bundesregierung „Aktion Beschäftigungs-

---

[255] Eine allgemeine Darstellung findet sich bei *Bundesministerium für Arbeit und Sozialordnung (Hrsg.)*, Wegweiser durch das neue Arbeitsförderungsrecht, S. 74 ff.

[256] Danach konnte den Arbeitgebern ein Zuschuss für Arbeitnehmer gewährt werden, wenn diese ihre volle Arbeitsleistung erst nach einer Einarbeitungszeit erreichen konnten. Mit dem Zuschuss sollte ein zu erwartendes Missverhältnis der Leistung bei Neuaufnahme der Arbeit im Verhältnis zum vollen Arbeitsentgelt ausgeglichen werden. Der Einarbeitungszuschuss wurde daher der beruflichen Bildungsförderung zugeordnet, so das BSG in SozR 4100, zu § 49 AFG, Nr. 3; vgl. ferner *Niesel*, AFG, § 49 Rdnr. 2; *Wagner,* Klaus-Peter, Arbeitslosenversicherung / Arbeitsförderung, in: Maydell / Ruland (Hrsg.), Sozialrechtshandbuch, Kapitel C Abschnitt 21, Rdnr. 56.

[257] Diese war darauf gerichtet, besonders schwer vermittelbare Arbeitsuchende wie Langzeitarbeitslose, ältere Arbeitslose oder den in §§ 1, 2 SchwbG genannten Personenkreis, in unbefristete Arbeitsverhältnisse zu bringen. Die bestehenden Vermittlungsschwierigkeiten sollten ausgeglichen werden; siehe *Wagner,* Klaus-Peter, Arbeitslosenversicherung / Arbeitsförderung, in: Maydell / Ruland (Hrsg.), Sozialrechtshandbuch, Kapitel C Abschnitt 21, Rdnr. 60.

[258] Da nach § 58 Abs. 1 AFG die zuvor genannten Fördermöglichkeiten für den Bereich der beruflichen Rehabilitation körperlich, geistig oder seelisch Behinderter keine Anwendung fanden, wurde hierfür mit der Eingliederungshilfe in § 58 Abs. 1b AFG eine komplementäre Förderung eingerichtet.

[259] Dieser Förderungstyp war in der Grundstruktur an die ABM-Förderung angelehnt, sollte aber eine individualisierte Förderung für die Problemgruppe der älteren Arbeitnehmer möglich machen; ausführlich dazu *Blechmann,* Arbeitsbeschaffungsmaßnahmen, S. 30 ff.;

hilfen für Langzeitarbeitlose"[260] zu einem einheitlichen Förderinstrument, dem Eingliederungszuschuss, zusammengefasst. Ziel der Vereinheitlichung in den §§ 217 ff. SGB III war es, die unterschiedlichen Fördervoraussetzungen zusammenzufassen, eine rechtliche Vereinfachung zu erreichen und somit den Grad der Transparenz zu erhöhen[261]. Die legislatorische Zielsetzung zeigt sich nun einheitlich in § 217 S. 1 SGB III. Danach soll der Zuschuss zum Ausgleich von Minderleistungen förderungsbedürftiger Arbeitnehmer dienen. Nach § 217 S. 2 SGB III gilt derjenige Arbeitnehmer als förderungsbedürftig, der ohne die Leistung nicht oder nicht dauerhaft in den Arbeitsmarkt eingegliedert werden kann. Grundvoraussetzung der Förderung ist, dass der Arbeitnehmer lediglich eine Minderleistung zu erbringen vermag und sich hieraus die Prognose ergibt, nicht wieder in den Arbeitsmarkt eingegliedert zu werden[262]. Damit knüpft der Normzweck ersichtlich an § 49 Abs. 1 S. 1 AFG an. Die Förderung soll spezifische Mängel ausgleichen und das allmähliche Erlernen einer neuen Tätigkeit erleichtern. Dem Arbeitgeber soll durch den Eingliederungszuschuss ein Teil der Einarbeitungskosten abgenommen und somit ein Anreiz geschaffen werden, trotz etwaiger Mängel einen förderungsbedürftigen Arbeitnehmer einzustellen[263].

2. Förderrechtsrahmen

Die Voraussetzungen der Förderung werden in erster Linie durch die §§ 217, 218 SGB III bestimmt. Während § 217 SGB III allgemein den Leistungszweck und die Förderungsbedürftigkeit von Arbeitnehmern definiert, bildet § 218 SGB III Fallgruppen, in denen eine Förderung eingreifen kann. Die §§ 219 – 222 SGB III regeln insbesondere Dauer und Höhe der Förderung, während mit § 223 SGB III eine spezielle Kontrollnorm eingeführt wurde, die den Förderungsmissbrauch durch stringente Sanktionsmöglichkeiten verhindern soll.

a) Minderleistung des Arbeitnehmers

Entscheidendes Merkmal, das den Zweck der Förderung begrenzt und gleichzeitig den Kreis der Förderungsberechtigten umschreibt, ist das Erfordernis einer

---

Lohre / Mayer / Stevens-Bartol, AFG, § 97 Rdnr. 1; *Niesel,* AFG, § 97 Rdnr. 2; *Wagner, Klaus-Peter,* Arbeitslosenversicherung / Arbeitsförderung, in: Maydell / Ruland (Hrsg.), Sozialrechtshandbuch, Kapitel C Abschnitt 21, Rdnr. 81.

[260] Sonderprogramm der Bundesregierung „Aktion Beschäftigungshilfen für Langzeitarbeitslose", Richtlinien des Bundesministerium für Arbeit und Soziales vom 16. 2. 1995, BAnz Nr. 36 vom 21. 2. 1995, S. 1683.

[261] BT-Drucksache 13 / 4941, RegE-AFRG zum ersten Unterabschnitt, Eingliederungszuschüsse, S. 192.

[262] *Voelzke,* Thomas, in: Hauck / Noftz, SGB III, K § 217 Rdnr. 6.

[263] Vgl. die zum Einarbeitungszuschuss entwickelten Grundsätze des BSG in SozR 3-4100, zu § 49 AFG, Nr. 3; BSG in SozR 4100, zu § 49 AFG, Nr. 2 und 3.

Minderleistung des Arbeitnehmers. Der Wert der Arbeitsleistung muss dabei negativ vom tatsächlich gezahlten Arbeitsentgelt abweichen[264]. Wurde allerdings das Arbeitsentgelt bereits um die Minderleistung reduziert, so scheidet eine Bezuschussung aus, da sich keine Diskrepanz zwischen Arbeitsleistung und -entgelt mehr feststellen lässt. Entscheidend ist, dass der Arbeitsuchende in seiner Wettbewerbsfähigkeit am Arbeitsmarkt beeinträchtigt sein muss und dieses Defizit durch den Zuschuss ausgeglichen werden kann[265]. Dabei ist zu fordern, dass es sich um ein individuelles Leistungsdefizit handelt, aus dem eine Benachteiligung innerhalb einer Berufsgruppe resultiert. Scharf abzugrenzen sind hier die Fälle, in denen Arbeitnehmer ehedem einer Einarbeitung bedürfen. Die Förderung soll gerade nicht Einarbeitungskosten auffangen, welche die Unternehmen aufgrund eigener wirtschaftlicher Interessen vornehmen müssen, um geeignete Arbeitnehmer zur Verfügung zu haben[266]. Hier bedarf es einer konkreten Einzelfallprüfung, damit nicht allgemeine Lohnkosten auf die Versicherungsgemeinschaft abgewälzt werden.

Zur näheren Bestimmung der Minderleistung geht der Gesetzgeber den Weg, Fallgruppen zu bilden, in denen ein Eingliederungserfordernis und damit in der Regel auch ein Leistungsdefizit zu bejahen sein wird[267]. Blickt man hierzu auf die Norm des § 218 SGB III, so sind in erster Linie schwervermittelbare Personengruppen aufgeführt. Die Nr. 2 nennt beispielsweise Langzeitarbeitslose, Schwerbehinderte und sonstige Behinderte. Die Nr. 3 spricht von der Fallgruppe der älteren Arbeitnehmer, die zuvor i. S. d. § 18 SGB III langzeitarbeitslos waren. Hier wird man die individuelle Wettbewerbsbeeinträchtigung des Personenkreises auf dem Arbeitsmarkt kaum bestreiten können. Mit § 218 Abs. 1 Nr. 1 SGB III wird schließlich ein Eingliederungszuschuss gewährt, wenn der Arbeitnehmer einer besonderen Einarbeitung bedarf. Erst durch die Einarbeitung darf der Arbeitnehmer die volle Leistungsfähigkeit erreichen. Der Arbeitgeber muss dem Arbeitnehmer solche berufliche Kenntnisse und Fertigkeiten vermitteln, die zu einer individuellen Verbesserung der Chancen am Arbeitsmarkt beitragen[268]. Implizit wird also vorausgesetzt, dass eine Minderleistung vorliegt, die durch einen Einarbeitungszeitraum behoben werden kann. Dieser Zeitraum ist Gegenstand der Förderung, damit dieser Kreis der Arbeitssuchenden, der aufgrund höherer Einarbeitungskosten am Arbeitsmarkt benachteiligt ist, für potentielle Arbeitgeber attraktiv wird.

Die Feststellung des Bedürfnisses der besonderen Einarbeitung ist Rechtsvoraussetzung der Förderung und steht daher nicht im Ermessen des Arbeitsamtes[269]. Es ist ein objektiver Vergleich der Berufskenntnisse des Arbeitsuchenden mit den Anforderungen des Arbeitsplatzes anzustellen. Hierbei muss sich ein individuelles

---

264 So das BSG zum Einarbeitungszuschuss in SozR 3-4100, zu § 49 AFG, Nr. 1.

265 *Niesel*, SGB III, § 218 Rdnr. 12.

266 *Voelzke*, Thomas, in: Hauck / Noftz, SGB III, K § 217 Rdnr. 17.

267 BT-Drucksache 13 / 4941, RegE-AFRG, zu § 215, S. 192.

268 BSG in SozR 4100, zu § 49 AFG, Nr. 3.

269 *Henning / Kühl / Heuer / Henke*, AFG, § 49 Rdnr. 15.

Defizit ergeben. Daneben müssen noch weitere Merkmale erfüllt sein, damit die Förderung zielgerichtet eingesetzt und der Normzweck erreicht wird.

b) Begründung eines Arbeitsverhältnisses und Zuschussgewährung

So muss es zur Begründung eines Arbeitsverhältnisses kommen. Den Gesetzesmotiven ist dabei zu entnehmen, dass nicht nur unbefristete Arbeitsverhältnisse, sondern auch befristete in Betracht kommen, wenn diese zur dauerhaften Eingliederung des Arbeitslosen beitragen[270]. Schließlich ist in § 223 Abs. 2 S. 1 SGB III bestimmt, dass die Weiterbeschäftigung nach Ablauf der Förderung mindestens dem Förderzeitraum entsprechen muss, nicht aber über zwölf Monate hinauszugehen braucht. Andernfalls ist der gewährte Eingliederungszuschuss zurückzuzahlen. Daraus ergibt sich im Umkehrschluss, dass befristete Arbeitsverhältnisse nach Maßgabe des § 223 Abs. 2 S. 1 SGB III möglich sind[271]. Die Zuschussgewährung ist in den §§ 218 ff. SGB III näher bestimmt. Die Bemessungsgrundlage des Zuschusses ist in § 218 Abs. 3 SGB III festgelegt. Die Höhe der Förderung richtet sich nach der Minderleistung des Arbeitnehmers und den jeweiligen Eingliederungserfordernissen[272]. § 220 Abs. 1 SGB III normiert eine anteilige Regelförderungshöhe vom berücksichtigungsfähigen Arbeitsentgelt. Eine erhöhte Förderung kommt nach Maßgabe des § 221 SGB III in Betracht. Der Zuschuss wird als monatlicher Festbetrag gewährt, der nach § 218 Abs. 4 SGB III für ein Jahr festgelegt wird. Die Förderdauer richtet sich nach § 220 Abs. 2 SGB III, wobei § 222 SGB III eine verlängerte Förderung vorsieht. Die Zuschussgewährung liegt gem. § 217 S. 1 SGB III im Ermessen des Arbeitsamtes, so dass lediglich ein Anspruch auf ermessensfehlerfreie Entscheidung seitens des Arbeitsamtes besteht[273]. Allein Berufsrückkehrern, die einer besonderen Einarbeitung bedürfen, wurde ein Rechtsanspruch eingeräumt.

c) Kausale Verknüpfung

Des weiteren fordert § 217 SGB III, dass der Arbeitgeber den Zuschuss „zur Eingliederung" des Arbeitnehmers erhält (S. 1) sowie eine Kausalität zwischen Förderung und Eingliederung des Arbeitnehmers vorliegt (S. 2). Der Eingliederungszuschuss muss daher eine wesentliche Bedingung zur Begründung des neuen Arbeitsverhältnisses darstellen. Dadurch soll sichergestellt werden, dass die Lohnsubventionierung zweckgerichtet eingesetzt wird[274]. Erst durch die kausale Ver-

---

270 BT-Drucksache 13/4941, RegE-AFRG, zu § 215, S. 192.

271 *Voelzke,* Thomas, in: Hauck/Noftz, SGB III, K § 217 Rdnr. 12.

272 Dies bestimmt allgemein § 219 SGB III.

273 Vgl. hierzu die Rechtsprechung des BSG in SozR 3-4100, zu § 49 AFG, Nr. 5; BSG in SozR 3-4100, zu § 97 AFG, Nr. 1.

knüpfung wird der Eingliederungszuschuss zu einer Sozialsubvention, deren Objekt der Arbeitnehmer ist. Fehlt es daran, führt dies zu einer Subventionierung des Arbeitgebers. Ein ungewollter Wettbewerbsvorteil würde sich einstellen, der Normzweck würde im Ergebnis nicht erreicht[275]. Daher kommt der kausalen Verknüpfung zwischen Zuschussgewährung und Begründung des Arbeitsverhältnisses eine entscheidende Bedeutung zu.

3. Rechtliche Bewertung des Förderrechtsrahmens am Maßstab der Zweck-Mittel-Analyse

Nachdem der Förderrechtsrahmen dargestellt wurde, soll nun eine Bewertung anhand der Kriterien der Zweck-Mittel-Analyse erfolgen. Bevor allerdings eine Prüfung erfolgen kann, muss zunächst deren Anwendbarkeit festgestellt werden. Auch im Rahmen des Eingliederungszuschusses muss sich das Wettbewerbs- bzw. Freiheitsproblem stellen.

a) Wettbewerbs- und Freiheitsproblem?

Auf den ersten Blick scheinen die Freiheitsprobleme nämlich gering, wenn mit dem Leistungszweck lediglich der Ausgleich arbeitnehmerbedingter Minderleistung gewährleistet und dadurch dem schwervermittelbaren Personenkreis eine erhöhte Wettbewerbsfähigkeit am Arbeitsmarkt verschafft wird. Immerhin werden Leistungsmängel des Arbeitnehmers aufgefangen, dagegen soll dem Arbeitgeber kein Wettbewerbsvorteil verbleiben. Er muss das volle Arbeitsentgelt entrichten, erhält dafür zwar nicht die volle Arbeitsleistung, jedoch einen Ausgleich in Form des Eingliederungszuschusses nach § 217 SGB III. Ausgehend vom Normzweck stellen sich die Wettbewerbsbeeinflussungen als marginal dar. Gerade bei einem Vergleich mit ABM und SAM wird deutlich, dass mit den Eingliederungszuschüssen keine neuen, zusätzlichen Arbeitsplätze geschaffen werden[276]. Die Förderung zielt in ihrer Zweckrichtung nicht auf die Erweiterung des Arbeitsplatzangebotes, sondern vielmehr auf den Ausgleich von Nachteilen für einen bestimmten Personenkreis, der am Arbeitsmarkt benachteiligt ist. Die Gefahr von Wettbewerbsbeeinflussungen wird durch diese Art der Beschäftigungssubvention wesentlich gemindert. Nun wird man allerdings in der Schlussfolgerung nicht gänzlich auf eine Einhaltung der Kriterien der Zweck-Mittel-Analyse verzichten können. So hat das Bundessozialgericht[277] hinsichtlich des früheren Einarbeitungszuschusses auf mögliche Wettbewerbsgefährdungen aufmerksam gemacht. So muss beispielswei-

---

[274] *Voelzke*, Thomas, in: Hauck / Noftz, SGB III, K § 217 Rdnr. 19.

[275] Ähnlich das BSG in AuB 1983, 348 zur Eingliederungsbeihilfe nach § 54 AFG.

[276] *Voelzke*, Thomas, in: Hauck / Noftz, SGB III, K § 217 Rdnr. 7.

[277] BSG in SozR 3-4100, zu § 49 AFG, Nr. 1.

se verhindert werden, dass der Arbeitgeber mit dem Zuschuss eine Senkung seiner Lohnkosten erreicht, indem er – entgegen dem Normzweck – einen voll leistungsfähigen Arbeitnehmer beschäftigt und sich durch die Förderung einen Wettbewerbsvorteil erschleicht[278]. Einem solchen Missbrauch muss die Förderrechtsstruktur entgegenwirken. Darüber hinaus bleibt fraglich, ob wirklich jede Minderleistung des Arbeitnehmers quantifizierbar ist, sich in Geld aufrechnen lässt. Fehlt es nämlich an notwendigen Bewertungskriterien, so lässt sich die Minderleistung nur schwerlich berechnen, womit die Zweckbegrenzung im Ergebnis vage wird.

Insgesamt können sich daher etwaige Konkurrenz-, Wettbewerbs- und Freiheitsprobleme einstellen, auch wenn der Normzweck diese nicht zwingend nahe legt. Der Förderrechtsrahmen für Eingliederungszuschüsse ist am Maßstab der Zweck-Mittel-Analyse zu messen. Im Mittelpunkt steht dabei, ob die Erreichung des Förderzwecks ausreichend abgesichert ist, so dass Missbräuche auszuschließen sind. Die rechtliche Förderstruktur muss dem verfolgten Förderzweck gerecht werden.

b) Zweckbestimmtheit und Zwecksicherung

Der Zweck der Förderung – Ausgleich von individuellen Defiziten des Arbeitssuchenden – ist im Förderrechtsrahmen, insbesondere dem § 218 Abs. 1 Nr. 1 SGB III hinreichend deutlich normiert. Problematisch ist allein die Frage nach der ausreichenden Zwecksicherung. So kann über diese Fördervariante am ehesten ein Missbrauch erfolgen, da der Arbeitgeber sehr leicht ein besonderes Einarbeitungsbedürfnis zu behaupten vermag, das so nicht vorliegt. Der Nachweis des Missbrauches wird indes schwierig zu führen sein. Damit eng verknüpft ist das Problem im Rahmen des § 217 S. 2 SGB III, wonach eine prognostische Einschätzung des Arbeitsamtes verlangt wird, wie sich die Chancen des Arbeitnehmers ohne die Förderleistung darstellen würden, oder positiv gewendet, wie notwendig die Förderung für die Eingliederung des Arbeitssuchenden ist.

Nun schließen sich prognostische Tatbestandsmerkmale und das Erfordernis nach ausreichender Zweckbestimmtheit nicht notwendigerweise aus. Vielmehr sind solche Zweckmäßigkeitselemente erforderlich, damit der Förderrechtsrahmen flexibel auf den konkreten Einzelfall reagieren kann. Dies kann nur über die Einräumung eines Ermessens auf Rechtsfolgenseite[279] oder aber eines Beurteilungsspielraums auf Tatbestandsseite erfolgen. Dem Arbeitsamt ist bei der Prognose ein weiter Beurteilungsspielraum zuzubilligen[280]. Maßgeblich sind hierbei die individuellen Fähigkeiten der zu fördernden Person und die weitere Entwicklung des Arbeitsmarktes. Folglich steht der konkrete Einzelfall im Mittelpunkt der prognostischen Prüfung[281]. Aber auch die angesprochene Möglichkeit des Missbrauchs lässt

---

[278] *Voelzke,* Thomas, in: Hauck / Noftz, SGB III, K § 217 Rdnr. 3.

[279] Dazu schon im Rahmen von ABM, oben 2. Teil, A., I., 2., e.

[280] BT-Drucksache, RegE-AFRG, zu § 215, S. 192.

die Zwecksicherung nicht völlig ausfallen und führt automatisch zur Zweckunbestimmtheit, solange die Missbrauchsgefahr gebannt werden kann und der Förderrechtsrahmen den Missbrauchsfall nicht provoziert. So hat beispielsweise eine besonders stringente Prüfung durch das Arbeitsamt zu erfolgen, um eine Abwälzung auch sonst anfallender Einarbeitskosten zu verhindern. Bei berechtigten Zweifeln muss eine Förderung unter der Auflage erfolgen, dass deren zweckgerechte Verwendung nachträglich nachgewiesen wird[282]. Darüber hinaus bietet § 223 SGB III besondere Sanktionsmöglichkeiten an, die eine verstärkte Zwecksicherung erreichen sollen[283].

Im Ergebnis lässt sich festhalten, dass der förderfähige Personenkreis durch die Fallgruppen eng gefasst wurde. Die individuellen Leistungsdefizite und die sich daran anknüpfende Benachteiligung am Arbeitsmarkt ist augenscheinlich mit der Zugehörigkeit zu einer der in § 218 SGB III genannten Gruppen verbunden. Der Eingliederungszuschuss will individuelle Leistungsdefizite ausgleichen. Um diesen Normzweck zu erreichen ist der rechtliche Rahmen mit den §§ 217, 218 SGB III hinreichend konkret ausgestaltet und begrenzt. Etwaige Missbrauchsfälle lassen sich durch eine verstärkte Überwachung und Kontrolle der Subventionierung verhindern.

c) Zweck-Mittel-Kontrolle

Die Zweck-Mittel-Analyse entfaltet gerade auch mit der Forderung nach begleitender Kontrolle durch den Förderrechtsrahmen eine begrenzende Wirkung. Bisher konnten bei der Beurteilung der ABM und SAM diesbezüglich einige Defizite festgestellt werden[284]. Im Rahmen der Eingliederungszuschüsse ist mit § 223 SGB III eine Vorschrift eingeführt worden, welche die missbräuchliche Verwendung der Zuschüsse verhindern und gleichzeitig die Zweckerreichung, nämlich die dauerhafte Eingliederung von Arbeitslosen in den Arbeitsmarkt, sichern soll[285]. Nach § 223 Abs. 1 Nr. 1 SGB III ist die Förderung ausgeschlossen, wenn zu vermuten ist, dass der Arbeitgeber die Beendigung eines Beschäftigungsverhältnisses veranlasst hat, um einen Eingliederungszuschuss zu erhalten. Damit soll der Umgehungsfall verhindert werden, dass der Arbeitgeber allein die Lohnsubvention im Blick hat, der eigentliche Leistungszweck, den Arbeitnehmer zu fördern, als sekundär zurücktritt. Die Vorschrift trägt dem Normzweck Rechnung. Die Subventionierung des Arbeitgebers ist weder beabsichtigt noch sollen allgemeine Lohnkosten des Arbeitgebers auf das Arbeitsamt abgewälzt werden können. Hierbei ist

---

281 *Voelzke*, Thomas, in: Hauck / Noftz, SGB III, K § 217 Rdnr. 24.
282 *Niesel*, SGB III, § 218 Rdnr. 10.
283 Siehe hierzu unten 2. Teil, A., III., 3., c.
284 Siehe für ABM oben 2. Teil, A., I., 3., f. – für SAM oben 2. Teil, A., II., 3., d.
285 BT-Drucksache, RegE-AFRG, zu § 221, S. 193.

bemerkenswert, dass der Förderungsausschluss schon dann greift, wenn hinreichende Anhaltspunkte eine Vermutung in diese Richtung zulassen[286]. Damit werden die Arbeitsämter von der Schwierigkeit befreit, den Umgehungsfall dezidiert zu beweisen. Vielmehr muss der Arbeitgeber im Fall tatsächlicher Anhaltspunkte die Vermutung widerlegen[287]. Dadurch kann die Förderung schon bei dem Verdacht des Missbrauches ausgeschlossen werden. Nach der Nr. 2 ist ein Ausschluss dann möglich, wenn die Einstellung bei einem früheren Arbeitgeber erfolgt, bei dem der Arbeitnehmer während der letzten vier Jahre vor Förderungsbeginn beschäftigt war. Der Tatbestand geht von einer Missbrauchsfiktion aus, indem eine Minderleistungsfähigkeit bzw. ein Einarbeitungsaufwand dann nicht gegeben ist, wenn der Arbeitnehmer bei einem früheren Arbeitgeber seine Tätigkeit wieder aufnimmt[288]. § 223 Abs. 2 SGB III schließlich dient der Sicherstellung des Förderzwecks, indem eine Zweckverfehlung verhindert werden soll. Danach ist der Eingliederungszuschuss zurückzuzahlen, wenn das Beschäftigungsverhältnis während des Förderzeitraums oder innerhalb eines Zeitraums, welcher der Förderungsdauer entspricht, längstens jedoch von zwölf Monaten, nach Ende des Förderzeitraums beendet wird. Eine dauerhafte Eingliederung des Arbeitnehmers wird als nicht erreicht angesehen, wenn der Arbeitgeber seiner Verpflichtung, den Arbeitnehmer weiterzubeschäftigen, nicht nachkommt, so dass die Förderung zurückzuzahlen ist. Für den Fall einer fristlosen Kündigung durch den Arbeitgeber (Nr. 1), einer Kündigung durch den Arbeitnehmer (Nr. 2) oder der Erreichung des Mindestalters für die gesetzliche Rente (Nr. 3) entfällt nach § 223 Abs. 2 S. 2 SGB III die Rückzahlungspflicht.

Das gesamte Kontrollsystem des Förderungsausschlusses und der Rückzahlungspflicht richtet sich erkennbar am Förderzweck aus. Mit § 223 SGB III wurde eine Bestimmung geschaffen, die den Besonderheiten des Förderinstruments der Eingliederungszuschüsse Rechnung trägt. Ein Förderungsmissbrauch soll ausgeschlossen werden, Zweckverfehlungen möglichst nicht auftreten, und wenn doch, greift eine klare und stringente Sanktionierung. Hierzu wurden etwaige Beweisschwierigkeiten der Arbeitsämter beim Nachweis des Fördermissbrauches durch die gesetzliche Ausgestaltung behoben, so dass das Kontrollinstrumentarium insgesamt effektiv ausgestaltet ist. § 223 SGB III kann insgesamt als eine gelungene Kontrollnorm verstanden werden, die eine effiziente Zweck-Mittel-Kontrolle ermöglicht und eindeutige Sanktionsmöglichkeiten für den Fall des Missbrauchs der Förderung zur Verfügung stellt. Im Rahmen der Eingliederungszuschüsse kann daher von einer den Anforderungen der Zweck-Mittel-Analyse entsprechenden Subventionskontrolle gesprochen werden.

---

[286] BT-Drucksache, RegE-AFRG, zu § 221, S. 193.

[287] *Niesel,* SGB III, § 223 Rdnr. 3.

[288] BT-Drucksache, RegE-AFRG, zu § 221, S. 193.

d) Zweckkoordination

Abschließend soll noch das Kriterium der Zweckkoordination angesprochen werden. Das Problem stellt sich, wenn die verschiedenen Förderinstrumente bei der Eingliederung von Arbeitnehmern aufgrund fehlender Abstimmung kumulativ angewandt werden könnten. Dies hätte zur Folge, dass der Arbeitgeber seine Lohnkosten bis auf null reduzieren könnte. Der Wettbewerbsvorteil wäre immens. Die Zweck-Mittel-Analyse fordert daher eine Koordination der einzelnen Förderinstrumente. Die rechtliche Förderstruktur ist so aufeinander abzustimmen, dass eine Fördermittel-Akkumulation nicht auftreten kann. Für den Bereich der Eingliederungszuschüsse hat der Gesetzgeber diesem Erfordernis Rechnung getragen und scharfe Konkurrenzregeln getroffen. § 226 Abs. 3 S. 1 SGB III normiert, dass Eingliederungszuschüsse ausgeschlossen sind, wenn Einstellungszuschüsse bei Neugründungen nach den §§ 225 ff. SGB III gewährt werden. Dagegen ist der Eingliederungsvertrag nach den §§ 229 ff. SGB III als parallele Förderung ausgestaltet, wobei sich Einschränkungen aus § 233 Abs. 2 S. 1 SGB III ergeben. Im Ergebnis findet damit eine strikte Abgrenzung und Koordination der verschiedenen Förderinstrumente statt, so dass ungewollte Akkumulationen wirkungsvoll vermieden werden[289].

4. Zwischenergebnis

Als Ergebnis lässt sich für das System der Eingliederungszuschüsse festhalten, dass mit dem verfolgten Normzweck nur geringe Freiheitsprobleme auftreten. Der Charakter einer Individualförderung für schwervermittelbare Arbeitsuchende tritt deutlich zutage. Der Förderstruktur gelingt es, die Erreichung des Förderzwecks zu gewährleisten, womit gleichzeitig eine wirksame Begrenzung der Förderrichtung erreicht wird. Unsicherheiten bei der Mittelvergabe und Missbrauchsgefahren werden durch stringente Kontroll- und Sanktionsmöglichkeiten aufgefangen. Legt man den Maßstab der Zweck-Mittel-Analyse an, so kann konstatiert werden, dass mit den §§ 217 – 224 SGB III ein durchweg zweckbestimmtes und zielgenaues System entwickelt wurde. Das legislatorische Ziel, die vorher unübersichtlich und unterschiedlich ausgestalteten Zuschussmöglichkeiten zu vereinheitlichen, wurde insgesamt erreicht. Gleichzeitig konnte die Transparenz der Vergabe erhöht sowie die Effektivität und Effizienz der Förderung gesteigert werden[290].

---

[289] *Voelzke,* Thomas, in: Hauck / Noftz, SGB III, K § 217 Rdnr. 5.

[290] So im Ergebnis ähnlich *Ammermüller,* Das neue Recht, in: Bundesministerium für Arbeit und Sozialordnung (Hrsg.), Wegweiser durch das neue Arbeitsförderungsrecht, S. 159.

IV. Neue Instrumente aktiver Arbeitsmarktpolitik

Angesichts dieser positiven Bewertung für den Bereich der allgemeinen Eingliederungszuschüsse ist zu fragen, ob der Gesetzgeber für die neu ins SGB III eingeführten Instrumente aktiver Arbeitsmarktpolitik einen ebenso Zweck-Mittel-gerechten Förderrechtsrahmen installiert hat. Der in den §§ 225 – 228 SGB III normierte Einstellungszuschuss bei Neugründungen orientiert sich dabei stark am System der Eingliederungszuschüsse, wie sich aus den Verweisnormen der §§ 226 Abs. 3 S. 2, 227 S. 2 SGB III ergibt. Ein ebenfalls völlig neues Instrument stellt der Eingliederungsvertrag dar, der in den §§ 229 – 234 SGB III geregelt ist. Schließlich ist noch die neue Fördermöglichkeit nach den §§ 254 – 259 SGB III, Zuschüsse zu Sozialplanmaßnahmen, zu nennen. Sämtliche Instrumente sollen am Maßstab der Zweck-Mittel-Analyse gemessen werden.

1. Einstellungszuschüsse bei Neugründungen

Zunächst soll das mit dem AFRG neu eingeführte Förderinstrument des Einstellungszuschusses bei Neugründungen betrachtet werden. Die Förderrechtsstruktur stellt mit § 225 SGB III einen allgemeinen Programmsatz auf. Die rechtlichen Voraussetzungen der Förderung werden dann in § 226 SGB III näher konkretisiert. Der Förderumfang ist schließlich in § 227 SGB III geregelt, wobei weitgehend auf das Recht der Eingliederungszuschüsse zurückgegriffen wird[291].

a) Förderzweck und Rechtsstruktur

Nach der Grundsatznorm des § 225 SGB III können Arbeitgeber, die vor nicht mehr als zwei Jahren eine selbständige Tätigkeit aufgenommen haben, für die unbefristete Beschäftigung eines zuvor arbeitslosen förderungsbedürftigen Arbeitnehmers auf einen neu geschaffenen Arbeitsplatz einen Zuschuss zum Arbeitsentgelt erhalten. Der Förderzweck geht damit weiter als dies im Rahmen des allgemeinen Eingliederungszuschusses der Fall ist. Auf der einen Seite soll zweifelsohne Arbeitslosigkeit abgebaut werden, indem die Neueinstellung eines Arbeitsuchenden gefördert wird. Im Unterschied zu den §§ 217, 218 SGB III ist die Neuschaffung eines Arbeitsplatzes Voraussetzung der Förderung. Umgründungen oder Betriebsübernahmen bereits bestehender Betriebe reichen nicht aus[292]. Die Förderung verfolgt damit das Ziel, Arbeitslose in neugeschaffene Dauerarbeitsverhältnisse zu bringen. Auf der anderen Seite findet parallel dazu eine Unterstützung von Existenzgründern statt. Ziel ist es, Neueinstellungen im Stadium der

---

291 Siehe hierzu oben 2. Teil, A., III., 2.
292 *Sabel*, SGB III, § 225 – 001.

Gründungsphase anzuregen, die sonst nicht oder noch nicht vorgenommen worden wären[293]. In der schwierigen Anfangsphase können vielfach aus finanziellen Gründen keine neuen Arbeitsplätze geschaffen werden, obwohl eine angemessene Anzahl an Arbeitsplätzen nötig wäre, um überhaupt einen Zugang zum Markt zu finden. Eine gewisse Hemmschwelle soll daher durch die Förderung überwunden werden[294].

Damit sich der Einstellungszuschuss nicht zu einer unbezahlbaren Wirtschaftssubvention entwickelt[295], wurde die Förderung in mehrfacher Hinsicht begrenzt und an den Förderzweck gebunden. Erklärtes Ziel ist es, allein echte Neugründungen zu fördern, die nicht länger als zwei Jahre zurückliegen dürfen[296]. Des Weiteren ist die Förderung an die Neuschaffung von Dauerarbeitsplätzen gebunden, befristete Arbeitsverhältnisse reichen insoweit nicht aus. Weitere Konkretisierungen finden sich in § 226 SGB III. In Abs. 1 Nr. 1 sind die Merkmale eines zuvor arbeitslosen förderungsbedürftigen Arbeitnehmers genannt. Zusätzlich bedarf es der Prognose, dass dieser ohne die Leistung nicht oder nicht dauerhaft in den Arbeitsmarkt eingegliedert werden kann[297]. Mit der Nr. 2 findet eine Begrenzung auf Kleinbetriebe statt. Der Arbeitgeber darf nicht mehr als fünf Arbeitnehmer beschäftigen. Um tatsächlich dauerhafte Arbeitsplätze zu fördern, muss die Existenzgründung insgesamt von fachkundiger Stelle auf ihre Tragfähigkeit hin untersucht werden (Nr. 3). Insgesamt kann der Einstellungszuschuss gem. § 226 Abs. 2 SGB III nur für zwei Arbeitnehmer gleichzeitig greifen. Die Feststellung der förderbaren und beschäftigten Arbeitnehmer erfolgt nach Maßgabe des Abs. 4. Die Förderdauer ist schließlich auf zwölf Monate beschränkt, die Förderhöhe auf pauschal 50 Prozent des berücksichtigungsfähigen Arbeitsentgelts festgesetzt (§ 227 SGB III).

b) Rechtliche Bewertung des Förderrechtsrahmens am Maßstab der Zweck-Mittel-Analyse

Mit dem Einstellungszuschuss bei Neugründungen wurde ein Instrument der Lohnsubventionierung geschaffen, das die Schaffung neuer und dauerhafter Arbeitsplätze im Blick hat. Die Förderung beschränkt sich dabei auch nicht auf bloße Problemgruppen innerhalb des Kreises der Arbeitslosen. Vielmehr steht der Einstellungszuschuss auch für nicht leistungsgeminderte Arbeitslose zur Verfügung. Damit handelt es sich um eine Lohnsubvention, die schnell und zielgerichtet die

---

[293] *Henning / Henke / Schlegel / Theuerkauf,* SGB III, § 225 Rdnr. 7.

[294] BT-Drucksache 13/4941, RegE-AFRG, zu § 223, S. 193.

[295] Auf diese Gefahr weist zutreffend hin, *Ammermüller,* Das neue Recht, in: Bundesministerium für Arbeit und Sozialordnung (Hrsg.), Wegweiser durch das neue Arbeitsförderungsrecht, S. 164.

[296] *Niesel,* SGB III, § 225 Rdnr. 3.

[297] Vgl. hierzu die Ausführungen zum Eingliederungszuschuss oben 2. Teil, A., III., 2.

Einstellung von Arbeitslosen unterstützt[298]. Der Subventionierung gelingt es Neueinstellungen anzuregen. Dies stellt die individuelle Komponente der Förderung dar, da hiermit dem Arbeitslosen, der nun einen Dauerarbeitsplatz erhält, direkt geholfen wird.

Daneben besitzt die Förderung aber auch eine allgemein wirtschaftsfördernde Komponente. Zum einen geht diese in Richtung des Existenzgründers. Die Schwierigkeiten eines neu gegründeten Unternehmens, sich am Markt zu betätigen und zu behaupten, sollen durch eine Lohnkostensubventionierung aufgefangen werden. Neugründern wird damit ausdrücklich ein wirtschaftlicher Vorteil gegenüber bereits am Markt tätigen Unternehmen eingeräumt. Diese durch die Subventionierung beabsichtigte Wettbewerbsbeeinflussung wird mit den Schwierigkeiten einer Existenzgründung gerechtfertigt. Gerade die Etablierung am Markt erfordert einen hohen Kapitaleinsatz. Während jedoch für Kapitalinvestitionen meist ein Bankenkredit gewährt wird, ist dies bei der Vorfinanzierung von Löhnen nur selten der Fall[299]. Dieses Risiko und – damit eng verbunden – die Benachteiligung des Existenzgründers am Markt will die Subventionierung auffangen. Zum anderen wird mit der allgemein wirtschaftlichen Komponente nicht nur das neue Unternehmen gefördert, sondern gleichsam auch der notwendige Strukturwandel der Wirtschaft unterstützt[300]. Mit jeder Neugründung eines wettbewerbsfähigen Unternehmens findet eine Erneuerung der Wirtschaftsstruktur statt, dauerhafte Arbeitsplätze werden geschaffen und im Ergebnis die Aufnahmefähigkeit des Arbeitsmarktes erhöht. Im Ergebnis wird die Wettbewerbsbeeinflussung durch den Förderzweck hinreichend gerechtfertigt.

Gleichzeitig findet eine weitgehende Zweckbegrenzung bzw. Zweckverdeutlichung statt. So wird mit § 226 Abs. 1 SGB III die individuelle Komponente der Förderung auf bestimmte Arbeitnehmer konkretisiert, daneben die wirtschaftliche Komponente der Förderung auf die Subventionierung von Kleinbetrieben begrenzt. Hierdurch werden insbesondere Mitnahmeeffekte vermieden[301]. Dazu trägt auch die Beschränkung der Förderung auf zwei Arbeitnehmer bei. Der Gesetzgeber erreicht dadurch eine wirksame Begrenzung des Fördervolumens. Ferner wird die Intensität der Wettbewerbsbeeinflussung möglichst gering gehalten. Der Förderzweck ist daher hinreichend begrenzt und konkretisiert. Der Rechtsrahmen bindet im Ergebnis die Förderung ausreichend an den Normzweck. Hinsichtlich der Vermeidung des Missbrauchs von Zuschüssen wurden für das Recht der Eingliederungszuschüsse gesonderte Kontrollnormen – §§ 226 Abs. 3 S. 2, 223 SGB III – eingeführt. Insoweit kann auf die bereits erfolgte positive Bewertung dieser Form der Subventionskontrolle verwiesen werden[302]. Hierin ist eine effektive Miss-

---

298 *Ammermüller,* Das neue Recht, in: Bundesministerium für Arbeit und Sozialordnung (Hrsg.), Wegweiser durch das neue Arbeitsförderungsrecht, S. 164.

299 BT-Drucksache 13/4941, RegE-AFRG, zu § 223, S. 194.

300 *Sabel,* SGB III, § 225 – 001.

301 BT-Drucksache 13/4941, RegE-AFRG, zu § 224, S. 194.

brauchsabwehr zu sehen. Diese wird noch durch § 226 Abs. 3 S. 1 SGB III ergänzt, wonach ein Kumulierungsverbot festgelegt ist, das eine Mehrfachförderung verhindert. Der Gesetzgeber hat dadurch eine scharfe Abgrenzung und Trennung der verschiedenen Fördermöglichkeiten im Bereich der Eingliederung von Arbeitnehmern vorgenommen[303]. Zweckverfehlungen und Fehlallokationen werden durch die Förderstruktur weitgehend vermieden.

c) Zwischenergebnis

Im Ergebnis wird das neue Instrument der Einstellungszuschüsse bei Neugründungen dem Maßstab der Zweck-Mittel-Analyse gerecht. Mit der Förderung kann gezielt Arbeitgebern und Arbeitslosen geholfen werden[304]. Die durch den Gesetzgeber intendierte Wettbewerbsbeeinflussung wird durch den Förderzweck hinreichend gerechtfertigt und durch die Rechtsstruktur wirksam begrenzt. Der Subventionszweck tritt im Förderrechtsrahmen deutlich und bestimmt hervor. Die Zweckbindung entspricht insgesamt den Anforderungen, welche die Zweck-Mittel-Analyse als rechtlicher Maßstab an diese stellt.

2. Der Eingliederungsvertrag

Als weiteres neues Instrument der aktiven Arbeitsmarktpolitik wurde mit den §§ 229 – 234 SGB III der Eingliederungsvertrag eingeführt. § 229 SGB III nennt dabei das Förderziel. Die §§ 230, 231, 232 SGB III dienen der näheren Ausgestaltung des Eingliederungsvertrages als Arbeitsvertrag. Der eigentliche Förder- und Subventionscharakter bestimmt sich durch § 233 SGB III. Im folgenden soll nun der Förderrechtsrahmen dargelegt und am Zweck-Mittel-Maßstab geprüft werden.

a) Förderzweck und Rechtsstruktur

Der Förderzweck ist in § 229 SGB III ausdrücklich benannt. Danach kann die Eingliederung von förderungsbedürftigen Arbeitslosen[305] gefördert werden, die

---

[302] Siehe hierzu oben 2. Teil, A., III., 3., c.

[303] Vgl. die Ausführungen zur Koordination der Förderinstrumente, oben 2. Teil, A., III., 3., d.

[304] *Ammermüller,* Das neue Recht, in: Bundesministerium für Arbeit und Sozialordnung (Hrsg.), Wegweiser durch das neue Arbeitsförderungsrecht, S. 165.

[305] In § 230 SGB III gelten als förderungsbedürftige Arbeitslose Langzeitarbeitslose sowie andere Arbeitslose, die mindestens sechs Monate arbeitslos und bei denen mindestens ein Vermittlungserschwernis vorliegt; zum Begriff des Vermittlungserschwernisses vgl. Runderlass der Bundesanstalt für Arbeit zum Eingliederungsvertrag vom 11. 8. 1997, ANBA 1997, 1220.

vom Arbeitgeber unter Mitwirkung des Arbeitsamtes auf Grund eines Eingliederungsvertrages mit dem Ziel beschäftigt werden, diese nach erfolgreichem Abschluss der Eingliederung in ein Arbeitsverhältnis zu übernehmen. Zweck der Förderung ist es, Langzeitarbeitslose und andere schwervermittelbare Arbeitslose in
den Arbeitsmarkt einzugliedern, gleichsam eine sogenannte Hemmschwelle der
Arbeitgeber in Bezug auf diese Personengruppe abzubauen[306]. Der Arbeitgeber
soll den Arbeitslosen kennenlernen und seine beruflichen Fähigkeiten erproben.
Der Arbeitslose erhält die Chance, sich unter betrieblichen Arbeitsbedingungen zu
qualifizieren und sich für die Übernahme in ein ungefördertes Arbeitsverhältnis zu
empfehlen[307].

Die eigentliche Förderung, der wirtschaftliche Anreiz für den Arbeitgeber, besteht darin, dass diesem für die Dauer des Eingliederungsvertrages bestimmte arbeitsrechtliche Beschränkungen und Lasten abgenommen werden. So erstattet das
Arbeitsamt dem Arbeitgeber nach § 233 Abs. 1 S. 1 SGB III das für Zeiten ohne
Arbeitsleistung von ihm zu zahlende Arbeitsentgelt, insbesondere die Entgeltfortzahlung im Krankheitsfall, sowie den darauf entfallenden Arbeitgeberanteil an der
Kranken-, Pflege- und Rentenversicherung, sowie die Beiträge, die er im Rahmen
eines Ausgleichssystems für die Entgeltfortzahlung im Krankheitsfalle und für die
Zahlung von Urlaubsvergütung zu leisten hat[308]. Ferner können der Arbeitslose
und der Arbeitgeber die Eingliederung jederzeit ohne Angabe von Gründen für gescheitert erklären und dadurch den Eingliederungsvertrag auflösen (§ 232 Abs. 2
SGB III). Die Regeln über die Kündigung von Arbeitsverhältnissen sind daher
nicht anwendbar[309]. Mit dieser Ausgestaltung soll das vermeintliche Risiko der Arbeitgeber übernommen werden, dass die Gruppe der Langzeitarbeitslosen und anderer schwervermittelbarer Arbeitslosen hohe Lohnkosten durch überdurchschnitt-
liche Fehlzeiten verursachen[310].

Mit dem Eingliederungsvertrag übernimmt der Arbeitgeber des Weiteren die
Verpflichtung, dem aufgrund des Vertrages Beschäftigten die Gelegenheit zu geben, sich unter betriebsüblichen Arbeitsbedingungen zu qualifizieren und einzuar-
beiten, mit dem Ziel, ihn nach erfolgreichem Abschluss der Eingliederung in ein
Arbeitsverhältnis zu übernehmen. Der Arbeitgeber hat den Beschäftigten während
der Eingliederung in geeigneter Weise zu betreuen und eine Betreuung durch das

---

306 BT-Drucksache 13/4941, RegE-AFRG, zu § 227, S. 194.

307 *Hanau,* Der Eingliederungsvertrag – Ein neues Instrument der Arbeitsförderung, DB
1997, 1278.

308 *Ammermüller,* Das neue Recht, in: Bundesministerium für Arbeit und Sozialordnung
(Hrsg.), Wegweiser durch das neue Arbeitsförderungsrecht, S. 166; *Henning/Kühl/Heuer/
Henke,* AFG, § 54c Rdnr. 3.

309 *Bepler, Klaus* in: Gagel, AFG, § 54b Rdnr. 20; *Hanau,* Der Eingliederungsvertrag –
Ein neues Instrument der Arbeitsförderung, DB 1997, 1279; *Henning/Henke/Schlegel/
Theuerkauf,* SGB III, § 232 Rdnr. 5; *Niesel,* SGB III, § 232 Rdnr. 7; *Sabel,* SGB III, § 232 –
001.

310 BT-Drucksache 13/4941, RegE-AFRG, zu § 227, S. 194.

Arbeitsamt oder einen von diesem benannten Dritten zuzulassen. Für Weiterbildungsmaßnahmen ist der Beschäftigte freizustellen (§ 231 Abs. 3 SGB III). Im Gegenzug verpflichtet sich der Arbeitslose, die vereinbarte Tätigkeit zu verrichten. Insbesondere kann er beim Arbeitgeber im Rahmen flexibler Einsatzzeiten und an wechselnden Stellen eingesetzt werden. Es besteht eine Verpflichtung zur Teilnahme an innerbetrieblichen Qualifizierungsmaßnahmen (§ 231 Abs. 4 SGB III). Die gegenseitigen Verpflichtungen werden dabei insgesamt als Beschäftigungsverhältnis sui generis angesehen[311]. Hinsichtlich der weiteren rechtlichen Ausgestaltung des Eingliederungsvertrages wurde von der Bundesanstalt für Arbeit[312] ein Mustervertrag entwickelt[313]. Darin zeigt sich die weite Gestaltungsfreiheit bei der konkreten Ausformung des Eingliederungsvertrages[314].

b) Rechtliche Bewertung des Förderrechtsrahmens am Maßstab der Zweck-Mittel-Analyse

Betrachtet man im Rahmen der Zweck-Mittel-Analyse zunächst den Förderzweck – den Arbeitslosen nach Ende der Förderung in ein reguläres Arbeitsverhältnis zu übernehmen – und das Mittel zur Erreichung desselben – den Eingliederungsvertrag –, so kann die erforderliche Konnexität von Mittel und Zweck insgesamt bejaht werden. Der Eingliederungsvertrag dient dem Abbau von Schranken zwischen dem Zustand der Arbeitslosigkeit und dem der Arbeit. Gleichzeitig setzt diese Form der aktiven Arbeitsmarktpolitik auf dem ersten Arbeitsmarkt an, indem eine betriebliche Eingliederung erreicht werden soll. Man kann insoweit durchaus von einer „gezielten Kombination von Arbeitsentgelt und öffentlichen Mitteln in der ersten Phase neuer Beschäftigungsverhältnisse" sprechen[315].

Dies ist insbesondere vor dem Hintergrund zu sehen, dass sich die Förderung gem. § 230 SGB III auf eine Eingliederung besonders schwervermittelbarer Arbeitsloser richtet, insoweit also deren individuellen Wettbewerbsnachteile am Arbeitsmarkt ausgeglichen werden sollen. Zwar findet auch im Rahmen des Eingliederungsvertrages eine Entlastung – die Lohnsubventionierung stellt einen Vorteil

---

[311] Dies ist durchaus strittig, vgl. den Streitstand bei *Bepler,* Klaus in: Gagel, AFG, § 54a Rdnr. 22 ff.

[312] Runderlass der Bundesanstalt für Arbeit zum Eingliederungsvertrag vom 11. 8. 1997, ANBA 1997, 1229.

[313] Zur rechtlichen Bewertung des Mustervertrages vgl. *Hanau,* Der Eingliederungsvertrag, S. 19 ff.

[314] Zu den arbeits- und sozialrechtlichen Problemen vgl. *Ammermüller,* Das neue Recht, in: Bundesministerium für Arbeit und Sozialordnung (Hrsg.), Wegweiser durch das neue Arbeitsförderungsrecht, S. 167; *Bepler,* Klaus in: Gagel, AFG, § 54a Rdnr. 25 ff.; *Hanau,* Der Eingliederungsvertrag – Ein neues Instrument der Arbeitsförderung, DB 1997, 1278 ff.; *Niesel,* SGB III, § 231 Rdnr. 9 ff.

[315] *Hanau,* Der Eingliederungsvertrag – Ein neues Instrument der Arbeitsförderung, DB 1997, 1278.

dar – des Arbeitgebers statt, jedoch wird dieser durch den Förderzweck, einen schwervermittelbaren Arbeitslosen langfristig einzugliedern, ausgeglichen. Hinzu kommt, dass im Vergleich zu den Kosten von Arbeitsbeschaffungs- oder Strukturanpassungsmaßnahmen[316] die Aufwendungen für den Eingliederungsvertrag[317] als gering einzuschätzen sind[318]. Im Ergebnis fällt der mögliche Vorteil des Arbeitgebers daher niedrig aus, zumal die Förderung gem. § 232 Abs. 1 S. 1 SGB III auf sechs Monate befristet ist, so dass das Wettbewerbsproblem nur marginal in Erscheinung tritt. Die Förderungsbedürftigkeit des Arbeitslosen und dessen Schwierigkeiten, eine neue Arbeitsstelle zu finden, sind darüber hinaus Anlass und Rechtfertigung dieser Form der Lohnsubvention[319].

Problematisch ist allerdings die Zwecksicherung durch den Förderrechtsrahmen. Die §§ 229 Abs. 1, 231 Abs. 3 S. 1 SGB III nennen zwar den Endzweck der Förderung, den Arbeitslosen nach erfolgreichem Abschluss der Eingliederung in ein Arbeitsverhältnis zu übernehmen, eine Pflicht zur Übernahme besteht indes gerade nicht[320]. Hier kann sich die Gefahr von Mitnahmeeffekten ergeben, indem Unternehmen gefördert werden, die an einer späteren Eingliederung des Arbeitslosen nicht ernsthaft interessiert sind. Dies wird durch § 232 Abs. 2 SGB III noch erleichtert, da eine Auflösung ohne Angaben von Gründen möglich ist und der Arbeitergeber keinem Rechtfertigungszwang bei einer gescheiterten Eingliederung unterliegt. Nun wird man ersichtlich aus dem Sinn und Zweck der Förderung eine ernsthafte Verfolgung des Eingliederungsziels verlangen können[321]. Einziges Sanktionsmittel stellt nach § 233 Abs. 3 SGB III die Möglichkeit dar, die Förderung vorzeitig einzustellen[322]. Eine Rückzahlung der Subventionen ist nicht vorgesehen. Eine solche wäre gerade auch mit dem Wesen des Eingliederungsvertrages unvereinbar. Dem Arbeitgeber soll es möglich sein, sich ohne Schwierigkeiten wieder vom Eingliederungsvertrag lösen zu können. Dennoch bietet die Einstellung der Förderung keinen umfassenden Schutz. Die Normenstruktur schützt nicht vor willkürlichen Abwendungen vom Eingliederungsverhältnis[323]. Dies gilt es, als Schwäche der rechtlichen Ausgestaltung festzuhalten. Auf eine wirksame Verhin-

---

316 Zu den Kosten von Strukturanpassungsmaßnahmen in Berlin und Sachsen vgl. *Rabe,* Implementation wirtschaftsnaher Arbeitsmarktpolitik, S. 114 ff.

317 Zu den erwartenden durchschnittlichen Aufwendungen vgl. den Runderlass der Bundesanstalt für Arbeit zum Eingliederungsvertrag vom 11. 8. 1997, ANBA 1997, 1222.

318 In der Einschätzung ähnlich *Hanau,* Der Eingliederungsvertrag – Ein neues Instrument der Arbeitsförderung, DB 1997, 1278.

319 *Bepler,* Klaus in: Gagel, AFG, § 54a Rdnr. 12.

320 *Ammermüller,* Das neue Recht, in: Bundesministerium für Arbeit und Sozialordnung (Hrsg.), Wegweiser durch das neue Arbeitsförderungsrecht, S. 167; *Henning/Kühl/Heuer/ Henke,* AFG, § 54a Rdnr. 4.

321 *Henning/Kühl/Heuer/Henke,* AFG, § 54a Rdnr. 5.

322 *Niesel,* SGB III, § 233 Rdnr. 20.

323 Zu diesem Ergebnis kommen auch *Henning/Henke/Schlegel/Theuerkauf,* SGB III, § 232 Rdnr. 3.

derung von Zweckverfehlungen wurde letztlich verzichtet, um dem Arbeitgeber nicht den Vorteil zu nehmen, nahezu unverbindlich einen Eingliederungsvertrag eingehen zu können. Der Gesetzgeber hätte der Gefahr von Mitnahmeeffekten zumindest dadurch begegnen können, dass dem Arbeitgeber eine Begründungspflicht für das Scheitern der Eingliederung auferlegt wird. Willkürakte ließen sich dann schnell als Missbrauch der Förderung entlarven.

Hinsichtlich der Koordination der Förderinstrumente ist in § 233 Abs. 2 SGB III ausdrücklich bestimmt, dass der allgemeine Eingliederungszuschuss nach den §§ 217 ff. SGB III parallel gewährt werden kann. Damit soll ein zusätzlicher Anreiz zum Abschluss eines Eingliederungsvertrages geschaffen werden, da bei einem nach § 230 SGB III förderungsbedürftigen Arbeitslosen vielfach ebenfalls die Voraussetzungen des § 218 SGB III erfüllt sein dürften[324]. Damit werden die insoweit identischen Zielrichtungen der beiden Förderinstrumente, eine Eingliederung des Arbeitssuchenden zu erreichen, scheinbar miteinander verbunden, um im Ergebnis eine verstärkte Förderung zu erreichen. Als kritisch ist dabei allerdings zu bewerten, dass die Eingliederungszuschüsse primär das Ziel einer dauerhaften Eingliederung verfolgen, wie sich aus der Rückzahlungsverpflichtung des § 223 Abs. 2 SGB III[325] ergibt, sich dann aber § 233 Abs. 2 S. 2 SGB III hierzu in Widerspruch setzt[326]. Danach muss der Arbeitgeber bei Scheitern der Eingliederung die Eingliederungszuschüsse nicht zurückzahlen. Hier hätte der Gesetzgeber besser diesen Widerspruch in der Zielbindung vermieden und den Arbeitgeber, wenn dieser schon eine verstärkte Förderung erhält, der Rückzahlungspflicht ausgesetzt.

c) Zwischenergebnis

Im Ergebnis bleibt festzuhalten, dass am Maßstab der Zweck-Mittel-Analyse der Förderzweck des Eingliederungsvertrages bestimmt genug ist. Die Rechtsstruktur bindet die Fördermittel ausreichend an den Zweck. Als Schwachpunkt wurde der unzureichende Schutz vor Zweckverfehlungen erkannt. Gewissen Bedenken begegnet auch die Ausgestaltung des Verhältnisses der Eingliederungszuschüsse zum Eingliederungsvertrag. Hier besteht durchaus noch Handlungsbedarf. Insgesamt sind die Instrumente zur Eingliederung von Arbeitnehmern im Rahmen des fünften Kapitels als durchweg positiv und zweckbestimmt zu bewerten. Dies ergibt sich insbesondere aus den geringen Wettbewerbsproblemen, welche die Fördermaßnahmen aufwerfen. Je geringer diese sind, desto geringer ist auch der Rechtfertigungszwang, der auf die Subventionierung wirkt. Der Gesetzgeber vermag dann leichter seine Zweckverdeutlichungspflicht zu erfüllen.

---

[324] BT-Drucksache 13/4941, RegE-AFRG, zu § 227, S. 194.

[325] Vgl. hierzu die ausführliche Darstellung oben, 2. Teil, A., III., 3., c.

[326] *Voelzke*, Thomas, in: Hauck/Noftz, SGB III, K § 217 Rdnr. 14.

3. Zuschüsse zu Sozialplanmaßnahmen

Als letztes Förderinstrument unmittelbarer Beschäftigungssubventionen sollen die Zuschüsse zu Sozialplanmaßnahmen nach den §§ 254 – 259 SGB III untersucht werden. Der Förderzweck ist in § 254 SGB III normiert, während sich die Förderfähigkeit in concreto nach § 255 SGB III richtet. Die Ausgestaltung des Zuschusses erfolgt schließlich durch § 257 SGB III.

a) Förderzweck und Rechtsstruktur

Das gesetzliche Ziel der Förderung ist darauf gerichtet, die in einem Sozialplan vorgesehenen Maßnahmen und mit diesen verbundene Gelder beschäftigungswirksam einzusetzen und eine Wiedereingliederung der betroffenen Arbeitnehmer zu erreichen[327]. Nach den §§ 111, 112 BetrVG soll der Arbeitgeber bei Betriebsänderungen, die wesentliche Nachteile für die Belegschaft oder für erhebliche Teile von ihr zur Folge haben können, versuchen, mit dem Betriebsrat zu einem Interessenausgleich zu kommen[328]. Hierbei kommt es vielfach zu einem Sozialplan, bei dem der Nachteil eines Personalabbaus durch Abfindungen ausgeglichen wird. Diese Abfindungen bergen die Gefahr, dass der abgefundene Arbeitslose zunächst Arbeitsangebote ablehnen wird, später dann aber als Langzeitarbeitsloser schwer vermittelbar wird[329]. Mit den Zuschüssen zu Sozialplanmaßnahmen soll dieser Gefahr begegnet werden. Nach § 254 SGB III sollen die in einem Sozialplan vorgesehenen Maßnahmen, die der Eingliederung von ohne die Förderung nicht oder nicht dauerhaft in den Arbeitsmarkt einzugliedernden Arbeitnehmern dienen, bezuschusst werden, wenn anstelle der Zuschüsse voraussichtlich andere Leistungen der aktiven Arbeitsförderung zu erbringen wären. Dem Unternehmen, für das der Sozialplan vereinbart wurde, wird eine Förderung letztlich dadurch zuteil, dass im Ergebnis die Betriebsänderung kostengünstiger wird, als wenn lediglich Abfindungen gezahlt worden wären. Mit den Zuschüssen wird dem Unternehmen die Umsetzung des Sozialplans finanziell erleichtert. Dieser Vorteil kann sich mithin auf das nach der Betriebsänderung bestehende Unternehmen auswirken.

Eine Zweckbegrenzung findet sich in § 254 SGB III, wonach die Prognose zu erstellen ist, dass ohne die Maßnahmeförderung keine oder keine dauerhafte Eingliederung des Arbeitnehmers erfolgen wird. Strittig ist dabei, ob diese Prognose für jeden einzelnen Arbeitnehmer zu erfolgen hat[330] oder aber pauschal auf alle

---

[327] BT-Drucksache, RegE-AFRG, zu § 252, S. 197.

[328] *Niesel,* SGB III, § 254 Rdnr. 5.

[329] Diese Fehlentwicklung zeigt deutlich auf, *Ammermüller,* Das neue Recht, in: Bundesministerium für Arbeit und Sozialordnung (Hrsg.), Wegweiser durch das neue Arbeitsförderungsrecht, S. 168.

[330] *Niesel,* SGB III, § 255 Rdnr. 9.

betroffenen Arbeitnehmer abgestellt werden kann[331]. Für die pauschale Betrachtungsweise sprechen sicher Praktikabilitätserwägungen. Zudem geht der Gesetzgeber von einer solchen aus[332]. Ferner lässt der Gesetzeswortlaut eine solche Interpretation zu, da in diesem Zusammenhang von „Arbeitnehmern" die Rede ist, also eine Pluralkonstruktion verwendet wird. Jedoch ist dem zu entgegnen, dass dies zu einer enormen Streuung der Fördermittel führt. Durch eine pauschale Betrachtung würden bewusst Fehlallokationen in Kauf genommen, die gerade durch die Zweck-Mittel-Analyse und deren Forderung nach einem zweckgerechten Einsatz der Fördermittel vermieden werden sollen. Zudem besteht keinerlei Grund, im Rahmen der Sozialplanmaßnahmen auf eine Einzelfallbetrachtung zu verzichten, während dies bei den bisherigen Förderinstrumenten geradezu selbstverständlich war. Ferner ist nicht einzusehen, warum gut vermittelbare Arbeitnehmer bei der Berechnung des Zuschusses berücksichtigt werden sollen. Vielmehr lässt sich dadurch der ohnehin hohe finanzielle Aufwand dieses Förderinstrumentes[333] zweckgerecht reduzieren. Im Ergebnis erfordert also der Rechtsmaßstab der Zweck-Mittel-Analyse eine Einzelfallbetrachtung, um die Förderungsbedürftigkeit eines Arbeitnehmers im Sinne des § 254 SGB III festzustellen. Praktikabilitätserwägungen rechtfertigen insoweit eine pauschalierende Betrachtung nicht.

Schließlich muss nach § 254 SGB III ebenfalls für jeden einzelnen betroffenen Arbeitnehmer eine Prognose erstellt werden, wonach durch die Zuschüsse zu den Sozialplanmaßnahmen im Ergebnis andere Leistungen der aktiven Arbeitsförderung vermieden werden[334]. Die Bezuschussung erfolgt dann allerdings pauschal für den gesamten Sozialplan und nicht für den einzelnen Arbeitnehmer. Als Träger gem. § 21 SGB III gilt das Unternehmen, für das der Sozialplan vereinbart wurde[335]. Die unterstützungsfähigen Maßnahmen, die in einem Sozialplan vereinbart werden können, sind indes nicht näher im Gesetz bestimmt, jedoch stellt § 255 SGB III insoweit gewisse Mindestanforderungen. Damit soll dem Gestaltungsspielraum der Beteiligten bei Erstellung des Sozialplans Rechnung getragen werden[336]. § 255 Abs. 1 SGB III nennt insgesamt sechs Kriterien, die für eine Förderung kumulativ erfüllt sein müssen. So müssen die betroffenen Arbeitnehmer infolge der Betriebsänderung[337] von Arbeitslosigkeit bedroht sein (Nr. 1). Eine Legaldefinition findet sich in § 17 SGB III. Danach scheiden solche Arbeitnehmer aus, deren Arbeitsverhältnis von Anfang an befristet war oder die mit einer anschließenden Vermittlung in zumutbare Arbeit rechnen können[338]. Auch eine weitere

---

331 *Henning / Henke / Schlegel / Theuerkauf,* SGB III, § 255 Rdnr. 5.

332 BT-Drucksache 13 / 4941, RegE-AFRG, zu § 252, S. 198.

333 *Ammermüller,* Das neue Recht, in: Bundesministerium für Arbeit und Sozialordnung (Hrsg.), Wegweiser durch das neue Arbeitsförderungsrecht, S. 169.

334 *Niesel,* SGB III, § 254 Rdnr. 10.

335 *Niesel,* SGB III, § 254 Rdnr. 3.

336 *Ammermüller,* Das neue Recht, in: Bundesministerium für Arbeit und Sozialordnung (Hrsg.), Wegweiser durch das neue Arbeitsförderungsrecht, S. 168.

337 Hierzu ausführlich *Martin,* Interessenausgleich und Sozialplan, Rdnr. 57 ff.

Beschäftigung im Unternehmen bzw. im Konzern schließt die Förderung des Arbeitnehmers aus. Ferner muss gem. § 255 Abs. 1 Nr. 2 SGB III ein Interessenausgleich nach § 112 BetrVG versucht worden sein. Danach sollen die Nachteile für die Arbeitnehmer so gering wie möglich sein und weitgehend innerbetrieblich abgefedert werden[339]. Darüber hinaus fordert Nr. 3, dass ein Sozialplan zwischen Arbeitgeber und Betriebsrat für die betroffenen Arbeitnehmer abgeschlossen sein muss. Entscheidend ist dabei, dass sich die Vereinbarung auf den einzelnen zu fördernden Arbeitnehmer erstrecken muss, da ansonsten ungewollte Mitnahmeeffekte auftreten können[340]. Der Gesetzgeber will hier den weiten Gestaltungsspielraum der Parteien bei der Ausarbeitung des Sozialplans dergestalt einengen, dass eine Koppelung der Maßnahme an den einzelnen förderungsbedürftigen Arbeitnehmer und seinen individuellen Bedürfnissen erfolgt. Dadurch wird die Geeignetheit der Maßnahme zur Erreichung des Förderzwecks sichergestellt.

In § 255 Abs. 1 Nr. 4 SGB III heißt es, dass die Maßnahme nach Art, Umfang und Inhalt zur Eingliederung der Arbeitnehmer arbeitsmarktlich zweckmäßig und nach den Grundsätzen der Sparsamkeit und Wirtschaftlichkeit geplant sein muss. Damit zeigt sich erneut der weite Gestaltungsspielraum, welcher den Beteiligten gelassen wird[341]. Dennoch verlangt der Gesetzgeber auf der Ebene der konkreten Vergabe eine genauere Konkretisierung der vorgesehenen Maßnahmen. Dadurch wird versucht, den Beteiligten einerseits die Kreativität bei der Gestaltung von Sozialplänen zu belassen, andererseits aber ein gewisses Maß an Einfluss und Kontrolle zu behalten. Schließlich will § 255 Abs. 1 Nr. 5 und 6 SGB III den Unternehmer finanziell möglichst weitgehend in die Maßnahmen des Sozialplans einbinden. Es soll verhindert werden, dass der Unternehmer Kosten der Betriebsänderung auf die Solidargemeinschaft abwälzt und dadurch einen unberechtigten Vorteil erhält[342]. Die Maßnahme muss zudem für ihre gesamte Laufzeit gesichert sein. Diese darf insbesondere nicht ausschließlich vom Bestand des Unternehmens abhängen[343]. Es bedarf insoweit eines Gesamtfinanzierungskonzeptes.

Abschließend nennt § 255 Abs. 2 SGB III noch einen Negativkatalog, nach dem eine Förderung ausgeschlossen ist, wenn die Maßnahme überwiegend betrieblichen Interessen dient (Nr. 1). Hiermit sollen sogenannte Umgehungsfälle ausgeschaltet werden, wenn ein Arbeitnehmer durch die Maßnahme für einen anderen Produktionszweig desselben Unternehmens qualifiziert wird[344]. Die Nr. 2 nennt als Ausschlussgrund ein Zuwiderlaufen der Maßnahme hinsichtlich der gesetzli-

---

338 *Niesel,* SGB III, § 255 Rdnr. 6.

339 BAG in NZA 1992, 227.

340 *Niesel,* SGB III, § 255 Rdnr. 8.

341 BT-Drucksache 13/4941, AFRG zu § 255, S. 198.

342 *Sabel,* SGB III, § 255 – 002.

343 *Henning/Henke/Schlegel/Theuerkauf,* SGB III, § 255 Rdnr. 7; *Löwisch,* Die Flankierung von Sozialplänen durch die Bundesanstalt für Arbeit, RdA 1997, 291.

344 BT-Drucksache 13/4941, AFRG zu § 255, S. 198.

chen Ziele der Arbeitsförderung. Dies erscheint einsichtig, dennoch schien es dem Gesetzgeber notwendig, angesichts der möglichen Missbrauchsgefahr, beispielsweise durch Frühverrentungsprogramme[345], dies explizit noch einmal im Gesetz festzuschreiben. Schließlich scheidet eine Förderung aus, wenn der Sozialplan ein Wahlrecht für den einzelnen Arbeitnehmer zwischen Abfindung und Eingliederungsmaßnahme vorsieht (Nr. 3). Mit der Möglichkeit der Abfindung kann das Ziel der Arbeitsförderung, eine Wiedereingliederung des Arbeitnehmers in den Arbeitsmarkt zu fördern, nicht erreicht werden[346]. Es handelt sich damit um einen Fall der Ungeeignetheit der Maßnahme zur Erreichung des Förderzwecks.

b) Rechtliche Bewertung des Förderrechtsrahmens am Maßstab der Zweck-Mittel-Analyse

Untersucht man nun den Förderrechtsrahmen am Maßstab der Zweck-Mittel-Analyse, so ist zunächst festzustellen, dass die legislatorische Zielsetzung in § 254 SGB III deutlich hervortritt. Dahingegen sind die einzelnen Voraussetzungen der Förderung recht vage formuliert. Hinsichtlich der konkreten Maßnahmen geben die §§ 254, 255 SGB III lediglich einen Rahmen vor. Bei der konkreten inhaltlichen Ausgestaltung sind Arbeitgeber und Betriebsrat bei Erstellung des Sozialplans weitgehend frei. Diese auf der einen Seite zu begrüßende Offenheit der konkreten Ausgestaltung und die Möglichkeit zur Ausrichtung auf die betrieblichen und örtlichen Bedürfnisse[347] birgt auf der anderen Seite aber auch die Gefahr des Missbrauchs. Die wurde vom Gesetzgeber ausdrücklich erkannt[348]. Dennoch entschied man sich dafür, das Förderinstrument flexibel auszugestalten.

Der Missbrauchsgefahr soll dabei insbesondere durch § 255 SGB III begegnet werden. Nun begegnet aber gerade § 255 Abs. 1 Nr. 4 SGB III einiger Bedenken. Hiernach soll die Maßnahme nach Art, Umfang und Inhalt zur Eingliederung des Arbeitnehmers arbeitsmarktlich zweckmäßig und nach den Grundsätzen der Wirtschaftlichkeit und der Sparsamkeit geplant sein. Die Förderrichtung bleibt damit im Ergebnis offen. Eine Zweckbegrenzung ergibt sich daraus nicht, da letztlich jede Maßnahme in concreto die angesprochenen Prinzipien zu erfüllen vermag. Der Förderrechtsrahmen lässt den Beteiligten einen sehr weiten Spielraum für die Ausgestaltung von Maßnahmen. Hier wäre es angebracht gewesen, den Beteiligten konkretere Vorgaben bezüglich Art, Umfang und Inhalt der Maßnahme zu machen. So wird nämlich nicht auf der Ebene des Förderrechtsrahmens, sondern erst auf

---

[345] Zum Problem der Vorbereitung einer selbständigen Tätigkeit durch die Maßnahme, vgl. *Kopp,* Reform der Arbeitsförderung, NZS 1997, 457.

[346] *Henning / Henke / Schlegel / Theuerkauf,* SGB III, § 255 Rdnr. 11.

[347] Eine insgesamt positive Bewertung nimmt vor, *Ammermüller,* Das neue Recht, in: Bundesministerium für Arbeit und Sozialordnung (Hrsg.), Wegweiser durch das neue Arbeitsförderungsrecht, S. 168.

[348] BT-Drucksache 13 / 4941, RegE-AFRG, zu § 253, S. 198.

der Ebene der konkreten Fördervergabe eine Zweckbegrenzung erreicht. Eine solche kann allerdings angesichts der Unbestimmtheit des § 255 SGB III durchaus verfehlt werden. Zudem verlagert der Gesetzgeber seine Zweckverdeutlichungspflicht dadurch unzulässig auf die Ebene der Subventionsverwaltung[349]. Im Ergebnis lässt sich sagen, dass der Gesetzgeber mit § 255 SGB III eine Norm geschaffen hat, die durch ihren umfangreichen Katalog an Mindestvoraussetzungen den Gestaltungsspielraum der Beteiligten begrenzen und den Förderzweck sichern will. Vielfach wird die Zwecksicherung aber auf die Ebene der konkreten Subventionsvergabe verlagert. Hierdurch ergibt sich ein gewisses Maß an Unsicherheit. Das Ziel einer umfassenden Zwecksicherung konnte angesichts der Offenheit der Förderung nicht erreicht werden.

Ein weiteres strukturelles Problem des Förderungsinstruments bleibt indes bestehen. So geht mit der Förderung die Gefahr einher, dass der Arbeitgeber von Anfang an die Förderung bei der Aufstellung eines Sozialplans mit einrechnet, er also gleichsam mit einer wirtschaftlichen Entlastung kalkuliert. Die betriebswirtschaftliche Analyse kann dazu führen, dass dann die Aufgabe des Betriebes Vorrang vor der Weiterführung hat. Darüber hinaus kann die Neuregelung dem Unternehmer sogar einen Anreiz dafür geben, eine Betriebsänderung herbeizuführen[350]. Durch die Förderung wird diese für den Unternehmer kostengünstiger, so dass etwaige riskante Rettungsversuche oder Lösungsmöglichkeiten nicht weiterverfolgt werden. Abschließend sei in Bezug zum Rechtsrahmen noch § 258 SGB III erwähnt, der neben der Förderung durch Zuschüsse zu Sozialplanmaßnahmen andere Leistungen der aktiven Arbeitsförderung für die betroffenen Arbeitnehmer ausschließt. Der Gesetzgeber nimmt damit eine ausdrückliche Koordination, im vorliegenden Fall eine strikte Abgrenzung, zu anderen Förderinstrumenten des SGB III vor[351]. Wie bei nahezu allen Fördermöglichkeiten des SGB III fehlt es an einer speziellen Norm, die eine Kontrollinstanz, ein Kontrollprozedere und mögliche Sanktionen aufzeigt. Erneut bleibt nur das dürftige allgemeine Kontrollinstrumentarium. Der Gesetzgeber hätte über den Förderrechtsrahmen die Arbeitsämter stärker zu einer umfassenden und dezidierten Überwachung und Kontrolle zwingen müssen.

c) Zwischenergebnis

In einer Gesamtbetrachtung ist für die Zuschüsse zu Sozialplanmaßnahmen festzuhalten, dass hier eine interessante Fördermöglichkeit geschaffen wurde, die das Instrumentarium aktiver Beschäftigungspolitik beträchtlich erweitert. Kritisch ist der weitgehend offene gesetzliche Förderrechtsrahmen zu sehen, der allen Betei-

---

[349] Damit besteht die Gefahr, dass der Gesetzgeber seiner Zweckverdeutlichungspflicht durch Gesetz nicht nachgekommen ist, vgl. insoweit allgemein oben 1. Teil, C., I., 2.

[350] *Niesel,* SGB III, § 255 Rdnr. 12; *Toparkus,* Die wichtigsten Neuerungen des reformierten AFG (SGB III), ZfSH / SGB 1997, 401.

[351] *Sabel,* SGB III, § 258 – 001.

ligten große Spielräume gewährt und damit auch etwaigen Missbräuchen leicht zugänglich wird. Hier wäre eine positive Formulierung eines förderfähigen Maßnahmenkatalogs eine durchaus gangbare Alternative gewesen, zumal nach § 255 SGB III im Wesentlichen Maßnahmen der Weiterbildung, der Einarbeitung an einem anderen Arbeitsplatz und der Lohnsubvention bei einem neuen Arbeitgeber in Betracht kommen[352]. Es leuchtet nicht ein, warum der Weg einer weitgehend offenen und pauschalen Förderung gewählt wurde und nicht konkretere Kriterien der Zwecksicherung aufgestellt wurden.

4. Reform des Arbeitsförderungsrechts zum 1. 8. 1999

Abschließend zu den Fördermaßnahmen des SGB III ist zu erwähnen, dass der Gesetzgeber ein zweites SGB III – Änderungsgesetz (2.SGB III-ÄndG) verabschiedet hat, das zum 1.August 1999 in Kraft treten wird[353]. Zielsetzung der Reform ist es, das arbeitsförderungsrechtliche Instrumentarium effizienter auszugestalten, insbesondere eine stärkere Ausrichtung auf die Zielgruppen des Arbeitsmarktes sowie die Vermeidung von Langzeitarbeitslosigkeit zu erreichen. Ausdrücklich sieht die Bundesregierung in dem 2.SGB III-ÄndG eine Umsetzung der beschäftigungspolitischen Leitlinien der Europäischen Union[354]. Die Reform umfasst eine Änderung der Meldepflicht von Arbeitslosen, ferner eine Herabsetzung der Pendelzeiten für Vollzeitarbeitnehmer. Eine Vielzahl von Veränderungen betreffen das Arbeitslosengeld. Für den Bereich der Beschäftigungssubventionen wurden insbesondere die Zugangsvoraussetzungen für Eingliederungszuschüsse und ABM gelockert. So wird der Eingliederungszuschuss für ältere oder Langzeitarbeitslose schon nach sechs Monaten (bisher: 12 Monate) Erwerbslosigkeit gewährt werden können. Dadurch soll insbesondere Langzeitarbeitslosigkeit auch im Sinne der beschäftigungspolitischen Leitlinien der Europäischen Union noch wirksamer vermieden werden[355]. Ferner können Arbeitnehmer zuvor schon bis zu drei Monaten beim neuen Arbeitgeber beschäftigt gewesen sein (so der neue § 223 Abs. 1 Nr. 2 SGB III). Außerdem wird auf die Weiterbeschäftigungspflicht gem. § 223 Abs. 2 S. 1 SGB III weitgehend verzichtet. In der Begründung findet sich dazu die Erwägung, dass der Eingliederungszuschuss stärker am Förderzweck – den Ausgleich von Minderleistungen – ausgerichtet werden soll. Aufgrund der ho-

---

352 Vgl. weitere Beispiele bei *Ammermüller*, Das neue Recht, in: Bundesministerium für Arbeit und Sozialordnung (Hrsg.), Wegweiser durch das neue Arbeitsförderungsrecht, S. 168; *Henning / Henke / Schlegel / Theuerkauf*, SGB III, § 254 Rdnr. 1.

353 Der Gesetzesentwurf wurde bereits vom Bundesrat verabschiedet, eine Veröffentlichung im BGBl. steht allerdings noch aus, so dass allein auf den Entwurf eines 2.SGB III-ÄndG Bezug genommen werden kann, BR-Drucksache 161/99 vom 19. 3. 1999.

354 Siehe dazu ausführlich unten 3. Teil, C., III., 2.

355 So die Begründung zum Gesetzesentwurf des 2.SGB III-ÄndG, BR-Drucksache 161/99 vom 19. 3. 1999, S. 36.

hen Einstellungshürden für ältere Arbeitslose und Langzeitarbeitslose soll auf die Weiterbeschäftigungs- bzw. Rückzahlungsverpflichtung ganz verzichtet werden[356]. Bei den ABM wurde die Durchführung der Maßnahmen in Eigenregie des Trägers gem. § 262 S. 2 SGB III erleichtert. So können solche Maßnahmen, die einen mindestens 20%-Anteil an Weiterbildungselementen beinhalten bzw. überwiegend Arbeitslose aus den sogenannten Problemgruppen beschäftigen, unmittelbar in Eigenregie des Trägers durchgeführt werden. Damit wird der Vergabevorrang teils aufgeweicht. In den genannten Ausnahmen wird vom Gesetzgeber ein fehlendes Interesse von Wirtschaftsunternehmen quasi fingiert, um so den Verwaltungsaufwand bei der Antragstellung möglichst gering zu halten[357]. Hinsichtlich der Dauer der vor der ABM bestehenden Arbeitslosigkeit wurde diese ebenfalls auf sechs Monate reduziert. Schließlich ergaben sich auch Veränderungen im Rahmen der SAM. So wurden die bisher gem. § 272 SGB III kumulativ zu erfüllende Voraussetzungen (Nr. 1 und 2) in alternative umgewandelt, um so die Durchführung von SAM zu erleichtern[358]. Förderbereiche für SAM, die bislang gem. § 415 Abs. 1 S. 1 SGB III auf Ostdeutschland beschränkt waren, wurden nun auf ganz Deutschland erweitert, da auch dort erhebliche Strukturveränderungen zu bewältigen sind. Der neu hinzugefügte Bereich – Verbesserung der wirtschaftsnahen, einschließlich der touristischen Infrastruktur – soll weitere neue Arbeitsplätze ermöglichen. Um eine Wettbewerbsstörung zu verhindern, wurde in § 273 S. 2 SGB III teils ein zwingender Vergabevorrang eingefügt. Ferner wurde das in § 275 Abs. 2 SGB III formulierte Lohnabstandsgebot aufgegeben[359]. Die Fördermöglichkeit nach § 415 Abs. 3 SGB III dagegen bleibt auf Ostdeutschland beschränkt und wird angesichts der hohen Mitnahmeeffekte auf besonders förderungswürdige Arbeitnehmer begrenzt. Der Gesetzgeber hat erkannt, dass mit dieser Förderung verstärkt Wettbewerbsbehinderung auftreten können und sich somit für eine Begrenzung der Förderfähigkeit ausgesprochen[360].

In der Bewertung des 2.SGB III-ÄndG lässt sich für die Reformen der unmittelbaren Beschäftigungssubventionen sagen, dass diese die aufgezeigten Defizite nicht zu beseitigen vermögen. Insgesamt wird an dem bestehenden Instrumentarium festgehalten. Bedenklich erscheint es vielmehr, wenn gerade die teilweise Abschaffung der Weiterbeschäftigungspflicht im Rahmen der Eingliederungszu-

---

[356] Begründung zum Gesetzesentwurf des 2.SGB III-ÄndG, BR-Drucksache 161/99 vom 19. 3. 1999, S. 36.

[357] Vgl. die Begründung zum Gesetzesentwurf des 2.SGB III-ÄndG, BR-Drucksache 161/99 vom 19. 3. 1999, S. 37.

[358] Begründung zum Gesetzesentwurf des 2.SGB III-ÄndG, BR-Drucksache 161/99 vom 19. 3. 1999, S. 40.

[359] Der Gesetzgeber erkannte damit die willkürliche Lohnkürzung, die bei Tarifbindung des Arbeitgebers aufgetreten war, siehe die Begründung zum Gesetzesentwurf des 2.SGB III-ÄndG, BR-Drucksache 161/99 vom 19. 3. 1999, S. 41.

[360] Begründung zum Gesetzesentwurf des 2.SGB III-ÄndG, BR-Drucksache 161/99 vom 19. 3. 1999, S. 43.

schüsse die Kontrollfunktion des § 223 SGB III schwächt. Ferner besteht damit verstärkt die Gefahr, dass sich die Förderung mittels Eingliederungszuschüsse zu weit vom Ziel einer dauerhaften Eingliederung entfernt. Der Arbeitgeber ist somit in der Lage, ohne Risiko einen betroffenen Arbeitnehmer einstellen und ihn im Anschluss an die Förderung sanktionslos entlassen zu können. Die Änderungen im ABM-Recht sind von insgesamt eher geringer Bedeutung, da strukturelle Veränderungen vermieden wurden. Die Aufnahme von weiteren gesetzlichen Ausnahmen vom Vergabevorrang gem. § 262 S. 2 SGB III kann als weiterer Beleg für die Schwächen der ABM-Förderung mit Blick auf die Zieldivergenz bei der Einbindung von Wirtschaftsunternehmen angesehen werden[361]. Für Unternehmen sind ABM dann uninteressant, wenn mit den Maßnahmen verstärkt soziale Ziele verfolgt werden. Die Reformen im Rahmen der SAM sind demgegenüber weitreichender Natur. Gerade die Beschränkung bestimmter Projektbereiche auf Ostdeutschland war in der Begründung bislang eher willkürlich ausgefallen. Auch die Abschaffung des verfassungsrechtlich bedenklichen Lohnabstandsgebotes[362] kann als Erfolg bezeichnet werden. Schließlich hat auch der Gesetzgeber die Fördermöglichkeit gem. § 415 Abs. 3 SGB III als Fremdkörper im Rahmen der SGB III-Förderung erkannt und sich für eine Beschränkung derselben ausgesprochen. Der Weg einer verstärkten Rechtfertigung und Zweckbindung der Förderung wurde damit allerdings nicht eingeschlagen[363].

V. Flankierung der SGB III-Maßnahmen

Neben den SGB III-Maßnahmen existieren noch Sonderprogramme des Bundes und der Länder. Die Voraussetzungen einer Förderungsbewilligung orientieren sich dabei zumeist an den Vorschriften des Arbeitsförderungsrechts, wobei die Förderinstrumente des SGB III vielfach ergänzt und verstärkt werden. Hierzu werden die Regelungen des SGB III auf bestimmte Zielgruppen zugeschnitten, um dadurch eine besondere Akzentuierung der Arbeitsmarktpolitik zu erreichen.

1. Sonderprogramme des Bundes

So richtete die neue Bundesregierung 1998 ein Programm „Aktion Beschäftigungshilfen für Langzeitarbeitslose 1999 – 2001"[364] ein[365]. Mit diesem Sonderpro-

---

[361] Zu den Zieldivergenzen siehe oben 2. Teil, A., I., 3., e.

[362] Dazu oben 2. Teil, A., II., 2., b., cc.

[363] Vgl. oben die aufgezeigten Perspektiven im 2. Teil, A., II., 4.

[364] Vgl. insbesondere die Richtlinie zur Durchführung der „Aktion Beschäftigungshilfen für Langzeitarbeitslose 1999 bis 2001" vom 17. 12. 1998, BAnz Nr. 245 vom 30. 12. 1998.

[365] Schon 1995 richtete die damalige Bundesregierung ein solches Sonderprogramm ein, vgl. Richtlinien des Bundesministerium für Arbeit und Soziales vom 16. 2. 1995, BAnz Nr. 36 vom 21. 2. 1995, S. 1683; jedoch wurde dies mit der Reform des AFG zunächst in die

gramm soll durch die Gewährung von Lohnkostenzuschüssen die Wiedereingliederung Langzeitarbeitsloser in das Arbeitsleben erleichtert werden[366]. Zwar schließt § 1 Abs. 4 der Richtlinie eine parallele Förderung nach Maßgabe des SGB III aus, dies besagt aber nicht, dass die Förderung losgelöst von den Regelungen des Arbeitsförderungsrechts stattfindet[367]. Die Fördervoraussetzungen orientieren sich im Wesentlichen an den Bestimmungen für Eingliederungszuschüsse[368]. Der Arbeitgeber muss ein unbefristetes Arbeitsverhältnis mit einer Wochenarbeitszeit von mindestens 15 Stunden mit einem Langzeitarbeitlosen i. S. d. § 18 SGB III begründen. Wie auch im Rahmen des § 218 SGB III erhält der Arbeitgeber die Förderung zum Ausgleich von Minderleistungen des Langzeitarbeitslosen. Durch die Förderung soll die zusätzliche Einarbeitungsphase, die aufgrund der langen Periode der Arbeitslosigkeit erforderlich wird, kompensiert werden, um so die Wettbewerbsnachteile von Langzeitarbeitslosen auf dem Arbeitsmarkt auszugleichen. Um des Weiteren eine dauerhafte Eingliederung zu erreichen, muss der Arbeitgeber gem. § 5 Abs. 2 der Richtlinie den Arbeitnehmer nach Ende der Förderung für die Dauer der erfolgten Förderung weiterbeschäftigen. Dadurch sollen Mitnahmeeffekte seitens des Arbeitsgebers verhindert werden. In § 6 der Richtlinie finden sich besondere Bestimmungen für eine Rückforderung der Leistung, wenn der Förderzweck einer Wiedereingliederung nicht erreicht wird, wobei die Vorschrift dem § 223 SGB III nachgebildet ist. Betrachtet man das Programm „Aktion Beschäftigungshilfen für Langzeitarbeitslose" am Maßstab der Zweck-Mittel-Analyse, so ergeben sich im Ergebnis keine neuen Fragestellungen. Dies lässt sich darauf zurückführen, dass das Sonderprogramm letztendlich eine Variation der Regelungen zu den Eingliederungszuschüssen darstellt. Aber schon in diesem Bercich konnten nur geringe Freiheits- und Wettbewerbsprobleme festgestellt werden[369]. Dies gilt um so mehr, je konkreter ein Sonderprogramm auf eine spezifische Problemlage reagiert und die Nachteile einer bestimmten Gruppe, wie vorliegend den Langzeitarbeitslosen, ausgleichen möchte. Im Ergebnis lässt sich daher auf die Betrachtungen zu den §§ 217 ff. SGB III zurückgreifen[370].

Neben dem Sonderprogramm für Langzeitarbeitslose trat am 1. Januar 1999 ein weiteres Sonderprogramm zum Abbau der Jugendarbeitslosigkeit – Ausbildung,

---

Rechtsstruktur des SGB III; vgl. noch weitere ältere Sonderprogramme bei *Blechmann,* Arbeitsbeschaffungsmaßnahmen, S. 7.

[366] Vgl. § 1 Abs. 1 der Richtlinie zur Durchführung der „Aktion Beschäftigungshilfen für Langzeitarbeitslose 1999 bis 2001" vom 17. 12. 1998, BAnz Nr. 245 vom 30. 12. 1998.

[367] So besagt § 2 Abs. 2 der Richtlinie zur Durchführung der „Aktion Beschäftigungshilfen für Langzeitarbeitslose 1999 bis 2001" vom 17. 12. 1998, BAnz Nr. 245 vom 30. 12. 1998, dass die Förderung nach der Zielsetzung der Richtlinie und den allgemeinen Fördergrundsätzen des SGB III erfolgt.

[368] Vgl. dazu oben 2. Teil, A., III.

[369] Siehe dazu oben 2. Teil, A., III., 3., a.

[370] Auch das Sonderprogramm stellt damit eine zielgenaue Individualförderung dar. Gleichzeitig wurden spezifische Kontrollinstrumente geschaffen. Im Ergebnis lassen sich keine Mängel im Sinne der Zweck-Mittel-Analyse erkennen, vgl. oben 2. Teil, A., III., 4.

Qualifizierung und Beschäftigung Jugendlicher in Kraft[371]. Nach Art. 1 Abs. 1 der Richtlinie ist Ziel dieses Programms, den Ausbildungsbewerberinnen und -bewerbern für das laufende Ausbildungsjahr 1998/99 eine Ausbildung, Qualifizierung oder Beschäftigung zu vermitteln. Ziel ist es, den effektiven Abbau der Jugendarbeitslosigkeit zu erreichen. Die Förderstruktur richtet sich ebenfalls wesentlich an den Regelungen des SGB III aus. Interessant ist, dass in Art. 1 Abs. 1 der Richtlinie ausdrücklich Bezug auf die beschäftigungspolitischen Leitlinien der Europäischen Union[372] genommen wird, ferner eine Mitförderung durch den Europäischen Sozialfonds erfolgt. Für das Sofortprogramm stehen insgesamt 2 Milliarden DM zur Verfügung. Es zeigt sich darin die enge Verzahnung von nationaler und europäischer Beschäftigungsförderung. Auf die damit verbundenen Probleme sei an dieser Stelle schon einmal hingewiesen[373]. Blickt man ferner auf Art. 8 der Richtlinie, wonach Lohnkostenzuschüsse für arbeitslose Jugendliche vorgesehen sind, so zeigt sich auch hier die enge Parallelität zu der Förderstruktur der Eingliederungszuschüsse nach den §§ 217 ff. SGB III. Insoweit kann auf die dort behandelten Fragestellungen und Ergebnisse verwiesen werden[374]. Die §§ 1 – 6 in Art. 8 der Richtlinie nehmen lediglich Variationen mit Blick auf den zu fördernden Personenkreis der Jugendlichen vor. Art. 9 der Richtlinie, wonach Arbeitsbeschaffungsmaßnahmen mit integrierter Qualifizierung (§ 1 Abs. 1) möglich sind, knüpft an die Bestimmungen der allgemeinen ABM nach §§ 260 ff. SGB III an (so § 1 Abs. 2). Jedoch wird der Förderrechtsrahmen für ABM auch hier dem besonderen Förderzweck angepasst[375]. Insgesamt ist das Sofortprogramm für ein Jahr terminiert, so dass die allgemeinen Bestimmungen des SGB III nicht dauerhaft variiert und angepasst werden. Mit dem Sonderprogramm soll vielmehr der besonderen Situation Rechnung getragen werden, eine Reduzierung der dramatischen Jugendarbeitslosigkeit zu erreichen[376].

2. Länderprogramme
(Beispiel: Brandenburg / Mecklenburg-Vorpommern)

Aber nicht nur auf Bundesebene haben sich weitere unmittelbare Beschäftigungssubventionen neben den SGB III-Fördermaßnahmen herausgebildet. Gerade auch auf Länderebene existieren eine Reihe von Programmen, welche die Beschäf-

---

[371] Ausführlich dazu die Richtlinie zur Durchführung des Sofortprogramms zum Abbau der Jugendarbeitslosigkeit – Ausbildung, Qualifizierung und Beschäftigung Jugendlicher vom 5. 12. 1998, BAnz Nr. 244 vom 29. 12. 1998, S. 177 45 ff.

[372] Vgl. hierzu ausführlich unten 3. Teil, C., III.

[373] Eine Untersuchung der europäischen Förderstruktur erfolgt unten im 3. Teil.

[374] Ausführlich dazu oben 2. Teil, A., III.

[375] Vgl. daher zu den Problemen bei ABM oben 2. Teil, A., I.

[376] Vgl. Bundesarbeitsminister Walter Riester (SPD) in der FAZ Nr. 30 vom 5. Feburar 1999, S. 14.

tigungspolitik länderspezifisch ausgestalten und akzentuieren möchten. Insbesondere zeigt sich in diesen Programmen die enge Verzahnung zu den bestehenden Förderinstrumenten im Rahmen des SGB III. Die zusätzlichen Förderinstrumente in den neuen Bundesländern sollen nun exemplarisch am Beispiel des Landes Brandenburg und Mecklenburg-Vorpommern untersucht werden.

Für das Land Brandenburg besteht ein Landesprogramm „Arbeit und Qualifizierung für Brandenburg". Dieses beinhaltet verschiedene Richtlinien zur Förderung der Beschäftigungsaufnahme sowie der Aus- und Weiterbildung[377]. Unter anderem wird die ABM-Grundförderung nach den §§ 260 ff. SGB III durch eine verstärkte Förderung aus zusätzlichen Landesmitteln ergänzt. Maßgeblich hierfür ist die Richtlinie des Ministeriums für Arbeit und Soziales, Gesundheit und Frauen zur Förderung von Arbeitsbeschaffungsmaßnahmen -Verstärkte Förderung-[378]. Anknüpfungspunkt der gesamten Förderung ist § 266 SGB III, der eine verstärkte Förderung für ABM vorsieht. Ziel des Landesprogramms ist es, nach Ziff. 1.2 der Richtlinie die Maßnahmen der Bundesanstalt für Arbeit zu ergänzen. Hierzu müssen die Grundvoraussetzungen der §§ 260 ff. SGB III sowie die besonderen Bestimmungen einer verstärkten Förderung nach § 266 SGB III erfüllt sein (Ziff. 2 und 3 der Richtlinie). Die spezifischen Zuwendungsvoraussetzungen des Landesprogramms Brandenburg sind schließlich in Ziff. 4 der Richtlinie festgesetzt. Die Regelung entspricht im wesentlichen dem § 266 SGB III. So greift die verstärkte Landesförderung nur, wenn eine anderweitige Finanzierung durch Programme der EU, des Bundes, der Landkreise oder der Gemeinden nicht gewährleistet ist (Ziff. 4.1 und 4.3 der Richtlinie)[379]. Auch die Landesförderung knüpft im Wesentlichen bei spezifischen Problemgruppen, wie Langzeitarbeitslosen, arbeitslosen Jugendlichen, Schwerbehinderten sowie älteren Personen an. Aber auch Infrastrukturmaßnahmen gelten als besonders förderungswürdig (Ziff. 4.4.1 der Richtlinie), insoweit wird auf die Regelung des § 260 Abs. 2 Nr. 3 SGB III Bezug genommen. Schließlich wird dem § 266 Abs. 1 S. 1 Nr. 2 SGB III entsprechend in Ziff. 4.4.2 der Richtlinie eine Generalklausel normiert, mit der Maßnahmen von besonderer arbeitsmarktlicher Bedeutung erfasst werden. In den weiteren Bestimmungen finden sich dann Regelungen über das Verfahren, die Dauer und die Höhe der Förderung. Das gesamte Programm ist zunächst bis zum 31.Dezember 2000 terminiert (Ziff. 7 der Richtlinie). Insgesamt zeigt sich sehr deutlich die Verzahnung mit der

---

[377] Das Landesprogramm beinhaltet im Programmteil *Qualifizierung:* die Förderung betrieblicher Ausbildungsplätze, Ausbildungsverbünde, berufspädagogischer Maßnahmen im Rahmen der Jugendhilfe sowie die Qualifizierung in kleinen und mittleren Betrieben – *Arbeitsaufnahme Erwerbsloser:* Qualifizierung und Beratung von Existenzgründern, Lohnkostenzuschüsse für Alleinerziehende und schwer vermittelbare Frauen, Schaffung und Stabilisierung erwerbswirtschaftlicher Arbeitsplätze, Arbeit statt Sozialhilfe sowie die Förderung von SAM – *Sonstige Förderung:* Unterstützung von Arbeitsloseneinrichtungen.

[378] Richtlinie des Ministeriums für Arbeit und Soziales, Gesundheit und Frauen zur Förderung von Arbeitsbeschaffungsmaßnahmen -Verstärkte Förderung- vom 20. 2. 1998, Amtsblatt für Brandenburg Nr. 11 vom 25. 3. 1998.

[379] Dies entspricht im wesentlichen der Bestimmung des § 266 Abs. 1 S. 1 Nr. 1 SGB III.

Fördersystematik der ABM-Förderung. Finanzierungslücken sollen durch das Länderprogramm Brandenburgs geschlossen werden, um so eine umfassende ABM-Förderung zu gewährleisten. Gleichzeitig wird die ABM-Förderung nach länderspezifischen Schwerpunkten ausgerichtet. Die Grundprobleme der gesamten ABM-Förderungen bleiben indes gleich, so dass sich vor dem Hintergrund der ABM-Förderung keine neuen rechtlichen Aspekte ergeben[380].

Auch das Land Mecklenburg-Vorpommern hat ein Landesprogramm „Arbeit und Qualifizierung für Mecklenburg-Vorpommern (AQMV)" aufgelegt. Das gesamte Landesprogramm beinhaltet ebenfalls eine Reihe beschäftigungsfördernder Maßnahmen[381]. Exemplarisch herausgegriffen soll hierbei die Landesförderung von Arbeitsplätzen in Strukturanpassungsmaßnahmen (§§ 272 ff., 415 SGB III). Die diesbezüglich ergangene Richtlinie[382] bestimmt in Ziff. 1 den Zuwendungszweck, wonach die Wirksamkeit von Maßnahmen der Strukturanpassung erhöht, neue zusätzliche Arbeitsplätze geschaffen und zusätzliche sozialversicherungspflichtige Arbeitsverhältnisse mit förderungsbedürftigen Arbeitnehmern begründet werden sollen. Das Land Mecklenburg-Vorpommern tritt damit im Wesentlichen als Kofinanzier zur Gesamtfinanzierung von SAM auf[383]. Die Mittel werden dabei nicht allein seitens des Landes Mecklenburg-Vorpommern, sondern auch seitens des Europäischen Sozialfonds (ESF) aufgebracht. Darin zeigt sich die enge Verzahnung der verschiedenen Förderebenen des Landes, des Bundes und der Europäischen Gemeinschaft. Sämtliche Ebenen greifen ineinander, um im Ergebnis eine Maßnahme umfassend zu fördern. Auf die damit verbundenen Koordinierungsprobleme wurde im Rahmen der SAM schon eingegangen[384]. Eine detailliertere Betrachtung der Koordination von nationaler und europäischer Förderebene wird im Rahmen letzterer erfolgen[385]. Im Ergebnis orientiert sich die Landesförde-

---

380 Vgl. zur ABM-Problematik oben 2. Teil, A., I., 3., a.

381 So werden über das Landesprogramm *Maßnahmen für Arbeitnehmer* finanziert: Förderung von Arbeitslosen durch berufliche Weiterbildung, von Beschäftigten in Kurzarbeit, Förderung älterer Langzeitarbeitsloser, Förderung von Arbeitsplätzen für Schwerbehinderte – *Maßnahmen für Existenzgründer:* Qualifizierung und Förderung von Existenzgründern, Förderung von Ausgründungen, Förderung von Beschäftigung in marktorientierten Arbeitsförderbetrieben – *Maßnahmen für Arbeitgeber:* Regionale Programme zur Einstellungsförderung, Förderung beschäftigungswirksamer Maßnahmen, Sozialverträgliche Arbeitnehmerüberlassung – *Maßnahmen zur Schaffung von öffentlich geförderten Beschäftigungsmöglichkeiten:* Förderung von ABM durch Landeszuschüsse, Förderung von Beschäftigungsverhältnissen für Sozialhilfeempfänger, Förderung von Stammkräften – *Maßnahmen zur Verbesserung der Infrastruktur des Arbeitsmarktes:* Förderung von Koordinatoren für Wirtschaft und Arbeit, Weiterbildungsinformation und -beratung, Förderung der Entwicklung und Professionalisierung der Weiterbildungsarbeit, Förderung der notwendigen Instandsetzung von Arbeits- und Unterrichtsräumen sowie der Ausstattung mit Lehr- und Arbeitsmitteln.

382 Landesprogramm Arbeit und Qualifizierung für Mecklenburg-Vorpommern – Richtlinie zur Förderung von Arbeitsplätzen in Strukturanpassungsmaßnahmen (§§ 272 ff., 415 SGB III), Amtsblatt für Mecklenburg-Vorpommern Nr. 6 vom 4. 2. 1998.

383 Vgl. dazu oben 2. Teil, A., II., 2., b., cc.

384 Siehe zu diesem Problemkreis oben 2. Teil, A., II., 3., c.

rung Mecklenburg-Vorpommerns im Wesentlichen an den Regelungen des SGB III, wenngleich einzelne Bestimmungen wie Art und Umfang, Höhe der Zuwendung sowie das Verfahren der Subventionsgewährung gesondert geregelt sind[386]. Vor dem Hintergrund der Zweck-Mittel-Analyse lässt sich sagen, dass sich allein aufgrund der Kofinanzierung keine neue Beurteilung der SAM-Förderung ergibt. Dennoch sollte mit dieser kurzen Darstellung gezeigt werden, dass auch auf Länderebene ein buntes Bild unmittelbarer Beschäftigungssubventionen existiert, auch wenn sich vor dem Hintergrund der Zweck-Mittel-Analyse keine weiteren Fragestellungen ergeben.

3. Förderung aus Mitteln des Europäischen Sozialfonds

Schließlich kann bei der Frage nach der Flankierung von SGB III-Maßnahmen die Förderung aus Mitteln des Europäischen Sozialfonds nicht unerwähnt bleiben. So hat sich schon im Rahmen des Landesprogramms Arbeit und Qualifizierung für Mecklenburg-Vorpommern gezeigt, dass dieses teilweise auch aus Mitteln des ESF finanziert wird. Nun findet eine Förderung mittels ESF sowohl auf Bundes- als auch Landesebene statt. Die europäische Gemeinschaft tritt letztlich nicht direkt als Subventionsgeber auf, sondern vielmehr findet eine Förderung über zuständige nationale Stellen statt[387]. Hierbei orientiert sich die gesamte Förderung am Prinzip der Kofinanzierung[388], nationale Maßnahmen werden durch den ESF flankiert. Damit erfolgt die ESF-Förderung letztendlich nach Maßgabe von Regelungen der nationalen Mitgliedstaaten, im Falle Deutschlands des Bundes und der Länder. Im Folgenden sollen nun die nationalen Regelungen hinsichtlich der ESF-Förderung dargestellt werden, wobei eine vertiefte Betrachtung und Einordnung in das gesamte europäische Förderkonzept im Rahmen der Darstellung der europäischen Beschäftigungssubventionen erfolgen wird[389].

a) Auf Bundesebene

Auf Bundesebene erfolgt die ESF-Förderung in erster Linie nach Maßgabe der Richtlinie über Finanzmittel, die aus dem Europäischen Sozialfonds stammen und zusätzliche arbeitsmarktpolitische Maßnahmen im Bereich des Bundes mitfinanzieren[390]. Die ESF-Förderung will dabei solche Maßnahmen fördern, die nach den

---

385 Europäische Beschäftigungssubventionen werden vornehmlich im 3. Teil der Arbeit abgehandelt.

386 Siehe hierzu Ziff. 4 und 5 der Richtlinie.

387 Die sich daraus ergebenden Probleme werden unten im 3. Teil, A., I. behandelt.

388 Dazu ausführlich unten 3. Teil, A., II., 2., b., bb., (3).

389 Die gesamte Problematik wird im 3. Teil dargestellt.

390 Richtlinie für aus Mitteln des Europäischen Sozialfonds mitfinanzierte zusätzliche arbeitsmarktpolitische Maßnahmen im Bereich des Bundes vom 8. 11. 1994, in der Fassung der Änderung vom 20. 10. 1997, BAnz Nr. 203 vom 30. 10. 1997.

Vorschriften des SGB III sonst nicht möglich wären. Insbesondere soll Langzeitarbeitslosen, Jugendlichen und Arbeitnehmern mit geringer beruflicher Qualifikation der Schritt ins Berufsleben ermöglicht werden. Dazu werden Maßnahmen der beruflichen Qualifizierung (§ 3 der Richtlinie) gefördert, ein ESF-Unterhaltsgeld bei beruflicher Qualifizierung gewährt (§ 4), Kosten für Praktika, berufsvorbereitende Bildungsmaßnahmen sowie Weiterbildungsmaßnahmen i. S. d. §§ 81 – 85 SGB III (§ 5) übernommen. Bei der ESF-Förderung handelt es sich weitgehend um eine personenbezogene Förderung, wobei Antragsberechtigte nach § 2 der Richtlinie, Langzeitarbeitslose, jugendliche Arbeitslose und gering qualifizierte Arbeitnehmer sind. Es findet insoweit also keine mediatisierte Förderung mittels Unternehmen oder Maßnahmenträger statt, sondern die Zuschussgewährung setzt direkt beim Förderobjekt, dem Arbeitslosen, an. Insoweit fehlt es am Subventionscharakter im hier verstandenen Sinne[391].

Nach § 6 der Richtlinie können aber auch Arbeitgeber eine zusätzliche ESF-Eingliederungsbeihilfe von monatlich 400 DM erhalten. Dieser Eingliederungszuschuss wird neben dem Eingliederungszuschuss nach § 218 SGB III, dem Einstellungszuschuss nach § 226 SGB III sowie dem Zuschuss im Rahmen des Bundesprogramms „Aktion Beschäftigungshilfen für Langzeitarbeitslose" gewährt. Die Regelungen des § 6 der Richtlinie greifen dabei im Wesentlichen auf die Bestimmungen des SGB III zurück. Somit zeigt sich, dass die ESF-Förderung das nationale Instrumentarium der Arbeitsförderung und Beschäftigungssubventionierung zu verstärken und zu flankieren sucht. Auf nationaler Ebene ergeben sich daher keine Probleme in Bezug auf die Zweck-Mittel-Analyse, da die europäische Ebene letztendlich in das bestehende nationale Förderinstrumentarium einhakt. Dennoch wird zu fragen sein, inwieweit die Förderung auf europäischer Ebene den Anforderungen der Zweck-Mittel-Analyse entspricht. Dieser Problemkreis wird im 3. Teil der Untersuchung im Mittelpunkt stehen.

b) Auf Landesebene (Beispiel: Sachsen)

Die ESF-Förderung setzt ferner auch auf der Ebene der Bundesländer an. Für die ESF-Förderung soll hierbei exemplarisch das Land Sachsen dargestellt werden. Die Mittel werden nach einer Richtlinie des Sächsischen Staatsministeriums für Wirtschaft und Arbeit für die Förderung von Maßnahmen, die aus dem Europäischen Sozialfonds mitfinanziert werden[392], vergeben. Mit den Zuwendungen sollen allein arbeitsmarktpolitische Ziele verfolgt werden und andere staatliche Zuschüsse ergänzt werden. Nach Ziff. 1 der Richtlinie werden auch auf Landesebene Maßnahmen der beruflichen Qualifizierung verstärkt gefördert[393]. Des Weiteren

---

[391] Vgl. dazu oben 1. Teil, A., I.

[392] Richtlinie des Sächsischen Staatsministeriums für Wirtschaft und Arbeit für die Förderung von Maßnahmen, die aus dem Europäischen Sozialfonds mitfinanziert werden, vom 22. 3. 1999 (unveröffentlicht).

wird die Einstellung arbeitsloser und von Arbeitslosigkeit bedrohter Personen in zusätzliche Dauerarbeitsverhältnisse mitfinanziert (Ziff. 2 der Richtlinie). Die ESF-Förderung will damit solchen Arbeitslosen eine Wiedereingliederung ermöglichen, für die eine Förderung nach dem SGB III nicht in Betracht kommt. Insbesondere ist die Förderung nach Ziff. 2.4.5 der Richtlinie nicht als Anschlussmaßnahme zu ABM bzw. SAM gedacht. Der Arbeitgeber muss vielmehr den Arbeitnehmer zusätzlich einstellen, wobei dies nicht im Sinne der ABM-Förderung[394], sondern im Sinne einer zahlenmäßigen Zusätzlichkeit im Vergleich zum Arbeitsplatzangebot des Unternehmens vor 12 Monaten zu verstehen ist (Ziff. 2.4.3. der Richtlinie). Schließlich sollen Existenzgründungen durch arbeitslose und von Arbeitslosigkeit bedrohten Personen durch die ESF-Mittel unterstützt werden (Ziff. 3 der Richtlinie). Hierzu muss die Existenzgründung in Sachsen erfolgen und ein tragfähiges Gesamtkonzept beinhalten (Ziff. 3.4 der Richtlinie).

Insgesamt zeigt sich auch hier, dass im Ergebnis SGB III-Maßnahmen flankiert und ergänzt werden. Die ESF-Förderung will gerade dann eingreifen, wenn das nationale Instrumentarium der nationalen Beschäftigungsförderung Lücken aufweist, bzw. an finanzielle Grenzen stößt. Dies zeigen nicht nur die Richtlinie des Landes Sachsen, sondern auch die Richtlinie auf Bundesebene zur Einbindung der ESF-Förderung in die nationale Förderlandschaft. Auf nationaler Ebene ergeben sich damit aber keine weiteren Fragestellungen in Bezug auf die Zweck-Mittel-Analyse. Diese werden sich vielmehr auf europäischer Ebene stellen[395].

VI. Ergebnis für unmittelbare Beschäftigungssubventionen

Als Gesamtergebnis für unmittelbare Beschäftigungssubventionen lässt sich festhalten, dass der Gesetzgeber ein vielfältiges Instrumentarium an Fördermöglichkeiten geschaffen hat. Dennoch kann nicht jeder Förderrechtsrahmen als gelungen bezeichnet werden. Gerade die Arbeitsbeschaffungsmaßnahmen begegnen vielfältiger Bedenken. So wird mit dem Erfordernis des öffentlichen Interesses ein weiterer Nebenzweck in die Zweckstruktur eingeführt. Das Merkmal der Zusätzlichkeit verfehlt das Ziel einer Zwecksicherung. Auch konnten Zieldivergenzen und eine fehlende Zwecknähe festgestellt werden. Die Förderstruktur steht insgesamt einer Einbindung von Wirtschaftsunternehmen entgegen. Unternehmerisches Handeln zwingt zu einer Umgehung der Fördervoraussetzungen. Daher gilt es, den Förder-

---

393 Die Maßnahmen umfassen dabei die Vermittlung von Kenntnissen und Fähigkeiten, die auf dem Arbeitsmarkt zur Ausübung einer oder mehrerer spezifischer Berufstätigkeiten befähigen, dem Einsatz neuer Produktions- und Managementverfahren dienen oder aber Ausbilder selbst weiterqualifizieren, die dann nach dem Multiplikatorenprinzip ihre Erkenntnisse im Betrieb weitergeben (Ziff. 1.1 der Richtlinie)

394 Dazu oben 2. Teil, A., I., 2., b., bb.

395 Vgl. oben umfassend den 3. Teil.

rechtsrahmen zu reformieren. Entweder verfolgt man hierbei den Weg einer Rückführung der ABM hin zu einer „wertschaffenden Arbeitslosenfürsorge", oder aber
man entwickelt ein modernes System der Lohnkostensubventionierung und erkennt
damit eine allgemeine Wirtschaftsförderung durch ABM an. Aber auch die Strukturanpassungsmaßnahmen konnten den Anforderungen der Zweck-Mittel-Analyse
nicht ganz gerecht werden. So hat sich gezeigt, dass die Kofinanzierung mit Blick
auf die Zweckbestimmung und -koordination verstärkt Probleme aufwirft. Auch die
Begrenzung der Förderung auf bestimmte Branchen vermag zur Vermeidung von
Wettbewerbsproblemen nicht zu überzeugen. Der Ansatz des § 415 Abs. 3 SGB III
kann als durchaus gelungen betrachtet und sollte daher weiterentwickelt werden.
Für die Eingliederungszuschüsse wurde ein insgesamt zweckgerechter Rechtsrahmen abgesteckt. Insbesondere überzeugen die stringenten Kontroll- und Sanktionsmechanismen. Gerade die anderen Förderinstrumente lassen vielfach eine solche
Überwachungs- und Kontrollregelung vermissen. Insgesamt hätte der Gesetzgeber
die Zweck-Mittel-Kontrolle stärker in den Förderrechtsrahmen integrieren, vor allem spezifische Kontrollnormen für die einzelnen Förderinstrumente schaffen müssen. Die neuen Fördermöglichkeiten, der Einstellungszuschuss bei Neugründungen,
der Eingliederungsvertrag und die Zuschüsse zu Sozialplanmaßnahmen werfen nur
geringe Probleme mit Blick auf die Zweck-Mittel-Analyse auf. Hier wird sich in
der Zukunft zeigen, ob die Förderrechtsstruktur tatsächlich das zu leisten vermag,
was nach der Zweck-Mittel-Analyse notwendig ist. Zumindest lassen sich hinsichtlich des Förderrechtsrahmens keine eklatanten Defizite aufzeigen. Ähnliches gilt
für die sonstigen Maßnahmen, die in erster Linie das Ziel einer Flankierung der
SGB III-Maßnahmen verfolgen. Die Einbindung der europäischen Förderung berei-
tet insoweit nur geringe Probleme, was allerdings nicht darüber hinwegtäuschen
darf, dass der europäische Förderrechtsrahmen noch einer kritischen Betrachtung
unterzogen wird. Daher ergibt sich ein insgesamt gespaltenes Bild. Auf der einen
Seite sind im SGB III zweckgerechte Förderstrukturen zu finden, auf der anderen
Seite aber auch Förderrechtsrahmen, die den Anforderungen der Zweck-Mittel-
Analyse nicht oder nur bedingt gerecht werden.

B. Mittelbare Beschäftigungssubventionen

Im Mittelpunkt der weiteren Betrachtungen werden nun sogenannte mittelbare
Beschäftigungssubventionen[396] stehen. Diese zielen in erster Linie darauf ab, die
Wirtschaftslage eines Unternehmens zu verbessern. Durch die Wirtschaftsförderung sieht sich das geförderte Unternehmen dann in der Lage zu expandieren. Es
benötigt neue Arbeitskräfte und errichtet daher in letzter Konsequenz neue Arbeitsplätze. Die Schaffung und Erhaltung von Arbeitsplätzen kann somit zwar
Endzweck der Förderung sein, stellt aber nicht gleichzeitig dessen Primärzweck

---

[396] Zur Begrifflichkeit vgl. oben 1. Teil, A., II., 1.

dar. Während bei unmittelbaren Beschäftigungssubventionen verstärkt der Gedanke der Sozialstaatlichkeit im Vordergrund steht[397], ist dieses Ziel bei mittelbaren Beschäftigungssubventionen zurückgesetzt. Entscheidender Ansatzpunkt ist die Stärkung der wirtschaftlichen Leistungskraft eines Unternehmens, welche über die Subventionierung als Mittel der Wirtschaftslenkung erreicht werden soll[398]. Daher kann als Wesensmerkmal mittelbarer Beschäftigungssubventionen die Zweistufigkeit der Zweckstruktur festgehalten werden. Unter diesem Gesichtspunkt sollen nun wesentliche beschäftigungswirksame Wirtschaftsförderungsprogramme auf ihre Vereinbarkeit mit den Anforderungen der Zweck-Mittel-Analyse untersucht werden.

I. Förderung aus Mitteln des ERP-Sondervermögens

Als erstes Instrument der Wirtschaftsförderung durch den Bund ist das ERP[399]-Sondervermögen zu nennen. Dieses ging aus dem Marshall-Plan[400] hervor und diente zunächst der Förderung des Wiederaufbaus in Deutschland[401]. Mit der völkerrechtlichen Vereinbarung zwischen den Vereinigten Staaten und der neu gegründeten Bundesrepublik Deutschland wurde der Marshall-Plan schließlich in das nationale Recht transformiert[402] und wird seit dem ERP-Verwaltungsgesetz vom 31. 12. 1953 als ERP-Sondervermögen bezeichnet[403]. Ausgehend vom Ziel des Wiederaufbaus der deutschen Wirtschaft hat sich das ERP-Sondervermögen hin zu einer allgemeinen Wirtschaftsförderung entwickelt[404]. Insbesondere dienen die

---

[397] Den Begriff der Sozialsubvention verwendend *Neumann,* Die institutionelle Förderung als Instrument der Sozialplanung und Steuerung der Leistungserbringer, SDSRV 1997, 9.

[398] *Zuleeg,* Subventionsrecht zur Schaffung und Erhaltung von Arbeitsplätzen, in: Kittner (Hrsg.), Arbeitsmarkt – ökonomische, soziale und rechtliche Grundlagen, S. 157.

[399] Die genaue Bezeichnung lautet „European Recovery Program" (ERP) – Europäisches Wiederaufbauprogramm.

[400] Dieser wurde maßgeblich vom ehemaligen amerikanischen Außenminister und späteren Friedensnobelpreisträger *George C. Marshall* geprägt, der den Plan am 5. 6. 1947 in einer Rede an der Universität Harvard erstmals vorstellte, vgl. Europa-Archiv 1947, 821.

[401] Der Marshall-Plan basiert dabei auf der Rechtsgrundlage des Economic Cooperation Act (ECA), vgl. genauer *Goedecke,* Die Rechtsgrundlagen der Wirtschaftshilfe der Vereinigten Staaten, in: Jahrbuch für internationales Recht, Bd. 6, S. 139 ff.

[402] Abkommen über die wirtschaftliche Zusammenarbeit zwischen der Bundesrepublik Deutschland und den Vereinigten Staaten von Amerika vom 15. 12. 1942, vgl. das diesbezügliche Transformationsgesetz vom 31. 1. 1950, BGBl. I S. 9 ff.

[403] Gesetz über die Verwaltung des ERP-Sondervermögens (ERP-Verwaltungsgesetz) vom 31. 8. 1953, BGBl. I S. 1312 ff.; zuletzt geändert durch das Gesetz vom 21. 12. 1992, BGBl. I S. 2246 ff.

[404] Zur geschichtlichen Entwicklung *Becker,* Wolfgang, Das ERP-Sondervermögen, S. 2 ff.; *Bundesministerium für Wirtschaft (Hrsg.),* Die Entwicklung des ERP-Sondervermögens, S. 1 ff.; *Dickertmann,* Öffentliche Finanzierungshilfen, S. 292 ff.; *Götz,* Recht der Wirtschaftssubventionen, S. 193 ff.; *Jentsch,* ERP – Der Marshallplan und Deutschlands Platz

zinsgünstigen ERP-Kredite zum Aufbau und der Weiterentwicklung von Betrieben, zur Steigerung der Wettbewerbsfähigkeit der kleinen und mittleren Unternehmen und der Freien Berufe, damit mittelbar aber auch der Schaffung neuer und der Sicherung bestehender Arbeitsplätze[405]. Daher kann die ERP-Förderung als mittelbare Beschäftigungssubvention bezeichnet werden. Im folgenden soll nun der Förderrechtsrahmen der ERP-Förderung dargestellt und die Zweckstruktur herausgearbeitet werden. Im Anschluss gilt es, diese anhand des Maßstabes der Zweck-Mittel-Analyse zu bewerten.

1. Förderrechtsrahmen

Der Förderrechtsrahmen für die Vergabe von ERP-Krediten besteht aus einer Reihe von Gesetzen und Richtlinien[406]. Dabei basiert das ERP-Sondervermögen nach wie vor auf dem Abkommen über die wirtschaftliche Zusammenarbeit zwischen der Bundesrepublik Deutschland und den Vereinigten Staaten von Amerika[407]. Dessen Art. 2 Ziff. 1 nennt als Ziel den Wiederaufbau und die Förderung der deutschen Wirtschaft und fordert in Art. 2 Abs. 3 die Beachtung der Grundsätze des freien Wettbewerbs und die Beseitigung bestehender Handelsschranken[408]. Jedoch kommt dem Abkommen heute lediglich noch ein programmatischer Charakter zu, da sich der kriegsbedingte Wiederaufbau Deutschlands insoweit erledigt hat. Wesentliche Bedeutung bei der Vergabe der ERP-Mittel besitzt indes das Gesetz über die Verwaltung des ERP-Sondervermögens[409] (ERP-Verwaltungsgesetz), das in § 7 ein jährliches Wirtschaftsplangesetz[410] vorschreibt. Die Vergabe der

---

darin, S. 12 ff.; *Nehring,* Mittelstandsförderung durch das ERP-Sondervermögen, Der Landkreis 1982, 166; *Kilian,* Nebenhaushalte des Bundes, S. 440 ff.; *Neupert,* Regionale Strukturpolitik als Aufgabe der Länder: Grundlagen, Verknüpfungen, Grenzen, S. 329; *Pauker,* ERP-Sondervermögen, S. 13 ff.; *Stober,* Handbuch des Wirtschaftsverwaltungs- und Umweltrechts, § 69 IV, S. 854 ff.; *Zacher,* Staatliche Wirtschaftsförderung in der BRD, WiR 1972, 221.

405 *Bundesministerium für Wirtschaft,* ERP-Programm 1999, S. 2; *Dickertmann,* Öffentliche Finanzierungshilfen, S. 295 ff.; *Fitzner,* Investitionsförderung in den neuen Bundesländern, VIZ 1991, 94.

406 Diese sind im Anhang abgedruckt bei *Bundesministerium für Wirtschaft,* ERP-Programm 1999, S. 46 ff.

407 Abkommen über die wirtschaftliche Zusammenarbeit zwischen der Bundesrepublik Deutschland und den Vereinigten Staaten von Amerika vom 15. 12. 1942, vgl. das diesbezügliche Transformationsgesetz vom 31. 1. 1950, BGBl. I S. 9 ff.

408 Zur völkerrechtlichen Bewertung des ERP-Sondervermögens vgl. *Baumgart,* Investitionen und ERP-Finanzierung, S. 37 ff.

409 Gesetz über die Verwaltung des ERP-Sondervermögens (ERP-Verwaltungsgesetz) vom 31. 8. 1953, BGBl. I S. 1312 ff.; zuletzt geändert durch das Gesetz vom 21. 12. 1992, BGBl. I S. 2246 ff.

410 Vgl. hierzu das Gesetz über die Feststellung des Wirtschaftsplans des ERP-Sondervermögens für das Jahr 1996 (ERP-Wirtschaftsplangesetz 1996) vom 18. 12. 1995, BGBl. I

Kredite erfolgt im Rahmen einzelner Darlehensprogramme, die verschiedene Zielrichtungen verfolgen. Eine genaue Zwecksetzung der ERP-Förderprogramme erfolgt durch Richtlinien des Bundesministeriums für Wirtschaft[411].

a) Zweckstruktur

Hinsichtlich der allgemeinen Zielsetzung ist in § 2 ERP-Verwaltungsgesetz bestimmt, dass das Sondervermögen ausschließlich dem Wiederaufbau und der Förderung der deutschen Wirtschaft dient. Das ERP-Verwaltungsgesetz macht darüber hinaus keinerlei weitere Angaben über die Ziele der Förderung. Insoweit bleibt das Gesetz in höchstem Maße unbestimmt und wählt als Zielpunkt allgemein die „deutsche Wirtschaft". Eine nähere Zweckbestimmung erfolgt jedoch über das jeweils gültige ERP-Wirtschaftsplangesetz und dem darauf basierenden Wirtschaftsplan[412]. Die dort aufgelisteten Titel und deren Erläuterungen lassen eine Konkretisierung der Förderzwecke erkennen.

aa) Zweckbestimmung durch das ERP-Wirtschaftsplangesetz 1999

Der ERP-Wirtschaftsplan teilt sich in vier Kapitel, der Investitions-, der Exportfinanzierung, der sonstigen Ausgaben und schließlich der Einnahmen. Für die vorliegende Untersuchung ist allein die Investitionsfinanzierung (Kapitel 1) von Bedeutung. Dort findet sich in Titel 862 01-691 eine Bestimmung des Förderzwecks dergestalt, dass die ERP-Finanzierungshilfen der Leistungsfähigkeit und Leistungssteigerung mittelständischer privater Unternehmen der gewerblichen Wirtschaft dienen sollen, vorrangig in den neuen Bundesländern. Die Zwecke werden dann näher verifiziert[413]. So sollen bestehenden mittelständischen Unternehmen in den neuen Bundesländern allgemeine Aufbauinvestitionen zur Schaffung und Erhaltung von Arbeitsplätzen gewährt werden. Ferner werden Existenzgründungen mittelständischer Unternehmen der gewerblichen Wirtschaft als förderwürdig angesehen. Zur Zweckerreichung wird ein Eigenkapitalhilfeprogramm aufgelegt, mittels dessen zinsverbilligte, persönliche Darlehen an natürliche Personen (Unternehmer / Freiberufler) gewährt werden. Diese Darlehen besitzen in erster Linie eigenkapitalersetzenden Charakter[414] und dienen der Gründung und Festigung einer

---

S. 1969; ERP-Wirtschaftsplangesetz 1997 vom 20. 12. 1996, BGBl. I S. 2093; ERP-Wirtschaftsplangesetz 1998 vom 22. 12. 1997, BGBl. I S. 3277; ERP-Wirtschaftsplangesetz 1999 vom 13. 8. 1998, BGBl. I S. 2119 ff.

[411] Vgl. Bekanntmachung der Allgemeinen Bedingungen für die Vergabe von ERP-Mitteln sowie der Richtlinien zur Gewährung von ERP-Darlehen durch das Bundesministerium für Wirtschaft vom 16. 12. 1998, BAnz Nr. 246 vom 31. 12. 1998, S. 178 90 ff.

[412] Derzeit gilt das ERP-Wirtschaftsplangesetz 1999 vom 13. 8. 1998, BGBl. I S. 2119 ff.

[413] Vgl. im Folgenden die Erläuterungen zur Investitionsfinanzierung des Wirtschaftsplanes nach dem ERP-Wirtschaftsplangesetz 1999 vom 13. 8. 1998, BGBl. I, S. 2123.

selbständigen Existenz. Für die neuen Bundesländer können darüber hinaus die Darlehen auch zur Verstärkung der Eigenkapitalbasis bei Beteiligung eines unternehmerisch kompetenten Partners genutzt werden. Über ein Existenzgründungsdarlehensprogramm können auch Freie Berufe, mit Ausnahme der Heilberufe, gefördert werden.

Schließlich dienen die ERP-Darlehen auch der Refinanzierung privater Kapitalbeteiligungsgesellschaften bzw. mittelständischer Bürgschaftsbanken, die ihrerseits mittelständischen Unternehmen oder Angehörigen Freier Berufe die Beschaffung von haftendem Kapital erleichtern. Ferner ist mit Blick auf Beschäftigungssubventionen der intendierte Förderzweck, zusätzliche Ausbildungsplätze in kleinen und mittelständischen Unternehmen der gewerblichen Wirtschaft bzw. der Freien Berufe zu schaffen, von besonderer Bedeutung. Des Weiteren besteht über diesen Titel im Gesamtplan des ERP-Sondervermögens 1999 die Möglichkeit langfristig marktnahe Forschung und Entwicklung neuer Produkte, Verfahren oder Dienstleistungen zu finanzieren. Neben die Zweckbestimmung mittels Gesamtplan[415] im Rahmen des jeweils geltenden ERP-Wirtschaftsplangesetzes, das selbst wiederum auf § 7 ERP-Verwaltungsgesetz beruht, tritt eine weitere Zweckkonkretisierung durch die ERP-Richtlinien[416]. Diese gilt es nun unter dem Gesichtspunkt einer genaueren Benennung des Förderzwecks kurz darzustellen.

bb) Zweckbestimmung durch die ERP-Richtlinien

Der Wirtschaftsplan des Wirtschaftsplangesetzes 1999 weist ausdrücklich darauf hin, dass die im Titel 862-02 veranschlagten Mittel nach Maßgabe von Einzelrichtlinien vergeben werden[417]. Diese lassen sich in einen Allgemeinen Teil für die Vergabe von ERP-Mittel sowie in einen spezifischen Teil der einzelnen ERP-Programme unterteilen. Für die Darstellung der Zweckstruktur bietet sich eine Betrachtung unter dem Gesichtspunkt des Primär- und Endzwecks an[418]. Dadurch lässt sich der lediglich mittelbar beschäftigungssubventionierende Charakter klar herausarbeiten und anschließend die besondere, damit verbundene Problematik im Rahmen der Zweck-Mittel-Analyse aufzeigen[419].

---

414 Allgemeine Ausführungen zum Eigenkapitalersatz vgl. *Bormann*, Bilanzierung eigenkapitalersetzender Gesellschafterleistungen in der Handels- und Überschuldungsbilanz, S. 3 ff.

415 Die weiteren Titel 862 02-330 (Finanzhilfen an private Unternehmen der gewerblichen Wirtschaft zur Förderung von Investitionen für Umweltschutz und Energieeinsparung) und 681 02-029 (Gewährung von Stipendien an Studenten und junge Wissenschaftler, Förderung von Maßnahmen im Rahmen des Deutschen Programms für transatlantische Begegnung) lassen keinerlei beschäftigungsspezifischen Charakter erkennen und können insoweit außer Betracht bleiben.

416 Richtlinien zur Gewährung von ERP-Darlehen durch das Bundesministerium für Wirtschaft vom 16. 12. 1998, BAnz Nr. 246 vom 31. 12. 1998, S. 17890 ff.

417 ERP-Wirtschaftsplangesetz 1999 vom 13. 8. 1998, BGBl. I S. 2122.

418 Vgl. dazu oben 1. Teil, C., II.

(1) Primärzweck

Zunächst soll bei der Betrachtung der Primärzweck der Förderung im Vordergrund stehen[420]. Darunter sind diejenigen Ziele zu verstehen, die in den ERP-Programmen und Richtlinien ausdrücklich formuliert sind. Diese Zwecke sind unmittelbar von der Förderung intendiert. Sie drücken die erklärten Ziele und Absichten des Subventionsgebers direkt aus[421]. Insbesondere gilt es hierbei diejenigen Programme von den Betrachtungen herauszunehmen, die lediglich eine geringe wirtschaftsfördernde Zielsetzung für die Unternehmen erkennen lassen. Zunächst findet sich in den allgemeinen ERP-Vergabebedingungen[422] die noch sehr unbestimmt gehaltene Vorschrift, dass die ERP-Mittel der Förderung der deutschen Wirtschaft dienen. Es sollen nur Vorhaben berücksichtigt werden, die volkswirtschaftlich förderungswürdig sind, die Wettbewerbs- und Leistungsfähigkeit der geförderten Unternehmen steigern und einen nachhaltigen wirtschaftlichen Erfolg erwarten lassen. Insoweit wird lediglich § 2 ERP-Verwaltungsgesetz wiederholt und ausgeführt. Weitaus detaillierter sind demgegenüber die einzelnen ERP-Förderprogramm-Richtlinien ausgestaltet. Als Leitmotiv aller Maßnahmen ist das Prinzip der „Hilfe zur Selbsthilfe" zu nennen[423].

Seit dem 1.Januar 1997 ist das Eigenkapitalhilfeprogramm (EKH-Programm)[424] Bestandteil der ERP-Förderung[425]. Dieses Programm will Existenzgründungen der gewerblichen Wirtschaft und der Freien Berufe mit zinsgünstigen Krediten und Eigenkapitalhilfe unterstützen[426]. Die risikotragenden Darlehen sollen für die Gründung einer selbständigen Existenz, einer tätigen Beteiligung mit hinreichendem unternehmerischem Einfluss und einer Übernahme mit Fortführung des Unternehmens bereitgestellt werden[427]. Für die neuen Bundesländer und Berlin (Ost) steht

---

[419] Eine ähnliche Einteilung nimmt auch *Pauker*, ERP-Sondervermögen, S. 197 ff. vor, jedoch allein vor dem Hintergrund, eine Kompetenz des Bundes zur Wirtschaftsförderung mittels ERP-Sondervermögen abzulehnen.

[420] *Schetting*, Rechtspraxis der Subventionierung, S. 12 ff.

[421] *Butz*, Rechtsfragen der Zonenrandförderung, S. 124 ff.; *Pauker*, ERP-Sondervermögen, S. 200; *Stober*, Handbuch des Wirtschaftsverwaltungs- und Umweltrechts, § 69 VI, S. 855.

[422] Anlage 1 Ziff.1, ERP-Vergabebedingungen vom 16. 12. 1998, BAnz Nr. 246 vom 31. 12. 1998, S. 17890.

[423] Ausdrücklich in der Anlage 2, Richtlinie für das EKH-Programm vom 16. 12. 1998, BAnz Nr. 246 vom 31. 12. 1998, S. 17891; ferner im 16.Subventionsbericht vom 29. 8. 1997, BR-Drucksache 598/97, S. 29 Ziff.36.

[424] Anlage 2, Richtlinie für das EKH-Programm vom 16. 12. 1998, BAnz Nr. 246 vom 31. 12. 1998, S. 17891.

[425] Zur früheren Ausgestaltung als Förderprogramm der Bundesregierung vgl. *Gladis*, Existenzgründungen mit Bundesmitteln, S. 10; *Klemp*, Öffentliche Finanzhilfen (Subventionen) – Instrumente staatlicher Finanzintervention, S. 88.

[426] Vgl. zur Zielsetzung auch Bericht der Bundesregierung über die Entwicklung der Finanzhilfen des Bundes und der Steuervergünstigungen gemäß § 12 StWG vom 8. 6. 1967 für die Jahre 1995 bis 1998 (Sechzehnter Subventionsbericht) vom 29. 8. 1997, BR-Drucksache 598/97, S. 29 Ziff.35.

daneben noch Partnerschaftskapital zur Verfügung, wodurch ein tragfähiges Unternehmenskonzept mit einem Beteiligungspartner finanziert werden kann. Die Beteiligung des Partners muss zum Zwecke der nachhaltigen Steigerung der Wettbewerbs- und Leistungsfähigkeit des Unternehmens erfolgen. Ziel ist es, für Ostunternehmer einen Anreiz zu schaffen externe Managementkompetenz mit in das Unternehmen einzubinden, gleichzeitig aber auch vom beteiligten Mitgesellschafter eine – wenn auch begrenzte – Bereitstellung von Risikokapital zu verlangen[428].

Neben der Eigenkapitalhilfe stehen für Existenzgründer weitere Mittel zur Verfügung (ERP-Existenzgründerprogramm)[429]. Der Verwendungszweck kann dabei die Errichtung von Unternehmen sowie damit zusammenhängende Investitionen, die Übernahme oder tätige Beteiligung und damit verbundene Folgeinvestitionen oder aber die Beschaffung eines ersten Lagers an Material, Handelsware und Ersatzteilen sowie deren Aufstockung innerhalb der Anlaufphase umfassen[430]. Der Zweck der Förderung liegt darin, einem Existenzgründer über die schwierige und kapitalintensive Anlaufphase hinwegzuhelfen.

In der Zielsetzung etwas weitergehend ist das ERP-Aufbauprogramm[431], das nicht an das Erfordernis einer Neugründung anknüpft, sondern allgemein Investitionen zur Errichtung oder Übernahme, der Erweiterung, der Umstellung oder grundlegenden Rationalisierung von Betrieben fördert, wenn mit dem Vorhaben eine angemessene Zahl von neuen Arbeitsplätzen geschaffen oder die vorhandenen Arbeitsplätze gesichert werden. Investitionsmaßnahmen zur Stärkung und Weiterentwicklung von kleinen und mittleren Unternehmen bilden dabei den primären Absatzpunkt, auch wenn der Endzweck ausdrücklich in Form einer beschäftigungsfördernden Komponente benannt wird[432].

Mit dem ERP-Innovationsprogramm[433] soll eine marktnahe Forschung und Entwicklung neuer Produkte, Verfahren oder Dienstleistungen sowie deren Markteinführung finanziert werden. Interessant ist dabei, dass in der FuE-Phase neben Investitions-, Rechner-, Material-, Reise- und Gemeinkosten auch Personalkosten mitfinanziert werden können[434]. Insoweit findet also eine Subventionierung der Lohnkosten, mithin des FuE-Arbeitsplatzes statt. Im Rahmen der Markteinführung

---

427 Weitere Details zu den konkreten Förderbedingungen finden sich bei *Bundesministerium für Wirtschaft,* ERP-Programm 1998, S. 16.

428 So ausdrücklich das *Bundesministerium für Wirtschaft,* Wirtschaftliche Förderung in den neuen Bundesländern, S. 25.

429 Anlage 3, Richtlinie für das ERP-Existenzgründungsprogramm vom 16. 12. 1998, BAnz Nr. 246 vom 31. 12. 1998, S. 17891.

430 *Bundesministerium für Wirtschaft,* ERP-Programm 1999, S. 18.

431 Anlage 4, Richtlinie für das ERP-Aufbauprogramm vom 16. 12. 1998, BAnz Nr. 246 vom 31. 12. 1998, S. 17891.

432 Zum Primärzweck bei ERP-Programmen *Pauker,* ERP-Sondervermögen, S. 209 ff.

433 Anlage 7, Richtlinie für das ERP-Innovationsprogramm vom 16. 12. 1998, BAnz Nr. 246 vom 31. 12. 1998, S. 17892.

434 *Bundesministerium für Wirtschaft,* ERP-Programm 1999, S. 30.

innovativer Produkte sind sämtliche Maßnahmen zur Erschließung neuer Märkte förderfähig.

Schließlich besteht ein ERP-Beteiligungsprogramm[435], mit dem mittelständische Unternehmen von privaten Kapitalbeteiligungsgesellschaften ERP-geförderte Beteiligungen erhalten können. Ziel der Beteiligungen ist es, die Eigenkapitalbasis zu erweitern und die Finanzverhältnisse der Unternehmen zu konsolidieren. Unter die förderfähigen Vorhaben fallen die Errichtung, Erweiterung, die grundlegende Rationalisierung oder Umstellung des Betriebs, etwaige Kooperationen, Innovationen und erforderliche Umstellungen bei Strukturwandel[436].

Die weiteren ERP-Programme, wie das Regionalprogramm[437], das Umwelt- und Energieprogramm,[438] das Darlehensprogramm an mittelständische Bürgschaftsbanken[439] sowie das Exportfinanzierungsprogramm[440] und das Ausbildungsplätzeprogramm[441] können bei den weiteren Betrachtungen außen vor bleiben, da diesen

---

[435] Anlage 9, Richtlinie für das ERP-Beteiligungsprogramm vom 16. 12. 1998, BAnz Nr. 246 vom 31. 12. 1998, S. 178 92.

[436] Zum genauen Prozedere vgl. *Bundesministerium für Wirtschaft,* Wirtschaftliche Förderung in den neuen Bundesländern, S. 30.

[437] Das ERP-Regionalprogramm gewährt in Gebieten der Gemeinschaftsaufgabe „Verbesserung der regionalen Wirtschaftsstruktur" Darlehen zur Errichtung, Erweiterung, Rationalisierung und Umstellung von Betrieben. Bei einer Betriebserweiterung wird zusätzlich die Schaffung einer angemessenen Zahl neuer Arbeitsplätze gefordert. Das Programm greift ausschließlich in den alten Bundesländern und West-Berlin und übt somit keinerlei Einflüsse auf die Förderstruktur in den neuen Bundesländern aus; vgl. dazu Anlage 5, Richtlinie für das ERP-Regionalprogramm vom 16. 12. 1998, BAnz Nr. 246 vom 31. 12. 1998, S. 178 91; ferner *Butz,* Rechtsfragen der Zonenrandförderung, S. 126; *Neupert,* Regionale Strukturpolitik als Aufgabe der Länder: Grundlagen, Verknüpfungen, Grenzen, S. 329 ff.

[438] Dessen primärer Zweck liegt in der Förderung von betrieblichen Investitionen zum Zwecke des Umweltschutzes und der Energieeinsparung, also auf den Gebieten der Abfallwirtschaft, Luftreinhaltung und Nutzung regenerativer Energien, so dass in erster Linie der Umweltschutz ins Visier genommen und nicht auf eine Verbesserung der wirtschaftlichen Lage eines Unternehmens abstellt wird, vgl. Anlage 6, Richtlinie für das ERP-Umwelt- und Energiesparprogramm vom 16. 12. 1998, BAnz Nr. 246 vom 31. 12. 1998, S. 17891.

[439] Dieses Programm dient der Refinanzierung von Bürgschaftsbanken, die dem gewerblichen Mittelstand mit benötigten Bürgschafts- und Beteiligungsgarantien aushelfen. Subventionsempfänger sind hierbei zunächst die Bürgschaftsbanken, die gemeinnützig und als mittelständische Selbsthilfeeinrichtungen organisiert sind. Erst in einem zweiten Schritt erhält das Unternehmen die Förderung, so dass im Ergebnis die Bürgschaftsbank als Subventionsgeber auftritt. Eine Betrachtung dieser Subventionsform erfolgt unten 2. Teil, B., VI., 4.; zu den Voraussetzungen vgl. Anlage 10, Richtlinie für ERP-Darlehen an mittelständische Bürgschaftsbanken vom 16. 1. 1998, BAnz Nr. 246 vom 31. 12. 1998, S. 17892.

[440] Das Programm will Ausfuhrgeschäfte deutscher Exporteure in Entwicklungsländer fördern, indem die finanziellen Risiken solcher Exportgeschäfte abgefedert werden sollen. Eine wirtschaftliche Verbesserung des Unternehmens ist nicht intendiert, vgl. Anlage 11, Richtlinie für das ERP-Exportfinanzierungsprogramm vom 16. 12. 1998, BAnz Nr. 246 vom 31. 12. 1998, S. 17893.

[441] Mit diesem Programm werden die Kosten, die mit der Einrichtung oder Schaffung eines Ausbildungsplatzes verbunden sind, mitfinanziert. Hierbei handelt es sich um Ausbil-

entweder der wirtschaftsfördernde Charakter weitgehend fehlt oder aber nur geringe beschäftigungswirksame Ziele intendiert sind. Die aufgezeigten Programme zielen indes nicht allein auf einen Primärzweck, sondern verfolgen vielmehr einen weitergehenden Endzweck.

(2) Endzweck

Die Zweckstruktur ist daher um den Endzweck zu erweitern, wodurch die Mittelbarkeit der ERP-Förderung deutlich wird. Unter dem Endzweck ist die Zielsetzung zu verstehen, die sich der Subventionsgeber als entferntes Ziel und Endpunkt der Förderung gesetzt hat. Der Endzweck soll dabei über die Erfüllung des Primärzwecks erreicht werden. Der Subventionsempfänger soll mittels des Primärzwecks in Richtung des Endzwecks gelenkt werden. Man kann insoweit von einer zielhierarchischen Struktur sprechen[442]. Um aber als mittelbare Beschäftigungssubvention eingeordnet werden zu können, muss als Endzweck die Schaffung bzw. die Erhaltung von Arbeitsplätzen durch die ERP-Programme intendiert sein.

Hierbei lässt sich feststellen, dass die ERP-Förderung einem ständigen Wandel unterlag. So stand zunächst der Wiederaufbau Deutschlands im Vordergrund[443]. Nach Abschluss dieser Phase konzentrierten sich die Aktivitäten immer stärker auf die Unterstützung der exportintensiven Industrien und die Förderung kleiner und mittlerer Unternehmen. In den 80er Jahren wurden verstärkt Existenzgründungen, der Umweltschutz und die Zonenrandgebiete gefördert[444]. Ein besonderes Gewicht lag dabei auf der Berlin-Förderung[445]. Mit der deutschen Einheit verlagerte sich der Förderschwerpunkt in die neuen Bundesländer[446]. Als Endzweck kann dabei die Steigerung des wirtschaftlichen Wachstums, die Verbesserung der Beschäftigungslage und die Erhöhung des Umweltschutzniveaus in den geförderten Betrieben genannt werden[447]. Die Schaffung und Erhaltung von Arbeitsplätzen ist indes

---

dungsplätze, nicht aber um dauerhafte Arbeitsplätze; vgl. Anlage 8, Richtlinie für das ERP-Ausbildungsprogramm vom 16. 12. 1998, BAnz Nr. 246 vom 31. 12. 1998, S. 17892.

[442] Zur Zielhierarchie allgemein *Bleckmann*, Subventionsrecht, S. 104; *Eppe*, Subventionen und staatliche Geschenke, S. 71; *Haverkate*, Rechtsfragen des Leistungsstaats, S. 127; *Schetting*, Rechtspraxis der Subventionierung, S. 8 ff.; *Vogel*, Begrenzung von Subventionen durch ihren Zweck, in: Stödter / Thieme (Hrsg.), Hamburg Deutschland Europa, Festschrift für Hans-Peter Ipsen, S. 539 ff.; *Zuleeg*, Subventionsrecht zur Schaffung und Erhaltung von Arbeitsplätzen, in: Kittner (Hrsg.), Arbeitsmarkt – ökonomische, soziale und rechtliche Grundlagen, S. 159.

[443] *Baumgart*, Investitionen und ERP-Finanzierung, S. 37 ff.; *Becker, Wolfgang*, ERP-Sondervermögen, S. 6 ff.

[444] *Butz*, Rechtsfragen der Zonenrandförderung; *Neupert*, Regionale Strukturpolitik als Aufgabe der Länder: Grundlagen, Verknüpfungen, Grenzen, S. 157 ff.

[445] *Pauker*, ERP-Sondervermögen, S. 216.

[446] *Bundesministerium der Wirtschaft*, ERP-Programm 1999, S. 11.

[447] Vgl. hierzu den 16.Subventionsbericht der Bundesregierung vom 29. 8. 1997, BR-Drucksache 598 / 97, S. 29 Ziff. 35.

nur ausnahmsweise in den einzelnen Programmen explizit als Ziel ausgewiesen. Beispielsweise erwähnt das ERP-Aufbauprogramm als weiteres Ziel die Sicherung, bzw. die Schaffung von Arbeitsplätzen. Bei den anderen Programmen kann nur vom Sinn und Zweck der Primärzielsetzung auf eine Beschäftigungssubvention geschlossen werden. So werden über das EKH- und das Existenzgründerprogramm neue Unternehmen gegründet. Dies führt aber notwendigerweise zur Schaffung neuer Arbeitsplätze. Darüber hinaus werden mit dem Innovationsprogramm in der FuE-Phase Personalkosten mitfinanziert, so dass dadurch eine mittelbare Subventionierung eines Arbeitsplatzes vorliegt und insoweit von einer mittelbaren Beschäftigungssubventionierung gesprochen werden kann.

cc) Zusammenfassung der Zweckstruktur

Insgesamt erfolgt die Zweckbestimmung auf verschiedenen Ebenen. Ausgehend vom ERP-Verwaltungsgesetz und dem jährlichen Wirtschaftsplangesetz lassen sich Zweckkonkretisierungen vornehmen. Eine detaillierte Aufgliederung erfolgt jedoch erst durch die ERP-Richtlinien zu den einzelnen Förderprogrammen. Hier lassen sich ein Primär- und Endzweck unterscheiden. Insoweit zeigt sich deutlich die hierarchische Zweckstruktur, wie sie für mittelbare Beschäftigungssubventionen typisch ist. Während auf der primären Ebene eine Verbesserung der wirtschaftlichen Lage des Unternehmens gewollt ist, wird auf der zweiten Ebene eine Verbesserung der allgemeinen Beschäftigungslage angestrebt.

b) Zweckbindung und Mittelvergabe

Der Förderrechtsrahmen wird zwar wesentlich durch die Zweckstruktur bestimmt, indes muss daneben eine Bindung der Förderung an diese Struktur erfolgen. Hierzu ist die Mittelvergabe am Förderzweck auszurichten und eine Sicherung desselben zu erreichen. Für das ERP-Sondervermögen hat sich dabei ein differenziertes Vergabesystem herausgebildet. Nach § 5 Abs. 2 S. 1 ERP-Verwaltungsgesetz werden die Mittel des Sondervermögens als verzinsliche Darlehen vergeben, nur in besonderen Fällen können auch unverzinsliche Darlehen und verlorene Zuschüsse gewährt werden (S. 2). Zinsen und Tilgungsbeträge aus Darlehen sowie zurückgezahlte Zuschüsse fließen dem Sondervermögen wieder zu (S. 3). Die Subventionierung ist dabei in den weit unter den marktüblichen Zinssätzen liegenden, günstigen Darlehenskonditionen zu sehen[448]. Das ERP-Sondervermögen ist gem. § 4 ERP-Verwaltungsgesetz vom übrigen Vermögen des Bundes getrennt und haftet auch nicht für die Verbindlichkeiten des Bundes. Nach § 3 ERP-Verwaltungsgesetz ist es selbst nicht rechtsfähig, kann jedoch unter seinem Namen im rechtsgeschäftlichen Verkehr handeln, klagen und verklagt werden[449].

---

[448] *Bundesministerium der Wirtschaft,* ERP-Programm 1999, S. 16 ff.

Die konkrete Mittelvergabe in Form von Darlehensverträgen erfolgt jedoch nicht unmittelbar zwischen dem ERP-Sondervermögen und dem Subventionsempfänger, sondern über ein mehrstufiges Refinanzierungssystem[450]. Hierbei sind gem. § 7 ERP-Wirtschaftsplangesetz 1999[451] die dort genannten Hauptleihinstitute eingeschaltet, die Kreditanstalt für Wiederaufbau (KfW) und die Deutsche Ausgleichsbank (DtA)[452]. Zwischen dem ERP-Sondervermögen und diesen Instituten bestehen sogenannte Rahmenverträge, welche diese an die ERP-Programme und die verschiedenen Richtlinien binden und die Kreditlinie, insbesondere die Darlehensvaluta, für die Weitergabe der Kredite an den Subventionsempfänger festlegen[453]. Die eigentliche Kreditierung erfolgt zwischen der Hausbank und dem Subventionsempfänger in Form eines privatrechtlichen Darlehensvertrages[454], auf den die Förderrichtlinien durchschlagen[455]. Die Hausbank nimmt nun ihrerseits eine Refinanzierung bei den Hauptleihinstituten vor. Festzuhalten ist, dass die Entscheidung über die Vergabe der ERP-Mittel bei den Hauptleihinstituten liegt[456]. Damit nehmen diese nicht nur eine banktechnische Abwicklung, sondern auch eine inhaltliche Durchführung der ERP-Programme nach Maßgabe der ERP-Richtlinien und -Gesetze vor.

Einige wichtige Grundsätze der ERP-Förderung sind schließlich in den ERP-Vergabebedingungen[457] aufgeführt. Danach stehen ERP-Mittel zwar für eine langfristige Investitionsfinanzierung zur Verfügung, jedoch soll die kurzmöglichste Laufzeit vereinbart werden (Ziff. 2). In Ziff. 3 ist der Grundsatz der anteiligen

---

[449] Ausführlich zur Rechtsnatur des ERP-Sondervermögens vgl. *Becker, Wolfgang,* Das ERP-Sondervermögen, S. 45; *Kilian,* Nebenhaushalte des Bundes, S. 446; *Loeser,* Die Bundesverwaltung in der Bundesrepublik Deutschland, S. 95; *Pauker,* ERP-Sondervermögen, S. 26 ff.; *Zacher,* Staatliche Wirtschaftsförderung in der BRD, WiR 1972, 221.

[450] *Baumgart,* Investitionen und ERP-Finanzierung, S. 27 ff; *Flessa,* Schuldverhältnisse des Staates auf Grund Verwaltungsaktes, DVBl 1957, 81 ff. und 118 ff.; *Kirchhoff, Gerd,* Subventionen als Instrument der Lenkung und Koordinierung, S. 116; *Schetting,* Rechtspraxis der Subventionierung, S. 81 ff.; *Schneider-Gädicke,* Der öffentliche Kredit an die gewerbliche Wirtschaft, S. 33 ff.

[451] Vgl. auch die Anlage 1, Ziff. 10 ERP-Vergabebedingungen vom 16. 12. 1998, BAnz Nr. 246 vom 31. 12. 1998, S. 17890.

[452] Zu den Hauptleihinstituten ausführlicher unten 2. Teil, B., II., 1.

[453] *Pauker,* ERP-Sondervermögen, S. 18.

[454] Vgl. hierzu *Ehlers,* Die Handlungsformen bei der Vergabe von Wirtschaftssubventionen, VerwArchiv 1983, 118; *Henke,* Das Recht der Wirtschaftssubventionen als öffentliches Vertragsrecht, S. 90 ff.; *Zuleeg,* Die Rechtsform der Subventionen, S. 92 ff.

[455] Dies wird deutlich in Anlage 1, Ziff. 7 ERP-Vergabebedingungen vom 16. 12. 1998, BAnz Nr. 246 vom 31. 12. 1998, S. 17890.

[456] *Becker,* Wolfgang, Das ERP-Sondervermögen, S. 67 und 76; *Butz,* Rechtsfragen der Zonenrandförderung, S. 127; *Federmann,* Öffentliche Kredite an die gewerbliche Wirtschaft, S. 46; *Pauker,* ERP-Sondervermögen, S. 20; *Schetting,* Rechtspraxis der Subventionierung, S. 83.

[457] Vgl. insgesamt Anlage 1, ERP-Vergabebedingungen vom 16. 12. 1998, BAnz Nr. 246 vom 31. 12. 1998, S. 17890.

Finanzierung verankert, so dass eine Förderung immer auch ein Einbringen von Eigenmitteln voraussetzt. Die Antragsstellung muss vor Beginn des Vorhabens erfolgen. Von besonderer Bedeutung ist Ziff. 9, wonach ausdrücklich eine Zweckbindung an die einzelnen Programme bestimmt und im Fall der zweckwidrigen Verwendung eine Zurückzahlung der ERP-Mittel vorgesehen ist. Ferner sind in Ziff. 11 die Anforderungen an die Antragsunterlagen aufgelistet. Insbesondere muss der Antragsteller das Unternehmen und das Vorhaben beschreiben, einen Kosten- und Finanzierungsplan vorlegen und künftige Erfolgserwartungen benennen. Daran gekoppelt besteht auch eine Auskunftspflicht des Antragstellers gegenüber dem Beauftragten des ERP-Sondervermögens (Ziff. 13).

Insgesamt zeigt sich bei der ERP-Förderung mit dem Refinanzierungssystem eine besondere Form der Mittelvergabe. Die Bindung der Fördermittel an den Zweck erfolgt durch detaillierte Bestimmungen in den ERP-Vergabebedingungen. Von besonderer Bedeutung ist dabei die anteilige Finanzierung, die Darlegung des Antragsverfahrens, die Auskunftspflicht und bei zweckwidriger Verwendung eine ausdrückliche Rückzahlungsverpflichtung.

2. Freiheits- und Wettbewerbsprobleme

Bevor nun die dargestellte Zweckstruktur am Maßstab der Zweck-Mittel-Analyse gemessen wird, soll dessen Anwendung vor dem Hintergrund möglicher Freiheitsprobleme bei der ERP-Förderung aufgezeigt werden. Mit den ERP-Mitteln werden betriebswirtschaftliche Finanzierungskosten unmittelbar verringert. Die Begünstigung liegt dabei zum einen in der Zinssubvention[458], zum anderen aber auch in der Gewährung selbst, da vielfach aufgrund fehlender Eigenkapitalbasis eine Kreditierung auf dem regulären Kapitalmarkt abgewiesen werden würde[459]. Der Subventionscharakter kann folglich nicht geleugnet werden. Aufgrund dieses Vorteils kommt es zu einer potentiellen Wettbewerbsbeeinflussung. Der Subventionsempfänger – Kreditnehmer – erfährt somit eine Liquiditätsverbesserung im Verhältnis zum nichtgeförderten Subventionskonkurrenten. Es stellt sich im Ergebnis das Freiheits- und Wettbewerbsproblem. Die Subventionierung bedarf folglich der Rechtfertigung durch den Förderzweck[460], mithin muss der Förderrechtsrahmen den Anforderungen der Zweck-Mittel-Analyse entsprechen[461].

---

458 *Zeitel,* Staatliche Darlehensgewährung als Mittel der Finanz- und Wirtschaftspolitik, FinArch 1967, 202.

459 *Sinz,* Die staatliche Wirtschaftsförderung im Gebiet der neuen Bundesländer, S. 153; *Zeitel,* Staatliche Darlehensgewährung als Mittel der Finanz- und Wirtschaftspolitik, FinArch 1967, 205.

460 Vgl. ausführlich zum Bedürfnis einer Zweck-Mittel-Analyse oben 1. Teil, B., III.

461 Die Anforderungen der Zweck-Mittel-Analyse an den Förderrechtsrahmen sind oben genannt, 1. Teil, C.

3. Bewertung des Förderrechtsrahmens am Maßstab
der Zweck-Mittel-Analyse

Im Vordergrund der Bewertung der ERP-Förderung soll insbesondere die hierarchische Zweckstruktur stehen. Hierbei wird neben der Frage nach der ausreichenden Zweckbestimmtheit auch die nach hinreichender Transparenz zu stellen sein. Ferner soll das Problem der Zweckvielfalt eingehend betrachtet werden. Abschließend werden noch die Zweckkoordination und Zweck-Mittel-Kontrolle der ERP-Förderung einer kritischen Bewertung unterzogen.

a) Zweckbestimmtheit

Für den Bereich der unmittelbaren Beschäftigungssubventionen konnte bislang weitgehend auf gesetzliche Regelungen zurückgegriffen werden. Der Förderrechtsrahmen bestand vornehmlich aus gesetzlichen Bestimmungen des SGB III. Demgegenüber weist die Struktur der ERP-Förderung eine völlig andersartige rechtliche Normierung auf. Diese basiert im Wesentlichen nicht auf gesetzlichen Regelungen, sondern vielmehr auf sogenannten Subventionsrichtlinien des Bundesministeriums für Wirtschaft. Folglich wird die bereits abstrakt abgehandelte Frage nach der Geltung des Gesetzesvorbehalts im Subventionsrecht konkret virulent[462]. Zunächst wird dabei der Frage nachzugehen sein, ob der Förderrechtsrahmen überhaupt eine ausreichende Zweckbestimmung vornimmt. Im Folgenden wird dann zu fragen sein, inwieweit eine Zweckkonkretisierung durch die dafür zuständige Ebene erfolgt.

aa) Zweckbestimmung auf verschiedenen Rechtsebenen

Betrachtet man die Zweckstruktur der ERP-Förderung, so zeigt sich, dass eine Zweckbestimmung auf verschiedenen rechtlichen Ebenen versucht wird[463]. Beginnt man die Betrachtungen mit den gesetzlichen Grundlagen der ERP-Förderung, so lässt sich ein Höchstmaß an Unbestimmtheit feststellen. § 2 ERP-Verwaltungsgesetz nennt beispielsweise als ausschließliches Ziel der Förderung den Wiederaufbau und die Förderung der deutschen Wirtschaft. Der Gesetzgeber hat damit die wohl weiteste Zweckbestimmung vorgenommen, die für den Bereich der Wirtschaftsförderung erdenklich ist. Er vermeidet es die Förderung regional, sektoral oder temporal einzugrenzen. Es werden weder Fördervoraussetzungen noch sonstige Zweckbindungen genannt. Insgesamt lässt sich nur schwerlich von einer Zweckbestimmung sprechen[464]. Vielmehr wurde mit § 2 ERP-Verwaltungsgesetz

---

462 Vgl. zur Frage nach der Geltung des Gesetzesvorbehalts unten 1. Teil, C., I., 2.

463 Siehe hierzu oben 2. Teil, B., I., 1., a.

464 Mit weiteren Beispielen *Nieder-Eichholz,* Die Subventionsordnung, S. 102; *Schetting,* Rechtspraxis der Subventionierung, S. 20.

zunächst eine Öffnungsklausel installiert, durch die eine allgemeine Wirtschaftsförderung möglich wird.

Nimmt man nun ergänzend das ERP-Wirtschaftsplangesetz 1999, das auf § 7 ERP-Verwaltungsgesetz basiert und in dem die Einnahmen und Ausgaben des Sondervermögens veranschlagt sind, hinzu, so gewinnt die Zweckkonkretisierung nur unwesentlich an Schärfe. Das ERP-Wirtschaftsplangesetz 1999 selbst nimmt keine weiteren Zweckkonkretisierungen vor, verweist aber in seinem § 1 auf den beigefügten Wirtschaftsplan. Dort finden sich in Kapitel 1, Investitionsfinanzierung, unter dem Titel 862 01-691 sowie den entsprechenden Erläuterungen nähere Darlegungen zum Verwendungszweck[465]. Diese Zweckbestimmungen nehmen zwar eine Verdeutlichung durchaus vor, erreichen jedoch nicht das mögliche Konkretisierungsniveau. So wird mit der Förderwürdigkeit von Aufbauinvestitionen mittelständischer Unternehmen in den neuen Bundesländern zur Schaffung und Erhaltung von Arbeitsplätzen nur wenig Konkretes ausgesagt. Allein die Nennung des Endzwecks einer mittelbaren Beschäftigungssubvention reicht nicht zur Konkretisierung aus. Offen bleibt nämlich, über welches Primärziel der Endzweck erreicht werden soll. Hinter dem Begriff der „Aufbauinvestition" kann sich viel verbergen. Was konkret der Gesetzgeber darunter versteht, bleibt im Dunkeln. Ähnliches ist bei den anderen Zweckerläuterungen festzustellen. Dieser Befund verwundert indes kaum, denn der Wirtschaftsplan soll lediglich die Ausgaben und Einnahmen feststellen. § 7 S. 2 ERP-Verwaltungsgesetz fordert lediglich eine Nennung der „hauptsächlichen Verwendungszwecke". Diesem Erfordernis werden die Angaben im Titel und den dazugehörigen Erläuterungen gerecht. Eine detaillierte Regelung oder Benennung des Förderzwecks erfolgt nicht, wird durch das ERP-Verwaltungsgesetz aber auch nicht verlangt. Vielmehr wird die Vergabe der Fördermittel ausdrücklich nach Maßgabe von Einzelrichtlinien vorgenommen[466].

Diese Einzelrichtlinien werden vom Bundesministerium für Wirtschaft erstellt[467]. Die Erläuterungen der Titel im Wirtschaftsplan dienen dabei als grobes Zielraster. Die ERP-Richtlinien nehmen nun die genaue Zweckbestimmung und Bindung des Förderrechtsrahmens an den konkretisierten Zweck vor. Bei der Betrachtung der Richtlinien zeigt sich sehr deutlich, dass der dort genannte Verwendungszweck einen höheren Konkretisierungsgrad erreicht als dies im Wirtschaftsplan der Fall ist. Es finden sich genaue Angaben zur Förderwürdigkeit, zum Adressatenkreis, der Förderdauer, der Förderhöhe, der Eigenbeteiligung sowie zur sonstigen Zweckbindung[468]. So nennt das EKH-Programm in der Richtlinie aus-

---

465 Im Folgenden bezugnehmend auf die Erläuterung zu den Titel des Wirtschaftsplanes, Anhang zum ERP-Wirtschaftsplangesetz 1999 vom 13. 8. 1998, BGBl. I S. 2123.

466 Siehe auch die Einleitung zu Kapitel 1, Investitionsfinanzierung, des Wirtschaftsplans 1999, Anhang zum ERP-Wirtschaftsplangesetz 1999 vom 13. 8. 1998, BGBl. I S. 2122.

467 Vgl. ausführlich dazu oben 2. Teil, B., I., 1., bb.

468 Vgl. zu den einzelnen Programmen die detaillierten Darstellungen auf Grundlage der ERP-Richtlinien, in *Bundesministerium für Wirtschaft,* ERP-Programm 1999, S. 15 ff.; *Bun-*

führlich die förderfähigen Vorhaben. Das EKH-Partnerschafts-Programm bleibt mit der Nennung des Förderzwecks, Finanzierung eines tragfähigen Unternehmenskonzepts, noch unbestimmt. Dies wird jedoch über erweiterte Fördervoraussetzungen weitgehend kompensiert, indem beispielsweise hinsichtlich der Tragfähigkeit des Unternehmenskonzepts ein unabhängiges Gutachten einzuholen ist[469]. Auch das ERP-Existenzgründerprogramm nennt den genauen Verwendungszweck der Fördermittel. Gleiches kann für das insoweit sehr ähnliche Programm zur Finanzierung von Aufbauinvestitionen in den neuen Bundesländern gesagt werden. Schließlich weist auch die Richtlinie zum ERP-Innovationsprogramm einen hinreichend bestimmten Förderzweck aus. Insgesamt sind die einzelnen Programme zweckbestimmt, der Förderzweck tritt deutlich zutage. Mit den ERP-Richtlinien wurde insoweit eine zweckdeutliche Förderstruktur eingerichtet. Diese kann insgesamt als beispielhaft bezeichnet werden[470].

bb) Einhaltung des Gesetzesvorbehalts?

Damit findet zwar eine Verdeutlichung des Förderzwecks statt, jedoch erfolgt diese erst durch die ERP-Richtlinien, die von der Exekutive, dem Bundesministerium für Wirtschaft, erlassen werden. Das ERP-Verwaltungsgesetz und das ERP-Wirtschaftsplangesetz 1999 werden indes dem Gebot der Zweckbestimmtheit nicht gerecht. Insbesondere die Nennung von Förderzwecken im Wirtschaftsplan reichen dabei ersichtlich nicht aus. Zum einen ist, wie die ERP-Richtlinien zeigen, eine nähere Konkretisierung des Förderzwecks möglich, zum anderen ist der Wirtschaftsplan ehedem nicht darauf angelegt detaillierte Zweckangaben zu machen[471]. Auch die Verbindlichkeitserklärung[472], wie sie für die Erläuterung der Existenzgründerprogramme erfolgt, ändert daran nichts. Ist nämlich der Verwendungszweck nach wie vor weit ausgestaltet, findet auch hier im Ergebnis erst auf der Richtlinienebene eine Konkretisierung statt. Mit Blick auf das Prinzip des Gesetzesvorbehalts ist dabei wenig gewonnen, denn die Erläuterungen entfalten nach wie vor keine Außenrechtswirkung, auf die sich der Subventionsempfänger bzw. -konkurrent berufen könnte[473]. Die Verbindlichkeitserklärung ist allein an den Richtliniengeber gerichtet.

---

desministerium für Wirtschaft, Wirtschaftliche Förderung in den neuen Bundesländern, S. 23 ff.

[469] So die Nr. 3 der Richtlinie zum EKH-Programm, Partnerschaftskapital in den neuen Ländern und Berlin (Ost).

[470] Im Ergebnis ähnlich *Pauker,* ERP-Sondervermögen, S. 197 ff.; auch der Sachverständigenrat zur Begutachtung der gesamtwirtschaftlichen Lage bewertet die Förderprogramme positiv, vgl. *Sachverständigenrat,* Vor weitreichenden Entscheidungen, S. 104 Anmerkung 150.

[471] So ausdrücklich § 7 S. 2 ERP-Verwaltungsgesetz.

[472] Erläuterung zu Titel 862 01-691, b), Anhang zum ERP-Wirtschaftsplangesetz 1999 vom 13. 8. 1998, BGBl. I, S. 2123.

Demgegenüber wird der Förderzweck durch die ERP-Richtlinien ausreichend bestimmt, jedoch genügen die Verwaltungsvorschriften insoweit nicht dem Gesetzesvorbehalt[474]. Der Gesetzgeber vermeidet die Zweckbestimmung und überlässt diese der Exekutive. Die ERP-Förderung zeigt also deutlich das Dilemma, dass eine Zweckkonkretisierung sehr wohl möglich ist, eine solche jedoch nicht durch die rechtsstaatlich zuständige Ebene, den Gesetzgeber, sondern den zuständigen Minister erfolgt. Der Gesetzgeber entzieht sich dadurch seiner Verantwortung. Er muss die Zweckbestimmung vielmehr selbst vornehmen. Das Modell, das den ERP-Richtlinien zugrunde liegt, kann dabei durchaus als Vorbild dienen. Erst dann wird dem Gesetzesvorbehalt ausreichend Rechnung getragen, die Transparenz erhöht und das Parlament mit einbezogen.

Es kann also für die Zweckbestimmtheit der ERP-Förderung festgehalten werden, dass diese durch die ERP-Richtlinien durchaus gelungen ist. Jedoch werden die Richtlinien vom Bundesministerium für Wirtschaft aufgestellt, so dass die genaue Benennung des Förderzwecks nicht durch den Gesetzgeber erfolgt. Damit liegt ein Verstoß gegen das Prinzip des Gesetzesvorbehalts vor. Dieser Verstoß könnte indes ohne größeren Aufwand beseitigt werden, indem die Richtlinien in Form eines Gesetzes vom Parlament verabschiedet würden. Dies wäre im Ergebnis auch nicht mit einem erhöhten Aufwand verbunden, da ehedem ein jährliches Befassen des Parlaments mit der ERP-Förderung erforderlich ist. Im Wesentlichen kann die Zielsetzung, wie sie in den ERP-Richtlinien formuliert ist, übernommen werden.

b) Zweckbeschränkung und Zwecknähe

Eine weitere Anforderung an den Förderrechtsrahmen stellt die Zweck-Mittel-Analyse mit der Beschränkung des Förderzwecks auf[475]. Danach soll der Förderzweck möglichst ein konkretes Ziel verfolgen, um die Beliebigkeit der Förderzwecke zu verhindern. Die Förderstruktur kann nämlich auf der einen Seite Zwecke durchaus konkret bestimmen, auf der anderen Seite jedoch an Stringenz verlieren, wenn mehrere Zwecke gleichberechtigt und damit austauschbar nebeneinander stehen.

Betrachtet man die ERP-Förderstruktur, so fällt auf, dass diese auf den ersten Blick viele Zwecke verfolgt. Es werden einerseits Existenzgründungen, betriebliche Erweiterungsinvestitionen, Unternehmenskooperationen gefördert, andererseits wird Regional-, Umwelt-, Forschungsförderung betrieben, und schließlich

---

473 *Haverkate,* Subventionsrecht, in: Schmidt, Reiner (Hrsg.), Öffentliches Wirtschaftsrecht BT1, § 4 Rdnr. 32; *Götz,* Recht der Wirtschaftssubventionen, S. 301; *Kirchhof,* Verwalten durch mittelbares Handeln, S. 259; *Klenke,* Wirtschaftssubventionen und Eigentumsgarantie des Art. 14 Grundgesetz, S. 169.

474 Umfassend zur Geltung des Gesetzesvorbehalts oben 1. Teil, C., I., 2.

475 Vgl. dazu oben 1. Teil, C., II.

werden noch Ausbildungsplätze subventioniert[476]. Daher ist es durchaus berechtigt zu fragen, welchem Ziel die ERP-Förderung eigentlich verpflichtet ist. Doch greift diese Sichtweise ersichtlich zu kurz. Zwar geht die ERP-Förderung einer Vielzahl von Zwecken nach, jedoch erfolgt die Förderung anhand unterschiedlicher Programme und verschiedener Fördervoraussetzungen, so dass es nicht zur Austauschbarkeit der Zwecke im hier verstandenen Sinne kommen kann. Die einzelnen Programme können vielmehr als jeweils voneinander unabhängige Förderinstrumente betrachtet werden.

Wendet man den Blick auf die einzelnen beschäftigungsfördernden Programme[477], so zeigt sich, dass lediglich das ERP-Aufbauprogramm ausdrücklich den Endzweck im Sinne einer Beschäftigungssubvention nennt. Damit wird die Zweckstruktur der Forderung einer Benennung sämtlicher Ziele, neben der Nennung des Primär- insbesondere auch des Endzwecks, nicht ganz gerecht[478]. Gerade im Rahmen der Förderung eigenständiger Existenzen hätte eine stärkere Koppelung an die Schaffung bzw. Erhaltung von Arbeitsplätzen erfolgen können. Dies ist insbesondere vor dem Hintergrund zu sehen, dass die Anzahl von geschaffenen Arbeitsplätzen bei Existenzgründungen leicht zu kontrollieren ist, zumal die positive Wirkung bei Existenzgründungen unmittelbar auf den Arbeitsmarkt durchschlägt. Es wird gar gefordert, eine Arbeitsplatzkostenbezuschussung in die Existenzförderung mit aufzunehmen, zwar nicht als Regelförderung, aber immerhin als Möglichkeit zur Verhinderung drohender Insolvenz neugegründeter Unternehmen[479]. Dies erscheint ein interessanter Ansatzpunkt, um Existenzgründungen auch nach dem eigentlichen Gründungsakt zu unterstützen und die schwierige Anfangsphase konstruktiv zu begleiten.

Demgegenüber lässt sich im ERP-Aufbauprogramm die Gefahr einer Zweckdivergenz zwischen Primär- und Endzweck nicht ganz von der Hand weisen. So werden Darlehen zur Umstellung oder grundlegenden Rationalisierung von Betrieben gewährt, gleichzeitig müssen aber Arbeitsplätze geschaffen bzw. erhalten werden. Hierbei ist zu fragen, ob die Zielstruktur nicht widersprüchlich ausgestaltet ist. Bedenkt man nämlich, dass mit einer Rationalisierung vielfach Arbeitsplätze wegfallen, so droht der in Betracht kommende Endzweck, Sicherung der noch bestehenden Arbeitsplätzen, zur bloßen Schutzbehauptung zu geraten. Es besteht zudem die Gefahr, dass auch solche Rationalisierungen gefördert werden, die lediglich eine

---

[476] *Bundesministerium der Wirtschaft,* ERP-Programm 1999, S. 15 ff.

[477] Zur Abgrenzung siehe oben 2. Teil, B., 1., a., bb.

[478] *Haverkate,* Subventionsrecht, in: Schmidt, Reiner (Hrsg.), Öffentliches Wirtschaftsrecht BT1, § 4 Rdnr. 48; *Henseler,* Staatliche Verhaltenslenkung durch Subventionen im Spannungsfeld zur Unternehmerfreiheit des Begünstigten, VerwArch 1986, 283; *Friauf,* Referat zum Thema „Ordnungsrahmen für das Recht der Subventionen", in: Ständige Deputation des DJT (Hrsg.), Verhandlungen des 55. DJT, Bd. II, S. M22; *Schetting,* Rechtspraxis der Subventionierung, S. 20.

[479] So beispielsweise *Klemp,* Öffentliche Finanzhilfen (Subventionen) – Instrumente staatlicher Finanzintervention, S. 156.

Senkung der Kosten und eine Verbesserung des Bilanzergebnisses zum Ziel haben. Der Förderrechtsrahmen müsste hier eine verstärkte Sicherung des kausalen Zusammenhangs von Primärzweck (Rationalisierung) und Endzweck (Arbeitsplatzsicherung) anstreben.

Nimmt man nun die Forderung der Zweck-Mittel-Analyse nach ausreichender Zwecknähe hinzu, so zeigt sich gerade für die ERP-Förderung, dass diese stark an den Interessen des Subventionsempfängers – des Unternehmers – ausgerichtet ist. Anders als die unmittelbaren Beschäftigungssubventionen, bei denen es teilweise gar zu Divergenzen der verschiedenen Interessen kommt[480], ist die Nähe von intendiertem Normzweck und der Zielvorstellung des Unternehmers gegeben. Beispielsweise sollen gerade durch die Existenzförderung Unternehmensneugründungen initiiert werden, also das Interesse des Unternehmers geweckt werden. Aber auch das ERP-Innovationsprogramm, das eine Art Lohnkostensubventionierung darstellt, trägt dem Postulat der Zwecknähe Rechnung. Insgesamt wird man bezüglich der Zwecknähe keine kritischen Ansatzpunkte im Rahmen der ERP-Förderung finden können.

c) Zweckkoordination

Angesichts der Vielzahl von Wirtschaftsförderungsprogrammen stellt die Koordination der Zwecke und Zielsetzungen eines der großen Probleme des Subventionsrechts dar. Betrachtet man hierzu speziell die ERP-Förderung, so zeigt sich auch hier das Problem der Mehrfachsubventionierung[481] und des Mangels an ausreichender Koordination. So regelt Ziff. 5 ERP-Vergabebedingungen[482] die Mehrfachförderung, wonach die ERP-Mittel nicht aus verschiedenen Ansätzen im ERP-Wirtschaftsplan gewährt werden dürfen und nicht neben Zuwendungen aus dem Bundeshaushalt gestellt werden sollen. Nimmt man nun eine fiktive Investitionsrechnung der Errichtung eines mittelständischen Unternehmens in den neuen Bundesländern vor, so greifen dennoch verschiedene Förderprogramme ineinander[483]. So kann fehlendes Eigenkapital über das EKH-Programm ergänzt werden. Weitere zinsgünstige Darlehen können dem ERP-Existenzgründerprogramm entnommen werden. Ergänzend können Mittel aus dem KfW-Mittelstandsprogramm bzw. dem DtA-Existenzgründungsprogramm[484] herangezogen werden. Da sich das neuge-

---

480 Vgl. hierzu beispielsweise die ABM-Förderung oben 2. Teil, A., I., 3., e.

481 *Klemp,* Subventionen – Einsparungen ohne Aufgabeneinschränkung, WSI-Mitteilungen 1988, 544; *Lammers,* Mehrfachsubventionen, S. 4 ff.; *Werner,* Subventionsabbau – gesetzliche Zwänge schaffen, S. 128 ff.

482 Anlage 1, ERP-Vergabebedingungen vom 16. 12. 1998, BAnz Nr. 246 vom 31. 12. 1998, S. 17890.

483 Eine detaillierte Beispielsrechnung findet sich in *Bundesministerium für Wirtschaft,* Wirtschaftliche Förderung in den neuen Bundesländern, S. 36 ff.

484 Vgl. zu diesen Programmen im Einzelnen unten 2. Teil, B., II.

gründete Unternehmen in den neuen Bundesländern befindet, wird eine Investitionszulage nach dem InvZulG 1999 gewährt[485]. Zudem besteht die Möglichkeit von Investitionszuschüssen nach der Gemeinschaftsaufgabe „Verbesserung der regionalen Wirtschaftsstruktur", soweit ein Betrieb des verarbeitenden Gewerbes mit überwiegend überregionalem Absatz vorliegt[486]. Aber auch steuerliche Zuwendungen in Form von Sonderabschreibungen nach dem EStG können unterstützend eingreifen[487]. Man sieht deutlich, dass gerade die Soll-Vorschrift der Ziff. 5 ERP-Vergabebedingungen in der Praxis keine Bedeutung hat und die Mehrfachförderung gerade zum Regelfall wird[488]. Noch unübersichtlicher wird das in Betracht kommende Förderinstrumentarium, wenn man dann noch etwaige Förderprogramme auf Länderebene in die Betrachtungen miteinbezieht. Nimmt man beispielsweise das Land Sachsen, so kommt zusätzlich ein landesspezifisches Existenzgründungsprogramm in Betracht[489]. Schließlich soll auch die europäische Ebene nicht unerwähnt bleiben, auf der finanzierte Darlehen der Europäischen Investitionsbank in Anspruch genommen werden können[490].

Dieser kurze Überblick zeigt sehr deutlich die Probleme der Wirtschaftsförderung auf. Einem Vorhaben der Existenzgründung stehen viele Förderprogramme mit gleicher Zielrichtung gegenüber, die der Existenzgründer kumulativ in Anspruch nehmen kann. Es findet weder eine Abstimmung der einzelnen Programme auf gleicher Förderebene noch zwischen den einzelnen Förderebenen statt. Dieser Subventionsdschungel führt zur Unüberschaubarkeit der Subventionierung. Dadurch kann für ein einzelnes Vorhaben nur schwerlich nach etwaigen Alternativen zur Subventionierung oder im Sinne des Erforderlichkeitsprinzips nach weniger freiheitsbeeinträchtigenden Maßnahmen gesucht werden[491]. Aufgrund der mangelnden Koordination muss die Erforderlichkeitsprüfung gänzlich ausfallen, da bei der einzelnen Subventionsgewährung nicht die gesamten Fördermöglichkeiten überblickt werden können. Zudem besteht die Gefahr, dass Freiheitsbeeinträchtigungen Dritter durch die Mehrfachsubventionierung verstärkt werden, wenn überhaupt erkannt werden. Neben diesen sich verstärkenden freiheitsrechtlichen Ungleichgewichten kann es zu Zieldivergenzen zwischen den unterschiedlichen Subventionsgeber kommen, da eine Abstimmung der Förderung gerade nicht erfolgt[492]. Darüber hinaus ist die Gefahr des Fördermissbrauchs um ein vielfaches

---

485 Vgl. hierzu unten 2. Teil, B., IV., 1.

486 Vgl. zu dieser Förderung unten 2. Teil, B., V.

487 Vgl. zu diesem Instrument unten 2. Teil, B., IV., 2., a.

488 So im Ergebnis auch *Klemp,* Öffentliche Finanzhilfen (Subventionen) – Instrumente staatlicher Finanzintervention, S. 89.

489 Vgl. zu dieser Problematik daher unten 2. Teil, B., VI., 3.

490 Vgl. zur EIB unten 3. Teil, B.

491 Zum Erfordernis nach Alternativen zur Subventionierung zu suchen vgl. auch *Tuchfeldt,* Über Wirkungen und Verbesserungsmöglichkeiten der Subventionspolitik, Monatsblätter für freiheitliche Wirtschaftspolitik 1966, 595.

höher, je dichter der Subventionsdschungel ist. Die Kontrollmöglichkeiten verschlechtern sich mit steigender Zahl der Förderprogramme[493]. Man wird nur
schwer bestreiten können, dass angesichts der vielfältigen Programme, der mangelnden Koordinierung und Kontrolle mehrfach „abkassiert" wird[494].

Ferner führt das Nebeneinander gleichgerichteter Förderprogramme zu einem
hohen Verwaltungsaufwand auf Seiten des Subventionsgebers wie des -empfän-
gers. So muss letzterer mehrere identische Anträge stellen. Diese müssen bei
verschiedenen Vergabestellen eingereicht werden, die dann jeweils eine ähnliche
Prüfung vornehmen. Dieses Verfahren ist verwaltungstechnisch ineffektiv[495].
Schließlich sollen auch wirtschaftliche Bedenken nicht unerwähnt bleiben. Mehrfachsubventionierungen bergen die Gefahr, dass die Eigeninitiative des Subventionsempfängers sinkt[496]. Wirtschaftlich gesprochen verstärkt sich der Eigenkapi-
talmangel, das Insolvenz-Risiko erhöht sich[497].

Daher muss im Ergebnis eine Koordination der Zwecke wie auch der Förderprogramme insgesamt erfolgen[498]. Die Maßnahmen sind zu bündeln, eine Mehrfachförderung auszuschließen und einheitliche Vergabestellen für bestimmte Förderziele einzurichten. Erster Ansatzpunkt kann dabei sein, die Subventionsvergabe so
weit wie möglich zu dezentralisieren, womit gleichzeitig die Zwecknähe optimiert
werden kann[499]. Hierbei sind indes die Kompetenzregelungen zwischen Bund,
Länder und Gemeinden zu beachten, die eine direktive Koordinierung erheblich
einschränken[500]. Ähnlich geringes Koordinierungspotential wird dem Aspekt der
Finanzierung zugeschrieben[501], so dass lediglich eine Koordinierung der Subven-

---

[492] *Kirchhoff,* Gerd, Subventionen als Instrument der Lenkung und Koordinierung, S. 140;
Kisker, Kooperation im Bundesstaat, S. 2; *Werner,* Subventionsabbau – gesetzliche Zwänge
schaffen, S. 128 ff.

[493] *Nieder-Eichholz,* Die Subventionsordnung, S. 106.

[494] Als Beispiel nennt *Preußner,* Kontrolle und Beherrschbarkeit von Wirtschaftssubventionen, S. 15 in verschiedenen Regionen tätige Unternehmen oder aber international tätige
Konzerne, bei denen kaum zu überblicken ist, wie oft der Konzern bzw. seine Unternehmens-
teile gefördert wurden.

[495] *Fox/Zeitel,* Subventionsabbau, DÖV 1984, 871; *Klemp,* Öffentliche Finanzhilfen
(Subventionen) – Instrumente staatlicher Finanzintervention, S. 90.

[496] *Klemp,* Öffentliche Finanzhilfen (Subventionen) – Instrumente staatlicher Finanzintervention, S. 91; *Nieder-Eichholz,* Die Subventionsordnung, S. 107.

[497] *Klemp,* Öffentliche Finanzhilfen (Subventionen) – Instrumente staatlicher Finanzintervention, S. 157.

[498] Ausführlich zu möglichen Koordinierungsmodellen *Klemp,* Öffentliche Finanzhilfen
(Subventionen) – Instrumente staatlicher Finanzintervention, S. 155 ff.; *Lammers,* Mehrfachsubventionen, S. 17 ff.; *Nieder-Eichholz,* Die Subventionsordnung, S. 244 ff.; *Preußner,* Kontrolle und Beherrschbarkeit von Wirtschaftssubventionen, S. 156 ff.

[499] *Lammers,* Mehrfachsubventionen, S. 17.

[500] Ausführlich zur Koordinierung *Preußner,* Kontrolle und Beherrschbarkeit von Wirtschaftssubventionen, S. 156 ff.; kritisch zur ERP-Förderung unter dem Aspekt regionaler
Strukturpolitik im Verhältnis der Länder zum Bund vgl. *Neupert,* Regionale Strukturpolitik
als Aufgabe der Länder: Grundlagen, Verknüpfungen, Grenzen, S. 339.

tionstätigkeit über freiwillige Kooperation der Subventionsebenen erfolgversprechend erscheint[502]. Hierbei gilt es, abgegrenzte Aufgabenkreise zu entwickeln, die den einzelnen Subventionsebenen – möglichst nach dem Subsidiaritätsprinzip – zuzuordnen sind. Entscheidendes Kriterium könnte dabei sein, welcher Zweck verfolgt wird und welcher Ebene die Erreichung des Ziels am ehesten wieder zugute kommt[503]. Damit eng verknüpft ist das Postulat, eine Förderung auf der Ebene zu belassen, welcher der Förderung am nächsten ist und folglich am ehesten den Förderrechtsrahmen im Sinne der Zweck-Mittel-Analyse auszugestalten vermag.

d) Zweck-Mittel-Kontrolle

Mit dem Problem der Mehrfachsubventionierung geht das der ausreichenden Zweck-Mittel-Kontrolle einher. Je vielfältiger die Programme werden, desto schwieriger gestalten sich die Kontrollmöglichkeiten, da die Finanzmittel auf immer mehr Programme und Ziele verteilt werden. Erforderlich ist daher eine ausdifferenzierte Zweckbindung. Hierbei werden mit der Subventionsvergabe die Mittel direkt an den Förderzweck gekoppelt. Bei Abweichungen von der Zweckbindung greifen dann zwingende Rückzahlungsverpflichtungen bzw. weitergehende Sanktionsmechanismen ein. Für die ERP-Programme findet sich in Ziff. 9 ERP-Vergabebedingungen[504] eine derartige Zweckbindung. Daneben schreibt die Ziff. 11 ERP-Vergabebedingungen Mindestvoraussetzungen für die Unterlagen des Antragstellers vor. Danach sind Unterlagen beizulegen, die es der Subventionsverwaltung ermöglichen sich ein Bild von dem Unternehmen und dem geplanten Vorhaben zu machen. Auffällig ist, dass im Gegensatz zu den unmittelbaren Beschäftigungssubventionen nach dem SGB III erhöhte Antragsvoraussetzungen festzustellen sind. So muss der Unternehmer seine Jahresabschlüsse beilegen, künftige Erfolgserwartungen formulieren und seine fachliche Eignung nachweisen. Nach Ziff. 13 ERP-Vergabebedingungen sind auf Verlangen, Auskünfte zu erteilen und etwaige Prüfungen zu gestatten.

Aber auch die einzelnen ERP-Programme stellen erhöhte Anforderungen. So fordert das EKH-Programm eine fachliche Beratung hinsichtlich des Vorhabens und die Abgabe einer Stellungnahme durch unabhängige Dritte. Es findet daher eine Überprüfung des Unternehmenskonzepts durch eine unabhängige Stelle (Handwerkskammer, Industrie- und Handelskammer, Unternehmens-, Steuerberater, Wirtschaftsprüfer, Fachverbände), zusätzlich noch durch die das Vorhaben

---

501 *Götz,* Recht der Wirtschaftssubventionen, S. 232 ff.; *Kirchhoff, Gerd,* Subventionen als Instrument der Lenkung und Koordinierung, S. 194 ff.

502 *Preußner,* Kontrolle und Beherrschbarkeit von Wirtschaftssubventionen, S. 178 ff.

503 Ähnlich *Lammers,* Mehrfachsubventionen, S. 20 ff.; *Nieder-Eichholz,* Die Subventionsordnung, S. 246;

504 Anlage 1, ERP-Vergabebedingungen vom 16. 12. 1998, BAnz Nr. 246 vom 31. 12. 1998, S. 17890.

durchführende Hausbank und schließlich der refinanzierenden Deutschen Ausgleichsbank statt[505]. Diese dreifache Kontrolle des Unternehmenskonzepts vermag einen Missbrauch der EKH-Förderung weitgehend auszuschließen.

Letztlich vermieden wurde indes, in die ERP-Richtlinien eine nachträgliche Zielerreichungskontrolle aufzunehmen[506]. Diese müsste an den Primär-, vor allem aber auch den Endzielen ansetzen. Gerade die ERP-Programme, die sich die Schaffung neuer Arbeitsplätze zum Endziel gesetzt haben, könnten dabei leicht auf ihre tatsächliche Zielerreichung hin überprüft werden[507]. Daneben muss aber auch eine Wirkungsanalyse erfolgen, die insbesondere die Kausalität von Zielerreichung und Subventionierung festzustellen vermag. Gerade die Finanzwissenschaft hält hierfür ein breites Spektrum möglicher Wirkungsanalysen bereit[508]. Nur so lassen sich etwaige Mängel der Förderung erkennen. Der Rechtsrahmen der ERP-Förderung ist daher im Ergebnis um den Aspekt einer Zielerreichungs- und Wirkungskontrolle zu erweitern.

4. Zwischenergebnis

Im Ergebnis lässt sich für die ERP-Förderung festhalten, dass diese auf der einen Seite sehr differenziert ausgestaltet ist, diese Differenzierung allerdings erst auf Richtlinienebene durch die Exekutive erfolgt. Damit wird dem Gesetzesvorbehalt nicht ausreichend Rechnung getragen. Dieser entfaltet angesichts der wesentlichen Aufgabenbereiche, den potentiellen Freiheitsbeeinträchtigungen und der nötigen Transparenz auch für das Subventionsrecht seine volle Wirkungskraft. Daher ist der Gesetzgeber gehalten insbesondere die Zweckbestimmung der ERP-Förderung durch Gesetz selbst vorzunehmen und diese nicht auf die Verwaltung zu verlagern. Im Rahmen der Zweckbeschränkung sollte der Endzweck der ERP-Förderung deutlicher herausgestellt werden, insbesondere sind etwaige Zweckdivergenzen zu vermeiden, bzw. die Förderstruktur dahingehend klarzustellen. Reformbedarf besteht im Hinblick auf die Zweckkoordination, die für die Wirtschaftsförderung insgesamt schwach ausgestaltet ist. Hier gilt es, Koordinierungsinstrumente zu entwickeln und Aufgabenzuständigkeiten deutlich zuzuweisen. Die Zweck-Mittel-Kontrolle ist weitgehend in der ERP-Förderstruktur verwirklicht. Als Schwachpunkt wurde das Fehlen einer ausdrücklichen Zielerreichungs- und Wirksamkeitskontrolle herausgearbeitet.

---

505 *Bundesministerium für Wirtschaft,* ERP-Programm 1999, S. 17.

506 *Nieder-Eichholz,* Die Subventionsordnung, S. 252 ff.

507 *Fox,* Erfolgskontrollen der regionalen Wirtschaftsförderung, in: Eichhorn / Kortzfleisch (Hrsg.), Erfolgskontrolle bei der Verausgabung öffentlicher Mittel, S. 50.

508 Siehe hierzu eingehend *Andel,* Finanzwissenschaft, S. 100 ff.

II. Förderprogramme der Kreditanstalt für Wiederaufbau und der Deutschen Ausgleichsbank

Neben den Förderprogrammen, die aus Mitteln des ERP-Sondervermögens finanziert werden[509], haben die für die Durchführung der ERP-Programme zuständigen Hauptleihinstitute, die Kreditanstalt für Wiederaufbau (KfW) und die Deutsche Ausgleichsbank (DtA), noch weitere, eigene Kreditprogramme entwickelt. Diese dienen in erster Linie der Investitionsförderung und damit der Unterstützung von Existenzgründungen. Daher wird zu fragen sein, welche Unterschiede im Verhältnis zu den ERP-Programmen bestehen, zumal diese ebenfalls über die beiden Banken abgewickelt werden. Die KfW/DtA-Programme müssen ebenfalls rechtsstaatlichen Anforderungen entsprechen, insbesondere dem Gesetzesvorbehalt genügen und dem Maßstab der Zweck-Mittel-Analyse gerecht werden.

1. Die KfW/DtA als Subventionsgeber

Der Förderrechtsrahmen wird wesentlich von den beteiligten Banken, der KfW und der DtA geprägt. Diese treten nach außen als Subventionsgeber auf. Die Kreditanstalt für Wiederaufbau stellt der Rechtsform nach eine Körperschaft des öffentlichen Rechts dar. Dies ergibt sich unzweifelhaft aus § 1 Abs. 1 des Gesetzes über die Kreditanstalt für Wiederaufbau (KfW-G)[510]. Trotz ihrer Bezeichnung als Körperschaft wird die KfW mangels mitgliedschaftlicher Verfassung überwiegend als Anstalt angesehen[511]. Die KfW hat ihren Sitz in Frankfurt am Main. Am Grundkapital von einer Milliarde DM sind der Bund mit 80 % und die Bundesländer mit 20 % beteiligt[512]. Ihre Einrichtung und Organisation ist verfassungsrechtlich auf Art. 87 Abs. 3 S. 1 GG zurückzuführen[513]. Ähnliches gilt für die DtA, die aus der mit der Abwicklung des Lastenausgleichs betrauten Lastenausgleichsbank hervorging[514]. Die DtA wurde gem. § 1 Abs. 1 AusglBankG[515] als bundesunmittel-

---

[509] Siehe zur Vergabe der ERP-Mittel durch die KfW und die DtA oben 2. Teil, B., I., 1., b.

[510] Das Gesetz über die Kreditanstalt für Wiederaufbau wurde am 5. 11. 1948 verkündet, WiGBl. S. 123 ff.; neugefasst durch die Bekanntmachung vom 23. 6. 1969, BGBl. I S. 573 ff.; zuletzt geändert durch das Gesetz zur Fortentwicklung des Finanzplatzes Deutschland (Drittes Finanzmarktförderungskonzept) vom 24. 3. 1998, BGBl. I S. 529.

[511] *Dittmann,* Die Bundesverwaltung, S. 259; *Kilian,* Nebenhaushalte des Bundes, S. 480; *Köttgen,* Der Einfluss des Bundes auf die deutsche Verwaltung und die Organisation der bundeseigenen Verwaltung, JöR 1962, 281; *Loeser,* Die Bundesverwaltung in der Bundesrepublik Deutschland, S. 113; *Schuppert,* Die Erfüllung öffentlicher Aufgaben durch verselbständigte Verwaltungseinheiten, S. 53.

[512] So ausdrücklich § 1 Abs. 2 KfW-G.

[513] *Becker, Wolfgang,* Das ERP-Sondervermögen, S. 66; *Neupert,* Regionale Strukturpolitik als Aufgabe der Länder: Grundlagen, Verknüpfungen, Grenzen, S. 332; *Schmidt, Reiner,* Wirtschaftspolitik, Wirtschaftsverwaltungsorganisation, Wirtschaftsförderung, in: Achterberg/Püttner (Hrsg.), Besonderes Verwaltungsrecht I, Kapitel 1 Rdnr. 57.

bare rechtsfähige Anstalt des öffentlichen Rechts mit Sitz in Bonn errichtet (Abs. 2). Nach § 2 Abs. 2 AusglBankG darf der Anteil der Bundesrepublik Deutschland (einschließlich ihrer Sondervermögen) am Grundkapital 51 % nicht unterschreiten[516]. Es handelt sich bei den zu betrachtenden Kreditinstituten um Fälle der sogenannten mittelbaren Wirtschaftsverwaltung durch juristisch verselbständigte Bundesanstalten[517]. Im Ergebnis tritt der Bund über die KfW und die DtA als Subventionsgeber auf[518]. Man kann insoweit bei der Einschaltung der öffentlich-rechtlichen Kreditanstalten von Subventionsmittlern sprechen[519]. Ziel ist es, durch die Organisationsform auf der einen Seite öffentliche Ziele und Zwecke zu verfolgen, auf der anderen Seite gleichzeitig einen speziellen Verwaltungsapparat zu schaffen, der in der Lage ist, auch außerstaatliche Beteiligungen miteinzubinden[520]. Die Betätigung der öffentlichen Banken wird dabei durch das jeweilige Errichtungsgesetz abgesteckt. Daher sind öffentliche Banken in der Regel Spezialbanken[521], die sich durch ihre öffentlich-rechtliche Zielsetzung und -struktur von privatrechtlichen Banken wesentlich unterscheiden[522].

---

[514] Ausführlich zur Geschichte der Lastenausgleichsbank *Becker,* Wolfgang, Das ERP-Sondervermögen, S. 69 ff.; *Dickertmann,* Öffentliche Finanzierungshilfen, S. 308 ff.; *Dittmann,* Die Bundesverwaltung, S. 237 ff.; *Kilian,* Nebenhaushalte des Bundes, S. 476 ff.; *Kirchhoff,* Ulrich, Zielwandel bei öffentlichen Unternehmen, aufgezeigt am Beispiel der Banken des Bundes, S. 67 ff.; *Schuppert,* Die Erfüllung öffentlicher Aufgaben durch verselbständigte Verwaltungseinheiten, S. 55; *Ziemer,* Zwanzig Jahre Lastenausgleichsbank, S. 3 ff.

[515] Gesetz über die Deutsche Ausgleichsbank (Ausgleichsbankgesetz – AusglBankG) vom 23. 9. 1986, BGBl. I S. 1544 ff.

[516] Das gezeichnete Kapital beläuft sich derzeit auf 1.000 Millionen DM, an dem das ERP-Sondervermögen mit 53,3 %, die BRD mit 40,6 % und das Sondervermögen Ausgleichsfonds mit 6,1% beteiligt sind, vgl. *Deutsche Ausgleichsbank,* Geschäftsbericht 1997, S. 56.

[517] *Blümel,* Verwaltungszuständigkeit, in: Isensee / Kirchhof (Hrsg.), Handbuch des Staatsrechts IV, § 101 Rdnr. 110 ff.; *Jecht,* Die Anstalt des öffentlichen Rechts, S. 119 ff.; *Loeser,* Die Bundesverwaltung in der Bundesrepublik Deutschland, S. 120; *Stober,* Handbuch des Wirtschaftsverwaltungs- und Umweltrechts, § 72 I, S. 863.

[518] *Dittmann,* Die Bundesverwaltung, S. 242; *Kilian,* Nebenhaushalte des Bundes, S. 476 ff.; *Lüdiger,* Die Kreditanstalt für Wiederaufbau, wisu 1989, 676 ff.

[519] *Kirchhoff,* Gerd, Subventionen als Instrument der Lenkung und Koordinierung, S. 99 ff.; *Schuppert,* Die Erfüllung öffentlicher Aufgaben durch verselbständigte Verwaltungseinheiten, S. 53; *Zacher,* Verwaltung durch Subventionen, VVDStRL 1967, 371 ff.

[520] *Becker,* Wolf-Dieter, Öffentliche Banken als Instrumente der staatlichen Ordnungspolitik, ZögU 1980, 259 ff.; *Becker,* Wolf-Dieter / Zweig, Unternehmen der Kreditwirtschaft, in: Brede / Loesch (Hrsg.), Die Unternehmen der öffentlichen Wirtschaft in der Bundesrepublik Deutschland, S. 188; *Breuer,* Die öffentlichrechtliche Anstalt, VVDStRL 1986, 227 ff.; *Dittmann,* Die Bundesverwaltung, S. 259; *Gesellschaft für öffentliche Wirtschaft,* Öffentliche Kreditinstitute in der Bundesrepublik Deutschland und EG-Binnenmarkt, ZögU 1990, 415 ff.; *Jecht,* Die Anstalt des öffentlichen Rechts, S. 72 ff.; *Lange,* Die öffentlichrechtliche Anstalt, VVDStRL 1986, 192; *Loeser,* Die Bundesverwaltung in der Bundesrepublik Deutschland, S. 108.

[521] Vgl. hierzu *Becker,* Wolf-Dieter, Öffentliche Banken als Instrumente der staatlichen Ordnungspolitik, ZögU 1980, 262 ff.; *Becker,* Wolf-Dieter / Zweig, Unternehmen der Kreditwirtschaft, in: Brede / Loesch (Hrsg.), Die Unternehmen der öffentlichen Wirtschaft in der

2. Freiheits- und Wettbewerbsprobleme

Ähnlich den ERP-Krediten liegt der Subventionscharakter der Förderprogramme der KfW und der DtA in der zinsgünstigen Bereitstellung von Krediten und Darlehen. Die Konditionen sind deutlich besser ausgestaltet als bei marktüblichen Krediten[523]. So liegt der besondere Vorteil für den Kreditnehmer darin, dass die ersten zwei Jahre meist Tilgungsfreiheit garantieren, der Zinssatz während der gesamten Kreditlaufzeit fest ist und damit eine sichere Kalkulationsgrundlage für den Kreditnehmer darstellt[524]. Neben die Zuwendung durch günstige Konditionen tritt vielfach der Umstand, überhaupt einen Kredit zu erlangen. Gerade im Bereich der Existenzgründung fehlt es vielfach am notwendigen Eigenkapital, um einen bankenüblichen Kredit zu erhalten. Um dennoch erfolgversprechende Vorhaben zu ermöglichen, sind die Voraussetzungen für den Erhalt eines Darlehens entsprechend geringer. Auch darin liegt eine Zuwendung im hier verstandenen Sinne[525]. Mit diesen Begünstigungsmomenten treten auf der anderen Seite zwangsläufig auch Nachteile auf Seiten des Nichtbedachten auf. Es stellen sich die schon mehrfach dargelegten Freiheitsprobleme auch im Bereich der Wirtschaftsförderung durch die KfW und die DtA[526]. Neben diesen potentiellen Freiheitsbeeinträchtigungen auf Seiten des nichtbedachten Subventionskonkurrenten treten durch die staatliche Kreditierung zusätzlich Konkurrenzprobleme zu privatrechtlichen Banken auf. Die öffentlichen Banken stehen in direktem Wettbewerb zu diesen. Daher ist es notwendig, den Rechtsrahmen mit Blick auf die öffentlichen Aufgaben derart auszugestalten, dass die wirtschaftliche Betätigung am öffentlichen Zweck ausgerichtet ist und durch diesen begrenzt wird. Nur so lässt sich eine Abgrenzung zu privatrechtlichen Banken erreichen und etwaige Wettbewerbsprobleme vermeiden[527]. Hierbei muss die Aufgabenstellung nicht statisch feststehen, sondern kann

---

Bundesrepublik Deutschland, S. 189; *Breuer,* Die öffentlichrechtliche Anstalt, VVDStRL 1986, 234; *Lange,* Die öffentlichrechtliche Anstalt, VVDStRL 1986, 190.

[522] *Gramlich,* Ludwig, Recht der Bankwirtschaft, in: Schmidt, Reiner (Hrsg.), Öffentliches Wirtschaftsrecht BT1, § 5 Rdnr. 6; *Lüdiger,* Die Kreditanstalt für Wiederaufbau, wisu 1989, 676 ff.

[523] Vgl. die Zusammenstellung der Konditionen bei *Seifert/Grammel/Ufer,* Handbuch der Fördermaßnahmen für mittelständische Unternehmen, S. 83 ff.; für die KfW-Programme *Kreditanstalt für Wiederaufbau,* Unternehmen Sie was, S. 28; für die DtA-Programme *Deutsche Ausgleichsbank,* Programme – Richtlinien – Merkblätter, S. 3 ff.

[524] *Dittes,* Die Finanzierungshilfen des Bundes, der Länder und der internationalen Institutionen, S. 57.

[525] Vgl. schon zu den ERP-Programmen und deren Subventionscharakter, oben 2. Teil, B., I., 2.

[526] Siehe allgemein dazu oben 1. Teil, B., III.

[527] *Becker,* Wolf-Dieter/Zweig, Unternehmen der Kreditwirtschaft, in: Brede/Loesch (Hrsg.), Die Unternehmen der öffentlichen Wirtschaft in der Bundesrepublik Deutschland, S. 193; *Gramlich, Ludwig,* Recht der Bankwirtschaft, in: Schmidt, Reiner (Hrsg.), Öffentliches Wirtschaftsrecht BT1, § 5 Rdnr. 17; *Kirchhoff,* Ulrich, Zielwandel bei öffentlichen Unternehmen, aufgezeigt am Beispiel der Banken des Bundes, S. 91 ff.

durchaus den gegebenen Anforderungen angepasst werden[528], wie gerade die geschichtliche Entwicklung der KfW[529] und der DtA[530] zeigen.

3. Förderrechtsrahmen

Bei der Betrachtung des Förderrechtsrahmens lassen sich einige Parallelen zur ERP-Förderung ziehen. Dies verwundert indes kaum, da die KfW und DtA gerade mit der Durchführung dieser Programme betraut sind. Dennoch haben sich neben den ERP-Programmen eigene Förderprogramme der beiden Banken entwickelt. Der Förderrechtsrahmen lässt sich, vergleichbar der ERP-Förderstruktur, in einen allgemeinen und einen speziellen Rahmen unterteilen. Die verschiedenen Ebenen sollen nun dargestellt und anschließend am Maßstab der Zweck-Mittel-Analyse bewertet werden.

a) Allgemeine Zweckstruktur

Beginnend mit der KfW ist festzuhalten, dass diese unterschiedlichen Zielen verpflichtet ist. So nimmt sie auf der einen Seite Aufgaben einer Entwicklungsbank des Bundes im Bereich der deutschen Kapitalhilfe für Entwicklungsländer wahr. Nach § 2 Abs. 2 KfW-G hat sie dabei Darlehen zu gewähren, die der Finanzierung förderungswürdiger Vorhaben im Ausland, insbesondere im Rahmen der Entwicklungshilfe dienen. Auf der anderen Seite hat sie nach § 2 Abs. 1 Nr. 1 KfW-G aber auch die Aufgabe für Vorhaben, die dem Wiederaufbau oder der Förderung der deutschen Wirtschaft dienen, Darlehen zu gewähren, soweit andere Kreditinstitute nicht in der Lage sind, die erforderlichen Mittel aufzubringen. Damit ist die KfW zugleich Entwicklungsbank für die eigene Volkswirtschaft[531], zumal sie – wie schon aufgezeigt – mit der Durchführung der ERP-Wirtschaftspläne

---

[528] Ausführlich zur Funktion öffentlichrechtlicher Kreditinstitute *Dickertmann,* Öffentliche Finanzierungshilfen, S. 291 ff.; *Gesellschaft für öffentliche Wirtschaft,* Öffentliche Kreditinstitute in der Bundesrepublik Deutschland und EG-Binnenmarkt, ZögU 1990, 415 ff.; *Kirchhoff,* Ulrich, Zielwandel bei öffentlichen Unternehmen, aufgezeigt am Beispiel der Banken des Bundes, S. 64 ff.; *Kilian,* Nebenhaushalte des Bundes, S. 476 ff.

[529] So wurde die KfW 1948 zunächst als Kreditanstalt errichtet, um die mit dem Marshallplan verbundene Wiederaufbauhilfe der USA für Deutschland weiterzuleiten. In den 50er Jahren wurden in erster Linie die ERP-Programme durch die KfW durchgeführt. Mit dem Änderungsgesetz vom 16. 8. 1961, BGBl. I S. 1339, kam als zusätzliche Aufgabe die Förderung von Vorhaben im Ausland und die Unterstützung der Entwicklungshilfe hinzu; vgl. den kurzen geschichtlichen Überblick in *Kreditanstalt für Wiederaufbau,* Geschäftsbericht 1997, S. 28.

[530] Auch die DtA änderte im Lauf der Jahre ihre Zielrichtung. So wurde sie 1950 als Vertriebenenbank gegründet, 1952 in die Lastenausgleichsbank umgewandelt und gilt heute als die Gründer- und Mittelstandsbank des Bundes; zur geschichtlichen Entwicklung vgl. *Deutsche Ausgleichsbank,* Geschäftsbericht 1997, S. 8; *Ziemer,* Zwanzig Jahre Lastenausgleichsbank, S. 3 ff.

[531] So die Bezeichnung bei *Stober,* Handbuch des Wirtschaftsverwaltungs- und Umweltrechts, § 72 II 1 b, S. 866.

betraut ist[532]. Mit der Förderung der deutschen Wirtschaft geht insbesondere die Investitionsfinanzierung einher. Hierbei steht der Mittelstand im Mittelpunkt der Fördertätigkeit der KfW. Die Bank bietet dabei langfristige Kredite zu günstigen Konditionen. Ein besonderes Anliegen ist die Förderung von Innovationen und die zur Verfügung Stellung von Risikokapital für Klein- und Mittelbetriebe[533].

Die DtA ist demgegenüber allein der Finanzierung von Maßnahmen des Bundes auf dem Gebiet der Wirtschaftsförderung verpflichtet. Hierbei wird sie vielfach als die „Existenzgründerbank" Deutschlands bezeichnet[534]. Ferner ist auch sie in die Ausführung der ERP-Programme integriert[535]. Hinsichtlich der Wirtschaftsförderung darf sie indes nur solche Maßnahmen fördern, für die der Bund auch die Kompetenz innehat. Dies wurde im Gesetzesverfahren zum AusglBankG ausdrücklich klargestellt, um etwaige Länderkompetenzen auf dem Gebiet der Wirtschaftsförderung nicht zu beschneiden[536]. Nach § 4 Abs. 1 AusglBankG finanziert die Bank Maßnahmen, soweit der Bund Aufgaben im wirtschaftsfördernden Bereich hat, insbesondere für den gewerblichen Mittelstand und die freien Berufe (Nr. 1), im sozialen Bereich (Nr. 2), im Bereich des Umweltschutzes (Nr. 3) und schließlich zur wirtschaftlichen Eingliederung und Förderung der durch den Zweiten Weltkrieg und seine Folgen betroffenen Personen sowie heimatloser Ausländer und ausländischer Flüchtlinge; die Bank wird ferner tätig im Rahmen des Lastenausgleichs (Nr. 4). Insbesondere auf dem Gebiet der Wirtschaftsförderung begleitet und unterstützt die DtA Existenzgründungen, insbesondere durch Risiko- bzw. Wagniskapital und die Finanzierung von Eigenkapital. Insbesondere die Startphase wird durch Beratung und Qualifizierung begleitet[537].

Im Ergebnis kann aus der allgemeinen Ziel- und Zweckstruktur gefolgert werden, dass die Schaffung und Erhaltung von Arbeitsplätzen als Endzweck hinter dem durch das KfW-G und das AusglBankG formulierten Primärzweck, einer allgemeinen Förderung der deutschen Wirtschaft steht. Zunächst sollen Unternehmensgründungen bzw. Neuinvestitionen unterstützt und finanziert werden, um im Anschluss daran Arbeitsplätze zu schaffen und zu erhalten.

b) Konkretisierte Förderprogramme

Ausgehend von dieser allgemeinen Zielrichtung der Förderung werden durch die KfW bzw. die DtA einzelne Förderprogramme aufgelegt. Diese sind mit den

---

532 Vgl. hierzu ausführlich oben, 2. Teil B., I., 1., b.

533 Dazu insgesamt *Kreditanstalt für Wiederaufbau,* Geschäftsbericht 1997, S. 26 ff.

534 *Deutsche Ausgleichsbank,* Chronik 1998, S. 1 ff.; *Deutsche Ausgleichsbank,* Das DtA-Förderangebot für Existenzgründer und mittelständische Betriebe, S. 5.

535 Ausführlich schon oben, 2. Teil B., I., 1., b.

536 BR-Drucksache 424/85; BT-Drucksache 10/4066; BT-Drucksache 10/4392.

537 Vgl. ausführlich *Deutsche Ausgleichsbank,* Das DtA-Förderangebot für Existenzgründer und mittelständische Betriebe, S. 6 ff.; *Deutsche Ausgleichsbank,* Geschäftsbericht 1997, S. 23 ff.

ERP-Programmen im Wesentlichen vergleichbar, zumal diese sich vielfach ergänzen und kumulativ angewandt werden können. Die Förderzweckbestimmung nimmt dabei das Kreditinstitut in Form von sogenannten Förderrichtlinien selbst vor. Anders als bei den ERP-Programmen werden diese also nicht vom Bundesministerium für Wirtschaft erstellt, sondern liegen im Wesentlichen eigenständig in der Hand der Kreditinstitute[538].

Im Rahmen des KfW-Mittelstandsprogramms werden die Errichtung, Sicherung oder Erweiterung von Unternehmen, insbesondere der Klein- und Mittelbetriebe sowie freiberuflich Tätigen gefördert[539]. Mit den Mitteln soll ein leistungsfähiger Mittelstand aufgebaut werden[540]. Als Ziele der förderfähigen Maßnahmen gelten der Erwerb von Grundstücken und Gebäuden, Bauinvestitionen, die Anschaffung eines Maschinenparks, von Betriebs- und Geschäftsausstattung, der Erwerb immaterieller Wirtschaftsgüter sowie die Produktforschung[541]. Mitfinanziert werden alle Investitionen in Deutschland von bestehenden oder neu gegründeten Unternehmen, die einer langfristigen Mittelbereitstellung bedürfen. Neben diesem KfW-Mittelstandsprogramm „Inland" existiert eine Variante „Liquiditätshilfe"[542]. Durch die darin gewährten Liquiditätshilfekredite sollen vorübergehende Liquiditätsengpässe behoben und die Finanzierungsstruktur des Unternehmens verbessert werden[543]. Voraussetzung einer Gewährung ist eine positive Prognose der Zukunftsaussichten und der Wettbewerbsfähigkeit des Unternehmens, welche von der Hausbank zu bestätigen ist. Schließlich besteht noch ein KfW-Mittelstandsprogramm „Leasing"[544], wodurch Investitionen im Immobilienbereich langfristig finanziert werden können. Der Leasinggeber wird hierbei allerdings nur dann gefördert, wenn die Immobilie an ein Unternehmen der gewerblichen Wirtschaft im Privatbesitz und einem Umsatz von weniger als 1 Mrd. DM bzw. freiberuflich Tätigen vermietet wird[545].

Zur Stärkung der Eigenkapitalbasis von Unternehmen können Refinanzierungskredite für Beteiligungen an kleinen und mittleren Unternehmen in den neuen Bun-

---

538 *Becker,* Wolf-Dieter / Zweig, Unternehmen der Kreditwirtschaft, in: Brede / Loesch (Hrsg.), Die Unternehmen der öffentlichen Wirtschaft in der Bundesrepublik Deutschland, S. 190.

539 *Fitzner,* Investitionsförderung in den neuen Bundesländern, VIZ 1991, 94.

540 Als Begünstigte gelten mittelständische Betriebe, die sich überwiegend in Privatbesitz befinden und deren Jahresumsatz 1 Mrd. DM nicht überschreitet.

541 So die Erläuterungen in *Bundesministerium für Wirtschaft,* Wirtschaftliche Förderung in den neuen Bundesländern, S. 31; ausführlich *Kreditanstalt für Wiederaufbau,* Unternehmen Sie was, S. 8.

542 Zu dieser Variante ausführlich *Dittes,* Die Finanzierungshilfen des Bundes, der Länder und der internationalen Institutionen, S. 58; ferner *Kreditanstalt für Wiederaufbau,* Geschäftsbericht 1997, S. 31.

543 *Kreditanstalt für Wiederaufbau,* Unternehmen Sie was, S. 10 ff.

544 *Kreditanstalt für Wiederaufbau,* Unternehmen Sie was, S. 12 ff.

545 *Seifert / Grammel / Ufer,* Handbuch der Fördermaßnahmen für mittelständische Unternehmen, S. 84.

desländern oder Berlin (Ost) bereitgestellt werden (KfW-Beteiligungsfonds Ost). Ziel ist es, durch etwaige Beteiligungsgeber, Banken, Unternehmen oder Kapitalbeteiligungsgesellschaften, Maßnahmen des Beteiligungsnehmers (Unternehmen) zu finanzieren. Darunter fallen die Anschaffung neuer Wirtschaftsgüter, FuE-Projekte oder Umstrukturierungsmaßnahmen[546]. Mit dem weitergehenden KfW-Risikokapitalprogramm wird schließlich die fremdfinanzierte Unternehmensfinanzierung ergänzt. Kleine und mittlere Unternehmen sollen durch Beteiligungen mit neuem Haftkapital ausgestattet werden. Die KfW sichert diese Beteiligungen ab. Insbesondere innovative Unternehmen sollen gefördert werden, aber auch Modernisierungs- und Umstrukturierungsmaßnahmen sind Bestandteil dieser Unternehmensfinanzierung[547].

Während sich die KfW verstärkt der allgemeinen Investitionsförderung des Mittelstandes verpflichtet sieht, hat sich die DtA die Unterstützung von Existenzgründungen zum Ziel gesetzt[548]. Neben der Durchführung des ERP-Existenzgründungsprogramms hat die DtA ein eigenes Existenzgründungsprogramm aufgelegt. Als Verwendungszwecke der günstigen Kreditfinanzierung werden in der Richtlinie der DtA[549] unter anderem die Gründung einer selbständigen Existenz, Investitionen zur Festigung derselben, Innovationsförderung, Finanzierung der Übernahme bei Privatisierungen der öffentlichen Hand sowie Humankapitalinvestitionen genannt. Insbesondere wird ausdrücklich das Ziel formuliert, zusätzliche sozialversicherungspflichtige Dauerarbeitsplätze zu schaffen. Die Mittel können dabei mit den anderen Existenzgründerprogrammen aus den ERP-Förderprogrammen kombiniert werden[550]. Insbesondere soll dem DtA-Existenzgründungsprogramm eine Ergänzungsfunktion zukommen. Die Richtlinie nennt darüber hinaus die genauen Förderkonditionen und den Umfang der Förderung[551].

Des weiteren werden mit dem DtA-Eigenkapitalergänzungsprogramm für erfolgversprechende Vorhaben in den neuen Bundesländern und Berlin (Ost) zusätzlich risikotragende Mittel zur Verstärkung des Haftkapitals ausgeschüttet[552]. Die Fördermittel erfüllen dabei eigenkapitalersetzende Funktionen[553]. Ziel ist es, die

---

[546] Ausführlich *Kreditanstalt für Wiederaufbau,* Geschäftsbericht 1997, S. 35.

[547] Zum KfW-Risikokapitalprogramm *Dittes,* Die Finanzierungshilfen des Bundes, der Länder und der internationalen Institutionen, S. 64; *Kreditanstalt für Wiederaufbau,* Geschäftsbericht 1997, S. 34.

[548] *Deutsche Ausgleichsbank,* Geschäftsbericht 1997, S. 24.

[549] Vgl. die Richtlinie der Deutschen Ausgleichsbank, DtA-Existenzgründungsprogramm, vom 30. 3. 1998.

[550] *Bundesministerium für Wirtschaft,* Wirtschaftliche Förderung in den neuen Bundesländern, S. 33; *Deutsche Ausgleichsbank,* Das DtA-Förderangebot für Existenzgründer und mittelständische Betriebe, S. 28 ff.

[551] Vgl. die Richtlinie der Deutschen Ausgleichsbank, DtA-Existenzgründungsprogramm, vom 30. 3. 1998.

[552] *Deutsche Ausgleichsbank,* Geschäftsbericht 1997, S. 32.

[553] *Deutsche Ausgleichsbank,* Programme – Richtlinien – Merkblätter, S. 17 ff.

Wettbewerbs- und Leistungsfähigkeit des Unternehmens nachhaltig zu steigern. Damit steht für Existenzgründer neben dem ERP-Eigenkapitalhilfeprogramm noch zusätzlich das DtA-Eigenkapitalergänzungsprogramm zur Verfügung[554]. In den Richtlinien sind dann die weiteren Förderkonditionen benannt[555].

Daneben existieren seitens der DtA und der KfW noch diverse Umwelt-, Infrastruktur-, Exportförderungs- und Forschungsprogramme[556]. Diese Förderprogramme lassen indes nur geringe beschäftigungsfördernde Aspekte erkennen. Sie können daher kaum als mittelbare Beschäftigungssubventionen bezeichnet werden. Ihr Primärziel liegt gerade nicht in einer allgemeinen Verbesserung der wirtschaftlichen Lage eines Unternehmens, sondern vielmehr werden andere Zielsetzungen, wie die Umweltverbesserung, die Infrastrukturförderung, die Entwicklungshilfe oder aber die Forschungsförderung verfolgt.

4. Bewertung am Maßstab der Zweck-Mittel-Analyse

Nachdem nun die Zielrichtung der Förderung, deren rechtliche Grundlagen und der weitere Rechtsrahmen aufgezeigt werden konnte, soll dieser nun einer Bewertung am Maßstab der Zweck-Mittel-Analyse unterzogen werden. Insbesondere die Zweckdeutlichkeit, die Lösung der Wettbewerbsprobleme, die Zweckkoordinierung und die Zweck-Mittel-Kontrolle sollen hierbei im Vordergrund stehen.

a) Ausreichende Zweckbestimmtheit

Betrachtet man zunächst die Forderung nach ausreichender Zweckbestimmtheit, so zeigt sich, dass die gesetzlichen Grundlagen der Förderung durch die eigenen Förderprogramme der KfW und der DtA äußerst unbestimmt sind[557]. So nennt das KfW-G für den hier interessierenden Bereich der mittelbaren Beschäftigungssubventionierung in § 2 Abs. 1 Nr. 1 als Aufgabe der KfW, für Vorhaben, die dem Wiederaufbau und der Förderung der deutschen Wirtschaft dienen, Darlehen zu gewähren. Auch das AusglBankG für die DtA ist unwesentlich konkreter. § 4 Abs. 1 AusglBankG nennt als Aufgabe der DtA die Finanzierung von Maßnahmen im wirtschaftsfördernden Bereich, insbesondere für den gewerblichen Mittelstand und

---

[554] *Sinz,* Die staatliche Wirtschaftsförderung im Gebiet der neuen Bundesländer, S. 158.

[555] Richtlinie der Deutschen Ausgleichsbank, DtA-Eigenkapitalergänzungsprogramm, vom 30. 3. 1998.

[556] Siehe ausführlich zu den weiteren Förderprogrammen *Deutsche Ausgleichsbank,* Geschäftsbericht 1997, S. 23 ff.; *Dittes,* Die Finanzierungshilfen des Bundes, der Länder und der internationalen Institutionen, S. 57 ff.; *Kreditanstalt für Wiederaufbau,* Geschäftsbericht 1997, S. 29 ff.

[557] So im Ergebnis ebenfalls *Neupert,* Regionale Strukturpolitik als Aufgabe der Länder: Grundlagen, Verknüpfungen, Grenzen, S. 198.

die freien Berufe sowie im sozialen Bereich und im Bereich des Umweltschutzes. Diese Aufgabenformulierungen gleichen im Wesentlichen denen des § 2 ERP-Verwaltungsgesetz[558]. Sie können als weitgehend unbestimmt charakterisiert werden.

Mit dieser Unbestimmtheit der Zweckformulierung öffnet sich der gesamte Bereich der Wirtschaftsförderung. Weder nennt der Gesetzgeber Ziele noch bestimmt er die Förderzwecke. Vielmehr nimmt er eine allgemeine Aufgabenbeschreibung vor, überlässt aber die Entwicklung konkreter Programme und damit auch die Bestimmung der Förderziele der Verwaltung bzw. den öffentlich-rechtlichen Kreditinstituten. Die eigenständigen Förderaktivitäten werden von der KfW und der DtA in Eigenregie entwickelt. Sie bestimmen die Zwecke, die Instrumente und den Vollzug der Programme[559]. Damit ergibt sich eine vergleichbare Förderstruktur zu den ERP-Förderprogrammen, mit dem Unterschied, dass vorliegend die öffentlichen Banken – im Unterschied zum Bundesministerium für Wirtschaft bei den ERP-Programmen – die Zweckkonkretisierungen vornehmen. Die KfW und die DtA führen nicht nur eine banktechnische Abwicklung der Programme durch, vielmehr werden sie inhaltskonkretisierend tätig. Hierdurch wird dem Gesetzesvorbehalt allerdings nicht ausreichend Genüge getan. Vielmehr werden mit der selbsttätigen Zweckkonkretisierung durch die KfW und die DtA die Verwaltungskompetenzen deutlich überschritten. Demgegenüber ist der Gesetzgeber verpflichtet, den Förderzweck selbst zu bestimmen. Eine Übertragung auf die Verwaltungsebene ist unzulässig[560].

Der Rechtsrahmen der KfW- und DtA-Förderung zeigt zudem in konkreter Weise die Schwächen einer allein auf internen Förderrichtlinien basierenden Subventionierung auf. So werden beispielsweise die Richtlinien der Förderprogramme nicht im Bundesanzeiger veröffentlicht. Die Fördervoraussetzungen ergeben sich allein aus den Merkblättern und Broschüren der KfW und DtA[561]. Sie sind damit zwar durchaus der allgemeinen Öffentlichkeit zugänglich, jedoch fehlt es an der transparenten und rechtsverbindlichen Struktur eines Gesetzes. Etwaige Veränderungen der Förderzweckstruktur sind nur schwer zu erkennen. Die Förderrichtlinien stellen lediglich Leitlinien für die Banken und deren Mittelvergabe dar, die weder gerichtlich überprüft werden noch sonst rechtliche Außenwirkung entfalten können. Der Rechtsrahmen zeigt im Ergebnis sehr deutlich das rechtsstaatliche Defizit der Richtlinienförderung auf.

Dennoch bleibt zu untersuchen, ob der materielle Gehalt der Vergaberichtlinien, die von den Banken aufgestellt werden, der Zweckverdeutlichungspflicht gerecht

---

[558] Ausführlich dazu oben, 2. Teil, B., I., 1., a.

[559] *Neupert,* Regionale Strukturpolitik als Aufgabe der Länder: Grundlagen, Verknüpfungen, Grenzen, S. 198.

[560] Angesichts der engen Verknüpfung zur ERP-Förderstruktur kann insoweit auf die dortigen Ausführung zum Gesetzesvorbehalt verwiesen werden, oben 2. Teil, B., I., 3., a.

[561] *Deutsche Ausgleichsbank,* Das DtA-Förderangebot für Existenzgründer und mittelständische Betriebe, S. 6 ff.; *Deutsche Ausgleichsbank,* Programme – Richtlinien – Merkblätter, S. 1 ff.; *Kreditanstalt für Wiederaufbau,* Unternehmen Sie was, S. 9 ff.

wird. Erneut lässt sich auch hier konstatieren, dass die nähere Konkretisierung der Förderung durch die Förderrichtlinien der KfW und der DtA als gelungen bezeichnet werden kann. Es tritt nicht nur der Verwendungszweck der Förderung deutlich zutage, sondern auch die weiteren Fördervoraussetzungen sind detailliert geregelt. Das Antragsverfahren ist hinreichend ausgestaltet, die Förderkonditionen sind ausdrücklich benannt. Die Förderrichtlinien können daher zwar einerseits als zweckdeutlich bezeichnet werden, andererseits sind sie mit dem Gesetzesvorbehalt unvereinbar, da der Gesetzgeber keinerlei Einfluss auf den Förderzweck nimmt. Insoweit wird also der Zweckverdeutlichungspflicht, die an den Gesetzgeber gerichtet ist, nicht hinreichend Rechnung getragen.

b) Spaltung des Kreditmarktes als besonderes Wettbewerbsproblem

Ein besonderes Problem der öffentlich-rechtlichen Darlehensvergabe stellt die Gefahr einer Spaltung des Kreditmarktes dar[562]. So kann sich eine besondere Wettbewerbsbeeinträchtigung ergeben, wenn günstige Staatskredite die Nachfrage nach privaten Krediten zurückdrängen. Daraus folgernd lassen sich aber nicht nur Marktbeeinträchtigungen allgemein feststellen, sondern es kann zu potentiellen Verletzungen von Freiheitsrechten kommen[563]. Folglich bedarf es für die Subventionierung via günstiger Staatskredite einer besonderen Rechtfertigung, die sich nur aus dem Förderzweck selbst ergeben kann. Für den Bereich der ERP-, KfW- und DtA-Programme lässt sich festhalten, dass der private Kreditmarkt vielfach nicht ausreichend Mittel für die, in den Programmen verfolgten Zielen bereitstellt[564]. Gerade im Bereich der Existenzgründung besteht ein hohes Haftungsrisiko, das private Kreditinstitute mangels ausreichender Sicherheiten seitens des Existenzgründers oftmals nicht bereit sind einzugehen. Demgegenüber ist sämtlichen Förderprogrammen gemein, dass trotz dieses Risikos Liquiditätsengpässe, sei es bei Neugründungen oder bestehenden Unternehmen, überbrückt werden sollen. Durch die staatliche Förderung wird gerade mangelndes Eigenkapital ersetzt und eine kapitalintensive Investition mitfinanziert. Diese Zielsetzung rechtfertigt die Betätigung des Staates auf dem Kreditmarkt und verhindert eine potentielle Marktspaltung[565]. In die Förderung wird zudem in erster Linie die Hausbank mit-

---

[562] *Dickertmann,* Öffentliche Finanzierungshilfen, S. 185 ff. und 528 ff.; *Jooss,* Subventionsrecht, in: Klein (Hrsg.), Lehrbuch des öffentlichen Finanzrechts, Festschrift für Kurt Meßmer, S. 302; *Zeitel,* Theoretische und technische Aspekte öffentlicher Darlehen und Gewährleistungen, in: Andel / Neumark / Haller (Hrsg.), Handbuch der Finanzwissenschaft, Bd. 1, S. 1012 ff.

[563] Vgl. insoweit oben 2. Teil, B., II., 2.

[564] *Kirchhoff,* Ulrich, Zielwandel bei öffentlichen Unternehmen, aufgezeigt am Beispiel der Banken des Bundes, S. 91 ff.; *Zeitel,* Theoretische und technische Aspekte öffentlicher Darlehen und Gewährleistungen, in: Andel / Neumark / Haller (Hrsg.), Handbuch der Finanzwissenschaft, Bd. 1, S. 1001.

eingeschaltet. Die einzelnen Förderprogramme greifen dabei nur subsidiär, wenn die Hausbank eine interessengerechte Finanzierung gerade nicht zu übernehmen vermag. Es ist daher im Ergebnis festzustellen, dass Fehlorientierungen oder Marktverzerrungen durch die Einschaltung von Staatsbanken bei der Kreditierung weitgehendst vermieden werden[566].

c) Zweckkoordination

Hinsichtlich der Zweckkoordination kann insoweit auf die Ausführungen zur ERP-Förderstruktur verwiesen werden. Gerade im Verhältnis der ERP- und der KfW / DtA-Programme treten angesichts der kumulativen Inanspruchnahme der Fördermittel die dort schon aufgezeigten Probleme auf[567]. Auch der Förderrechtsrahmen der KfW / DtA-Programme hält keinerlei Koordinationsmechanismen bereit. Vielmehr wird die kumulative Inanspruchnahme ausdrücklich betont, wobei immer wieder auf den subsidiären Charakter und die Ergänzungsfunktion der Eigenprogramme der Banken abgestellt wird. Wie der Rechtsrahmen aber die Gefahr von Doppelförderungen, die ausdrücklich untersagt sind[568], vermeiden will, bleibt offen. Der Rechtsrahmen hält hierzu keine Sicherungen bereit.

d) Zweck-Mittel-Kontrolle

Hinsichtlich der Zweck-Mittel-Kontrolle, die durch den Förderrechtsrahmen intendiert sein müsste, lässt sich feststellen, dass weder das KfW-G bzw. das AusglBankG noch die Förderrichtlinien Überwachungs- und Kontrollbestimmungen enthalten. Es ist daher ebenfalls ein Defizit bei der rechtlichen Normierung einer ausreichenden Zwecküberwachung und -kontrolle zu konstatieren. Auch die Befugnis zur Aufsicht über die Tätigkeit der Banken seitens des Bundesministers für Finanzen nach § 12 Abs. 1 KfW-G bzw. § 13 Abs. 1 AusglBankG vermag daran wenig zu ändern[569]. Letztlich fehlen rechtlich bindende Bestimmungen zur Aufstellung von Kosten-Nutzen-Analyse, Zielerreichungskontrollen und der Kategorisierung des Ist- und des Sollzustandes. Zwar sind die Antragsvoraussetzungen, die eine genaue Benennung der verfolgten Maßnahmen fordern, detailliert gere-

---

[565] *Dickertmann,* Öffentliche Finanzierungshilfen, S. 31 ff.; *Kirchhoff,* Ulrich, Zielwandel bei öffentlichen Unternehmen, aufgezeigt am Beispiel der Banken des Bundes, S. 95 sieht die öffentlichen Banken gar in einer „Lückenbüßerrolle".

[566] Darauf eingehend für die direkte Beteiligung der KfW an Unternehmen, *Kreditanstalt für Wiederaufbau,* Geschäftsbericht 1997, S. 35.

[567] Vgl. hierzu oben 2. Teil, B., I., 3., c.

[568] *Bundesministerium für Wirtschaft,* Wirtschaftliche Förderung in den neuen Bundesländern, S. 38.

[569] Zur Bankenaufsicht insgesamt *Ehlers,* Wirtschaftsaufsicht, in: Achterberg / Püttner (Hrsg.), Besonderes Verwaltungsrecht I, Kapitel 1 Rdnr. 518 ff.

gelt, jedoch fehlt es an den daran anknüpfenden Normen, die im Anschluss an die Förderung die Zielerreichung kontrollieren und überwachen. Ferner lässt der Förderrechtsrahmen einen auf die Fördermaßnahmen abgestimmten Sanktionskatalog vermissen, der bei zweckfremder Verwendung der Fördermittel eingreift und eine Bindung derselben an den Förderzweck sichert. Allein die banktübliche Sicherung der Kredite vermag hier als Instrument nicht zu überzeugen. Zwar hat gerade die eingeschaltete Hausbank ein Interesse an einer ausreichenden Sicherung, jedoch greifen die banküblichen Sicherheiten erst, wenn das ganze Vorhaben als gescheitert gelten kann. Überwachungs-, Kontroll- und Sanktionsbestimmungen könnten indes schon vorher eingreifen und ein Scheitern des geplanten Projekts verhindern. Der Förderrechtsrahmen müsste hierfür die notwendigen Regelungen treffen.

5. Zwischenergebnis

Im Ergebnis lässt sich für die KfW / DtA-Förderprogramme festhalten, dass sich strukturell ähnliche Probleme im Vergleich zur ERP-Förderung ergeben. Der Förderrechtsrahmen begegnet angesichts des Gesetzesvorbehalts rechtsstaatlicher Bedenken. Die Zweckkoordination ist spiegelbildlich zur ERP-Förderung unzureichend ausgestaltet. Ebenso ist eine förderspezifische Zweck-Mittel-Kontrolle nur schwach im Förderrechtsrahmen verankert. Dennoch stellen die Förderprogramme der KfW und DtA eine wichtige Säule der Investitionsförderung der deutschen Wirtschaft, insbesondere des Mittelstandes dar. Ihr grundsätzliches Vorhandensein und ihre Rechtfertigung ist nicht zu bestreiten. Allein der Förderrechtsrahmen sollte stärker an den Maßgaben der Zweck-Mittel-Analyse ausgerichtet werden und den rechtlichen Anforderungen angepasst werden.

III. Finanzierungshilfen aus Mitteln des Bundeshaushalts

Neben den ERP- und KfW / DtA-Programmen existieren weitere Finanzierungshilfen, die vornehmlich aus Mitteln des Bundeshaushalts finanziert und in Form von Sonderprogrammen durch das Bundesministerium für Wirtschaft aufgelegt werden. Diese Programme sind meist spezifisch auf einzelne Wirtschaftssektoren zugeschnitten. Hierbei wird sich wesentlich auf die Schwerpunkte der Forschungs-, Technologie- und Umweltförderung festgelegt[570]. Angesichts der Vielzahl von Programmen und der unterschiedlichen Zielsetzungen soll nun eine Form der Son-

---

[570] Einen Überblick über die Vielfalt der Sonderprogramme gibt *Bundesministerium für Wirtschaft,* Wirtschaftliche Förderung in den neuen Bundesländern, S. 8 ff.; *Dittes,* Die Finanzierungshilfen des Bundes, der Länder und der internationalen Institutionen, S. 26 ff.; *Seifert / Grammel / Ufer,* Handbuch der Fördermaßnahmen für mittelständische Unternehmen, S. 113 ff.

derförderung herausgegriffen und anhand derer die allgemeinen Probleme der sektorspezifischen Wirtschaftsförderung behandelt werden.

1. Förderung der deutschen Schiffswerften

Im Blickpunkt sollen dabei die Sonderprogramme zur Förderung der deutschen Schiffswerften stehen. Diese sind zum einen für die neuen Bundesländer von besonderem Interesse, da in Mecklenburg-Vorpommern eine Reihe großer Werften ansässig sind, zum anderen handelt es sich hierbei um die Subventionierung eines einzelnen Wirtschaftssektors. Darüber hinaus ist der Schiffbau eine Branche, die stark in ein internationales Geflecht eingebunden ist, so dass das Subventionssystem nicht nur nationalen, sondern auch europäischen und internationalen Regeln entsprechen muss. Schließlich wird mit der Schiffsbauförderung das Problem der Dauersubventionierung anzusprechen sein, so dass es sich insgesamt lohnt, den Förderrechtsrahmen näher zu betrachten, um diesen dann am Maßstab der Zweck-Mittel-Analyse zu bewerten.

a) Förderrechtsrahmen

Der Förderrechtsrahmen für Finanzierungshilfen an deutsche Schiffswerften besteht im Wesentlichen aus zwei verschiedenen Programmen. Das erste Programm gewährt Wettbewerbshilfen für die deutschen Schiffswerften[571]. Ziel der Förderung ist es, nach Ziff. 1.1 der Richtlinie, Wettbewerbsverzerrungen zu Lasten deutscher Werften durch höhere Beihilfen anderer Staaten und die dadurch verursachten wirtschaftlichen und sozialen Folgen im deutschen Schiffsbau entgegenzuwirken. Hierbei soll der Einsatz der Wettbewerbshilfen notwendige weitere Strukturanpassungen und die Steigerung der internationalen Wettbewerbsfähigkeit der deutschen Schiffbauindustrie nicht beeinträchtigen. Voraussetzung ist dabei, dass ein Unternehmen der deutschen Werftindustrie einen bis Ende 1997 rechtswirksam erteilten Auftrag erhalten hat und bis Ende 2000 die Auslieferung des Schiffes abgeschlossen sein muss[572]. Die Subvention kann insgesamt nur in der Höhe gewährt werden, wie sie zum Ausgleich eines Wettbewerbsnachteils aufgrund höherer Subventionen im Ausland erforderlich ist (Ziff. 3.5 der Richtlinie). Die konkrete Berechnung der Förderung erfolgt nach Ziff. 4 der Richtlinie zu Wettbewerbshilfen für deutsche Schiffswerften[573], das Verfahren ist in Ziff. 5 der Richtlinie geregelt.

---

[571] Vgl. die Richtlinie zur fünften Fortsetzung des Wettbewerbshilfeprogramms vom 7. 7. 1997, BAnz Nr. 132 vom 19. 7. 1997, S. 8961.

[572] So Ziff. 3.1 der Richtlinie zur fünften Fortsetzung des Wettbewerbshilfeprogramms vom 7. 7. 1997, BAnz Nr. 132 vom 19. 7. 1997, S. 8961.

[573] Richtlinie zur fünften Fortsetzung des Wettbewerbshilfeprogramms vom 7. 7. 1997, BAnz Nr. 132 vom 19. 7. 1997, S. 8961.

Die Wettbewerbshilfe wird im Wege der Anteilsfinanzierung als verlorener Zuschuss gewährt. Die Abwicklung erfolgt über die Kreditanstalt für Wiederaufbau (Ziff. 5.1 der Richtlinie). Darüber hinaus muss die Gewährung der Wettbewerbshilfe den europäischen Regelungen[574] für Schiffsbauten und -umbauten entsprechen[575].

Daneben existiert noch ein gesondertes Werfthilfeprogramm[576], nach dem ebenfalls Hilfen für den Schiffbau in Anspruch genommen werden können. In der Form handelt es sich um Zinszuschüsse aus Mitteln des Bundeshaushalts für Aufträge an Unternehmen der Werftindustrie in der Bundesrepublik Deutschland zur Anpassung an die Finanzierungsbedingungen des internationalen Schiffbaumarktes[577]. Auch hier wird das Ziel verfolgt, deutschen Werften eine Anpassung an die verzerrten Wettbewerbsbedingungen des internationalen Schiffbaumarktes zu ermöglichen und Strukturverbesserungen zu erleichtern (Ziff. 1.1 der Richtlinie). In den Zuwendungsvoraussetzungen unterscheidet sich dieses Programm nur unwesentlich von dem oben bereits Dargestellten. Ausgehend von dem Förderrechtsrahmen gilt es nun, die Zweckstruktur darzulegen, um anschließend etwaige Wettbewerbs- bzw. Freiheitsprobleme feststellen zu können.

b) Zweckstruktur und Wettbewerbs- bzw. Freiheitsprobleme

Die Zweckstruktur der Schiffsbauförderung lässt deutlich den Charakter einer mittelbaren Beschäftigungsförderung erkennen. Primärzweck der Förderung, der auch in den Richtlinien ausdrücklich genannt wird, ist die Herstellung der internationalen Wettbewerbsfähigkeit deutscher Werften. Die Unternehmen sollen in die Lage versetzt werden, die deutsche Produktion an Schiffen wettbewerbsfähig am Weltmarkt anbieten zu können[578]. Hierzu werden Zins- und Produktionskostenzuschüsse gewährt, um dadurch die Produktion und im Ergebnis den Endpreis güns-

---

[574] Insoweit gilt derzeit noch die Richtlinie 90/684/EWG des Rates der EU vom 21. 12. 1990 über Beihilfen für den Schiffbau, ABl. L 380/27 vom 31. 12. 1990 bis zum Inkrafttreten des im Rahmen der OECD geschlossenen Übereinkommens über die Einhaltung normaler Wettbewerbsbedingungen in der gewerblichen Schiffbau- und Schiffsreparaturindustrie, ABl. C 375/3 vom 20. 12. 1994 sowie die Verordnung Nr. 1540/98 des Rates vom 29. 6. 1998 zur Neuregelung der Beihilfen für den Schiffbau, ABl. L 202/1 vom 18. 7. 1998; vgl. ausführlich zu den europäischen Bestimmungen *Europäische Kommission,* Wettbewerbsrecht in den Europäischen Gemeinschaften, Band IIA, S. 441.

[575] Siehe auch die Darstellung bei *Klodt/Stehn,* Die Strukturpolitik der EG, S. 169.

[576] Richtlinien für die Gewährung von Hilfen für den Schiffbau nach dem VIII. Werfthilfeprogramm – 8. Tranche vom 19. 12. 1990, BAnz Nr. 12 vom 18. 1. 1991; mit Änderung vom 8. 11. 1996, BAnz Nr. 216 und Änderung vom 23. 6. 1998, BAnz Nr. 122.

[577] *Dittes,* Die Finanzierungshilfen des Bundes, der Länder und der internationalen Institutionen, S. 49.

[578] Zur Zielsetzung der deutschen Schiffbauförderung siehe auch den 16. Subventionsbericht für die Jahre 1995 bis 1998, BR-Drucksache 598/97 vom 29. 8. 1997, S. 27 Anmerkung 32.

tig gestalten zu können. Endzweck der gesamten Maßnahmen stellt die Erhaltung der deutschen Werftindustrie dar und damit verbunden der Erhalt von Arbeitsplätzen in den Werften. Darin zeigt sich die beschäftigungsfördernde Wirkung der Schiffsbauförderung.

Von dieser Zweckstruktur der Förderung ausgehend lassen sich recht einfach Wettbewerbs- und Freiheitsprobleme feststellen. Indes muss hierzu die Betrachtungsweise ein wenig erweitert werden. Es reicht nicht aus, allein den nationalen Markt der Werftindustrie in den Blick zu nehmen, denn dort erhalten sämtliche Werften im Wesentlichen ähnliche Wettbewerbshilfen. Vielmehr ist es erforderlich, auf den Weltmarkt zu blicken. Dort findet ein harter Wettbewerb statt, der maßgeblich durch nationale Subventionen bestimmt wird. Gerade der Markt des Schiffbaus zeigt sehr deutlich, welche Folgen staatliche Subventionierungen haben können. So wird die deutsche Werftenhilfe allein aus dem Grund gewährt, um Subventionierungen ausländischer Marktanbieter auszugleichen[579]. Die Subvention will also den Vorteil der in einem Lande X gewährten Subvention kompensieren, um dadurch einen gleichberechtigten Wettbewerb zu ermöglichen. Nun könnte man meinen, dass die Subvention im Ergebnis Wettbewerbsprobleme gerade auflösen möchte, indes greift diese Sichtweise zu kurz. Im Vergleich zum nichtsubventionierten Werftunternehmen, das sich am Weltmarkt betätigt, wirkt auch die deutsche Werftenhilfe wettbewerbsbeeinflussend, so dass man Wettbewerbsprobleme keineswegs auszuschließen vermag. Vor diesem Hintergrund unterliegt auch die Schiffsbauförderung dem Maßstab der Zweck-Mittel-Analyse.

c) Rechtliche Defizite nach der Zweck-Mittel-Analyse

Wichtigstes Kriterium der Zweck-Mittel-Analyse bildet die Zweckbestimmtheit[580]. Im Rahmen der Schiffbauförderung wird als Hauptzweck der Ausgleich von subventionsbedingten Nachteilen deutscher Werften auf dem Weltmarkt genannt. In den Richtlinien fehlt hierzu indes eine genaue Regelung, wie diese Nachteile zu bestimmen sind. Es bleibt offen, ob man auf den günstigsten Marktanbieter abstellt, auf dasjenige Land mit der höchsten Subventionierung oder aber eine Gesamtbetrachtung der Subventionen im Weltschiffbau vornimmt[581]. Darüber hinaus lässt sich fragen, inwieweit der Wettbewerbsnachteil deutscher Werften auf die Subventionierungen im Weltschiffbau zurückzuführen ist. Nicht immer ergibt sich zwingend eine solche Kausalität, vielmehr spielen betriebs- und volkswirtschaftliche Faktoren eine erhebliche Rolle. Bei der Betrachtung von Wettbewerbsnachteilen deutscher Werften am Weltmarkt diese Aspekte herauszufiltern, dürfte sich als

---

[579] Vgl. oben die Zweckangaben im Förderrechtsrahmen, 2. Teil, B., III., 1., a.

[580] Siehe ausführlich unten 1. Teil, C., I.

[581] Ausführlich zu dem Problem eines Subventionsindikators zur besseren Vergleichbarkeit der Subventionsgewährung in den einzelnen Ländern *Weilepp,* Subventionierung im Weltschiffbau, S. 135 ff.

schwieriges Unterfangen erweisen. Ferner wird man nicht jede Subventionierung ausländischer Werften auf Anhieb feststellen können, da vielfach auch versteckte Subventionen – z. B. durch Steuersubventionen – gewährt werden. Neben dieses Problem der Zweckbestimmtheit treten dergestalt rechtstaatliche Bedenken, dass die Werftenhilfe allein nach Maßgabe von Subventionsrichtlinien vergeben wird. Die Festsetzung der Förderzwecke, der Zuwendungsvoraussetzungen und des Vergabeverfahrens wird allein vom Bundesministerium für Wirtschaft vorgenommen. Die gesamte Förderung findet im Ergebnis ohne Einschaltung des parlamentarischen Gesetzgebers statt. Dies ist um so erstaunlicher, da im Rahmen dieser Wirtschaftssektorenförderung immense Fördersummen fließen[582]. Im Ergebnis kann ein Verstoß gegen den Gesetzesvorbehalt festgehalten werden[583].

Ein weiteres Defizit stellt die nahezu fehlende Zweck-Mittel-Kontrolle dar[584]. Es wird weder eine Zielerreichungs-, noch Wirkungs- oder gar Erfolgskontrolle vorgenommen. Dieser Befund knüpft in seiner Argumentation unmittelbar bei der unzureichenden Zweckbestimmtheit der Förderung an. Da die Förderung allein auf den Ausgleich von Wettbewerbsnachteilen ausgerichtet ist, gestaltet es sich als äußerst schwierig zu bestimmen, wann dieses Ziel letztendlich erreicht ist. Geht man gar einen Schritt weiter, so lässt sich sagen, dass die Schiffbauförderung im Ergebnis nicht in der Lage ist den Primär- wie auch den Endzweck zu erreichen. Dies ist vor dem Hintergrund zu sehen, dass trotz der nationalen Subventionierung zum einen der Weltmarktanteil deutscher Werften stark zurückgegangen ist[585], zum anderen auch die Zahl der in der deutschen Werftindustrie Beschäftigten stetig abnimmt[586]. Im Ergebnis lässt sich aufgrund dieses Befundes die Geeignetheit der Schiffbauförderung in Frage stellen. Durch diese wird weder die internationale Wettbewerbsfähigkeit der deutschen Werften am Weltmarkt erreicht noch werden dauerhaft Arbeitsplätze in der Werftindustrie gesichert. Im Ergebnis verwundert es daher kaum, dass eine dezidierte Zweck-Mittel-Kontrolle nicht stattfindet, da nicht nur der Zweck der Förderung ungenau bestimmt ist, sondern auch dessen Erreichung mittels der Subventionierung berechtigten Zweifeln ausgesetzt ist.

---

[582] Die Wettbewerbshilfe aus dem VIII. Werfthilfeprogramm – 8. Tranche betrug bis Ende 1998 471 Mio. DM, die 5. Fortsetzung der Wettbewerbshilfe für Akquisitionen im Jahr 1997 270 Mio. DM; vgl. 16. Subventionsbericht für die Jahre 1995 bis 1998, BR-Drucksache 598 / 97 vom 29. 8. 1997, S. 28 Anmerkung 32.

[583] Zu dessen Geltung vgl. oben 1. Teil, C., I., 2.

[584] Zu diesem Ergebnis kommt auch *Klemp*, Öffentliche Finanzhilfen (Subventionen) – Instrumente staatlicher Finanzintervention, S. 94.

[585] *Soltwedel et al.,* Subventionssysteme und Wettbewerbsbedingungen in der EG, S. 174; *Weilepp*, Subventionierung im Weltschiffbau, S. 73.

[586] 1975 waren noch 47413 Personen in der deutschen Schiffbauindustrie beschäftigt, während es 1987 nur noch 14870 Personen waren, vgl. Tabelle der OECD, Institut für Seeverkehrswirtschaft und Logistik, US Maritime Administrations, abgedruckt bei *Weilepp*, Subventionierung im Weltschiffbau, S. 169; ebenfalls kritisch *Lammers*, Regionalförderung und Schiffbausubventionen in der Bundesrepublik, S. 157 ff.

Damit eng verbunden ist der Aspekt der Dauersubventionierung. Aufgrund des ständigen Subventionswettlaufs der am Weltschiffbau beteiligten Staaten kommt es zu einer Versteinerung der Subventionierung. So werden in Deutschland seit 1970 verschiedene Maßnahmen getroffen, um den Schiffbau zu fördern[587]. Das Wesensmerkmal einer Subvention, nämlich nur von begrenzter Dauer zu sein, wird somit faktisch in sein Gegenteil verkehrt[588]. Diese Beharrungstendenzen hängen wesentlich mit den vorhandenen Überkapazitäten im Bereich des Schiffbaus zusammen. Selbst wenn der deutsche Schiffbau eingestellt werden würde, hätte dies weder einen Einfluss auf die Weltversorgungslage noch auf den Weltmarktpreis[589].

Angesichts dieses Befundes wird man durchaus die Frage stellen können, inwieweit der Förderzweck überhaupt noch mit dem öffentlichen Interesse zu vereinbaren ist. Primärzweck der Förderung ist der Ausgleich von Subventionswirkungen auf dem Weltmarkt. Damit wird zwar zunächst der Wettbewerb wieder hergestellt, jedoch zieht dies wiederum neue Subventionen nach sich, um der einheimischen Werftindustrie einen Wettbewerbsvorteil zu belassen[590]. Es kommt somit zu einem internationalen Subventionswettlauf, der jeweils mit Gründen der Chancengleichheit zu rechtfertigen versucht wird[591]. Die Finanzierung eines solchen Subventionswettlaufes kann kaum im öffentlichen Interesse stehen. Fraglich bleibt, inwieweit der Endzweck – die Sicherung und der Erhalt von Arbeitsplätzen – noch zur Rechtfertigung allein taugt, wenn man die Schwächen des Primärzwecks bedenkt.

Schließlich ist mit der Dauersubventionierung immer auch das Problem der Verhinderung eines Strukturwandels verbunden[592]. So wird der Strukturwandel gerade nicht dadurch angestoßen, dass man im Ergebnis reine Preissubventionen gewährt, welche die Nachfrage nach dem so verbilligten Produkt erhöhen, letztlich aber keinerlei Anreize zur Anpassung der Struktur an die Bedingungen des Weltmarktes bietet[593]. Hausgemachte Wettbewerbsnachteile der einheimischen Werftindustrie

---

[587] Zur Entwicklung der Subventionierung vgl. die Darstellung bei *Soltwedel et al.*, Subventionssysteme und Wettbewerbsbedingungen in der EG, S. 160 ff.; *Weilepp*, Subventionierung im Weltschiffbau, S. 68 ff.

[588] Zu den damit verbundenen volkswirtschaftlichen Nachteilen *Klemp*, Öffentliche Finanzhilfen (Subventionen) – Instrumente staatlicher Finanzintervention, S. 91 ff.; *Nieder-Eichholz*, Die Subventionsordnung, S. 109 ff.; *Weilepp*, Subventionierung im Weltschiffbau, S. 124 ff.

[589] *Klemp*, Öffentliche Finanzhilfen (Subventionen) – Instrumente staatlicher Finanzintervention, S. 92.

[590] *Lammers*, Regionalförderung und Schiffbausubventionen in der Bundesrepublik, S. 147 betont ferner die Verschlechterung der Wettbewerbsposition ausländischer Unternehmen in allen nichtsubventionierten Bereichen.

[591] *Lammers*, Regionalförderung und Schiffbausubventionen in der Bundesrepublik, S. 148 ff.; *Nieder-Eichholz*, Die Subventionsordnung, S. 114.

[592] Zu diesem Ergebnis kommt *Lammers*, Regionalförderung und Schiffbausubventionen in der Bundesrepublik, S. 176.

[593] *Soltwedel et al.*, Subventionssysteme und Wettbewerbsbedingungen in der EG, S. 194; *Weilepp*, Subventionierung im Weltschiffbau, S. 69.

lassen sich so leicht kaschieren[594]. Der Strukturwandel wird herausgezögert, die Ressourcen werden in nicht zukunftsfähige Industrien investiert. Es entsteht eine Diskrepanz zwischen dem Ziel der Erhaltung und der Anpassung der Werftindustrie[595]. Auch der Gefahr von Mitnahmeeffekten durch die Preissubventionierung wird nicht begegnet. So erhält ein Unternehmen allein deshalb eine Subvention, weil es in dieser Branche tätig ist. Mit der Subvention gehen kaum Verhaltenspflichten seitens des Subventionsempfängers einher. Durch die Subventionsgewährung werden weder Überkapazitäten abgebaut noch bedingen diese sonstige Umstrukturierungsmaßnahmen.

2. Zwischenergebnis

Vor dem Hintergrund der Zweck-Mittel-Analyse sind daher eine Reihe von rechtlichen Defiziten in der Förderung des deutschen Schiffbaus festzustellen. Nicht nur die Richtlinienförderung ist mit dem Gesetzesvorbehalt unvereinbar, sondern auch die Zweckstruktur begegnet in seiner Bestimmtheit gewisse Bedenken. Insbesondere der Primärzweck, allein die internationale Wettbewerbsfähigkeit der deutschen Werftindustrie wiederherzustellen, ist zu überdenken. Die Förderung wird dadurch zu einer Dauersubventionierung eines ganzen Wirtschaftszweiges. Ferner hat die Entwicklung auf dem Weltmarkt gezeigt, dass die Subventionierung letztlich die Wettbewerbsfähigkeit der deutschen Werftindustrie nur zu einem geringen Maß zu gewährleisten vermag. Einhergehend mit den Zweifeln an der Geeignetheit der Subventionierung ist ein geringes Maß an Zweck-Mittel-Kontrolle festzustellen. Insgesamt gilt es, die Förderung des deutschen Schiffbaus zu reformieren und rechtsstaatlichen Anforderungen anzupassen[596].

IV. Steuerliche Förderung

Im nun folgenden Abschnitt soll eine andere Form der Subventionierung – die steuerliche Förderung – im Vordergrund stehen. Darunter ist eine finanzielle staatliche Unterstützung zu verstehen, die zu einem bestimmten wirtschaftslenkenden Zweck den Empfänger zu einem bestimmten wirtschaftlichen Verhalten

---

[594] Ferner wird dadurch verkannt, dass ausländische Werftindustrien teils einen komparativen Vorteil, wie geringe Lohnstückkosten besitzen, deren Ausgleich nicht Ziel der Subvention sein dürfte, vgl. *Lammers,* Regionalförderung und Schiffbausubventionen in der Bundesrepublik, S. 151 ff.

[595] *Lammers,* Regionalförderung und Schiffbausubventionen in der Bundesrepublik, S. 145.

[596] Ein schlüssiges Konzept zur Optimierung der Schiffbausubventionierung stellt *Weilepp,* Subventionierung im Weltschiffbau, S. 128 ff. vor, während *Klemp,* Öffentliche Finanzhilfen (Subventionen) – Instrumente staatlicher Finanzintervention, S. 158 ff. Reformansätze für den allgemeinen Bereich der Dauersubventionsbranchen formuliert.

(ohne marktwirtschaftliche Gegenleistung) veranlassen soll[597]. Bei der Gewährung der Förderung kann einerseits bei der Steuerpflicht angesetzt werden und diese durch die Vergünstigung reduziert werden. Der Steuerpflichtige wird mittels Durchbrechung des steuerartbegründenden Prinzips bevorzugt. Man spricht insoweit von wirtschaftslenkenden Steuervergünstigungen[598]. Auf der anderen Seite bestehen aber auch Förderinstrumente, die nicht allein den Steuerzahler begünstigen. So knüpfen Zulagen und Prämien an ein förderwürdiges Verhalten des Begünstigten an, wobei die Förderung dann allerdings eng mit dem Steuerrecht verzahnt ist. Diese Art der steuerlichen Förderung ist in zahlreichen Sondergesetzen normiert und verklammert somit Subventions- und Steuerrecht. Man bezeichnet sie als Direktsubventionen[599]. Sowohl wirtschaftslenkende Steuervergünstigungen als auch Direktsubventionen bedürfen einer Rechtfertigung, da insbesondere eine Durchbrechung des Gleichheitssatzes und wesentlicher Rechtsprinzipien der Steuerrechtsordnung vorliegt[600]. Ein solcher wesentlicher Rechtsgrundsatz stellt das Prinzip der Besteuerung nach der Leistungsfähigkeit dar, wonach jeder nach seiner Zahlungsfähigkeit besteuert werden soll[601]. Das Leistungsfähigkeitsprinzip ist dabei Ausdruck der steuerrechtlichen Konkretisierung des Gleichheitsgrundsatzes[602]. Mit der steuerlichen Förderung wird die steuerliche Leistungsfähigkeit verschont, der Gleichheitsgrundsatz durchbrochen. Dies bedarf der Rechtfertigung[603], die sich zumeist auf dem Gemeinwohlprinzip[604] und dem damit eng verbundenen Verdienstprinzip[605] stützt. Die Förderung muss einen Gemeinwohlzweck verfolgen. Im Ergebnis steht damit auch im Bereich der steuerlichen För-

---

[597] *Tipke / Lang,* Steuerrecht, § 20 Rdnr. 15.

[598] *Birk,* Steuerrecht, Rdnr. 98 ff.; *Lang,* Systematisierung der Steuervergünstigungen, S. 3 ff.; *Tipke / Lang,* Steuerrecht, § 7 Rdnr. 37.

[599] Diese Unterscheidung so vornehmend *Tipke / Lang,* Steuerrecht, § 20 Rdnr. 7.

[600] *Tipke / Lang,* Steuerrecht, § 20 Rdnr. 70.

[601] Grundlegend zum Leistungsfähigkeitsprinzip *Birk,* Das Leistungsfähigkeitsprinzip als Maßstab der Steuernormen, S. 248; *Birk,* Steuerrecht, Rdnr. 33 ff. und Rdnr. 152 ff.; *Kirchhof,* Staatliche Einnahmen, in: Isensee / Kirchhof (Hrsg.), Handbuch des Staatsrechts IV, § 88 Rdnr. 114 ff.; *Kirchhof,* Der verfassungsrechtliche Auftrag zur Besteuerung nach der finanziellen Leistungsfähigkeit, StuW 1985, 310 ff.; *Schmidt,* Kurt, Das Leistungsfähigkeitsprinzip und die Theorie vom proportionalen Opfer, FinArch 1967, 385 ff.; *Tipke / Lang,* Steuerrecht, § 4 Rdnr. 11 ff.

[602] So die Rechtsprechung zu Art. 3 GG, vgl. BVerfGE 3, 58 (135 ff.); BVerfGE 18, 38 (46); BVerfGE 55, 72 (88); BVerfGE 75, 108 (157); BVerfGE 76, 256 (329); BVerfGE 93, 121 (134).

[603] *Birk,* Steuerrecht, Rdnr. 53 und Rdnr. 163 ff.; *Kirchhof,* Staatliche Einnahmen, in: Isensee / Kirchhof (Hrsg.), Handbuch des Staatsrechts IV, § 88 Rdnr. 28 ff.; *Tipke / Lang,* Steuerrecht, § 4 Rdnr. 125.

[604] Grundlegend zur gemeinwohlbezogenen Rechtfertigung von Steuervergünstigungen BVerfGE 93, 121 (148).

[605] Danach stellt der steuerliche Vorteil eine Belohnung für ein Verhalten des Begünstigten dar, das dieser aufgrund der Zuwendung vornimmt und dem Allgemeininteresse dient, ausführlich dazu *Tipke,* Steuergerechtigkeit in Theorie und Praxis, S. 16 ff.

derung der Förderzweck im Vordergrund. Dieser soll im Weiteren herausgearbeitet werden, bevor dann eine Bewertung am Maßstab der Zweck-Mittel-Analyse erfolgen kann.

1. Begünstigung durch Investitionszulagen

Zunächst wird das steuerliche Förderinstrument der Investitionszulage als Beispiel einer Direktsubvention dargestellt. Der Förderrechtsrahmen zur Gewährung von steuerlichen Direktsubventionen wurde zum 1. 1. 1999 neu geregelt.

a) Rechtslage vor dem 1. 1. 1999

Bis zum 1. 1. 1999 basierte die steuerliche Förderung mittels Direktsubventionen auf zwei gesetzlichen Grundlagen. Durch das Fördergebietsgesetz[606] und das jeweils gültige Investitionszulagengesetz[607] sollte der wirtschaftliche Anpassungsprozeß in den neuen Bundesländern flankiert werden. Insbesondere die Förderung von betrieblichen Investitionen durch erhöhte Abschreibungen und Investitionszulagen wurde als Ziel verfolgt[608]. Das Fördergebietsgesetz[609] sah in § 2 FördG Sonderabschreibungen auf die Anschaffung und die Herstellung von abnutzbaren beweglichen Wirtschaftsgütern des Anlagevermögens sowie nachträgliche Herstellungsarbeiten an denselben vor. § 3 FördG begünstigte etwaige Baumaßnahmen an Gebäuden des Anlagevermögens. In § 4 FördG war die Höhe der Sonderabschrei-

---

[606] Fördergebietsgesetz (Gesetz über Sonderabschreibungen und Abzugsbeträge im Fördergebiet) in der Fassung der Bekanntmachung vom 23. 9. 1993, BGBl. I S. 1654.

[607] Investitionszulagengesetz 1991 vom 24. 6. 1991, BGBl. I S. 1322; Investitionszulagengesetz 1993 vom 23. 9. 1993, BGBl. I S. 1650; Investitionszulagengesetz 1996 vom 22. 1. 1996, BGBl. I S. 60; Investitionszulagengesetz 1999 vom 18. 8. 1997, BGBl. I S. 2070.

[608] *Görlitz,* Steuerliche Förderung von Investitionen in den neuen Bundesländern, in: Daumke (Hrsg.), Grundriss des deutschen Steuerrechts, S. 272; *Strahl,* Änderungen der Investitionsförderung in den neuen Ländern und Berlin (West), BB 1998, 292 ff.

[609] Vgl. ausführlich zum Fördergebietsgesetz *Bundesministerium für Wirtschaft,* Wirtschaftliche Förderung in den neuen Bundesländern, S. 13 ff.; *Drenseck,* Walter, in: Schmidt, Ludwig (Hrsg.), Einkommensteuergesetz, § 7a Rdnr. 20 ff.; *Franz/Rupp,* Das Standortsicherungsgesetz, Beilage 20 zu Heft 31, BB 1993, 10 ff.; *Görlitz,* Steuerliche Förderung von Investitionen in den neuen Bundesländern, in: Daumke (Hrsg.), Grundriss des deutschen Steuerrechts, S. 272 ff.; *Plückebaum/Wendt/Ehmcke/Niemeier/Schlierenkämper,* Einkommensteuer, S. 1157; *Schneider,* Sinn und Widersinn der steuerlichen Investitionsförderung für die neuen Bundesländer und des Solidaritätszuschlags, DB 1991, 1083 ff.; *Schümann,* Wirtschaftsförderung für die neuen Bundesländer im Lichte des EWGV, S. 118 ff.; *Seifert/Grammel/Ufer,* Handbuch der Fördermaßnahmen für mittelständische Unternehmen, S. 62; *Sinz,* Die staatliche Wirtschaftsförderung im Gebiet der neuen Bundesländer, S. 172 ff.; *Sproß,* Investitionen in den neuen Bundesländern, VIZ 1992, 98 ff.; *Wewers,* Steuerliche Förderinstrumente für die neuen Bundesländer und Berlin, S. 5 ff.; *Zenthöfer/Schulze zur Wiesche,* Einkommensteuer, S. 932 ff.

bung normiert. Die dort normierten Abschreibungssätze galten nur für Investitionen, die vor dem 1. 1. 1999 abgeschlossen wurden.

Ab dem 1. 1. 1999 konzentriert sich die Förderung in den neuen Bundesländern auf die Gewährung von Investitionszulagen[610]. Das bisherige zweigleisige System wurde durch das Investitionszulagengesetz 1999 reduziert, wobei die Förderung nun auch Modernisierungs- und Sanierungsmaßnahmen im Wohnungs- und Städtebau umfasst[611]. Der Verzicht auf die Möglichkeit erhöhter Abschreibungen in den neuen Bundesländern ist sicher eine Folge der massiven Kritik und der vielfach eingetretenen Fehlallokationen der Förderung[612]. Die Förderhöhe bestimmt sich nun – anders als bei den Sonderabschreibungen nach dem FördG – unabhängig von der persönlichen Einkommens- oder Körperschaftssteuerbelastung. Gleichzeitig hat die Neuerung eine Vereinfachung der steuerlichen Fördermaßnahmen in den neuen Bundesländern zur Folge, wobei sich die Förderung in noch stärkerem Maße auf das verarbeitende Gewerbe, das Handwerk und den innerstädtischen Handel konzentrieren dürfte[613].

b) Förderrechtsrahmen des InvZulG 1999

Ziel und Gegenstand des InvZulG 1999 ist es erneut, eine verstärkte Investitionstätigkeit in den neuen Bundesländern anzuregen. Hierbei werden betriebliche Investitionen (§ 2 InvZulG 1999), Modernisierungsmaßnahmen an Mietwohnge-

---

[610] Vgl. zu früheren Investitionszulagengesetzen *Butz,* Rechtsfragen der Zonenrandförderung, S. 79 ff.; *Dittes,* Die Finanzierungshilfen des Bundes, der Länder und der internationalen Institutionen, S. 25; *Fitzner,* Investitionsförderung in den neuen Bundesländern, VIZ 1991, 92; *Friele / Jarosch,* Die Investitionszulage zur Förderung der Beschäftigung, S. 13 ff.; *Görlitz,* Steuerliche Förderung von Investitionen in den neuen Bundesländern, in: Daumke (Hrsg.), Grundriss des deutschen Steuerrechts, S. 277 ff.; *Hartmann,* Investitionszulagengesetz, S. 7 ff.; *Neupert,* Regionale Strukturpolitik als Aufgabe der Länder: Grundlagen, Verknüpfungen, Grenzen, S. 300 ff.; *Schümann,* Wirtschaftsförderung für die neuen Bundesländer im Lichte des EWGV, S. 116 ff.; *Sinz,* Die staatliche Wirtschaftsförderung im Gebiet der neuen Bundesländer, S. 174; *Seifert / Grammel / Ufer,* Handbuch der Fördermaßnahmen für mittelständische Unternehmen, S. 47 ff.; *Sproß,* Investitionen in den neuen Bundesländern, VIZ 1992, 99 ff.; *Wewers,* Steuerliche Förderinstrumente für die neuen Bundesländer und Berlin, S. 29 ff.; *Zitzmann,* Investitionszulagengesetz, S. 10 ff.

[611] *Bundesministerium für Wirtschaft,* Wirtschaftliche Förderung in den neuen Bundesländern, S. 15.

[612] Kritisch zu den besonderen Abschreibemöglichkeiten in den neuen Bundesländern *Schneider,* Sinn und Widersinn der steuerlichen Investitionsförderung für die neuen Bundesländer und des Solidaritätszuschlags, DB 1991, 1083; *Schümann,* Wirtschaftsförderung für die neuen Bundesländer im Lichte des EWGV, S. 122 ff.; *Tipke / Lang,* Steuerrecht, § 20 Rdnr. 44.

[613] *Görlitz,* Steuerliche Förderung von Investitionen in den neuen Bundesländern, in: Daumke (Hrsg.), Grundriss des deutschen Steuerrechts, S. 272; *Seifert / Grammel / Ufer,* Handbuch der Fördermaßnahmen für mittelständische Unternehmen, S. 66; *Strahl,* Änderungen der Investitionsförderung in den neuen Ländern und Berlin (West), BB 1998, 295.

bäuden, der Mietwohnungsneubau im innerörtlichen Bereich (§ 3 InvZulG 1999)
sowie Modernisierungsmaßnahmen an zu eigenen Wohnzwecken dienenden Woh-
nungen im eigenen Haus (§ 4 InvZulG 1999) unterstützt[614]. Die hier allein interessierende betriebliche Förderung gilt dabei im Gebiet der neuen Bundesländer,
einschließlich West-Berlin, § 1 Abs. 2 InvZulG 1999. Als Berechtigte kommen
nach § 1 Abs. 1 InvZulG 1999 beschränkt oder unbeschränkt Steuerpflichtige
i. S. d. Einkommen- bzw. Körperschaftsteuergesetz in Betracht, soweit sie nicht
nach § 5 Abs. 1 Nr. 1 bis 9 und 11 bis 22 KStG von der Körperschaftsteuer befreit sind. Eine tatsächliche Steuerveranlagung ist indes nicht erforderlich[615]. Als
Besonderheit ist zu erwähnen, dass § 1 Abs. 1 InvZulG 1999 bei Vorliegen der
Tatbestandsvoraussetzungen einen Anspruch auf eine Investitionszulage gewährt[616]. Der eigentliche Förderzweck ist in § 2 InvZulG 1999 näher ausgestaltet.
In Abs. 1 werden die Anschaffung und die Herstellung von neuen abnutzbaren
beweglichen Wirtschaftsgütern des Anlagevermögens[617] gefördert. Diese müssen
mindestens drei Jahre nach ihrer Anschaffung oder Herstellung zum Anlagevermögen gehören, in einer Betriebsstätte im Fördergebiet verbleiben und dürfen
nicht mehr als 10% privat genutzt werden. Ausgenommen sind geringwertige
Wirtschaftsgüter gem. § 6 Abs. 2 EStG, Luftfahrzeuge und Personenkraftwagen.
Die Anschaffung unbeweglicher Wirtschaftsgüter richtet sich nach Maßgabe des
§ 2 Abs. 3 InvZulG 1999.

Die Förderung ist dabei auf bestimmte Betriebe beschränkt. Gem. § 2 Abs. 2
Nr. 1 InvZulG 1999 gehören hierzu Betriebe des verarbeitenden Gewerbes oder
der produktionsnahen Dienstleistung, welche in den lit. a – i abschließend aufgeführt sind. Damit wurde die Investitionszulage auf Unternehmen erweitert, die ausgewählte Produktionsdienstleistungen erbringen. Der Gesetzgeber trägt damit dem
wachsenden Stellenwert der Dienstleistung innerhalb einer modernen, international
wettbewerbsfähigen Volkswirtschaft Rechnung[618]. Als förderungswürdig gelten
des Weiteren kleine und mittlere Betriebe des Handwerks (§ 2 Abs. 2 Nr. 2
InvZulG 1999) sowie des Groß- oder Einzelhandels, soweit die Wirtschaftsgüter in
Betriebsstätten innerhalb der Innenstädte verbleiben (§ 2 Abs. 2 Nr. 3 InvZulG
1999). Die Förderhöhe beträgt nach § 2 Abs. 6 InvZulG 1999 10% der Bemessungsgrundlage bzw. 20% für Betriebe i. S. d. § 2 Abs. 2 Nr. 1 InvZulG, die nicht

---

[614] Zu den Einzelheiten des neuen Rechts *Spanke,* Die steuerliche Förderung der neuen
Länder ab 1999, DB 1997, 1734 ff.; eine synoptische Darstellung des alten und neuen Rechts
gibt *Strahl,* Änderungen der Investitionsförderung in den neuen Ländern und Berlin (West),
BB 1998, 293 ff.

[615] Dies macht einen der wesentlichen Unterschiede zu den eigentlichen Steuervergünstigungen aus, vgl. dazu unten 2. Teil, B., IV., 2.

[616] Zur Bedeutung des Rechtsanspruches auf die Investitionszulage *Neupert,* Regionale
Strukturpolitik als Aufgabe der Länder: Grundlagen, Verknüpfungen, Grenzen, S. 301.

[617] Als Anlagevermögen gelten dabei die Wirtschaftgüter, die dazu bestimmt sind, einem
Betrieb dauernd zu dienen.

[618] *Seifert / Grammel / Ufer,* Handbuch der Fördermaßnahmen für mittelständische Unternehmen, S. 67.

mehr als 250 Arbeitnehmer beschäftigen[619]. Die Bemessungsgrundlage stellt gem. § 2 Abs. 5 InvZulG 1999 die Summe der Anschaffungs- und Herstellungskosten der im Wirtschaftsjahr abgeschlossenen begünstigten Investitionen dar[620]. Das gesamte Förderinstrument ist auf einen Zeitraum von sechs Jahren ausgerichtet (bis Ende 2004), wobei Investitionszulagen im kleinen und mittleren Handwerk bzw. dem innerstädtischen Groß- und Einzelhandel ab 2002 entfallen[621].

Das Instrument der Investitionszulage bildet eine nachträgliche Förderung. So bestimmt § 5 Abs. 1 InvZulG 1999, dass der Antrag auf Förderung bis zum 30. September des Kalenderjahres zu stellen ist, in dem die Investition abgeschlossen wurde. Die Zwecksicherung wird primär dadurch erreicht, dass die Förderung der eigentlichen Maßnahme nachfolgt, so dass die Maßnahme selbst bereits vollständig bewertet und überprüft werden kann. Der Förderantrag ist beim Finanzamt zu stellen, das mit der Abwicklung der Förderung betraut ist. In dem Antrag sind die Investitionen, für die eine Zulage beansprucht wird so genau zu bezeichnen, dass ihre Feststellung bei einer Nachprüfung möglich ist. In den §§ 6, 7 InvZulG 1999 zeigt sich die besondere Verzahnung mit dem Steuerrecht, da die für Steuervergütungen geltenden Vorschriften der Abgabenordnung entsprechend angewandt werden.

Damit stellt die Investitionszulage nach § 2 InvZulG 1999 ein wesentliches Instrument zur steuerlichen Förderung in den neuen Bundesländern dar. In erster Linie sollen Anreize für betriebliche Investitionen geschaffen werden. Schwerpunkt bildet die Förderung von kleinen und mittleren Betrieben des verarbeitenden Gewerbes. Verstärkt wird aber auch der produktionsnahe Dienstleistungssektor in den Blick genommen. Die Förderung nach § 2 InvZulG 1999 stand gem. Art. 5 Abs. 2 S. 1 des Gesetzes zur Fortsetzung der wirtschaftlichen Förderung in den neuen Ländern[622] bislang unter dem Vorbehalt der beihilfenrechtlichen Genehmigung durch die Europäische Kommission[623]. Diese wurde mit der Entscheidung der Europäischen Kommission vom 9. 12. 1998 weitgehend erteilt[624].

---

[619] Zur Förderhöhe ausführlich *Bundesministerium für Wirtschaft,* Wirtschaftliche Förderung in den neuen Bundesländern, S. 15.

[620] Diese müssen hauptsächlich nach dem 31. 12. 1998 entstanden sein, zumindest aber die davor geleisteten Anzahlungen auf Anschaffungskosten und entstandenen Teilherstellungskosten übersteigen.

[621] Dies bestimmt § 2 Abs. 4 InvZulG 1999.

[622] Gesetz zur Fortsetzung der wirtschaftlichen Förderung in den neuen Ländern vom 18. 8. 1997, BGBl. I S. 2070.

[623] Vgl. allgemein zur Beihilfenkontrolle unten 4. Teil, A.

[624] Dazu ausführlich BStBl. I 1999, 180 ff.; zu den mit den langwierigen Beihilfeverfahren verbundenen Investitionshemmnissen siehe *Jakobs,* Norbert, Warten auf die Verlängerung des Fördergebiets- und Investitionszulagengesetzes hemmt Investitionen, DB 1996, 653 ff.

2. Wirtschaftslenkende Steuervergünstigungen

Als zweites Instrument der steuerlichen Förderung sollen nun wirtschaftslenkende Steuervergünstigungen betrachtet werden. Diese können sowohl beim Steuersubjekt, beim Steuerobjekt, bei der Steuerbemessungsgrundlage, dem Steuersatz als auch der Steuerschuld ansetzen[625]. Demnach findet sich im Steuerrecht eine nahezu unüberschaubare Anzahl an Steuervergünstigungen[626]. Es sollen daher einige wesentliche Steuervergünstigungen herausgegriffen werden, insbesondere solche, die der Förderung von kleinen und mittleren Unternehmen dienen und damit mittelbar zur Beschäftigungsförderung beitragen.

a) Sonder- und Ansparabschreibung zur Förderung kleiner und mittlerer Betriebe (§ 7g EStG)

Zu nennen sind hierbei Bewertungen und Abschreibungen, die von den Grundsätzen der §§ 6, 7 EStG abweichen. Diese Art der steuerlichen Förderung setzt bei der Steuerbemessungsgrundlage an, indem diese infolge erhöhter Absetzungen, Sonderabschreibungen und der Bildung steuerfreier Rücklagen verschmälert wird[627]. Zur Förderung kleiner und mittlerer Betriebe sind in § 7g Abs. 1 – 2 EStG Sonderabschreibungen und in § 7g Abs. 3 – 6 EStG Ansparabschreibungen vorgesehen. Die Regelung des § 7g EStG will den Mittelstand durch Eigenkapital und Innovationskraft stärken und so zur Verbesserung der internationalen Wettbewerbsfähigkeit der deutschen Wirtschaft beitragen. Risikokapital soll vermehrt bereitgestellt, die Investitionsbereitschaft der Wirtschaft angeregt und positive Impulse für die Schaffung und Erhaltung von Arbeitsplätzen geschaffen werden[628].

Während die Möglichkeit von Sonderabschreibungen in den neuen Bundesländern speziell im Fördergebietsgesetz geregelt war, ist mit der Zusammenfassung der steuerlichen Förderung im InvZulG 1999 diese ersatzlos weggefallen[629]. Folglich gelten für Sonderabschreibungen nun die allgemeinen Regelungen des

---

[625] *Tipke/Lang,* Steuerrecht, § 20 Rdnr. 17.

[626] Vgl. nur die Darstellung bei *Lang,* Systematisierung der Steuervergünstigungen, S. 3 ff.; *Tipke/Lang,* Steuerrecht, § 20 Rdnr. 8.

[627] Eine systematische Zusammenstellung von Vergünstigungen, die bei der Steuerbemessungsgrundlage ansetzen, findet sich bei *Riedel,* Investitionsförderung mittelständischer Unternehmen in strukturschwachen Regionen, S. 16 ff.

[628] *Drenseck,* Walter, in: Schmidt, Ludwig (Hrsg.), Einkommensteuergesetz, § 7g Rdnr. 1; *Franz/Rupp,* Das Standortsicherungsgesetz, Beilage 20 zu Heft 31, BB 1993, 14 ff.; *Paus,* Lohnt sich die Ansparabschreibung nach § 7g EStG?, DStR 1994, 1104; *Pinkos,* Standortsicherungsgesetz: Die Ansparabschreibung als Förderung des Mittelstands, DB 1993, 1688 ff.; *Seifert/Grammel/Ufer,* Handbuch der Fördermaßnahmen für mittelständische Unternehmen, S. 21; *Zeitler,* Auswirkungen des Standortsicherungsgesetzes auf die steuerliche Praxis, BB 1993, 1708.

[629] Dazu oben 2. Teil, B., IV., 1.

§ 7g Abs. 1 und 2 EStG[630]. Danach können bei neuen beweglichen Wirtschaftsgütern des Anlagevermögens neben der linearen und degressiven Abschreibung
im Jahr der Anschaffung oder Herstellung und in den vier folgenden Jahren Sonderabschreibungen in Höhe von insgesamt 20% in Anspruch genommen werden.
Nach § 7g Abs. 2 Nr. 1 lit. a EStG ist Voraussetzung, dass im Zeitpunkt der Anschaffung oder Herstellung des Wirtschaftsgutes das Betriebsvermögen des Betriebes nicht mehr als 400.000 DM beträgt oder aber nach § 4 Abs. 3 EStG eine
Überschussrechnung erfolgt. Ferner muss nach § 7g Abs. 2 Nr. 2 EStG das Wirtschaftsgut mindestens ein Jahr nach seiner Anschaffung oder Herstellung in einer
inländischen Betriebsstätte verbleiben oder aber im Jahr der Inanspruchnahme
von Sonderabschreibungen im Betrieb des Steuerpflichtigen ausschließlich oder
fast ausschließlich betrieblich genutzt werden. Die Inanspruchnahme der Sonderabschreibung des § 7g EStG neben weiteren erhöhten Absetzungen oder Abschreibungen ist nach dem Kumulierungsverbot des § 7a Abs. 5 EStG nicht möglich[631].

Eine besondere Form der Abschreibung bildet die Ansparabschreibung. § 7g
Abs. 3 EStG erlaubt mittelständischen Unternehmen die Bildung einer gewinn-
mindernden Rücklage von maximal 50% der Anschaffungs- oder Herstellungskosten für ein neues bewegliches Wirtschaftsgut. Hintergrund dieser eigenkapital-
schonenden Investitionsrücklage ist das Problem der Finanzierung von Investitionen[632]. Diese erfolgen meist aus dem bereits versteuerten Einkommen und infolge fehlender innerbetrieblicher Rücklagen durch kostenintensive Fremdmittel[633].
Diesen Nachteil, dem gerade mittelständische Unternehmen ausgesetzt sind, will
die Ansparabschreibung ausgleichen. Die eigentliche Abschreibung wird im Ergebnis vorweggenommen. Die Voraussetzungen knüpfen im Wesentlichen an die
§§ 7g Abs. 1 und 2 EStG an. Das jeweilige Wirtschaftsgut ist gem. § 7g Abs. 3
S. 2 EStG bis zum Ende des zweiten, auf die Bildung der Rücklage folgenden
Wirtschaftsjahres anzuschaffen oder herzustellen. Nach Abs. 4 ist die Rücklage
im Fall der Anschaffung / Herstellung bzw. der Überschreitung der Frist gewinnerhöhend aufzulösen[634]. Insgesamt darf gem. § 7g Abs. 3 S. 5 EStG die Rücklage

---

[630] Vgl. die ausführlichen Erläuterungen zu den einzelnen Voraussetzungen bei *Drenseck,
Walter,* in: Schmidt, Ludwig (Hrsg.), Einkommensteuergesetz, § 7g Rdnr. 2 ff.; *Paus,* Lohnt
sich die Ansparabschreibung nach § 7g EStG?, DStR 1994, 1104 ff.; *Pinkos,* Standortsiche-
rungsgesetz: Die Ansparabschreibung als Förderung des Mittelstands, DB 1993, 1688 ff.;
Plückebaum / Wendt / Ehmcke / Niemeier / Schlierenkämper, Einkommensteuer, S. 441 ff.;
Zenthöfer / Schulze zur Wiesche, Einkommensteuer, S. 410 ff.

[631] *Plückebaum / Wendt / Ehmcke / Niemeier / Schlierenkämper,* Einkommensteuer, S. 427;
Seifert / Grammel / Ufer, Handbuch der Fördermaßnahmen für mittelständische Unternehmen,
S. 23; *Zenthöfer / Schulze zur Wiesche,* Einkommensteuer, S. 840.

[632] *Drenseck, Walter,* in: Schmidt, Ludwig (Hrsg.), Einkommensteuergesetz, § 7g Rdnr. 20;
Franz / Rupp, Das Standortsicherungsgesetz, Beilage 20 zu Heft 31, BB 1993, 15 ff.; *Paus,*
Lohnt sich die Ansparabschreibung nach § 7g EStG?, DStR 1994, 1105.

[633] *Seifert / Grammel / Ufer,* Handbuch der Fördermaßnahmen für mittelständische Unternehmen, S. 24.

am Bilanzstichtag je Betrieb des Steuerpflichtigen den Betrag von 300.000 DM nicht übersteigen. Um nun eine Zwecksicherung, nämlich die tatsächliche Anschaffung bzw. Herstellung des Wirtschaftsguts zu erreichen, wurde mit § 7g Abs. 5 EStG ein Gewinnzuschlag eingeführt. Dieser soll die durch die Rücklage in Anspruch genommenen Steuervorteile wieder ausgleichen[635]. Schließlich gelten gem. § 7g Abs. 7 EStG für Existenzgründer einige Sonderregeln. Danach ist die Frist der Rücklagenbeibehaltung auf 5 Jahre gestreckt, der Höchstbetrag der Rücklage erhöht sich auf 600.000 DM und schließlich wird auf einen Gewinnzuschlag gänzlich verzichtet[636].

b) Steuerfreie Rücklagen

Als weitere steuerliche Maßnahme soll abschließend die Möglichkeit der Bildung steuerfreier Rücklagen angesprochen werden. Mit diesen wird erneut die Steuerbemessungsgrundlage geschmälert. Sie bilden dabei Ausnahmeregelungen zu den in § 6 EStG formulierten Bewertungsgrundsätzen des Anlage- bzw. Umlaufvermögens. So besteht nach § 6b EStG die Möglichkeit, den Veräußerungsgewinn der in Abs. 1 genannten Wirtschaftsgüter unter gewissen Voraussetzungen von den Anschaffungs- oder Herstellungskosten bestimmter neu angeschaffter oder hergestellter Wirtschaftsgüter des Anlagevermögens abzuziehen. Sinn und Zweck der Vorschrift ist es, Neuinvestitionen anzuregen, indem diejenigen Wirtschaftsgüter, die nicht mehr benötigt oder infolge von Strukturveränderungen aufgegeben werden müssen, bei der Veräußerung mit einer nur geringen Steuerbelastung versehen werden, soweit der Veräußerungsgewinn dann zur Finanzierung betriebsnotwendiger Neuinvestitionen eingesetzt wird[637]. Durch den Verzicht auf die sofortige Besteuerung der realisierten stillen Reserve soll dem Unternehmen eine ökonomische Anpassung an strukturelle Wirtschafts- und Wettbewerbsveränderungen erleichtert werden[638].

---

[634] Zur Auflösung der Rücklage siehe *Drenseck,* Walter, in: Schmidt, Ludwig (Hrsg.), Einkommensteuergesetz, § 7g Rdnr. 24; *Franz / Rupp,* Das Standortsicherungsgesetz, Beilage 20 zu Heft 31, BB 1993, 15; *Paus,* Lohnt sich die Ansparabschreibung nach § 7g EStG?, DStR 1994, 1107; *Zenthöfer / Schulze zur Wiesche,* Einkommensteuer, S. 411.

[635] *Pinkos,* Standortsicherungsgesetz: Die Ansparabschreibung als Förderung des Mittelstands, DB 1993, 1690 ff.; *Weßling,* Mögliche Vorteile aus der Ansparabschreibung gemäß § 7g EStG bei späterem Unterlassen der Investition, BB 1993, 2347 ff.

[636] Nähere Ausführungen bei *Meyer / Ball,* Die neue Ansparabschreibung für Existenzgründer gem. § 7g Abs. 7 EStG, FR 1997, 77 ff.; *Olbertz,* Die Erweiterung der Ansparabschreibung des § 7g EStG bei Existenzgründung, BB 1996, 1967 ff.; *Zenthöfer / Schulze zur Wiesche,* Einkommensteuer, S. 912.

[637] *Bordewin,* Steuererleichterung durch Investitionen nach § 6b EStG, DStR 1992, 1463; *Plückebaum / Wendt / Ehmcke / Niemeier / Schlierenkämper,* Einkommensteuer, S. 363; *Tipke / Lang,* Steuerrecht, § 20 Rdnr. 37.

[638] BT-Drucksache IV / 2400, 63 ff.; BR-Drucksache 193 / 64, 46 ff.

§ 6b Abs. 1 S. 1 EStG enthält dabei eine abschließende Aufzählung der begünstigten Veräußerungsobjekte[639]. Die Vorschrift des § 6b Abs. 1 S. 2 EStG bestimmt im Einzelnen, auf welche Wirtschaftsgüter die bei der Veräußerung eines begünstigten Wirtschaftsguts aufgedeckten stillen Reserven übertragen werden können[640]. Neben dieser Übertragung besteht nach Maßgabe des § 6b Abs. 3 EStG die Möglichkeit der Bildung einer steuerfreien Rücklage. Ähnlich der Ansparabschreibung[641] ist es beim Entstehen der Rücklage unerheblich, ob diese später tatsächlich reinvestiert wird, da bei fehlender Reinvestition ein Gewinnzuschlag gem. § 6b Abs. 7 EStG bei der dann zu erfolgenden Auflösung der Rücklage erfolgt[642]. Die Rücklage ist mit der Neuinvestition bzw. dem Ablauf der Reinvestitionsfrist von regelmäßig vier der Rücklagenbildung folgenden Wirtschaftsjahren gewinnerhöhend nach § 6b Abs. 3 S. 4 und 5 EStG aufzulösen. Es sei schließlich noch erwähnt, dass bis zum 1. 1. 1999 für die neuen Bundesländer im Rahmen des § 6b EStG eine mittelständische Eigenkapitalförderung bestand[643]. Danach konnten Verkaufsgewinne von Beteiligungen dann steuerfrei gestellt werden, wenn diese umgehend in Beteiligungen bzw. beteiligungsähnliche Darlehen an mittelständische Unternehmen in den neuen Bundesländern geflossen sind[644].

Als ein weiteres Beispiel der Bildung steuerfreier Rücklagen, die später gewinnerhöhend aufzulösen sind, ist § 6d EStG nennen[645]. Danach kann eine befristete Rücklage bei Erwerb von Betrieben, deren Fortbestand gefährdet ist, in Höhe von maximal 30% der Anschaffungskosten der Kapitalanlage gebildet werden[646]. Die Kapitalanlage[647] muss gem. § 6d Abs. 3 S. 1 Nr. 1 lit.a EStG in einem Betrieb er

---

[639] Zu den genauen Einzelheiten *Bordewin,* Steuererleichterung durch Investitionen nach § 6b EStG, DStR 1992, 1463; *Glanegger, Peter,* in: Schmidt, Ludwig (Hrsg.), Einkommensteuergesetz, § 6b Rdnr. 10 ff.

[640] Eine detaillierte Zusammenstellung der begünstigten Reinvestitionsobjekte findet sich bei *Bordewin,* Steuererleichterung durch Investitionen nach § 6b EStG, DStR 1992, 1464; *Glanegger,* Peter, in: Schmidt, Ludwig (Hrsg.), Einkommensteuergesetz, § 6b Rdnr. 30 ff.; *Plückebaum / Wendt / Ehmcke / Niemeier / Schlierenkämper,* Einkommensteuer, S. 365 ff.; *Tipke / Lang,* Steuerrecht, § 20 Rdnr. 38.

[641] Zu dieser oben 2. Teil, B., IV., 2., a.

[642] *Bordewin,* Steuererleichterung durch Investitionen nach § 6b EStG, DStR 1992, 1466; *Plückebaum / Wendt / Ehmcke / Niemeier / Schlierenkämper,* Einkommensteuer, S. 371.

[643] Diese basierte im Wesentlichen auf § 52 Abs. 8 EStG, wonach entgegen der Regelung des § 6b Abs. 1 Nr. 5 EStG eine Reinvestition in neu erworbene Anteile an Kapitalgesellschaften zur Verbesserung der Eigenkapitalbasis mittelständischer Unternehmen begünstigt wurde.

[644] Ausführlich zu dieser Form der Mittelstandsförderung in den neuen Bundesländern *Bundesministerium für Wirtschaft,* Wirtschaftliche Förderung in den neuen Bundesländern, S. 17; *Glanegger, Peter,* in: Schmidt, Ludwig (Hrsg.), Einkommensteuergesetz, § 6b Rdnr. 38; *Plückebaum / Wendt / Ehmcke / Niemeier / Schlierenkämper,* Einkommensteuer, S. 366.

[645] So die Aufzählung bei *Tipke / Lang,* Steuerrecht, § 20 Rdnr. 17.

[646] Zu den weiteren Einzelheiten *Glanegger, Peter,* in: Schmidt, Ludwig (Hrsg.), Einkommensteuergesetz, § 6d Rdnr. 1 ff.

[647] Eine Legaldefinition des Begriffs der Kapitalanlage findet sich in § 6 Abs. 2 EStG.

folgen, der stillgelegt oder von Stilllegung bedroht ist, ferner darauf abzielen, den Fortbestand des Betriebes zu sichern (lit. b). Ausdrücklich wird in lit. c der beschäftigungsfördernde Charakter der steuerlichen Förderung deutlich, da die Kapitalanlage geeignet sein muss, bestehende Dauerarbeitsplätze, die für die Wirtschaftsregion und für den jeweiligen Arbeitsmarkt von besonderem Gewicht sind, nachhaltig zu sichern. Schließlich trägt § 6d Abs. 3 S. 1 Nr. 1 lit. d EStG dem wettbewerbsrechtlichen Aspekt Rechnung, indem eine Unbedenklichkeitsbescheinigung hinsichtlich der Wettbewerbsverhältnisse gefordert wird. Die Rücklage ist nach § 6d Abs. 4 EStG spätestens ab dem sechsten Wirtschaftsjahr nach ihrer Bildung jährlich in Höhe von 20% gewinnerhöhend aufzulösen.

3. Bewertung am Maßstab der Zweck-Mittel-Analyse

Die dargestellten Instrumente der steuerlichen Förderung sollen nun am Maßstab der Zweck-Mittel-Analyse bewertet werden. Bevor aber die Kriterien an den Förderrechtsrahmen angelegt werden können, muss zunächst die Geltung der Zweck-Mittel-Analyse im Bereich der steuerlichen Förderung festgestellt werden.

a) Anwendbarkeit der Zweck-Mittel-Analyse

Steuerliche Fördermaßnahmen lassen sich ebenfalls unter den Subventionsbegriff einordnen[648]. Der begünstigte Unternehmer erhält einen Vorteil, sei es nun in Form von Zulagen oder Prämien[649], in Form von Abschreibungen oder steuerfreie Rücklagen[650]. Durch die steuerliche Förderung wird dieser besser gestellt als ein Unternehmen, das die Voraussetzungen der Förderung nicht erfüllt. Damit stellt sich das Wettbewerbsproblem, aus dem sich wiederum potentielle Freiheitsbeeinträchtigungen ergeben können. Vor diesem Hintergrund besteht ein Bedürfnis nach Geltung des Maßstabes der Zweck-Mittel-Analyse auch im Bereich der steuerlichen Förderung. Auch der vielfach formulierte Einwand, dass die steuerliche Förderung, insbesondere die Steuervergünstigung nicht dem Subventionsrecht zu unterstellen sei, da die einschlägigen Normen in den Steuergesetzen verankert seien und folglich der Systematik des Steuerrechts zu folgen haben, überzeugt nicht[651].

---

[648] Zum allgemeinen Subventionsbegriff oben 1. Teil, A., I.

[649] Siehe dazu die Förderung nach dem InvZulG 1999 oben 2. Teil, B., IV., 1.

[650] Siehe hierzu oben 2. Teil, B., IV., 2.

[651] So aber die überwiegende wirtschaftsverwaltungsrechtliche Literatur, vgl. nur *Arndt,* Wirtschaftsverwaltungsrecht, in: Steiner (Hrsg.), Besonderes Verwaltungsrecht, S. 835; *Badura,* Wirtschaftsverwaltungsrecht, in: Schmidt-Aßmann (Hrsg.), Besonderes Verwaltungsrecht, 3.Abschnitt Rdnr. 86 ff.; *Frotscher,* Wirtschaftsverfassungs- und Wirtschaftsverwaltungsrecht, S. 184; *Henke,* Das Recht der Wirtschaftssubventionen als öffentliches Vertragsrecht, S. 2 ff.; *Maurer,* Allgemeines Verwaltungsrecht, § 17 Rdnr. 4; *Schmidt,* Reiner, Wirtschaftspolitik, Wirtschaftsverwaltungsorganisation, Wirtschaftsförderung in: Achterberg /

Allein die Geltung des Steuerrechts verbietet nicht die gleichzeitige Anwendung der Grundsätze des Subventionsrechts, das im Wesentlichen auf verfassungsrechtlichen Grundsätzen beruht. So bedarf die steuerliche Förderung sowohl nach Subventions- als auch nach Steuerrecht einer Rechtfertigung, die sie durch den im Förderrechtsrahmen genannten Zweck erhält, der seinerseits auf das Gemeinwohlinteresse ausgerichtet ist[652]. Aufgrund der wettbewerbs- und freiheitsbeeinträchtigenden Wirkung steuerlicher Vergünstigungs- und Förderungsmaßnahmen sind diese am Prinzip der Verhältnismäßigkeit zu messen[653]. Da dem Prinzip der Verhältnismäßigkeit aber die Kriterien der Zweck-Mittel-Analyse zwingend vorgelagert sind, um eine Verhältnismäßigkeitsprüfung sinnvoll durchführen zu können[654], bestehen an der Anwendbarkeit der Zweck-Mittel-Analyse auch im Bereich der steuerlichen Förderung keinerlei berechtigte Zweifel.

b) Kriterien der Zweck-Mittel-Analyse

Die dargestellten steuerlichen Förderinstrumente sollen im Folgenden einer Bewertung am Maßstab der Zweck-Mittel-Analyse unterzogen werden. Allgemeine Kritik an der steuerlichen Förderung lässt sich dergestalt formulieren, dass diese sich zumeist als Globalförderinstrument darstellt und somit die eigentliche Zielsetzung nicht erreicht wird. Gerade Sonderabschreibungen regen vielfach Investitionen und Produktionen an, für die es in diesem Umfang keinen Markt gibt[655]. Die Folge sind verstärkte Fehlallokationen, die sich nicht an der Qualität der Investition orientieren. Damit einhergehend sind die Mitnahmeeffekte steuerlicher Förderinstrumente immens. Als Beispiel lässt sich hier die Ansparabschreibung des § 7g Abs. 3 EStG nennen. Diese kann in Anspruch genommen werden, ohne am Ende eine Investition vorzunehmen. Weder muss ein Investitionsplan erstellt werden, noch bedarf es des Nachweises fester Bestellungen[656]. Es werden damit Fehlallokationen von vornherein in Kauf genommen[657]. Diese sollen durch den Gewinnzu-

---

Püttner (Hrsg.), Besonderes Verwaltungsrecht I, Kapitel 1 Rdnr. 136; *Zuleeg,* Subventionsrecht zur Schaffung und Erhaltung von Arbeitsplätzen, in: Kittner (Hrsg.), Arbeitsmarkt – ökonomische, soziale und rechtliche Grundlagen, S. 156.

[652] *Herrmann / Heuer / Raupach,* Einkommensteuer- und Körperschaftsteuergesetz, Einf. EStG Rdnr. 57; *Tipke / Lang,* Steuerrecht, § 20 Rdnr. 70.

[653] Dies ist nahezu unbestritten, vgl. *Haverkate,* Subventionsrecht, in: Schmidt, Reiner (Hrsg.), Öffentliches Wirtschaftsrecht BT1, § 4 Rdnr. 42; *Ruppe,* Das Abgabenrecht als Lenkungsinstrument der Gesellschaft und Wirtschaft und seine Schranken in den Grundrechten, S. 70 ff.; *Tettinger,* Verwaltungsgerichtliche Kontrollmaßstäbe im Subventionsrecht, GewArch 1981, 108; *Tipke / Lang,* Steuerrecht, § 20 Rdnr. 71 und 75; *Vogel,* Begrenzung von Subventionen durch ihren Zweck, in: Stödter / Thieme (Hrsg.), Hamburg Deutschland Europa, Festschrift für Hans-Peter Ipsen, S. 553.

[654] Dazu ausführlich oben 1. Teil, C.

[655] *Tipke / Lang,* Steuerrecht, § 20 Rdnr. 2.

[656] *Seifert / Grammel / Ufer,* Handbuch der Fördermaßnahmen für mittelständische Unternehmen, S. 25.

schlag nach § 7g Abs. 5 EStG verhindert werden. Bei einer Gesamtbetrachtung bleibt der damit verbundene Nachteil gleichwohl hinter dem steuerlichen Vorteil zurück[658]. Gleiches gilt nach Maßgabe des § 6b Abs. 7 EStG für die nach § 6b Abs. 3 EStG gebildete steuerfreie Rücklage[659]. Hinsichtlich der Ansparabschreibungen durch Existenzgründer wird gem. § 7g Abs. 7 S. 1 EStG ganz auf den Gewinnzuschlag verzichtet. Dies mutet nahezu abenteuerlich an, wenn man bedenkt, dass der Existenzgründer während des Gründungzeitraumes von 6 Jahren eine steuerfreie Rücklage bilden kann, die er dann innerhalb weiterer 5 Jahre erst aufzulösen braucht, ohne jeglichen nachteiligen Gewinnzuschlag[660]. Den eigentlichen Förderzweck, die Vornahme einer Investition, muss er zu keinem Zeitpunkt nachweisbar verfolgt haben.

Letztlich wird damit nahezu risikolos zur Mitnahme der Förderung eingeladen, die indes von den Steuerpflichtigen getragen wird, ohne dass der Förderzweck verfolgt oder gar erreicht wird. Es ist daher nur konsequent, wenn *Tipke / Lang* es als volkswirtschaftlich sinnvoller ansehen, auf wirtschaftslenkende Steuervergünstigungen ganz zu verzichten und dafür die Steuersätze zu senken[661]. Ein weiterer Aspekt stellt der Umstand dar, dass Steuervergünstigungen bereits an der Bemessungsgrundlage ansetzen, so dass der steuerliche Vorteil infolge des progressiven Steuertarifs mit wachsenden Einkünften steigt[662]. Diesem Vorteil steht indes keine verstärkte Verhaltenspflicht mit Bezug auf den Förderzweck gegenüber. Im Ergebnis führt dies zu einer Verringerung der Zieladäquanz[663].

Ein Grund für die Fehlallokationen der steuerlichen Fördermaßnahmen ist zudem das hohe Maß an Unbestimmtheit der Förderziele. Als Beispiel kann § 6d

---

[657] *Drenseck,* Walter, in: Schmidt, Ludwig (Hrsg.), Einkommensteuergesetz, § 7g Rdnr. 20; *Franz / Rupp,* Das Standortsicherungsgesetz, Beilage 20 zu Heft 31, BB 1993, 15; *Weßling,* Mögliche Vorteile aus der Ansparabschreibung gemäß § 7g EStG bei späterem Unterlassen der Investition, BB 1993, 2347 ff.

[658] *Drenseck,* Walter, in: Schmidt, Ludwig (Hrsg.), Einkommensteuergesetz, § 7g Rdnr. 25; *Seifert / Grammel / Ufer,* Handbuch der Fördermaßnahmen für mittelständische Unternehmen, S. 25; *Weßling,* Mögliche Vorteile aus der Ansparabschreibung gemäß § 7g EStG bei späterem Unterlassen der Investition, BB 1993, 2347 ff.

[659] Hierzu *Plückebaum / Wendt / Ehmcke / Niemeier / Schlierenkämper,* Einkommensteuer, S. 371.

[660] So auch die Einschätzung bei *Drenseck,* Walter, in: Schmidt, Ludwig (Hrsg.), Einkommensteuergesetz, § 7g Rdnr. 27; *Meyer / Ball,* Die neue Ansparabschreibung für Existenzgründer gem. § 7g Abs. 7 EStG, FR 1997, 87; *Olbertz,* Die Erweiterung der Ansparabschreibung des § 7g EStG bei Existenzgründung, BB 1996, 1969.

[661] *Tipke / Lang,* Steuerrecht, § 20 Rdnr. 3.

[662] Ausführlich dazu *Nieder-Eichholz,* Die Subventionsordnung, S. 218.

[663] Für eine Abschaffung bzw. Reform von Steuervergünstigungen *Kirchhof,* Empfiehlt es sich, das Einkommensteuerrecht zur Beseitigung von Ungleichbehandlungen und zur Vereinfachung neu zu ordnen?, in: Ständige Deputation des deutschen Juristentages (Hrsg.), Verhandlungen des 57.Deutschen Juristentages, Bd. I, S. F95; *Nieder-Eichholz,* Die Subventionsordnung, S. 221; *Seifert / Grammel / Ufer,* Handbuch der Fördermaßnahmen für mittelständische Unternehmen, S. 71; *Tipke / Lang,* Steuerrecht, § 20 Rdnr. 28 mit weiteren Angaben.

EStG dienen, mit dem über die steuerliche Förderung neues Kapital in gefährdete Unternehmen fließen soll. Die in § 6d Abs. 3 Nr. 1 EStG genannten Kriterien besitzen kaum förderzweckbegrenzende Wirkung. So bleibt offen, wann eine Kapitalanlage geeignet ist, die Wettbewerbsfähigkeit des Unternehmens zu sichern. Ebenfalls auslegungsfähig ist die Frage, von welcher Dauer die Sicherung der bedrohten Arbeitsplätzen sein muss. Nun werden die Fördervoraussetzungen aufgrund der schwierigen Beurteilung gefährdeter Unternehmen zwangsläufig prognostischer Natur sein. Angesichts dieser Feststellung fehlt es aber völlig an Zwecksicherungs- und Zweckkontrollmaßnahmen. Weder muss ein detaillierter Sanierungsplan noch eine Ist- und Soll-Analyse vorgelegt werden. Die Überwachung der Zweckerreichung ist in § 6d Abs. 4 EStG zudem schwach ausgestaltet.

Ein weiterer wesentlicher Mangel, vor allem der Steuervergünstigungen, liegt in der mangelnden Transparenz der Förderung. Dies zeigt sich zum einen auf der konkreten Durchführungsebene, auf welcher für Dritte nicht einsehbar ist, wer die konkrete Förderung erhält. Durch diesen Informationsmangel sind Konkurrentenklagen aufgrund gewährter Steuervergünstigungen praktisch ausgeschlossen[664]. Auf der anderen Seite wird aber auch die abstrakte Förderrechtsebene den Anforderungen an Transparenz nicht gerecht. So finden sich die Steuervergünstigungen unübersichtlich in den verschiedenen Steuergesetzen verteilt. Eine Offenlegung der konkreten Förderung im Haushaltsplan findet nicht statt. Folglich entziehen sich Steuervergünstigungen der Kontrolle des Haushaltsplans und damit der parlamentarischen Haushaltsberatungen. Eine Zweck-Mittel-Kontrolle findet praktisch nicht statt. Es handelt sich um weitgehend verschleierte und unsichtbare Subventionen[665].

Ein weiterer Ansatzpunkt der Kritik bildet die mangelnde Zweckkoordination mit anderen Förderinstrumenten. Weder findet eine Koordination der steuerlichen Förderinstrumente untereinander noch zwischen denjenigen für mittlere und kleinere Unternehmen statt. Vor allem das Zusammenspiel von ERP-Programmen[666], DtA / KfW-Maßnahmen[667], steuerlichen Erleichterungen sowie der GA-Förderung[668] stellt sich als nahezu unkoordiniertes Nebeneinander dar[669]. Eine Abstim-

---

664 Insoweit wird auf das Steuergeheimnis verwiesen, vgl. *Nieder-Eichholz,* Die Subventionsordnung, S. 215.

665 *Bayer,* Grundlagen der Wirtschaftslenkung durch Steuerbefreiungen, StuW 1972, 149 ff.; *Haverkate,* Subventionsrecht, in: Schmidt, Reiner (Hrsg.), Öffentliches Wirtschaftsrecht BT1, § 4 Rdnr. 42; *Tipke / Lang,* Steuerrecht, § 7 Rdnr. 39.

666 Zu den ERP-Programmen siehe oben 2. Teil, B., I.

667 Dazu oben 2. Teil, B., II.

668 Vgl. zu dieser Förderung unten 2. Teil, B., V.

669 Gerade im Verhältnis der GA-Förderung zur Investitionszulage wird die kompetenzrechtliche Frage erörtert, inwieweit der Bund angesichts der möglichen Sperrwirkung von Art. 91a GG überhaupt befugt ist eine Investitionszulage i. S. d. InvZulG 1999 zu installieren, vgl. dazu nur *Haneklaus,* Regionalpolitik in der Europäischen Gemeinschaft, S. 106 ff.; *Neupert,* Regionale Strukturpolitik als Aufgabe der Länder: Grundlagen, Verknüpfungen, Gren-

mung der Zwecke und eine Kontrolle zur Verhinderung unerwünschter Mehrfach-subventionierung erfolgt nicht[670]. Da hilft es auch wenig, der Investitionszulage nach dem InvZulG 1999 eine regionalpolitische Zielsetzung abzusprechen[671], wenn diese doch gerade regionalspezifisch in den neuen Bundesländern wirken und eine Stärkung der dortigen Unternehmen erreichen soll.

Die notwendige Zweck-Mittel-Kontrolle wird im Rahmen der steuerlichen Förderung über das Prinzip der Nachträglichkeit erreicht. Danach ist die Investition in der Regel abgeschlossen und erst im Anschluss greift das Förderinstrumentarium. Letztlich wird damit ein Optimum an Kontrolle erreicht, da die Wirkungen der Förderung bereits überprüfbar sind und bei fehlender Zweckverwirklichung eine Förderung verweigert werden kann. Jedoch wird dieser Befund dadurch beeinträchtigt, dass beispielsweise nach § 1 Abs. 1 S. 1 InvZulG 1999 ein Anspruch auf die Investitionszulage besteht und somit der zuständigen Behörde bei der Förderentscheidung kein Ermessensspielraum verbleibt. Aufgeweicht wird das Prinzip der Nachträglichkeit ferner durch die Bildung von Rücklagen bzw. die Möglichkeit der Ansparabschreibung. Hier greift der steuerliche Vorteil bereits ein, obwohl der Förderzweck noch nicht verfolgt wurde. Die Zwecksicherungswirkung des Gewinnzuschlags ist dabei als schwach anzusehen[672]. Ein weiterer Nachteil liegt darin, dass das Verhalten des Subventionsempfängers nicht mehr beeinflussbar ist. Die Steuerungsfunktion der Subvention ist daher gering. Der Subventionsgeber kann bei dieser Art der Förderung das Empfängerverhalten nicht beeinflussen, da die eigentliche Maßnahme, die Investition, bereits abgeschlossen ist.

4. Zwischenergebnis

Im Ergebnis ist die steuerliche Förderung daher kritisch zu betrachten. Die Mitnahmeeffekte durch Trittbrettfahrer der Fördermaßnahmen sind hoch. Die Zielgenauigkeit ist nur schwer festzustellen. Steuerliche Fördermaßnahmen, insbesondere in der Form wirtschaftslenkender Steuervergünstigungen bieten nur ein geringes Maß an Zieladäquanz. Ihr weiteres Bestehen sollte – im Rahmen der beabsichtigten Steuerreform – überdacht werden. Das Förderinstrumentarium ist insgesamt kaum überschaubar und nur wenig transparent ausgestaltet. Eine Zweckkoordination findet weder im Bereich der steuerlichen Förderung noch mit anderen Förderinstrumenten statt.

---

zen, S. 197; *Schümann,* Wirtschaftsförderung für die neuen Bundesländer im Lichte des EWGV, S. 119 ff.

[670] Zu der immer wiederkehrenden Problematik der mangelnden Zweckkoordination vgl. die ausführlichen Darstellungen oben 2. Teil, B., I., 3., c. und 2. Teil, B., II., 4., c. sowie unten 2. Teil, B., V., 3., d.

[671] So aber *Schümann,* Wirtschaftsförderung für die neuen Bundesländer im Lichte des EWGV, S. 121.

[672] Vgl. dazu schon oben in diesem Abschnitt.

V. Gemeinschaftsaufgabe
„Verbesserung der regionalen Wirtschaftsstruktur" (GA)

Während bislang Finanzierungshilfen des Bundes im Mittelpunkt der Betrachtungen standen, sollen nun solche der Länder – vornehmlich der neuen Bundesländer – im Vordergrund stehen. Hierbei bildet das Förderinstrument der Gemeinschaftsaufgabe „Verbesserung der regionalen Wirtschaftsstruktur" (GA) die Schnittstelle zwischen den beiden Förderebenen Bund und Länder. So wird die GA aus Mitteln des Bundeshaushalts und der Länderhaushalte finanziert sowie der Förderrechtsrahmen in Zusammenarbeit von Bund und Länder entwickelt[673]. Darüber hinaus kann die GA als einer der wichtigsten Pfeiler der Wirtschaftsförderung betrachtet werden. Der GA kommt aufgrund des Volumens und der besonderen Förderkonditionen eine zentrale Stellung bei der Förderung von Investitionen der gewerblichen Wirtschaft zu. So stehen für die neuen Bundesländer und Berlin nach dem Finanzierungsplan für den Planungszeitraum 1998–2002 Finanzmittel in Höhe von etwa 18,5 Mrd. DM zur Verfügung[674]. Im Rahmen der GA wird dabei die nationale noch zusätzlich durch die europäische Förderebene ergänzt, so dass sich ein besonderer Rechtsrahmen der Subventionierung herausgebildet hat. Dieser soll nun dargestellt und anschließend am Maßstab der Zweck-Mittel-Analyse bewertet werden.

1. Förderrechtsrahmen

Der Förderrechtsrahmen der GA besitzt aufgrund des Ineinandergreifens verschiedener Förderebenen mehrere, miteinander verzahnte Regelungswerke. Anhand dieser soll die Zweckstruktur der GA herausgearbeitet und abschließend am Maßstab der Zweck-Mittel-Analyse bewertet werden. Zunächst soll die rechtliche Ausgestaltung der GA durch den Bund im Vordergrund stehen, um anschließend exemplarisch die Ausgestaltung der GA in Sachsen-Anhalt beleuchten zu können. Die Einbindung der europäischen Förderebene wird demgegenüber in einem eigenen Kapitel abgehandelt[675]. Der Förderrechtsrahmen der GA lässt sich auf Bundesebene in einen verfassungsrechtlichen, einen einfachgesetzlichen sowie einen beplanten Rahmen unterteilen. Sämtliche Regelungen greifen ineinander, bauen aufeinander auf und ergänzen sich. Es handelt sich daher nicht um einen eindimensionalen Rechtsrahmen, sondern dieser ergibt sich erst im Zusammenspiel mehrerer Regelungswerke.

---

[673] Zur Mischfinanzierung *Füchsel*, Gemeinschaftsaufgaben, S. 58 ff.

[674] Es handelt sich hierbei um Bundes- und Landesmittel. Darüber hinaus kommen aus dem Europäischen Fonds für regionale Entwicklung (EFRE) noch Finanzmittel für die Ziel-1-Gebiete in Höhe von rund 10 Mrd. DM hinzu.

[675] Die europäischen Beschäftigungssubventionen nehmen den 3. Teil der Arbeit ein.

a) Verfassungsrechtlicher Rahmen

Verfassungsrechtliche Grundlage der GA bildet dabei Art. 91a GG, der 1969 eingefügt wurde[676], um Klarheit über die bis dato umstrittenen Formen gemeinsamer Aufgabenerfüllung von Bund und Länder zu schaffen[677]. Nach Art. 91a Abs. 1 Nr. 2 GG wirkt der Bund zur Verbesserung der regionalen Wirtschaftsstruktur bei der Erfüllung von Aufgaben der Länder mit, wenn diese Aufgaben für die Gesamtheit bedeutsam sind und die Mitwirkung des Bundes zur Verbesserung der Lebensverhältnisse erforderlich ist. Damit wird von Verfassungs wegen eine Kooperation von Bund und Länder für die Erfüllung der GA festgeschrieben. Diese Zusammenarbeit erstreckt sich nach Art. 91a Abs. 3 S. 1 GG auf eine gemeinsame Rahmenplanung und gem. Art. 91a Abs. 4 GG auf eine gemeinsame Finanzierung. Hiernach sind der Bund und die Länder je zur Hälfte an der Finanzierung der GA beteiligt. Die GA kann daher durchaus als ein verfassungsrechtlich verankertes Institut des Föderalismus bezeichnet werden[678]. Zu fragen ist jedoch, welchen Rahmen die Verfassung den weiteren Rechtssetzungsebenen vorgibt und welche Grenzen diesen gesetzt werden. Dies ist insbesondere deshalb von Bedeutung, da der Förderrechtsrahmen an die Vorgaben des Art. 91a GG gebunden ist, so dass der verfassungsrechtliche Hintergrund bei Fördermaßnahmen nach der GA nicht ausgeblendet werden kann.

aa) Funktion der Kompetenzverteilung

Hierbei stellt Art. 91a GG in erster Linie eine Kompetenzverteilungsnorm zwischen Bund und Ländern dar. So wird in den Art. 91a Abs. 2 – 4 GG dem Bund eine scheinbar erweiterte Gesetzgebungszuständigkeit eingeräumt. Diese ist jedoch lediglich formaler Natur, da der Bund nicht befugt ist, die GA der Sache nach zu regeln, sondern lediglich „allgemeine Grundsätze" der Aufgabenerfüllung (Abs. 2 S. 2), das Verfahren der Zusammenarbeit (Abs. 3 S. 1) und die Kostenteilung (Abs. 4 S. 3) zu regeln vermag. Diese Gesetzgebung, insbesondere die Grundsatzgesetzgebung nach Art. 92 Abs. 2 S. 2 GG, ist zudem nicht nach außen gerichtet, sondern entfaltet bindende Wirkung lediglich im Verhältnis Bund – Länder[679].

---

[676] 21. Gesetz zur Änderung des Grundgesetzes (Finanzreformgesetz) vom 12. Mai 1969, BGBl. I S. 359 ff.

[677] Zur Entwicklung der Gemeinschaftsaufgabe siehe *Butz,* Rechtsfragen der Zonenrandförderung, S. 108; *Füchsel,* Gemeinschaftsaufgaben, S. 15; *Neupert,* Regionale Strukturpolitik als Aufgabe der Länder: Grundlagen, Verknüpfungen, Grenzen, S. 227 ff.

[678] *Blümel,* Verwaltungszuständigkeit, in: Isensee / Kirchhof (Hrsg.), Handbuch des Staatsrechts IV, § 101 Rdnr. 125; *Stern,* Das Staatsrecht der Bundesrepublik Deutschland II, S. 834.

[679] *Jarass / Pieroth,* Grundgesetz-Kommentar, Art. 91a Rdnr. 6; *Liesegang, Helmuth, C. F.,* in: v. Münch, Grundgesetz-Kommentar, Art. 91a Rdnr. 23; *Marnitz,* Die Gemeinschaftsaufgaben des Art. 91a GG als Versuch einer verfassungsrechtlichen Institutionalisierung der bundesstaatlichen Kooperation, S. 71 ff.; *Model / Müller,* Grundgesetz-Kommentar, Art. 91a, S. 641; *Rengeling,* Gesetzgebungszuständigkeit, in: Isensee / Kirchhof (Hrsg.), Handbuch des Staatsrechts IV, § 100 Rdnr. 286.

Zentrales Element stellt nach Art. 91a Abs. 3 GG die kooperative Entwicklung des Rahmenplans durch den Bund und die Länder dar[680]. Mit diesem werden die allgemeinen Ziele, Mittel und Kontrollinstrumente festgelegt, ferner die Durchführungsbestimmungen harmonisiert, wenngleich die Länder von Letzterem im Rahmen ihrer Durchführungskompetenz Abweichungen vornehmen können. Neben der weiteren Detailplanung auf der Grundlage des Rahmenplans verbleibt insbesondere die Durchführung der GA, wie sich aus Art. 91a Abs. 1 GG ergibt, in der Zuständigkeit der Länder. Regelungen über Voraussetzungen, Art und Intensität der Förderung fallen demnach in den Verantwortungsbereich der Länder[681]. Im Verhältnis von Rahmenplanung und Detailplanung muss den Ländern im Ergebnis ein Tätigkeitsfeld von substanziellem Gewicht verbleiben[682]. Damit ergibt sich aus den kompetenzrechtlichen Vorgaben des Art. 91a GG, dass bei der Bestimmung des Förderrechtsrahmens und der Förderzwecke Bund und Länder gemeinsam tätig werden. Erst über diese Zusammenarbeit entwickelt sich der Förderrechtsrahmen für die GA[683]. In der weiteren Untersuchung wird daher ein besonderes Augenmerk darauf zu legen sein, inwieweit diese besondere Form der Rechtssetzung zu einer ausreichenden Konkretisierung des Förderzweckes im Sinne der Zweck-Mittel-Analyse führt.

bb) Materiell-inhaltliche Funktion

Neben der kompetenzrechtlichen Funktion macht Art. 91a GG, wenn auch nur sehr geringe, inhaltliche Vorgaben, die bei der Entwicklung des Förderrechtsrah-

---

[680] Ausführlich zu dieser Kooperation *Neupert,* Regionale Strukturpolitik als Aufgabe der Länder: Grundlagen, Verknüpfungen, Grenzen, S. 231 ff.

[681] *Blümel,* Verwaltungszuständigkeit, in: Isensee / Kirchhof (Hrsg.), § 101 Rdnr. 128; *Jarass / Pieroth,* Grundgesetz-Kommentar, Art. 91a Rdnr. 8; *Liesegang,* Helmuth C. F., in: v. Münch, Grundgesetz-Kommentar, Art. 91a Rdnr. 31; *Maunz,* Theodor, in: Maunz / Dürig (Hrsg.), Kommentar zum GG, Art. 91a Rdnr. 13.

[682] *Füchsel,* Gemeinschaftsaufgaben, S. 17; *Marnitz,* Die Gemeinschaftsaufgaben des Art. 91a GG als Versuch einer verfassungsrechtlichen Institutionalisierung der bundesstaatlichen Kooperation, S. 75; *Rengeling,* Gesetzgebungszuständigkeit, in: Isensee / Kirchhof (Hrsg.), Handbuch des Staatsrechts IV, § 100 Rdnr. 286.

[683] Es soll nicht unerwähnt bleiben, dass zwar die Kompetenzverteilung im Rahmen der GA klar geregelt ist, sich jedoch Probleme innerhalb des gesamten verfassungsrechtlichen Kompetenzgefüges ergeben. So ist nach wie vor umstritten, inwieweit Art. 91a GG kompetenzrechtliche Sperrwirkung für den Fall entfaltet, wenn eigene Fördermaßnahmen des Bundes bzw. der Länder in einem der Gemeinschaftsaufgabe unterfallenden Sachbereich neben derselben installiert werden; vgl. zu diesem Problem der Sperrwirkung von Gemeinschaftsaufgaben *Blümel,* Verwaltungszuständigkeit, in: Isensee / Kirchhof (Hrsg.), Handbuch des Staatsrechts IV, § 101 Rdnr. 138 ff.; *Liesegang,* Helmuth C. F., in: v. Münch, Grundgesetz-Kommentar, Art. 91a Rdnr. 40 ff.; *Maunz,* Theodor, in: Maunz / Dürig (Hrsg.), Kommentar zum GG, Art. 91a Rdnr. 66 ff.; *Neupert,* Regionale Strukturpolitik als Aufgabe der Länder: Grundlagen, Verknüpfungen, Grenzen, S. 251 ff.; ferner BVerwGE 59, 327, 332 ff.; *Patzig,* Die Gemeinschaftsfinanzierung von Bund und Ländern, S. 142 ff.

men zu berücksichtigen sind. So kommen als Gemeinschaftsaufgaben nur solche Aufgaben der Länder in Betracht, die für die Gesamtheit bedeutsam sind und eine Mitwirkung des Bundes zur Verbesserung der Lebensverhältnisse erfordern. Diese Begrifflichkeiten sind derart unbestimmt, dass ihnen kaum ein Begrenzungscharakter zukommt, vielmehr verbleibt dem Bund ein weiter Beurteilungsspielraum[684]. Bedenkt man gerade die immensen wirtschaftlichen Probleme, die mit der Einheit Deutschlands nach wie vor einhergehen, so wird sich auf unabsehbare Zeit der Gesamtheitsbezug der regionalen Wirtschaftsförderung nicht ändern. Vielmehr ist die Notwendigkeit einer Angleichung der Wirtschaftsstruktur der neuen an die der alten Bundesländer, und damit einhergehend eine Verbesserung der Lebensverhältnisse kaum von der Hand zu weisen.

In inhaltlicher Sicht beschränkt sich die Förderung auf die in Art. 91a Abs. 1 GG genannten Sachgebiete. Neben der Verbesserung der regionalen Wirtschaftsstruktur (Nr. 2) werden noch der Ausbau und Neubau von Hochschulen einschließlich der Hochschulkliniken (Nr. 1) sowie die Verbesserung der Agrarstruktur und des Küstenschutzes (Nr. 3) genannt. Dieser Katalog ist abschließend[685]. Materiell besagt die hier interessierende Gemeinschaftsaufgabe „Verbesserung der regionalen Wirtschaftsstruktur", dass die Förderung weder gesamtstaatlich noch sektoral, also branchenbezogen erfolgen darf. Die Förderung muss regional gestreut sein und darf sich nicht auf einzelne Unternehmen beschränken, sondern muss als Endzweck eine allgemeine Hebung der Wirtschaftskraft einer Region im Blickpunkt haben[686]. Damit nimmt Art. 91a Abs. 1 Nr. 2 GG eine Weichenstellung in der Förderzielsetzung vor. Diese ist indes als sehr minimal zu bewerten, denn mit dem Ziel einer Verbesserung der regionalen Wirtschaftsstruktur lassen sich im Ergebnis nahezu alle Wirtschaftsförderungsmaßnahmen verfolgen. Im Ergebnis kann daher nur schwerlich von einer Zweckkonkretisierung durch den verfassungsrechtlichen Rahmen gesprochen werden.

b) Einfachgesetzlicher Rahmen

Für die Gemeinschaftsaufgabe „Verbesserung der regionalen Wirtschaftsstruktur" nach Art. 91a Abs. 1 Nr. 2 GG wurde nun ein Ausführungsgesetz (GRW)[687]

---

[684] Insoweit gelten ähnliche Kriterien wie für den Fall der Gesetzgebungskompetenz nach Art. 72 Abs. 2 GG, vgl. BVerfGE 13, 230 (233 ff.); BVerfGE 39, 96 (114 ff.).

[685] *Jarass / Pieroth,* Grundgesetz-Kommentar, Art. 91a Rdnr. 2; *Liesegang,* Helmuth C. F., in: v.Münch, Grundgesetz-Kommentar, Bd. III, Art. 91a Rdnr. 1; *Maunz,* Theodor, in: Maunz / Dürig (Hrsg.), Kommentar zum GG, Art. 91a Rdnr. 6; *Stern,* Das Staatsrecht der Bundesrepublik Deutschland II, S. 836 ff.

[686] Ausführlich dazu *Blümel,* Verwaltungszuständigkeit, in: Isensee / Kirchhof (Hrsg.), Handbuch des Staatsrechts IV, § 101 Rdnr. 147.

[687] Gesetz über die Gemeinschaftsaufgabe „Verbesserung der regionalen Wirtschaftsstruktur" (GRW) vom 6. 10. 1969, BGBl. I S. 1861 ff.; zuletzt geändert durch Gesetz zur Förderung von Investitionen und Schaffung von Arbeitsplätzen im Beitrittsgebiet sowie zur Ände-

verabschiedet, das den verfassungsrechtlichen Rahmen ausfüllen und den Förderrechtsrahmen näher konkretisieren will. Insbesondere soll es die Grundsätze der Förderung festlegen, das Verfahren der gemeinsamen Rahmenplanung bestimmen und die Finanzierung regeln[688]. Das GRW hat Bund und Länder als Adressaten und bindet daher nicht den einzelnen Bürger[689]. Damit unterscheidet es sich in der Rechtswirkung wesentlich von sogenannten Rahmengesetzen i. S. d. Art. 75 GG. Das GRW nennt in den §§ 1 – 3 die Grobziele der Förderung. Die §§ 4 – 9 widmen sich dem Verfahren der Rahmenplanung, während die §§ 10, 11 die Finanzierung sicherstellen. Damit ist das GRW klar an den verfassungsrechtlichen Vorgaben ausgerichtet[690].

aa) Förderzweckbestimmung

Vorliegend ist insbesondere die Zielsetzung und -bestimmung der Förderung von besonderem Interesse. So nennt § 1 Abs. 1 GRW ein Grobraster förderfähiger Maßnahmen, wonach die Förderung der gewerblichen Wirtschaft bei Errichtung, Ausbau, Umstellung oder grundlegender Rationalisierung von Gewerbebetrieben (Nr. 1) und die Förderung des Ausbaus der Infrastruktur, soweit es für die Entwicklung der gewerblichen Wirtschaft erforderlich ist (Nr. 2), im Vordergrund der GA stehen. Als mögliche Infrastrukturmaßnahmen kommen die Erschließung von Industriegelände im Zusammenhang mit Maßnahmen nach der Nr. 1, der Ausbau von Verkehrsverbindungen, Energie- und Wasserversorgungsanlagen, Abwasser- und Abfallbeseitigungsanlagen sowie öffentliche Fremdenverkehrseinrichtungen und schließlich die Errichtung oder der Ausbau von Ausbildungs-, Fortbildungs- und Umschulungsstätten, soweit ein unmittelbarer Zusammenhang mit dem Bedarf der regionalen Wirtschaft an geschulten Arbeitskräften besteht, in Betracht.

Neben dieser sachlichen Eingrenzung der Fördermaßnahmen findet in § 1 Abs. 2 GRW eine regionale Beschränkung[691] auf solche Gebiete statt, deren Wirtschaftskraft erheblich unter dem Bundesdurchschnitt liegt oder erheblich darunter abzusinken droht (Nr. 1) oder in denen Wirtschaftszweige vorherrschen, die vom Struk-

---

rung steuerrechtlicher und anderer Vorschriften (Steueränderungsgesetz 1991) vom 24. 6. 1991, BGBl. I S. 1322, 1336.

[688] Vgl. zum GRW auch *Rolfes,* Regionale Wirtschaftsförderung und EWG-Vertrag, S. 10 ff.

[689] *Hesse,* Grundzüge des Verfassungsrechts der Bundesrepublik Deutschland, Rdnr. 242; *Marnitz,* Die Gemeinschaftsaufgaben des Art. 91a GG als Versuch einer verfassungsrechtlichen Institutionalisierung der bundesstaatlichen Kooperation, S. 71 ff.; *Rengeling,* Gesetzgebungszuständigkeit, in: Isensee / Kirchhof (Hrsg.), Handbuch des Staatsrechts IV, § 100 Rdnr. 286.

[690] Vgl. dazu oben 2. Teil, B., V., 1., a.

[691] Im übrigen ermöglicht § 1 Abs. 3 GRW eine Förderung außerhalb der Fördergebiete, falls ein unmittelbarer Zusammenhang mit geförderten Projekten innerhalb benachbarter Fördergebiete besteht.

turwandel in einer Weise betroffen oder bedroht sind, dass negative Rückwirkungen auf das Gebiet in erheblichem Umfang eingetreten oder absehbar sind (Nr. 2). Diese Kriterien zeigen, dass eine prophylaktische Förderung möglich ist, da selbst Gebiete förderwürdig sind, deren Wirtschaftskraft abzusinken „droht"[692]. § 1 GRW nimmt im Ergebnis eine Zweckbestimmung anhand sachlicher und regionalspezifischer Kriterien vor.

Des Weiteren werden in § 2 Abs. 1 GRW allgemeine Fördergrundsätze aufgestellt. So müssen die Fördermaßnahmen mit den Grundsätzen der allgemeinen Wirtschaftspolitik und mit den Zielen und Erfordernissen der Raumordnung und Landesplanung übereinstimmen (S. 1). Ferner ist auf gesamtdeutsche Belange und auf Erfordernisse der Europäischen Gemeinschaften Rücksicht zu nehmen (S. 2). Ferner soll sich die Förderung auf räumliche und sachliche Schwerpunkte konzentrieren (S. 3). Sie ist mit anderen öffentlichen Entwicklungsvorhaben abzustimmen (S. 3). In § 2 Abs. 2 GRW wird dann der Anwendungsbereich der Fördermaßnahmen weiter eingeschränkt. So sind Gewerbebetriebe allein durch Start- und Anpassungshilfen förderungswürdig, wenn zu erwarten ist, dass sie sich im Wettbewerb behaupten können. Als Träger der Infrastrukturmaßnahmen kommen im Wesentlichen nur Gemeinden und Gemeindeverbände in Betracht, auf Gewinnerzielung ausgerichtete Unternehmen scheiden von vornherein aus. Schließlich ist in § 2 Abs. 4 GRW der Grundsatz der Eigenbeteiligung durch den Subventionsempfänger verankert. Schließlich sind die möglichen Förderarten in § 3 GRW näher bestimmt[693]. Damit erfolgt über die §§ 1 – 3 GRW eine weitere Grobeinstellung der Förderziele. Die Normen besitzen in erster Linie Programmcharakter. Diese Einschätzung wird durch die allgemeinen Grundsätze, welche weitgefasste Querschnittsklauseln enthalten, noch verstärkt. Die Zielvorstellungen, die mit dem auf Art. 91a Abs. 2 GG basierenden Grundsätzegesetz (GRW) formuliert wurden, dienen der weiteren Rahmenplanung daher als Leitlinien[694].

bb) Rechtsrahmen für die Planungsebene

Neben der Aufstellung von Grundsätzen regelt das GRW auch das Verfahren der gemeinsamen Rahmenplanung. Dabei stellt § 4 Abs. 1 GRW wiederholend fest, dass für die Erfüllung der GA ein gemeinsamer Rahmenplan aufgestellt wird. Dieser ist nach Abs. 2 an die mehrjährige Finanzplanung zu koppeln, jedoch jährlich anzupassen, bzw. fortzuentwickeln. Vorliegend ist insbesondere § 5 GRW von Bedeutung, der die inhaltlichen Anforderungen an den Rahmenplan festschreibt. Da-

---

692 *Füchsel*, Gemeinschaftsaufgaben, S. 22.

693 Danach kann die Förderung in der Gewährung von Investitionszuschüssen, Darlehen, Zinszuschüsse und Bürgschaften bestehen.

694 *Butz*, Rechtsfragen der Zonenrandförderung, S. 109; *Liesegang*, Helmuth C. F., in: v. Münch, Grundgesetz-Kommentar, Art. 91a Rdnr. 23; *Neupert*, Regionale Strukturpolitik als Aufgabe der Länder: Grundlagen, Verknüpfungen, Grenzen, S. 238 ff.

nach sollen die Fördergebiete abgegrenzt, die zu fördernden Ziele in den einzelnen Gebieten genannt, die vorgesehenen Mittel aufgeführt sowie die Voraussetzungen, Art und Intensität der Förderung festgelegt werden. Demnach soll die Konkretisierung des Förderzwecks ersichtlich auf der Ebene der Rahmenplanung erfolgen. Verfassungsrechtlich interessant ist die Einrichtung eines Planungsausschusses[695] gem. § 6 GRW, dem die Bundesregierung und die Landesregierungen angehören[696] und durch den gem. §§ 6 Abs. 2, 8 GRW verbindliche Entscheidungen hinsichtlich des Rahmenplans getroffen werden. Damit bildet der Planungsausschuss das Organ, in dem die verfassungsrechtlich geforderte Kooperation von Bund und Länder umgesetzt wird. Die Initiative zur Festlegung der Fördermaßnahmen geht gem. § 7 Abs. 1 GRW von den Ländern aus. Schließlich bestimmt § 9 GRW, dass die Durchführung des Rahmenplans Aufgabe der Länder ist. Im Ergebnis werden also durch das GRW verfahrensrechtliche Bestimmungen der weiteren Rahmenplanung vorgenommen. Auch insoweit hält sich das Ausführungsgesetz an die verfassungsrechtlichen Vorgaben.

cc) Kostenaufteilung Bund-Länder

Schließlich widmen sich die §§ 10, 11 GRW der Kostenaufteilung zwischen Bund und Länder. Auch für die Rückzahlung und die Verzinsung von Bundesmitteln im Rahmen der GA sind Vorschriften vorgesehen. Festzuhalten ist, dass die Rückzahlungsverpflichtung nach § 11 Abs. 3 GRW lediglich das Verhältnis Bund – Länder betrifft, jedoch keineswegs auf den betroffenen Subventionsempfänger durchgreift. Insoweit beschränkt sich das Gesetz auf die Wirkung im föderalen Verhältnis von Bund und Länder.

c) Rahmenplan

Kernstück der gesamten GA-Förderung bildet nach alledem der Rahmenplan. In ihm sind die wesentlichen Förderzwecke verankert, das Förderinstrumentarium festgelegt und die Möglichkeiten der Zwecksicherung normiert. Hierbei lässt sich einerseits die gemeinsame Rahmenplanung, andererseits aber auch die länderspezifische Detailplanung unterscheiden. Beide Planungsebenen werden im folgenden im Blickpunkt der Darstellung stehen. Es gilt dabei, deren Zweckstruktur zu analy-

---

695 Hierzu *Marnitz,* Die Gemeinschaftsaufgaben des Art. 91a GG als Versuch einer verfassungsrechtlichen Institutionalisierung der bundesstaatlichen Kooperation, S. 89 ff.; *Neupert,* Regionale Strukturpolitik als Aufgabe der Länder: Grundlagen, Verknüpfungen, Grenzen, S. 231 ff.

696 Dem Planungsausschuss gehören für die Bundesregierung der Bundesminister für Wirtschaft, der Bundesminister der Finanzen sowie für die Landesregierungen jeweils ein Minister (Senator) jedes Landes an.

sieren und zu ordnen, um anschließend eine Bewertung derselben am Maßstab der Zweck-Mittel-Analyse vornehmen zu können.

aa) Grundstruktur

Zunächst soll in einem ersten Schritt die Grundstruktur des 27. Rahmenplans[697] herausgearbeitet werden, wobei wesentliche Aspekte, die für die Zweck-Mittel-Analyse von Interesse sind, herausgegriffen werden sollen. Insbesondere wird die Ausarbeitung der allgemeinen Zielsetzung im Blickpunkt stehen. In einem zweiten Schritt sollen dann die Förderzwecke konkret benannt und kategorisiert, ferner die im Rahmenplan verankerte Zwecksicherung und -kontrolle näher beleuchtet werden.

(1) Rechtsnatur des Plans

Das Herausbilden des Förderrechtsrahmens mittels einer, alle föderalen Ebenen umfassenden Planung stellt eine besondere Form der Rechtsbildung im Bereich des Subventionsrechts dar. Mit dem Rahmenplan werden die Leitlinien für die Fördermaßnahmen aufgezeigt. Er kann dabei als staatsleitender Gesamtakt bezeichnet werden[698]. Das Verfahren der Planerstellung richtet sich nach den §§ 4 ff. GRW[699]. Hierbei nehmen die Länder eine schon weitgehend detaillierte Vorplanung vor, die sie nach § 7 GRW anmelden. Im Rahmen des Planungsausschusses findet dann eine Koordination der einzelnen Pläne mit abschließender Beschlussfassung statt. Die weitere Detailplanung indes verbleibt bei den Ländern[700].

Bei der Einordnung des Rahmenplans in die Begrifflichkeiten des Planungsrechts[701] kann dieser als Mischung aus indikativer und influenzierender Planung verstanden werden[702]. Er verbindet auf der einen Seite informatorische Daten mit

---

[697] Grundlage der folgenden Betrachtungen bildet der 27. Rahmenplan der Gemeinschaftsaufgabe „Verbesserung der regionalen Wirtschaftsstruktur" (GA) für den Zeitraum 1998 – 2001 (2002), BT-Drucksache 13 / 9992.

[698] *Pfeifer,* Investitionszulagengesetz und Rahmenplan, DVBl 1975, 324; *Rengeling,* Gesetzgebungszuständigkeit, in: Isensee / Kirchhof (Hrsg.), Handbuch des Staatsrechts IV, § 100 Rdnr. 286.

[699] Ausführlich zum Verfahren der Erstellung des Rahmenplans *Marnitz,* Die Gemeinschaftsaufgaben des Art. 91a GG als Versuch einer verfassungsrechtlichen Institutionalisierung der bundesstaatlichen Kooperation, S. 79 ff.; *Neupert,* Regionale Strukturpolitik als Aufgabe der Länder: Grundlagen, Verknüpfungen, Grenzen, S. 231 ff.

[700] *Marnitz,* Die Gemeinschaftsaufgaben des Art. 91a GG als Versuch einer verfassungsrechtlichen Institutionalisierung der bundesstaatlichen Kooperation, S. 112.

[701] Ausführlich zur Systematisierung des Planungsrechts *Hoppe,* Planung, in: Isensee / Kirchhof (Hrsg.), Handbuch des Staatsrechts III, § 71 Rdnr. 14 ff.; *Maurer,* Allgemeines Verwaltungsrecht, § 16 Rdnr. 15 ff.

[702] So die zutreffende Einordnung bei *Neupert,* Regionale Strukturpolitik als Aufgabe der Länder: Grundlagen, Verknüpfungen, Grenzen, S. 145.

bindenden Angaben von Zielen und Mitteln für die beteiligten Entscheidungsträger auf der anderen Seite. Keinesfalls handelt es sich um einen Teil der imperativen Planung. In seiner Rechtswirkung stellt er nämlich lediglich ein Staatsinternum dar und betrifft allein das Verhältnis Bund-Länder. Der Rahmenplan besitzt in seiner Rechtsnatur keine Gesetzeskraft und kann daher vom Subventionsempfänger bzw. -konkurrenten nicht gerichtlich überprüft werden[703]. Insbesondere Rechtsansprüche Dritter können aus ihm nicht hergeleitet werden. Daher ist der Rahmenplan durchaus mit Verwaltungsrichtlinien vergleichbar, da diese ebenfalls allein die Verwaltung binden[704]. Die Verbindlichkeit des Rahmenplans umfasst nach § 8 GRW insbesondere die Pflicht der beteiligten Landesregierungen, in den Länder-Haushaltsplänen die erforderlichen Mittel zur Durchführung der GA bereitzustellen. Die Rahmenplanung ist ferner als Regierungsplanung zu qualifizieren[705], da an ihr lediglich Teile der Bundesregierung und Landesregierungen beteiligt sind, die Parlamente hingegen bei der eigentlichen Planung ausgeschlossen sind. Zwar ist nach Art. 94a Abs. 4 S. 4 GG das Budgetrecht der Länderparlamente ausdrücklich gewahrt, dennoch entsteht ein faktischer Zwang auf die Parlamente, da der Rahmenplan in der Regel bereits verabschiedet ist und bei Ablehnung der entsprechenden Haushaltsmittel dieser gänzlich in Frage gestellt wird. In der Folge könnten bereits zugewiesene GA-Bundesmittel für das sich weigernde Land verloren gehen[706].

(2) Aufbau

In seinem Aufbau lässt sich der Rahmenplan in drei Teile untergliedern. Teil I enthält allgemeine Ausführungen grundsätzlicher Natur. Es werden die allgemeinen Ziele und Konzeptionen der Regionalpolitik dargelegt und die GA wird als spezielles Instrument der regionalen Wirtschaftsförderung hervorgehoben. So finden sich Begründungsansätze für eine Weiterentwicklung der GA an die geänderten Rahmenbedingungen. Schließlich werden Kontrollinstrumentarien aufgezeigt und die deutsche Regionalpolitik im europäischen Kontext betrachtet. Teil II erfüllt die Forderung gem. § 5 GRW nach einer inhaltlichen Ausgestaltung der GA durch den Rahmenplan. So werden die Fördergebiete abgegrenzt, die Förderzwecke festgelegt und die verfolgten Maßnahmen aufgezeigt. Ferner finden sich Regelungen über Voraussetzungen, Art und Intensität der Förderung. Damit bildet dieser Teil letztlich den entscheidenden Förderrahmen für die Subventionsvergabe nach der GA. Schließlich werden in Teil III die regionalen Detailplanungen der Länder fest-

---

[703] BVerwGE 75, 109 (116).

[704] *Pfeifer,* Investitionszulagengesetz und Rahmenplan, DVBl 1975, 324.

[705] Zum Begriff der Regierungsplanung *Blümel,* Verwaltungszuständigkeit, in: Isensee / Kirchhof (Hrsg.), Handbuch des Staatsrechts IV, § 101 Rdnr. 128; *Hoppe,* Planung, in: Isensee / Kirchhof (Hrsg.), Handbuch des Staatsrechts III, § 71 Rdnr. 34; *Maunz,* Theodor, in: Maunz / Dürig (Hrsg.), Kommentar zum GG, Art. 91a Rdnr. 11 ff.

[706] So zutreffend *Hoppe,* Planung, in: Isensee / Kirchhof (Hrsg.), Handbuch des Staatsrechts III, § 71 Rdnr. 35; *Liesegang,* Helmuth C. F., in: v. Münch, Grundgesetz-Kommentar, Art. 91a Rdnr. 37.

gesetzt. Die im vorherigen Teil gemachten Vorgaben werden nun konkret umgesetzt. Insbesondere bilden die Länder eigene Förderschwerpunkte. Anhand dieser regionalen Förderprogramme findet schließlich die Vergabe der GA-Mittel statt. In den Anhängen am Ende des Rahmenplans finden sich die rechtlich relevanten Vorschriften sowie fördertechnische Informationen zum jeweiligen Rahmenplan.

(3) Endzwecke

Zunächst sollen die sogenannten Endzwecke, wie sie in Teil I des Rahmenplans aufgeführt sind, dargestellt werden. Im Anschluss werden dann die Primärzwecke, die in Teil II des Rahmenplans genannt sind, herausgearbeitet. Die Endzwecke der GA lassen sich im Wesentlichen in fünf Aufgaben und Ziele unterteilen. Primäre Zielsetzung ist es, strukturschwachen Regionen durch Ausgleich ihrer Standortnachteile einen Anschluss an die allgemeine Wirtschaftsentwicklung zu ermöglichen[707]. Regionale Disparitäten sollen ausgeglichen und damit ein Beitrag zum verfassungsrechtlichen Ziel der Herstellung gleichartiger Lebens- und Arbeitsverhältnisse geleistet werden. Ein weiterer Aspekt ist die Ergänzung der allgemeinen Wachstums- und Beschäftigungspolitik. In den strukturschwachen Regionen soll das gesamtwirtschaftliche Wachstum gestärkt werden. Hauptansatzpunkt ist dabei die Schaffung von dauerhaft wettbewerbsfähigen Arbeitsplätzen. Durch die Schaffung von Arbeitsplätzen in krisensicheren Branchen und die Verbesserung der wirtschaftsnahen Infrastruktur können erforderliche Strukturanpassungen angestoßen bzw. flankiert werden[708]. Als drittes Ziel ist die Förderung der Wettbewerbs- und Anpassungsfähigkeit von Unternehmen an die veränderten Bedingungen der Weltwirtschaft zu nennen. Hierbei soll insbesondere der Standort Deutschland attraktiv und wettbewerbsfähig gemacht werden. Diese Zielsetzung kann als Standortsicherungspolitik bezeichnet werden[709]. Eines der wichtigsten Aufgaben der GA seit der Wiedervereinigung ist der Beitrag derselben zum Aufbau der neuen Länder. Nur über eine Strukturpolitik ist die Transformation von der Plan- zur Marktwirtschaft überhaupt zu gewährleisten. Hierbei nennt der Rahmenplan drei Säulen des Aufbau-Ost[710]:

– Sanierung und Erhaltung der wettbewerbsfähigen industriellen Kerne auf der Basis betriebswirtschaftlich tragfähiger Konzepte,

– Aktive Arbeitsmarktpolitik zur Überbrückung des Transformationsprozesses[711],

---

[707] BT-Drucksache 13 / 9992, 27.Rahmenplan, Teil I, 2.1, S. 5.

[708] BT-Drucksache 13 / 9992, 27.Rahmenplan, Teil I, 2.1, S. 5.

[709] *Riedel,* Investitionsförderung mittelständischer Unternehmen in strukturschwachen Regionen, S. 30; *Tetsch / Benterbusch / Letixerant,* Die Bund-Länder-Gemeinschaftsaufgabe „Verbesserung der regionalen Wirtschaftsstruktur", S. 6.

[710] BT-Drucksache 13 / 9992, 27.Rahmenplan, Teil, I, 2.2, S. 5.

[711] Unter aktive Arbeitsmarkpolitik ist dabei der gesamte Bereich der unmittelbaren Beschäftigungssubventionen zu verstehen, insbesondere die Förderungen nach dem SGB III, siehe oben 2. Teil, A.

– Aktive Regionalpolitik zur Verbesserung der Standortbedingungen und Schaffung neuer wettbewerbsfähiger Arbeitsplätze[712].

Schließlich kann als letzte Aufgabe angesehen werden, die regionale Wirtschaftsförderung der Länder zu vereinheitlichen und einen verbindlichen Subventionsrahmen hierfür zu entwickeln. Die Koordinationsleistung bezieht sich dabei sowohl auf die einzelnen Förderebenen und deren Entscheidungsträger als auch auf die Einbindung ebenso tangierter Politikbereiche. Ansatzpunkt der Koordinierung ist dabei die Schaffung einheitlicher Förderstandards für Bund, Länder und Gemeinden. Diese betreffen die Abgrenzung der Fördergebiete, die Förderhöchstsätze und die Schaffung einheitlicher Fördertatbestände[713]. Eine Verzahnung mit anderen Politikbereichen erfolgt über ein im Grundsatz breit angelegtes GA-Fördersystem, wobei wesentlich eine Ergänzung der Arbeitsmarktpolitik angestrebt wird. Auch mit Blick auf die europäische Regionalförderung mittels der EU-Regionalfondsmittel[714] soll eine stärkere Einbindung derselben in die GA erfolgen. Diese Mittel sollen insbesondere auf das Ziel der Schaffung und Erhaltung von Arbeitsplätzen verpflichtet werden. Hierbei sind diese auf die GA zu konzentrieren und nicht auf viele verschiedene Programme aufzuteilen[715].

Zusammenfassend ist als prioritäres Ziel der GA die Förderung der gewerblichen Wirtschaft zur Schaffung bzw. Sicherung von Arbeitsplätzen zu nennen[716]. In dieser Definition wird der Charakter einer mittelbaren Beschäftigungssubvention deutlich. Die Schaffung und Erhaltung von Arbeitsplätzen stellen das sie verbindende Element dar. Die Stärkung der Wettbewerbs- und Anpassungsfähigkeit, die Erleichterung des Strukturwandels, die Stärkung der Produktivität und die Schaffung neuer bzw. Sicherung bestehender Dauerarbeitsplätze füllen das verfassungsrechtliche Ziel (Art. 91a Abs. 1 Nr. 1 GG) einer Verbesserung der regionalen Wirtschaftsstruktur aus. Diese fünf Ziele der GA, die alle dem Ziel erhöhter Beschäftigung verpflichtet sind, lassen sich unter dem Begriff der Beschäftigungssubvention zusammenfassen. Diese Zielsetzung kann als Endzweck der Förderung im Rahmen der GA und nicht als bloßes Zwischenziel angesehen werden[717]. Gleichzeitig nennt das Präferenzsystem der GA-Förderung auch den Primärzweck[718], über den der Endzweck erreicht werden soll.

---

[712] Teil dieser aktiven Regionalpolitik stellt die Förderung im Rahmen der Gemeinschaftsaufgabe dar.

[713] BT-Drucksache 13/9992, 27.Rahmenplan, Teil I, 3.3., S. 7.

[714] Ausführlich zur europäischen Förderungsebene unten im 3. Teil.

[715] So die Zielsetzung BT-Drucksache 13/9992, 27.Rahmenplan, Teil I, 4.1.5, S. 11.

[716] BT-Drucksache 13/9992, 27.Rahmenplan, Teil I, 4.2.1, S. 12.

[717] In der Einteilung etwas differenzierend *Tetsch/Benterbusch/Letixerant*, Die Bund-Länder-Gemeinschaftsaufgabe „Verbesserung der regionalen Wirtschaftsstruktur", S. 7.

[718] Der Primärzweck ergibt sich dabei zunächst aus § 1 Abs. 1 GRW, der die Förderung von Investitionen der gewerblichen Wirtschaft als prioritäres Ziel nennt.

bb) Primärzweck

Auf der Grundlage dieser allgemeinen Zielsetzungen werden nun in Teil II des Rahmenplans die Primärzwecke und Fördervoraussetzungen dezidiert benannt. Es handelt sich hierbei in erster Linie um instrumentelle Ansatzpunkte, mit deren Hilfe letztlich die Endzwecke erreicht werden sollen. Dennoch werden die Fördermaßnahmen nicht lediglich als Instrumente verstanden, sondern mit materiellem Inhalt gefüllt und im Sinne von Primärzwecken ausgestaltet. Der Aufbau und die Struktur dieses Teils II erinnern in der Systematik an die Verwaltungsrichtlinien im Bereich der ERP-Förderprogramme[719]. Zunächst lässt sich ein allgemeiner Teil unterscheiden, in dem die Grundsätze der Förderung festgelegt sind. Im Weiteren werden die Fördervoraussetzungen benannt, Ausschlustatbestände aufgestellt und schließlich spezielle Sanktionsmöglichkeiten dargelegt. Die hier interessierenden Primärzwecke zur Förderung der gewerblichen Wirtschaft sind unter Ziff. 2 des Teils II zusammengefasst[720]. Dieser Abschnitt bildet gleichsam den Tatbestand der Förderung, der über die Förderfähigkeit einer konkreten Maßnahme entscheidet[721].

(1) Fördervoraussetzungen

Die Ziff. 2.1 nennt ausdrücklich als Primäreffekt, dass ein Investitionsvorhaben dann gefördert werden kann, wenn es geeignet ist, durch Schaffung von zusätzlichen Einkommensquellen das Gesamteinkommen in dem jeweiligen Wirtschaftsraum unmittelbar und auf Dauer nicht unwesentlich zu erhöhen. Dies wird in Ziff. 2.1.1 näher konkretisiert, wonach die Voraussetzung erfüllt ist, wenn in der zu fördernden Betriebsstätte überwiegend Güter hergestellt oder Leistungen erbracht werden, die ihrer Art nach regelmäßig überregional abgesetzt werden[722]. Damit wird die Förderung der gewerblichen Wirtschaft auf solche Betriebe beschränkt, die ihrer Art nach oder sonst nachweisbar überregional tätig sind. Durch die zusätzlichen Einkommen soll unmittelbar eine zusätzliche Nachfrage für die Region generiert werden. Somit führt nicht nur der Primäreffekt selbst schon zu einer Erhöhung der Arbeitsplatzzahlen, sondern in einem zweiten Schritt werden durch die zusätzliche Nachfrage nach lokalen und regionalen Gütern und Dienstleistungen

---

[719] Vgl. hierzu oben 2. Teil, B., I., 1., a., bb.

[720] Vorliegend soll sich auf die Förderung der gewerblichen Wirtschaft beschränkt werden. Daneben besteht noch die ergänzende Förderung von nicht-investiven Unternehmensaktivitäten zur Stärkung der Wettbewerbsfähigkeit und Innovationskraft von kleinen und mittleren Unternehmen (Ziffer 5); die Übernahme von Bürgschaften als weitere Förderungsart neben Darlehen und Zuschüssen (Ziffer 6); die Förderung von Infrastrukturmaßnahmen von Gemeinden und Gemeindeverbänden (Ziffer 7); ausführlich dazu *Tetsch / Benterbusch / Letixerant*, Die Bund-Länder-Gemeinschaftsaufgabe „Verbesserung der regionalen Wirtschaftsstruktur", S. 231 ff.

[721] Der Teil II findet sich in BT-Drucksache 13 / 9992, 27.Rahmenplan, S. 32 ff.

[722] In Anhang 8 findet sich eine Positivliste förderfähiger Tätigkeiten, BT-Drucksache 13 / 9992, 27.Rahmenplan, S. 172 ff.

erneut zusätzliche Einkommen und neue Arbeitsplätze geschaffen[723]. Hintergrund für das Abstellen auf die Überregionalität der Unternehmen ist, dass diese bei ihrer Standortwahl nicht an eine Region gebunden sind. Um nun Unternehmensansiedlungen in strukturschwachen Regionen zu unterstützen, ist es folglich notwendig, die regionalen Standortnachteile durch die GA-Fördermittel auszugleichen[724].

Daneben werden in Ziff. 2.2 noch weitere Fördervoraussetzungen benannt. Durch diese werden Förderschwellen installiert, die den Kreis der Förderberechtigten begrenzen, bzw. den Einsatz der Mittel auf die am stärksten erfolgversprechende Vorhaben konzentrieren. Danach müssen mit dem Investitionsvorhaben neue Dauerarbeitsplätze in den Fördergebieten geschaffen oder vorhandene gesichert werden. Damit findet der Endzweck der GA-Förderung unmittelbar Eingang in den Fördertatbestand. Ferner muss mit dem Investitionsvorhaben eine besondere Anstrengung des Betriebes einhergehen, welche sich nach Ziff. 2.2 Satz 7 berechnet. Dadurch sollen Bagatellinvestitionen ausgeschlossen werden, da von diesen keine wesentliche Verbesserung der regionalen Wirtschaftsstruktur erwartet werden kann[725]. Die einzelnen Investitionsvorhaben werden dann in Ziff. 2.3 aufgeführt, wonach die Errichtung einer Betriebsstätte, die Erweiterung derselben, die Umstellung oder grundlegende Rationalisierung / Modernisierung eines Betriebes sowie der Erwerb einer stillgelegten oder von Stillegung bedrohten bzw. die Verlagerung einer Betriebsstätte förderfähig sind. In Ziff. 2.4 werden besondere Voraussetzungen für die Förderung von Telearbeitsplätzen benannt. Insgesamt wird der Primärzweck daher durch den Förderrechtsrahmen bestimmt. Dieser erfährt durch weitere Förderschwellen eine Begrenzung. Hieraus ergeben sich nun die Rechtsfolgen, die Frage nach den förderfähigen Kosten. Diese sind systematisch eng an den Tatbestand gekoppelt.

(2) Förderfähige Kosten

Die Höhe der Förderung hängt zum einen von den förderfähigen Kosten ab. Die hierfür notwendigen Bemessungsgrundlagen werden in Ziff. 2.7 ausführlich und detailliert aufgezeigt. Im Grundsatz gehören die Anschaffungs- bzw. Herstellungskosten der zum Investitionsvorhaben zählenden Wirtschaftsgüter des Sachanlagevermögens zu den förderfähigen Kosten. Besondere Ausführungen werden dann in Bezug auf immaterielle, geleaste, gemietete bzw. gepachtete Wirtschaftsgüter ge-

---

[723] So die Darstellung der Wirkungen der Förderung überregionaler Betriebe in GA-Fördergebieten bei *Tetsch/Benterbusch/Letixerant,* Die Bund-Länder-Gemeinschaftsaufgabe „Verbesserung der regionalen Wirtschaftsstruktur", S. 64.

[724] Ausführlich zur Regelung über den Primäreffekt *Butz,* Rechtsfragen der Zonenrandförderung, S. 118 ff.; *Fitzner,* Investitionsförderung in den neuen Bundesländern, VIZ 1991, 93 ff.; *Tetsch/Benterbusch/Letixerant,* Die Bund-Länder-Gemeinschaftsaufgabe „Verbesserung der regionalen Wirtschaftsstruktur", S. 139 ff.

[725] Detailliert hierzu *Tetsch/Benterbusch/Letixerant,* Die Bund-Länder-Gemeinschaftsaufgabe „Verbesserung der regionalen Wirtschaftsstruktur", S. 146 ff.

macht. Schließlich findet sich eine Liste nicht-förderfähiger Kosten[726]. Die Förderhöhe richtet sich nach Ziff. 2.5 bzw. den einzelnen Fördergebietskategorien[727].
Schließlich erfolgt nach Ziff. 2.9 eine einheitliche Berechnung des Subventions-
werts für ein Investitionsvorhaben[728]. Dieser Maßstab wird bei verschiedenen Förderinstrumenten einheitlich angesetzt. Dies dient insbesondere einer dann anschließenden Kontrolle von Förderobergrenzen durch die Europäische Kommission im
Rahmen der europäischen Beihilfenkontrolle[729]. Neben dem eigentlichen Fördertatbestand finden sich im Förderrechtsrahmen noch Regelungen, die der Zwecksicherung dienen. Diese sollen eine Erreichung des Förderzwecks gewährleisten und
bei einem Fehlverhalten Sanktionsmöglichkeiten aufzeigen.

cc) Zwecksicherung

Die Zwecksicherung lässt sich dabei in einen Grundsatzteil, einen Förderaus-
schlusskatalog und einen Abschnitt mit Sanktionstatbeständen untergliedern.

(1) Allgemeine Grundsätze

In Ziff. 1 werden allgemeine Regelungen der gesamten Förderung aufgestellt.
Diese knüpfen im Wesentlichen an die in Teil I schon gemachten allgemeinen Zielsetzungen des Rahmenplans an. So wiederholt Ziff. 1.1 den Endzweck der Förderung, indem es dort heißt, dass Vorhaben der gewerblichen Wirtschaft[730] gefördert
werden, durch welche die Wettbewerbsfähigkeit der Wirtschaft gestärkt und neue
Arbeitsplätze geschaffen bzw. vorhandene Arbeitsplätze gesichert werden. Nach
Ziff. 1.1.2 besteht kein Rechtsanspruch auf GA-Mittel[731]. Dies stellt ein wesentlicher Unterschied zur Investitionszulage nach dem InvZulG 1999[732] dar. Ein weiterer liegt darin, dass Investitionszuschüsse im Rahmen der GA im Gegensatz zur
Investitionszulage grundsätzlich zu den Einkünften im Sinne des EStG gehören.

---

[726] Hierunter fallen Kosten für den Grundstückserwerb, Investitionen der bloßen Ersatzbe-
schaffung, Kosten für Fahrzeuge sowie gebrauchte Wirtschaftsgüter, BT-Drucksache 13/
9992, 27.Rahmenplan, Teil II, 2.7.1, S. 35.

[727] Die Fördergebietseinordnung erfolgt nach den in BT-Drucksache 13/9992, 27.Rah-
menplan, Teil I, 1.5, S. 15 genannten Kriterien, vgl. ferner Anhang 14, S. 191 ff.

[728] Ausführlich zur Berechnung des Subventionswertes *Tetsch/Benterbusch/Letixerant,*
Die Bund-Länder-Gemeinschaftsaufgabe „Verbesserung der regionalen Wirtschaftsstruktur",
S. 190 ff.

[729] Vgl. zur europäischen Beihilfenkontrolle unten 4. Teil, A.

[730] Daneben werden das Fremdenverkehrsgewerbe sowie wirtschaftsnahe Infrastrukturvor-
haben von Gemeinden oder Gemeindeverbänden gefördert.

[731] Kritisch dazu *Schneider,* Sinn und Widersinn der steuerlichen Investitionsförderung für
die neuen Bundesländer und des Solidaritätszuschlags, DB 1991, 1081 ff.; *Schümann,* Wirtschaftsförderung für die neuen Bundesländer im Lichte des EWGV, S. 113.

[732] Vgl. zu diesem Förderinstrument oben 2. Teil, B., IV., 1.

Der Investitionszuschuss erhöht folglich den steuerpflichtigen Ertrag des Subventionsempfängers[733].

Ein weiterer Grundsatz – die Zusätzlichkeit der Förderung – wird in Ziff. 1.1.3 in den konkreten Förderrechtsrahmen übernommen. Schon § 2 Abs. 4 GRW sieht eine angemessene Eigenbeteiligung des Investors vor. Diese Regelung ist daher Ausdruck des Subsidiaritätsprinzips[734], nach dem eine Investition primär in der Hand des Subventionsempfängers liegt. Darüber hinaus umfasst der Grundsatz der Zusätzlichkeit die Forderung, dass andere öffentliche Finanzierungsmöglichkeiten ohne regionale Zielsetzung nicht durch die GA-Mittel ersetzt werden dürfen. Die Ziff. 1.2 enthält Regelungen über das Förderverfahren. Im Gegensatz zum InvZulG besteht hier eine Vorbeginnsregelung, nach der Anträge vor Beginn des Vorhabens gestellt werden müssen[735]. Ziel ist es, Einfluss auf die Investitionsvorhaben zu nehmen, damit diese den größtmöglichen regionalpolitischen Nutzen bringen. Bloße Mitnahmeeffekte sollen dadurch vermieden werden[736]. Mit der Vorbeginnsregelung besteht die Möglichkeit, das Verhalten des Subventionsempfängers verstärkt in die Nähe des Förderzwecks zu lenken.

Eine wesentliche Koordinierungsnorm bildet Ziff. 1.4. Hiernach hat eine Abstimmung mit Zielen der Raumordnung, landes- und umweltpolitischer Zielsetzungen sowie eine Koordinierung mit der Arbeitsverwaltung, der gemeindlichen Bauleitplanung und der GA „Verbesserung der Agrarstruktur und des Küstenschutzes" zu erfolgen. Schließlich konkretisiert die Ziff. 1.5 die Zusammenarbeit von Bund und Länder, woraus sich insbesondere Informations- und Darlegungspflichten der Länder gegenüber dem Bund ergeben. Diese beziehen sich sowohl auf die Ausarbeitung der landesspezifischen Förderschwerpunkte als auch auf die landesinternen Förderrichtlinien, ferner auf die Weiterleitung der Bewilligungsentscheidungen, auf die damit verbundene Inanspruchnahme von GA-Mitteln und schließlich auf ex post-Darlegungen, insbesondere die Darstellung von Fördererergebnissen[737]. Mit diesen allgemeinen Grundsätzen der Förderung im Rahmen der GA soll der Primär- wie auch der Endzweck gesichert und die Verwendung der Mittel an den

---

733 *Tetsch/Benterbusch/Letixerant*, Die Bund-Länder-Gemeinschaftsaufgabe „Verbesserung der regionalen Wirtschaftsstruktur", S. 108.

734 Zur Abgrenzung des Subsidiaritätsprinzips von der Zweck-Mittel-Analyse, unten 1. Teil, B., IV., 3.

735 Nach § 5 Abs. 1 InvZulG 1999 ist der Antrag auf Investitionszulage bis zum 30.September des Kalenderjahres zu stellen, das auf das Wirtschaftsjahr oder Kalenderjahr folgt, in dem die Investitionen abgeschlossen worden bzw. Anzahlung oder Teilherstellungskosten entstanden sind.

736 *Sproß*, Investitionen in den neuen Bundesländern, VIZ 1992, 100; *Tetsch/Benterbusch/Letixerant*, Die Bund-Länder-Gemeinschaftsaufgabe „Verbesserung der regionalen Wirtschaftsstruktur", S. 108.

737 Vgl. die schematische Darstellung der Informations- und Darlegungspflichten gegenüber dem Bund bei *Tetsch/Benterbusch/Letixerant*, Die Bund-Länder-Gemeinschaftsaufgabe „Verbesserung der regionalen Wirtschaftsstruktur", S. 133.

Förderzweck effektiv gebunden werden. Daneben finden sich noch weitere Elemente der Zwecksicherung.

(2) Ausschluss der Förderung

Hierbei ist insbesondere der Negativkatalog in Ziff. 3 zu nennen, durch den bestimmte wirtschaftliche Aktivitäten pauschal aus der Förderwürdigkeit herausgenommen werden, da bei diesen die regionalpolitischen Zielsetzungen kaum verwirklicht werden können[738]. Als Beispiel seien Krankenhäuser als Investitionsvorhaben (Ziff. 3.1.7) zu nennen, deren Bedarf staatlich ermittelt wird und die zudem nicht auf die Erzielung von Gewinn ausgerichtet, sondern überwiegend dem Gemeinwohl verpflichtet sind. Folglich fehlt es an der im Primäreffekt erforderlichen Möglichkeit, den Standort frei zu wählen. Unbeschadet der Regelung in Ziff. 3 greift die europäische Beihilfenkontrolle durch die Europäische Kommission ein. Trotz der grundsätzlichen Zulässigkeit im Rahmen genehmigter Systeme, wie der Regionalförderung, erfolgt eine beihilfenrechtliche Einzelprüfung. Ziff. 3.1 macht dies durch den Gebrauch des Wortes „insbesondere" deutlich. Ein beihilfenrechtlicher Ausschluss ist daher jederzeit möglich und daher stets zu prüfen[739].

(3) Sanktionen

Als ein weiteres Instrument der Zwecksicherung ist die in Ziff. 4 integrierte Möglichkeit des Widerrufs des Zuwendungsbescheids und die Rückforderung der Fördermittel zu nennen[740]. Ziff. 4.1 stellt dabei den Grundsatz auf, dass vorbehaltlich der folgenden Ausnahmen der Zuwendungsbescheid zu widerrufen ist und die bereits gewährten Fördermittel vom Zuwendungsempfänger zurückzufordern sind, wenn dem Zuwendungsbescheid zugrundeliegende Fördervoraussetzungen des Rahmenplans nach Abschluss des Investitionsvorhabens oder der betrieblichen Maßnahme nicht erfüllt sind. Die Regelung knüpft ersichtlich an den im allgemeinen Verwaltungsrecht geltenden Terminus des Widerrufs an[741]. Des Weiteren statuiert die Regelung eine Pflicht zur Rückforderung. Der Subventionsverwaltung steht insoweit kein Ermessen zu.

Die Ausnahmen der Ziff. 4.2 und 4.3 basieren auf dem Grundsatz, dass von einem Widerruf bzw. einer Erstattung der Fördermittel abgesehen werden kann, wenn das Nichterreichen der Fördervoraussetzungen auf Umständen beruht, die

---

[738] *Tetsch / Benterbusch / Letixerant,* Die Bund-Länder-Gemeinschaftsaufgabe „Verbesserung der regionalen Wirtschaftsstruktur", S. 209.

[739] Zu dieser ausführlich unten 4. Teil, A.

[740] Ausführlich zur Systematik des Widerrufs nach Ziff. 4 *Tetsch / Benterbusch / Letixerant,* Die Bund-Länder-Gemeinschaftsaufgabe „Verbesserung der regionalen Wirtschaftsstruktur", S. 223 ff.

[741] Es handelt sich um die Rücknahme eines rechtmäßigen, begünstigenden Verwaltungsaktes i. S. d. § 49 Abs. 2 VwVfG.

der Subventionsempfänger nicht zu vertreten hat und die er im Zeitpunkt der Antragsstellung auch bei Anwendung der Sorgfalt eines ordentlichen Kaufmanns
nicht vorhersehen konnte. Die Darlegungslast liegt dabei auf Seiten des Subventionsempfängers, die Entscheidung im Ermessen der Subventionsverwaltung. Im
weiteren werden Fallkonstellationen genannt, in denen vom Grundsatz der Rückforderung abgewichen werden kann. Diese knüpfen in erster Linie an die Nichterreichung der geforderten Zahl von zusätzlichen Dauerarbeitsplätzen an. Jedoch
kann die Zielverfehlung dann gerechtfertigt sein, wenn sich unvorhergesehene
Marktveränderungen ergeben, die zwingende Anpassungen des Unternehmens erfordern. Eine derzeit wohl eher theoretische Rechtfertigung ist darin zu sehen, dass
eine Erschöpfung des Arbeitsmarktes vorliegt. Schließlich greift Ziff. 4.2.4 die
Möglichkeit einer Unterschreitung der nach Ziff. 2.2 Satz 7 erforderlichen Ab-
schreibungsschwelle auf. Diese ist dann ohne Belang, wenn sie auf externe Gründe
zurückzuführen ist oder sich die Kosten der Investition unvorhersehbar verbilligt
haben. Eng mit der Zwecksicherung verknüpft ist die Zweck-Mittel-Kontrolle.
Während die Zwecksicherung eine Bindung der Fördermittel an den Förderzweck
verfolgt, will die Zweck-Mittel-Kontrolle eine abschließende Betrachtung der
zweckgerechten Verwendung vornehmen.

dd) Zweck-Mittel-Kontrolle

Die Zweck-Mittel-Kontrolle nimmt einen breiten Raum in Teil I des Rahmenplans ein. Basierend auf der Erkenntnis, dass Subventionen in regelmäßigen Abständen einer Erfolgskontrolle unterworfen werden müssen, werden die Kontrollmechanismen der GA im Überblick dargestellt.

(1) Vollzugskontrolle

Die Vollzugskontrolle setzt bei der Prüfung der Rechtmäßigkeit der Subventionsgewährung und die Erfüllung der Fördervoraussetzungen an. Eine solche
Überprüfung der Vereinbarkeit des konkreten Einzelfalls mit den Erfordernissen
des Förderrechtsrahmens ist Aufgabe der Länder, da ihnen die Durchführungskompetenz zusteht[742]. Der Bund kontrolliert lediglich die Einhaltung der Regelungen
des Rahmenplans[743]. Neben die Prüfung der Fördervoraussetzungen tritt eine Prüfung der Verwendungsnachweise. Der Subventionsempfänger ist verpflichtet, einen Nachweis über die Verwendung der Fördermittel nach Abschluss des Investitionsvorhabens zu geben.[744] Im Rahmen der Vollzugskontrolle werden darüber
hinaus noch die Rechnungshöfe genannt, wobei auf der einen Seite der Bundes-

---

[742] Inwieweit die Landesprogramme jedoch Kontrollbestimmungen vorsehen, siehe unten
2. Teil, V., 1., d.
[743] BT-Drucksache 13/9992, 27. Rahmenplan, Teil I, 8.2.1, S. 20.
[744] BT-Drucksache13/ 9992, 27. Rahmenplan, Teil I, 8.2.2, S. 20.

rechnungshof die Einhaltung der Bestimmungen im Verhältnis Bund-Länder prüft, auf der anderen Seite die Landesrechnungshöfe, welche die Durchführung der Maßnahmen überprüfen. Eine weitere Säule der Vollzugskontrolle stellt die Einführung einer Förderstatistik dar, die neben den Soll- auch die Ist-Daten erfasst[745].

(2) Zielerreichungskontrolle

Einen weitergehenden Aspekt beleuchtet die sogenannte Zielerreichungskontrolle[746]. Mit ihr soll überprüft werden, ob die Endzwecke, also die regional- und beschäftigungspolitischen Zielsetzungen, erreicht wurden. Wichtigstes Mittel ist dabei die Neuabgrenzung der Fördergebiete[747]. Dadurch wird deutlich, ob die Förderung zu einer Verbesserung der regionalen Wirtschaftsstruktur geführt hat und die betroffene Region möglicherweise nicht mehr förderungsbedürftig ist. Hierbei wurden als maßgebliche Indikatoren für die GA-Förderung in Ostdeutschland bei der letzten Abgrenzung 1997 angesehen:

– die Unterbeschäftigungsquote 1995 (50%),

– das Einkommen der sozialversicherungspflichtig Beschäftigten pro Kopf 1995 (40%),

– der Infrastrukturindikator (10%)

Die genaue Einteilung der Gebiete in die Förderkategorien A, B und C ist dem Anhang 14 des 27. Rahmenplans zu entnehmen[748].

(3) Wirkungskontrolle

Schließlich ist als letzte Kontrollstufe die Wirkungskontrolle zu nennen, mit deren Hilfe Wirkungszusammenhänge zwischen der Förderung und etwaiger Zielverwirklichungen hergestellt werden sollen. Wirkungskontrollen sollen darüber Auskunft geben, inwieweit die Entwicklung einer Region auf den Einsatz der Fördermittel zurückzuführen ist. Es geht dabei um die Überprüfung der Kausalität, mithin der Geeignetheit einer Maßnahme. Für den Bereich der GA ist die Wirkungskon-

---

[745] Vgl. die Angaben in BT-Drucksache 13/9992, 27. Rahmenplan, Anhang 13, S. 184 ff. (Soll-Daten) und Teil I, 8.2.4.2, S. 21 ff. (Ist-Daten).

[746] Hierzu ausführlich *Fürst/Klemmer/Zimmermann,* Regionale Wirtschaftspolitik, S. 165; *Neupert,* Regionale Strukturpolitik als Aufgabe der Länder: Grundlagen, Verknüpfungen, Grenzen, S. 112 ff.; *d'Orville,* Probleme einer Erfolgskontrolle regionalpolitischer Maßnahmen, S. 70 ff.

[747] BT-Drucksache 13/9992, 27. Rahmenplan, Teil I, 8.3, S. 26 und Teil I, 5.2.1, S. 27.

[748] Fördergebiet mit Wirksamkeit zum 1. Januar 1997 gemäß Beschluss des Planungsausschusses der Gemeinschaftsaufgabe „Verbesserung der regionalen Wirtschaftsstruktur" zur Neuabgrenzung der Fördergebiete vom 3.Juli 1996 und Änderungsbeschluss, BT-Drucksache 13/9992, Anhang 14, S. 191 ff.

trolle bislang nicht im Förderrechtsrahmen integriert. Ihre Durchführung beschränkt sich bisweilen auf einige Modelluntersuchungen[749].

d) Detailplanung durch die Länder (Beispiel: Sachsen-Anhalt)

Letzte Ebene des Förderrechtsrahmen bildet die Detailplanung durch die Bundesländer[750]. Diese besteht im Wesentlichen aus den in Teil III des Rahmenplans wiedergegebenen regionalen Aktionsprogrammen der einzelnen Länder. Daneben existieren weitere landesinterne Förderrichtlinien bzw. Durchführungsverordnungen, die von den Voraussetzungen des Teils II hinsichtlich der konkreten Durchführung der Fördermaßnahme abweichen können, sich größtenteils aber an den Vorgaben des Rahmenplans orientieren[751]. Insgesamt sind die regionalen Aktionsprogramme der Länder in ihrer Struktur durchaus vergleichbar. Sie weichen lediglich in ihren Förderschwerpunkten und konkreten Fördersätzen voneinander ab. Folglich ist es ausreichend, die Detailplanung an einem Bundesland exemplarisch aufzuzeigen. Der weitere Förderrechtsrahmen soll dabei am Beispiel Sachsen-Anhalts näher beleuchtet werden[752].

aa) Regionales Aktionsprogramm des Landes Sachsen-Anhalt

Hauptaufgabe der regionalen Aktionsprogramme ist es, die beabsichtigten Förderschwerpunkte innerhalb des vom Rahmenplan abgesteckten Spielraums zu benennen[753]. Das regionale Förderprogramm „Sachsen-Anhalt" gliedert sich dabei in vier Teile. In Teil A wird eine wirtschaftliche Analyse des Aktionsraumes vorgenommen. Kennzeichen der wirtschaftlichen Situation ist zum einen eine unverändert hohe, sogar teilweise ansteigende Zahl der Unterbeschäftigung[754]. Zum anderen wird die Strukturentwicklung des Landes Sachsen-Anhalt aufgezeigt. Kenn-

---

[749] Vgl. dazu BT-Drucksache 13 / 9992, 27.Rahmenplan, Teil I, 8.4, S. 26 ff.

[750] Zur Aufgabenverteilung zwischen Rahmenplanung und Länderplanung ausführlich *Neupert*, Regionale Strukturpolitik als Aufgabe der Länder: Grundlagen, Verknüpfungen, Grenzen, S. 243 ff.

[751] *Seifert / Grammel / Ufer*, Handbuch der Fördermaßnahmen für mittelständische Unternehmen, S. 101.

[752] Das regionale Förderprogramm „Sachsen-Anhalt" befindet sich in BT-Drucksache 13 / 9992, Teil III, 12., S. 127 – 132; darüber hinausgehende Förderbedingungen finden sich in *Ministerium für Raumordnung und Umwelt des Landes Sachsen-Anhalt*, Landesförderung in Sachsen-Anhalt, S. 70; Förderrichtlinien des Landes Sachsen-Anhalt zur Gemeinschaftsaufgabe „Verbesserung der regionalen Wirtschaftsstruktur", MBl. LSA Nr. 1, 1996, mit Änderungen aus MBl. LSA Nr. 43, 1996.

[753] *Tetsch / Benterbusch / Letixerant*, Die Bund-Länder-Gemeinschaftsaufgabe „Verbesserung der regionalen Wirtschaftsstruktur", S. 127.

[754] Im August 1997 waren danach 362 767 Personen unterbeschäftigt (arbeitslos, in Kurzarbeit, Fortbildung oder Umschulung, ABM / SAM-beschäftigt).

zeichnend ist hierbei, dass die industrielle Basis des Landes schmal und damit die Teilnahme am überregionalen Wettbewerb gering ist. Folge ist eine schwache regionale Wirtschaftsstruktur, da im Wesentlichen keine zusätzlichen, regionalen Einkommen erwirtschaftet werden[755].

In einem Teil B werden sodann die Förderschwerpunkte benannt. Hierbei wird als oberstes Ziel aller Maßnahmen die Unterstützung der strukturellen Anpassung der Unternehmen und der Erwerbspersonen an die Marktbedingungen gesehen, wodurch im Ergebnis die regionale Wirtschaftsstruktur grundlegend verbessert werden soll. Im Weiteren werden die groben Zielsetzungen der GA, wie sie im Rahmenplan formuliert sind, wiederholt. So soll die Leistungsfähigkeit der Unternehmen und die Produktivität der Erwerbstätigen erhöht, eine moderne, auf dem Mittelstand basierende Wirtschaftsstruktur gefördert und der Umstrukturierungsprozess der Industrie fortgesetzt werden[756]. Aber auch die sektorale Wirtschaftsstruktur soll diversifiziert werden, insbesondere im ländlichen Raum sollen Unternehmen außerhalb des Agrarsektors, vornehmlich im Fremdenverkehr gefördert werden. Des Weiteren soll der Beratung, Dienstleistung, Weiterbildung und Umschulung einen hohen Stellwert im Rahmen der GA eingeräumt werden.

Schließlich umfasst das regionale Aktionsprogramm auch die Aufstellung eines Finanzierungsplans[757], die Bestimmung des Regelfördersatzes und der sonstigen Fördersätze[758]. Diese werden in den GA-Förderrichtlinien des Landes Sachsen-Anhalt ebenfalls angegeben[759]. Darüber hinaus findet sich eine Aufzählung der sonstigen Entwicklungsmaßnahmen in Sachsen-Anhalt[760]. Hierbei werden der EG-Regionalfonds, die europäischen Gemeinschaftsinitiativen[761] sowie weitere landeseigene Programme[762] zum Aufbau und zur Entwicklung des Mittelstandes in Sachsen-Anhalt genannt[763]. Der Teil C zählt statistisch die Förderergebnisse des Jahres 1996 auf, während in Teil D eine kurze Erfolgskontrolle vorgenommen wird. Hierbei werden ebenfalls statistische Erhebungen angestellt, insbesondere

---

[755] BT-Drucksache 13/9992, 27. Rahmenplan, Teil III, 12., S. 128.

[756] BT-Drucksache 13/9992, 27. Rahmenplan, Teil III, 12., S. 128.

[757] So stehen dem Land Sachsen-Anhalt aus GA-Mitteln und Mitteln aus dem Europäischen Fonds für regionale Entwicklung insgesamt fast 5 Mrd. DM für den Zeitraum 1998–2002 zur Verfügung, wobei die EFRE-Mittel ab dem Jahr 2000 nicht einberechnet wurden, da insoweit eine neue Planungsphase auf europäischer Ebene beginnt.

[758] Der Regelfördersatz im Bereich der Förderung der gewerblichen Wirtschaft beträgt 25 %.

[759] Regelungen des Landes Sachsen-Anhalt zum Rahmenplan der Gemeinschaftsaufgabe „Verbesserung der regionalen Wirtschaftsstruktur" vom 16. 10. 1995, MBl. LSA Nr. 1, 1996; mit Änderungen vom 18. 3. 1996, MBl. LSA Nr. 43, 1996.

[760] BT-Drucksache 13/9992, 27.Rahmenplan, Teil III, 12., S. 130.

[761] Vgl. hierzu die Ausführungen unten im 3. Teil.

[762] Vgl. hierzu exemplarisch unten 2. Teil, B., VII., 1.

[763] Darüber hinaus sind Aktionen im Forschung- und Entwicklungsbereich und Maßnahmen zur Verbesserung der Verkehrsinfrastruktur aufgeführt.

die Zahl geprüfter Verwendungsnachweise genannt und die wesentlichen Gründe für die Rückforderung von gewährten Fördermitteln dargestellt. Eine letzte Ergänzung erfährt der Förderrechtsrahmen schließlich durch die landesinternen GA-Förderrichtlinien. Diese betreffen im Wesentlichen die konkrete Durchführung und füllen den gesetzten Rahmen nur unwesentlich auf.

bb) Landesinterne GA-Förderrichtlinien

Die landesinternen GA-Förderrichtlinien stellen die materiell-rechtliche Konkretisierung der jeweiligen Förderschwerpunkte dar. Ihre Aufgabe liegt in erster Linie darin, den Rahmen für die Ermessensentscheidungen der nachgeordneten Behörden abzustecken[764]. Es handelt sich insoweit um Verwaltungsrichtlinien, die ausschließlich innerhalb der Verwaltung Bindungswirkung, jedoch keinerlei Außenwirkung im Verhältnis zum Subventionsempfänger entfalten. Für das Land Sachsen-Anhalt finden sich in den GA-Förderrichtlinien[765] kaum Veränderungen oder gar Neuerungen im Vergleich zum Rahmen- bzw. zum Detailplan. So wird lediglich die Förderintensität genau festgelegt[766]. Ferner wird der Katalog des Ausschlusses einer Förderung, wie er im Rahmenplan festgesetzt ist, weiter präzisiert[767]. Schließlich werden Begriffsdefinitionen mit Blick auf den Rahmenplan vorgenommen. Wesentlich neue Aspekte ergeben sich aus den GA-Förderrichtlinien des Landes Sachsen-Anhalt indes nicht[768].

e) Zwischenergebnis

Es lässt sich als Ergebnis für den Förderrechtsrahmen der Gemeinschaftsaufgabe „Verbesserung der regionalen Wirtschaftsstruktur" festhalten, dass sich ein komplexes Regelwerk entwickelt hat. Ausgehend von den verfassungsrechtlichen Bestimmungen über die gesetzlichen Normen bis hin zur Planungs- und Durchführungsebene existieren eine Vielzahl von Regelungen. Kernstück bildet dabei der Rahmenplan, in dem die wesentlichen Aspekte der Förderung normiert sind. Neben den bisher gezeigten Förderungen mittels Subventionsgesetz, Haushaltsansatz und Förderrichtlinien, öffentlicher Körperschaften stellt die Förderung mittels Rah-

---

[764] *Tetsch / Benterbusch / Letixerant*, Die Bund-Länder-Gemeinschaftsaufgabe „Verbesserung der regionalen Wirtschaftsstruktur", S. 127.

[765] Regelungen des Landes Sachsen-Anhalt zum Rahmenplan der Gemeinschaftsaufgabe „Verbesserung der regionalen Wirtschaftsstruktur" vom 16. 10. 1995, MBl. LSA Nr. 1, 1996; mit Änderungen vom 18. 3. 1996, MBl. LSA Nr. 43, 1996.

[766] Der Regelsatz liegt bei 25 %; für höhere Fördersätze wurden spezielle Tatbestände geschaffen.

[767] BT-Drucksache 13 / 9992, 27.Rahmenplan, Teil II, 3., S. 37.

[768] Vgl. ferner die Zusammenfassung der Landesregelungen in *Ministerium für Raumordnung und Umwelt des Landes Sachsen-Anhalt*, Landesförderung in Sachsen-Anhalt, S. 70.

menplan und Richtlinien eine weitere Form der Subventionierung dar. Aufgrund dieser Besonderheit ist es daher um so spannender zu sehen, ob diese Form des Förderrechtsrahmens den Erfordernissen der Zweck-Mittel-Analyse genügt. Bevor aber dieser Frage nachgegangen werden kann, soll kurz die Notwendigkeit der Zweck-Mittel-Analyse bei der GA-Förderung aufgezeigt werden.

2. Wettbewerbs- und Freiheitsprobleme

Angesichts des dargestellten Förderrechtsrahmens lassen sich potentielle Wettbewerbsbeeinträchtigungen, und damit verbunden, etwaige Freiheitsprobleme kaum von der Hand weisen. Vielmehr kann die regionale Strukturpolitik im Allgemeinen[769] und das Hauptinstrument derselben, die Förderung der gewerblichen Wirtschaft mittels der GA, im Besonderen als zentrales Feld der Subventionsgewährung angesehen werden[770]. Der in der gewerblichen Wirtschaft tätige Unternehmer erhält einen Investitionszuschuss. Er tätigt dafür im Gegenzug seine Investition in der strukturschwachen Region. Diesem Vorteil sieht sich der am selbem Markt tätige Unternehmer gegenüber, der seine Investition in einer nicht förderungswürdigen Region vornimmt, keine Subvention erhält und somit mehr Eigenkapital für das Investitionsvorhaben benötigt. Daraus ergeben sich Ungleichgewichte, die sich potentiell, je nach Schwere und Gewicht der Subvention, in Freiheitsbeeinträchtigungen wandeln können. Im Ergebnis stellt sich mit der Förderung durch GA-Mittel das Wettbewerbs- und Freiheitsproblem. Der Förderrechtsrahmen ist daher am Maßstab der Zweck-Mittel-Analyse zu messen.

3. Bewertung am Maßstab der Zweck-Mittel-Analyse

Der Maßstab der Zweck-Mittel-Analyse beinhaltet im Wesentlichen sechs Kriterien, die an den Förderrechtsrahmen zu stellen sind[771]. Nur wenn diesen Anforderungen entsprochen wird, liegt eine zweckgerechte Förderstruktur vor. Nachdem nun der Förderrechtsrahmen dargestellt wurde, soll dieser anhand des entwickelten Maßstabes bewertet werden.

a) Zweckbestimmtheit

Eine wesentliche Ausprägung der Zweck-Mittel-Analyse stellt die Zweckverdeutlichungspflicht dar, nach welcher der Gesetzgeber den Förderzweck hinrei-

---

[769] *Fürst / Klemmer / Zimmermann,* Regionale Wirtschaftspolitik, S. 165; *Riedel,* Investitionsförderung mittelständischer Unternehmen in strukturschwachen Regionen, S. 26 ff.; *Schmidt, Karl-Heinz,* Wirtschaftspolitik – Eine problemorientierte Einführung, S. 182.

[770] *Neupert,* Regionale Strukturpolitik als Aufgabe der Länder: Grundlagen, Verknüpfungen, Grenzen, S. 137.

[771] Zum allgemeinen Anforderungsprofil oben 1. Teil, C.

chend zu konkretisieren hat. Der Zweck muss deutlich zutage treten und darf sich nicht in allgemeinen Programmsätzen verlieren. Mit Blick auf die Frage nach der ausreichenden Zweckverdeutlichung der Subventionierung ist festzustellen, dass mit der verfassungsrechtlichen Bestimmung des Art. 91a GG lediglich eine Richtung für die weitere Zwecksetzung vorgegeben wurde. Es ist gerade nicht Aufgabe des Verfassungsrechts, den Förderzweck genau zu bestimmen, sondern vielmehr den institutionellen Rahmen für die Weiterentwicklung des Rechtsrahmens zu schaffen.

Aber auch die gesetzliche Regelung durch das GRW legt lediglich allgemeine Zielvorstellungen fest[772]. Mit dem Ziel einer Förderung der gewerblichen Wirtschaft bei Errichtung, Ausbau, Umstellung oder grundlegender Rationalisierung ist wenig über die tatsächliche Zweckstruktur und die Förderinstrumente ausgesagt[773]. Als förderfähig gilt letztlich jede Investition in nahezu jeder Entwicklungsphase eines Unternehmens. Es ist daher schon fraglich, ob das verfassungsrechtliche Ziel des Art. 91a Abs. 2 S. 2 GG, wonach die Gemeinschaftsaufgabe und damit auch ihr Zweck durch das GRW näher bestimmt werden soll, erreicht wurde. Immerhin lässt die verfassungsrechtliche Norm einen weiten Beurteilungsspielraum zu. Zudem wird die Förderung auf die gewerbliche Wirtschaft und die Entwicklung der wirtschaftsnahen Infrastruktur sowie auf bestimmte strukturschwache Regionen beschränkt. Ferner nennt § 5 Nr. 2 GRW ausdrücklich eine Verlagerung der weiteren Zielkonkretisierung auf die Ebene der Rahmenplanung. Der Grad an Zweckkonkretisierung, der dadurch erreicht wurde, ist gering, dennoch wird den verfassungsrechtlichen Vorgaben genüge getan.

Entscheidend für die Zweckbestimmung ist der Rahmenplan. Dessen Teil I kann dabei lediglich als Kommentierung der allgemeinen regionalen Wirtschaftspolitik verstanden werden. Die dort genannten Zielsetzungen lassen sich nicht im Sinne von Fördertatbeständen operationalisieren. Die Darstellung der Förderzwecke erfolgt daher primär durch Teil II des Rahmenplans. Insgesamt lassen die Fördertatbestände einen hohen Grad der Konkretisierung erkennen. So wird ausdrücklich auf einen Primäreffekt abgestellt, mittels dessen die weiteren Endzwecke der Förderung erreicht werden sollen[774]. Während die Endzwecke auf der einen Seite recht vage als allgemeine politische Zielsetzungen in Teil I formuliert sind, macht der Teil II die Erreichung bestimmter Endzwecke zur Voraussetzung einer Förderung. Es ist als positiv zu bewerten, dass die Erhöhung der Beschäftigung als Ziel ausdrücklich in den Förderrechtsrahmen integriert wurde. Damit wird die Zweckstruktur deutlich. Die Zweistufigkeit der Förderung bis hin zur Zweckerreichung tritt klar hervor. Darüber hinaus wird mit dem Ziel der Schaffung bzw. Erhaltung

---

[772] *Rengeling,* Gesetzgebungszuständigkeit, in: Isensee / Kirchhof (Hrsg.), Handbuch des Staatsrechts IV, § 100 Rdnr. 286.

[773] So § 1 Abs. 1 GRW.

[774] Zum Problem, ob der Primärzweck tatsächlich zur Erreichung der Endzwecke führt vgl. unten 2. Teil, B., V., 3., e.

von Arbeitsplätzen ein operationalisierbarer Zweck benannt, der einer Kontrolle zugänglich ist. Folglich kann die Deutlichkeit der Zweckstruktur im Rahmenplan der GA als durchaus gelungen bezeichnet werden.

Demgegenüber lassen sich indes auch Schwachpunkte in der weiteren Ausgestaltung feststellen. So ist insbesondere der formulierte Grundsatz der Zusätzlichkeit[775] auch im Rahmen der GA-Förderung als kritisch anzusehen[776]. So kann es enorme Schwierigkeiten bereiten, festzustellen, wann eine Maßnahme keinerlei regionale Zielsetzung verfolgt und daher über andere öffentliche Finanzmittel zu finanzieren wäre. Noch deutlicher treten die Schwierigkeiten zutage, wenn man sich vor Augen hält, dass auf der einen Seite andere Politikbereiche in die GA-Förderung integriert, auf der anderen Seite aber die GA-Mittel nicht zu einer Ersatzfinanzierung derselben verwendet werden dürfen[777]. Dieser Gesichtspunkt zeigt die Schwächen einer praktikablen Ausfüllung des Zusätzlichkeitserfordernisses. Als Programmansatz mag die Zusätzlichkeit zwar durchaus ihre Berechtigung haben, indes als Zweckbegrenzung entfaltet diese nur geringe Wirkung. Ebenfalls mit Kritik behaftet ist die Bestimmung der Fördergebiete. So werden bei der Bewertung der Fördergebiete nach wie vor politische und ökonomische Abgrenzungskriterien miteinander vermischt[778]. Damit einhergehend wird die GA-Förderung nach wie vor als besondere Form der Gießkannenförderung bezeichnet[779].

Geht man nun in der Regelungsebene einen Schritt weiter, so ist zu konstatieren, dass die landesspezifischen Regelungen keine weitere Zweckkonkretisierung vornehmen. Diese erschöpfen sich im Wesentlichen in einer Wiederholung der bereits im Rahmenplan genannten Zielsetzungen. Dies ist sicher eine Folge der schon weitgehenden Konkretisierung durch den Rahmenplan selbst. Auch lassen sich landesspezifische Förderschwerpunkte kaum erkennen. Wenn es im regionalen Förderprogramm „Sachsen-Anhalt" beispielsweise heißt, dass die Leistungsfähigkeit der Unternehmen und die Produktivität der Erwerbstätigen gesteigert werden sollen, findet eine weitere Konkretisierung der Zielsetzung im Ergebnis nicht statt[780]. Dass die Erhöhung der Produktivität und der Leistungsfähigkeit ein besonderes Entwicklungsziel des Landes Sachsen-Anhalt darstellen soll, kann wohl kaum angenommen werden. Eine landesspezifische Schwerpunktbildung lässt sich daher nicht erkennen.

---

[775] Vgl. dazu oben 2. Teil, B., V., 1., c., cc., (1).

[776] Zum Merkmal der Zusätzlichkeit bei ABM vgl. unten 2. Teil, A., I., 2., b., bb.

[777] *Tetsch / Benterbusch / Letixerant,* Die Bund-Länder-Gemeinschaftsaufgabe „Verbesserung der regionalen Wirtschaftsstruktur", S. 104.

[778] *Füchsel,* Gemeinschaftsaufgabe, S. 23; *Wartenberg,* Regionale Wirtschaftsförderung in der Sackgasse?, Wirtschaftsdienst 1981, 142 ff.

[779] *Ewringmann / Hansmeyer,* Zur Beurteilung von Subventionen S. 129; *Knigge,* Regionale Wirtschaftspolitik – Gemeinschaftsaufgabe „Verbesserung der regionalen Wirtschaftsstruktur" (GRW), wisu 1978, 141.

[780] BT-Drucksache 13 / 9992, 27.Rahmenplan, Teil III, 12., S. 128.

Ein weiteres mit der Zweckverdeutlichung einhergehendes Problem ist die Frage nach der Einhaltung des Gesetzesvorbehalts im Leistungsrecht. Es ist zu fragen, ob das System der Rahmenplanung mit den rechtsstaatlichen Anforderungen vereinbar ist. Hier ist festzustellen, dass weder das GRW noch der Rahmenplan oder die landesspezifischen Regelungen rechtliche Außenwirkung besitzen[781]. Vielmehr ist die gesamte Planung und mit dieser der Förderrechtsrahmen, als Staatsinternum zu qualifizieren[782]. Folglich kann der Förderrechtsrahmen durch den von der Subventionierung betroffenen Bürger gerichtlich nicht überprüft werden. Auch durch die besondere Form der Ausarbeitung eines Förderrechtsrahmens mittels Planung vermag den Anforderungen der Zweckverdeutlichungspflicht und insbesondere des Gesetzesvorbehalts nicht zu genügen. Die faktisch schwache Einbindung der Legislative in die Erstellung des Förderrechtsrahmens begegnet auch hier rechtsstaatlicher Bedenken[783]. Ähnlich den Verwaltungsrichtlinien trifft bei der Subventionierung mittels Planung nicht der Gesetzgeber die wesentlichen Entscheidungen, sondern ein Regierungsgremium, der sogenannte Planungsausschuss nach § 6 GRW. Allein die Exekutive beherrscht die Bestimmung des Förderzwecks[784]. Dies genügt indes nicht den Anforderungen, die der Gesetzesvorbehalt an eine ordnungsgemäße Erfüllung der Zweckverdeutlichungspflicht stellt[785].

Nicht gefolgt werden kann der Argumentation, dass mit einer Vorverlegung des Gesetzesvorbehalts auf die leistungsstaatliche Planung nicht viel gewonnen wäre, da das Parlament ohnehin über das Budgetrecht an der Ressourcenplanung beteiligt sei[786]. Zum einen reduziert sich das Budgetrecht des Parlaments auf ein lediglich formales Recht[787], zum anderen fordert der Gesetzesvorbehalt nicht eine bloße Bestimmung über die Verteilung der Ressourcen, sondern vielmehr eine gesetzgeberische Entscheidung über den Förderzweck selbst. In diesem manifestiert sich die wesentliche Entscheidung im Rahmen einer Fördermaßnahme, so dass diese zwingend durch das Parlament erfolgen muss. Auch der Einwand[788], dass der Gesetzesvorbehalt für die staatsleitende Planung nicht passe, da vielfach eine norma-

---

[781] Zum GRW vgl. oben 2. Teil, B., V., 1., b.; zur Rechtsnatur des Rahmenplans oben 2. Teil, B., V., 1., c., aa., (1).

[782] So schon oben 2. Teil, B., V., 1., c., aa., (1).

[783] Ausführlich zum Problemkreis Planung und Gesetzesvorbehalt *Vitzthum*, Parlament und Planung, S. 304 ff.

[784] Zutreffend spricht *Neupert*, Regionale Strukturpolitik als Aufgabe der Länder: Grundlagen, Verknüpfungen, Grenzen, S. 192 von gesetzesfreier Verwaltung auf dem Gebiet der regionalen Strukturpolitik.

[785] Ausführlich zur Geltung des Gesetzesvorbehalts im Leistungsrecht oben 1. Teil, C., I., 2.

[786] So *Hoppe*, Planung, in: Isensee / Kirchhof (Hrsg.), Handbuch des Staatsrechts III, § 71 Rdnr. 49.

[787] Das Parlament unterliegt vielmehr einem faktischen Zwang der Bewilligung der durch die GA veranschlagten Ansätze im Haushalt, oben 2. Teil, B., V., 1., c., aa., (1).

[788] Ebenfalls *Hoppe,* Planung, in: Isensee / Kirchhof (Hrsg.), Handbuch des Staatsrechts III, § 71 Rdnr. 48.

tive Außenwirkung gerade vermieden werden solle, um etwaige Projekte sinnvoll durchführen bzw. planen zu können, überzeugt zumindest für die GA nicht. Endpunkt der GA stellt die konkrete Subventionsgewährung dar. Es ist nicht ersichtlich, warum diese nicht auf ein Gesetz gestützt sein kann, das dem Bürger gegenüber Rechtswirkung entfaltet und ihm transparent die Förderziele, und -voraussetzungen vor Augen führt. Zuzugeben ist, dass im Rahmen der GA angesichts der Zusammenarbeit von Bund und Länder auf die Planungsebene nicht verzichtet werden kann. Indes sollte am Ende ein detailliertes Subventionsgesetz stehen, das inhaltlich den Rahmenplan ausfüllt. Zuständig hierfür wären angesichts der Durchführungskompetenz die Länderparlamente.

Im Ergebnis lässt sich damit für die Zweckbestimmtheit feststellen, dass die Darlegung der verschiedenen Förderzwecke, insbesondere die Unterscheidung von Primär- und Endzweck als gelungen angesehen werden kann. Daneben zeigen sich Defizite im Bereich der hinreichenden Rechtsstaatlichkeit bei der Ausbildung des Förderrechtsrahmens. So konnte auch die Förderung mittels Planung nicht den Anforderungen des Gesetzesvorbehalts genügen.

b) Zweckklarheit

Das Erfordernis der Zweckklarheit knüpft unmittelbar an das Problem des Gesetzesvorbehalts an. Danach muss der Förderzweck nicht nur ausreichend bestimmt, sondern auch klar zum Vorschein kommen. Hinter dem vordergründig formulierten Zweck darf sich kein tatsächlich verfolgter Zweck verbergen. Ausgehend von dieser Bestimmung lassen sich im Förderrechtsrahmen der GA keine Zweckverschleierungen erkennen. Versteht man das Erfordernis der Zweckklarheit aber etwas weiter, so lässt sich aus diesem ein Gebot der Transparenz des Förderrechtsrahmen entnehmen. Nun stellt sich der gesamte Förderrechtsrahmen der GA als sehr komplexes Regelwerk dar. Indes ist der Grat zwischen Komplexität und fehlender Transparenz äußerst schmal. Der Förderrechtsrahmen besteht aus einer Vielzahl von Regelungen. Neben verfassungsrechtlichen Bestimmungen und einfachgesetzlichen Normen sind der Rahmenplan sowie die landesspezifischen Förderrichtlinien zu beachten. Dieses System der Rechtsfindung kann hierbei nicht nur als kompliziert, sondern gar als intransparent bezeichnet werden[789]. Gerade der Subventionsempfänger wird sich fragen, welche Regelungen für ihn entscheidend sind. Ohne rechtliche Vorkenntnisse lässt sich die Rechtsstruktur jedoch kaum durchdringen. Darüber hinaus umfasst der Rahmenplan über 200 Seiten. Allein dieser Umstand zeugt per se nicht von einer transparenten und effizienten Struktur, die es dem betroffenen Bürger leicht macht, den Förderzweck und die -voraussetzungen zu erkennen. Vielmehr lässt sich der Eindruck eines intranspa-

---

[789] *Schneider,* Sinn und Widersinn der steuerlichen Investitionsförderung für die neuen Bundesländer und des Solidaritätszuschlags, DB 1991, 1081.

renten Fördersystems nur schwer widerlegen. Damit einher geht der beträchtliche bürokratische Aufwand, der durch das Prozedere der GA entsteht[790].

c) Zweckbeschränkung

Als weitere Forderung der Zweck-Mittel-Analyse ist die Beschränkung der Förderzwecke anzusehen. Die Zwecke dürfen nicht derart ausgestaltet sein, dass es zur Beliebigkeit derselben kommt, bzw. diese gegeneinander ausgetauscht werden können. Gerade die GA zeigt sehr deutlich die Probleme, die bei der Formulierung der Ziele einer regionalen Strukturpolitik auftreten. So hat sich im Rahmen der GA eine beträchtliche Komplexität der Ziele und Zwecke herausgebildet[791]. Damit geht immer die Gefahr der Zielkonflikte einher, die indes durch den Förderrechtsrahmen vermieden werden sollten. Der Förderrechtsrahmen darf nicht mit möglichen Förderzwecken überfrachtet werden, so dass angesichts der Zielkomplexität die eigentlichen Zielsetzungen nicht mehr deutlich genug hervortreten. Im Rahmen der GA ist dabei das strukturelle Problem festzustellen, dass die Zweckfindung im Zusammenwirken mehrerer Rechtssetzungsebenen erfolgt. Jede Ebene wird dabei versuchen, ihre Ziele in der Planung weitgehendst zu verwirklichen. Es findet weder eine Kooperation noch Koordination, sondern eine Aneinanderreihung von Zwecken statt. Die Folge sind undeutliche Kompromisse, die sich im Förderrechtsrahmen niederschlagen.

d) Zweckkoordination

Folglich stellt eines der Kriterien im Rahmen der Zweck-Mittel-Analyse die Koordination der Zwecke dar. Nicht nur die Zwecke müssen dabei aufeinander abgestimmt, sondern auch die beteiligten Entscheidungsträger untereinander koordiniert werden. Als eines der Hauptprobleme der GA kann das bestehende, unkoordinierte Nebeneinander von GA und ländereigenen Regionalprogrammen angesehen werden[792]. So können Förderprogramme der Länder neben der GA durchgeführt werden. Eine kompetenzrechtliche Sperrwirkung durch die GA besteht insoweit nicht[793]. Damit verliert die GA aber eine ihrer wesentlichen Aufgaben, eine Koor-

---

[790] *Stober,* Zur wirtschaftlichen Bedeutung des Bundesstaatsprinzips, BayVBl 1989, S. 103.

[791] *Neupert,* Regionale Strukturpolitik als Aufgabe der Länder: Grundlagen, Verknüpfungen, Grenzen, S. 89; *Riedel,* Investitionsförderung mittelständischer Unternehmen in strukturschwachen Regionen, S. 35 ff.

[792] *Füchsel,* Gemeinschaftsaufgabe, S. 23; *Wartenberg,* Regionale Wirtschaftsförderung in der Sackgasse?, Wirtschaftsdienst 1981, 140 ff.

[793] *Blümel,* Verwaltungszuständigkeit, in: Isensee / Kirchhof (Hrsg.), Handbuch des Staatsrechts IV, § 101 Rdnr. 138 ff.; *Liesegang,* Helmuth C. F., in: v. Münch, Grundgesetz-Kommentar, Art. 91a Rdnr. 40 ff.; *Maunz,* Theodor, in: Maunz / Dürig (Hrsg.), Kommentar zum GG,

dinierung der regionalen Wirtschaftsförderung in der Bundesrepublik zu erreichen. Dies wird auch im Rahmenplan durchaus richtig erkannt, wenn es dort resignierend heißt, dass „die neben der GA bestehenden Landesförderprogramme mit regionaler Zweckbestimmung die Ziele der GA nicht durchkreuzen dürfen"[794]. Mehr als ein Appellcharakter ist dieser Forderung kaum zu entnehmen. Vielmehr liegt eine der Hauptschwächen der GA darin, dass eine lediglich unvollständige Koordinierung versucht wird. Es kann eben doch zu einer Konstellation regionales Länderprogramm versus GA kommen, in der Zweckdivergenzen auftreten können.

Als Beispiel mag das Landesinvestitionsprogramm für den Mittelstand in Thüringen dienen, das neben der GA installiert wurde, sich jedoch nicht an den Förderschwellen der GA orientiert[795]. Damit tritt das Land Thüringen mit seinem eigenen regionalen Förderprogramm in Konkurrenz zur mitfinanzierten GA[796]. Statt einer Bündelung der Förderung durch Koordination besteht die Gefahr eines Subventionswettlaufs. So können die Standortvorteile mittels GA-Förderung durch eine Landesförderung, die in Regionen erfolgt, die nach der GA nicht förderungswürdig sind, wieder zunichte gemacht werden[797]. Über Landesförderprogramme lassen sich die GA-Fördermaßnahmen leicht konterkarieren, so dass der regionalpolitische Nutzen verloren geht. Dieses Manko der mangelnden Koordination zeigt sich auch in den landesspezifischen Bestimmungen der regionalen Förderprogramme. Hier werden die sonstigen Entwicklungsmaßnahmen, seien es nun landeseigene oder europäische, lediglich aufgezählt. Eine besondere Verzahnung, Anbindung oder Ergänzung ist nicht vorgesehen. Auch fehlen Regelungen über eine Abstimmung der im Wesentlichen ähnlichen regionalpolitischen Zielsetzungen. Über die bloße Aufzählung der weiteren Landesförderprogramme geht der Förderrechtsrahmen auch insoweit nicht hinaus. Die Forderung nach Koordination verliert sich im unbestimmtem Appellcharakter des Rahmenplans.

Des Weiteren wird zwar eine Koordination der einzelnen Politiken, wie der Arbeitsmarkt-, Mittelstands-, Forschungs- und Technologiepolitik gefordert[798], jedoch bleibt es auch hier lediglich bei dieser Forderung. Im weiteren Förderrechtsrahmen finden sich keine dementsprechenden Koordinierungsansätze. Vielmehr ist das GA-Fördersystem bewusst breit angelegt, um eine Unterstützung möglichst vieler Politikbereiche zu ermöglichen[799]. Damit wird zum einen aber eine Koordi-

---

Art. 91a Rdnr. 66 ff.; *Neupert*, Regionale Strukturpolitik als Aufgabe der Länder: Grundlagen, Verknüpfungen, Grenzen, S. 251 ff.; ferner BVerwGE 59, 327, 332 ff.; *Patzig*, Die Gemeinschaftsfinanzierung von Bund und Ländern, S. 142 ff.

[794] BT-Drucksache 13/9992, 27.Rahmenplan, Teil I, 3.3, S. 7.

[795] Dazu unten 2. Teil, B., VI., 1.

[796] *Klemp*, Öffentliche Finanzhilfen (Subventionen) – Instrumente staatlicher Finanzintervention, S. 85.

[797] Mit weiteren Beispielen *Klemp*, Öffentliche Finanzhilfen (Subventionen) – Instrumente staatlicher Finanzintervention, S. 86 ff.; *Nieder-Eichholz*, Die Subventionsordnung, S. 113 ff.

[798] BT-Drucksache 13/9992, 27.Rahmenplan, Teil I, 3.3, S. 7.

[799] So ausdrücklich BT-Drucksache 13/9992, 27.Rahmenplan, Teil I, 3.5, S. 7.

nation der Politikbereiche umgangen, da sich die GA-Förderung sämtlichen Bereichen öffnet, zum anderen müssen auch die Zwecke im Ansatz breit angelegt werden, um eine Verzahnung zu ermöglichen. Hierbei besteht indes die Gefahr einer Zweckbeliebigkeit, die sich in unbestimmt und allgemein formulierten Zwecken äußert[800]. Die GA-Förderung konzentriert sich auf eine Vielzahl von Zwecken und verliert dabei an Stringenz und Zweckdeutlichkeit. Diesem Bestreben gilt es deutlich entgegenzutreten.

Aber auch die Schaffung einheitlicher Förderstandards für sämtliche Ebenen der regionalen Wirtschaftsförderung kann als weitgehend gescheitert angesehen werden. So sind die Länder nach wie vor nicht daran gebunden, sich an die Fördergebietsabgrenzungen der GA zu orientieren. Noch deutlicher wird dies im Verhältnis zur kommunalen Wirtschaftsförderung, wo der Planungsausschuss den Kommunen lediglich Empfehlungen geben kann[801]. Damit setzt sich der Subventionswettlauf der Länder auf kommunaler Ebene fort. Die kommunale Wirtschaftsförderung beteiligt sich ebenfalls am Standortwettbewerb[802]. Von einem einheitlichen Subventionsrahmen der regionalen Wirtschaftsförderung ist man daher noch weit entfernt. Auch im Verhältnis zur europäischen Regionalförderung gibt es nach wie vor starke Divergenzen. So billigt sich die Europäische Union nach wie vor ein größeres Fördergebiet im Rahmen ihrer Förderung durch die EU-Regionalfonds als die nationale GA zu[803]. Von einer Koordinierung der Fördergebietsabgrenzung kann daher nur schwerlich die Rede sein. Darüber hinaus wird die Gefahr gesehen, dass bei einer fortschreitenden Kohärenz der Fördergebiete eine Gleichschaltung von Zielen der europäischen und der nationalen Regionalförderung stattfindet, mit der Folge, dass die Zielfestlegung derselben schon auf europäischer Ebene erfolgt[804].

Im Ergebnis wird die Tendenz sichtbar, dass nahezu jedes Investitionsvorhaben als förderwürdig angesehen wird[805]. Damit findet aber keine Koordination der verschiedenen Förderinstrumente, sondern ein willkürliches Nebeneinander sich möglicherweise gar widersprechender Förderungen statt. Volkswirtschaftlich ist dies als Ineffizienz zu bezeichnen, juristisch als akonform mit der Zweck-Mittel-Analyse. Demgegenüber findet sich im Förderrechtsrahmen[806] in Teil II Ziff. 1.4 ein Katalog der zu beachtenden Planungsebenen anderer Politikbereiche. Jedoch stellt

---

[800] Vgl. die Ausführungen zur Zweckbeschränkung oben 2. Teil, B., V., 3., c.

[801] BT-Drucksache 13/9992, 27.Rahmenplan, Teil I, 3.4, S. 7.

[802] *Welsch,* Kommunale Wirtschaftsförderung zwischen Ansiedlungskonkurrenz und Beschäftigungspolitik, WSI-Mitteilungen 1986, 720.

[803] BT-Drucksache 13/9992, 27.Rahmenplan, Teil I, 3.6.2, S. 9.

[804] So in Andeutungen der Planungsausschuss BT-Drucksache 3/9992, 27.Rahmenplan, Teil I, 6.5, S. 17.

[805] *Ewringmann/Freund/Hansmeyer/Kortenkamp/Vorholz,* Die Gemeinschaftsaufgabe „Verbesserung der regionalen Wirtschaftsstruktur" unter veränderten Rahmenbedingungen, S. 38; *Klemp,* Öffentliche Finanzhilfen (Subventionen) – Instrumente staatlicher Finanzintervention, S. 88.

[806] BT-Drucksache 13/9992, 27.Rahmenplan, Teil II, 1.4., S. 32.

eine bloße Beachtungspflicht noch keine eigenständige Koordination dar. Die Ziff. 1.4 ist in ihrer Struktur so angelegt, dass sich das Investitionsvorhaben an den anderen raumwirksamen Politikbereichen zu orientieren hat. Folglich findet keine eigentliche Koordination statt, sondern eine Überprüfung, ob das Vorhaben den anderen Zielsetzungen nicht zuwiderläuft. Dies stellt aber keine Verzahnung der verschiedenen Politikbereiche dar, sondern führt zu einer Anpassung der GA an dieselben. Folglich ist es notwendig, gemeinsame Gremien zu bilden und detaillierte Koordinationsverfahren zu entwickeln. Nur so lassen sich die betroffenen Politikbereiche sinnvoll miteinander verflechten. Von der in Teil I geforderten Koordinierung ist im Förderrechtsrahmen insgesamt wenig zu sehen[807]. Auch die Koordination im Zusammenwirken von Bund – Länder wird in Ziff. 1.5 des Rahmenplans mit detaillierten Informations- und Darlegungspflichten näher bestimmt. Indes stellt die ausreichende Information lediglich den ersten Schritt zu einer umfassenden Koordination dar. Hierauf müsste aufgebaut werden. Der Förderrechtsrahmen bietet durchaus positive Ansätze, die eine umfassende Koordination ermöglichen. Dennoch konnten die angesprochenen Schwächen in der Zweckkoordination nicht völlig beseitigt werden.

e) Zwecknähe

Ein weiteres Kriterium bildet die Zwecknähe. Danach sollen sich die Ziele des Subventionsempfängers und das Förderziel nicht diametral gegenüber stehen. Der Subventionsempfänger soll vielmehr in seinem Verhalten möglichst eng am Förderzweck ausgerichtet sein. Insbesondere ist erforderlich, dass über den Primärzweck, der durch das Verhalten des Subventionsempfängers erreicht werden soll, der Endzweck sich zwangsläufig einstellt. Die GA-Förderung wird nun auf überregional tätige Betriebe beschränkt. Dieses Förderkriterium will eine Nachfragesteigerung in der jeweiligen Förderregion initiieren. Hier lässt sich kritisieren, dass der Primärzweck zwar erreicht wird, nämlich eine Wertsteigerung im geförderten Unternehmen stattfindet, jedoch der Endzweck, die zusätzliche Nachfrage nach lokalen Gütern und Dienstleistungen und die Bildung zusätzlicher Einkommen bei den lokalen Betrieben, mehr als vage bleibt. Gerade der gewünschte Wirkungszusammenhang zwischen Primär- und Endzweck lässt sich nur schwer nachvollziehen. So müssen zusätzliche Einkommen nicht zwangsläufig zu einer zusätzlichen lokalen Nachfrage führen. Hier sei nur an etwaige Pendler erinnert, deren zusätzliche Kaufkraft in andere Regionen abfließt; oder aber daran, dass das zusätzliche Einkommen nicht zwingend in der geförderten Region umgesetzt werden muss, sondern aufgrund der Konsum-Attraktivität nicht förderwürdiger Regionen in dieselben abfließt. Daraus ergibt sich eine kausale Ferne von Primär- und Endzweck.

In ähnliche Richtung geht der Kritikansatz, dass das Förderkriterium der Überregionalität kleine und mittlere Unternehmen diskriminiert, deren Aktionsradius

---

[807] Dazu oben 2. Teil, B., V., 1., c., aa., (3).

vielfach regional ausgestaltet ist[808]. Gerade dieser Unternehmenstyp soll indes durch die GA gefördert werden. Hier lässt sich ein gewisses Maß an Zieldivergenz nicht von der Hand weisen. Erst über den Sekundäreffekt wird eine indirekte Förderung der regional tätigen Unternehmen erreicht, jedoch mit den angesprochenen Verlusten an Zielgenauigkeit. Demgegenüber bildet die Vorbeginnsregelung, mit der dem Subventionsgeber noch die Möglichkeit bleibt, das Verhalten des Subventionsempfängers verstärkt auf den Förderzweck auszurichten, ein durchaus gelungener Ansatz. Dies stellt ein wesentlicher Vorteil im Vergleich zur steuerlichen Vergünstigung nach dem InvZulG dar. Nicht nur die Zwecknähe wird dadurch merklich erhöht, sondern die Wirtschaftsförderung insgesamt richtet sich verstärkt an regionalpolitischen Zielen aus.

f) Zweck-Mittel-Kontrolle

Abschließend sei nun die Zweck-Mittel-Kontrolle zu überprüfen. Eine solche muss durch den Förderrechtsrahmen selbst schon intendiert sein, um den Anforderungen der Zweck-Mittel-Analyse zu genügen. Auch wenn in Teil I des 27.Rahmenplans die Kontrollinstrumente dargestellt werden, so lassen sich dennoch einige Schwächen aufzeigen[809]. So wurde den Ländern insgesamt mehr Spielraum hinsichtlich der weiteren Ausgestaltung der Durchführung belassen[810]. Hinsichtlich der geforderten Kontrolle der Durchführung der Fördermaßnahmen finden sich in den regionalen Förderprogrammen keinerlei Bestimmungen. Zwar werden die Tatbestandsvoraussetzungen mit der Förderbewilligung geprüft, eine weitere Überwachung oder Kontrolle durch die Länder ist im Förderrechtsrahmen aber nicht ausdrücklich vorgesehen. Allein statistische Erhebungen werden in den regionalen Aktionsprogrammen erwähnt. Zwar sind die Länder zu einer Prüfung der Verwendungsnachweise seitens der Subventionsempfänger verpflichtet, jedoch fehlt es vielfach an den erforderlichen detaillierten Kontrollnormen[811]. Auch die beschriebene Kontrolle durch die Rechnungshöfe kann als nur lückenhaft angesehen werden. Hinsichtlich der Schwächen im Rahmen einer Kontrolle von Subventionen durch die Rechnungshöfe kann auf die bereits gemachten Ausführungen im Rahmen der Prüfung nationaler Arbeitsbeschaffungsmaßnahmen verwiesen werden[812].

Eine einzelbetriebliche Wirkungsanalyse, welche die weitere Entwicklung des geförderten Unternehmens beobachtet, scheiterte bislang an der praktischen Um-

---

808 *Tetsch/Benterbusch/Letixerant,* Die Bund-Länder-Gemeinschaftsaufgabe „Verbesserung der regionalen Wirtschaftsstruktur", S. 62.

809 Vgl. oben die Darstellung des Kontrollinstrumentariums 2. Teil, V., 1., c., dd.

810 BT-Drucksache 13/9992, 27. Rahmenplan, Teil I, 4.2.6, S. 14.

811 Es wird zwar bezüglich der Einzelheiten einer Verwendungskontrolle auf die regionalen Förderprogramme verwiesen, jedoch mangelt es dort an detaillierten Angaben; vgl. BT-Drucksache 13/9992, 27. Rahmenplan, Teil I, 8.2.2, S. 20.

812 Vgl. dazu oben 2. Teil, A., I., 3., f.

setzung[813]. So notwendig eine verbesserte und kontinuierliche Wirkungskontrolle ist, so konnten insbesondere datenschutzrechtliche Probleme nicht überwunden werden[814]. Indes zeigt dies, dass noch nicht alle Kontrollinstrumente vollständig ausgeschöpft wurden. Die darüber hinausgehende Zielerreichungskontrolle kann als weitgehend wirkungslos bezeichnet werden[815]. So kann der Fördergebietsabgrenzung nur eine geringe Vergleichbarkeit beigemessen werden, da sich sowohl die maßgeblichen Indikatoren als auch die Fördergebiete ständig ändern. Folglich konstatiert der Planungsausschuss, dass nicht festgestellt werden kann, ob und inwieweit eine festgestellte Annäherung der Förderregionen an das Niveau der Nichtförderregionen dem Einsatz des GA-Instrumentariums zuzurechnen ist[816]. Eine ähnliche Untauglichkeit wird den bisher durchgeführten Wirkungskontrollen zugeschrieben[817]. Aufgrund methodischer und datentechnischer Probleme lassen etwaige Wirkungsanalysen nur begrenzt Aussagen zu. Daneben besteht eine derart große Komplexität der Sachzusammenhänge, dass sich Wirkungsverläufe äußerst schwer nachvollziehen lassen, wenn auch die Notwendigkeit einer Wirkungsanalyse anerkannt wird, um Aussagen über die Effizienz des regionalpolitischen Instrumentariums machen zu können[818].

Betrachtet man diese Einschätzungen vor dem Hintergrund der Zweck-Mittel-Analyse, so ist es durchaus erstaunlich, dass eine Förderung installiert werden kann, von der man letztlich nicht weiß, ob sie überhaupt „wirkt", mit anderen Worten zur Erreichung der angestrebten Ziele geeignet ist. Zwar mögen die Wirkungszusammenhänge durchaus komplex und undurchdringlich sein, jedoch kann dies kein Argument dafür sein, eine Wirkungskontrolle vollständig zu unterlassen. Gerade angesichts der Komplexität wäre es dringend notwendig, die Förderziele so konkret als möglich zu benennen. Je konkreter die Zwecke letztlich benannt werden, desto einfacher lassen sich diese operationalisieren und die Wirkungszusammenhänge aufzeigen. Folglich ist das Problem nicht bei untauglichen Erfolgsanalysen, sondern bei der Benennung und Beschränkung der Ziele zu suchen.

Die im Förderrechtsrahmen integrierten Instrumente der Zwecksicherung sind dahingegen als positiv zu bewerten. Insbesondere die Ausgestaltung der Sanktionsmöglichkeiten bei Nichterreichung der Förderzwecke ist detailliert ausgestaltet.

---

[813] Ebenso kritisch zum Fehlen einer einzelbetrieblichen Erfolgskontrolle *Klemp,* Öffentliche Finanzhilfen (Subventionen) – Instrumente staatlicher Finanzintervention, S. 84.

[814] Ausführlich dazu BT-Drucksache 13 / 9992, 27.Rahmenplan, Teil I, 8.2.5, S. 25.

[815] In der Einschätzung ähnlich *Ewringmann / Freund / Hansmeyer / Kortenkamp / Vorholz,* Die Gemeinschaftsaufgabe „Verbesserung der regionalen Wirtschaftsstruktur" unter veränderten Rahmenbedingungen, S. 33 ff.; *Klemp,* Öffentliche Finanzhilfen (Subventionen) – Instrumente staatlicher Finanzintervention, S. 83 ff.; *Neupert,* Regionale Strukturpolitik als Aufgabe der Länder: Grundlagen, Verknüpfungen, Grenzen, S. 116.

[816] BT-Drucksache 13 / 9992, 27.Rahmenplan, Teil I, 8.3, S. 26.

[817] BT-Drucksache 13 / 9992, 27.Rahmenplan, Teil I, 8.4, S. 26.

[818] *D'Orville,* Probleme einer Erfolgskontrolle regionalpolitischer Maßnahmen, S. 217 ff.

Vor allem die Möglichkeiten des Widerrufs des Zuwendungsbescheids und die Rückforderung der Fördermittel sind spezifisch den Besonderheiten des Förderrechtsrahmens angepasst.

Folglich ergibt sich im Rahmen der Zweck-Mittel-Kontrolle ein ambivalentes Bild. Auf der einen Seite ist der Kontrollrahmen deutlich stärker ausgestaltet als bei vielen anderen Förderprogrammen. Auf der anderen Seite gibt es aber auch hier Defizite und das Optimum an integrierter Zweck-Mittel-Kontrolle ist noch nicht erreicht. Die GA-Förderung knüpft primär an den Investitionstatbestand an; ob der Endzweck – die Schaffung neuer Arbeitsplätze – erreicht wird, entzieht sich der Kontrolle. Eine bloße Mitnahme der Förderung seitens der Unternehmen wird nicht wirklich verhindert[819]. Es bleibt daher im Rahmen der Zweck-Mittel-Kontrolle festzuhalten, dass förderspezifische Sanktionsmechanismen in den Förderrechtsrahmen integriert wurden, die Erfolgskontrolle nach wie vor unzureichend ist.

4. Weiterentwicklung der Gemeinschaftsaufgabe

Angesichts der kritischen Bewertung der GA am Maßstab der Zweck-Mittel-Analyse gilt es, diese weiterzuentwickeln[820]. Die angesprochenen Kritikpunkte implizieren zugleich die Richtung, in welche eine Weiterentwicklung vonstatten gehen sollte. So muss in erster Linie das Defizit an Rechtsstaatlichkeit beseitigt werden. Hierbei ist die Planungsphase mit Rahmen- und Detailplan nicht gänzlich aufzugeben, jedoch sollten die Länder eine gesetzliche Bestimmung der Förderzwecke wie auch der Fördervoraussetzungen vornehmen. Eine Förderentscheidung würde dann allein anhand dieser Landesgesetze vorgenommen. Damit wäre eine erhöhte Transparenz nach außen verbunden, da ein Investitionsvorhaben an den gesetzlichen Normen und nicht an den Erfordernissen des gesamten Rahmenplans auszurichten wäre. Für den Bürger würde das Landesgesetz die einzig entscheidende Regelung darstellen. Den Prinzipien der Zweckdeutlichkeit und Zweckklarheit würde damit entsprochen.

Einer der wichtigsten Erfordernisse stellt die notwendige Koordinierung der verschiedenen Förderinstrumente dar. Etwaige regionale Landesförderprogramme sind zwingend in die GA zu integrieren. Eine damit letztlich einhergehende Sperrwirkung wäre ausdrücklich zu normieren. Ferner müssten die Bestimmungen der GA auch für solche Förderprogramme gelten, die sich mit den Zielsetzungen der GA überschneiden. Die verwandten Politikbereiche müssten sich stärker an der GA ausrichten und nicht umgekehrt. Dies ließe sich auch damit begründen, dass

---

[819] So schon die Einschätzung bei *Klemp,* Öffentliche Finanzhilfen (Subventionen) – Instrumente staatlicher Finanzintervention, S. 85.

[820] *Ewringmann / Freund / Hansmeyer / Kortenkamp / Vorholz,* Die Gemeinschaftsaufgabe „Verbesserung der regionalen Wirtschaftsstruktur" unter veränderten Rahmenbedingungen, S. 341 ff.

die GA verfassungsrechtlich ausdrücklich normiert ist und ihr dadurch eine Vorrei-
terrolle bei der regionalen Wirtschaftsförderung zukommt. Um eine verstärkte Verzahnung und Koordination verwandter Förderinstrumente zu erreichen, müssten
regionale Koordinationsgremien gebildet werden. Diesen käme die Aufgabe zu,
Förderzuständigkeiten abzugrenzen und ausdrücklich zu zuweisen und integrierte
Förderkonzepte zu entwickeln, um so Synergieeffekte zu ermöglichen. Um diese
Koordination nicht im luftleeren Raum zu belassen, müssen unabhängige Institutionen errichtet werden, unter deren Dach eine solche Koordination erfolgen
könnte[821]. Ihnen würde dabei nicht nur die Koordinierungsfunktion, sondern möglicherweise eine insgesamte Prüfung des Förderrechtsrahmens am Maßstab der
Zweck-Mittel-Analyse zukommen[822].

Ein weiterer wichtiger Aspekt stellt die Verstärkung der Erfolgskontrollen dar,
auf deren Grundlage dann eine verbesserte Ausrichtung der Förderzwecke, insbesondere eine bessere Abstimmung von Primär- und Endzweck erfolgen könnte. Es
müssten daher zwingend Evaluierungen stattfinden, die Erkenntnisse über die Wirkungsverläufe zulassen. Allein auf die Schwierigkeiten der Datensammlung und
der Komplexität der Parameter kann der Verzicht einer Wirkungskontrolle nicht
begründet werden. Vielmehr fordert die Zweck-Mittel-Analyse, dass die Förderung
zur Erreichung des Zwecks geeignet sein muss. Dies gilt es nachzuweisen. Gelingt
dies auf absehbare Zeit nicht, müsste die Förderung gänzlich eingestellt werden,
da es am Nachweis der Geeignetheit mangelt. Folglich sind die Schwierigkeiten
der Erfolgskontrollen zu beseitigen und entsprechende Kontrollen ausdrücklich im
Förderrechtsrahmen vorzusehen.

Im Ergebnis kann die GA durchaus als ein hoch entwickeltes und komplexes
Fördersystem bezeichnet werden. Der Förderrechtsrahmen ist an vielen Punkten
weiter fortgeschritten als der anderer Förderinstrumente. Dennoch konnten auch
im Rahmen der GA Schwachpunkte festgestellt werden. Diese gilt es zu beseitigen, damit der Förderrechtsrahmen den Anforderungen der Zweck-Mittel-Analyse
genügt. Die Notwendigkeit einer regionalen Wirtschaftsförderung wird wohl kaum
von jemandem ernsthaft bestritten, daher ist es um so erforderlicher, dass deren
Hauptinstrument zweckgerecht ausgestaltet ist. In diesem Sinne gilt es, die GA
weiterzuentwickeln.

VI. Förderung auf Länderebene

Nachdem nun die Gemeinschaftsaufgabe „Verbesserung der regionalen Wirtschaftsstruktur" am Maßstab der Zweck-Mittel-Analyse überprüft wurde, sollen
nun die Regionen selbst im Mittelpunkt der Betrachtungen stehen. Während die

---

[821] *Klemp,* Öffentliche Finanzhilfen (Subventionen) – Instrumente staatlicher Finanzintervention, S. 153.

[822] Ausführlich hierzu unten 4. Teil, D.

Gemeinschaftsaufgabe noch als gemeinsames Förderinstrument von Bund und Länder verstanden werden kann, existieren daneben eine Reihe von selbständigen Förderprogrammen der einzelnen Bundesländer. Diese werden vollständig aus Finanzmitteln der Länder bestritten. Eine Einflussnahme durch den Bund oder eine Zusammenarbeit mit diesem besteht nicht. Es hat sich vielmehr auf Landesebene eine eigene unabhängige Förderlandschaft mit über 400 verschiedenen Landesförderprogrammen entwickelt. Schon allein diese enorme Anzahl zeigt die Bedeutung dieser Förderebene, auf deren Erörterung folglich nicht verzichtet werden kann. Indes bedarf es keiner vollständigen Darstellung des gesamten länderspezifischen Instrumentariums für den Bereich der mittelbaren Beschäftigungssubventionen, da die Förderrechtsstrukturen in jedem Bundesland im Wesentlichen gleichartig ausgestaltet sind. Daher wird sich zum einen inhaltlich auf eine exemplarische Darstellung einzelner Wirtschaftsprogramme beschränkt, an denen die Probleme und Defizite mit Blick auf die Zweck-Mittel-Analyse prägnant aufgezeigt werden können. Zum anderen werden sich die Betrachtungen spezifisch auf die Region der neuen Bundesländer beschränken.

1. Landesinvestitionsprogramm für den Mittelstand (Thüringen)

Für das Bundesland Thüringen soll exemplarisch das Landesinvestitionsprogramm für den Mittelstand (LIP) analysiert werden. Dieses Programm unterstützt Investitionen zur Schaffung oder Sicherung von Arbeits- und Ausbildungsplätzen. Als Hauptzweck wird die Verbesserung der Wirtschaftsstruktur und der Wettbewerbsfähigkeit von kleinen und mittleren Unternehmen und die Verbesserung der Arbeits- und Ausbildungssituation in Thüringen angesehen[823]. Besonders förderungswürdig sind Vorhaben zur Schaffung von Ausbildungsplätzen, zur Förderung von Altstandorten, in Fremdenverkehrsgebieten und in ländlichen Regionen.

a) Förderrechtsrahmen

Der Förderrechtsrahmen besteht im Wesentlichen aus der Richtlinie zum Landesinvestitionsprogramm für den Mittelstand (LIP-Richtlinie)[824]. Ausdrücklich nimmt die Richtlinie in Ziff. 1 Bezug zu weiteren Rechtsgrundlagen wie der Thüringer Landeshaushaltsordnung (LHO), einschließlich der zu §§ 23, 44 LHO ergangenen Verwaltungsvorschriften, der §§ 49, 49a ThürVwVfG, des Investitionsförderungsgesetzes Ost, des Gesetzes zur Förderung kleiner und mittlerer Unter-

---

[823] *Thüringer Institut für akademische Weiterbildung (Hrsg.),* Das Förderbuch für den Freistaat Thüringen, KH-U05; *Thüringer Ministerium für Wirtschaft und Infrastruktur,* Infrastrukturförderung – Technologie- und Einzelbetriebliche Förderung, S. 8; *Thüringer Ministerium für Wirtschaft und Infrastruktur,* Jahreswirtschafts- und Mittelstandsbericht 1997, S. 156.

[824] Richtlinie zum Landesinvestitionsprogramm für den Mittelstand vom 22. 12. 1997, Thüringer Staatsanzeiger Nr. 2, 1998, S. 88.

nehmen sowie der Freien Berufe (Mittelstandsförderungsgesetz), des Haushaltsgesetzes, des Operationellen Programms Thüringen im Rahmen des Gemeinschaftlichen Förderkonzepts 1994 – 1999 für Strukturinterventionen sowie der Strukturfondsverordnungen der Europäischen Gemeinschaft. Damit werden eine Vielzahl von Rechtsvorschriften genannt. Jedoch legen diese einen weiten Rahmen der Förderung fest und geben lediglich die Zielrichtung der Förderung vor. Hingegen werden hinreichend konkrete Zweckangaben oder detaillierte Fördertatbestände in den genannten Rechtsgrundlagen nicht normiert.

So nennt das maßgebliche Mittelstandsförderungsgesetz (MfG)[825] in § 1 Abs. 1 als Förderzweck den Erhalt und die Stärkung der Leistungskraft der mittelständischen Wirtschaft, die Sicherung ihrer Funktion für die soziale Marktwirtschaft, den Ausgleich von Wettbewerbsnachteilen, die Verbesserung der Eigenkapitalausstattung und die Förderung der rechtzeitigen Anpassung an den wirtschaftlichen und technologischen Wandel. Existenzgründungen und die Schaffung von Ausbildungs- und Arbeitsplätzen sollen dabei im Vordergrund stehen. Es folgt dann die Erstellung von Fördergrundsätzen, wie dem ausdrücklich benannten Subsidiaritätsgrundsatz[826] in § 4 Abs. 1 MfG, dem Grundsatz der Hilfe zur Selbsthilfe (§ 4 Abs. 2 MfG) und dem Prinzip der Eigenbeteiligung (§ 4 Abs. 3 MfG). In § 5 Abs. 1 MfG wird schließlich die Forderung nach einer Koordinierung der Fördermaßnahmen des Bundes, des Landes und der europäischen Gemeinschaft erhoben. Im Weiteren werden dann Fördermaßnahmen zur Steigerung der fachlichen Leistungsfähigkeit[827] und solche zur Verbesserung der Kapitalversorgung erstellt. Das LIP ist dort indes nicht aufgeführt, so dass die Richtlinie allein auf den allgemeinen Teil des Mittelstandsförderungsgesetzes Bezug nimmt. Die Zweckvorgaben für das LIP erschöpfen sich daher in den allgemeinen Zielsetzungen des § 1 Abs. 1 MfG.

Die entscheidende Konkretisierung erfolgt durch die Richtlinie zum LIP[828], die vom Ministerium für Wirtschaft und Infrastruktur erlassen wird. Hierbei handelt es sich um die mehrfach schon angesprochene, klassische Form der Subventionierung mittels Subventionsrichtlinie[829]. Die rechtliche Basis bilden dabei der Haushaltsplan, der die bereitgestellten Fördermittel ausweist, sowie ein sogenanntes Subventionsrahmengesetz, wie das MfG, das lediglich Fördergrundsätze und allgemeine Zweckrichtungen vorgibt, keineswegs aber den Förderzweck hinreichend präzi-

---

[825] Gesetz zur Förderung kleiner und mittlerer Unternehmen sowie der freien Berufe (Mittelstandsförderungsgesetz) vom 17. 9. 1991, GVBl. S. 391.

[826] Vgl. zum Subsidiaritätsgrundsatz in Abgrenzung zur Zweck-Mittel-Analyse oben 1. Teil, B., IV., 3., a.

[827] Hierbei sind aufgeführt die Förderung der beruflichen Aus- und Weiterbildung, die Förderung der Unternehmensberatung, der zwischenbetrieblichen Zusammenarbeit, die Förderung von Informationsgewinnung, -vermittlung und -aufarbeitung sowie die Förderung wirtschaftsnaher Forschung und die Erleichterung des Zugangs zu ausländischen Märkten.

[828] Richtlinie zum Landesinvestitionsprogramm für den Mittelstand vom 22. 12. 1997, Thüringer Staatsanzeiger Nr. 2, 1998, S. 88.

[829] Vgl. dazu schon oben 2. Teil, B., I., 3., a., aa., (1); ferner oben 2. Teil, B., III., 1.

siert. An dieser Feststellung vermag auch die Einbindung des Programms in die europäische Strukturfondsförderung nichts zu ändern. So ist das LIP Bestandteil des Operationellen Programms Thüringens im Rahmen der europäischen Strukturfondsförderung. Die europäische Förderebene nimmt daher zwar Einfluss auf die Zweckbestimmung, sie vermag jedoch ihrerseits keine entscheidenden Zweckpräzisierungen zu erreichen[830].

Erneut bildet also die Richtlinienebene den entscheidenden Anknüpfungspunkt des Förderrechtsrahmens. Der Gegenstand der Förderung bezieht sich nach Ziff. 2 LIP-Richtlinie auf die im Sachanlagevermögen aktivierungsfähigen Anschaffungs- bzw. Herstellungskosten der zum Investitionsvorhaben zählenden Wirtschaftsgüter, auf die Kosten für immaterielle Wirtschaftsgüter sowie die Kosten für die Beschaffung oder Erweiterung des ersten Warenlagers oder des ersten Materialbestandes[831]. Entscheidende Fördervoraussetzung ist allerdings, dass das Investitionsvorhaben von solchen Unternehmen durchgeführt werden muss, die nicht im Rahmen der Gemeinschaftsaufgabe „Verbesserung der regionalen Wirtschaftsstruktur" gefördert werden. Ziff. 1 LIP-Richtlinie nimmt daher eine scharfe Abgrenzung zur GA-Förderung vor. Als Subventionsempfänger kommen nach Ziff. 3 LIP-Richtlinie kleine und mittlere Unternehmen der gewerblichen Wirtschaft, insbesondere des Handwerks, des Dienstleistungssektors, des Gaststätten- und Beherbergungsgewerbes sowie Angehörige wirtschaftsnaher Berufe in Betracht. Als konkrete Förderung stehen zinsverbilligte Darlehen[832] und für besonders förderwürdige Vorhaben[833] Investitionszuschüsse zur Verfügung.

Das LIP kann insgesamt als klassisches Wirtschaftsförderungsprogramm bezeichnet werden. Ansatzpunkt der Förderung bilden Investitionen in kleinen und mittleren Unternehmen. Primärzweck ist es, solche Investitionen zu erleichtern und Anreize für dieselben zu schaffen. Diese Investitionen sollen aber nicht nur die Wettbewerbsfähigkeit des Mittelstandes als solchen erhöhen, sondern gleichsam Arbeits- und Ausbildungsplätze schaffen und sichern[834]. Dieser Endzweck kann dabei allein über die Investitionsförderung erreicht werden, so dass deutlich der mittelbar beschäftigungsfördernde Charakter zutage tritt.

---

[830] Die sich im Verhältnis zur europäischen Beschäftigungsförderung ergebenden Probleme werden ausführlich unten behandelt, im 3. Teil, A., II., 2., b., bb., (5).

[831] Vgl. die Beschreibung des Landesinvestitionsprogramms für den Mittelstand in *Thüringer Institut für akademische Weiterbildung (Hrsg.), Das Förderbuch für den Freistaat Thüringen*, KH-U05.

[832] Zu den genauen Konditionen vgl. Ziff. 5 der Richtlinie.

[833] Nach Ziff. 1 der Richtlinie gelten solche Investitionsvorhaben als besonders förderungswürdig, die zur Schaffung von Ausbildungsplätzen beitragen.

[834] Ziff. 1 der Richtlinie nennt die Schaffung und Sicherung von Ausbildungs- und Arbeitsplätzen als gleichberechtigten Förderzweck.

b) Bewertung am Maßstab der Zweck-Mittel-Analyse

Auch die Landesförderprogramme müssen nun ihrerseits dem Maßstab der Zweck-Mittel-Analyse entsprechen. Es kann bei der nun folgenden Prüfung des Investitionsprogramms für den Mittelstand des Landes Thüringen im Wesentlichen auf bereits behandelte Problemkreise verwiesen werden. So gilt es an dieser Stelle erneut zu verdeutlichen, dass die Förderung und die eigentliche Zweckkonkretisierung auf einer bloßen Verwaltungsrichtlinie beruhen, die vom Staatsministerium für Wirtschaft und Infrastruktur des Landes Thüringen erlassen wird. Dies genügt den Anforderungen, welche die Zweckverdeutlichungspflicht an die Erfüllung derselben stellt, nicht. Es wird insoweit gegen den im Subventionsrecht geltenden Gesetzesvorbehalt verstoßen[835].

Hinsichtlich des Grades der Zweckdeutlichkeit ist zu sagen, dass die Richtlinie nahezu jedes Investitionsvorhaben unterstützt. Insbesondere erfolgt eine Förderung unabhängig von einer Einbeziehung der wirtschaftlichen Gesamtsituation des Unternehmens, zumindest ist dem Förderrechtsrahmen nichts Gegenteiliges zu entnehmen. Es besteht daher aufgrund des weiten Förderzwecks die Gefahr, dass mit der Förderung das Bestehen eines wirtschaftlich maroden Unternehmens verlängert wird, indes keine dauerhaften, zukunftsfähigen Arbeitsplätze geschaffen werden. An dem nach Ziff. 4 LIP-Richtlinie erforderlichen Nachweis der Gesamtfinanzierung der Maßnahme wird es vielfach nicht mangeln, sondern vielmehr an einer positiven Bewertung des gesamten Unternehmens. Dabei besteht die Gefahr des „Verpuffens" der Subvention selbst dann, wenn objektiv die Fördervoraussetzungen erfüllt sind. Hier müsste die Bestimmung des Förderzwecks bzw. die Sicherung desselben verbessert werden.

Die Richtlinie stellt hinsichtlich der Zwecksicherung in Ziff. 4 eine Vorbeginnsregelung auf[836]. Diese ist in diesem Zusammenhang als positiv zu bewerten, da hierdurch dem Subventionsgeber die Möglichkeit verbleibt, das Verhalten des Subventionsempfängers stärker auf den Primär- bzw. Endzweck hin auszurichten, um dadurch die Zwecknähe zu optimieren. Auch die Nachweispflicht der bestimmungsgemäßen Verwendung ist dergestalt in Ziff. 6 LIP-Richtlinie geregelt, dass diese dem Subventionsempfänger zufällt. Hinsichtlich einer möglichen Aufhebung des Zuwendungsbescheides wird auf die allgemeinen Regelungen der §§ 49, 49a ThürVwVfG verwiesen. Schließlich fordert die Richtlinie, dass der Subventionsempfänger nach Abschluss der Fördermaßnahme einen Sachbericht zusammenstellt. Dieser muss von einem Wirtschaftsprüfer bzw. Steuerberater auf seine Richtigkeit hin bestätigt werden. Insbesondere dieser Kontrollansatz erscheint sehr überzeugend und sollte in andere Förderinstrumente aufgenommen werden. Da-

---

[835] Vgl. zu dieser Problematik und der Notwendigkeit des Gesetzesvorbehalts im Subventionsrecht oben 1. Teil, C., I., 2.

[836] Vgl. dazu schon im Rahmen der Gemeinschaftsaufgabe oben 2. Teil, B., V., 1., c., cc., (1).

durch lassen sich zweckentfremdete Verwendungen durchaus wirkungsvoll nachweisen. Um ein früheres Einschreiten zu ermöglichen, sollte zusätzlich bei großen Förderprojekten eine Art Zwischenbericht zur Pflicht gemacht werden. Damit erscheint eine ausreichende Vollzugskontrolle gewährleistet. Indes fehlt es gänzlich an einer Zielerreichungs- und Wirkungskontrolle[837]. Die Richtlinie lässt selbst die Ansätze vermissen, die im Rahmen der GA schon gemacht wurden[838]. Diesbezüglich kann die Landesförderung eher als Rückschritt betrachtet werden. Im Förderrechtsrahmen müsste zwingend die Pflicht zur Darstellung der Wirkungszusammenhänge installiert werden.

Zuletzt ist als Hauptschwachpunkt die fehlende Zweckkoordination anzusprechen. Gerade das LIP Thüringen macht sehr deutlich, dass eine ausreichende Koordinierung der Förderinstrumente zwar immer wieder proklamiert, in den Programmen und Richtlinien[839] sogar ausdrücklich gefordert wird, eine solche gleichwohl unterbleibt. Mit dem LIP werden solche Investitionsvorhaben von Unternehmen gefördert, die nicht unter die Fördervoraussetzungen der GA fallen. Die GA will primär strukturschwache Regionen derart unterstützen, dass diese von der gesamtwirtschaftlichen Entwicklung nicht abgekoppelt werden. Mit der GA-Förderung will man daher Unternehmensinvestitionen in diese Regionen fördern[840]. Nun wird aber gerade dieser Zweck durch das LIP völlig unterlaufen, da genau dann, wenn eine Förderung nach der GA nicht in Betracht kommt, das LIP eingreift. Im Ergebnis verliert die GA-Förderung ihren Anreizeffekt für den Unternehmer. Es bleibt sich nämlich gleich, in welche Region dieser investiert, regelmäßig wird er die entsprechende Subvention einmal aus dem Fördertopf der Gemeinschaftsaufgabe, ein anderes Mal aus dem des LIP Thüringen erhalten. Damit verhalten sich die GA- und die LIP-Förderung kontraproduktiv zueinander.

Folge der fehlenden Zweckkoordinierung ist ein unaufhörlicher Subventionswettlauf[841]. Ein Anreiz lässt sich allein dann erreichen, wenn der Fördersatz erhöht oder aber weitere Förderprogramme entwickelt werden. Beide Möglichkeiten sind kostspielig, zweckfremd und erhöhen tendenziell die rechtlichen Freiheitsbeeinträchtigungen. Demgegenüber liegen die Vorteile auf der Hand. Die Landesregierung möchte in jedem Fall, dass Investitionen im Land getätigt werden und nicht aufgrund fehlender Unterstützung in andere Regionen abfließen. Daher soll im Grundsatz jede Investition mit einer Subvention rechnen können. Dies ist politisch sinnvoll. In rechtlicher Hinsicht führt es aber zu Zweckdivergenzen verschiedener Programme bzw. zur völligen Aufhebung der beabsichtigten Wirkungen[842]. Denn

---

[837] Eine bloße Nennung der bewilligten Anträge ist zu finden in *Thüringer Ministerium für Wirtschaft und Infrastruktur,* Jahreswirtschafts- und Mittelstandsbericht 1997, S. 156.

[838] Vgl. ebenfalls im Rahmen der Gemeinschaftsaufgabe oben, 2. Teil, B., V., 1., c., dd.

[839] Vorliegend ist dies in § 5 Abs. 1 MfG festgeschrieben.

[840] Zur Zielsetzung der GA oben 2. Teil, B., V., 1., c., aa., (3).

[841] *Klemp,* Öffentliche Finanzhilfen (Subventionen) – Instrumente staatlicher Finanzintervention, S. 85; *Nieder-Eichholz,* Die Subventionsordnung, S. 113.

wie soll eine strukturschwache Region gefördert werden, ihr also ein Vorteil verbleiben, wenn dieser letztlich allen Regionen zuteil wird?

In eine andere Richtung geht das Problem der Kumulation von Fördermitteln. Das LIP gleicht in seiner Ausgestaltung und Zielsetzung wesentlich dem ERP-Aufbauprogramm[843] bzw. dem KfW-Mittelstandsprogramm[844]. Weder der Förderrechtsrahmen des LIP noch der genannten Bundesprogramme macht deutlich, wie eine Abstimmung der einzelnen Programme vollzogen wird. Es besteht vielmehr ein Nebeneinander von Förderprogrammen mit nahezu deckungsgleichen Zielsetzungen. Je dichter der Förderdschungel im Ergebnis wird, desto stärker besteht auch die Gefahr, dass Kumulierungsbegrenzungen[845] für öffentliche Finanzhilfen gerade nicht eingehalten werden. Damit einhergehend multiplizieren sich etwaige Freiheitsnachteile, die durch die Subventionierung hervorgerufen werden. Zurückzuführen ist dies auf die mangelnde Koordinierung der Zwecke. Nach alledem wird der in § 5 Abs. 1 MfG formulierten Koordinierungspflicht nur unzureichend nachgegangen.

c) Zwischenergebnis

Es konnte nun gleichsam exemplarisch aufgezeigt werden, welche Probleme sich gerade auf der Förderebene der Länder ergeben. Gerade das LIP des Landes Thüringen hat gezeigt, dass das Hauptproblem in der mangelnden Zweckkoordination liegt. Es fehlt ein Gremium bzw. eine Institution, die den dringend gebotenen Koordinierungsbedarf aufzugreifen vermag. Es mangelt insbesondere an dem erforderlichen rechtlichen Druck, eine Koordinierung nicht nur programmatisch zu fordern, sondern auch praktisch durchzuführen. Hier gilt es anzusetzen[846].

2. Konsolidierungsdarlehen „Impuls 2000" (Sachsen-Anhalt)

Nachdem zuvor der Problemkreis einer möglichen Kollision von Landesförderprogramm und GA behandelt wurde, soll nun das Verhältnis der Bundes- zu den Landeskreditprogrammen näher untersucht werden. Hierbei bietet sich im Rahmen des umfassenden Förderprogramms „Impuls 2000" das spezielle Darlehensprogramm[847] zur Konsolidierung von mittelständischen Unternehmen im Land Sachsen-Anhalt an[848].

---

842 Ein weiteres Beispiel ist oben schon angesprochen worden 2. Teil, B., V., 3., d.

843 Vgl. dazu oben 2. Teil, B., I., 1., a., bb., (1).

844 Ebenfalls oben 2. Teil, B., II., 3., b.

845 Hierauf nimmt die Richtlinie des LIP in der Ziff. 4 Bezug.

846 Konkrete Ansätze erfolgen allerdings erst im 4. Teil, in dem weitere Perspektiven aufgezeigt werden sollen, insbesondere mit Blick auf die hier festgestellte Schwäche der Koordinierung.

847 Ergänzung findet das Darlehensprogramm in einem Programm zur Förderung von Konsolidierungsbeteiligungen, vgl. genauer Richtlinie zur Förderung von Konsolidierungs-

a) Förderrechtsrahmen

Erneut basiert der Förderrechtsrahmen im Wesentlichen auf einer Subventionsrichtlinie (KD-Richtlinie) des Ministeriums für Wirtschaft, Technologie und Europaangelegenheiten des Landes Sachsen-Anhalt[849]. Diese nennt in Ziff. 1 KD-Richtlinie als Rechtsgrundlage § 18 des Mittelstandsförderungsgesetzes (MFG)[850] sowie die Verwaltungsvorschriften zu § 44 der Landeshaushaltsordnung (LHO)[851]. Damit weist das Konsolidierungsdarlehensprogramm eine dem LIP Thüringen vergleichbare Rechtsstruktur auf[852]. Auch dem § 18 MFG lassen sich als gesetzlicher Grundlage keinerlei Konkretisierungen hinsichtlich des Förderzwecks entnehmen. Dort heißt es lediglich, dass zur Erreichung der Zwecke und Ziele des MFG Finanzhilfen in Form von Zuwendungen, Zinszuschüssen, zinsgünstigen Darlehen, Bürgschaften und Garantien gewährt werden. Die Zwecksetzung in § 1 MFG ist dem des thüringischen Mittelstandsförderungsgesetzes sehr ähnlich[853]. So nennt § 1 Abs. 1 MFG als Zweck des Gesetzes die Förderung von Existenzgründungen (Nr. 1), die Stärkung der kleinen und mittleren Unternehmen (Nr. 2) und die Schaffung bzw. Erhaltung von Arbeits- und Ausbildungsplätzen (Nr. 3). In § 1 Abs. 2 MFG werden des Weiteren als Ziele formuliert, die Steigerung der Wettbewerbsfähigkeit, die Erleichterung der Anpassung an den wirtschaftlichen Wandel, die Verbesserung der Eigenkapitalausstattung sowie die Bestandspflege des Mittelstandes. Diese Ziele sind im Wesentlichen allgemein gehalten und legen noch keine konkreten Fördermaßnahmen fest. Es werden lediglich Schwerpunkte der Mittelstandsförderung benannt. Von einer hinreichenden Konkretisierung des Förderzwecks kann indes nicht gesprochen werden.

Auch die Verwaltungsvorschriften zu § 44 LHO vermögen hierzu wenig beizutragen. Dagegen konkretisiert die Richtlinie den Förderzweck genauer. Danach soll der für die Konsolidierung mittelständischer Unternehmen erforderliche akute Finanzbedarf gedeckt werden. Ein solcher entsteht dadurch, dass trotz grundsätzlicher positiver Entwicklungschancen des jeweiligen Unternehmens eine Unterstüt-

---

beteiligungen im Mittelstand, MBl. LSA Nr. 14/1996; mit Änderungen aus MBl. LSA Nr. 41/1997.

[848] Vgl. insgesamt zum Konsolidierungsprogramm „Impuls 2000" *Ministerium für Wirtschaft, Technologie und Europaangelegenheiten des Landes Sachsen-Anhalt,* Förderung der mittelständischen Wirtschaft, S. 28 ff.

[849] Richtlinie über die Gewährung von Konsolidierungsdarlehen an mittelständische Unternehmen im Land Sachsen-Anhalt (KD-Richtlinie), Runderlass des Ministers für Wirtschaft, Technologie und Europaangelegenheiten vom 2. 2. 1998, Ministerialblatt des Landes Sachsen-Anhalt Nr. 13/1998, S. 501.

[850] Mittelstandsförderungsgesetz des Landes Sachsen-Anhalt (MFG) vom 26. 8. 1991, GVBl. LSA S. 302.

[851] Verwaltungsvorschriften zur Landeshaushaltsordnung, Runderlass des Ministeriums der Finanzen vom 11. 3. 1996, MBl. LSA S. 629.

[852] Zur Rechtsstruktur des LIP Thüringen oben 2. Teil, B., VI., 1., a.

[853] Vgl. die dortigen Ausführungen oben, 2. Teil, B., VI., 1., a.

zung durch die Geschäftsbank abgelehnt wird und die bestehenden Förderinstrumente des Bundes bzw. der Länder nicht ausreichen. Primärzweck ist dabei eine Konsolidierung des Unternehmens dennoch zu gewährleisten und hierdurch den Endzweck, eine Verbesserung der Wirtschaftsstruktur des Landes zu erreichen.

Gegenstand der Förderung stellt nach Ziff. 2 KD-Richtlinie ein nachrangig gesichertes Darlehen mit langfristigen festen Laufzeiten zu marktüblichen Zinsen dar. Die Zuwendung ist darin zu sehen, dass der Unternehmer an sich am allgemeinen Kapitalmarkt kein Darlehen mehr erhalten würde und folglich schon die weitere Darlehensgewährung eine Begünstigung darstellt. Ferner wird der Zinssatz im Zeitpunkt der Auszahlung festgelegt, der dann für die gesamte Laufzeit des Darlehens gilt[854]. Das Darlehen muss dabei zweckgerecht zur dauerhaften Wiederherstellung der Wettbewerbsfähigkeit des Unternehmens verwendet werden. Hierbei kommen insbesondere Maßnahmen zur Behebung struktureller betrieblicher Probleme, zur Optimierung der Aufbau- und Ablauforganisation oder die Entwicklung und Kommerzialisierung neuer Produkte in Betracht. Als Zuwendungsvoraussetzung ist nach Ziff. 4 KD-Richtlinie ein Umstrukturierungs- bzw. Umstellungskonzept zu erstellen, das die Erreichung des Förderzwecks erwarten lässt. Ein spezielles Antrags- und Entscheidungsverfahren wurde mit Ziff. 6 KD-Richtlinie installiert. Der Darlehensantrag und das Konsolidierungskonzept werden zunächst von unabhängigen Sachverständigen geprüft. Danach befasst sich ein eigens hierfür gebildeter Konsolidierungsausschuss mit der Bewilligung. Erst nach Anhörung desselben wird über die Bewilligung entschieden.

b) Bewertung am Maßstab der Zweck-Mittel-Analyse

Betrachtet man das Konsolidierungsdarlehen-Programm am Maßstab der Zweck-Mittel-Analyse so stellen sich einige Kritikpunkte ein. Zum einen ist auch hier ein Verstoß gegen den Gesetzesvorbehalt festzustellen. Der Förderrechtsrahmen basiert im Wesentlichen auf der Förderrichtlinie und wird daher nicht vom Gesetzgeber bestimmt. Aber auch der Grad an Zweckdeutlichkeit ist nicht sehr hoch anzusetzen. So steht im Mittelpunkt des Förderzwecks der Begriff der Konsolidierung des Unternehmens. Förderfähige Maßnahmen werden nur beispielhaft genannt[855]. Sicher muss die Förderfähigkeit möglicher Konsolidierungsmaßnahmen einerseits flexibel ausgestaltet sein, andererseits sollten deutlicher die förderfähigen Maßnahmen bestimmt werden. Die weite Möglichkeit von Konsolidierungsmaßnahmen kann dazu führen, dass eine Umstrukturierung gar nicht erfolgt, sondern vielmehr der Strukturwandel in einem Unternehmen lediglich hinausgezögert wird. Hier wäre es sinnvoll, den Rahmen der Fördermaßnahmen enger zu fassen, um nicht eine bloße Erhaltung des Unternehmens, sondern eine dauerhafte Wettbewerbsfähigkeit desselben zu erreichen.

---

[854] Zu Art, Umfang und Höhe der Zuwendung siehe Ziff. 5 KD-Richtlinie.

[855] Vgl. den Wortlaut von Ziff. 2 KD-Richtlinie („insbesondere").

Dies ist insbesondere vor dem Hintergrund zu sehen, dass es sich hierbei um ein Förderinstrument handelt, das per se stark missbrauchsgefährdet ist. Das im Rahmen dieses Programms förderfähige Unternehmen ist am Markt nicht mehr kreditfähig. Ziff. 3 KD-Richtlinie nimmt hierbei eine Anbindung an den europäisch geprägten Begriff[856] des „Unternehmens in Schwierigkeiten" vor[857]. Hierbei wird das Unternehmen vielfach am Rande des Konkurses stehen. Der weitere Bestand des Unternehmens hängt maßgeblich von der Gewährung des Konsolidierungsdarlehens ab. Diesen Zwang auf Seiten des Unternehmers gilt es zu erkennen. Er wird versuchen, unter allen Umständen den Kredit zu erhalten. Mit gutem Grund wurden daher in das Förderverfahren besondere Prüfungsphasen, beispielsweise durch den Konsolidierungsausschuss, integriert. Insoweit liegt eine ausreichende Zwecksicherung vor.

Problematisch ist aber die Gefahr von Mitnahmeeffekten. So kann nach Art. 2 KD-Richtlinie ein Darlehen für die Entwicklung eines neuen Produktes eingesetzt werden. Nun stellt dies ein Aspekt dar, dem sich jedes Unternehmen zu stellen hat. Die Subvention darf nicht dazu führen, dass sowieso notwendige Innovationskosten staatlich gefördert werden. Damit ist der Grat zwischen der Förderung eines nicht mehr zu rettenden Unternehmens und der bloßen Mitnahme der Subvention sehr schmal. Darüber kann auch die Einrichtung eines Konsolidierungsausschusses nicht hinwegtäuschen, zumal dieser mit politischen Vertretern besetzt ist, deren vorrangiges Ziel es sein wird, das Unternehmen zu retten und die vorhandenen Arbeitsplätze zu sichern. Ein weiterer Ansatzpunkt ist schließlich, dass die Richtlinie keinerlei Angaben macht, wann ein Umstrukturierungskonzept erfolgversprechend erscheint. Diese Feststellung wird völlig in die Hände der Subventionsverwaltung gelegt. Dabei stellt diese Einschätzung den Kernpunkt der Förderung dar und müsste genauer im Förderrechtsrahmen verifiziert werden.

Ein weiterer kritischer Ansatz bildet erneut die fehlende Zweckkoordination. Eine solche wird nicht versucht. So stellt Ziff. 1 KD-Richtlinie fest, dass ein Bedarf nach einem solchen Förderprogramm deshalb besteht, weil die Mittel anderer Programme nicht ausreichen. Eine Begründung hierfür wird nicht geliefert. Vielmehr überschneidet sich das KD-Programm des Landes Sachsen-Anhalts mit dem ERP-Aufbauprogramm[858] sowie dem KfW-Mittelstandsprogramm[859]. Eine Abgrenzung oder Koordinierung findet nicht statt. Es kann folglich nur schwer überprüft werden, ob diese Kreditprogramme nicht schon vorher für andere Maßnahmen in Anspruch genommen wurden. Hier müsste zwingend eine Koordination

---

[856] Insoweit greifen die Leitlinien der Europäischen Gemeinschaft für die Beurteilung von staatlichen Beihilfen zur Rettung und Umstrukturierung von Unternehmen in Schwierigkeiten, ABl. C 368/12 vom 23. 12. 1994; ferner die Mitteilung der Kommission über die Verlängerung der Geltungsdauer der Leitlinien für staatliche Beihilfen zur Rettung und Umstrukturierung von Unternehmen in Schwierigkeiten, ABl. C 74/31 vom 10. 3. 1998.

[857] Zum Beihilfenrecht unten 4. Teil, A.

[858] Vgl. dazu oben 2. Teil, B., I., 1., a., bb., (1).

[859] Vgl. dazu oben 2. Teil, B., II., 3., b.

dergestalt erfolgen, dass ein Nachweis darüber erbracht wird, nicht schon zuvor durch ähnliche Programme unterstützt worden zu sein bzw. eine solche Unterstützung müsste offengelegt werden. Damit wird der Gefahr vorgebeugt, dass die Subvention verloren geht und das Unternehmen allein durch die vorherigen Finanzierungshilfen wirtschaftlich am Leben gehalten werden konnte. Hinsichtlich der nachträglichen Zweck-Mittel-Kontrolle bleibt festzustellen, dass die Richtlinie eine solche nicht benennt. Allein ein Prüfungsrecht des sächsisch-anhaltinischen Ministeriums für Wirtschaft, Technologie und Europaangelegenheiten, des Landesrechnungshofs sowie des Landesförderungsinstituts ist festgeschrieben[860]. Dieses Recht sollte in eine Pflicht hinsichtlich einer Vollzugs-, Wirkungs- und Zielerreichungskontrolle umgewandelt werden.

c) Zwischenergebnis

Im Ergebnis zeigt dieses Darlehensprogramm, dass gerade die Förderung von Unternehmen in Schwierigkeiten äußerst problematisch ist und nur ein enger Förderrechtsrahmen den Förderzweck zu sichern vermag. Trotz der Einrichtung eines Konsolidierungsausschusses bestehen hier noch weitere Möglichkeiten den Förderrechtsrahmen präziser auszugestalten. Erneut kann die Zweckkoordination und -kontrolle als mangelhaft bezeichnet werden.

3. Existenzgründungsprogramm (Sachsen)

Anknüpfend an die bisher durch den Maßstab der Zweck-Mittel-Analyse aufgezeigten Schwächen kann die Förderung von Existenzgründungen als weiterer problematischer Förderbereich angeführt werden. Insbesondere soll hierbei der Problemkreis der Mehrfachsubventionierung im Vordergrund stehen. Exemplarisch soll dies am Existenzgründungsprogramm des Landes Sachsens dargelegt werden[861].

a) Förderrechtsrahmen

Auch das Existenzgründungsprogramm des Landes Sachsens wird inhaltlich durch eine Förderrichtlinie konkretisiert[862]. Rechtsgrundlage bilden nach Ziff. 1.1

---

[860] So Ziff. 6.4 KD-Richtlinie.

[861] *Sächsisches Staatsministerium für Wirtschaft und Arbeit,* Förderfibel Sachsen 1998, S. 25.

[862] Gemeinsame Richtlinie des Sächsischen Staatsministeriums für Wirtschaft und Arbeit und der Sächsischen Staatsministerin für Fragen der Gleichstellung von Frau und Mann über die Gewährung von Landesdarlehen zur Förderung von Existenzgründungen von kleinen und mittleren Unternehmen, insbesondere durch Frauen (Existenzgründungsprogramm) vom 2. 4. 1998, ABl. SA S. 315.

der Richtlinie erneut haushaltsrechtliche Bestimmungen[863]. Ziel des Programms ist es, Existenzgründungen von kleinen und mittleren Unternehmen, insbesondere solche von Frauen zu fördern. Erreicht werden soll dies durch die Gewährung zinsgünstiger Kleinkredite für Investitionsmaßnahmen bei einer Existenzgründung. Die förderfähigen Ausgaben sind hierbei in Ziff. 5.4 der Richtlinie detailliert aufgeführt[864]. Der förderfähige Bereich ist auf das Handwerk, den Handel sowie Dienstleistungen, einschließlich des Fremdenverkehrs beschränkt. Die Förderung ist im Wesentlichen als Darlehensförderung ausgestaltet, wie sich aus Ziff. 5 der Richtlinie ergibt[865]. Es handelt sich dabei um eine Projektförderung, so dass der Subventionsempfänger für sein Projekt der Existenzgründung ein tragfähiges Unternehmenskonzept nachzuweisen hat. Dieses bildet den Schwerpunkt der Förderentscheidung, wie auch der Zwecksicherung. So ist in Ziff. 7 der Richtlinie das Antragsverfahren näher umrissen. Danach erfolgt die Antragsstellung über die Hausbank bei der Sächsischen Aufbaubank GmbH[866]. Diese prüft das Unternehmenskonzept und legt das Ergebnis einem speziellen Darlehensausschuss[867] vor, der dann abschließend über die Vergabe entscheidet. Ähnlich dem Konsolidierungsausschuss bei der Förderung durch das Konsolidierungsprogramm des Landes Sachsen-Anhalt[868] soll durch einen gemischt besetzten Ausschuss eine objektive Prüfung des Maßnahmekonzepts erfolgen. Im Gegensatz zum Konsolidierungsausschuss allerdings entscheidet der Darlehensausschuss abschließend über die Förderwürdigkeit. Schließlich nimmt die Ziff. 8 der Richtlinie auf die Wettbewerbsregeln der EG-Beihilfenkontrolle ausdrücklich Bezug[869]. Insbesondere wird auf die Regeln für „de-minimis"-Beihilfen verwiesen[870]. Ferner wird auf das Zustimmungserfordernis im Rahmen einer Einzelnotifizierung in den so genannten sensiblen Bereichen[871] aufmerksam gemacht.

---

[863] Hierbei insbesondere die §§ 23, 44 SäHO sowie die dazu ergangenen Verwaltungsvorschriften.

[864] Beispielsweise Anschaffungs- und Herstellungskosten der im Anlagevermögen aktivierten und überwiegend eigenbetrieblich genutzten Wirtschaftsgüter, Kosten für ein erstes Warenlager, für Sortimentserweiterungen, für den Erwerb von Geschäftsanteilen, Kosten eines Grundstückerwerbs, ect.

[865] Zu den Darlehenskonditionen vgl. *Sächsisches Staatsministerium für Wirtschaft und Arbeit,* Förderfibel Sachsen 1998, S. 25.

[866] Diese landesspezifischen öffentlich-rechtlichen Kreditinstitute sind in ihrem Rechtscharakter und ihrer Struktur der KfW sowie der DtA vergleichbar; vgl. dazu oben 2. Teil, B., II., 1.

[867] Nach Ziff. 7.3 der Richtlinie besteht dieser aus Vertretern der Leitstelle für Fragen der Gleichstellung von Mann und Frau, des Sächsischen Staatsministeriums für Finanzen und des Staatsministeriums für Wirtschaft und Arbeit.

[868] Siehe oben 2. Teil, B., VI., 2., a.

[869] Vgl. zur europäischen Beihilfenkontrolle unten 4. Teil, A.

[870] Mitteilung der Europäischen Kommission über „de-minimis"-Beihilfen, ABl. C 68/9 vom 6. 3. 1996.

[871] Als solche gelten die Wirtschaftsbereiche Stahl, Schiffbau, Kunstfaser, Kfz-Industrie, Land- und Forstwirtschaft, Fischerei, Verkehr und Kohlebergbau.

b) Bewertung am Maßstab der Zweck-Mittel-Analyse

Den zuvor dargestellten Förderrechtsrahmen gilt es nun insbesondere unter dem Problemkreis der Mehrfachsubventionierung zu betrachten[872]. So bestehen neben dem Existenzgründungsprogramm des Landes Sachsen noch weitere Förderprogramme, die gleichfalls das Ziel einer Förderung von Existenzgründungen verfolgen. Mit identischen Zielsetzungen und Förderinstrumentarien findet ebenfalls eine Unterstützung durch die ERP-Förderung[873] wie durch die Programme der Deutsche Ausgleichsbank[874] statt. Probleme ergeben sich insbesondere daraus, dass diese Programme kumulativ in Anspruch genommen werden können. Auch Ziff. 6.2 der Richtlinie schließt dies nicht ausdrücklich aus, indem es heißt, dass Förderprogramme des Bundes und der Europäischen Union vorrangig auszuschöpfen sind. Für Fördermaßnahmen der Bundesanstalt für Arbeit und des Europäischen Sozialfonds wird eine Kumulierung der Finanzmittel ausdrücklich gestattet. Eine Koordinierung oder scharfe Abgrenzung dergestalt, dass ein Nachweis über die Nichtinanspruchnahme dieser Programme durch die dort zuständigen Stellen erbracht wird, erfolgt nicht. Es finden also auf allen Ebenen Förderungen zugunsten von Existenzgründern statt. Dies führt nicht nur zu einem gigantischen Verwaltungsaufwand, denn jeder Antrag muss bei jeder Förderstelle erneut geprüft werden, sondern es besteht die Gefahr, dass ein Projekt nahezu vollständig auf „Pump" finanziert wird. Die Eigenkapitaldecke ist dabei sehr gering und die Gefahr eines Konkurses und damit das Scheitern der Fördermaßnahme erhöht sich[875]. Mit der Mehrfachsubventionierung sinkt im Ergebnis die Eigenbeteiligung des Existenzgründers und damit auch dessen Eigenverantwortlichkeit[876]. Schließlich ist die Zweck-Mittel-Kontrolle nur unvollständig im Förderrechtsrahmen integriert. Zwar besteht eine in Ziff. 6 der Richtlinie normierte halbjährliche Pflicht des Subventionsempfängers zur Berichterstattung über die Geschäftsentwicklung, jedoch berührt dies lediglich die Vollzugsüberwachung bzw. -kontrolle. Erneut findet eine Kontrolle und damit auch nachträgliche Rechtfertigung im Verhältnis des Subventionsgebers zu Dritten, also nach außen, nicht statt. Auch eine Pflicht zur Erstellung von einzelbetrieblichen Wirkungs- und Zielerreichungszusammenhängen besteht nicht.

---

[872] Hierzu *Lammers*, Mehrfachsubventionen, S. 4 ff.; *Werner*, Subventionsabbau – gesetzliche Zwänge schaffen, S. 128 ff.

[873] Vgl. das ERP-Existenzgründungsprogramm oben 2. Teil, B., I., 1., a., bb., (1).

[874] Vgl. das DtA-Existenzgründungsprogramm oben 2. Teil, B. II., 3., b.

[875] Auf dieses Problem macht *Klemp*, Öffentliche Finanzhilfen (Subventionen) – Instrumente staatlicher Finanzintervention, S. 90 aufmerksam.

[876] Auf die weiteren Probleme im Zusammenhang mit der Mehrfachsubventionierung wurde schon im Zusammenhang der Behandlung anderer Programme hinreichend aufmerksam gemacht und sei an dieser Stelle verwiesen, siehe beispielsweise oben 2. Teil, B., I., 3., c. (ERP-Förderung) sowie oben 2. Teil, B., II., 4., c. (DtA-Programm).

c) Zwischenergebnis

Insgesamt ist aber festzuhalten, dass Existenzgründungsprogramme wohl einer der stärksten und erfolgversprechendsten Ansätze einer modernen Beschäftigungsförderung darstellen. Durch Existenzgründungen wird nicht nur die Wirtschaftsstruktur eines Landes verbessert, sondern zwangsläufig werden auch neue Arbeitsplätze geschaffen. Inwieweit diese jedoch von Dauer sind, hängt wesentlich vom Unternehmenskonzept und einer sinnvollen Kombination aus Förderung und Eigenkapital ab. Eine Mehrfachsubventionierung birgt Gefahren, die durch ein Konzept der Zweckkoordination ausgeräumt werden können.

4. Übernahmen von Bürgschaften (Berlin)

Abschließend soll nun ein weiteres wichtiges Instrument der Wirtschaftsförderung im Allgemeinen und der mittelbaren Beschäftigungsförderung im Speziellen angesprochen werden. Bislang standen als Formen der Förderung Zuschüsse, Darlehen und Steuervergünstigungen im Vordergrund. Daneben existieren aber auch ausgedehnte Bürgschaftsprogramme, sowohl auf Bundes-, Landes-[877] als auch auf europäischer Ebene[878]. Wesen der Bürgschaft i. S. d. § 765 BGB ist es, dass der Bürge sich gegenüber dem Gläubiger verpflichtet, für Verbindlichkeiten eines Dritten einzustehen. Im Falle einer öffentlichen Bürgschaft ist der Dritte als Subventionsempfänger zu bezeichnen. Dieser nimmt beispielsweise ein Darlehen bei einem Kreditinstitut auf. Dieses wiederum möchte ihr Kreditausfallrisiko durch eine Bürgschaft absichern. Der Staat übernimmt nun eine solche Bürgschaft. Der Subventionscharakter dieses bislang rein privatrechtlichen Geschäfts ist darin zu sehen, dass die Konditionen der Übernahme einer öffentlichen Bürgschaft günstiger sind, als wenn eine solche durch den privaten Kreditmarkt erfolgt[879]. Insbesondere die Bürgschaftsprovision, die der Subventionsempfänger an den Bürgen für die Übernahme der Bürgschaft zu entrichten hat, liegt meist unter den marktüblichen Kosten. Folglich ist der Subventionscharakter einer Bürgschaftsübernahme durch die öffentliche Hand zu bejahen. Hinsichtlich der durch diese Begünstigung zu erwartenden Freiheitsnachteile ist festzustellen, dass Wettbewerbsprobleme nur in sehr geringem Maße entstehen. Dies ist darauf zurückzuführen, dass der der Bürgschaft zugrundeliegende Kredit zu marktüblichen Bedingungen aufgenommen wird. Die eigentliche Kapitalbeschaffung und der Kapitaleinsatz führen daher zu keiner Beeinträchtigung des Wettbewerbs[880]. Eine potentielle Beeinflussung mag

---

[877] Vgl. zu den Sicherheitsleistungen und Gewährleistungen durch den Bund, der Deutschen Ausgleichsbank sowie der Hermes-Kreditversicherungs-AG *Dittes,* Die Finanzierungshilfen des Bundes, der Länder und der internationalen Institutionen, S. 50 ff.

[878] Zur Übernahme von Bürgschaften durch die Europäische Investitionsbank vgl. unten 3. Teil, B., II.

[879] Eine ausführliche Darstellung des Subventionscharakters anhand des Kostenansatzes findet sich bei *Nieder-Eichholz,* Die Subventionsordnung, S. 224.

allenfalls darin zu sehen sein, dass das Kreditrisiko bei der Darlehensvergabe entfällt und damit solche Unternehmen plötzlich einen Kredit erhalten, der ihnen sonst aufgrund mangelnder Sicherheiten nicht zuerkannt worden wäre[881]. Indes sind die damit potentiell verbundenen Freiheitsprobleme gering.

a) Förderrechtsrahmen

Betrachtet man nun den Förderrechtsrahmen für die Übernahme von Bürgschaften so ist festzustellen, dass mehrere Subventionsgeber auftreten. Es hat sich dabei ein dreistufiges Kreditsicherungsprogramm entwickelt, das nach der Größenordnung des Kreditbedarfs gestaffelt ist. Demnach stehen für einen Bürgschaftsbedarf von über 20 Mio. DM Bundes- bzw. Landesbürgschaften bereit. Für Bürgschaften von über 1,5 Mio. DM besteht ein Bürgschaftsprogramm der Deutschen Ausgleichsbank[882]. Für den Bedarf unterhalb von 1,5 Mio. werden Bürgschaften so genannter Bürgschaftsbanken gewährt. Diese existieren regional in den einzelnen Bundesländern.

Für Berlin ist dies die Bürgschaftsbank zu Berlin-Brandenburg GmbH (BBB). Diese Bürgschaftsbanken stellen Selbsthilfeeinrichtungen für den Mittelstand dar. An ihnen sind Handwerks-, Industrie- und Handelskammern, Kammern der Freien Berufe, Wirtschaftsverbände und Innungen beteiligt[883]. Es handelt sich daher um Einrichtungen der privaten Wirtschaft. Die Übernahme von Bürgschaften erfolgt im Fall der BBB nach einer Richtlinie der Bürgschaftsbank zu Berlin-Brandenburg[884]. Hierin sind die Bürgschaftskonditionen und die vom Subventionsempfänger zu zahlende Bürgschaftsprovision festgelegt. Antragsberechtigt sind mittelständische Unternehmen. Der zu verbürgende Kredit muss der Existenzgründung, Geschäftsübernahme, Durchführung von Modernisierungsmaßnahmen, Betriebserweiterung oder Umstrukturierung dienen[885]. Nur wenn dieser Zweck mit dem der Bürgschaft zugrundeliegenden Kredit verfolgt wird, findet im Interesse der Mittelstandsförderung eine Rückverbürgung durch das Land Berlin statt. Erst durch diese Rückverbürgung der Ausfallbürgschaft der BBB wird das Ausfallrisiko auf die öffentliche Hand verlagert. Mit dieser Übernahme des Risikos seitens des Landes Berlin werden die günstigen Konditionen einer Bürgschaft der BBB überhaupt erst

---

[880] *Dickertmann,* Öffentliche Finanzierungshilfen, S. 527.

[881] *Nieder-Eichholz,* Die Subventionsordnung, S. 226.

[882] Vgl. die Bestimmungen zum DtA-Bürgschaftsprogramm in *Deutsche Ausgleichsbank, Programme – Richtlinien – Merkblätter,* S. 62.

[883] *Dittes,* Die Finanzierungshilfen des Bundes, der Länder und der internationalen Institutionen, S. 52.

[884] Bzgl. der Konditionen siehe in *Berliner Senatsverwaltung für Wirtschaft und Betriebe,* Förderfibel 1998, S. 43.

[885] Bekanntmachung der Bürgschaftsbank zu Berlin-Brandenburg in der Fassung vom 1. 7. 1991.

möglich, so dass erst dann von einer Subvention gesprochen werden kann. Über die Rückverbürgung findet zudem eine Bindung der Bürgschaft bzw. des ihr zugrundeliegenden Kredits an den Förderzweck, nämlich die Unterstützung von Investitionen des Mittelstandes statt.

Vielfach erfolgt eine solche Rückbürgschaft auch durch den Bund. Die Bürgschaftsgewährung des Bundes bedarf ihrerseits gem. Art. 115 Abs. 1 S. 1 GG einer Ermächtigung. Diese muss dabei durch Bundesgesetz erfolgen, wobei ausschließlich ein formelles Gesetz den Anforderungen genügt[886]. Zwar bleibt offen, ob Art. 115 GG dabei ein spezielles Bürgschaftsgesetz verlangt, jedenfalls lässt die Praxis regelmäßig das Haushaltsgesetz i.V.m. dem Haushaltsplan ausreichen, um die Anforderungen, die Art. 115 GG an die Ermächtigung stellt, zu erfüllen[887]. Sowohl die Höhe als auch der Zweck der Ermächtigung muss dabei bestimmt sein[888].

Rückbürgschaften, wie auch direkte Bürgschaften des Landes Berlin bedürfen ebenfalls einer Ermächtigung. Rechtsgrundgrundlage der Bürgschaftsgewährung bilden dabei die Art. 85 ff. LVerf Berlin, die im Wesentlichen den Vorschriften des Grundgesetzes nachgebildet sind. § 39 LHO Berlin[889] bestimmt ferner, dass die Übernahme von Bürgschaften, Garantien oder sonstigen Gewährleistungen einer Ermächtigung durch Gesetz bedürfen, die der Höhe nach bestimmt sein muss. Diesem Erfordernis ist der Landesgesetzgeber mit dem Rückbürgschaftsgesetz[890] und dem Landesbürgschaftsgesetz[891] nachgekommen.

b) Bewertung am Maßstab der Zweck-Mittel-Analyse

Betrachtet man die Bürgschaftsprogramme am Maßstab der Zweck-Mittel-Analyse, so fällt auf, dass auf Bundesebene mit Art. 115 GG für Bürgschaftsprogramme ein Gesetzesvorbehalt besteht. Dies verwundert um so mehr, wenn man sich vor Augen hält, dass staatliche Bürgschaften das am geringsten den Wettbewerb beeinträchtigende Subventionsinstrument darstellen[892]. Daraus lässt sich für

---

[886] *Friauf*, Staatskredit, in: Isensee / Kirchhof (Hrsg.), Handbuch des Staatsrechts IV, § 91 Rdnr. 25; *Jarass / Pieroth*, Grundgesetz-Kommentar, Art. 115 Rdnr. 2; *Maunz*, Theodor, in: Maunz / Dürig (Hrsg.), Kommentar zum GG, Art. 115 Rdnr. 9.

[887] *Jarass*, Der Vorbehalt des Gesetzes bei Subventionen, NVwZ 1984, 479; *Siekmann, Helmut*, in: Sachs, Grundgesetz-Kommentar, Art. 115 Rdnr. 24.

[888] *Jarass*, Der Vorbehalt des Gesetzes bei Subventionen, NVwZ 1984, 479; *Jarass / Pieroth*, Grundgesetz-Kommentar, Art. 115 Rdnr. 2.

[889] Landeshaushaltsordnung (LHO) vom 5. 10. 1978, in der Fassung vom 20. 11. 1995, GVBl. S. 806.

[890] Gesetz über die Übernahme von Rückbürgschaften vom 19. 2. 1987, in der Fassung vom 15. 11. 1993, GVBl. S. 584.

[891] Gesetz zur Übernahme von Landesbürgschaften und Garantien vom 14. 2. 1964, GVBl. S. 244.

die Frage des Gesetzesvorbehalts im Leistungsrecht durchaus die Schlussfolgerung ziehen, wenn schon Bürgschaften einer gesetzlichen Ermächtigung bedürfen, muss dies erst recht für andere Fördermaßnahmen gelten[893].

So positiv dieser Befund auch ist, lassen sich gleichwohl kritische Ansätze finden. Dem Gesetzesvorbehalt des Art. 115 GG wird in der Praxis durch das Haushaltsgesetz und dem Haushaltsplan Rechnung getragen. Eine Begründung, dass es keines speziellen Gesetzes bedarf, wird nicht gegeben[894]. Indes reicht für die Erfüllung der Zweckverdeutlichungspflicht das Haushaltsgesetz nicht aus, so dass gegen das Prinzip der Zweckbestimmung durch den Gesetzgeber in der Praxis vielfach verstoßen wird[895]. Das Haushaltsgesetz enthält in der Regel nur pauschale Vorschriften[896]. Als Beispiel mag dabei § 12 Nr. 1 Haushaltsgesetz 1998[897] dienen. Dort heißt es, dass das Bundesministerium der Finanzen ermächtigt wird, Bürgschaften, Garantien oder sonstige Gewährleistungen zur Förderung der gewerblichen Wirtschaft und der freien Berufe zu übernehmen, wenn eine anderweitige Finanzierung nicht möglich ist und ein allgemeines volkswirtschaftliches Interesse an der Durchführung der Maßnahme besteht. Mit der Verwendung von Begriffen wie „Förderung der gewerblichen Wirtschaft" und „allgemeines volkswirtschaftliches Interesse" findet eine Zweckkonkretisierung im Ergebnis nicht statt. Vielmehr wird dadurch eine zweckunbestimmte, allgemeine Wirtschaftsförderung ermöglicht. Aber auch die Einstellung der Verpflichtungsermächtigungen in den Haushaltsplan wird dem Erfordernis der Zweckverdeutlichung nicht gerecht. Dort findet sich vielmehr eine Veranschlagung der Ausgaben und Einnahmen für die Bürgschaftsmaßnahmen des Bundes[898]. Angesichts der verfassungsrechtlichen Anforderungen an den Haushaltsplan, erwähnt sei hier nur das Bepackungsverbot[899], verbieten sich geradezu konkrete und detaillierte Zweckangaben im Rahmen des Haushaltsplans[900]. Der Verwendungszweck der Verpflichtungsermächtigungen wird daher nicht wesentlich durch den parlamentarischen Gesetzgeber bestimmt,

---

[892] Vgl. dazu oben 2. Teil, B., VI., 4., a.

[893] Zur Frage der Geltung des Gesetzesvorbehalts im Leistungsrecht siehe oben 1. Teil, C., I., 2.

[894] *Fischer-Menshausen,* Herbert, in: v. Münch, Grundgesetz-Kommentar, Art. 115 Rdnr. 6 und 15; *Jarass,* Der Vorbehalt des Gesetzes bei Subventionen, NVwZ 1984, 479; *Maunz,* Theodor, in: Maunz / Dürig (Hrsg.), Kommentar zum GG, Art. 115 Rdnr. 8 und 19.

[895] *Jarass / Pieroth,* Grundgesetz-Kommentar, Art. 115 Rdnr. 2.

[896] So auch die Feststellung bei *Jarass,* Der Vorbehalt des Gesetzes bei Subventionen, NVwZ 1984, 479.

[897] Gesetz über die Feststellung des Bundeshaushaltsplans für das Haushaltsjahr 1998 (Haushaltsgesetz 1998), vom 22. 12. 1997, BGBl. I S. 3256.

[898] Kapitel 3208, Titel 870 01-680 des Haushaltsplans 1998.

[899] Ausführlich zu den Haushaltsgrundsätzen siehe *Kisker,* Staatshaushalt, in: Isensee / Kirchhof (Hrsg.), Handbuch des Staatsrechts III, § 89 Rdnr. 57 ff.; *Siekmann,* Helmut, in: Sachs, Grundgesetz-Kommentar, Art. 110 Rdnr. 11 ff. und 45 ff.

[900] *Birk,* Steuerung der Verwaltung durch Haushaltsrecht und Haushaltskontrolle, DVBl 1983, 869; *Preußner,* Kontrolle und Beherrschbarkeit von Wirtschaftssubventionen, S. 32.

sondern durch die die Bürgschaft gewährende Subventionsverwaltung. Die derzeitige Praxis wird daher weder den Anforderungen der Zweckverdeutlichung noch des Art. 115 GG gerecht.

Ähnliches gilt für das Land Berlin, das mit dem Rück- und Landesbürgschaftsgesetz spezielle gesetzliche Rechtsgrundlagen geschaffen hat. Dennoch sind die dortigen Regelungen ebenfalls äußerst unbestimmt. So nennt § 1 Abs. 1 Rückbürgschaftsgesetz als Förderzweck die Förderung der Wirtschaft und der wirtschaftlichen Entwicklung Berlins. Nach § 3 Abs. 2 Rückbürgschaftsgesetz sind gewerbliche Betriebe, Gartenbaubetriebe und Investitionen von Trägern der Freien Wohlfahrtspflege, die in Berlin ihren Sitz oder eine Betriebsstätte haben, förderfähig. Gleichfalls unbestimmt ist die Formulierung in § 1 Abs. 1 Landesbürgschaftsgesetz, das von der „Förderung der Wirtschaft in Berlin" spricht. Die Gesamthöhe der möglichen Verpflichtungen ist in den Gesetzen durchaus bestimmt, der Förderzweck bleibt demgegenüber weitgehend unbestimmt. Es zeigt sich im Ergebnis, dass allein mit einer speziellen gesetzlichen Regelung wenig gewonnen ist, solange sich der Zweck der Förderung auch im Gesetz durch Unbestimmtheit auszeichnet.

c) Zwischenergebnis

Im Ergebnis ist festzuhalten, dass der Förderung mittels Bürgschaften ein zweckbestimmter Förderrechtsrahmen fehlt. Das Haushaltsgesetz bzw. der Haushaltsplan für den Bereich der Bundesbürgschaften vermögen keine Zweckbestimmtheit zu gewährleisten. Zwar bestehen demgegenüber im Land Berlin spezielle gesetzliche Regelungen für Bürgschaftsmaßnahmen des Landes Berlin, indes sind diese ähnlich unbestimmt. Dem Erfordernis der hinreichenden Zweckdeutlichkeit wird damit nicht ausreichend Rechnung getragen.

C. Ergebnis nationaler Beschäftigungssubventionen an Unternehmen

Zusammenfassend ergibt sich ein vielschichtiges Bild bei der Bewertung des Förderrechtsrahmens nationaler Beschäftigungssubventionen. Während die unmittelbaren Beschäftigungssubventionen zumeist im SGB III geregelt sind, werden mittelbare Beschäftigungssubventionen vornehmlich auf der Grundlage von Subventionsrichtlinien vergeben, womit dem Gesetzesvorbehalt nicht ausreichend Rechnung getragen wird. Blickt man auf die Zweckbestimmtheit der einzelnen Fördersysteme, so zeigt sich für den Bereich der unmittelbaren Beschäftigungssubventionen, dass gerade die ABM-Förderung mangelhaft ausgestaltet ist und dringender Reformbedarf besteht. Die neuen Instrumente aktiver Arbeitsmarktpolitik bieten demgegenüber nur wenig Anlass zur Kritik.

In der Tendenz sind die Förderprogramme mittelbarer Beschäftigungssubventionen unbestimmt ausgestaltet. Hier finden sich vielfach globale Zwecksetzungen wie „Förderung der deutschen Wirtschaft" oder aber „Stärkung der Wettbewerbsfähigkeit des Mittelstandes". Betrachtet man die Wirtschaftsförderung en détail, so stellt sich als Hauptproblem die fehlende Zweckkoordination dar. Sowohl auf Bundes- wie auch auf Landesebene bestehen ausgedehnte Förderprogramme, die nur mäßig aufeinander abgestimmt sind. Mehrfachsubventionierungen und Zweckdivergenzen werden in Kauf genommen. Als insgesamt unzureichend konnte die Zweck-Mittel-Kontrolle festgestellt werden. In den einzelnen Förderbestimmungen finden sich nur schwache Ansätze einer Vollzugs-, Zielerreichungs- und Wirkungskontrolle. Insgesamt sind daher auf nationaler Ebene einige Reformen notwendig, um den Förderrechtsrahmen nationaler Beschäftigungssubventionen den Anforderungen der Zweck-Mittel-Analyse anzupassen. Ausgehend von diesem Befund soll nun der Blick auf die europäische Förderebene ausgeweitet und der dortige Förderrechtsrahmen einer Bewertung am Maßstab der Zweck-Mittel-Analyse unterzogen werden.

3. Teil

Europäische Beschäftigungssubventionen

Nachdem der Bereich der nationalen Beschäftigungssubventionen untersucht wurde, gilt es nun den Blick um eine europäische Perspektive zu erweitern. Hierbei ist zunächst festzustellen, dass sich das Problem der Massenarbeitslosigkeit keineswegs als ein rein nationales – deutsches – Problem darstellt. So ist in Europa in den letzten 30 Jahren die Arbeitslosenquote von 2,1% der Erwerbsbevölkerung im Alter von 15 – 64 Jahren auf 10,8% im Jahre 1997[1] geradezu dramatisch angestiegen; Deutschland reiht sich im Juli 1999 mit einer Quote von 10,3% im Mittelfeld ein[2]. Bei genauerer Betrachtung fällt dabei das regionale Ungleichgewicht in Europa auf, das sich in einer Arbeitslosenquote von 4,4% in Österreich bzw. 21,7% in Spanien zeigt. In diesen statistischen Zahlen äußern sich die Hauptprobleme des zusammenwachsenden Europas: die europäische Beschäftigungskrise und die bestehenden, regionalen Ungleichgewichte. Zur Bekämpfung dieser Probleme hat sich auf europäischer Ebene ein weiteres System der Beschäftigungssubventionierung entwickelt. Dieses wird vornehmlich durch die europäischen Strukturfonds bestimmt und durch Maßnahmen der Europäischen Investitionsbank (EIB) ergänzt. Im Folgenden soll nun der Förderrechtsrahmen, der sich auf europäischer Ebene ausgebildet hat, dargestellt und anschließend einer Bewertung am Maßstab der Zweck-Mittel-Analyse unterzogen werden.

A. Förderung durch die Europäischen Strukturfonds

Hauptinstrument der europäischen Beschäftigungsförderung bilden dabei die Europäischen Strukturfonds. Diese sind in Art. 159 UAbs. 1 S. 3 EGV (Amsterdamer Fassung[3]) als Europäischer Ausrichtungs- und Garantiefonds für die Landwirt-

---

[1] *Eurostat*, Schlüsselzahlen, Bulletin zur europäischen Konjunktur und Synthese Nr. 5, 1997, Ziff. 1.1; *Stahlberg*, Europäisches Sozialrecht, Rdnr. 28.

[2] Insgesamt waren Ende Juli 1999 4,03 Mill. Personen erwerbslos; in Westdeutschland waren es 8,2% und in Ostdeutschland 17,4% Arbeitslose.

[3] Der Untersuchung wird im Folgenden der Vertrag zur Gründung der Europäischen Gemeinschaft vom 25. 3. 1957 in der konsolidierten Fassung mit den Änderungen durch den Vertrag von Amsterdam vom 2. 10. 1997 (CONF/4005/97 ADD 2) zugrundegelegt; dieser trat am 1.Mai 1999 in Kraft – vgl. zu den Auswirkungen des Inkrafttretens die Mitteilung der europäischen Kommission, KOM (1999) 581 vom 1. 5. 1999.

schaft – Abteilung Ausrichtung (EAGFL), Europäischer Sozialfonds (ESF) und Europäischer Fonds für regionale Entwicklung (EFRE) benannt. Durch diese Strukturfonds wird das in Art. 158 UAbs. 1 EGV formulierte Hauptziel unterstützt, auch weiterhin eine Politik zur Stärkung des wirtschaftlichen und sozialen Zusammenhalts der Gemeinschaft zu entwickeln und zu verfolgen, um eine harmonische Entwicklung der Gemeinschaft als Ganzes zu fördern. Bevor nun allerdings der Rechtsrahmen der Strukturfondsförderung näher dargelegt werden kann, müssen vorab einige dogmatischen Probleme erörtert werden.

I. Dogmatische Probleme

Zum einen erweist sich die Einordnung der europäischen Strukturfondsförderung unter den Rechtsbegriff der Subvention als schwierig. Zum anderen bedarf die Anwendung des Maßstabes der Zweck-Mittel-Analyse auf europäischer Ebene einer weitergehenden Erläuterung. Diese Problempunkte sollen nun eingehender behandelt werden.

1. Subventionscharakter

Hinsichtlich der Überprüfung des Subventionscharakters der Strukturfondsförderung kann auf ein sowohl für das nationale als auch das europäische Recht einheitlich geltender Begriff der Beschäftigungssubventionen zurückgegriffen werden[4]. Danach sind Beschäftigungssubventionen vermögenswerte Leistungen des Staates, die zu einer möglichen Beeinflussung des Wettbewerbs führen, an öffentlich-rechtliche oder privatrechtliche Unternehmen, die hierfür keine marktübliche, äquivalente Gegenleistung erbringen. Zweck der Zuwendung stellt die Schaffung bzw. Erhaltung von Arbeitsplätzen dar. Ohne die Zweckstruktur der europäischen Strukturfonds an dieser Stelle schon vollständig darzustellen, kann für die Strukturfonds allgemein gesagt werden, dass diese im Rahmen ihrer Aufgabe – Stärkung des wirtschaftlichen und sozialen Zusammenhalts der Gemeinschaft – mithin das Ziel eines möglichst hohen Beschäftigungsniveaus verfolgen[5]. Als vermögenswerte Leistungen zur Erreichung dieses Ziels kommen sämtliche Interventionsformen in Betracht, wie beispielsweise Zuschüsse, Darlehen oder Bürgschaften[6]. Eine marktmäßige Gegenleistung wird vom Subventionsempfänger nicht erbracht. Als problematisch erweist sich allein das Verhältnis von Subventionsgeber und Subventionsempfänger. Um tatsächlich von einer europäischen Beschäftigungssubven-

---

[4] Vgl. dazu ausführlich 1. Teil, A., II.

[5] Ausführlich zur Zweckstruktur und zum beschäftigungsfördernden Charakter der Strukturfonds vgl. unten 3. Teil, A., II., 2.

[6] Vgl. zu den Interventionsformen unten 3. Teil, A., II., 2., c., aa., (1).

tionierung sprechen zu können, ist es notwendig, dass die Europäische Gemeinschaft nach außen als Subventionsgeber auftritt. Fraglich ist nun, inwieweit auf europäischer Ebene eine solche direkte Gemeinschaftssubventionierung stattfindet.

a) Direkte Gemeinschaftssubventionierung

Die Zuwendungen müssten hierzu unmittelbar von der europäischen Gemeinschaft an den Subventionsempfänger, das förderungswürdige Unternehmen fließen. Nun ist aber festzustellen, dass eine solche direkte Förderung Privater durch die Europäische Gemeinschaft in aller Regel nicht stattfindet. Ausnahmen bilden hier die Förderung von Demonstrations- und industriellen Pilotvorhaben im Energiebereich[7], Projekte im Bereich alternativer Energiegewinnung[8] sowie die finanzielle Unterstützung zur Umstrukturierung der Chemieindustrie[9] oder aber zur Förderung der Mikroelektronik-Technologie[10]. Diese Direktsubventionierungen fanden anfangs ihre rechtliche Begründung in Art. 308 EGV (EX-Art. 235 EGV[11]). Durch die Einheitliche Europäische Akte[12] wurden die Art. 163 – Art. 173 EGV (EX-Art. 130f – Art. 130p EGV) mit dem Titel „Forschung und technologische Entwicklung" in den EGV eingefügt, so dass nun eine ausdrückliche Rechtsgrundlage für diese Art der direkten Gemeinschaftssubventionen besteht. Nach Art. 163 Abs. 2 EGV sind Adressaten einer solchen Förderung ausdrücklich Unternehmen, Forschungszentren oder Hochschulen. Nach Art. 166 EGV wurde für den Zeitraum 1994 bis 1998 bereits das 4. Rahmenprogramm[13] entwickelt, demgemäss das Budget verteilt wird[14].

---

[7] Verordnung (EWG) Nr. 3640/85 des Rates vom 20. 12. 1985 zur Förderung von Demonstrationsvorhaben und industriellen Pilotvorhaben im Energiebereich durch finanzielle Unterstützung, ABl. L 350/29 vom 27. 12. 1985.

[8] Verordnung (EWG) Nr. 3639/85 des Rates vom 20. 12. 1985 über ein Programm zur Unterstützung der technologischen Entwicklung im Bereich der Kohlenwasserstoffe, ABl. L 350/25 vom 27. 12. 1985.

[9] Verordnung (EWG) Nr. 2914/79 des Rates vom 20. 12. 1979 über eine Beteiligung der Gemeinschaft an Maßnahmen zur Umstrukturierung und Umstellung der Chemiefaserindustrie, ABl. L 326/36 vom 22. 12. 1979.

[10] Verordnung (EWG) Nr. 3744/81 des Rates vom 7. 12. 1981 betreffend gemeinschaftliche Aktionen im Bereich der Mikroelektronik-Technologie, ABl. L 376/38 vom 30. 12. 1981.

[11] Zur Erläuterung der geschichtlichen Entwicklung sind die Normen des Vertrags zur Gründung der Europäischen Gemeinschaften vom 25. 3. 1957, BGBl. II S. 766; in der Fassung des Vertrages über die Europäische Union (Maastricht-Vertrag) vom 7. 2. 1992, BGBl. II S. 1253/1256 aufgeführt.

[12] Die Einheitliche Europäische Akte vom 28. 2. 1986, BGBl. II S. 1102; in Kraft seit dem 1. 7. 1987, ABl. 1987 Nr. L 169/29.

[13] Beschluss des Europäischen Parlaments und des Rates vom 26. 4. 1994, ABl. L 126/1 vom 18. 5. 1994; geändert durch den Beschluss des Europäischen Parlaments und des Rates vom 25. 3. 1996, ABl. L 86/69 vom 4. 4. 1996.

[14] Hierbei lassen sich drei Formen der Finanzierung unterscheiden: Die „direkte Aktion" stellt die Möglichkeit gemeinschaftseigener Forschung nach Art. 8 EAGV (Vertrag zur Grün-

Obgleich es sich um direkte Gemeinschaftssubventionen handelt, lässt sich für den Forschungsbereich dennoch eine Besonderheit konstatieren. Die Forschungssubventionen dienen in erster Linie der reinen Grundlagenforschung[15]. Damit fehlt ihnen allerdings der potentiell wettbewerbsverzerrende Charakter, der zu möglichen grundrechtsrelevanten Freiheitsbeeinträchtigungen führen könnte. Für den Bereich der Grundlagenforschung lassen sich nur schwer Marktstrukturen erkennen, die durch die Subventionen gestört würden. Darüber hinaus fehlt den Forschungssubventionen jegliche beschäftigungsfördernde Zielsetzung, so dass sie ersichtlich nicht als Beschäftigungssubventionen zu qualifizieren sind. Folglich kann der Fall der direkten Gemeinschaftssubventionierung – die Forschungssubventionierung – nicht dem Bereich der Beschäftigungsförderung zugeordnet werden. Im Ergebnis ist daher festzuhalten, dass eine unmittelbare Beschäftigungssubventionierung durch die Europäische Gemeinschaft nicht stattfindet[16].

b) Grundsatz der mittelbaren Subventionierung

Auf europäischer Ebene herrscht vielmehr das Prinzip der mittelbaren Vergabe der Fördergelder vor. Für den Bereich der Beschäftigungssubventionen und der Europäischen Strukturfonds heißt dies, dass alleiniger Empfänger der Fördermittel zunächst der einzelne Mitgliedstaat ist[17]. Für den ESF ist dies beispielsweise in der Verordnung (EWG) Nr. 2950/83 des Rates[18] ausdrücklich vorgesehen, gleiches gilt für die übrigen Strukturfonds gem. Art. 21 Abs. 1 der Verordnung (EWG) Nr. 4253/88 des Rates[19]. Damit liegt aber im Rahmen der Strukturfonds keine direkte Subventionierung seitens der Europäischen Gemeinschaft vor. Daraus ließe

---

dung der Europäischen Atomgemeinschaft vom 25. 3. 1957, BGBl. II S. 1014) oder nach Art. 171 EGV dar; nach der „konzertierten Aktion" übernimmt die Gemeinschaft die Kosten für die Koordinierung und Kooperation der Forschung in den Mitgliedstaaten – diesen Modalitäten fehlt von vornherein jeglicher Subventionscharakter, da keinerlei Berührungspunkt mit den Rechten Privater besteht, sondern lediglich supranationale Forschung bzw. Koordination finanziert wird; die „indirekte Aktion" schließlich beinhaltet eine direkte Finanzierung der in Art. 163 Abs. 2 EGV genannten Adressaten im Rahmen der Gemeinschaftsprogramme auf Kostenteilungsbasis.

[15] *Silvestro,* La quatrième programme – cadre communautaire de recherche, RevMC 1994, 304.

[16] *Löw,* Der Rechtsschutz des Konkurrenten gegenüber Subventionen aus gemeinschaftsrechtlicher Sicht, S. 56; *Narjes,* Europäische Technologiepolitik, in: Mestmäcker/Möller/Schwarz (Hrsg.), Eine Ordnungspolitik für Europa, Festschrift für Hans von der Groeben, S. 267.

[17] EuGH – Lisrestal/Kommission, C-32/95 P – in ABl. C 87/5 vom 8. 4. 1995.

[18] ABl. Nr. L 289/1 vom 22. 10. 1983.

[19] Verordnung des Rates (EWG) Nr. 4253/88 vom 19. 12. 1988 zur Durchführung der Verordnung (EWG) Nr. 2052/88 hinsichtlich der Koordinierung der Interventionen der verschiedenen Strukturfonds einerseits und zwischen diesen und den Interventionen der Europäischen Investitionsbank und der sonstigen Finanzierungsinstrumente andererseits, in ABl. L 374/1 vom 31. 12. 1988.

sich nun schlussfolgern, dass die Mittelvergabe von der Europäischen Gemeinschaft an den Mitgliedstaat keine Subvention darstelle, da es sich bei dem Subventionsempfänger weder um ein öffentlich- noch privatrechtliches Unternehmen handelt, sondern die Mittel zunächst an den Mitgliedstaat fließen. Folglich könne auf europäischer Ebene allein von einer zweckgebundenen Mittelverschiebung zwischen den Mitgliedstaaten gesprochen werden. Ein solcher supranationaler Finanzausgleich sei allerdings nicht mehr im Rahmen des Subventionsrechts zu behandeln. Darüber hinaus greife der Ansatz der Zweck-Mittel-Analyse schon deshalb nicht, da die Grundrechte, und damit mögliche Freiheitsbeeinträchtigungen, bei der Mittelvergabe, im zwischenstaatlichen Bereich weder betroffen sein noch überhaupt Geltungskraft entfalten können. Allein zwischen dem nationalen Mitgliedstaat und dem Subventionsempfänger bzw. dem Konkurrenten entstünden mögliche Berührungspunkte, so dass der europäische Förderrechtsrahmen der Strukturfonds nicht dem Maßstab der Zweck-Mittel-Analyse zu entsprechen braucht. Allein das nationale Recht könne demnach dem Subventionsrecht unterstellt werden und müsse dessen Anforderungen genügen.

Diese Sichtweise verkennt allerdings die Systematik der europäischen Mittelvergabe. Wie sich bei der nun folgenden Analyse zeigen wird, entwickelt die Europäische Kommission in Zusammenarbeit mit den nationalen und regionalen Behörden ein sogenanntes „Gemeinschaftliches Förderkonzept". Dabei werden Zwecke und Ziele festgelegt und deren Vereinbarkeit mit den europäischen Förderschwerpunkten geprüft. Damit nimmt die Europäische Kommission mittels der von ihr veröffentlichten Leitlinien und später vorgenommenen Einzelprüfungen der nationalen Förderprogramme Einfluss auf den späteren Subventionszweck. Die Kommission wirkt auf die Bestimmung des Zwecks ein. Dies ist aber letztlich nicht nur im Verhältnis der Kommission zum Mitgliedstaat der Fall, sondern vielmehr auch im Verhältnis des Mitgliedstaates zum Subventionsempfänger von Bedeutung, denn schließlich basiert die Subventionierung zumindest teilweise auf den von der Europäischen Kommission erlassenen Leitlinien. Im Ergebnis können diese nicht außer Betracht gelassen werden, sondern müssen bei einer Bewertung des Förderrechtsrahmens für Beschäftigungssubventionen berücksichtigt werden. Man kann daher auch von einer sogenannten mittelbaren Gemeinschaftssubventionierung[20] sprechen. Formell erfolgt die Zuwendung zwar an den Mitgliedstaat, materiell findet indes eine Mitfinanzierung mitgliedstaatlicher Subventionsmaßnahmen statt. Die Mittelvergabe seitens der Europäischen Gemeinschaft ist dabei dergestalt zweckgebunden, dass eine solche nach Maßgabe des europäischen Förderrechtsrahmens unter Abstimmung der nationalen Förderprogramme stattfindet[21]. Zur weiteren Be-

---

[20] *Götz,* Subventionen aus Gemeinschaftsmitteln, in: Börner / Bullinger, Subventionen im Gemeinsamen Markt, S. 372 ff.; *Seidel,* Subventionshoheit und Finanzierungslast in der EWG, in: Börner / Jahrreiß / Stern (Hrsg.), Einigkeit und Recht und Freiheit, Festschrift für Karl Carstens, Bd. 1, S. 276.

[21] So auch im Ergebnis *Haverkate,* Subventionsrecht, in: Schmidt, Reiner (Hrsg.), Öffentliches Wirtschaftsrecht BT1, § 4 Rdnr. 9.

gründung lässt sich auf eine ähnlich gelagerte Problematik verweisen[22]. So kann auf nationaler Ebene der Bund den Ländern oder Gemeinden eine gewisse, zweckgebundene Subventionsmasse zur Verfügung stellen. Die Vergabe erfolgt durch die Länder bzw. Gemeinden, wobei diese die vom Bund hinsichtlich des Subventionszwecks festgelegten Richtlinien zu beachten haben. Auch in dieser Konstellation sind die vom Bund erlassenen Vergabekriterien für den Förderrechtsrahmen bzw. die konkrete Subventionsvergabe von Bedeutung[23].

Im Ergebnis lässt sich daher der Subventionscharakter der Mittelvergabe im Rahmen der europäischen Strukturfonds bejahen. Zwar weisen die europäischen Strukturfonds durch ihre mittelbare Subventionierung Besonderheiten im Vergleich zu nationalen Fördersystemen auf, dennoch kann die Strukturfondsförderung dem Subventionsrecht zugeordnet werden. Problematisch ist allerdings, ob der Maßstab der Zweck-Mittel-Analyse unverändert angewandt werden kann oder aber im Sinne eines europäischen Subventionsrechts angepasst werden muss.

2. Anwendbarkeit des Maßstabes der Zweck-Mittel-Analyse

Zur Beantwortung dieser Frage kann auf die bereits gemachten Ausführungen zur dogmatischen Verankerung der Zweck-Mittel-Analyse im europäischen Recht verwiesen werden[24]. So lässt sich bei der materiellen Ausgestaltung der Zweck-Mittel-Analyse nahezu Deckungsgleichheit mit dem nationalen Recht konstatieren[25]. Insbesondere die enge Anlehnung an die Verfassungsüberlieferungen der Mitgliedstaaten bei der Herausbildung einer europäischen Grundrechtsdogmatik führt zu diesem Ergebnis[26]. Bejaht man zutreffend den Subventionscharakter der Förderung durch die europäischen Strukturfonds, so ist es nur konsequent, den För-

---

[22] *Bleckmann*, Subventionsrecht, S. 14.

[23] *Bleckmann*, Subventionsrecht, S. 15.

[24] Vgl. ausführlich dazu oben 1. Teil, B., I., 2.

[25] So ebenfalls *Gündisch*, Allgemeine Rechtsgrundsätze in der Rechtsprechung des EuGH, in: Schwarze (Hrsg.), Das Wirtschaftsrecht des Gemeinsamen Marktes in der aktuellen Rechtsentwicklung, S. 114; *Hilf*, Grundrechtskatalog, EuR 1991, 29; *Jarass*, Elemente einer Dogmatik der Grundfreiheiten, EuR 1995, 225; *Pernice*, Grundrechtsgehalte im Europäischen Gemeinschaftsrecht, S. 234; *Pernice*, Gemeinschaftsverfassung und Grundrechtsschutz, NJW 1990, 2415; *Ress*, Der Grundsatz der Verhältnismäßigkeit im deutschen Recht, in: Deutsche Sektion der Internationalen Juristenkommission (Hrsg.), Der Grundsatz der Verhältnismäßigkeit in europäischen Rechtsordnungen, S. 38; *Schiller*, Der Verhältnismäßigkeitsgrundsatz im Europäischen Gemeinschaftsrecht nach der Rechtsprechung des EuGH, RIW 1983, 930.

[26] EuGH – Internationale Handelsgesellschaft / Einfuhr- und Vorratsstelle für Getreide und Futtermittel, 11 / 70 – Slg. 1970, 1125 (1136); EuGH – Einfuhr- und Vorratsstelle für Getreide und Futtermittel / Köster, Berodt & Co, 25 / 70 – Slg. 1970, 1161 (1176); EuGH – Merkur Fleisch-Import / Hauptzollamt Hamburg-Ericus, 147 / 81 – Slg. 1982, 1389 (1396); EuGH – Hermann Schräder HS Kraftfutter / Hauptzollamt Gronau, 265 / 87 – Slg. 1989, 2237 (2267 ff.); EuGH – Kommission / Deutschland, C-62 / 90 – Slg. 1992, I-2575 (2609).

derrechtsrahmen auch an den Erfordernissen der Zweck-Mittel-Analyse zu messen. Die Subventionsvergabe und die Bestimmung der Förderzwecke werden durch die europäische Ebene beeinflusst, über die sich der Rechtsrahmen der Subventionierung entwickelt. Daran vermag die Mittelbarkeit der Subventionsvergabe letztlich nichts zu ändern. Darüber hinaus impliziert die Förderung nach den europäischen Strukturfonds potentiell eine Wettbewerbsbeeinflussung. Das geförderte Unternehmen erhält einen Vorteil im Verhältnis zum nichtbedachten Unternehmen[27]. Dieser Vorteil stellt für den Nichtbedachten daher ein Nachteil dar, der je nach Art und Schwere in eine Rechtsbeeinträchtigung umzuschlagen vermag. Hierbei ist es letztlich ebenfalls nicht von Bedeutung, ob man nun die europäische Gemeinschaft oder den Mitgliedstaat als Subventionsgeber ansieht. Denn sowohl auf nationaler als auch europäischer Ebene lassen sich Rechtspositionen des nichtbedachten Subventionskonkurrenten reklamieren[28]. Insoweit kann auf eine potentielle Verletzung von Gemeinschaftsgrundrechten abgestellt werden.

Im Ergebnis lassen sich die angesprochenen dogmatischen Probleme unschwer beseitigen. Die Förderung durch die europäischen Strukturfonds stellt zwar eine mittelbare Gemeinschaftssubventionierung dar, sie entbehrt indes nicht dem Charakter einer Subvention. Der Förderrechtsrahmen wird von der Europäischen Gemeinschaft beeinflusst. Angesichts des Subventionscharakters treten auch potentielle Freiheitsprobleme auf, die eine Anwendung des Maßstabs der Zweck-Mittel-Analyse erforderlich machen. Die Anforderungen, die an den europäischen Förderrechtsrahmen zu stellen sind, entsprechen denen der nationalen Ebene. Es gilt nun zu überprüfen, inwieweit der Förderrechtsrahmen der Strukturfonds diesen Anforderungen gerecht wird.

II. Der Förderrechtsrahmen

Die erforderlichen Mittel für beschäftigungspolitische Maßnahmen stammen primär aus den Europäischen Strukturfonds. Art. 159 UAbs. 1 S. 3 EGV unterscheidet hierbei zunächst drei verschiedene Fonds, den Europäischen Sozialfonds (ESF), den Regionalfonds (EFRE) und den Europäischen Ausrichtungs- und Garantiefonds für die Landwirtschaft – Abteilung Ausrichtung (EAGFL). Bezogen auf Beschäftigungssubventionen stellen der ESF und der EFRE die wichtigste Finanzressource dar. Als erster nahm der ESF am 1. 9. 1960[29] seine Tätigkeit auf, im Jahre 1970[30] kam der EAGFL und schließlich 1976[31] der EFRE hinzu. Die Fonds

---

[27] Vgl. zur Durchführung im Einzelnen unten 3. Teil, A., II., 2., c.

[28] Hierzu oben 1. Teil, B., III., 1.

[29] Verordnung (EWG) des Rates Nr. 9 vom 25. 8. 1960, ABl. Nr. L 56/1189 vom 31. 8. 1960.

[30] Verordnung (EWG) des Rates Nr. 729/70 vom 21. 4. 1970, ABl. L 94/13 vom 28. 4. 1970.

wurden vielfachen Reformen unterzogen. Die wichtigsten und auch heute noch geltenden Änderungen erfolgten durch die Reformkonzepte von 1988[32] und 1993[33]. Schließlich wurde mit dem Maastricht-Vertrag[34] ein sogenannter Kohäsionsfonds[35] eingerichtet, der allein Projekte in den Bereichen Umweltschutz und Transeuropäischer Netze fördert.

1. Gang der Untersuchung

Damit hat sich insgesamt ein sehr komplexes, aber auch unübersichtliches Instrumentarium der Strukturfondspolitik entwickelt. Ziel wird es daher sein, eine übersichtliche Darstellung des Förderrechtsrahmen zu erreichen. Dieser soll hierzu in einen abstrakten Teil, der das Primär- und Sekundärrecht umfasst, und einen konkreten Teil, der die Planungs- und Durchführungsebene behandelt, unterteilt werden. Angesichts der Komplexität des Förderrechtsrahmens bildet die Frage nach der ausreichenden Zweckkonkretisierung den Leitfaden des darstellenden Teils. Eine kurze Bewertung am Maßstab der Zweck-Mittel-Analyse soll im Anschluss an jede Rechtsebene erfolgen, um eine übersichtliche Analyse zu gewährleisten. Im Anschluss an die Darstellung des Förderrechtsrahmens erfolgt eine Gesamtbewertung des Förderrechtsrahmens am Maßstab der Zweck-Mittel-Analyse.

2. Zweckstruktur des abstrakten Förderrechtsrahmens

Der Schwerpunkt der Betrachtungen wird dabei auf das System der Zweckbildung, der Zwecksicherung und der Zweck-Mittel-Kontrolle zu legen sein. Zunächst gilt es zu fragen, welche Förderzwecke mit den Europäischen Strukturfonds verfolgt werden. Eine Konkretisierung kann dabei auf verschiedenen Ebenen erfolgen. So wird der Rechtsrahmen für die Strukturfonds zum einen durch das Primärrecht, zum anderen durch das Sekundärrecht sowie den konkreten Durchführungsbestimmungen gebildet. Im Vordergrund wird dabei die Frage stehen, ob durch diese Rechtsbildung der Förderzweck im Sinne der Zweckverdeutlichungspflicht[36] ausreichend zum Vorschein tritt.

---

[31] Verordnung (EWG) des Rates Nr. 724/75 vom 28. 9. 1976, ABl. L 73/1 vom 5. 10. 1976.

[32] Verordnung (EWG) des Rates Nr. 2052/88 vom 24. 6. 1988, ABl. L 185/9 vom 15. 7. 1988; Verordnungen (EWG) des Rates Nr. 4253–4255/88 vom 19. 12. 1988, ABl. L 374/1 vom 31. 12. 1988.

[33] Verordnungen (EWG) des Rates Nr. 2081–2085/93 vom 20. 7. 1993, ABl. L 193/5 vom 31. 7. 1993.

[34] Vertrag über die Europäische Union vom 7. 2. 1992; der Vertrag ist am 1. 11. 1993 in Kraft getreten (Bekanntmachung vom 19. 10. 1993, BGBl. II S. 1947).

[35] Verordnung (EWG) des Rates Nr. 1164/94 vom 16. 5. 1994, ABl. L 130/1 vom 25. 5. 1994.

[36] Zu dieser ausführlich oben 1. Teil, C., I., 1.

a) Zweckverdeutlichung durch das Primärrecht

Zunächst kann für die Zielbestimmung der Strukturfonds auf den EGV selbst abgestellt werden. Schon bei der Suche nach relevanten Normen zeigt sich die Unübersichtlichkeit der Strukturfonds dadurch, dass diese äußerst verstreut im EGV zu finden sind. So basiert der ESF primär auf den Art. 146 – Art. 148 EGV, der EFRE auf Art. 160 EGV und der EAGFL auf Art. 34 Abs. 3 EGV. Zudem bilden die Art. 158 – Art. 162 EGV mit dem durch die Einheitliche Europäische Akte neu eingeführten Titel des „wirtschaftlichen und sozialen Zusammenhalts" als zusammenfassende Klammer aller Strukturfonds quasi einen „Allgemeinen Teil".

aa) Strukturpolitische Generalklausel des Art. 158 EGV

Bei Art. 158 EGV kann von einer strukturpolitischen Generalklausel[37] gesprochen werden. In dessen UAbs. 1 wird ausgeführt, dass die Gemeinschaft weiterhin ihre Politik zur Stärkung des wirtschaftlichen und sozialen Zusammenhalts entwickelt und verfolgt, um eine harmonische Entwicklung der Gemeinschaft als Ganzes zu fördern. UAbs. 2 weist darüber hinaus der Regionalpolitik eine besondere Bedeutung zu. Damit ist im Ergebnis vieles und nichts gesagt. Zum einen wird die Fortführung der bisherigen Politik propagiert, zum anderen aber gefordert, künftig verstärkt die regionalen Unterschiede abzubauen. Sinn und Zweck der mit der Einheitlichen Europäischen Akte von 1986/7[38] eingeführten Regelung war es, die gemeinschaftliche Strukturpolitik stärker an das Ziel des Art. 14 EGV (EX-Art. 7a EGV), der Verwirklichung des gemeinsamen Binnenmarktes, zu binden. Mit dem Maastrichter Vertrag, insbesondere des Art. 2 EUV[39] (EX-Art. B EUV)[40] sind die strukturpolitischen Maßnahmen künftig am Ziel einer Wirtschafts- und Währungsunion auszurichten. Art. 158 EGV ist als sogenannte Querschnittsnorm[41] zu betrachten, die in die anderen Gemeinschaftspolitiken eingelesen werden muss. Anknüpfungspunkt ist dabei die Gemeinschaft als Ganzes; Idealbild stellt ein „Europa der Regionen"[42] ohne wirtschaftliche und soziale Disparitäten dar, wobei mit die-

---

[37] *Stabenow,* Wolfgang, in: Grabitz/Hilf (Hrsg.), Kommentar zur Europäischen Union, Art. 130a EGV Rdnr. 3.

[38] Verabschiedet am 28. 2. 1986, in Kraft getreten am 1. 7. 1987, ABl. L 169/29.

[39] Der weiteren Untersuchung wird der Vertrag über die Europäische Union vom 7. 2. 1992 in der konsolidierten Fassung mit den Änderungen durch den Vertrag von Amsterdam vom 2. 10. 1997 zugrunde gelegt (CONF/4005/97 ADD 1); insbesondere die Umnummerierung nach Art. 12 Amsterdamer Vertrag i.V.m. der Übereinstimmungstabelle A im Anhang des Amsterdamer Vertrag wurde bereits übernommen.

[40] Soweit sich auf historische Entwicklungen bezogen wird, wird die Nummerierung des Vertrages über die Europäische Union vom 7. 2. 1992, BGBl. II S. 1253 ebenfalls erwähnt.

[41] *Geiger,* EG-Vertrag, Art. 130a EGV, Rdnr. 1; *Priebe,* Zum Rechtsrahmen der gemeinschaftlichen Strukturfonds, in: Randelzhofer/Scholz/Wilke (Hrsg.), Gedächtnisschrift für Eberhard Grabitz, S. 553.

sem Schlagwort durchaus andere politische Gesichtspunkte, wie eine stärkere Selbständigkeit oder aber größere Befugnisse der Regionen auf den europäischen Entscheidungsprozeß verbunden werden. Diese Regionalisierungstendenzen[43] stehen aber in keinem Widerspruch zu den Zielen des Art. 158 EGV, sondern gehen vielmehr mit der weiteren Harmonisierung einher. Inhaltlich konkretisiert Art. 158 EGV die Vorgaben der Präambel und des Art. 2 EGV.

Damit bleibt es aber bei einer weit gefassten Rahmenregelung mit einer unverbindlichen, blumigen Programmsprache, wie sich in den Begriffen „harmonische Entwicklung", „Stärkung" oder „Zusammenhalt" zeigt. Welche konkreten Ziele damit letztlich verfolgt werden können, bleibt offen, ja muss offen bleiben, um die programmatische Aussage nicht mit konkreten Zielvorstellungen zu überfrachten. Für eine nähere Bestimmung des Zwecks, den die Strukturfonds verfolgen, kann Art. 158 EGV nicht recht dienen. Es lässt sich aber festhalten, dass zumindest eine Weichenstellung vorgegeben wird, die bei der Auslegung sonstiger Zielkonkretisierungen durchaus von Bedeutung sein kann. Die Maßnahmen der Strukturfonds sollen dem Abbau der originären und strukturellen Entwicklungsunterschiede unter den europäischen Regionen, folglich dem wirtschaftlichen und sozialen Zusammenhalt dienen, in letzter Konsequenz den gemeinsamen Binnenmarkt festigen und die Währungsunion unterstützen.

bb) Konkretisierung durch Art. 159 EGV

Unter dem Aspekt der Liberalisierung ist auch Art. 159 EGV zu sehen, der die Mitgliedstaaten, aber auch die Gemeinschaft selbst anweist, die strukturpolitischen Grundsätze bei der Verfolgung der gemeinschaftlichen Politiken zu berücksichtigen. Das Fundament bildet dabei das Bekenntnis zu freiem Wettbewerb und offener Marktwirtschaft, das sich zweifelsfrei aus den Art. 4, Art. 98, Art. 99 EGV ergibt. Als Ausprägung des Verhältnismäßigkeitsprinzips dürfen strukturpolitisch begründete Ausnahmeregelungen den Binnenmarkt und die Wirtschafts- und Währungsunion so wenig wie möglich stören[44]. Diesem Regel-Ausnahme-System sind zum einen die in Art. 159 UAbs. 1 S. 3 EGV genannten Strukturfonds (ESF, EFRE,

---

[42] Zu dieser Thematik: *Bullmann,* Die Politik der dritten Ebene, Regionen im Europa der Union; *Hilligweg,* Beurteilung der Regionalpolitik der Europäischen Gemeinschaft und möglicher Weiterentwicklungskonzepte unter besonderer Berücksichtigung des Reformmodells einer finanzausgleichsorientierten Neugestaltung des Systems der EG-Regionalfonds; *Hrbek/Wendland,* Betrifft: Das Europa der Regionen; *Klatt,* Das Europa der Regionen nach Maastricht; *Naß,* Das Europa der Regionen – verfassungs-, struktur- und agrarpolitische Aspekte, AgrarR 1995, 289; *Petersen,* Rolle der Regionen, DÖV 1991, 278; *Schäffer,* Wirtschaftsrecht und Europäische Regionen.

[43] *Bleckmann,* Europarecht, Rdnr. 2779; *Joachimsen,* Autonomieverlust für die Regionen?, EG-Magazin Nr. 1/2, 1990, 34.

[44] *Stabenow,* Wolfgang, in: Grabitz/Hilf (Hrsg.), Kommentar zur Europäischen Union, Art. 130b EGV Rdnr. 4.

EAGFL), zum anderen die sonstigen Finanzierungsinstrumente, wie beispielsweise die Europäische Investitionsbank oder der Kohäsionsfonds in Art. 161 EGV verpflichtet. Darüber hinaus gibt Art. 159 UAbs. 3 EGV zwar die Möglichkeit, weitere spezifische Aktionen zu beschließen, in der Praxis fällt das Fördergewicht aber den Strukturfonds zu[45]. Mit den in Art. 159 UAbs. 1 S. 2, 3 EGV verwendeten Formulierungen „beizutragen" und „unterstützen" ist ferner die flankierende Funktion der Strukturfonds angesprochen und begründet ihre primär mittelbare Ausschüttung[46].

Eine Zielkonkretisierung findet durch Art. 159 EGV letztlich nicht statt. Vielmehr werden die allgemeinen Zielsetzungen aus Art. 158 EGV für verbindlich erklärt und in das Zielsystem des EGV unter Beachtung des Verhältnismäßigkeitsprinzips eingeordnet. Damit ist aber gleichzeitig die Notwendigkeit verbunden, die Grundsätze des EGV einer genaueren Analyse zu unterziehen, denn die Ziele der Strukturfonds haben sich an diesen zu orientieren und müssen mit diesen zu einem Ausgleich gebracht werden. Schließlich wird deutlich, dass bei Gemeinschaftssubventionen nicht nur klassische individualrechtliche Freiheitsprobleme entstehen, sondern spezifisch „Europa-verfassungsrechtliche" Fragen aufgeworfen werden, die mit dem Konzept einer Wirtschafts- und Währungsunion zusammenhängen. Dadurch wird die Forderung nach einer möglichst konkreten Ziel- und Zweckbestimmung im Rahmen der Strukturfonds um so deutlicher. Allein programmatische Zielsetzungen können angesichts der vielfachen Problemkreise nicht ausreichen.

cc) Der Europäische Sozialfonds im Primärrecht

Als Konkretisierungsmaßstab kommen weiterhin diejenigen vertraglichen Normen in Betracht, auf denen die einzelnen Fonds basieren; für den Europäischen Sozialfonds sind dies die Art. 146 EGV – Art. 148 EGV. Für die Zweckbestimmung kann hierbei lediglich Art. 146 EGV herangezogen werden, da Art. 147 EGV allein die Verwaltung des Fonds regelt und Art. 148 EGV als Rechtsgrundlage für den Erlass von Durchführungsbestimmungen dient, auf die erst später einzugehen sein wird[47]. Hierbei gibt der erste Teil des Art. 146 EGV zunächst als so genannter Endzweck die Verbesserung der Beschäftigungsmöglichkeiten der Arbeitskräfte im Binnenmarkt aus. Dadurch soll ein Beitrag zur Hebung der Lebenshaltung geleistet werden. Der zweite Teil nennt dann bestimmte Ansatzpunkte (Primärzwecke), wie dies erreicht werden soll, beispielsweise durch die Förderung der beruflichen Verwendbarkeit, der örtlichen und beruflichen Mobilität der Arbeitskräfte innerhalb der Gemeinschaft, oder aber die Erleichterung der Anpassung an

---

[45] *Nicolaysen,* Europarecht II, § 38 V, S. 350; *Hailbronner / Magiera / Klein / Müller-Graff,* Handkommentar zum EUV / EGV, Art. 130b Rdnr. 5.

[46] *Beschel, Manfred,* in: Groeben / Thiesing / Ehlermann (Hrsg.), Kommentar zum EU- / EG-Vertrag, Art. 130b Rdnr. 1 ff.

[47] Vgl. hierzu unten 3. Teil, A., II., 2., c.

die industriellen Wandlungsprozesse und die Veränderungen der Produktionssysteme insbesondere durch berufliche Bildung und Umschulung.

Damit bildet Art. 146 EGV das Kernstück des Europäischen Sozialfonds[48], in welchem dessen Zielsetzung umrissen wird. Jedoch geschieht dies in einem sehr umfassenden Sinne. So kann unter „Verbesserung der Beschäftigungsmöglichkeiten der Arbeitskräfte" zunächst jedwede Beschäftigungssubvention fallen. Danach könnten Lohnkosten subventioniert, Arbeitsbeschaffungsmaßnahmen initiiert oder aber Berufsfortbildungsprogramme finanziert werden. Um nun nicht jede Maßnahme, die diesem Ziel gerecht wird, unter Art. 146 EGV zu subsumieren, wurden mit dem zweiten Teil der Vorschrift bestimmte Primärzwecke für förderungswürdig erklärt. Aber auch diese umreißen erneut einen weiten Rahmen möglicher Zwecke. So soll beispielsweise die berufliche Verwendbarkeit gefördert werden. Darunter sind Maßnahmen der Berufsbildung und -beratung zu verstehen[49]. Wie eine solche konkret stattfinden soll, wohin die Fördergelder gehen, in welcher Höhe diese erfolgen, nach welchen Kriterien Maßnahmen zu ergreifen sind, bleibt nach wie vor offen.

Ferner wird nach Art. 146 EGV die örtliche und berufliche Mobilität gefördert, d. h. sowohl der räumliche Wechsel innerhalb der Gemeinschaft als auch der zwischen unterschiedlichen Berufszweigen[50]. Damit reicht es für die Begründung von Fördergeldern aus, auf die damit verbundene Erleichterung der Flexibilisierung hinzuweisen. Beispielsweise könnte die Subvention einer Firmenumstrukturierung und damit einhergehend eine Umorientierung der Arbeitnehmer begründet werden; aber auch jede Unternehmensgründung wäre förderungswürdig, da sie vielfach einen Wechsel von abhängiger Tätigkeit zur Selbständigkeit bedeutet. Dies zeigt, wie wenig konkret diese Zweckeingrenzungen sind. Noch deutlicher wird dies schließlich mit dem seit dem Maastrichter Vertrag eingefügten Ziel der Erleichterung einer Anpassung an die industriellen Wandlungsprozesse und Veränderungen der Produktionssysteme. Dieses Ziel soll „insbesondere" durch berufliche Bildung und Umschulung erreicht werden, womit also durchaus andere Mittel eingesetzt werden können. Hierin zeigt sich aber erneut die Vagheit des Art. 146 EGV. Im Zeitalter der Globalisierung[51] sind die ständige Veränderung der Produktionsabläufe, die Weiterentwicklung technischen Know-hows, die Ausrichtung am Weltmarkt

---

[48] *Collins*, The European Communities, the Social Policy of the first phase, Part 2, S. 63; *van Dierendonck*, Deux ans et demi de Fonds social européen, Droit Social (Paris) 1960, 532; *v. Drygalski*, Die Fonds der Europäischen Gemeinschaften, S. 35; *Haverkate / Huster*, Europäisches Sozialrecht, Rdnr. 803 ff.

[49] *Hailbronner / Magiera / Klein / Müller-Graff*, Handkommentar zum EUV / EGV, Art. 123 Rdnr. 1; *Schulz*, Otto, in: Groeben / Thiesing / Ehlermann (Hrsg.), Kommentar zum EU- / EG-Vertrag, Art. 123 Rdnr. 6.

[50] *Schulz*, Otto, in: Groeben / Thiesing / Ehlermann (Hrsg.), Kommentar zum EU- / EG-Vertrag, Art. 123 Rdnr. 7,8.

[51] Zum Thema der Globalisierung und deren Einfluss auf den Staat bzw. die Nation: *Wallace*, Was an ihre Stelle treten könnte, Frankfurter Allgemeine Zeitung vom 4. 6. 1998, S. 11.

und die damit verbundenen Prozesse Grundvoraussetzungen für ein wirtschaftliches Überleben. Dadurch lässt sich aber in letzter Konsequenz jeglicher Anpassungsprozeß an die veränderten Marktbedingungen fördern, da dadurch immer zugleich die Beschäftigungsmöglichkeiten der Arbeitskräfte verbessert werden. Letztlich findet dann aber keine Eingrenzung des Subventionszwecks mehr statt, sondern jede Beschäftigungssubvention in dem hier verstandenen Sinne würde förderungswürdig.

Dennoch kann dem Art. 146 EGV eine Einschränkung dergestalt entnommen werden, dass – gerade im Unterschied zum noch anzusprechenden EFRE – investive Aufgaben[52] zur Schaffung von Arbeitsplätzen letztlich verfolgt werden können[53]. Die Verfolgung investiver Ziele lässt sich mit dem Wortlaut des Art. 146 EGV nur schwer vereinbaren, der in erster Linie konservative Fördermaßnahmen anspricht. Trotz der erwähnten Unbestimmtheit der Norm ist darin eine wesentliche Zweckbegrenzung zu sehen. Darüber hinaus müssen sich die vom Europäischen Rat verabschiedeten sekundärrechtlichen Bestimmungen an dem weit gefassten Rahmen des Art. 146 EGV orientieren[54]. Immerhin bietet der ESF der Europäischen Gemeinschaft die Möglichkeit aktive Arbeitsmarktpolitik zu betreiben, auch wenn diese in erster Linie auf eine Flankierung der nationalen Arbeitsmarktpolitik beschränkt ist[55]. Nach wie vor liegt die Kompetenz hierzu bei den Mitgliedstaaten[56].

dd) Der Europäische Fonds für regionale Entwicklung im Primärrecht

Die europäische Regionalpolitik findet in Art. 158 UAbs. 2 EGV ihre Erwähnung. Darin wird als gemeinschaftliches Ziel verankert, „die Unterschiede im Entwicklungsstand der verschiedenen Regionen und den Rückstand der am stärksten benachteiligten Gebiete, einschließlich der ländlichen Gebiete, zu verringern". Darunter ist eine Förderung solcher Gebiete durch Stärkung der lokalen Infrastruktur und Wirtschaft zu verstehen, die hinter dem europäischen Durchschnitt bleiben[57]. Diese Zielformulierung hat dabei einmal die Bekämpfung bestehender Dis-

---

[52] Zum Begriff der investiven Beschäftigungssubvention oben 1. Teil, A., II., 1.

[53] *Bleckmann,* Europarecht, Rdnr. 2580; *Schulz,* Otto, in: Groeben / Thiesing / Ehlermann (Hrsg.), Kommentar zum EU- / EG-Vertrag, Vorbemerkung zu den Art. 123 bis 125 Rdnr. 5; *Schulz,* Otto, Europäischer Sozialraum, BArbBl Nr. 11, 1986, 19.

[54] *Schulz,* Otto, in: Groeben / Thiesing / Ehlermann (Hrsg.), Kommentar zum EU- / EG-Vertrag, Art. 123 Rdnr. 10.

[55] Diese Flankierung konnte im Rahmen der nationalen Beschäftigungssubventionen schon angerissen werden, vgl. oben 2. Teil, A., V., 3.

[56] *Haverkate / Huster,* Europäisches Sozialrecht, Rdnr. 802; *Schulz, Otto,* in: Groeben / Thiesing / Ehlermann (Hrsg.), Kommentar zum EU- / EG-Vertrag, Vorbemerkung zu den Art. 123 bis 125 Rdnr. 4; *Schulz,* Otto, Europäischer Sozialraum, BArbBl Nr. 11, 1986, 19.

[57] *Beutler / Bieber / Pipkorn / Streil,* Die Europäische Union, S. 503 ff.; *Carl,* Hilfen der Europäischen Gemeinschaften für Problemregionen, EuZW 1992, 301 ff.; *Rolfes,* Regionale Wirtschaftsförderung und EWG-Vertrag, S. 48 ff.

paritäten, gleichzeitig aber auch die Verhinderung zukünftiger Negativentwicklungen im Blickfeld, so dass nicht nur eine gegenwartsbezogene, sondern vielmehr eine vorausschauende Regionalpolitik betrieben werden muss, um nicht neue Strukturprobleme entstehen zu lassen. Anknüpfend an dieses Postulat bildet Art. 160 EGV die Rechtsgrundlage für den Europäischen Regionalfonds (EFRE). Darin wird dessen Aufgabe, ähnlich dem Art. 158 UAbs. 2 EGV, dergestalt formuliert, dass „durch die Beteiligung an der Entwicklung und an der strukturellen Anpassung der rückständigen Gebiete und an der Umstellung der Industriegebiete mit rückläufiger Entwicklung zum Ausgleich der wichtigsten regionalen Ungleichgewichte in der Gemeinschaft" beigetragen wird. Auffällig ist, dass sich die Vertragsparteien der Beschränktheit der finanziellen Möglichkeiten des EFRE durchaus bewusst waren und daher eine Konzentration auf die Beseitigung der „wichtigsten" bzw. „stärksten" Ungleichgewichte vorsahen[58].

Beide Normen verstehen sich allerdings als ausfüllungsbedürftige Generalklauseln. So reicht es für eine Förderung aus dem Topf des EFRE hinsichtlich europäischer Beschäftigungssubventionen aus, ein enormes Beschäftigungsgefälle im Vergleich zu anderen Regionen festzustellen. Mit Blick auf die unterschiedlichen Arbeitslosenquoten[59] in der Gemeinschaft kommt es daher zu einer breiten Förderungswürdigkeit. Abgesehen von dem allgemeinen Ziel einer möglichst großflächigen Kohäsion innerhalb der Gemeinschaft, insbesondere auf dem Gebiet der Beschäftigungs- und Arbeitsmarktpolitik, werden keine konkreteren Zielstufen benannt. Der Endzweck ist klar, aber weit formuliert, letztlich mit den einzelnen Maßnahmen nur punktuell zu erreichen. Die Primärzwecke hingegen, durch die eine Kohäsion der Regionen erreicht werden soll, bedürfen weiterer Konkretisierung. In den Art. 158 UAbs. 2 und Art. 160 EGV findet sich eine solche nicht.

ee) Die sonstigen Europäischen Fonds

Daneben bestehen in der Europäischen Gemeinschaft noch weitere Fonds. Diese weisen indes nur geringe Berührungspunkte zum Bereich der Beschäftigungssubventionen auf, so dass auf eine eingehendere Darstellung verzichtet werden kann[60].

---

[58] *Beschel,* Manfred, in: Groeben / Thiesing / Ehlermann (Hrsg.), Kommentar zum EU- / EG-Vertrag, Art. 130c Rdnr. 1 ff.; *Priebe,* Zum Rechtsrahmen der gemeinschaftlichen Strukturfonds, in: Randelzhofer / Scholz / Wilke (Hrsg.), Gedächtnisschrift für Eberhard Grabitz, S. 556.

[59] Vgl. hierzu die Einleitung zum 3. Teil.

[60] In diesem Zusammenhang sei der Europäische Entwicklungsfonds (EEF) erwähnt, der sich zum Ziel gesetzt hat, die Politik der Assoziation und die Entwicklungshilfe der Gemeinschaft für die überseeischen Länder und Gebiete, sowie der assoziierten Staaten zu finanzieren. Eine Auszahlung erfolgt direkt an die einzelnen Staaten, so dass darin eine zwischenstaatliche Entwicklungshilfe zu sehen ist, die jeglichem Subventionscharakter entbehrt, vgl. dazu *Nicolaysen,* Europarecht II, § 46 I, S. 518 ff. – Zur Vervollständigung ist noch der auf der VO Nr. 907 / 73 vom 3. 4. 1973 (ABl. L 89 / 2 vom 5. 4. 1973) basierende Europäische

So findet in den Art. 34 Abs. 3, Art. 159 UAbs. 1 S. 3 EGV der Europäische Aus-
richtungs- und Garantiefonds für die Landwirtschaft (EAGFL) seine Erwähnung.
Allgemeine Zielnorm der gemeinsamen Agrarpolitik bildet dabei Art. 33 Abs. 1
EGV[61]. An dieser Stelle gilt es nun, die Betrachtungen der Strukturfonds dergestalt
einzuschränken, dass der EAGFL nicht Gegenstand der weiteren Untersuchung sein
soll. Dies ist insbesondere vor dem Hintergrund zu sehen, dass der Bereich der europäischen Landwirtschaftspolitik eine Sonderstellung in der Strukturfondsförderung einnimmt[62]. So hat sich auf der Grundlage der Art. 32 ff. EGV im Laufe der
Jahre ein umfassendes Regelwerk unterschiedlicher Marktordnungen gebildet. Die
Festsetzungen und Entscheidungen auf diesem Gebiet bilden mit Abstand den größ-
ten Teil der europäischen Rechtsetzung[63]. Das Förderrechtssystem ist überaus detailliert und kompliziert ausgestaltet. Insgesamt haben sich dabei eine Reihe von
Sonderregeln herausgebildet, die den Förderrechtsrahmen im Ergebnis prägen, ihn
dadurch aber kaum mit der Rechtsstruktur der anderen Strukturfonds vergleichbar
machen. Das Förderrechtssystem des EAGFL muss daher bei den weiteren Betrachtungen ausgeblendet werden, um die Untersuchung nicht mit Detailfragen der
Agrarsubventionierung zu überfrachten.

Daneben wurde mit der Verordnung Nr. 2141/70[64] bzw. Nr. 101/76[65] eine gemeinsame Strukturpolitik für den Fischereisektor begründet. Diese befasst sich mit
der Anpassung der Fischereiindustrie an Bestände, Märkte sowie an wirtschaftliche
und soziale Bedingungen[66]. Hauptziel ist es, die vorhandenen Überkapazitäten abzubauen[67]. Gerade die VO 4028/86[68] bietet hierzu der Kommission die Möglichkeit durch Zuschüsse diese Strukturpolitik zu fördern. Aufgrund der großen Parallelen zur Agrarpolitik und der besonderen Spezialität der Materie sollen diese Gemeinschaftssubventionen vorliegend ebenfalls außer Betracht bleiben. Ferner wurde auf Grundlage des Art. 161 UAbs. 2 EGV ein so genannter Kohäsionsfonds

---

Fonds für währungspolitische Zusammenarbeit (EFZW) zu nennen, der den Saldenausgleich
im Rahmen des Europäischen Währungssystems finanzierte. Mit der Bildung der europäischen Währungsunion übernahm diese Aufgabe zunächst das Europäische Währungsinstitut.
Mit Erreichen der 3.Stufe der Währungsunion nach Art. 123 Abs. 2 EGV ging diese auf die
Europäische Zentralbank über, siehe *Nicolaysen,* Europarecht II, § 37, S. 334.

[61] Der EAGFL übernimmt insoweit die Finanzierung der gemeinsamen Agrarpolitik,
Bleckmann, Europarecht, Rdnr. 2286.

[62] Allein schon der Umstand, dass 60% der Finanzmittel des Gemeinschaftshaushalts in
die gemeinsame Agrarpolitik fließen, zeigt diese Sonderstellung; dazu *Bleckmann,* Europarecht, Rdnr. 2287; *Korte,* Joost/von Rijn, Thomas, in: Groeben/Thiesing/Ehlermann
(Hrsg.), Kommentar zum EU-/EG-Vertrag, Art. 40 Rdnr. 52 ff.

[63] *Nicolaysen,* Europarecht II, § 40 II, S. 429.

[64] ABl. L 236/1 vom 27. 10. 1970.

[65] ABl. L 20/19 vom 28. 1. 1976.

[66] *Bleckmann,* Europarecht, Rdnr. 2353; *Wise,* The common Fisheries Policy of the European Community, S. 214.

[67] *Churchill,* Revision of the EEC's Common Fisheries Policy, ELR 1980, 24.

[68] ABl. L 376/7 vom 31. 12. 1986.

errichtet, „durch den zu Vorhaben in den Bereichen Umwelt und transeuropäischer Netze auf dem Gebiet der Verkehrsinfrastruktur finanziell beigetragen wird". Konkretere Zielangaben finden sich in der Verordnung Nr. 1164/94[69] vom 16. 5. 1994. Insgesamt lässt sich auch hier auf eine eingehendere Betrachtung verzichten, da durch den Kohäsionsfonds nicht das Ziel einer Beschäftigungsförderung verfolgt wird.

ff) Zwischenergebnis

Im Ergebnis lässt sich festhalten, dass die primärrechtlichen Normen als allgemein formulierte Programmsätze zu verstehen sind und somit einen weiten Rahmen für die Förderziele der Gemeinschaft abstecken. Für eine rechtliche Bewertung der Zweckkonkretisierung im Rahmen der Zweck-Mittel-Analyse lässt sich bestenfalls eine Tendenz der Förderausrichtung erkennen. Den Anforderungen der Zweckverdeutlichungspflicht genügt dies allerdings nicht. Jedoch eröffnet das Primärrecht mit den Art. 162, Art. 148 EGV die Möglichkeit, im Rahmen von Durchführungsbestimmungen auf der Sekundärrechtsebene dem Erfordernis einer Zweckkonkretisierung gerecht zu werden. Bei der Betrachtung der vorhandenen Verordnungen des Rates werden die oben dargestellten Normen des EGV aber immer wieder heranzuziehen sein, um eine EGV-konforme Auslegung derselben zu erreichen.

b) Zweckverdeutlichung durch die Strukturfonds-Verordnungen

Bei einer ersten Durchsicht erweist sich das Sekundärrecht allerdings als äußerst unübersichtlich. Zwar sollten die 1988 und 1993 erfolgten Reformen zu einer inhaltlichen Präzisierung und Effizienz der Strukturfondsverordnungen führen, indes wurde eine verwirrende Anzahl von Verordnungen durch den Europäischen Rat erlassen. Durch diese sollte insbesondere eine genauere Zieldefinition der einzelnen Strukturfonds erfolgen, so dass eine dezidierte Analyse unentbehrlich ist. Grundlegend für das Verständnis der Strukturfonds sind die Verordnungen Nr. 2052/88[70], sowie Nr. 4253–4255/88[71], welche die Reform von 1988 bilden. Hierbei kann die erstere als „Rahmenverordnung"[72] über Aufgabe und Effizienz der Strukturfonds

---

[69] ABl. L 130/1 vom 25. 5. 1994.

[70] Verordnung (EWG) des Rates Nr. 2052/88 vom 24. 6. 1988, ABl. L 185/9 vom 15. 7. 1988.

[71] Verordnungen (EWG) des Rates Nr. 4253–4255/88 vom 19. 12. 1988, ABl. L 374/1 vom 31. 12. 1988.

[72] *Magiera,* Verwaltungsorganisation: Finanz- und Fondsverwaltung, in: Schweitzer (Hrsg.), Europäisches Verwaltungsrecht, S. 137; *Priebe,* Zum Rechtsrahmen der gemeinschaftlichen Strukturfonds, in: Randelzhofer/Scholz/Wilke (Hrsg.), Gedächtnisschrift für Eberhard Grabitz, S. 558.

und über die Koordinierung ihrer Interventionen untereinander bezeichnet werden, die letzteren stellen dann sogenannte „Durchführungsverordnungen" bezüglich der einzelnen Fonds dar. Die Verordnung Nr. 4253/88 weist dabei als „Koordinierungs-Durchführungsverordnung" die Besonderheit auf, einen allgemeinen Rahmen hinsichtlich der spezifischen Fondsregelungen zu bilden. In entsprechender Systematik wurden diese Vorschriften 1993 in Gestalt der Änderungs-Rahmenverordnung Nr. 2081/93, der Änderungs-Koordinierungs-Durchführungsverordnung Nr. 2082/93 und der fondsspezifischen Durchführungsverordnungen Nr. 2083– 2085/93[73] weiterentwickelt.

aa) Konzentration der Zwecke

Trotz dieser zunächst unübersichtlichen Normenstruktur wollte man mit den beiden Reformen von 1988 und 1993 eine Konzentration der sachlichen Ziele und Zwecke erreichen[74]. Die europäische Förderpolitik sollte effizienter, koordinierter und schwerpunktmäßiger ausgestaltet werden. Schließlich sollte durch die Formulierung vorrangiger Ziele eine konkretere Zweckbestimmung einhergehen, denn je genauer die Beschreibung des Förderzwecks erfolgt, desto konzentrierter fällt die Förderung aus. Indes bleibt zu fragen, ob diese je-desto Formel durch die Reformen auch tatsächlich in geltendes Recht umgesetzt wurde.

(1) Die Reform von 1988

Grundprinzipien der Reform von 1988 stellen die Komplementarität zwischen gemeinschaftlichen und nationalen Aktionen, die Ausformung von Inhalt und Reichweite des Partnerschaftsprinzips, die Koordination des Einsatzes der Finanzmittel sowie die Begleitung und Kontrolle der Interventionen dar. Dementsprechendes Ziel der Reform war die Erhöhung der Effizienz zwischen Mitteleinsatz und Wirksamkeit der gemeinschaftlichen Aktionen. Ein Schwerpunkt bildete dabei die Konzentration auf fünf vorrangige Ziele[75], wie sie in Art. 1 der RahmenVO (Fassung 1988)[76] formuliert wurden:

Förderung der Entwicklung und der strukturellen Anpassung der Regionen mit Entwicklungsrückstand (Ziel Nr. 1)

---

[73] Verordnungen (EWG) des Rates Nr. 2081–2085/93 vom 20. 7. 1993, ABl. L 193/5 vom 31. 7. 1993.

[74] Zur Entwicklung der Strukturfonds ausführlich *Klodt/Stehn,* Die Strukturpolitik der EG, S. 54 ff.

[75] Dazu auch *Carl,* Hilfen der Europäischen Gemeinschaften für Problemregionen, EuZW 1992, 302 ff.

[76] Innerhalb dieses Abschnitts ist mit der RahmenVO die Verordnung (EWG) Nr. 2052/ 88 vom 24. 6. 1988 gemeint.

Hierunter fallen nach Art. 8 Abs. 1 RahmenVO (Fassung 1988) Regionen, deren Pro-Kopf-BIP nach den Daten der letzten drei Jahre unter 75% des Gemeinschaftsdurchschnitts liegt. Gem. Art. 8 Abs. 2 Rahmen-VO (Fassung 1988) wird hierzu ein Verzeichnis der hierunter fallenden Regionen angelegt. Dieses wird alle fünf Jahre von der Kommission überprüft und nach Anhörung des Europäischen Parlaments mit qualifizierter Mehrheit vom Rat verabschiedet. Bevor jedoch konkrete Anträge hinsichtlich einer Förderung möglich sind, müssen die Mitgliedstaaten so genannte Regionalentwicklungspläne erstellen, die nach Art. 8 Abs. 4 RahmenVO (Fassung 1988) eine Beschreibung der Schwerpunkte und die beabsichtigte Verwendung der Fördergelder aus den Fonds enthalten sollen. In einem weiteren Zielkonkretisierungsschritt wird dann gem. Art. 8 Abs. 5 RahmenVO (Fassung 1988) unter Einhaltung des Grundsatzes der Partnerschaft gem. Art. 4 Abs. 1 RahmenVO (Fassung 1988) ein Gemeinschaftliches Förderkonzept durch die Kommission entwickelt. Dieses soll insbesondere die für die Intervention der Gemeinschaft vorgesehenen Schwerpunkte, die Interventionsformen, den indikativen Finanzierungsplan und die Laufzeit der Interventionen umfassen.

Umstellung der Regionen, Grenzregionen oder Teilregionen (einschließlich Arbeitsmarktregionen und städtische Verdichtungsräume), die von der rückläufigen industriellen Entwicklung schwer betroffen sind (Ziel Nr. 2)

Danach werden Gebiete erfasst, deren Arbeitslosenquote über dem Gemeinschaftsdurchschnitt liegt, mit einhergehender rückläufiger Beschäftigung in der Industrie, vgl. Art. 9 Abs. 2 RahmenVO (Fassung 1988)[77]. Die Kommission erstellt in Zusammenarbeit mit beratenden Ausschüssen ebenfalls ein Verzeichnis der betroffenen Gebiete gem. Art. 9 Abs. 3, Art. 17 Abs. 2 RahmenVO (Fassung 1988). Nach Art. 9 Abs. 4 RahmenVO (Fassung 1988) ist die Kommission dabei insbesondere zu einer effektiven Konzentration der Maßnahmen auf die am stärksten betroffenen Gebiete und die am besten geeignete räumliche Ebene gehalten. Die Art. 9 Abs. 8 und Abs. 9 RahmenVO (Fassung 1988) entsprechen hinsichtlich des Erfordernisses mitgliedstaatlicher Pläne bzw. eines Gemeinschaftlichen Förderkonzeptes der Regelung zu Ziel Nr. 1.

Bekämpfung der Langzeitarbeitslosigkeit (Ziel Nr. 3) – Erleichterung der Eingliederung der Jugendlichen in das Erwerbsleben (Ziel Nr. 4)

Bei der weiteren Konkretisierung der Ziele Nr. 3, 4 verhält es sich etwas anders; dort legt die Kommission aufgrund des Art. 10 Abs. 1 RahmenVO (Fassung 1988) sogenannte Leitlinien fest, an denen sich die mitgliedstaatlichen Pläne auszurichten haben. Diese Pläne sollen ferner Informationen zur nationalen Beschäftigungs- und Arbeitsmarktpolitik, Angaben zur Kohärenz zwischen vorgesehenen langfristigen gemeinschaftsunterstützten Aktionen mit den aufgestellten Leitlinien, sowie zur Verwendung der Beiträge enthalten. Anschließend erstellt die Kommission gem. Art. 10 Abs. 3 RahmenVO (Fassung 1988) erneut ein Förderkonzept, wobei

---

[77] Entscheidung 89/288, ABl. L 112/19.

insbesondere eine Prüfung der einzelnen Pläne anhand der aufgestellten Leitlinien erfolgt.

Im Hinblick auf die Reform der Gemeinsamen Agrarpolitik:
a) beschleunigte Anpassung der Agrarstrukturen (Ziel Nr. 5a)
b) Förderung der Entwicklung des ländlichen Raums (Ziel Nr. 5b)

Hinsichtlich des Ziels Nr. 5a werden gem. Art. 11 Abs. 1 RahmenVO (Fassung 1988) nähere Ausführungen in die Durchführungsverordnungen verlagert. Für Ziel Nr. 5b werden erneut nach Art. 17 RahmenVO (Fassung 1988) die förderungswürdigen Gebiete ausgewählt. Eine weitere Zielbestimmung erfolgt ebenfalls durch das Ineinandergreifen von nationalen Planvorstellungen und Gemeinschaftlichem Förderkonzept.

(2) Änderungen durch die Neufassung von 1993

Durch die Verordnung Nr. 2081/93[78] zur Änderung der Verordnung Nr. 2052/88 erfuhren die Zielbestimmungen nur geringfügige Änderungen. Mit dem Beitritt Finnlands und Schwedens als Ziel Nr. 6 wurde die Förderung der Entwicklung und strukturellen Anpassung von Gebieten mit einer extrem niedrigen Bevölkerungsdichte hinzugefügt[79]. Strukturell gelten die Regeln des Ziels Nr. 1 entsprechend. Hinsichtlich des Ziels Nr. 1 wurden in Art. 8 Abs. 4 RahmenVO (Fassung 1993)[80] die Anforderungen an die von den Mitgliedstaaten aufzustellenden Regionalentwicklungspläne[81] erhöht. Danach ist neben der Beschreibung des Ist-Zustandes auch eine geeignete Strategie zur Zielerreichung mit den angestrebten Fördermitteln aufzustellen. Ferner wird der Umweltschutz verstärkt eingebunden, indem eine genauere Studie der Umweltauswirkungen gefordert wird. Schließlich muss der Plan eine globale Finanztabelle über sämtliche eingesetzte nationale und europäische Finanzmittel enthalten. Ähnliche Erweiterungen gelten auch für die Aufstellung des Gemeinschaftlichen Förderkonzepts, dessen Pflichtinhalt nun in Art. 8 Abs. 5 RahmenVO umschrieben wird. Insbesondere die Entwicklungsziele sind ihrer Art nach zu quantifizieren, die angestrebten Fortschritte und die Methodik der Bewertung und Begleitung der Förderung zu benennen. Ähnliche solcher Verdichtungsbemühungen wurden in Art. 9 Abs. 8 und Abs. 9 RahmenVO für das Ziel 2 vorgenommen. An der Zielformulierung hat sich letztlich nichts geändert. Hingegen völlig neu gefasst wurden die Ziele Nr. 3, 4, 5a und b:

---

[78] Verordnung (EWG) des Rates Nr. 2081/93 vom 20. 7. 1993, ABl. L 193/5 vom 31. 7. 1993.

[79] Protokoll Nr. 6.2 der Beitrittsakte.

[80] Im Folgenden ist mit der RahmenVO die Verordnung (EWG) Nr. 2081/93 vom 20. 7. 1993 gemeint. Dies stellt gleichzeitig die derzeit gültige Fassung dar. Im Weiteren wird daher auf den Zusatz „Fassung 1993" verzichtet.

[81] Diese Planaufstellung wird unten 3. Teil, A., II., 2., c., einer genaueren Betrachtung unterzogen. Sie stellt nach der primär-, sekundärrechtlichen Ebene eine dritte Konkretisierungsstufe dar, die gesondert behandelt werden soll.

Bekämpfung der Langzeitarbeitslosigkeit und Erleichterung der Eingliederung der Jugendlichen und der vom Ausschluss aus dem Arbeitsmarkt bedrohten Personen in das Erwerbsleben (Ziel Nr. 3) – Erleichterung der Anpassung der Arbeitskräfte an die industriellen Wandlungsprozesse und an Veränderungen der Produktionssysteme (Ziel Nr. 4)

Ziel Nr. 3 fasst dabei die alten Ziele Nr. 3 und 4 zusammen unter der Erweiterung auf Personen, die vom Ausschluss aus dem Arbeitsmarkt bedroht sind. Ziel Nr. 4 übernimmt die durch den Maastricht-Vertrag neu formulierte Aufgabe des ESF, wie sie im Wortlaut des Art. 146 EGV ähnlich ihren Niederschlag fand.

Förderung der Entwicklung des ländlichen Raums:

a) durch beschleunigte Anpassung der Agrarstrukturen im Rahmen der Reform der gemeinsamen Agrarpolitik (Ziel Nr. 5a)

b) durch Erleichterung der Entwicklung und der Strukturanpassung der ländlichen Gebiete (Ziel Nr. 5b)

Hier wurde letztlich der Bezug zur Reform der gemeinsamen Agrarpolitik auf Nr. 5a beschränkt, während die neue Einleitungsformulierung dem alten Ziel Nr. 5b entspricht. Ausdrücklich werden in Art. 1 letzter Satz der RahmenVO strukturelle Maßnahmen der Fischerei in Ziel Nr. 5a eingeschlossen. Ziel Nr. 5b spricht nun nicht erst von der Entwicklung ländlicher Gebiete, sondern vielmehr schon von der Erleichterung einer solchen und daneben von der Erfassung struktureller Anpassungsbemühungen. Die Einordnung als Ziel 5b-Gebiet erfolgte für den Förderzeitraum 1993-1999 durch eine Entscheidung der Kommission[82].

(3) Schaffung und Erhaltung von Arbeitsplätzen als Förderzweck

Von der dargestellten Zielstruktur aus lässt sich erkennen, dass letztlich alle Zielformulierungen weitgehendst der Beschäftigungsförderung verpflichtet sind. Gerade allgemeine bzw. durch den Industriewandel auftretende Strukturprobleme äußern sich meist in einer hohen Arbeitslosenquote. Jede Strukturförderung im Rahmen der Ziele 1, 2, 5a, b erweist sich daher in letzter Konsequenz als Arbeitsmarktpolitik. Hauptansatzpunkt bildet indes die Struktur- und Regionalförderung, durch welche allerdings zwangsläufig eine Beschäftigungsförderung stattfindet. Ein Bestandteil der regionalen Strukturförderung stellt nämlich die Senkung der Arbeitslosenquote mittels einer Subventionierung von Maßnahmen zur Schaffung und Erhaltung von Arbeitsplätzen dar. Es zeigt sich daher deutlich, dass auch auf europäischer Ebene die Regionalförderung Aufgaben der Beschäftigungsförderung wahrnimmt. Die RahmenVO beschreibt als Endzweck der Förderung der Struktur- und Regionalpolitik, die sich im Wesentlichen in einer Beschäftigungsförderung äußert. Die Ziele 3 und 4 bilden demgegenüber einen deutlichen Anknüpfungspunkt für eine europäische Beschäftigungsförderung. Durch diese besteht die Mög-

---

[82] Entscheidung der Kommission vom 26. 1. 1994, ABl. L 96 / 1.

lichkeit, die nationale aktive Arbeitsmarktpolitik[83] zu flankieren. Die Ziele 3 und 4 setzen unmittelbar bei der Schaffung bzw. Erhaltung von Arbeitsplätzen an. Primärer Zweck ist es, die Langzeitarbeitslosigkeit zu bekämpfen und eine Eingliederung der von Arbeitslosigkeit betroffener Personen, insbesondere Jugendlicher zu erleichtern. Dies stellt zugleich aber auch der Endzweck dar. Es kommt zu einer Identität von Primär- und Endzweck. Folglich lassen sich die möglichen Fördermaßnahmen im Rahmen der Ziele 3 und 4 als unmittelbare Beschäftigungssubventionen qualifizieren. Deren Zielstruktur, die aufgrund weiterer Planungsstufen durch die Mitgliedstaaten und die Kommission weiter verfeinert wird, soll im weiteren Verlauf der Untersuchung im Vordergrund stehen.

Letztlich wird man aber die anderen Ziele für eine Betrachtung der europäischen Beschäftigungsförderung nicht ausklammern können. Dies ergibt sich zum einen daraus, dass nahezu 70 %[84] der Fördermittel[85] in die Verwirklichung des Ziels 1 fließen, zum anderen aus der engen Verknüpfung von Struktur- und Arbeitsmarktpolitik. Daher wird auch die Regionalförderung einer Bewertung zu unterziehen sein.

(4) Verfehlte Zweckdeutlichkeit?

Versucht man nun der Frage nach der Zweckdeutlichkeit durch die einzelnen Rechtsebenen nachzugehen, so wirft die Betrachtung der Zielbestimmungen in der RahmenVO verschiedene Probleme auf. So richten sich die Fördergebiete beispielsweise nach administrativen Grenzen. Nach welchen Kriterien allerdings diese von den Mitgliedstaaten festgelegt werden, bleibt offen, obwohl die Grenzziehung unmittelbar Einfluss auf die Förderwürdigkeit einer Region hat. Durch geschickte Regionenwahl ließe sich daher Einfluss auf die Einordnung in eine bestimmte Zielkategorie nehmen. Die Zweckformulierungen der Struktur- und Regionalförderung umfassen lediglich die Endzwecke. Zunächst sind aber als sogenannter Zwischenschritt Primärzwecke zu verfolgen, durch die dann erst mittelbar die Endzwecke erreicht werden können. Insoweit bleibt die RahmenVO zweckundeutlich. Es bleibt offen, über welche Instrumente und Primärzwecke die in Art. 1 RahmenVO genannten Ziele erreicht werden sollen.

Darüber hinaus lässt sich bei der konkreten Festlegung der Ziel 1-Regionen konstatieren, dass die Verordnungen das Kriterium von 75 % des durchschnittlichen EG-Pro-Kopf-Einkommens für einzelne Fälle aufweichen[86]. Damit wird die Ein-

---

[83] Vgl. zu dieser oben 2. Teil, A.

[84] *Magiera*, Verwaltungsorganisation: Finanz- und Fondsverwaltung, in: Schweitzer (Hrsg.), Europäisches Verwaltungsrecht, S. 149; *Priebe*, Zum Rechtsrahmen der gemeinschaftlichen Strukturfonds, in: Randelzhofer / Scholz / Wilke (Hrsg.), Gedächtnisschrift für Eberhard Grabitz, S. 564.

[85] Für den Förderzeitraum 1993–1999 belaufen sich die verfügbaren Mittel auf 141,471 Milliarden ECU (in Preisen von 1992). Für die Ziel-1-Gebiete stehen daher 96,34 Milliarden ECU zur Verfügung.

ordnung aber Teil eines politischen Verhandlungsprozesses, was weder für Beständigkeit, Wirtschaftlichkeit noch Verhältnismäßigkeit der Förderung spricht. Ferner knüpfen die Ziele teils an sachlichen Problemfeldern an, die in der gesamten Gemeinschaft auftreten (Ziel Nr. 3 und 4), teils aber auch an regional begrenzten Problemstellungen (Ziel Nr. 1, 2, 5a, b, 6). Daher kann es zu Überschneidungen kommen, die Art. 14 RahmenVO einmal dadurch zu verhindern sucht, dass eine einzelne Maßnahme grundsätzlich nur aus einem Strukturfonds hinsichtlich eines der in Art. 1 RahmenVO genannten Ziele finanziert werden kann, zum anderen im Zusammenhang mit der regionalen Förderung ein Gebiet nur einem Ziel zugeordnet wird. Jedoch bleibt hierbei völlig offen, nach welchen Kriterien eine Abgrenzung der Problemschwerpunkte bei möglichen Zielüberschneidungen erfolgen soll. Zudem besteht die Gefahr, Regionen nicht nach der wesentlichen Problemsituation den Ziele zuzuordnen, sondern allein unter dem Gesichtspunkt der höchstmöglichen Fördersumme. Das Problem der Überschneidung und Koordinierung der Ziele und Fördergebiete ist daher mit Art. 14 RahmenVO nur scheinbar gelöst.

Aber auch die Zweckkonkretisierung hat noch nicht das ausreichende Maß erreicht[87]. Sicher ist zuzugeben, dass Ziel Nr. 3 durchaus eine konkrete Aufgabe postuliert, die Bekämpfung der Langzeitarbeitslosigkeit. Betrachtet man aber die anderen Ziele genauer, so zeigt sich erneut eine eklatante Unbestimmtheit. So entspricht Ziel Nr. 4 teilweise dem Art. 146 EGV, der eine Förderung der Anpassung der Arbeitskräfte an den industriellen Wandlungsprozess vorsieht. Wie schon bei Art. 146 EGV angeführt[88], unterliegt die Industrie einem ständigen Wandel. Innovation, Automation, Rationalisierung und Produktivitätssteigerung fordern letztlich jedes Unternehmen und seine Mitarbeiter heraus. Dieser zwangsläufig vom Wettbewerb ständig geforderte Fortschritt kann aber schlechterdings als Förderzweck herangezogen werden, denn dann wäre der gesamte wirtschaftliche Wandlungs- und Marktprozess förderwürdig. Offen bleibt aber, welcher Zweck stattdessen verfolgt wird. Noch deutlicher wird dies bei einer Betrachtung des Ziels Nr. 1, das ebenfalls außerordentlich weit formuliert ist. Der Wortlaut ist nahezu mit Art. 158 UAbs. 2 EGV identisch, der selbst äußerst programmatisch, generalklauselartig verfasst und daher weit interpretierbar ist[89]. Diese Weite des Förderzwecks soll anhand beispielhafter Fragestellungen plastisch aufgezeigt werden:

- Soll durch die Förderung der Gemeinschaftsdurchschnitt hinsichtlich des Pro-Kopf-Bruttoinlandproduktes erreicht werden?

- Taugt das BIP als Index für die Feststellung des Entwicklungsrückstandes einer Region?

---

[86] *Gornig / Seidel / Vesper / Weise,* Regionale Strukturpolitik unter den veränderten Rahmenbedingungen der 90er Jahre, S. 98.

[87] *Haverkate / Huster,* Europäisches Sozialrecht, Rdnr. 808 sprechen insoweit von einer überaus großen inhaltlichen Spannweite.

[88] Siehe hierzu die Erwägungen oben 3. Teil, A., II., 2., a., cc.

[89] Vgl. dazu oben 3. Teil, A., II., 2., a., dd.

- Wird der Primärzweck, die Ansiedlung neuer Industrien, gefördert – also investive Maßnahmen?

- Wie werden die Gelder dann aber eingesetzt, zur Subventionierung von Grundstücken, günstiger Darlehen, Steuervergünstigungen, in Form direkter Zahlungen ... etc.?

- Werden auch defizitäre Industriezweige unterstützt, deren Umbau enormen Kapitalaufwand erfordert?

- Wann zeigt sich eine drohende Strukturkrise in einem Wirtschaftszweig?

- Wie lässt sich eine solche vom bloßen Mißmanagment in einem Unternehmen unterscheiden?

- Wie verhält es sich mit der Finanzierung von Arbeitsplätzen, die auf lange Sicht keine Zukunftschancen haben?

- Wird nicht durch eine solche Förderung ein Strukturwandel möglicherweise verhindert?

- Fallen staatliche Arbeitsbeschaffungsmaßnahmen noch unter Strukturförderung?

- Wird nicht die Automatisierung und Rationalisierung der Produktionsabläufe gefördert, um eine höhere Produktivität (angezeigt durch ein höheres Bruttoinlandprodukt) zu erreichen?

- Wie verhält sich dazu das verfolgte Ziel, die Vollbeschäftigung zu erreichen? Führt dies nicht notwendigerweise zu Zweckdivergenzen?

- Müssen nicht eine Vielzahl von Zwischenzielen verfolgt und erreicht werden, damit sich der Endzweck, wie er in Art. 1 S. 2 Nr. 1 RahmenVO formuliert ist, einstellt?

Diese beispielhaften Fragen zeigen, dass eine Zielkonkretisierung durch die RahmenVO allein mit Blick auf die geforderte Zweckdeutlichkeit nicht erreicht wurde. Es kann nicht genügen, auf der sekundären Rechtsebene Programmziele des EGV lediglich zu wiederholen. Damit werden Probleme letztlich nur verlagert, die Chance zur Konfliktbewältigung auf der jeweiligen Rechtssetzungsebene aber vertan. Schließlich führt dies zu dem paradoxen Zustand, dass zwar eine Vielzahl von sogenannten Zweckkonkretisierungsnormen bestehen, diese aber zu keiner Verdichtung des Förderzwecks führen, sondern sich in bloßer Wiederholung verlieren. Folge ist dann eine scheinbare Übernormiertheit und Unübersichtlichkeit der Materie. Bei genauerer Betrachtung fehlt es indes an einer griffigen, sprich zweckdeutlichen Regelung.

bb) Grundsätze der Strukturfonds-Förderung

Bislang wurde allein die RahmenVO untersucht. Wie sich gezeigt hat, bietet diese einerseits durchaus Zweckkonkretisierungen an, andererseits bleibt Konfliktpotential offen, bzw. eröffnet sich durch den methodischen Ansatz der Zweckbestimmung völlig neu. Mit den Reformen von 1988 und 1993 wurde nicht nur eine RahmenVO verabschiedet, sondern gleichzeitig auf der Grundlage von Art. 3 Abs. 4 und Abs. 5 RahmenVO sogenannte DurchführungsVOen erlassen. In diesen DurchführungsVOen sind weitere Grundsätze der Reformen, wie auch der Förderung im Rahmen der Strukturfonds festgeschrieben. Jeder Fonds besitzt eine eigene DurchführungsVO. Daneben gibt es eine DurchführungsVO, die als „Allgemeiner Teil" verstanden werden kann, da sie für sämtliche Fonds gleichermaßen greift. Diese Verordnung Nr. 2082/93[90] dient der Koordinierung der Interventionen der verschiedenen Strukturfonds einerseits, und zwischen diesen und den Interventionen der Europäischen Investitionsbank und der sonstigen vorhandenen Finanzinstrumente andererseits[91]. Sie soll im weiteren als KoordinierungsVO[92] bezeichnet werden und im Mittelpunkt der nun folgenden Betrachtungen stehen.

(1) Koordinierung

Eines der ersten Ziele der Verordnung ist in der Koordinierung angelegt[93]. Dabei wird als erste Koordinierungsebene das Verhältnis der Strukturfonds (ESF, EFRE, EAGFL) zu anderen Finanzierungsinstrumenten, wie dem Fonds für die Ausrichtung der Fischerei (FIAF), der Europäischen Investitionsbank (EIB), Interventionen der Europäischen Gemeinschaft für Kohle und Stahl (EGKS) oder aber sonstiger Gemeinschaftsmaßnahmen genannt. Hierbei finden jedoch in den Art. 1 ff. KoordinierungsVO keine genauen Zuständigkeitsabgrenzungen bzw. Aufgabenverteilungen statt, sondern diese werden weitgehend auf die Ebene der Programmplanung, der Gemeinschaftshaushaltsplanung, der Begleitung und der Kontrolle der Interventionen verlagert. Gleiches gilt für die Koordinierung der einzelnen Fonds

---

[90] Verordnung (EWG) Nr. 2082/93 des Rates vom 20. 7. 1993 zur Änderung der Verordnung (EWG) Nr. 4253/88 zur Durchführung der Verordnung (EWG) Nr. 2052/88 hinsichtlich der Koordinierung der Interventionen der verschiedenen Strukturfonds einerseits und zwischen diesen und den Interventionen der Europäischen Investitionsbank und der sonstigen vorhandenen Finanzinstrumente andererseits, ABl. L 193/20 vom 31. 7. 1993.

[91] Basis der jetzt gültigen Fassung bildet die Verordnung (EWG) Nr. 4253/88 des Rates vom 19. 12. 1988 zur Durchführung der Verordnung (EWG) Nr. 2052/88 hinsichtlich der Koordinierung der Interventionen der verschiedenen Strukturfonds einerseits und zwischen diesen und den Interventionen der Europäischen Investitionsbank und der sonstigen vorhandenen Finanzinstrumente andererseits, ABl. Nr. L 374/1 vom 31. 12. 1988.

[92] Die KoordinierungsVO in der Fassung von 1988 wird gesondert gekennzeichnet, wenn auf bedeutende Unterschiede hingewiesen werden soll.

[93] Ausführlich dazu *Magiera*, Verwaltungsorganisation: Finanz- und Fondsverwaltung, in: Schweitzer (Hrsg.), Europäisches Verwaltungsrecht, S. 135 ff.

untereinander. Zwar findet sich in Art. 2 RahmenVO eine Aufgliederung, welcher Fonds für welches Ziel eingesetzt wird, jedoch kann es hierbei dennoch zu Überschneidungen kommen, da die einzelnen Fonds vielfach mehrere Ziele verfolgen können. Damit ist der Gesichtspunkt der Koordinierung bei der eigentlichen Durchführung der Interventionen noch einmal aufzugreifen[94]. Art. 1 KoordinierungsVO stellt für die Kommission lediglich das Postulat auf, für eine Koordinierung zu sorgen. Eine abschließende Koordinierung findet indes nicht statt.

(2) Programmplanung

Hauptschwerpunkt bildet die detaillierte Programmplanung, deren rechtliche Grundsätze in den Art. 5 – Art. 13 KoordinierungsVO normiert sind[95]. Diese Planungsstruktur ist im Wesentlichen für alle Ziele gleich. Eine Ausnahme bilden insoweit allein Maßnahmen zur Verwirklichung des Zieles 5a, da hierbei die Besonderheiten der gemeinsamen Agrarpolitik zu berücksichtigen sind. Danach werden Grundlinien der Agrarstrukturpolitik nach Art. 37 EGV durch den Rat festgelegt, in denen sich quasi parallel die Programmierung vollzieht. Diese Sonderbehandlung zeigt sich insbesondere in den Art. 11, Art. 3 Abs. 4 und 5 RahmenVO und dem Art. 2 EAGFL-VO[96]. Ansonsten erfolgt eine im Wesentlichen einheitliche Programmplanung.

Diese beginnt mit einer *Orientierungsphase*, deren rechtliche Rahmenbedingungen in den Art. 5 – Art. 7 KoordinierungsVO abgesteckt sind. Danach hat der Mitgliedstaat bzw. die am besten geeignete zuständige Stelle Pläne zu erstellen. Die Anforderungen an diese Pläne sind nun allerdings äußerst unübersichtlich aufgeführt. So finden sich beispielsweise für das Ziel 3 die maßgeblichen Voraussetzungen in Art. 10 Abs. 1 RahmenVO. Darin wird bestimmt, dass diese Pläne eine Analyse der bestehenden Lage, eine Beschreibung der Strategie und des voraussichtlichen Einsatzes der Mittel enthalten sollen. Art. 5 Abs. 2 S. 3 KoordinierungsVO schließlich fordert in den Plänen für die Ziele 3 und 4 eine gesonderte Auflistung der Ausgaben für Gebiete, die im Rahmen der Ziele 1, 2 und 5b schon einbezogen sind. Die Herstellung sowohl horizontaler Kohärenz zwischen den verschiedenen nationalen Plänen als auch vertikaler Vereinbarkeit mit den Gemeinschaftspolitiken liegt gem. Art. 5 Abs. 3 bzw. Abs. 4 KoordinierungsVO im Verantwortungsbereich der Mitgliedstaaten. In zeitlicher Hinsicht werden die Pläne nach Art. 6 KoordinierungsVO für einen Zeitraum von drei oder sechs Jahren erstellt, der sich derzeit bis zum Jahr 1999 erstreckt[97]. Bei erheblichen Veränderungen der wirt-

---

94 Siehe hierzu unten 3. Teil, A., II., 2., c.

95 Hierzu *Magiera,* Verwaltungsorganisation: Finanz- und Fondsverwaltung, in: Schweitzer (Hrsg.), Europäisches Verwaltungsrecht, S. 140 ff.

96 Verordnung (EWG) Nr. 2085/93 des Rates vom 20. 7. 1993 zur Änderung der Verordnung (EWG) Nr. 4256/88 zur Durchführung der Verordnung (EWG) Nr. 2052/88 hinsichtlich des Europäischen Ausrichtungs- und Garantiefonds für die Landwirtschaft (EAGFL), Abteilung Ausrichtung, ABl. Nr. L 193/44 vom 31. 7. 1993.

schaftlichen und sozialen Lage oder der Arbeitsmarktlage besteht die Möglichkeit einer jederzeitigen Überarbeitung der Pläne. Art. 7 KoordinierungsVO konkretisiert die Möglichkeit technischer Hilfe durch die Gemeinschaft bei der Planerstellung, wie dies schon Art. 4 Abs. 3 RahmenVO formuliert.

Mit der Einreichung der Pläne bei der Europäischen Kommission beginnt die *Programmierungsphase*, in der diese die nationalen Pläne auf die Vereinbarkeit mit den Zielen der RahmenVO und sonstigem primärem und sekundärem Gemeinschaftsrecht hin überprüft[98]. Unterstützt wird die Europäische Kommission hierbei von verschiedenen, mit Vertretern der Mitgliedstaaten besetzten Ausschüssen. Hierzu haben sich, je nach Strukturziel, ein Beratender Ausschuss für die Entwicklung und Umstellung der Regionen, ein Sozialausschuss gem. Art. 147 UAbs. 2 EGV, ein Verwaltungsausschuss für Agrarstrukturen und die Entwicklung des ländlichen Raums und ein Ständiger Ausschuss für die Fischereistrukturen sowie ein Verwaltungsausschuss für Gemeinschaftsinitiativen herausgebildet[99]. Den Abschluss dieses Prüfungsprozesses bildet dabei ein Gemeinschaftliches Förderkonzept (GFK), dessen rechtlicher Rahmen allgemein in den Art. 8 – Art. 13 KoordinierungsVO, speziell für jedes einzelne Ziel in der RahmenVO[100] umrissen ist. Dieses GFK umfasst nach Art. 8 Abs. 3 KoordinierungsVO die Schwerpunkte der gemeinsamen Aktion, eine Beurteilung der zu erwartenden Auswirkungen, einen Überblick über die konkreten Interventionsformen, einen Finanzplan, detaillierte Angaben zur Begleitung und Bewertung, schließlich Einzelheiten zur Überprüfung der Komplementarität und der Transparenz. Dieses GFK ist nun Ausgangspunkt der gesamten Mittelvergabe, da nach Art. 15 Abs. 1 KoordinierungsVO[101] nur dann die Förderungswürdigkeit bejaht werden kann, wenn das nationale Projekt vom GFK umfasst wird. Der Zeitrahmen des GFK erstreckt sich wie bei den nationalen Plänen über drei bzw. sechs Jahre, Art. 8 Abs. 2 KoordinierungsVO. Eine weitere Parallele ist in der Möglichkeit einer jederzeitigen Anpassung oder Überarbeitung des GFKs zu sehen[102].

Als letzte Stufe ist schließlich die *Durchführungsphase* zu nennen. Darin werden zum einen konkret dem Mitgliedstaat die Fördermittel zur Verfügung gestellt, zum

---

[97] Zur neuen Planungsperiode der Strukturfonds und den beabsichtigten Änderungen vgl. unten 3. Teil, C., IV.

[98] Zur Programmierung vgl. *Ast,* Institutionelle Anpassungsreaktionen im europäischen Mehrebenensystem?, DÖV 1998, 535 ff.

[99] Rechtsgrundlage bildet der Art. 17 RahmenVO in Verbindung mit den Art. 27 – Art. 30 KoordinierungsVO, in denen die Zusammensetzung und die Arbeitsweise der einzelnen Ausschüsse normiert sind.

[100] Im einzelnen: Art. 8 Abs. 5 (Ziel 1), Art. 9 Abs. 9 (Ziel 2), Art. 10 Abs. 3.3 (Ziel 3 und 4), Art. 11a Abs. 6 (Ziel 5a und 5b) RahmenVO.

[101] Vorbehaltlich der Ausnahmebestimmung des Art. 33 KoordinierungsVO, wonach vor dem eigentlichen Förderungsantrag getätigte Ausgaben Berücksichtigung finden können.

[102] Dies ist für jedes Strukturziel gesondert aufgeführt: Art. 8 Abs. 5 UAbs. 4 (Ziel 1), Art. 9 Abs. 5 UAbs. 3 (Ziel 2), Art. 10 Abs. 3.3 UAbs. 3 (Ziel 3 und 4), Art. 11a Abs. 6 UAbs. 3 (Ziel 5a und 5b).

anderen aber auch die Interventionen begleitet und kontrolliert. Mit diesem letzten Schritt befassen sich die Art. 14 – Art. 33 KoordinierungsVO, insbesondere aber die einzelnen DurchführungsVOen der verschiedenen Fonds. Eine genauere Betrachtung derselben erfolgt im Rahmen der Behandlung der einzelnen Strukturfonds[103].

(3) Zusätzlichkeit

Ein weiteres Prinzip stellt die Zusätzlichkeit der gemeinschaftlichen Interventionen dar. Art. 9 Abs. 1 KoordinierungsVO bestimmt dabei, dass die Mittel der Strukturfonds „nicht an die Stelle der öffentlichen Strukturausgaben oder Ausgaben gleicher Art des Mitgliedstaates in allen der im Rahmen eines Ziels förderungswürdigen Gebieten treten"[104] darf. Daher tragen die Kommission und der Mitgliedstaat bei der Ausarbeitung und Durchführung der Gemeinschaftlichen Förderkonzepte dafür Sorge, dass der Mitgliedstaat seine Strukturausgaben für das betreffende Gebiet aufrechterhält. Damit geht aber der Grundsatz der Additionalität einher, nach dem die Kommission ausschließlich die Kofinanzierung bereitstellt, wie sich aus Art. 5 RahmenVO ergibt. Das Prinzip der Zusätzlichkeit bezieht sich daher auf das Verhältnis des Mitgliedstaates zur Gemeinschaft[105]. Es sollen im Ergebnis nicht nationale Strukturausgaben verringert und durch Gemeinschaftsmittel ersetzt werden, sondern vielmehr soll es durch die Zusätzlichkeit zu einer Verstärkung der bezweckten Effekte kommen. Die Mitgliedstaaten werden damit bei ihrer Planaufstellung zu Beginn des Förderzeitraums dazu angehalten, diese so zu erstellen, dass eine zusätzliche Förderung durch die Gemeinschaft erfolgen kann. Letztlich beeinflussen die Zielvorstellungen der Kommission damit die nationalen Förderprogramme. Darüber hinaus führt die Additionalität aber gleichzeitig zu dem gewollten Effekt, dass Projekte angestoßen werden, die ohne den Anreiz der Gemeinschaftsförderung sonst nicht durch den Mitgliedstaat verfolgt werden würden.

(4) Partnerschaft

Ein weiterer Gesichtspunkt der Reformen von 1988 und 1993 zeigt sich in dem eingeführten Prinzip der Partnerschaft[106], das in Art. 4 Abs. 1 S. 2 RahmenVO legaldefiniert ist und als eine „Konzertierung zwischen der Kommission, dem betreffenden Mitgliedstaat, den von ihm auf nationaler, regionaler, lokaler oder sonstiger

---

103 Siehe hierzu unten 3. Teil, A., II., 2., c., bb.

104 Eine inhaltlich ähnliche Formulierung findet sich in Art. 4 Abs. 1 S. 1 RahmenVO.

105 *Haverkate/Huster,* Europäisches Sozialrecht, Rdnr. 802; *Priebe,* Zum Rechtsrahmen der gemeinschaftlichen Strukturfonds, in: Randelzhofer/Scholz/Wilke (Hrsg.), Gedächtnisschrift für Eberhard Grabitz, S. 575.

106 Grundlegend hierzu *Magiera,* Verwaltungsorganisation: Finanz- und Fondsverwaltung, in: Schweitzer (Hrsg.), Europäisches Verwaltungsrecht, S. 140; *Poth-Mögele,* Das Prinzip der „Partnerschaft" in der Strukturpolitik der europäischen Gemeinschaften, S. 3 ff.

Ebene benannten zuständigen Behörden und Einrichtungen und – nach Maßgabe der institutionellen Regeln und der Praxis des Mitgliedstaats – den Wirtschafts- und Sozialpartnern" zu verstehen ist. Die Forderung in Art. 4 Abs. 1 S. 2 Rahmen-VO, nach der alle Parteien ein gemeinsames Ziel verfolgen, erstreckt sich dabei auf die Vorbereitung, Finanzierung, Begleitung sowie die Vorausbeurteilung und nachträgliche Bewertung. Die rechtliche Kontrolle der Interventionen wird dabei grundsätzlich nicht mehr vom Partnerschaftsprinzip umfasst.

Getragen wird das Prinzip der Partnerschaft vom Grundsatz der Subsidiarität und Dezentralität, wie er in Art. 5 EGV formuliert ist. Dabei korrespondiert dieser Reformansatz sehr stark mit dem Prinzip der Zusätzlichkeit. Interventionen, Projektförderung und Ziele der Strukturfonds im Allgemeinen bzw. der Beschäftigungsförderung im Besonderen sollen von der Gemeinschaft nicht aufoktroyiert werden. Vielmehr sollen nationale Projekte in ihrer Wirkung dann verstärkt werden, wenn sie den Zielen der Strukturfonds entsprechen, wie sie im EGV, in der Rahmen-, KoordinierungsVO und den DurchführungsVOen benannt sind. Besonders deutliche Konturen bekommt das Partnerschaftsprinzip in der Arbeit der verschiedenen Ausschüsse bei der Erstellung des Gemeinschaftlichen Förderkonzepts. Rechtlicher Ausgangspunkt ist zunächst Art. 17 RahmenVO, in dem einzelne Ausschüsse bestimmten Zielen zugeordnet werden. Für die Ziele Nr. 1 und 2 wird ein Beratender Ausschuss gebildet. Art. 27 KoordinierungsVO bezeichnet diesen dann mit Blick auf die Zielvorgabe genauer als Beratender Ausschuss für die Entwicklung und Umstellung der Regionen. Dieser besteht aus Vertretern der Mitgliedstaaten, einem nichtstimmberechtigten Vertreter der Europäischen Investitionsbank (EIB) und einem Vertreter der Kommission, der als Leiter des Ausschusses fungiert.

Der Vertreter der Kommission unterbreitet zunächst einen Entwurf der zu treffenden Maßnahmen, zu dem der Ausschuss eine Stellungnahme abgibt, die zu Protokoll genommen wird. Darin kann jeder Mitgliedstaat außerdem seinen abweichenden Standpunkt vermerken. Letztlich entsteht mit der Stellungnahme des Ausschusses für die Kommission keine Rechtspflicht zur Befolgung, vielmehr reicht es aus, dieser „weitestgehend" Rechnung zu tragen[107]. Neben der Zusammenarbeit bei der Erstellung des GFKs finden sich noch andere Beteiligungsformen, wie sie in Art. 30 KoordinierungsVO für sämtliche Ausschüsse festgelegt sind. Nach Art. 30 Abs. 1 KoordinierungsVO befasst die Kommission die einzelnen Ausschüsse mit den Jahresberichten[108] hinsichtlich der verschiedenen Interventionen, ferner kann – es besteht hierzu keinerlei Verpflichtung – sie zu allen Fragen bezüglich der Fonds die Ausschüsse um eine Stellungnahme bitten. Darüber hinaus[109] besteht eine ständige Zusammenarbeit im Rahmen der regionalen Partnerschaft

---

[107] Art. 27 Abs. 4 KoordinierungsVO.

[108] Diese sind gem. Art. 16 RahmenVO zu erstellen und sind Teil des Kontrollinstrumentariums, das unten 3. Teil, A., III., 6. dargestellt und bewertet wird.

[109] Art. 30 Abs. 1 UAbs. 1 KoordinierungsVO verweist insoweit auf die fondsspezifischen DurchführungsVOen.

gem. Art. 9 EFRE-VO[110], der Erstellung eines periodischen Berichts über die Lage und Entwicklung der Regionen gem. Art. 8 EFRE-VO oder aber der Regionalentwicklung auf Gemeinschaftsebene gem. Art. 10 Abs. 2 EFRE-VO.

Daneben wurde für die Ziele Nr. 3 und 4 ein Ausschuss, der auf Art. 147 EGV bzw. Art. 28 KoordinierungsVO basiert, eingerichtet. Die Zusammensetzung des Ausschusses besteht aus jeweils zwei Vertretern (plus Stellvertreter) der Regierung, der Arbeitnehmerverbände und der Arbeitgeberverbände pro Mitgliedstaat, die vom Rat auf Vorschlag der Kommission ernannt werden. Den Vorsitz führt gem. Art. 28 KoordinierungsVO ebenfalls ein Mitglied der Kommission. Inhaltlich beschränkt sich die Zuständigkeit auf die Stellungnahme zu dem Entwurf des GFKs hinsichtlich der Ziele 3 und 4 und derjenigen Ziele, die eine Beteiligung des ESF betreffen. Hinsichtlich des Prozedere gilt das zum Beratenden Ausschuss bereits Gesagte. Weitere Partnerschaftsformen lassen sich ebenfalls aus Art. 30 KoordinierungsVO i.V.m. der ESF-VO entnehmen. Daneben bestimmt Art. 147 UAbs. 2 EGV, dass der Ausschuss die Verwaltung des Fonds durch die Kommission unterstützt.

Schließlich besteht gem. Art. 29 KoordinierungsVO ein Verwaltungsausschuss für Agrarstrukturen und die Entwicklung des ländlichen Raums und ein Ständiger Verwaltungsausschuss für die Fischereistrukturen. Dieser setzt sich aus einem Vertreter der Kommission, der Mitgliedstaaten und einem nicht stimmberechtigten Mitglied der EIB zusammen. Inhaltlich befasst sich dieser Ausschuss mit den Zielen 5a, 5b und dem Ziel 1, mit letzterem jedoch nur, wenn durch die gemeinschaftlichen Interventionen Agrarstrukturen bzw. der ländliche Raum betroffen werden. Die Partnerschaftsbeteiligung des Ausschusses, und damit in erster Linie der Mitgliedstaaten, erstreckt sich erneut auf eine Stellungnahme desselben zu einem Entwurf der Kommission hinsichtlich des GFKs. Die Stellungnahme des Ausschusses findet ihren Abschluss durch eine Abstimmung nach Art. 205 Abs. 2 EGV. Anschließend trifft die Kommission eine Entscheidung über das GFK. Weicht jedoch diese von der Stellungnahme des Ausschusses ab, so teilt die Kommission die divergierende Entscheidung unverzüglich dem Rat mit. Innerhalb eines Monats kann nun der Rat mit qualifizierter Mehrheit anders entscheiden. Bleibt aber eine Reaktion des Rates aus, so gilt letztlich die Entscheidung der Kommission. Durch dieses speziell ausgestaltete Verfahren erhält der Ausschuss bedeutend mehr Einfluss auf das Gemeinschaftliche Förderkonzept und dessen Zielbestimmungen. Dies ist insbesondere deshalb von Bedeutung, da das GFK letztlich über die Förderwürdigkeit nationaler Projekte durch die Gemeinschaftsfonds gem. Art. 15 KoordinierungsVO entscheidet.

Letztlich ist noch auf den durch die Reform von 1993 neu eingeführten Verwaltungsausschuss für Gemeinschaftsinitiativen gem. Art. 29a KoordinierungsVO ein-

---

zugehen. Die Zusammensetzung entspricht dem obig genannten Verwaltungsausschuss für Agrarstrukturen. Gleiches gilt für den Entscheidungsprozeß hinsichtlich der Erstellung eines Gemeinschaftlichen Förderkonzepts. Inhaltlich werden in diesem Ausschuss Interventionen auf Initiative der Gemeinschaft gem. Art. 11 KoordinierungsVO behandelt. Danach kann die Kommission einem Mitgliedstaat vorschlagen, einen Antrag auf Beteiligung an Aktionen zu stellen, die für die Gemeinschaft von besonderem Interesse sind. Gerade bei diesen Gemeinschaftsinitiativen ist das Partnerschaftsprinzip äußerst ausgeprägt, da einem Mitgliedstaat nicht bestimmte Strukturmaßnahmen und -programme aufoktroyiert werden können. Art. 5 Abs. 5 UAbs. 3 RahmenVO unterstreicht daher, dass die Interventionen der Gemeinschaft (insbesondere diejenigen, die auf eine Initiative der Gemeinschaft zurückgehen) nur im Einvernehmen mit dem Mitgliedstaat eingeleitet werden können. Damit kann ein Mitgliedstaat trotz Förderungswürdigkeit eines Projekts auf dieses verzichten. Jedoch wird dies erkennbar von seltener praktischer Relevanz sein.

Insgesamt zeigt sich mit dem reformerischen Ansatz der Partnerschaft von Mitgliedstaat und Kommission, dass die Bestimmung der Förderziele einem Kompromiss bzw. einer Zusammenarbeit aller Parteien entspringt. Dem Ausschussverfahren kommt bei der Erstellung der Gemeinschaftlichen Förderkonzepte eine besondere Bedeutung zu.

(5) Bewertung am Maßstab der Zweck-Mittel-Analyse

Die zuvor dargestellten Grundsätze der Strukturfonds-Förderung geben nun ihrerseits Anlass zu einer kritischen Auseinandersetzung. Schon das komplizierte Regelungswerk aus RahmenVO und KoordinierungsVO erweist sich als äußerst unübersichtlich. Dies liegt einmal mehr daran, dass inhaltlich die KoordinierungsVO vieles wiederholt, was bereits in der RahmenVO gesagt wurde. Als Beispiel kann hier dienen, dass das Zusätzlichkeitsprinzip einmal in Art. 4 Abs. 1 S. 1 RahmenVO und Art. 9 KoordinierungsVO geregelt ist. Damit kommt es zu einer Übernormierung. Ferner stellt sich der Aufbau als unübersichtlich und das Verhältnis der Verordnungen zueinander als ungeklärt dar. So finden sich Anforderungen an das GFK einmal in den Art. 8 ff. RahmenVO, schließlich aber auch im Titel III der KoordinierungsVO. Diese formalen Gesichtspunkte führen schon – unabhängig von einer inhaltlichen Auseinandersetzung – zu einer merklichen Intransparenz.

Betrachtet man aber auch die einzelnen reformerischen Ansätze genauer, so lassen sich einige Schwachpunkte erkennen, insbesondere wenn man das Dilemma jedweder Subventionierung im Blickfeld hat, nämlich zu einer der Zweck-Mittel-Analyse genügenden Zweckbestimmung zu gelangen. Zunächst sei auf die *Koordinierung* Bezug zu nehmen. Diese erfolgt nicht in den Verordnungen, sondern letztlich erst auf der Durchführungsebene[111]. Damit wird die KoordinierungsVO aber

---

[111] Siehe hierzu unten 3. Teil, A., II., 2., c.

ihrem Namen nicht gerecht. Eine Verlagerung in die GFKe führt zum einen zu einer Überfrachtung dieser Konzepte, zum anderen treten die einzelnen Zuständigkeiten nicht deutlich genug hervor. Dies wäre aber angesichts der unterschiedlichen finanziellen Ausstattung der einzelnen Fonds und damit der Fördermöglichkeiten zu wünschen. Dabei wäre es ein Leichtes einen klar umrissenen Zuständigkeitskatalog der verschiedenen europäischen Finanzierungsinstrumente bzw. der Fonds aufzustellen[112]. Jedoch ist ein solcher deshalb nicht zu erwarten, da die Zielformulierungen weitgehend unbestimmt sind und es dadurch zu Zielüberschneidungen kommt, die dann erst im konkreten Einzelfall gelöst werden. Damit zeigt sich, dass eine sinnvolle Koordinierung der Finanzierungsinstrumente eine Genauigkeit der verfolgten Zwecke bedingt.

Aber auch das System der *Programmplanung*, das entscheidenden Einfluss auf die Zweckbestimmung nehmen soll, muss in einem kritischen Licht gesehen werden. So bilden die nationalen Pläne selbst einen nur wenig umfassenden Rahmen für mögliche Maßnahmen, da der Mitgliedstaat allein die Projekte benennen wird, für die er eine EU-Förderung erwartet, aber keineswegs seine gesamte Planung der dann folgenden kritischen Prüfung durch die Kommission unterziehen lassen wird. Aufgrund der daraus sich ergebenden möglichen Überschneidungen von allein national finanzierten und gemeinschaftlich kofinanzierten Programmen besteht die Gefahr der Mehrfachbegünstigung, der Subventionsakkumulation und damit der Ineffizienz. Grundsätzlich ist die Abkehr von der zuvor verfolgten Förderung bloßer Einzelprojekte[113] hin zur Programmförderung jedoch zu begrüßen. Damit wird durchaus eine höhere Planungssicherheit, Flexibilität und Dezentralität erreicht. Jedoch darf dies nicht dazu führen, dass sich der Förderzweck in völlig „blumiger Programmsprache"[114] verliert. Je weiter nämlich eine notwendige Konkretisierung auf die unteren Ebenen verlagert wird, desto unübersichtlicher und intransparenter wird das Förderrechtssystem. Dies ist einmal auf die Vielzahl der Förderkonzepte zurückzuführen, die schwerlich zu überschauen sind. Ferner werden damit Globalziele aufgestellt, die letztlich keinen Rechtsrahmen mehr bilden, sondern konturlos jedes nationale Projekt für förderwürdig im Sinne des Gemeinschaftlichen Förderkonzepts erscheinen lassen. In letzter Konsequenz findet dann aber eine Konzentration der Förderung nicht statt. Weiterer Kritikpunkt ist, dass die Kommission mit Erstellung des Gemeinschaftlichen Förderkonzepts die nationalen Pläne nach Art. 7 RahmenVO zwar auf deren Vereinbarkeit mit primärem und sekundärem Gemeinschaftsrecht untersucht, jedoch diese Prüfung mit Blick auf den auch bei der gemeinschaftsrechtlichen Subventionierung zu beachtenden Maßstab der Zweck-Mittel-Analyse leer laufen muss, da – wie oben schon

---

[112] *Ast,* Institutionelle Anpassungsreaktionen im europäischen Mehrebenensystem?, DÖV 1998, 542.

[113] Vgl. zur geschichtlichen Entwicklung der Strukturfonds, *Stabenow,* Wolfgang, in: Grabitz / Hilf (Hrsg.), Kommentar zur Europäischen Union, vor Art. 130a-e EGV Rdnr. 5 ff.

[114] *Priebe,* Zum Rechtsrahmen der gemeinschaftlichen Strukturfonds, in: Randelzhofer / Scholz / Wilke (Hrsg.), Gedächtnisschrift für Eberhard Grabitz, S. 580.

gezeigt – weder der EG-Vertrag noch die erlassenen Verordnungen Wesentliches zur Zweckbestimmung beitragen. In der Folge wird daher auch das Gemeinschaftliche Förderkonzept in seiner Ausgestaltung des Förderzwecks weit und unbestimmt ausfallen.

Aber auch der Reformansatz der *Zusätzlichkeit* der Förderung kann nicht ohne Kritik bleiben. Neben dem – hier nicht zu behandelnden[115] – Problem der Ineffektivität der gemeinschaftlichen Förderung[116] besteht nach wie vor die Gefahr, dass die Mitgliedstaaten auf lange Sicht ihre nationale Strukturförderung dort zurückfahren, wo eine gemeinschaftliche Förderung zu erwarten ist. Damit verpuffen aber die Gemeinschaftssubventionen, es fehlen die Verstärkereffekte. Im Ergebnis mangelt es an der erforderlichen Geeignetheit der Förderstruktur, da die Ziele, mögen sie noch so unbestimmt formuliert sein, durch die Gemeinschaftsmittel letztlich nicht erreicht werden können. Darüber hinaus ergibt sich das Problem, dass mit der Kofinanzierung die Schwächen des nationalen Fördersystems übernommen werden[117]. Die europäische Beschäftigungsförderung inkorporiert daher insgesamt die Mängel, die bereits dem nationalen Förderrechtsrahmen anhaften[118].

Schließlich zeigen sich im Prinzip der *Partnerschaft* weitere Probleme der gemeinschaftlichen Förderstruktur. So führt die Zusammenarbeit der verschiedenen europäischen und nationalen Institutionen, im Falle des ESF auch der Sozialpartner, zu einer mannigfachen Zweckbeeinflussung. Bei der Entscheidungsfindung unterliegt der Förderzweck daher einem immensen Interessendruck. Je größer die Gremien bei der Entscheidungsfindung sind, desto weniger wird der Förderzweck konkret formuliert sein. Vielmehr stellen sich die Gemeinschaftlichen Förderkonzepte, mögen sie auch auf einer grundsätzlich autonomen Entscheidung der Kommission beruhen, als Kompromisse der verschiedenen Interessen dar. Damit geht aber die Gefahr einher, dass diese Kompromisse dadurch erreicht werden, dass die Förderzwecke möglichst weit und flexibel gehalten werden, denn dadurch lassen sich etwaige Konflikte scheinbar leicht aus dem Weg räumen. Dies wird durch die politische Einflussnahme bei Erstellung der GFK in noch zunehmendem Maße der Fall sein. Es bleibt das Problem, dass nicht zwischen „politischem Ziel" und wahrem Förderziel unterschieden werden kann. Durch das Prinzip der Partnerschaft wird diese Undurchsichtigkeit tendenziell verstärkt. Zudem ist der Ansatz nahezu illusorisch, sämtliche nationale Ebenen in den Entscheidungsprozeß miteinzubinden. Angesichts der vielfach beteiligten Stellen auf Bundes-, Landes- oder kommunaler Ebene lässt sich eine gewisse Realitätsferne[119] nicht leugnen.

---

[115] Die volkswirtschaftliche Kosten-Nutzen-Analyse ist strikt vom Maßstab der Zweck-Mittel-Analyse zu trennen, vgl. 1. Teil, B., IV., 1.

[116] Die aufgrund der Kofinanzierung nationaler Fördermaßnahmen teils als beschränkt effektiv angesehen wird, vgl. *Andel,* Finanzwissenschaft, S. 248 ff.

[117] *Haverkate / Huster,* Europäisches Sozialrecht, Rdnr. 809.

[118] Vgl. dazu das Ergebnis oben 2. Teil, C.

[119] *Franzmeyer / Seidel / Weise,* Die Reform der Strukturfonds von 1988, S. 75.

Äußerst fraglich ist auch das rechtliche Verhältnis der Partner zueinander. Dieses ist aber gerade von Bedeutung, als dass sich daraus ergibt, wer Einfluss auf die Förderung und deren Zielsetzung nimmt und ob sich damit positive Bewertungen im Rahmen der Zweck-Mittel-Analyse verbinden lassen. Art. 14 Abs. 4 KoordinierungsVO spricht davon, dass die jeweiligen Verpflichtungen der Partner, die diese mit einem Vertrag im Rahmen der Partnerschaft eingehen, in dem Beschluss der Kommission über die Gewährung einer Beteiligung ihren Niederschlag finden. Damit ergibt sich ein vertragsartiges Verhältnis, das in der Darstellung seiner gegenseitigen Verpflichtungen allerdings offen bleibt. Zuständigkeiten und Verantwortungsbereiche sind nicht ausdrücklich zugewiesen. Dadurch können Verantwortungslücken entstehen, die letztlich durch die grundsätzlich zu bejahende Partnerschaft nicht geschlossen, sondern sogar aufgrund der Zuständigkeitsverwischung[120] erst entstehen.

Darüber hinaus fußt das System der Partnerschaft auf dem Prinzip des Konsens und der Freiwilligkeit. Es bestehen keine bzw. nur geringe[121] Rechtspositionen innerhalb des Verfahrens. Dieser Konsenszwang, dem die Mitgliedstaaten unterliegen, führt schließlich erneut zu bloßen Formelkompromissen, die den Förderzweck nicht näher umreißen. Deutlich wird dies insbesondere im Rahmen des Verwaltungsausschusses für Agrarstrukturen gem. Art. 29 KoordinierungsVO. Im Verfahren nach Art. 205 Abs. 2 EGV bedürfen beispielsweise die wirtschaftlich schwächeren Staaten[122] der Unterstützung der „reicheren" Länder, um die erforderliche Anzahl von 62 Stimmen für eine positive Stellungnahme des Ausschusses zum GFK zu erreichen. Dies zeigt deutlich, wie sich die Partnerschaft als politischer Prozess und die Förderzwecke letztlich als Ergebnis eines Ausgleichs vielschichtiger Interessenkonstellationen darstellen.

Hinzu kommt noch, dass die Gemeinschaft nach dem in Art. 5 EGV formulierten Subsidiaritätsgrundsatz, in dem es heißt, dass die Gemeinschaft nur tätig werden soll, wenn die verfolgten Ziele „auf der Ebene der Mitgliedstaaten nicht ausreichend erreicht werden können", zu einer stärkeren Dezentralisierung der Strukturpolitik verpflichtet ist. Zwar fordern die Art. 158 ff. EGV eine Politik zur Stärkung des wirtschaftlichen und sozialen Zusammenhalts. Dies besagt aber noch lange nicht, dass diese zwingend durch die Gemeinschaft erfolgen muss. Angesichts der Unbestimmtheit der Zweckformulierung auf Gemeinschaftsebene, der oben dargestellten Schwächen der Förderstruktur und dem Subsidiaritätsprinzip ließe sich durchaus eine völlige Abkehr vom derzeitigen System vertreten, hin zu einer völligen Dezentralisierung der gemeinschaftlichen Strukturpolitik[123].

---

[120] *Priebe,* Zum Rechtsrahmen der gemeinschaftlichen Strukturfonds, in: Randelzhofer / Scholz / Wilke (Hrsg.), Gedächtnisschrift für Eberhard Grabitz, S. 568.

[121] Im Zusammenhang mit den Verwaltungsausschüssen werden insoweit die Mitgliedstaaten stärker berücksichtigt, als dass bei Abweichung des GFKs von der Stellungnahme des Ausschusses der Rat eingeschalten wird, vgl. Art. 29 Abs. 1 UAbs. 3.

[122] Griechenland, Spanien, Portugal, Italien, Irland.

c) Zweckverdeutlichung auf der abstrakten Durchführungsebene

Nachdem bisher festgestellt werden konnte, dass weder das Primärrecht noch das Sekundärrecht in Form der RahmenVO bzw. der KoordinierungsVO den Anforderungen der Zweck-Mittel-Analyse zu genügen vermochten, soll nun die Durchführungsebene näher betrachtet werden. Diese wird auf der einen Seite maßgeblich durch die fondsspezifischen DurchführungsVOen – der abstrakten Durchführungsebene – bestimmt. Auf der anderen Seite bilden die nationalen regionalspezifischen Programme die konkrete Durchführungsebene. Zunächst wird eine Darstellung des abstrakten Durchführungsrahmens erfolgen, um anschließend die konkrete Durchführung der europäischen Förderung am Beispiel der neuen Bundesländer zu betrachten und zu bewerten.

aa) Allgemeine Grundsätze der Durchführung

Der abstrakte Durchführungsrahmen lässt ebenfalls allgemeine Grundsätze erkennen, die bei der konkreten Durchführungsplanung in den einzelnen Mitgliedstaaten und deren Regionen zu beachten sind. Es sollen nun die gemeinsamen Prinzipien der Vergabe der Fördermittel herausgearbeitet werden. An Fördermitteln stehen im Zeitraum 1994 – 1999 für die gesamten Fonds Mittel in Höhe von 141,471 Milliarden ECU (zu Preisen von 1992) zur Verfügung[124]. Dies stellt etwa ein Drittel des gesamten EG-Haushaltes dar. Angesichts des Fördervolumens sind die allgemeinen Grundsätze der Durchführung der Förderung von besonderer Bedeutung.

(1) Die Erstellung Operationeller Programme

Die von einem Gemeinschaftlichen Förderkonzept erfassten Interventionen werden in Form von Operationellen Programmen gem. Art. 12 KoordinierungsVO durchgeführt[125]. Die Anzahl der Programme ist allerdings begrenzt. Art. 5 Abs. 5 RahmenVO definiert ein solches Operationelles Programm als ein „kohärentes Bündel mehrjähriger Maßnahmen, zu deren Durchführung ein oder mehrere Fonds und ein oder mehrere sonstige vorhandene Finanzinstrumente sowie die EIB eingesetzt werden können". Hinsichtlich der Formen der Beteiligung durch die Gemeinschaft eröffnet Art. 5 Abs. 2 RahmenVO die Möglichkeit der Kofinanzierung Ope-

---

123 Zu möglichen Perspektiven der europäischen Struktur- und Beschäftigungspolitik vgl. unten 3. Teil, C.

124 Art. 12 Abs. 1 RahmenVO.

125 Zu Beginn der Strukturfondsförderung herrschte zunächst ein formaler „juste retour" bzw. eine Quotenregelung vor, wonach letztlich jeder Mitgliedstaat seinen Einzahlungsbeitrag wieder zurückerhielt. Es fand lediglich eine Zweckbindung statt; vgl. hierzu *Bleckmann,* Europarecht, Rdnr. 2766; *Hailbronner / Magiera / Klein / Müller-Graff,* Handkommentar zum EUV / EGV, Art. 130a Rdnr. 11; *Magiera,* Verwaltungsorganisation: Finanz- und Fondsverwaltung, in: Schweitzer (Hrsg.), Europäisches Verwaltungsrecht, S. 148.

rationeller Programme, geeigneter Einzelprojekte und nationaler Beihilferegelungen, der Gewährung von Globalzuschüssen oder die Unterstützung bei Vorbereitungsmaßnahmen. Neben dieser Zuschussfinanzierung kann die EIB gem. Art. 5 Abs. 3 RahmenVO in Form von Darlehen und Bürgschaften intervenieren. Diese Parallelität der Formen soll gleichsam zu einem Synergie-Effekt führen[126]. Weitergehend bietet Art. 13 KoordinierungsVO die Möglichkeit eines sogenannten „integrierten Konzepts", wonach zur Finanzierung eines Ziels alle Finanzierungsinstrumente eingesetzt werden können. Hierbei kommt der Kommission dann verstärkt die Aufgabe zu, die verschiedenen Instrumente zu koordinieren. Durch diese Operationellen Programme wird letztlich nur betont, dass alle Finanzierungselemente der Gemeinschaft zusammenwirken. Damit besteht ein erhöhter Koordinierungsbedarf, den die Kommission letztlich durch ihre abschließende Entscheidung nach Art. 14 Abs. 3 UAbs. 2 KoordinierungsVO decken soll. Stärke dieser Koordination im konkreten Einzelfall ist zweifelsohne die enorme Flexibilität bei der Vergabe. Es bleibt aber der Schwachpunkt der Intransparenz, da nach wie vor schwer nachzuvollziehen ist, welche Fördertöpfe überhaupt vorhanden sind und wie diese zum Einsatz kommen. Hier hätte eine möglichst enge Zusammenfassung der verschiedenen Förderinstrumente, bzw. ein umfassender Zuständigkeitskatalog Abhilfe schaffen können.

(2) Antrag auf Beteiligung

Der eigentlichen Finanzierung ist allerdings grundsätzlich ein Antragsverfahren nach Art. 14 KoordinierungsVO vorgeschaltet. Danach hat jeder Mitgliedstaat einen Antrag auf Beteiligung der Strukturfonds bei der Kommission einzureichen. Für die Frage der Zweckbestimmung ist dabei von Bedeutung, welchen Anforderungen diese konkreten Anträge genügen müssen. Beispielhaft wird in Art. 14 Abs. 2 KoordinierungsVO aufgezählt, dass jeder Antrag eine Beschreibung der vorgeschlagenen Aktion, ihres Anwendungsbereichs, einschließlich ihres geographischen Geltungsbereichs und ihrer spezifischen Ziele beinhalten soll. Ferner sollen diese die Ergebnisse der Vorausbeurteilung des mittelfristigen wirtschaftlichen und sozialen Nutzens der vorgeschlagenen Aktion im Verhältnis zu den einzusetzenden Mitteln, die Angabe der für die Durchführung der Aktion zuständigen Stellen und die Empfänger, den vorgeschlagenen Zeitplan und den Finanzierungsplan sowie alle weiteren Angaben, anhand denen nachgeprüft werden kann, ob die betreffende Aktion mit dem Gemeinschaftsrecht und den Gemeinschaftspolitiken vereinbar ist, umfassen.

Auf den ersten Blick scheinen damit Kriterien benannt zu sein, die den Anforderungen der Zweck-Mittel-Analyse entsprechen. Bei genauerer Betrachtung bleibt es aber auch hier bei generalklauselartigen Anforderungen. So wird gefordert, „spezifische Ziele" der Aktion zu benennen. Es erscheint jedoch mehr als zweifel-

---

[126] Art. 5 Abs. 4 RahmenVO.

haft, ob nun auf der Ebene der konkreten Durchführung eine hinreichende Förderzweckbestimmung erfolgt. Zwar führt die Kommission[127] insbesondere eine Geeignetheitsprüfung der eingesetzten Mittel bezogen auf die verfolgten Ziele durch. Diese Prüfung findet indes anhand der Gemeinschaftsvorschriften und der GFKe statt. Dieses Prüfungsraster selbst ist aber derart unbestimmt, dass von diesem kaum ein zweckbegrenzender Charakter auf die Durchführungsebene ausgehen wird. Auch auf der Durchführungsebene erfolgt weder eine Zweckkonkretisierung noch zwingen die übergeordneten Regelungen zu einer solchen. Im Ergebnis werden keine konkreten Anforderungen an die Bestimmtheit des Förderzwecks gestellt. Insbesondere wird der Mitgliedstaat bemüht sein, die Förderzwecke möglichst weit zu fassen, um sich einen breiten Förderspielraum möglicher kofinanzierender Maßnahmen zu erhalten. Die Kommission wird nur schwer auf eine hinreichende Konkretisierung beharren können, da ihr Prüfungsmaßstab gem. Art. 7 Abs. 1 RahmenVO mit dem primären Gemeinschaftsrecht, den Verordnungen und den GFKen selbst äußerst unbestimmt ist.

Darüber hinaus lässt sich noch eine weitere Argumentationskette verfolgen. So besteht neben diesem dreistufigen[128], die Möglichkeit des zweistufigen Verfahrens[129]. Dieses wurde mit der Reform von 1993 neu eingeführt, nachdem das dreistufige Notifizierungsverfahren als zeitlich zu aufwendig angesehen wurde[130]. Die Mitgliedstaaten können mit der Einreichung ihrer Pläne zur Erstellung des GFKs gleichzeitig ihre Förderanträge verbinden. Damit wurde zwar der Verwaltungsaufwand erheblich reduziert, jedoch die Möglichkeit einer Zweckkonkretisierung auf der Antragsebene genommen. Dies zeigt in letzter Konsequenz, wie wenig eine solche durch die Antragsstellung erfolgen soll, da diese Stufe entbehrlich erscheint. Der konkrete Förderzweck verliert sich im Ergebnis in der Weite der Programmsprache nationaler Pläne bzw. der GFKe.

(3) Sätze der Gemeinschaftsbeteiligung

Gerade auf der Ebene der konkreten Durchführung, insbesondere in der Aufteilung der finanziellen Mittel tritt das Prinzip der Zusätzlichkeit[131] deutlich hervor. Hierbei ist für den einzelnen Mitgliedstaat der Satz der Gemeinschaftsbeteiligung von entscheidender Bedeutung. Dieser richtet sich gem. Art. 13 Abs. 1 RahmenVO nach bestimmten Gesichtspunkten, wie dem Schweregrad der spezifischen, vor allem regionalen und sozialen Problemen, denen die Aktionen abhelfen sollen; der Finanzkraft des betreffenden Mitgliedstaates, wobei insbesondere der relative Wohlstand dieses Mitgliedstaates berücksichtigt wird; dem besonderen Interesse, das den

---

127 Die Prüfung erfolgt nach Art. 14 Abs. 3 UAbs. 1 KoordinierungsVO.

128 Bestehend aus der nationalen Planungsphase, der Entwicklung der GFKe und dem Antragsverfahren.

129 Basierend auf den Art. 5 Abs. 2 UAbs. 5 und Art. 10 Abs. 1 UAbs. 1 KoordinierungsVO.

130 *Franzmeyer / Seidel / Weise,* Die Reform der Strukturfonds von 1988, S. 75.

131 Zum Prinzip der Zusätzlichkeit siehe oben 3. Teil, A., II., 2., b., bb., (3).

Aktionen unter gemeinschaftlichen, nationalen und regionalen Gesichtspunkten bei-
zumessen ist; den Merkmalen der geplanten Aktionsarten. Art. 13 Abs. 3 Rahmen-
VO i.V.m. Art. 17 Abs. 1 KoordinierungsVO bestimmt dabei für Ziel 1-Gebiete einen Höchstsatz von 75 % der Gesamtkosten und eine Mindestintervention von 50 %
der öffentlichen Ausgaben, für die Ziele 2 bis 4 und 5b gilt eine Begrenzung von
50 % bzw. ein Mindestsatz von 25 %[132]. Mit den groben Kriterien und den Beteili-
gungssätzen wird ein Rahmen für eine gleichförmige Verteilung der Finanzmittel
geschaffen[133]. Hierbei wird deutlich, dass die Gemeinschaft sich an nationalen Aktionen grundsätzlich nur „beteiligt“, ihr indes an einer möglichst effektiven und in-
tensiven Förderung gelegen ist. Es bleibt aber zu kritisieren, dass in den Verordnungen für Ziel-1-Gebiete sehr hohe Mindestfördersätze benannt sind, so dass sich beispielsweise der EFRE auf wenige Förderprojekte beschränken muss[134].

bb) Fondsspezifische Durchführungsbestimmungen

Ausgehend von diesen allgemeinen Grundsätzen der Durchführung sind nun die
einzelnen Fonds genauer zu betrachten. Hierbei soll insbesondere herausgestellt
werden, durch welche Fonds die Beschäftigungsförderung und vorrangig eine solche in den neuen Bundesländern finanziert wird. Gem. Art. 7 Abs. 2 i.V.m. Art. 3
Abs. 4 und Abs. 5 RahmenVO ergingen spezielle DurchführungsVOen hinsichtlich
der einzelnen Fonds, die zu einer Harmonisierung der Mittelvergabe führen sollen.
Hierbei werden die Fonds sachlich einzelnen Zielen zugeordnet, eine Koordinierung mit anderen Finanzierungsinstrumenten versucht sowie verschiedene Interventionsformen dargelegt[135]. Fraglich ist nun, ob durch diese fondsspezifischen
DurchführungsVOen eine Eingrenzung des Förderzwecks erfolgt.

(1) EFRE-Verordnung

Ein erster Blick gilt dabei dem Europäischen Fonds für regionale Entwicklung,
für den die Verordnung Nr. 2083/93 vom 20. Juli 1993[136] gilt. Der konkrete Ein-

---

[132] Daneben gibt es noch Ausnahmetatbestände gem. Art. 13 Abs. 2 1. Spiegelstrich Satz 2
und Art. 13 Abs. 4 KoordinierungsVO. Weitere Ausführungen finden sich dann gem. Art. 13
Abs. 5, Art. 3 Abs. 4 und 5 KoordinierungsVO in den einzelnen DurchführungsVOen.

[133] Zur Festlegung von Richtgrößen für die Aufteilung von Verpflichtungsermächtigungen
auf die Mitgliedstaaten hat die Kommission für Ziel 1 die Entscheidung Nr. 93/589 EWG
(ABl. L 280/30), für Ziel 2 Nr. 94/176/EG (ABl. L 82/35), für Ziel 5a Nr. 94/279/EG
(ABl. L 120/50) und für Ziel 5b Nr. 94/203/EG (ABl. L 97/43) erlassen.

[134] *Gornig/Seidel/Vesper/Weise,* Regionale Strukturpolitik unter den veränderten Rahmenbedingungen der 90er Jahre, S. 99.

[135] Siehe insgesamt zu den DurchführungsVOen *Rolfes,* Regionale Wirtschaftsförderung
und EWG-Vertrag, S. 54 ff.

[136] Verordnung (EWG) Nr. 2083/93 des Rates vom 20. 7. 1993 zur Änderung der Verordnung (EWG) Nr. 4254/88 zur Durchführung der Verordnung (EWG) Nr. 2052/88 in Bezug
auf den Europäischen Fonds für regionale Entwicklung; im Folgenden kurz: EFRE-VO.

satz des EFRE bezieht sich gem. Art. 2 Abs. 1 RahmenVO auf die Ziele 1, 2 und 5b. Die genaueren Aufgaben sind dabei zunächst in Art. 3 Abs. 1 RahmenVO genannt, werden dann aber in Art. 1 EFRE-VO speziell und detailliert ausgeführt[137]. Die Finanzierungsbeteiligung des EFRE bezieht sich im Wesentlichen auf die produktive Investition zur Schaffung oder Erhaltung dauerhafter Arbeitsplätze, Infrastrukturinvestitionen, Maßnahmen zur Erschließung des endogenen Potentials der Regionen durch Beihilfen für Dienstleistungseinrichtungen von Unternehmen sowie durch die Finanzierung des Technologietransfers, die Verbesserung des Zugangs der Unternehmen zu den Kapitalmärkten, direkte Investitionsbeihilfen sowie Investitionen im Gesundheits- und Bildungswesen, im Bereich der Forschung und des Umweltschutzes, sofern ein Bezug zur Regionalentwicklung besteht. In dieser Aufgabenaufstellung des Art. 1 EFRE-VO finden sich lediglich wiederholende Formulierungen der zuvor schon in der Rahmen- und KoordinierungsVO versuchten Zieldarstellungen. Zudem vermag die EFRE-VO schon von ihrem Ansatzpunkt her nur bedingt zur Zweckverdeutlichung beizutragen, da es mit der Auflistung der Interventionsgegenstände primär um Zuständigkeitsfragen zwischen den einzelnen Strukturfonds geht. Die Verordnung will klären, aus welchem Fonds die Ziele und Interventionen finanziert werden. Eine weitere Förderzweckbestimmung ist nicht intendiert.

Die anderen Bestimmungen der EFRE-VO erhöhen demgegenüber scheinbar die Anforderungen an die Planungs- und Antragsphase. So bestimmt Art. 4 EFRE-VO, dass die Kofinanzierung von Beihilferegelungen mit regionaler Zweckbestimmung eine der Hauptformen der Förderung unternehmerischer Investitionen darstellt. Die Kommission hat bei ihrer Entscheidung hinsichtlich der Förderwürdigkeit spezielle Gesichtspunkte zu berücksichtigen, wie die Höhe der Beihilfesätze (mit Blick auf etwaige sich ergebende Standortnachteile für die Unternehmen), der Diversifizierung der Beihilfeverfahren und -formen, den Vorrang kleiner und mittlerer Unternehmen, den wirtschaftlichen regionalen Auswirkungen der Beihilfe, insbesondere im Verhältnis zu anderen Beihilferegelungen. Art. 5 EFRE-VO fordert genauere Informationen bei Anträgen auf EFRE-Zuschüsse, eine Kosten-Nutzen-Analyse bei Infrastrukturinvestitionen, ferner Angaben über vorhersehbare Auswirkungen auf die Region und die Auswirkungen auf das Vorhaben durch die Gemeinschaftsbeteiligung, schließlich bezogen auf produktive Investitionen eine Darstellung der Marktaussichten, der Auswirkung auf die Beschäftigungslage und eine Rentabilitätsanalyse. Ähnliches gilt nach Art. 6 EFRE-VO für sogenannte Globalzuschüsse. Die restlichen Bestimmungen beziehen sich auf die Entwicklung von Leitlinien der Europäischen Regionalpolitik durch begleitende Berichte und Studien.

Die Art. 4 – Art. 6 EFRE-VO wiederholen im Ergebnis lediglich die Art. 14 – Art. 16 KoordinierungsVO, in denen die Kommission schon gehalten ist, eine Kosten-Nutzen-Analyse durchzuführen und Auswirkungen zu prüfen. Die EFRE-VO

---

137 Ausführlich dazu *Magiera*, Verwaltungsorganisation: Finanz- und Fondsverwaltung, in: Schweitzer (Hrsg.), Europäisches Verwaltungsrecht, S. 145 ff.

passt nun die Kriterien den speziellen Anforderungen des EFRE an. Damit wird im Vergleich zur KoordinierungsVO aber keine wesentlich höhere Konkretisierungsstufe erreicht, sondern die Planungs- und Antragsphase lediglich variiert, letztlich aber keine erhöhten Anforderungen an dieselbe gestellt. Im Ergebnis lässt sich festhalten, dass die abstrakten Durchführungsbestimmungen nur unwesentlich zu einer erhöhten Zweckbestimmung führen.

Dennoch lässt sich aus Art. 1 EFRE-VO erkennen, dass der EFRE hinsichtlich seines sachlichen Aufgabenbereichs in verstärktem Maße der Beschäftigungsförderung verpflichtet ist, zumal in den neuen Bundesländern. So bestimmt Art. 6 Abs. 1 RahmenVO diejenigen Regionen als Ziel 1-Gebiete, deren Pro-Kopf-Bruttoinlandprodukt nach den Daten der letzten drei Jahren weniger als 75% des Gemeinschaftsdurchschnitts beträgt. Zunächst galt für die ostdeutschen Gebiete nach der Wiedervereinigung eine strukturelle Sonderregelung[138]. Die Verordnung Nr. 3575/90 erlaubte gewisse Verfahrenserleichterungen und eine erhöhte Flexibilität beim Einsatz der verschiedenen Fördermittel. Insbesondere wurden die neuen Länder nicht ausdrücklich in die Ziele 1, 2 und 5b eingeordnet, was auf das Fehlen von statistischem Material zurückzuführen war, so dass im Ergebnis das gesamte Förderinstrumentarium zur Verfügung stand. Rein faktisch allerdings bestand aber schon für diesen Zeitraum eine Quasi-Zuordnung als Ziel-1-Gebiet[139]. Das Volumen für den Zeitraum 1991 bis 1993 betrug insgesamt 3 Milliarden ECU (in Preisen von 1991)[140], umgerechnet ca. 6 Mrd. DM. Mit der Reform 1993 bestimmt nun Art. 8 Abs. 1 UAbs. 1 RahmenVO die fünf neuen Bundesländer ausdrücklich als Ziel-1-Gebiete, die damit bis 1999 mit mehr als 27 Mrd. DM aus den Förderkassen der Gemeinschaft insgesamt rechnen können[141]. Ein weiterer Aspekt der EFRE-Förderung bildet daher das immense Volumen, welches den Ziel-1-Gebieten zukommt. Nach Art. 12 Abs. 2 RahmenVO stehen für diese Regionen 96,346 Mrd. ECU (rund 192 Mrd. DM), also 70% der gesamten Strukturfondsmittel zur Verfügung. Darin zeigt sich die wichtige Bedeutung des EFRE mit Blick auf eine europäische Beschäftigungsförderung im Allgemeinen und einer solchen in den neuen Bundesländern im Speziellen.

(2) ESF-Verordnung

Ebenfalls erging mit der Verordnung (EWG) Nr. 2084/93 vom 20. Juli 1993[142] eine Durchführungsverordnung für den ESF[143]. Nach Art. 2 RahmenVO kann der

---

[138] Verordnung (EWG) Nr. 3575/90 des Rates vom 4. 12. 1990 über die Intervention der Strukturfonds im Gebiet der ehemaligen Deutschen Demokratischen Republik, ABl. Nr. L 353/19 vom 17. 12. 1990.

[139] *Priebe,* Die Beschlüsse des Rates zur Eingliederung der neuen deutschen Bundesländer in die Europäischen Gemeinschaften, EuZW 1991, 113 ff.

[140] *Schulz,* Otto, in: Groeben/Thiesing/Ehlermann (Hrsg.), Kommentar zum EU-/EG-Vertrag, Art. 123 Rdnr. 20.

[141] *Hölscheidt,* Regionalpolitik der EG in den Neuen Ländern und Ost-Berlin, EuZW 1993, 478.

ESF als einziger für die Ziele Nr. 3 und 4 eingesetzt werden[144]. Daneben besteht aber auch die Möglichkeit eines Einsatzes im Rahmen der Ziele Nr. 1, 2 und 5b. Nach Art. 3 Abs. 2 RahmenVO wird als Hauptaufgabe die Bekämpfung der Arbeitslosigkeit definiert. Als Schwerpunkte sind dabei die Erleichterung des Zugangs zum Arbeitsmarkt, die Förderung der Chancengleichheit auf dem Arbeitsmarkt, die Entwicklung beruflicher Fähigkeiten sowie die Schaffung neuer Arbeitsplätze genannt. Art. 1 ESF-VO führt hierzu die Maßnahmen näher aus. Im Rahmen des Ziels Nr. 3, der Bekämpfung der Langzeitarbeitslosigkeit, soll insbesondere die berufliche Bildung verbessert werden. Beschäftigungsbeihilfen sollen eine Wiedereingliederung Langzeitarbeitsloser erleichtern und durch geeignete Ausbildungs-, Beschäftigungs- und Unterstützungsstrukturen vor allem betreuungsbedürftigen Personen eine Wiedereingliederung in den Arbeitsprozess ermöglichen. Ferner sollen Maßnahmen zur beruflichen Eingliederung von Jugendlichen und zur Herstellung der Chancengleichheit von Mann und Frau unterstützt werden. Ansatzpunkt ist dabei nicht erst der Zustand der Arbeitslosigkeit, sondern vielmehr schon der drohende Ausschluss aus dem Arbeitsmarkt.

Art. 1 Nr. 2 ESF-VO bestimmt für das Ziel Nr. 4, Anpassung der Arbeitskräfte an den industriellen Wandel, beispielhafte Möglichkeiten, wie die Vorausschätzung der Entwicklung des Arbeitsmarktes, Umschulung, Beratung, Weiterbildung und Verbesserung der Ausbildungssysteme; für die Ziele Nr. 1, 2 und 5b wird die Förderung von Beschäftigungswachstum und -stabilität durch die oben schon angesprochenen Maßnahmen in den bestimmten Förderregionen genannt; für das Ziel Nr. 1 bestimmt Art. 1 Nr. 4 ESF-VO den Ausbau und die Verbesserung des gesamten Bildungssystems mit Bezug auf den Arbeitsmarkt. Damit wird erneut deutlich, dass der ESF, ganz im Gegensatz zum EFRE keine investiven Maßnahmen fördert. Eine Begründung für diese Einschränkung findet sich indes nicht.

Die Bestimmung des Art. 1 ESF-VO umschreibt in teils sehr detaillierter Weise mögliche förderungswürdige Maßnahmen. Kritikpunkt bleibt, ähnlich wie schon bei der EFRE-VO, dass dieser Katalog auf das einzelne Projekt, insbesondere dessen Zielsetzung, keinen Einfluss mehr hat. Vielmehr geht es auf der Durchführungsebene lediglich um die Frage, welcher Fonds die konkrete Aktion finanziert. Die Ziele 3 und 4 begegnen aber darüber hinaus weiteren Bedenken, da sie nicht geographisch oder regional spezifisch gebunden sind, sondern flächendeckend verfolgt werden können. Damit besteht die Gefahr der politisch verständlichen Förderung von Zukunftsindustrien, wodurch der Wettbewerb potentiell verzerrt werden und sich die Förderung entgegen der eigentlich intendierten Zielsetzung als Fehl-

---

142 Verordnung (EWG) Nr. 2084/93 des Rates vom 20. 7. 1993 zur Änderung der Verordnung (EWG) Nr. 4255/88 zur Durchführung der Verordnung (EWG) Nr. 2052/88 hinsichtlich des Europäischen Sozialfonds.

143 Im Folgenden kurz: ESF-VO.

144 *Magiera,* Verwaltungsorganisation: Finanz- und Fondsverwaltung, in: Schweitzer (Hrsg.), Europäisches Verwaltungsrecht, S. 151.

allokation erweisen kann[145]. Aber auch der Erhalt von Arbeitsplätzen in veralteten Industriezweigen widerspricht dem Grundgedanken, dass primär der Unternehmer für den Wandlungs- und Anpassungsdruck verantwortlich ist. Diese Verantwortung umfasst in einer sozialen Marktwirtschaft auch die Beschäftigten. Jedoch kann durch Subventionen dieser Druck vom Unternehmer genommen werden und im Ergebnis Strukturmaßnahmen gänzlich verhindern. Kritik zieht sicher auch die Möglichkeit des ESF auf sich, schon präventiv tätig zu werden, bevor Arbeitslosigkeit überhaupt entsteht. Offen bleibt, wann hierbei eine Unterstützung möglich ist. Ferner lässt sich dadurch sektorale Industrie- und Wirtschaftspolitik betreiben, was sicher nicht Ziel des ESF sein kann. Diese Bedenken gehen einher mit der nach wie vor bestehenden Unbestimmtheit des Förderzwecks. Gerade im Rahmen des ESF besteht mit Blick auf die Generalklausel des Art. 1 Nr. 3 ESF-VO, wonach die Beschäftigungsstabilität gefördert werden soll, die Gefahr, sämtliche nationale Maßnahmen, die irgendwie mit der Arbeitsmarktpolitik zusammenhängen, aus dem Topf des ESF zu fördern. Heutzutage trägt nahezu die gesamte Wirtschafts-, Industrie- und Sozialpolitik der Massenarbeitslosigkeit Rechnung und stellt sich in den Dienst ihrer Bekämpfung. Die ESF-VO vermag dabei keine wirklich eingrenzenden Kriterien zu nennen.

Der Vollständigkeit halber sollen noch die weiteren Regelungen dargestellt werden. So bestimmt Art. 2 ESF-VO die zuschussfähigen Kosten für die einzelnen nach Art. 1 ESF-VO erfolgten Maßnahmen. Art. 3 ESF-VO betont erneut das Partnerschaftsprinzip mit Blick auf eine verbesserte Koordination. Art. 4 ESF-VO benennt Aspekte, auf welche die nationalen Pläne aber auch die GFKe einzugehen haben. Letztlich findet auch hier eine Wiederholung der schon benannten Ziele im Rahmen einer Effektivitätsanalyse statt. Art. 5 ESF-VO nennt erneut die möglichen Interventionsformen, wie schon Art. 11 KoordinierungsVO. Art. 6 ESF-VO bietet die Möglichkeit der technischen Hilfe und die Förderung von Demonstrationsvorhaben. Art. 7 ESF-VO geht noch einmal auf die Koordinierung, Kumulierung der Mittel und auf mögliche Überschneidungen ein. Insgesamt lässt sich resümieren, dass insbesondere der ESF für europäische Beschäftigungssubventionen eine Hauptrolle einnimmt. Die abstrakten Durchführungsbestimmungen des ESF-VO vermögen ihrerseits den Anforderungen an die Zweck-Mittel-Analyse nicht ausreichend Rechnung zu tragen.

(3) EAGFL-Verordnung

Schließlich erging mit der Verordnung Nr. 2085/93 vom 20. Juli 1998[146] noch eine Durchführungsverordnung für den EAGFL[147]. Dieser ist nach Art. 2 Rahmen-

---

145 *Gornig / Seidel / Vesper / Weise*, Regionale Strukturpolitik unter den veränderten Rahmenbedingungen der 90er Jahre, S. 100.

146 Verordnung (EWG) Nr. 2085/93 des Rates vom 20. 7. 1993 zur Änderung der Verordnung (EWG) Nr. 4256/88 zur Durchführung der Verordnung (EWG) Nr. 2052/88 hinsicht-

VO den Zielen 1, 5a und 5b verpflichtet. Art. 3 Abs. 3 RahmenVO bestimmt darüber hinaus, dass als Ziele insbesondere die Stärkung und Umgestaltung der land- und forstwirtschaftlichen Strukturen, die Umstellung der Agrarproduktion, die Förderung der Entwicklung komplementärer Tätigkeiten und die Sicherung eines angemessenen Lebensstandards für Landwirte verfolgt werden sollen, sowie ein Beitrag zur Entwicklung des sozialen Gefüges in ländlichen Gebieten zu leisten ist[148]. Hierzu wird die Durchführungsverordnung in ihrem Art. 2 EAGFL-VO hinsichtlich des Ziels 5a konkreter, was die zu fördernden Maßnahmen, beispielsweise die Herstellung des Marktgleichgewichts, Maßnahmen zur Unterstützung des landwirtschaftlichen Einkommens, Verbesserung der Effizienz, der Qualität, der Betriebsstrukturen, der Vermarktung und die Unterstützung bei Neugründungen betrifft. Welche Unterschiede damit aber zum Regionalfonds bestehen, bleibt offen. Letztlich neigt Ziel Nr. 5a dazu, insgesamt in der gemeinschaftlichen Regionalpolitik aufzugehen[149]. Art. 5 EAGFL-VO beschreibt mögliche Fördermaßnahmen mit Bezug zu Ziel-1-Gebieten, wie Anpassungsmaßnahmen, Absatzförderung, Verbesserung der ländlichen Infrastruktur, Durchführung von Flurbereinigungen, Förderung von Bewässerungsnetzen, von Investitionen in den Fremdenverkehr sowie Beratung, Verbesserung der Bildung und Forschung und sonstige flankierende Maßnahmen. Damit werden zwar eine Vielzahl von möglichen Maßnahmen benannt, primär aber eine Abgrenzung zum EFRE und ESF bei Ziel-1-Gebieten versucht. Eine solche kann aber angesichts der gleichgelagerten Probleme nur bedingt erfolgreich sein. Schließlich gilt auch hier das schon zum EFRE und ESF Gesagte. Die Probleme der Zweckformulierung sollen durch die EAGFL-VO nicht gelöst werden. Vielmehr wird der Ansatzpunkt verfolgt, die nationalen Aktionen möglichst eindeutig einem Fonds zuzuordnen. Da aber die Zielsetzungen und Förderzwecke bislang sehr weit belassen wurden, kann bei der Zuordnung der Finanzmittel eine Eingrenzung nur schwerlich erfolgen. Dies zeigt sich gerade bei den Art. 5 und Art. 6 EAGFL-VO, die für das Ziel 5b letztlich auf die Pläne, GFKe, Operationellen Programme und Globalzuschüsse verweisen. Angesichts der aufgezeigten Schwächen wird auf einen Katalog möglicher Maßnahmen gänzlich verzichtet.

d) Zwischenergebnis

Damit lässt sich für den abstrakten Förderrechtsrahmen als Zwischenergebnis festhalten, dass es weder dem Primärrecht noch dem Sekundärrecht gelingt, das Er-

---

lich des Europäischen Ausrichtungs- und Garantiefonds für die Landwirtschaft (EAGFL), Abteilung Ausrichtung.

147 Kurz: EAGFL-VO.

148 Ausführlich zum EAGFL *Magiera,* Verwaltungsorganisation: Finanz- und Fondsverwaltung, in: Schweitzer (Hrsg.), Europäisches Verwaltungsrecht, S. 150 ff.

149 *Gornig / Seidel / Vesper / Weise,* Regionale Strukturpolitik unter den veränderten Rahmenbedingungen der 90er Jahre, S. 100.

fordernis einer ausreichenden Zweckbestimmtheit zu erfüllen. Vielmehr wurde durch das Verordnungssystem der Grad der Intransparenz und Doppelnormiertheit noch erhöht. Die Rechtstexte verlieren sich in weiter Programmsprache. Sie belassen der Kommission und dem Mitgliedstaat einen flexiblen Beurteilungsspielraum. Dies mag zwar für die Mitgliedstaaten begrüßenswert sein, doch hat sich damit ein Fördersystem auf Gemeinschaftsebene statuiert, dass mit juristischen Maßstäben nur schwer zu kontrollieren ist.

Es wird daher zu fragen sein, ob das Manko auf Gemeinschaftsebene durch erhöhte Anforderungen an die Subventionierung in den einzelnen Mitgliedsstaaten – also der konkreten Durchführungsebene – ausgeglichen wird. Der nachfolgenden Untersuchung schon vorgreifend wird dies mehr als zu bezweifeln sein[150]. Zum einen bilden die Verordnungen die entscheidende Rechtsgrundlage für die Förderung. Fehlt es hier an einer ausreichenden Bestimmtheit, so wird auch die nachfolgende Ebene nur schwer zu präzisen Formulierungen gezwungen. Zum anderen sind in die konkrete Planung und Durchführung die Mitgliedstaaten miteingebunden. Diese werden tendenziell das Interesse verfolgen sowohl das GFK als auch die Operationellen Programme möglichst unbestimmt und generalklauselartig zu belassen. Denn je vager die Programme ausfallen, desto leichter lassen sich nationale Förderprogramme durch die europäischen Strukturfonds kofinanzieren. Dies wiegt um so schwerer, als dass damit Freiheitsbeeinträchtigungen nicht überprüft werden können. Angesichts der verwirrenden Vielfalt von unbestimmten Förderzielen, Förderinstrumenten und Förderkonzepten dürfte es gerade für den Bürger nur schwer erkennbar sein, den demokratisch Verantwortlichen zu ermitteln und zur Verantwortung zu ziehen[151]. Auf das Problem des Gesetzesvorbehalts sei an dieser Stelle schon einmal hingewiesen[152].

Gerade der Bereich der Beschäftigungssubventionen macht deutlich, dass die Bekämpfung der Arbeitslosigkeit meist als Globalziel herangezogen wird, aber das abstrakte Vergabesystem der Strukturfonds es dann nicht vermag, dieses als solches zu enttarnen und konkrete Maßstäbe an die staatliche Förderung zu legen. Insgesamt lässt sich daher wohl kaum zu dem Schluss kommen, dass sich damit ein effizientes Instrumentarium aus Verwaltungs- und Finanzvorschriften herausgebildet hat[153]. Ferner lassen die vielfachen Kritikpunkte enormes Reformpotential aus rechtlicher Sicht erkennen[154]. Im Ergebnis ist es daher zutreffend zu konstatieren, dass „eine gründliche und transparente Überprüfung der strukturellen Maßnahmen

---

150 Vgl. die nachfolgende Prüfung unten 3. Teil, A., II., 3.

151 *Hölscheidt,* Regionalpolitik der EG in den Neuen Ländern und Ost-Berlin, EuZW 1993, 478.

152 Vgl. hierzu die Bewertung unten 3. Teil, A., III., 1.

153 *Priebe,* Zum Rechtsrahmen der gemeinschaftlichen Strukturfonds, in: Randelzhofer / Scholz / Wilke (Hrsg.), Gedächtnisschrift für Eberhard Grabitz, S. 580.

154 *Franzmeyer / Seidel / Weise,* Die Reform der Strukturfonds von 1988, S. 113 ff.; *Gornig / Seidel / Vesper / Weise,* Regionale Strukturpolitik unter den veränderten Rahmenbedingungen der 90er Jahre, S. 108.

um so wichtiger erscheint, als Strukturförderungen erfahrungsgemäß zu denjenigen Gemeinschaftsaktionen zählen, die am ehesten Zweifeln im Hinblick auf eine zweckmäßige Verwendung gemeinschaftlicher Mittel ausgesetzt sind"[155].

3. Zweckstruktur des konkreten Förderrechtsrahmens

Nachdem der abstrakte Rechtsrahmen betrachtet wurde, soll nun eine Analyse der weiteren Planung, gleichsam des konkreten Förderrechtsrahmens erfolgen. Hierbei wird erneut die Frage der ausreichenden Zweckdeutlichkeit im Vordergrund stehen. Zunächst wird das Gemeinschaftliche Förderkonzept (GFK) – der von der Kommission zusammen mit den Mitgliedstaaten gemeinsam entwickelte Plan – im Zentrum der Betrachtungen stehen[156]. Anschließend werden die an das GFK anknüpfenden Operationellen Programme der einzelnen Bundesländer auf ihren Konkretisierungsgrad hin untersucht[157]. Da nicht das gesamte Spektrum der Länderplanung dargestellt werden kann, wird sich die Untersuchung exemplarisch auf das Land Sachsen beschränken. Neben der Frage der ausreichenden Zweckbestimmung wird hierbei die Darstellung des Ineinandergreifens von nationaler und europäischer Förderung den weiteren Schwerpunkt bilden. Abschließend soll das spezielle Instrument der europäischen Gemeinschaftsinitiativen skizzenhaft nachgezeichnet werden[158].

a) Zweckverdeutlichung durch das Gemeinschaftliche Förderkonzept
für Deutschland

Im Juli 1993 wurde seitens der Bundesregierung ein Regionalentwicklungsplan für Ostdeutschland vorgelegt, in dem die Vorhaben zur Entwicklung und strukturellen Anpassung der Regionen im Zeitraum 1994 – 1999 unterbreitet wurden. Dieser Plan wurde in Zusammenarbeit zwischen der Bundesregierung und den einzelnen Bundesländern erstellt und bildet eine Art Gesamtstrategie zur wirtschaftlichen und sozialen Entwicklung in den neuen Bundesländern. Dieser Regionalentwicklungsplan wurde nun mit den Zielsetzungen der europäischen Kommission in ständigem Dialog abgestimmt. Den Abschluss dieses Prozesses bildet das Gemeinschaftliche Förderkonzept (GFK) für Deutschland[159] für den Förderzeitraum 1994

---

155 *Priebe*, Zum Rechtsrahmen der gemeinschaftlichen Strukturfonds, in: Randelzhofer / Scholz / Wilke (Hrsg.), Gedächtnisschrift für Eberhard Grabitz, S. 580.

156 Vgl. hierzu schon oben 3. Teil, A., II., 2., b., bb., (2).

157 Vgl. oben 3. Teil, A., II., 2., c., aa., (1).

158 Siehe unten 3. Teil, A., II., 4.

159 Das GFK wurde genehmigt durch die Entscheidung der Kommission vom 29. 7. 1994 zur Erstellung des gemeinschaftlichen Förderkonzepts für die Strukturinterventionen der Gemeinschaft in den deutschen Ziel-1-Regionen Mecklenburg-Vorpommern, Brandenburg, Sachsen-Anhalt, Sachsen, Thüringen und Berlin (Ost), ABl. L 250 / 18 vom 26. 9. 1994.

– 1999[160]. Die neuen Bundesländer werden dabei allesamt als sogenannte Ziel 1-Gebiete eingestuft[161]. Dies hat zur Folge, dass die neuen Bundesländer der höchstmöglichen EU-Förderung zugeordnet werden, was sich in einer EU-Beteiligungsquote von 65% niederschlägt. Mit der Einordnung unter das Ziel Nr. 1 – Förderung der Entwicklung und der strukturellen Anpassung der Regionen mit Entwicklungsrückstand – findet eine Bevorzugung in der Ausstattung mit finanziellen Mitteln statt. So werden 70% der Strukturfondsmittel auf Ziel-1-Gebiete verteilt, für die neuen Bundesländer sind dies im Förderzeitraum 1994 – 1999 im Rahmen des EFRE 6819,8 Mill. ECU[162], des ESF 4081,1 Mill. ECU, des EAGFL 2644,3 Mill. ECU und des FIAF 83,5 Mill. ECU[163]. Grund dieser Begünstigung ist, dass die Ziel-1-Gebiete vielfach auch die horizontalen Ziele Nr. 3 und 4 erfüllen und vielfach einen hohen Anteil strukturschwacher ländlicher Gebiete (Ziel Nr. 5b) umfassen. Deutschland hat diesem Umstand insbesondere dadurch Rechnung getragen, als dass im Gemeinschaftlichen Förderkonzept für Ostdeutschland sämtliche strukturpolitischen Aktivitäten einheitlich zusammengefasst wurden. Nicht unerwähnt soll bleiben, dass für die anderen Regionen sowie die Aktivitäten des Bundes ebenfalls Gemeinschaftliche Förderkonzepte bezogen auf die jeweiligen Ziele existieren[164]. Angesichts des Untersuchungsschwerpunktes des Förderrechtsrahmens in den neuen Bundesländern soll sich auf das Ziel-1-Konzept beschränkt werden.

Das GFK für die neuen Bundesländer gliedert sich in einen allgemeinen Teil, in dem die sozioökonomische Gesamtsituation in den neuen Bundesländern, die bisherige Strategie sowie Ergebnisse der letzten Förderperiode dargelegt werden[165]. Von entscheidender Bedeutung sind die Herausbildung sogenannter Förderschwerpunkte, die in den Ziel-1-Gebieten, den neuen Bundesländern, verfolgt werden sollen. Hierbei werden insgesamt sieben prioritäre Schwerpunkte für die gemeinsamen Aktionen und deren quantifizierte spezifische Ziele benannt sowie eine Beurteilung der erwarteten Auswirkungen und ihrer Kohärenz mit der Wirtschafts-, Sozial- und

---

160 Die nächste Planungsphase für die Jahre 2000 – 2006 findet derzeit im Rahmen der AGENDA 2000 und der dadurch einsetzenden weiteren Reform der Strukturfonds statt; zu den Ergebnissen der Reform der Strukturfondsförderung siehe unten 4. Teil, C., IV.

161 Art. 8 Abs. 1 UAbs. 1 RahmenVO.

162 1 ECU entspricht ca. 1,90 DM.

163 Daneben sind noch weitere Förderprogramme zu nennen: die Darlehen der EIB – vgl. insoweit unten 3. Teil, B.; gesonderte EU-Programme für Bildung, Forschung und Entwicklung, z. B. SOCRATES, LEONARDO, TEMPUS, EURAM, ESPRIT, LIFE, ect.; sowie die europäischen Gemeinschaftsinitiativen, vgl. unten 3. Teil, A., II., 4.

164 So werden arbeitsmarktpolitische Aktivitäten des Bundes teils durch den ESF kofinanziert, vgl. dazu schon oben 2. Teil, A., V., 3., a. Die durch den ESF mitfinanzierten Fördermaßnahmen des Bundes finden ihre Grundlage in einem Gemeinschaftlichen Förderkonzept für das Ziel Nr. 3, siehe *Europäische Kommission,* Deutschland – Gemeinschaftliches Förderkonzept 1994 – 1999, Ziel Nr. 3, S. 9 ff.

165 *Europäische Kommission,* Gemeinschaftliches Förderkonzept 1994 – 1999, Deutschland – Neue Länder (Ziel Nr. 1), S. 17 ff.

Regionalpolitik in Deutschland abgegeben. Die sieben Förderschwerpunkte sind[166]:

• Unterstützung produktiver Investitionen und ergänzender Investitionen in der wirtschaftsnahen Infrastruktur

• Maßnahmen zur Unterstützung kleiner und mittlerer Unternehmen

• Maßnahmen zur Unterstützung von Forschung, technologischer Entwicklung und Innovation

• Maßnahmen zum Schutz und zur Verbesserung der Umwelt

• Maßnahmen zur Bekämpfung der Arbeitslosigkeit sowie zur Förderung des Arbeitskräftepotentials, der beruflichen Aus- und Weiterbildung und der Beschäftigung

• Maßnahmen zur Förderung der Landwirtschaft, der ländlichen Entwicklung und der Fischerei

• Technische Hilfe

Für den hier interessierenden Bereich der Beschäftigungssubventionen sind die Schwerpunkte der Förderung produktiver Investitionen, kleiner und mittelständischer Unternehmen sowie von Maßnahmen der Aus- und Weiterbildung von Bedeutung. Diese besitzen im Gegensatz zur Förderung von Infrastruktur-, Forschungs- und Umweltmaßnahmen einen starken beschäftigungsfördernden Charakter[167], so dass sich im weiteren Verlauf auf die Darstellung derselben beschränkt werden kann. Diese werden nun im GFK näher ausgeführt und es wird ein Überblick über die vorgesehenen Interventionen und der Hauptarten der Maßnahmen gegeben[168], ohne jedoch die konkreten Programme auf Bundes- oder Landesebene zu benennen. So können über den Schwerpunkt 1 Projekte zur Errichtung von Tochterunternehmen, Existenzgründungen, Erweiterungen, Umstellungen oder Rationalisierungen bestehender Betriebe gefördert werden. Unter den Schwerpunkt 2 (KMU-Förderung) fallen ebenfalls Existenzgründungen, Investitionen zur Erweiterung bzw. zur Rationalisierung sowie zur Umstellung von Betrieben, soweit es sich um KMU handelt. Daneben werden noch Maßnahmen bzgl. Infrastruktureinrichtungen, Informations- und Beratungszentren sowie Einrichtungen zur Berufsausbildung gefördert, um dadurch die Wettbewerbsfähigkeit von KMU zu erhöhen. Insbesondere werden auch Maßnahmen hinsichtlich des Zugangs zu den Märkten und der Unternehmensführung unterstützt[169].

---

[166] *Europäische Kommission,* Gemeinschaftliches Förderkonzept 1994 – 1999, Deutschland – Neue Länder (Ziel Nr. 1), S. 55 ff.

[167] So die Einschätzung bei *Hagen/Toepel,* Europäische Strukturfonds in Sachsen: Zwischenevaluierung für die Jahre 1994 bis 1996, S. 132 ff.

[168] Siehe auch die Zusammenstellung der förderfähigen Projekte bei *Dittes,* Die Finanzierungshilfen des Bundes, der Länder und der internationalen Institutionen, S. 227 ff.

[169] *Europäische Kommission,* Gemeinschaftliches Förderkonzept 1994 – 1999, Deutschland – Neue Länder (Ziel Nr. 1), S. 57.

Das gesamte Spektrum der nationalen Wirtschaftsförderung[170] lässt sich damit im Rahmen des GFKs kofinanzieren. Die prioritären Schwerpunkte des GFKs geben im Ergebnis keine spezifischen Ziele vor. Die vorgesehenen Interventionen lassen den Eindruck entstehen, dass das GFK die Förderzwecke möglichst offen halten will, um den Ziel-1-Gebieten genügend Spielraum bei der Bildung eigener regionalspezifischer Schwerpunkte zu belassen. Dies ist aus der Sicht der Regionen durchaus positiv zu bewerten, indes stellt das GFK damit keine Programmebene dar, auf der eine höhere Zielkonkretisierung erreicht wird.

Zu ähnlichem Ergebnis gelangt man für den Bereich der aktiven Beschäftigungsförderung durch die Strukturfonds. So umfasst der im GFK als fünfter genannte Förderschwerpunkt[171], dem unmittelbar beschäftigungsfördernde Projekte zugeordnet werden können, Maßnahmen auf dem Gebiet der Weiterbildung und Umschulung sowie Einstellungs- und Existenzgründungshilfen. Ferner sind Maßnahmen für Personen, die ihren Arbeitsplatz verloren oder von Arbeitslosigkeit bedroht sind, förderungswürdig. Zugleich werden solche Projekte unterstützt, die es dem Begünstigten ermöglichen, seine Qualifikation anforderungsgerecht den neuen Bedingungen des Arbeitsmarktes anzupassen. Ferner soll die Eingliederung und die Beschäftigung sogenannter Problemgruppen erleichtert, der Zugang zum Arbeitsmarkt für Jugendliche verbessert und Frauen am Arbeitsmarkt besonders unterstützt werden[172]. Schließlich umfasst der Schwerpunkt auch Projekte bzgl. Ausbildungsplätze, Fortbildungsstätten, Berufs- und Fachhochschulen und beruflicher Schulzentren. Im Ergebnis zeigt sich auch hier die Unbestimmtheit des Förderschwerpunkts. Mit den genannten förderfähigen Projekten lassen sich eine Vielzahl nationaler Beschäftigungsmaßnahmen kofinanzieren. Eine Begrenzung des Förderzwecks wird kaum erreicht. Besonders deutlich wird dies durch die Nennung eines Oberziels, dem alle Maßnahmen des Schwerpunktes 5 dienen sollen: „Steigerung der Wettbewerbsfähigkeit der Wirtschaft und Verhütung von Arbeitslosigkeit"[173]. Damit lässt sich aber jede Subvention und Fördermaßnahme rechtfertigen, ohne einen konkreten Förderzweck zu benennen.

Im Ergebnis wird durch das GFK keine hinreichende Zweckkonkretisierung erreicht. Die Pflicht zur Verdeutlichung des Förderzwecks verlagert sich vielmehr weiter von der Programmebene des GFKs auf die der Operationellen Programme. Der vom GFK vorgegebene Spielraum für die Planung seitens der Bundesländer ist hierbei denkbar weit, da mit dem GFK ein Programmdokument vorliegt, dass im Ergebnis jede Form der landesspezifischen Wirtschafts- und Beschäftigungsför-

---

170 Vgl. dazu oben den 2. Teil, B.

171 *Europäische Kommission,* Gemeinschaftliches Förderkonzept 1994 – 1999, Deutschland – Neue Länder (Ziel Nr. 1), S. 61 ff.

172 *Europäische Kommission,* Gemeinschaftliches Förderkonzept 1994 – 1999, Deutschland – Neue Länder (Ziel Nr. 1), S. 62.

173 *Europäische Kommission,* Gemeinschaftliches Förderkonzept 1994 – 1999 Deutschland Ziel Nr. 1, S. 61.

derung zulässt. Es ist daher zu fragen, ob auf der Ebene der Operationellen Programme die Förderzwecke näher konkretisiert werden.

b) Zweckverdeutlichung durch die Operationellen Programme
(Beispiel: Sachsen)

Auf der Grundlage des Gemeinschaftlichen Förderkonzepts für Deutschland wurden von den Ländern Maßnahmebündel – sogenannte Operationelle Programme[174] – erarbeitet, welche die im GFK ausgewiesenen Schwerpunkte konkretisieren und ausfüllen sollen. Sowohl inhaltlich als auch finanziell sind die Operationellen Programme an das GFK gebunden. Das Operationelle Programm enthält eine inhaltliche Beschreibung der vorgeschlagenen Aktionen, gibt deren Reichweite einschließlich ihres geographischen Anwendungsbereichs an und enthält Auskünfte über die spezifischen Ziele, die Durchführung sowie die Finanzierung. Für das Land Sachsen wurden insgesamt drei Operationelle Programme von der Europäischen Kommission bewilligt[175]. Das Land Sachsen verfolgt dabei ein integriertes Förderkonzept, nach dem die drei Programme zwar schwerpunktmäßig ausgerichtet sein sollen, jedoch aus den Finanzmitteln aller drei Strukturfonds (EFRE, ESF, EAGFL) gespeist werden[176]. Für die hier interessierenden Förderschwerpunkte sind dabei insbesondere das EFRE- und ESF-dominierende Operationelle Programm von Bedeutung.

aa) EFRE-dominiertes Operationelles Programm

Die drei Operationellen Programme können daher als Multifondsprogramme bezeichnet werden, in denen jeweils ein thematischer Schwerpunkt gebildet wurde, der dann primär durch den sachnächsten Strukturfonds finanziert wird. Dennoch

---

174 Vgl. die Darstellung der allgemeinen Anforderungen an die Operationellen Programme durch die Strukturfondsverordnungen, oben 3. Teil, A., II., 2., c., aa., (1).

175 Entscheidung der Kommission vom 5. 8. 1994 – KOM (94) 1939 / 4 – über die Gewährung eines Beitrags des EFRE und des ESF für ein Operationelles Programm im Land Sachsen, das sich in das Gemeinschaftliche Förderkonzept für die Strukturinterventionen gem. Ziel 1 in der Bundesrepublik Deutschland einfügt; Entscheidung der Kommission vom 6. 9. 1994 – KOM (94) 1425 – zum Gemeinschaftsbeitrag aus dem ESF und aus dem EFRE im Bundesland Sachsen, das sich in das Gemeinschaftliche Förderkonzept für die Strukturinterventionen gemäß Ziel 1 in der Bundesrepublik Deutschland einfügt; schließlich die Entscheidung der Kommission vom 22. 8. 1994 – KOM (94) 2273 / 4 – zum Gemeinschaftsbeitrag aus dem EAGFL, dem EFRE, und dem ESF für ein Operationelles Programm zur Entwicklung der Landwirtschaft und des ländlichen Raumes im Bundesland Sachsen im Rahmen des Gemeinschaftlichen Förderkonzepts für das Ziel-1-Gebiet der Bundesrepublik Deutschland.

176 Dazu *Hagen/Toepel*, Der Einsatz der Europäischen Strukturfonds im Freistaat Sachsen: Zwischenevaluierung für die Jahre 1994 bis 1996, DIW Wochenbericht Nr. 43, 1997, 801.

wurden auch die Ziele anderer Strukturfonds in die jeweiligen Programme integriert und durch die jeweiligen Strukturfonds dann auch finanziert. Die Strukturfondsförderung ist in erster Linie dem Prinzip der Additionalität bzw. der Kofinanzierung verpflichtet[177]. Für die Förderung im Rahmen des EFRE wurde für die Jahre 1991 – 1993 zunächst eine vollständige Koppelung an die nationale Gemeinschaftsaufgabe „Verbesserung der regionalen Wirtschaftsstruktur" (GA) vorgenommen. Mit Beginn des neuen Förderzeitraums wurde die EFRE-Förderung teilweise entkoppelt und primär an landeseigene Förderprogramme gebunden[178]. Dadurch sollte in erster Linie eine Verstärkung der eigenen Landesförderung und Wirtschaftspolitik erreicht werden, die zuvor weitgehend über die GA abgewickelt wurde und somit nach und nach an Eigenständigkeit verlor.

Das vom EFRE dominierte Operationelle Programm gliedert sich insgesamt in sechs Abschnitte[179]. Der Aufbau erinnert dabei teils stark an den Rahmenplan[180] für die nationale GA sowie die einzelnen regionalen Aktionsprogramme[181]. So findet sich im ersten Teil des Operationellen Programms eine Analyse der wirtschaftlichen Situation des Freistaates Sachsen. Diese wird anhand volkswirtschaftlicher Daten, wie dem Bruttoinlandsprodukt, der Erwerbstätigenquote und dem Produktivitätsniveau bestimmt[182]. Diese Daten bilden gleichsam die Grundlage zur Einordnung als Ziel-1-Gebiet, ferner rechtfertigen diese die gesamte Förderung. Im zweiten Teil werden die Ergebnisse der bisherigen nationalen und gemeinschaftlichen Förderung dargelegt, wobei diese im Wesentlichen die Anzahl der geförderten Vorhaben sowie das Investitionsvolumen umfassen. Ferner wird – zumindest für die GA in Sachsen – die Anzahl der neu geschaffenen Arbeitsplätze genannt und somit der Endzweck der Förderung verifiziert[183]. Die Darstellung der Förderergebnisse fällt angesichts der Vielzahl von Förderprogrammen im Ergebnis recht knapp aus und gibt keinen genauen Aufschluss über die Zielerreichung. Vielmehr findet eine sachbereichsbezogene Auflistung der eingesetzten Fördermittel statt[184].

---

[177] Siehe zu diesen Prinzipien oben 3. Teil, A., II., 2., b., bb., (3).

[178] *Hagen/Toepel*, Europäische Strukturfonds in Sachsen: Zwischenevaluierung für die Jahre 1994 bis 1996, S. 32.

[179] Siehe im Folgenden dazu *Europäische Kommission*, Das EFRE-dominierte Operationelle Programm 1994 – 1999 in Sachsen.

[180] Zum Rahmenplan der GA siehe oben 2. Teil, B., V., 1., c.

[181] Vgl. die Darlegung des regionalen Aktionsprogramms des Landes Sachsen-Anhalt oben 2. Teil, B., V., 1., d.

[182] Gerade hinsichtlich des BIP/Kopf ist das Land Sachsen nach wie vor 20 Prozentpunkte vom Grenzwert zur Einordnung als Ziel-1-Gebiet entfernt (75 % des EU-Durchschnitts im BIP/Kopf); vgl. die Daten in *Europäische Kommission*, EFRE-dominierte Operationelle Programm 1994 – 1999 in Sachsen, S. 6 ff.

[183] Hiernach betrug die Anzahl der geschaffenen Arbeitsplätze in der vorherigen Förderperiode 1990 – 1993 durch die GA-Förderung in Sachsen 240.000.

[184] *Europäische Kommission*, Das EFRE-dominierte Operationelle Programm 1994 – 1999 in Sachsen, S. 16 ff.

Wichtigster Teil bildet der 3. Abschnitt, in dem die künftige Entwicklungsstrategie des Freistaates Sachsen festgelegt wird. Insbesondere werden die Zielvorstellungen der Wirtschaftsförderung im Freistaat Sachsen aufgezeigt[185]:

- Abbau der Standortnachteile und Stärkung der Handlungsfähigkeit im Wettbewerb der Regionen inner- und außerhalb der Europäischen Gemeinschaft,

- Sicherung der Beschäftigung und Verringerung der Arbeitslosigkeit, besonders im verarbeitenden Gewerbe, vor allem durch die Neuschaffung und Sicherung von wettbewerbsfähigen Dauerarbeitsplätzen,

- Unterstützung des Forschungs- und Innovationsstandortes Sachsen,

- Förderung einer zukunftsorientierten Bildung und Ausbildung im gewerblichen Bereich, besonders im Industriesektor,

- Schaffung von Voraussetzungen für eine leistungsfähige und attraktive Infrastruktur in den Städten und den ländlichen Räumen,

- Mitwirkung an der Gestaltung einer ökologisch wirksamen und ökonomisch effizienten Umweltpolitik, besonders durch infrastrukturelle Umweltmaßnahmen.

Diese Zielsetzungen der sächsischen Wirtschaftsförderung werden sodann in Bezug zu den Zielsetzungen der Strukturfonds gesetzt, die in erster Linie dem Abbau von regionalen Disparitäten, insbesondere durch die Neuschaffung und Sicherung von wettbewerbsfähigen Dauerarbeitsplätzen verpflichtet sind. Hierbei wird von einer einheitlichen europäischen und nationalen Wirtschaftsförderung ausgegangen, die sich nach dem Grundsatz der höchsten Effizienz auf sachliche und regionale Entwicklungsschwerpunkte ausrichtet[186]. Hierbei sollen durch die vom Bundesland Sachsen verfolgte integrierte Förderung mittels aller Strukturfonds Synergieeffekte erzielt werden. Anknüpfungspunkt des Zusammenwirkens der Strukturfondsinterventionen bilden die Förderschwerpunkte des GFK für die Ziel-1-Gebiete in Ostdeutschland[187]. Diese werden im Wesentlichen wiederholt und die verschiedenen Fördermaßnahmen dem sachnächsten Strukturfonds zur Finanzierung zugeordnet[188]. Im Rahmen des Förderschwerpunktes „Produktive Investitionen und komplementäre Infrastruktur" sollen Zuschüsse für Existenzgründer, Einstellungsbeihilfen und Zuschüsse für die Qualifizierung in Aus- und Weiterbildung gewährt werden. Letztere werden dabei durch den ESF finanziert. Insoweit existiert ein sogenannter ESF-Teil im Rahmen des EFRE-dominierten Operationellen Programms. In diesem sind die förderfähigen Aus-, Weiterbildungs- und Qualifizierungsmaßnahmen im Zusammenhang mit dem EFRE-Schwerpunkt „Förderung

---

185 *Europäische Kommission,* Das EFRE-dominierte Operationelle Programm 1994 – 1999 in Sachsen, S. 28.

186 *Europäische Kommission,* Das EFRE-dominierte Operationelle Programm 1994 – 1999 in Sachsen, S. 28.

187 Vgl. dazu das vorherige Kapitel oben 3. Teil, A., II., 3., a.

188 *Europäische Kommission,* Das EFRE-dominierte Operationelle Programm 1994 – 1999 in Sachsen, S. 30 ff.

produktiver Investitionen" benannt[189]. In ländlichen Räumen unterstützen die Fördermaßnahmen gleichzeitig die Zielvorstellungen des EAGFL, der insoweit die Finanzierung übernimmt. Eine ähnliche Zuteilung findet auch im Rahmen des Förderschwerpunkts „Klein- und mittelständischer Unternehmen" statt[190].

Der vierte Teil zeigt schließlich die Prioritäten der EU-Regionalförderung auf, wobei die vorgesehenen Aktionen und Maßnahmen den einzelnen Förderschwerpunkten zugeordnet werden. So wird die Förderung innovativer sowie unmittelbarer arbeitsplatzerhaltender und arbeitsplatzschaffender Investitionen im verarbeitenden Gewerbe näher beschrieben. Diese soll primär im Rahmen der GA „Verbesserung der regionalen Wirtschaftsstruktur" erfolgen. Insoweit findet sich im EFRE-dominierten Operationellen Programm Sachsen eine Kurzbeschreibung der Ziele der GA. Die Förderung klein- und mittelständischer Unternehmen soll über weitere Schwerpunkte vollzogen werden, wobei einzelne Landesprogramme in concreto nicht genannt werden. So heißt es lediglich, dass eine Förderung gewerblicher Investitionen, besonders für Existenzgründer, zur Schaffung von Dauerarbeitsplätzen erfolgen soll. Ein weiterer Schwerpunkt gilt der Förderung von Forschungs- und Entwicklungsprojekten in KMU. Auch die Beschreibung der Maßnahmen der Aus- und Weiterbildung bleibt weitgehend vage. So sollen verstärkt Ausbildungsmöglichkeiten, berufliche Bildungseinrichtungen sowie berufsbegleitende Weiterbildungsmaßnahmen unterstützt werden[191]. Ein konkreter Bezug zu Landesförderprogrammen wird nicht hergestellt. Im fünften Teil wird die finanzielle Abwicklung aufgezeigt und im Schlussteil finden sich Regelungen zur Durchführung des Operationellen Programms[192].

Die Darstellung des EFRE-dominierten Operationellen Programms in Sachsen gibt insgesamt einen guten Eindruck über die weitere Konkretisierung des Förderzwecks auf der Ebene der konkreten Programmplanung. Nachdem für das GFK bereits eine weitgehende Zweckunbestimmtheit festgestellt werden konnte[193], lässt die Ausfüllung des durch das GFK vorgegebenen Rahmens nur wenige Konkretisierungen erkennen. Es werden vielmehr die Förderschwerpunkte des GFKs wiederholt, ohne jedoch konkrete Fördermaßnahmen zu benennen. Es wäre angebracht, im Rahmen des Operationellen Programms die einzelnen kofinanzierten Landesprogramme aufzuzeigen und deren konkrete Förderzwecke und Förderrichtlinien darzulegen. Demgegenüber finden sich auch im Operationellen Programm lediglich Grobziele, anhand derer kaum eine konkrete Zuweisung der Fördermittel

---

[189] Zu Einzelheiten in diesem Zusammenhang siehe *Sächsisches Staatsministerium für Wirtschaft und Arbeit,* Der Europäische Sozialfonds im Freistaat Sachsen, S. 35 ff.

[190] Zu dem integrierten Ansatz diesbezüglich siehe *Europäische Kommission,* Das EFRE-dominierte Operationelle Programm 1994 – 1999 in Sachsen, S. 31.

[191] *Europäische Kommission,* Das EFRE-dominierte Operationelle Programm 1994 – 1999 in Sachsen, S. 57 ff.

[192] *Europäische Kommission,* Das EFRE-dominierte Operationelle Programm 1994 – 1999 in Sachsen, S. 70 ff.

[193] Vgl. dazu oben 3. Teil, A., II., 3., a.

möglich ist. So lange als Förderzweck die „Unterstützung produktiver Investitionen" genannt wird, kann kaum von einem ausreichenden Konkretisierungsgrad gesprochen werden. Allein die Anbindung der EFRE-Förderung an die nationale GA gibt der Förderung einen konkreten Bezugspunkt. Indes werden mit der Einbindung der EFRE-Förderung in die GA-Förderung die dort bereits aufgezeigten Probleme in die europäische Förderung übernommen. Andererseits besteht mit der weiteren Entkoppelung der Förderung das Problem, dass diese insgesamt an Konzentration verliert, da viele verschiedene Landesförderprogramme finanziert werden, die im Ergebnis ganz unterschiedliche Ziele verfolgen[194]. Zudem ist die berechtigte Frage zu stellen, warum nicht weiterhin sämtliche Mittel in die GA-Förderung integriert werden, da deren Endzweck doch ausdrücklich auf die Schaffung bzw. Erhaltung von Arbeitsplätzen ausgerichtet ist und insoweit sich nahezu mit den Zielen des EFRE deckt[195].

Eine weitere Auffälligkeit zeigt sich in der Benennung einer Vielzahl von Förderschwerpunkten und dem mehrfachen Betonen einer einheitlichen nationalen und europäischen Wirtschaftsförderungspolitik. So knüpft das Operationelle Programm einerseits an die Förderschwerpunkte des GFK an, andererseits werden die eigenen Zielsetzungen der sächsischen Wirtschaftspolitik hervorgehoben. Im Ergebnis werden eine Reihe von Schwerpunkten gebildet, die zudem noch äußerst weit bestimmt sind, so dass kaum eine Fördermaßnahme denkbar ist, die sich nicht einem der Schwerpunkte zuordnen lässt. Die Schwerpunkbildung ist daher reichlich kompliziert und führt keineswegs zwangsläufig zu Synergieeffekten[196]. Unklar bleibt zudem wie ein Einzelprojekt einem Förderschwerpunkt zugeordnet werden soll, insbesondere welche Folgen sich daraus ergeben. So wird die Zuordnung vielfach von Zufälligkeiten und finanztechnischen Gegebenheiten abhängen[197]. Abschließend lässt sich sagen, dass das Operationelle Programm weitgehend eine Wiederholung des GFK darstellt. Da dieses selbst schon sehr weit formuliert ist, ist für die Zweckdeutlichkeit insgesamt nur wenig gewonnen. Es zeigt sich daher auch auf der konkreten Planungsebene, dass der abstrakte Förderrechtsrahmen genaue Vorgaben machen muss, um die weiteren Programmebenen zu ausreichender Zweckdeutlichkeit zu verpflichten. Ein weitgehend unbestimmter, abstrakter Förderrechtsrahmen lässt den nachfolgenden Rechtsetzungsebenen demgegenüber viel Spielraum bei der Bestimmung von Förderzwecken, den diese hinreichend zu nutzen wissen.

---

[194] *Hagen/Toepel*, Der Einsatz der Europäischen Strukturfonds im Freistaat Sachsen: Zwischenevaluierung für die Jahre 1994 bis 1996, DIW Wochenbericht Nr. 43, 1997, 803.

[195] Zur Zielsetzung der GA-Förderung oben 2. Teil, B., V., 1., c., aa.

[196] So aber die Darlegungen in *Europäische Kommission,* Das EFRE-dominierte Operationelle Programm 1994 – 1999 in Sachsen, S. 30.

[197] *Hagen/Toepel*, Der Einsatz der Europäischen Strukturfonds im Freistaat Sachsen: Zwischenevaluierung für die Jahre 1994 bis 1996, DIW Wochenbericht Nr. 43, 1997, 804.

bb) ESF-dominiertes Operationelles Programm

Fraglich ist nun, ob dieses für das EFRE-dominierte Operationelle Programm gefundene Zwischenergebnis für das ESF-dominierte Operationelle Programm[198] bestätigt werden kann. In der Zielstruktur knüpft auch dieses Programm nahtlos an die Förderschwerpunkte des GFK an. Auch im Zusammenhang der ESF-Förderung findet eine integrierte Förderung statt, so dass alle drei Strukturfonds in allen Förderschwerpunkten eingesetzt werden können. Das ESF-dominierte Operationelle Programm konzentriert sich dabei in erster Linie auf den im GFK genannten Förderschwerpunkt „Menschliche Ressourcen, berufliche Aus- und Weiterbildung, Förderung der Beschäftigung", der sich wiederum in weitere Einzelbereiche untergliedert[199].

Ein Ziel ist dabei die Verbesserung der Qualifizierungen und Beschäftigungsmöglichkeiten der aktuellen und potentiellen Arbeitskräfte durch die Förderung von Qualifizierung im Rahmen von durch Investitionen entstehenden Arbeitsplätzen. Hierbei sollen solche berufliche Fähigkeiten vermittelt werden, welche die Ausbildungs- und Beschäftigungsmobilität erhöhen. Dazu in engem Zusammenhang steht die Verbesserung des Zugangs Jugendlicher zur Erstausbildung und zum Übergang in den regulären Arbeitsmarkt. Hierzu werden berufsvorbereitende, weiterqualifizierende Maßnahmen sowie Betriebspraktika unterstützt, die eine Verbesserung der Chancen auf dem Arbeitsmarkt erwarten lassen. Ein weiterer Bereich stellt die Verbesserung der Integration besonders bedürftiger Personengruppen in den Arbeitsmarkt dar. Hierunter fallen Langzeitarbeitslose, schwervermittelbare Personen und solche, die vom Ausschluss vom Arbeitsmarkt bedroht sind. Hierbei soll das nationale Leistungsinstrumentarium durch zusätzliche Qualifizierungsmaßnahmen ergänzt werden. Aber auch die Verbesserung der Eingliederung von Frauen in allen Wirtschaftsbereichen stellt ein weiteres Ziel der ESF-Förderung dar. Hier wird der Weg über Qualifizierungs- und Weiterbildungsmaßnahmen gegangen, um den Frauen verbesserte Beschäftigungschancen am Arbeitsmarkt zu bieten. Schließlich ermöglicht der ESF die Förderung innovativer arbeitsmarktpolitischer Maßnahmen, die über die konventionelle Beschäftigungspolitik hinausgehen.

Diese im ESF-dominierten Operationellen Programm genannten Förderziele wurden schließlich durch das sächsische Staatsministerium für Wirtschaft und Arbeit in einer so genannten Rahmenrichtlinie näher konkretisiert[200]. Danach werden

---

198 Dieses ist abgedruckt in *Sächsisches Staatsministerium für Wirtschaft und Arbeit,* Der Europäische Sozialfonds im Freistaat Sachsen, S. 38 ff. Das ESF-dominierte Operationelle Programm basiert dabei im Wesentlichen auf dem von der Bundesregierung für Ziel-1-Gebiete in Deutschland erstellten Regionalentwicklungsplan Sachsen in Bezug auf den Europäischen Sozialfonds.

199 Im Folgenden wird auf die Darstellung in *Sächsisches Staatsministerium für Wirtschaft und Arbeit,* Der Europäische Sozialfonds im Freistaat Sachsen, S. 38 ff. Bezug genommen.

200 Diese Richtlinie wurde oben schon ausführlich dargestellt 2. Teil, A., V., 3., b.

insgesamt drei Fördermaßnahmen zur Umsetzung der genannten Zielsetzungen finanziert. Hierbei handelt es sich um die Förderung von Maßnahmen zur beruflichen Qualifizierung, um Einstellungszuschüsse für zusätzliche Dauerarbeitsverhältnisse sowie Zuschüsse zur Existenzgründung. Drei Viertel der ESF-Mittel sind dabei für berufliche Qualifizierungsmaßnahmen gebunden[201]. Dieser Förderung fehlt indes der Subventionscharakter[202], da diese Form der Beschäftigungsförderung weder das Wettbewerbsproblem aufwirft noch eine Förderung an Unternehmen stattfindet. Interessant sind in diesem Zusammenhang vielmehr die Einstellungszuschüsse, mit denen die Lohnkosten bestimmter am Arbeitsmarkt benachteiligter Gruppen gesenkt und deren Wettbewerbschancen am Arbeitsmarkt erhöht werden. Aber auch die Existenzgründerzuschüsse sind als Subventionen zu bewerten, da durch diese die Existenzgründung eines Unternehmens begünstigt wird, so dass sich Wettbewerbsprobleme durchaus einzustellen vermögen.

Betrachtet man nun die Frage der Zweckdeutlichkeit des ESF-dominierten Operationellen Programms, so zeigt sich, dass die Maßnahmen durchaus bestimmt formuliert sind. Dies ist auf die deutliche Zielsetzung des ESF zurückzuführen, nämlich das Funktionieren des Arbeitsmarktes zu verbessern und die menschlichen Ressourcen zu entwickeln[203]. Damit sollen durch die Förderung direkt Beschäftigungswirkungen erzielt werden, so dass die Festlegung der Förderschwerpunkte zweckdeutlicher erfolgen kann. Insoweit zeigt sich eine deutliche Parallele zu dem Befund auf nationaler Ebene. Auch dort erwies sich der Förderrechtsrahmen unmittelbarer Beschäftigungssubventionen in der Tendenz stärker konkretisiert als dies bei mittelbaren Beschäftigungssubventionen der Fall war[204]. Ein weiterer Grund ist darin zu sehen, dass durch die ESF-Förderung die potentiellen Wettbewerbsbeeinflussungen als eher gering einzuschätzen sind. So sollen durch Einstellungszuschüsse primär Nachteile von Problemgruppen am Arbeitsmarkt ausgeglichen werden. Dem Unternehmen wird im Ergebnis nur ein geringer Vorteil der Förderung verbleiben. Ähnliches gilt für sogenannte Existenzgründungszuschüsse, die lediglich die Risiken einer Existenzgründung abfedern wollen. Auch insoweit werden die potentiellen Wettbewerbsbeeinflussungen gering sein. Im Ergebnis lässt sich daher für das ESF-dominierte Operationelle Programm Sachsens sagen, dass durch dieses eine weitgehende Zweckkonkretisierung erreicht wurde. Dies ergibt sich zudem aus der vom sächsischen Staatsministerium für Wirtschaft und Arbeit erstellten Rahmenrichtlinie, die insoweit die Förderzwecke des Operationellen Programms auch nach außen für den Subventionsempfänger konkret und transparent zusammenfasst.

---

[201] *Hagen/Toepel,* Der Einsatz der Europäischen Strukturfonds im Freistaat Sachsen: Zwischenevaluierung für die Jahre 1994 bis 1996, DIW Wochenbericht Nr. 43, 1997, 804.

[202] Vgl. insoweit den hier zugrundegelegten Subventionsbegriff oben 1. Teil, A., I.

[203] *Hagen/Toepel,* Europäische Strukturfonds in Sachsen: Zwischenevaluierung für die Jahre 1994 bis 1996, S. 141.

[204] Zu diesem Befund oben 2. Teil, C.

c) Zweckverdeutlichung durch die Subventionsrichtlinien

Grundlage für die Gewährung von Mitteln aus den Strukturfonds bilden im Ergebnis die Operationellen Programme. Da aber die Operationellen Programme keine eigenen Fördermaßnahmen entwickeln und zudem dem Prinzip der Additionalität verpflichtet sind, findet eine Verschränkung mit den Landesförderprogrammen statt. Dabei sind für den Subventionsempfänger die Richtlinien hinsichtlich der einzelnen Förderprogramme maßgebend. Anhand dieser werden Förderprogramme durchgeführt, an denen sich die Strukturfonds mittels der Operationellen Programme beteiligen. Diese letzte Förderrechtsebene ist bei genauer Betrachtung nicht mehr unmittelbar der europäischen Ebene zu zuordnen, da diese im Ergebnis nur mittelbaren Einfluss auf die Ausgestaltung der Förderprogramme nimmt. So werden die nationalen Förderprogramme allein auf nationaler Ebene entwickelt, jedoch richten diese sich ersichtlich an den Förderschwerpunkten der Strukturfonds aus, um eine Kofinanzierung durch dieselben zu ermöglichen. Insoweit kann aber weitgehend auf die Darstellung und Bewertung des nationalen Förderrechtsrahmens für Beschäftigungssubventionen zurückgegriffen werden[205]. Dennoch sollen kurz die wesentlichen Programme in Sachsen benannten werden, die mit EFRE- bzw. ESF-Beteiligung durchgeführt werden und gleichsam den Abschluss der europäischen Strukturfondsförderung bilden.

aa) Förderprogramme mit EFRE-Beteiligung

Etwa 60 % der EFRE-Mittel verteilen sich auf landesspezifische Förderprogramme, insbesondere in den Bereichen Forschung und Entwicklung, Umwelt und Bildung, die restlichen 40 % sind auch weiterhin an die Gemeinschaftsaufgabe „Verbesserung der regionalen Wirtschaftsstruktur" gekoppelt[206]. Die GA stellt ebenso wie die EU-Regionalförderung auf die Förderung von arbeitsplatzschaffenden Investitionen und wirtschaftsnahen Infrastrukturinvestitionen ab, so dass eine enge Koppelung des EFRE an die GA nahezu zwangsläufig erfolgt[207]. Als förderungswürdige Investitionen gelten dabei insbesondere Unternehmensgründungen, der Aufbau von Tochterfirmen oder Filialen, Rationalisierungs- und Umstrukturierungsmaßnahmen, die Planung und Einrichtung von Industrieanlagen, Versorgungseinrichtungen und Einrichtungen für den Tourismus[208]. Hinsichtlich der Ausgestaltung der genauen Fördervoraussetzungen gelten die Regelungen der GA, also

---

[205] Insoweit vgl. oben 2. Teil.

[206] So die Zahlen bei der Evaluierung der EFRE-Förderung in *Hagen / Toepel,* Europäische Strukturfonds in Sachsen: Zwischenevaluierung für die Jahre 1994 bis 1996, S. 32.

[207] *Tetsch / Benterbusch / Letixerant,* Die Bund-Länder-Gemeinschaftsaufgabe „Verbesserung der regionalen Wirtschaftsstruktur", S. 38.

[208] *Sächsisches Staatsministerium für Wirtschaft und Arbeit,* Förderfibel Sachsen 1998, S. 13.

das Gesetz über die Gemeinschaftsaufgabe „Verbesserung der regionalen Wirtschaftsstruktur"[209], der jeweils geltende Rahmenplan[210] sowie die landesspezifischen Förderrichtlinien[211]. Diese werden durch die Kofinanzierung nicht variiert, sondern sind bereits bei ihrer Erstellung dem Gemeinschaftlichen Förderkonzept bzw. den Operationellen Programmen angepasst. Für die Beantwortung der Frage nach der ausreichenden Zweckdeutlichkeit kann im Wesentlichen auf die Bewertung der GA verwiesen werden[212]. Eine Betrachtung der spezifischen Probleme, die sich aus der Überschneidung und dem Zusammenspiel von nationaler und europäischer Förderebene ergeben, erfolgt am Ende dieses Kapitels[213]. Bei der Kofinanzierung der landesspezifischen Förderprogramme sind insoweit das Existenzgründerprogramm[214], die verschiedenen Beratungsprogramme für kleine und mittlere Unternehmen, verschiedene Umweltförderprogramme sowie die breit gefächerte Forschungs- und Technologieförderung zu nennen[215]. Diese einzelnen Landesförderprogramme werden nun ihrerseits teils durch den EFRE kofinanziert. Auch hier richtet sich die Strukturfondsbeteiligung nach dem GFK bzw. dem Operationellen Programm. Für den Subventionsempfänger hingegen sind allein die Subventionsrichtlinien des Landes maßgeblich.

bb) Förderprogramme in Sachsen mit ESF-Beteiligung

Hinsichtlich der ESF-Beteiligung an Landesförderprogrammen in Sachsen ist zu sagen, dass die sächsische Arbeitsmarktpolitik wesentlich durch das Programm „Arbeit und Qualifizierung für Sachsen"[216] geprägt wird[217]. Die Maßnahmen zie-

---

[209] Gesetz über die Gemeinschaftsaufgabe „Verbesserung der regionalen Wirtschaftsstruktur" – GRW – vom 6. 10. 1969 (BGBl. I S. 1861); geändert durch Art. 3 des Gesetzes vom 23. 12. 1971 (BGBl. I S. 2140); übergeleitet durch Anlage I Kapitel V Sachgebiet A Abschnitt II Nr. 1 und Anlage I Kapitel V Sachgebiet A Abschnitt III Nr. 1 des Einigungsvertrages vom 31. 8. 1990 i.V.m. Art. 1 des Gesetzes vom 23. 9. 1990 (BGBl. II S. 885 und S. 996); zuletzt geändert durch Art. 11 des Steueränderungsgesetzes 1991 (BGBl. I S. 1322).

[210] Derzeit gültig ist der 27.Rahmenplan der Gemeinschaftsaufgabe „Verbesserung der regionalen Wirtschaftsstruktur (GA) für den Zeitraum 1998 – 2001 (2002), BT-Drucksache 13/9992.

[211] *Sächsisches Staatsministerium für Wirtschaft und Arbeit,* Förderfibel Sachsen 1998, S. 13.

[212] Vgl. zur Frage der Zweckdeutlichkeit sowie der gesamten Bewertung am Maßstab der Zweck-Mittel-Analyse oben 2. Teil, B., V., 3.

[213] Vgl. insoweit unten 3. Teil, A., III.

[214] Dieses ist oben schon ausführlich dargestellt worden, 2. Teil, B., VI., 3.

[215] Ausführlich zu den einzelnen Programmen *Dittes,* Die Finanzierungshilfen des Bundes, der Länder und der internationalen Institutionen, S. 182 ff.; *Sächsisches Staatsministerium für Wirtschaft und Arbeit,* Förderfibel Sachsen 1998, S. 13 ff.; *Seifert/Grammel/Ufer,* Handbuch der Fördermaßnahmen für mittelständische Unternehmen, S. 83 ff.

[216] Zu Einzelheiten des Programms siehe *Sächsisches Staatsministerium für Wirtschaft und Arbeit,* Arbeit und Qualifizierung für Sachsen, S. 21 ff.

len dabei auf einen Übergang der geförderten Personen in den regulären Arbeitsmarkt sowie darauf, einen längerfristigen, dynamischen und beschäftigungswirksamen Wachstumsprozess zu initiieren und zu verstetigen[218]. Prioritäres Ziel ist es, die Schaffung und den Erhalt von zukunfts- und wettbewerbsfähigen Arbeitsplätzen zu fördern[219]. Das arbeitsmarktpolitische Programm bildet dabei vier Förderungsschwerpunkte: Beschäftigung, Qualifizierung, Existenzgründung und Innovation. Mittels des Schwerpunktes Beschäftigung sollen zusätzliche Dauerarbeitsplätze für Frauen, Alleinerziehende, Langzeitarbeitslose, Rehabilitanden, Schwerbehinderte und Sozialhilfeempfänger geschaffen werden. Über die Qualifizierung sollen Möglichkeiten der arbeitsmarktgerechten, beruflichen Bildung sowie der beruflichen Erstausbildung gefördert werden. Durch finanzielle Unterstützung und gezielte Qualifizierung sollen Existenzgründungen und Existenzsicherungen unterstützt werden. Schließlich soll eine gezielte Personalentwicklung in innovativen Unternehmen im Rahmen des Schwerpunktes Innovation gefördert werden. Diese groben Zielsetzungen werden nun durch eine Reihe von Förderprogrammen und -richtlinien konkret umgesetzt[220]. Die ESF-Förderung kofinanziert eine Reihe dieser Programme nach Maßgabe des ESF-dominierten Operationellen Programms bzw. der diesbezüglich ergangen Rahmenrichtlinie. In der Zielsetzung des Landesprogramms Arbeit und Qualifizierung für Sachsen lässt sich eine deutliche Anbindung an die Zielstruktur des ESF erkennen. Im Ergebnis führt dies zu einer weitgehenden Verflechtung der ESF-Förderung mit dem Landesförderprogramm[221]. Hinsichtlich der Zweckdeutlichkeit ergeben sich keine weiteren Fragestellungen[222], da insoweit bereits das Operationelle Programm hinreichend konkret ausgestaltet ist[223].

d) Zwischenergebnis

Es kann nun festhalten werden, dass sich für den konkreten Förderrechtsrahmen ein insgesamt ambivalentes Bild ergibt. So sind die europäischen Planungsebenen im Rahmen der EFRE-Förderung nur wenig konkret. Weder zwingen die höherstu-

---

217 Insoweit existieren in den anderen Bundesländern ähnliche Programme, vgl. für Brandenburg und Mecklenburg-Vorpommern oben 2. Teil, A., V., 2.

218 *Sächsisches Staatsministerium für Wirtschaft und Arbeit,* Arbeit und Qualifizierung für Sachsen, S. 9.

219 *Hagen/Toepel,* Europäische Strukturfonds in Sachsen: Zwischenevaluierung für die Jahre 1994 bis 1996, S. 142.

220 *Sächsisches Staatsministerium für Wirtschaft und Arbeit,* Arbeit und Qualifizierung für Sachsen, S. 21 ff.

221 So auch die Einschätzung bei *Hagen/Toepel,* Europäische Strukturfonds in Sachsen: Zwischenevaluierung für die Jahre 1994 bis 1996, S. 232.

222 So auch das Ergebnis für die insoweit ähnlichen Landesprogramme in Brandenburg und Mecklenburg-Vorpommern, oben 2. Teil, A., V., 2.

223 Hierzu das Ergebnis oben 3. Teil, A., II., 3., b., bb.

figen Rechtsebenen zu einer hinreichenden Zweckdeutlichkeit noch ergibt sich eine solche von selbst. Dies ist zum einen auf die schwierigere Zweckstruktur bei mittelbaren Beschäftigungssubventionen zurückzuführen, zum anderen aber auch an dem Willen der Beteiligten die Förderung möglichst bis zur konkreten Vergabeebene weitgehend offen zu gestalten. Somit können nämlich eine Vielzahl von Förderprogrammen durch die Strukturfondsmittel kofinanziert werden, ohne dass der nationale Subventionsgeber Einschränkungen bei der Bestimmung des Förderzwecks hinnehmen müsste. Sowohl die Rechtsebene der Strukturfondsverordnungen als auch der weiteren Planung und Programmierung ermöglichen es, nahezu jede Wirtschaftsförderung durch die Strukturfonds mitfinanzieren zu lassen. Der Förderrechtsrahmen ist hierbei im Wesentlichen in einer blumigen, allgemeinen und unverbindlichen Programmsprache gehalten. Für den Bereich der ESF-Förderung hingegen konnte ein völlig anderes Bild gezeichnet werden. Hier wurden die Ziele weitgehend konkret bestimmt und die Maßnahmen deutlich herausgestellt. Auch auf europäischer Ebene zeigt sich der Bereich der unmittelbaren Beschäftigungssubventionen als durchaus zweckbestimmter.

4. Europäische Gemeinschaftsinitiativen als besondere Form der Förderung

Die Gemeinschaftsinitiativen sind Maßnahmen der Strukturförderung durch die Europäische Union, die über die Strukturfonds nach denselben Interventionsverfahren abgewickelt werden. Im Gegensatz zu den Strukturfondsinterventionen ist die Europäische Kommission allerdings berechtigt, die Gebiete, das Konzept und die Interventionsprioritäten selbst festzulegen. Grundlage ist dabei Art. 11 KoordinierungsVO, worin bestimmt ist, dass die Kommission aus eigener Initiative heraus einen Antrag auf Beteiligung an nationalen Aktionen stellen kann, die für die Gemeinschaft von besonderem Interesse sind. Die Gemeinschaftsinitiativen werden dabei bereits weitgehend im Gemeinschaftlichen Förderkonzept berücksichtigt und sollen dasselbe ergänzen. Es handelt sich daher um sogenannte Förderrahmenprogramme, welche die allgemeine Strukturfondsförderung auf spezifischen Einsatzgebieten ergänzen sollen. Hierzu wurde von allen Ziel-1-Regionen 8% der Strukturfondsmittel einbehalten, um eine Durchführung der Gemeinschaftsinitiativen zu gewährleisten.

Grundlage einer Gemeinschaftsinitiative bildet das Programm im Rahmen einer Gemeinschaftsinitiative (PGI), das von der Europäischen Kommission entwickelt wird und in seiner Struktur im Wesentlichen dem GFK entspricht[224]. Dieses Programm nennt quasi die Leitlinien der Gemeinschaftsinitiative. Für die verschiedenen Gemeinschaftsinitiativen werden wiederum Operationelle Programme erarbei-

---

[224] Ausführlich zu den einzelnen Planungsphasen siehe *Europäische Gemeinschaft,* Beihilfen und Darlehen der Europäischen Union, S. 30 ff.; *Magiera,* Verwaltungsorganisation: Finanz- und Fondsverwaltung, in: Schweitzer (Hrsg.), Europäisches Verwaltungsrecht, S. 141.

tet, sei es durch den Bund, falls die Durchführung des Programms bundesweit erfolgen soll[225], sei es durch ein Bundesland bei lediglich regionalspezifischem Einsatz der Gemeinschaftsinitiative. Bei der konkreten Verteilung der Fördermittel aus den Gemeinschaftsinitiativen ist erneut das Additionalitätsprinzip von großer Bedeutung. Mindestens 25% der Projektkosten müssen vom durchführenden Mitgliedstaat getragen werden. Im Folgenden sollen nun beispielhaft einige Gemeinschaftsinitiativen, die insbesondere regional- bzw. arbeitsmarktpolitische Zielsetzungen aufweisen, dargestellt werden. Daneben existieren eine Reihe anderer Gemeinschaftsinitiativen, deren Ziele teils sehr spezifisch auf besondere Problembereiche der Regional- und Strukturpolitik zugeschnitten sind[226].

a) Gemeinschaftsinitiative ADAPT

Dieses Programm geht auf das Weißbuch der Europäischen Kommission über Wachstum, Wettbewerbsfähigkeit und Beschäftigung zurück[227]. Zur weiteren Konkretisierung hat die Kommission so genannte Leitlinien erstellt, an denen sich dann die Operationellen Programme der Mitgliedstaaten zu orientieren haben[228].

---

[225] Dies ist meist bei horizontalen Zielsetzungen der Fall, d. h. bei Strukturproblemen, die in sämtlichen europäischen Regionen auftreten können.

[226] Die weiteren Gemeinschaftsinitiativen sollen hier kurz benannt werden: INTERREG II: Dies ist die Gemeinschaftsinitiative für grenzüberschreitende Zusammenarbeit. Für Ostdeutschland stellt dies die Grenze zu Polen und der tschechischen Republik dar, wobei die Mittel nur auf EU-Gebiet ausgegeben werden, auf der anderen Seite erfolgen Förderungen mittels des europäischen PHARE-Programms. Entlang dieser Grenzen haben sich sogenannte Euroregionen gebildet, die Fördermittel für gewerbliche Investitionen, den Ausbau der Infrastruktur und der Kommunikationsnetze erhalten. RETEX: Hiermit sollen Regionen unterstützt werden, die besonders von der Textil- und Bekleidungsindustrie abhängig sind. Hierbei sollen Umwelt-, Berufsbildungsmaßnahmen und der Know-how-Transfer unterstützt werden. RECHAR II: Dieses Programm dient der Unterstützung von Regionen, die vom Niedergang des Kohlebergbaus betroffen sind. Schwerpunkt bildet die Umweltsanierung und die Förderung alternativer Wirtschaftsaktivitäten. RESIDER II: Ähnliches gilt für das Programm RESIDER, das der wirtschaftlichen und sozialen Umstrukturierung der Eisen- und Stahlindustrie verpflichtet ist. KONVER: Weitere Strukturfondsmittel stehen für die Umnutzung ehemaliger Militärflächen und deren Sanierung zur Verfügung. Ziel soll die Ansiedlung gewerblicher Industrie sein. LEADER II: Dieses Programm stellt Mittel für die Entwicklung von Strategien für die ländliche Entwicklung zur Verfügung. Schwerpunkt sollen dabei Projekte mit Modellcharakter bilden. Für die neuen Länder sollen alternative Arbeitsplätze geschaffen werden. PESCA: Diese Gemeinschaftsinitiative dient dem Fischereisektor bei der Bewältigung der sozioökonomischen Folgen des Strukturwandels. Ziel ist eine Diversifizierung der Wirtschaft zu erreichen, insbesondere Zukunftsbranchen anzusiedeln. REGIS II: Dieses Programm soll zu einer ausgewogenen Entwicklung der Regionen in äußersten Randlagen beitragen. URBAN: Dieses letzte EU-Programm soll kritische Situationen in städtischen Ballungszentren lösen helfen. Zu nennen ist hierbei die soziale Eingliederung, Verbesserung der Infrastruktur und der Umweltbedingungen.

[227] Siehe hierzu unten ausführlich 3. Teil, C., I.

[228] Mitteilung der Kommission an die Mitgliedstaaten über die Leitlinien für Operationelle Programme oder Globalzuschüsse, die die Mitgliedstaaten im Rahmen der Gemeinschaftsini-

ADAPT soll eingesetzt werden, um das Zusammenspiel von Arbeitsmarkt, Strukturwandel und Qualifikationspotential zu verbessern. Die Gemeinschaftsinitiative ADAPT dient dabei in erster Linie der Anpassung der Arbeitnehmer an den industriellen Wandel. Hierzu teilt sich das Operationelle Programm für Deutschland[229] in einen Teil zur Vermittlung von Ausbildung, Orientierung und Beratung. Hierbei sollen neue Qualifikationen erworben und Beratungsdienste für von Arbeitslosigkeit bedrohte Arbeitnehmer aufgebaut werden. Ferner werden Prognosesysteme, Vernetzungen und die Entstehung neuer Beschäftigungsmöglichkeiten gefördert. Ein weiterer Teil des Programms unterstützt die Anpassung von Strukturen und Systemen bezüglich der Maßnahmen für Arbeitnehmer, die vom industriellen Wandel betroffen sind. Schließlich werden Informations-, Verbreitungs- und Sensibilisierungsmaßnahmen gefördert. Mit dem Förderinstrument ADAPT soll ein Instrument geschaffen werden, das sich auf die Beschäftigten und ihre Qualifikation konzentriert. Aufgrund der horizontalen Zielsetzung des Programms findet eine bundesweite Förderung statt. Rechtsgrundlage der Mittelvergabe bildet dabei in erster Linie das Operationelle Programm[230] der Bundesrepublik Deutschland zur Gemeinschaftsinitiative ADAPT[231]. Insoweit knüpft die Programmplanung an die Prinzipien der Strukturfondsinterventionen an.

b) Gemeinschaftsinitiative BESCHÄFTIGUNG

Als ein weiteres beschäftigungsförderndes Programm ist die Gemeinschaftsinitiative zur Förderung des Beschäftigungswachstums insbesondere durch die Entwicklung von Humanressourcen (Gemeinschaftsinitiative BESCHÄFTIGUNG) zu nennen. Diese Initiative gliedert sich in drei Aktionsbereiche. Beschäftigung-NOW fördert die Verbesserung der Beschäftigungsmöglichkeiten für Frauen, Beschäftigung-HORIZON fördert die Qualifizierung und Schaffung von Arbeitsplätzen für Behinderte und andere benachteiligte Personengruppen, Beschäftigungs-YOUTH-START schließlich soll die Beschäftigung und Qualifizierung von Jugendlichen unter 20 Jahren verbessern[232]. Diese Gemeinschaftsinitiative will dabei

---

tiative ADAPT zur Förderung der Beschäftigung und der Anpassung der Arbeitnehmer an den industriellen Wandel vorschlagen können, ABl. C 180/30 vom 1. 7. 1994.

[229] Operationelles Programm der Bundesrepublik Deutschland zur Gemeinschaftsinitiative ADAPT, BAnz Nr. 123a vom 5. 7. 1995, S. 1 ff.

[230] Vgl. zu den weitergehenden Einzelheiten das Operationelle Programm der Bundesrepublik Deutschland zur Gemeinschaftsinitiative ADAPT, BAnz Nr. 123a vom 5. 7. 1995, S. 1 ff.

[231] Inzwischen wurde dieses Programm erweitert durch ADAPT-BIS, Mitteilung der Europäischen Kommission an die Mitgliedstaaten über die geänderten Leitlinien für Operationelle Programme oder Globalzuschüsse, die die Mitgliedstaaten im Rahmen der Gemeinschaftsinitiative ADAPT zur Förderung der Beschäftigung und der Anpassung der Arbeitnehmer an den industriellen Wandel vorschlagen können, ABl. C 200/7 vom 10. 7. 1996.

[232] *Europäische Gemeinschaft*, Beihilfen und Darlehen der Europäischen Union, S. 38.

ausschließlich transnationale Projekte fördern und sich somit deutlich von der sonstigen ESF-Förderung abheben. Auch diese Gemeinschaftsinitiative schließt sich unmittelbar an die Überlegungen der Europäischen Kommission im Weißbuch über Wachstum, Wettbewerbsfähigkeit und Beschäftigung[233] an. Die Gemeinschaftsinitiative BESCHÄFTIGUNG wird ebenfalls durch den Bund abgewickelt, so dass ein bundeseinheitliches Operationelles Programm entwickelt wurde[234]. Dieses Programm füllt ebenfalls die von der Europäischen Kommission vorgegebenen Leitlinien weiter aus[235]. Diese wurden zwischenzeitlich seitens der Europäische Kommission durch das Programm Beschäftigung-INTEGRA ergänzt[236].

c) Gemeinschaftsinitiative KMU

Während die bisher vorgestellten Gemeinschaftsinitiativen der unmittelbaren Beschäftigungsförderung zuzuordnen waren, lässt sich dies für die Gemeinschaftsinitiative für kleine und mittelständische Betriebe (KMU)[237] nur mittelbar sagen. Über dieses Programm soll die Innovation, das Finanz-Engineering, die Zusammenarbeit zwischen den Unternehmen sowie die Qualität und Zertifizierung in KMU gefördert werden. Mit der Gemeinschaftsinitiative wird insbesondere das Ziel verfolgt, die Anpassung von KMU an den Binnenmarkt zu erleichtern und deren internationale Wettbewerbsfähigkeit zu sichern. Im Gegensatz zu den bisher dargestellten, bundesweit beplanten und durchgeführten Programmen ist die Gemeinschaftsinitiative KMU regionalspezifisch angelegt. Basierend auf dem Rahmenprogramm der Europäischen Kommission[238] wurde deshalb vom Land Sachsen ein regionales Operationelles Programm erarbeitet. Dieses Programm konzen-

---

[233] Dazu ausführlich unten 3. Teil, C., I.

[234] Operationelles Programm der Bundesrepublik Deutschland für die Gemeinschaftsinitiative Beschäftigung und Entwicklung von Humanressourcen, BAnz Nr. 44 vom 3. 3. 1995, S. 2149.

[235] Mitteilung der Kommission an die Mitgliedstaaten über die Leitlinien für Operationelle Programme oder Globalzuschüsse, die die Mitgliedstaaten im Rahmen einer Gemeinschaftsinitiative BESCHÄFTIGUNG zur Förderung des Beschäftigungswachstums insbesondere durch die Entwicklung von Humanressourcen vorschlagen können, ABl. C 180/36 vom 1. 7. 1994.

[236] Eine Erweiterung erfuhr das Programm durch Beschäftigung-INTEGRA, vgl. Mitteilung an die Mitgliedstaaten über geänderte Leitlinien für Operationelle Programm oder Globalzuschüsse, die die Mitgliedstaaten im Rahmen einer Gemeinschaftsinitiative BESCHÄFTIGUNG zur Förderung des Beschäftigungswachstums insbesondere durch die Entwicklung von Humanressourcen vorschlagen können, ABl. C 200/13 vom 10. 7. 1996.

[237] Als kleine und mittlere Unternehmen gelten nach einer Empfehlung der Kommission vom 3. 4. 1996, ABl. Nr.L 107/4 vom 30. 4. 1996 solche Unternehmen die nicht mehr als 250 Beschäftigte, einen Jahresumsatz von nicht mehr als 40 Millionen ECU oder einer Bilanzsumme von nicht mehr als 27 Millionen ECU und höchstens 25 % im Besitz einer oder mehrerer (diese Definition nicht erfüllender Unternehmen) liegt.

[238] Mitteilung der Kommission an die Mitgliedstaaten zur Festlegung von Leitlinien für die von ihnen vorzuschlagenden Operationellen Programme oder Globalzuschüsse im Rah-

triert sich dabei auf die Bereiche des Marktzugangs, der Technologieeinführung sowie des Qualitäts- und Umweltmanagements[239]. Ähnlich der allgemeinen Strukturfondsförderung findet auch hier eine Kofinanzierung über verschiedene Landesförderprogramme statt[240]. Die Förderschwerpunkte ergänzen dabei die allgemeinen Strukturfondsinterventionen und tragen zu einer Erhöhung des Profils der KMU-Förderung insgesamt bei.

Insgesamt lässt sich bei der Betrachtung der Gemeinschaftsinitiativen vor dem Hintergrund der Zweck-Mittel-Analyse sagen, dass sich im Ergebnis keine neuen Fragestellungen ergeben. So orientiert sich auch die Förderung über die Gemeinschaftsinitiativen an den Prinzipien der Strukturfondsförderung. Ebenso sind die verschiedenen Rechtssetzungsebenen und Planungsstufen mit denen der Strukturfondsförderung vergleichbar[241]. Festzuhalten bleibt indes, dass mit den Gemeinschaftsinitiativen der Europäischen Gemeinschaft die Möglichkeit eingeräumt wird, die Förderung und insbesondere deren Zielrichtung weitgehend selbst zu bestimmen. Zwar findet auch über die Gemeinschaftsinitiativen keine direkte Gemeinschaftssubventionierung statt, indes wird diese besondere Form der Förderung sehr stark von der europäischen Rechtsebene geprägt. Den Mitgliedstaaten bleibt hierbei wenig Spielraum Gemeinschaftsinitiativen durch eigene Förderschwerpunkte auszufüllen. Dies gilt es als Unterschied zu den europäischen Strukturfondsinterventionen festzuhalten. Abschließend soll nun der dargestellte Förderrechtsrahmen der europäischen Strukturfondsförderung einer Überprüfung am Maßstab der Zweck-Mittel-Analyse unterzogen werden.

III. Bewertung des Förderrechtsrahmens am Maßstab der Zweck-Mittel-Analyse

Die bisherige Untersuchung konzentrierte sich primär auf die möglichst übersichtliche Darstellung des Förderrechtsrahmens. Um nun nicht jede Ebene der Rechtssetzung erneut aufzugreifen und einer Bewertung am Maßstab der Zweck-Mittel-Analyse unterziehen zu müssen, konnte neben dem deskriptiven Teil die Frage nach der ausreichenden Zweckverdeutlichung verfolgt werden. Insoweit kann auf die bereits gefundenen Ergebnisse zurückgegriffen werden[242]. Daneben

---

men einer Gemeinschaftsinitiative für die Anpassung kleiner und mittlerer Unternehmen an den Binnenmarkt, ABl. C 180/10 vom 1. 7. 1994.

[239] Vgl. zu den näheren Details des Operationellen Programms *Sächsisches Staatsministerium für Wirtschaft und Arbeit*, Programm KMU im Rahmen einer Gemeinschaftsinitiative für die Anpassung kleiner und mittlerer Unternehmen an den Binnenmarkt im Freistaat Sachsen, S. 6 ff.

[240] *Sächsischen Staatsministerium für Wirtschaft und Arbeit*, Förderfibel Sachsen 1998, S. 13 ff.

[241] *Europäische Gemeinschaft*, Beihilfen und Darlehen der Europäischen Union, S. 30 ff.

[242] Siehe hierzu oben 3. Teil, A., II., 2., a., ff. – 3. Teil, A., II., 2., b., bb., (5) – 3. Teil, A., II., 3., d.

stellen sich aber im Rahmen der Zweck-Mittel-Analyse noch weitere Problemkreise ein.

1. Zweckbestimmtheit

Zunächst sind unter dem Aspekt der Zweckbestimmtheit die bisher gefundenen Ergebnisse zusammenzufassen. Der Förderrechtsrahmen entwickelt sich auf verschiedenen Ebenen der Rechtssetzung. Erster Rahmen bildet dabei das Primärrecht, das lediglich allgemein gehaltene Programmsätze formuliert und somit einen weiten Rahmen der gemeinschaftlichen Förderziele absteckt. Für eine rechtliche Bewertung der Zweckkonkretisierung lässt sich bestenfalls eine Tendenz der Förderausrichtung erkennen. Den Anforderungen der Zweckverdeutlichungspflicht genügt dies allerdings nicht[243]. Aber auch die Ebene des Sekundärrechts vermag nur unwesentliche Konkretisierungen zu leisten[244]. Vielmehr wiederholen die Strukturfondsverordnungen teils die Programmaussagen des EG-Vertrages und ergänzen diese durch weitere allgemeine Zweckformulierungen. Mit der Systematik der Strukturfondsverordnungen verbinden sich Intransparenz und Doppelnormiertheit des Förderrechtsrahmens. Die Rechtstexte verlieren sich in weiter Programmsprache. Sie belassen der Kommission und dem Mitgliedstaat bei der weiteren Programmplanung einen weiten Beurteilungsspielraum. Die Strukturfondsverordnungen treffen materiell-rechtlich keine wesentlichen Aussagen, welche die weiteren Rechtssetzungsebenen dazu zwingt, die Zweckstruktur konkret auszugestalten. Die Verordnungen selbst sind zweckunbestimmt und gestatten letztlich jede Form der Beschäftigungs- und Wirtschaftsförderung. Schließlich ist die konkrete Planungsebene zu betrachten[245]. Hier lässt sich ein insgesamt ambivalentes Bild erkennen. So sind die europäischen Planungsebenen im Rahmen der EFRE-Förderung nur wenig konkret. Der Förderrechtsrahmen ist im Wesentlichen in einer blumigen, allgemeinen und unverbindlichen Programmsprache gehalten. Für den Bereich der ESF-Förderung hingegen konnte ein völlig anderes Bild gezeichnet werden. Hier wurden die Ziele weitgehend konkret bestimmt und die Maßnahmen deutlich herausgestellt.

Ausgehend von diesem Befund sind die Gründe hierfür zu nennen. Zum einen – darauf wurde ebenfalls schon hingewiesen[246] – ist im Rahmen der Wirtschaftsförderung, also mittelbarer Beschäftigungssubventionen, die Zweckstruktur von Natur aus kompliziert ausgestaltet. Es gilt nicht nur einen End-, sondern auch einen Primärzweck zu benennen, die in ihrer Wirkung kausal miteinander verknüpft sein müssen. Für den Bereich der unmittelbaren Beschäftigungssubventionen fällt der Primär- und Endzweck weitgehend zusammen, so dass sich hieraus schon eine ein-

---

[243] So das Ergebnis oben 3. Teil, A., II., 2., a., ff.
[244] Ausführlich dazu oben 3. Teil, A., II., 2., d.
[245] Dazu das Zwischenergebnis oben 3. Teil, A., II., 3., d.
[246] Hierzu schon oben 3. Teil, A., II., 3., d.

fachere Darstellung der Zweckstruktur ergibt. Zum anderen ist die konstatierte Unbestimmtheit des Förderrechtsrahmens eine Folge der Entstehung desselben. Dahinter verbirgt sich die Erkenntnis, dass die europäische Strukturfondsförderung vielfachen Interessenskonflikten ausgesetzt ist, deren Lösung durch die Ausgestaltung eines möglichst weiten Förderrechtsrahmens vermieden wird. So verfolgt die Europäische Gemeinschaft im Rahmen der Strukturfondsförderung das Ziel, möglichst die europäischen Interessen durchzusetzen. Diese müssen sich nicht zwangsläufig mit den Interessen der Mitgliedstaaten decken. Gerade im Bereich der Wirtschaftsförderung neigen die Mitgliedstaaten dazu, allein nationale Zielsetzungen im Blick zu haben. Ähnliches ist im Bereich der Arbeitsmarktpolitik festzustellen, welche trotz des europäischen Beschäftigungsproblems vollständig in der Kompetenz der Mitgliedstaaten liegt. Die Mitgliedstaaten sehen nun demgegenüber die Gefahr, dass es zu einer verstärkten Zentralisierung und einer Verlagerung der Zuständigkeiten hin zur europäischen Ebene kommt. Gerade das System der Strukturfondsförderung begegnet hier immer wieder großen Bedenken[247]. Vor allem in Deutschland sehen sich die einzelnen Bundesländer nicht nur dem Zentralisierungsdruck durch die Europäische Gemeinschaft, sondern gleichzeitig auch dem des Bundes ausgesetzt. Eine eigenständige Beschäftigungs- und Wirtschaftspolitik der Bundesländer wird dadurch immer schwieriger. Dieser Interessengegensatz – im Ergebnis lässt er sich als Kompetenzkonflikt bezeichnen – führt letztlich dazu, dass der zwischen der Europäischen Gemeinschaft und den Mitgliedstaaten ausgehandelte Förderrechtsrahmen ein Kompromiss darstellt, der möglichst offen ausgestaltet sein soll. Somit können nämlich eine Vielzahl von Förderprogrammen durch die Strukturfondsmittel kofinanziert werden, ohne dass der nationale Subventionsgeber Einschränkungen bei der Bestimmung des Förderzwecks hinnehmen müsste. So ermöglicht der bestehende Förderrechtsrahmen nahezu jede Form der Wirtschaftsförderung, ohne dass der Mitgliedstaat gezwungen ist, seine Wirtschaftsförderung umzugestalten oder zu revidieren.

Ferner konnte aufgezeigt werden, dass der Förderrechtsrahmen trotz vieler Rechtssetzungsebenen nicht zwingend zweckbestimmt ausgestaltet sein muss. Vielmehr ist das Gegenteil der Fall. Geben die jeweiligen höherrangigen Ebenen keine konkreten Ziele und Zwecke vor, so begnügt sich auch die nächste Ebene mit einer Wiederholung der Grobziele, ohne den Förderrechtsrahmen in eine konkrete Richtung weiterzuentwickeln. Mit dieser Erkenntnis ist auch auf der europäischen Ebene die Frage verbunden, welche Ebene die Zweckkonkretisierung letztlich vorzunehmen hat. Man wird konsequenterweise auch auf der europäischen Ebene die Geltung des Gesetzesvorbehalts verlangen müssen. Akzeptiert man nämlich die Geltung von Gemeinschaftsgrundrechten, die Gefahr von Freiheitsbeeinträchtigungen durch Subventionen[248] und schließlich den Maßstab der Zweck-

---

[247] *Tetsch / Benterbusch / Letixerant,* Die Bund-Länder-Gemeinschaftsaufgabe „Verbesserung der regionalen Wirtschaftsstruktur", S. 46.

[248] Dazu oben 1. Teil, B., III., 1., b.

Mittel-Analyse als Ausprägung eines europäischen Verhältnismäßigkeitsprinzips[249], dann kann sich kein von der nationalen Rechtsebene unterschiedliches Ergebnis ergeben[250]. Ausgehend von dieser Betrachtungsweise wäre man gezwungen, dezidiert zu den einzelnen Rechtssetzungsakten Stellung zu nehmen[251] und insbesondere deren Zustandekommen auf ihre Rechtsstaatlichkeit hin zu überprüfen. Hierbei würden sich äußerst schwierige Fragen zum Verhältnis der beteiligten bzw. nicht beteiligten Akteure ergeben: Genügen beispielsweise die Strukturfondsverordnungen dem Gesetzesvorbehalt? Ist das europäische Parlament stärker in die gesamte Planung zu integrieren? Reicht es aus, dass auf Seiten des Mitgliedstaates der Förderrechtsrahmen allein durch die (Bundes- oder Landes-) Regierungen bestimmt wird? Müssten die nationalen Parlamente nicht in die Entwicklung des Förderrechtsrahmens einbezogen werden?

Trotz der vielen Ähnlichkeiten zur nationalen Subventionierung ergeben sich auf europäischer Ebene doch einige Besonderheiten, die dazu führen, dass man das Problem des Gesetzesvorbehalts recht einfach beantworten kann: Auf europäischer Ebene stellt es sich nicht. So ist von entscheidender Bedeutung, dass die Europäische Gemeinschaft im Rahmen der Strukturfondsinterventionen allein dem Mitgliedstaat gegenüber tritt, der dann schließlich dem Subventionsempfänger gegenüber verantwortlich ist. Betrachtet man das Problem des Gesetzesvorbehalts nun aus der Sicht des Subventionsempfängers, so stellt sich die gesamte Subventionsvergabe als ein nationaler Akt dar. Rechtsgrundlage bilden im Wesentlichen die nationalen Subventionsrichtlinien. Die Kofinanzierung durch die Europäische Gemeinschaft hat darauf im Ergebnis keinen Einfluss. Folglich greifen die nationalen Maßstäbe. Danach genügen die durch die Strukturfonds kofinanzierten Förderprogramme vielfach nicht den rechtsstaatlichen Anforderungen, die der Gesetzesvorbehalt im Rahmen der Zweckverdeutlichungspflicht an den Gesetzgeber stellt. Die Mittelvergabe basiert überwiegend auf bloßen Subventionsrichtlinien. Die Legislative, die jeweiligen Parlamente, werden bei der Zweckbestimmung nicht miteinbezogen.

In einem letzten Schritt soll nun eine Schlussfolgerung aus den dargestellten Ergebnissen gezogen werden. Der Förderrechtsrahmen ist einerseits wenig zweckbestimmt, andererseits genügt er nicht den nationalen Anforderungen des Gesetzesvorbehalts. Fügt man diese Erkenntnisse zusammen, so ist es durchaus berechtigt zu fragen, wozu es der europäischen Strukturfondsförderung überhaupt bedarf. Der europäisch geprägte Förderrechtsrahmen trägt angesichts der verwirrenden Vielfalt von unbestimmten Förderzielen, Förderinstrumenten und Förderkonzepten[252] kaum

---

[249] Ausführlich oben 1. Teil, B., I.

[250] Bislang wurde die Frage des Gesetzesvorbehalts primär auf nationaler Ebene diskutiert, vgl. oben 1. Teil, C., I., 2.; zur Diskussion auf europäischer Ebene vgl. *Triantafyllou,* Vom Vertrags- zum Gesetzesvorbehalt, S. 152 ff.

[251] Beispielsweise zur Frage der Rechtsnatur der Gemeinschaftlichen Förderkonzepte, *Glaesner,* Der Grundsatz des wirtschaftlichen und sozialen Zusammenhalts im Recht der Europäischen Wirtschaftsgemeinschaft, S. 45.

etwas zur Zweckverdeutlichung bei. So werden auf europäischer Ebene die Ziele Wachstum, Wettbewerbsfähigkeit und Beschäftigung ausgegeben[253]. Es bleibt zu fragen, welcher Mitgliedstaat sich dies nicht auf die Fahne seiner Wirtschafts- und Beschäftigungspolitik schreiben wird. In letzter Konsequenz lässt sich eine originäre europäische Zwecksetzung – zumindest aus der Zweckstruktur der Strukturfonds – nicht erkennen. Der europäische Zweck ist vielmehr derart weit formuliert, dass die Mitgliedstaaten diesen nahezu beliebig ausgestalten können. Die dahinterstehende Systematik ist recht einfach: Die Mitgliedstaaten statten die Strukturfonds mit Finanzmitteln aus. In den Verhandlungen zur Verteilung der Mittel sind sie bestrebt, möglichst ihren Teil wieder zurück zu erhalten. Diese Mittel sind durch den europäischen Förderrechtsrahmen nur sehr schwach an einen Zweck gebunden, so dass der Mitgliedstaat weitgehend frei über die nationalen Förderprogramme die Mittel verteilen kann. Der Mitgliedstaat gibt dem Förderrechtsrahmen die entscheidende Zwecksetzung. Folglich ist zu fragen, was dann aber mit der europäischen Ebene gewonnen wird. So findet die Zwecksetzung im Wesentlichen durch die Mitgliedstaaten statt, die nationale Förderrechtsebene ist entscheidender Anknüpfungspunkt der Förderung. Mit Blick auf die Zweck-Mittel-Analyse bleiben die Probleme auf nationaler Ebene gleich, hinzu kommt ein komplizierter, unüberschaubarer und intransparenter europäischer Förderrechtsrahmen[254].

2. Zweckbeschränkung

Führt man nun diese Argumentation konsequent zu Ende, so inkorporiert die Strukturfondsförderung als Folge des Additionalitätsprinzips die Probleme der nationalen Beschäftigungssubventionssysteme in den europäischen Förderrechtsrahmen. Im Ergebnis ergeben sich folglich dieselben Probleme und Fragestellungen[255]. So erfolgt die EFRE-Förderung zu einem großen Teil über die GA „Verbesserung der regionalen Wirtschaftsstruktur". Die dort festgestellten Mängel in Bezug auf die Zweck-Mittel-Analyse bleiben auch bei europäischer Kofinanzierung bestehen[256]. Erstaunlich ist allerdings, dass sich neben dem nationalen Förderrechtsrahmen ein europäischer Förderrechtsrahmen entwickelt hat, der insgesamt

---

[252] *Hölscheidt,* Regionalpolitik der EG in den Neuen Ländern und Ost-Berlin, EuZW 1993, 478.

[253] Vgl. auch das diesbezüglich verabschiedete Weißbuch der Kommission, unten 3. Teil, C., I.

[254] *Franzmeyer / Seidel / Weise,* Die Reform der Strukturfonds von 1988, S. 113 ff.; *Gornig / Seidel / Vesper / Weise,* Regionale Strukturpolitik unter den veränderten Rahmenbedingungen der 90er Jahre, S. 108; *Priebe,* Zum Rechtsrahmen der gemeinschaftlichen Strukturfonds, in: Randelzhofer / Scholz / Wilke (Hrsg.), Gedächtnisschrift für Eberhard Grabitz, S. 580.

[255] Für den Bereich der nationalen Beschäftigungssubventionen wurden die Probleme ausführlich dargelegt, oben 2. Teil.

[256] Die Bewertung der GA am Maßstab der Zweck-Mittel-Analyse siehe oben 2. Teil, B., V., 3.

nur wenig zur Lösung der nationalen Fragestellungen beiträgt, demgegenüber aber zusätzliche Probleme aufwirft, wie beispielsweise die fehlende Zweckbeschränkung auf europäischer Ebene.

Die europäische Ebene verfolgt eine Vielzahl von unterschiedlichen Zielen, die zudem weitgehend allgemein formuliert sind, so dass der europäische Förderrechtsrahmen gerade auch deshalb zweckunbestimmt bleibt. So wird über das Instrument der Strukturfondsförderung eine komplexe Struktur von Zielen verfolgt. Nicht nur die einzelnen Verordnungen mit ihren sechs Zielen sind hier zu berücksichtigen, sondern insbesondere auch die vielfachen Förderschwerpunkte, die auf der Planungsebene durch die GFKe sowie die Operationellen Programme entwickelt wurden. Über die Strukturfonds wird im Ergebnis die gesamte Subventionierung der Europäischen Gemeinschaft abgewickelt. Dabei lassen sich unter dem Aspekt einer europäischen, regionalen Strukturförderung sämtliche Ziele einer Wirtschafts- und Beschäftigungsförderung verfolgen. So wird über den EFRE die Mittelstands-, die Infrastruktur-, die Umwelt-, die Forschungs- und Entwicklungssowie die Investitionsförderung betrieben. Nahezu jede Investition der gewerblichen Wirtschaft wird sich einem dieser Bereiche zuordnen lassen. Dabei ist aber beispielsweise zu fragen, ob die Forschungsförderung noch dem Ausgleich der regionalen Ungleichgewichte in der Gemeinschaft dient. Immerhin werden damit Zukunftstechnologien gefördert, die selbst in weiterentwickelten Regionen noch am Anfang ihrer Entwicklung stehen. Es erscheint zudem fraglich, ob es Aufgabe der Gemeinschaft sein kann, Regionen den Weg in Zukunftsmärkte zu erleichtern. Letztlich können dadurch Marktvorteile entstehen, die mit der allgemeinen Rückständigkeit der Region nur schwer zu rechtfertigen sind. Vielmehr sollten Zukunftstechnologien und deren Ansiedlung dem Spiel der Märkte und dem Wettbewerb der europäischen Regionen folgen. Sicher ist gegen eine Technologieförderung nichts einzuwenden, indes überrascht eine solche unter dem Deckmantel der Regionalförderung. Angesichts der Vielzahl verschiedener Ziele neigt die EU-Förderung zu ineffektivem Aktionismus. Es werden viele ehrgeizige Ziele verfolgt. Mithin erscheint deren Verfehlung aufgrund des begrenzten Mitteleinsatzes geradezu vorprogrammiert. Letztlich könnten mit einer Beschränkung auf wenige Ziele bzw. Förderschwerpunkte die Mittel besser und effektiver eingesetzt werden. So wirkt die EU-Förderung vielfach als Alibiveranstaltung bzw. wie der berühmte Tropfen auf den heißen Stein.

Auch die ESF-Förderung im Rahmen von Bundes- und Landesprogrammen begegnet einiger Bedenken[257]. So gilt dabei das Prinzip, dass Maßnahmen über das SGB III hinaus finanziert werden. Aber schon die Leistungen des SGB III sind äußerst knapp bemessen und regelmäßig schwer finanzierbar. Anstatt die Mittel für eine Stützung der Leistungen des SGB III einzusetzen, werden „zusätzliche" Aktionen finanziert, die nach dem SGB III keiner Förderung unterliegen würden. Hierbei ist man schnell dem Vorwurf ausgesetzt, „Luxus"-Leistungen zu finanzie-

---

[257] Vgl. aus nationaler Sicht oben 2. Teil, A., V.

ren, die Grundsäulen des SGB III aber nur unzureichend mit Mitteln auszustatten. Weiteres Manko der ESF-Förderung ist zweifelsohne, dass keine investiven Maßnahmen gefördert werden dürfen. Dies entspringt keiner rationalen Begründung, da mit dem EFRE diese durchaus kofinanziert werden können. Damit ist der ESF in der Möglichkeit seines Einsatzes beschränkt, dies aber auf keineswegs sinnvolle Art und Weise, da gerade investive Maßnahmen geeignet sind, dauerhafte Arbeitsplätze zu schaffen.

Im Zusammenhang mit der Zweckbeschränkung muss auch das Additionalitätsprinzip gesehen werden. Mit diesem wird das Ziel der Zweckbeschränkung dergestalt erreicht, dass die Europäische Gemeinschaft keine eigenen Förderprogramme mit eigenen Zielsetzungen entwickelt[258], sondern die Förderung auf die nationalen Programme beschränkt bleibt. Angesichts der Vielfalt der nationalen Förderprogramme bleibt allerdings festzustellen, dass diese Beschränkung nur wenig zur Konzentration der Subventionspolitik beigetragen hat. Vielmehr lässt sich auch hier fragen, welche eigenen Ziele die europäische Gemeinschaft mit der Strukturfondsförderung verfolgt. Durch den europäischen Förderrechtsrahmen sind diese kaum bestimmt, so dass sie im Wesentlichen nach den Vorgaben der Mitgliedstaaten verteilt werden. Folge ist dabei, dass der durch das Additionalitätsprinzip angestrebte Synergieeffekt[259] ausbleibt. Die Mitgliedstaaten „rechnen" von vornherein mit den Mitteln der Strukturfonds und setzen die dadurch frei werdenden eigenen Mittel in anderen Bereichen ein[260]. Einhergehend mit dem Prinzip der Additionalität wird immer wieder als Hemmnis betrachtet, dass es bei den Fördermitteln zu zeitlichen Verzögerungen kommt[261]. Dies ist insbesondere darauf zurückzuführen, dass die landeseigenen Förderrichtlinien (im Rahmen der GA) einer langwierigen beihilferechtlichen Überprüfung unterzogen werden[262]. Die Beteiligung vieler staatlicher Stellen und das Ineinandergreifen verschiedener europäischer und nationaler Programme führen schließlich zu einem erhöhten Prüfungsaufwand. Schließlich sei noch das integrierte Konzept der Strukturfondsförderung angesprochen. Mit diesem wird das Ziel verfolgt, eine Maßnahme mittels aller Strukturfonds zu finanzieren. Damit besteht aber die Gefahr, dass die Zielsetzungen der einzelnen Fonds völlig verschwimmen, indem ein Projekt weder einem genauen Ziel noch einem Fonds zugeordnet werden kann[263]. Auf die Gefahr, dass die Zuordnung eines Projekts zu einem bestimmten Fonds zu einer reinen Zufälligkeit werden kann, sei an dieser Stelle noch einmal hingewiesen[264].

---

258 Vom Bereich der Gemeinschaftsinitiativen ist hier möglicherweise abzusehen, siehe oben 3. Teil, A., II., 4.

259 *Europäische Gemeinschaft,* Beihilfen und Darlehen der Europäischen Union, S. 12 ff.

260 Ausführlich zu diesem Problem schon oben 3. Teil, A., II., 2., b., bb., (5).

261 *Toepel,* Zwischenbilanz der Strukturfondsinterventionen und anderer EU-Programme in den neuen Bundesländern, S. 32.

262 Zur beihilfenrechtlichen Kontrolle siehe unten 4. Teil, A.

263 Ausführlich auf die Gefahr hinweisend *Hagen/Toepel,* Europäische Strukturfonds in Sachsen: Zwischenevaluierung für die Jahre 1994 bis 1996, S. 241.

Im Ergebnis zeigt der europäische Förderrechtsrahmen unter dem Aspekt der Zweckbeschränkung, dass mittels der Strukturfonds eine komplexe Struktur von Zielen verfolgt wird. Maßnahmen werden aus den verschiedenen Strukturfonds im Rahmen von integrierten Konzepten finanziert, die sich nur schwer den einzelnen Strukturfonds und deren Zielsetzungen zuordnen lassen. Strukturelles Problem ist dabei, dass die Zweckfindung über mehrere Ebenen hinweg stattfindet. Diese reichen allein bei europäischer Betrachtungsweise vom Primär- über das Sekundärrecht bis hin zur konkreten Programmebene. Hinzu tritt beispielsweise im Rahmen der kofinanzierten GA „Verbesserung der regionalen Wirtschaftsstruktur" die vielschichtige Zweckfindung auf nationaler Ebene[265]. Eine Konkretisierung des Förderrechtsrahmen über eine Beschränkung der Zwecke findet dabei nur unwesentlich statt.

3. Zweckklarheit

Auch unter dem Kriterium der Zweckklarheit weist der europäische Förderrechtsrahmen einige Mängel auf. So stellt sich als Folge der Komplexität der Förderzwecke eine gewisse Intransparenz derselben ein. Es werden eine Reihe von Förderschwerpunkten gebildet, die kaum überschaubar sind und folglich nur wenig transparent in Erscheinung treten. Ein weiterer Grund für die Unklarheit stellen die unzähligen Regelungen dar, die insgesamt den Förderrechtsrahmen ausmachen. Schon die Strukturfondsverordnungen bilden ein kompliziertes System von Regelungen, die wenig übersichtlich ausgearbeitet wurden[266]. Auf der Programmebene lässt sich das Regelungssystem im Ergebnis kaum erfassen. Die einzelnen Konzepte, Programme und Pläne sind insgesamt äußerst breit angelegt und daher schwer überschaubar. Die kofinanzierten Förderprogramme werden indes nicht durchgängig benannt. Der Subventionsempfänger erfährt vielmehr erst im Förderbescheid, dass eine Förderung auch durch EU-Mittel erfolgt. Dem Gebot nötiger Transparenz und Klarheit des Förderrechtsrahmens entspricht dies nur wenig.

Im Ergebnis zeigt sich, dass eine Vielzahl unbestimmter Zwecke zwangsläufig zu unklaren Zweckstrukturen führt. Die Folge solcher Unklarheiten ist, dass der Förderrechtsrahmen kaum begrenzende Wirkung zu entfalten vermag, so dass eine nahezu unkontrollierbare Subventionierung möglich ist. Es lassen sich sehr leicht Ziele und Zwecke verfolgen, die im Förderrechtsrahmen so nicht intendiert waren. Die Missbrauchsgefahr wächst und der europäische Förderrechtsrahmen trägt zur Begrenzung derselben nur wenig bei.

---

[264] *Hagen/Toepel,* Der Einsatz der Europäischen Strukturfonds im Freistaat Sachsen: Zwischenevaluierung für die Jahre 1994 bis 1996, DIW Wochenbericht Nr. 43, 1997, 804.

[265] Dazu schon oben 2. Teil, B., V., 1.

[266] Zu diesem Ergebnis schon oben 3. Teil, A., II., 2., b., aa., (4).

4. Zweckkoordination

Im Weiteren gilt es nun, die Zweckkoordination auf europäischer Ebene kritisch zu betrachten. Hier lassen sich im Ergebnis zwei Sichtweisen unterscheiden. Die erstere stellt auf das Verhältnis zwischen Europäischer Gemeinschaft und den einzelnen Mitgliedstaaten ab. Hier ist zu fragen, inwieweit es angesichts etwaiger Kompetenzabgrenzungen einer Koordinierung überhaupt bedarf. Demgegenüber hat in Politikbereichen, in denen sowohl die Europäische Gemeinschaft als auch der Mitgliedstaat aktiv sind, eine Koordination zwischen den verschiedenen sowie innerhalb der einzelnen Ebenen zu erfolgen.

Hinsichtlich der Kompetenzfrage lässt sich gegenüber einer europäischen Beschäftigungsförderung einwenden, dass der EG-Vertrag[267] seinem Wortlaut nach nur bedingt aktive beschäftigungspolitische Maßnahmen seitens der Gemeinschaft vorsieht. Demnach liegt die Beschäftigungspolitik und deren Förderung nach wie vor im Zuständigkeitsbereich der Mitgliedstaaten. Die Mittel der Strukturfonds sollen lediglich die nationalen Beschäftigungsmaßnahmen flankieren, was mit dem Prinzip der Zusätzlichkeit auch gewährleistet ist. Dennoch besitzt die Europäische Gemeinschaft beispielsweise über die Gemeinschaftsinitiativen die Möglichkeit, verstärkten Einfluss auf die Ausgestaltung der Förderzwecke zu nehmen und somit eine eigene, europäisch geprägte Beschäftigungspolitik zu betreiben. Dem steht nun der Subsidiaritätsgrundsatz in Art. 5 EGV gegenüber, der besagt, dass die Gemeinschaft nur dann tätig wird, wenn die verfolgten Ziele auf der Ebene der Mitgliedstaaten nicht ausreichend erreicht werden können. Allerdings wurde schon auf der Ebene des Primärrechts immer wieder beklagt, dass dieses Prinzip äußerst weich formuliert ist und es an einem klaren Zuständigkeitskatalog mangelt[268]. Äußerst kontrovers wird dabei insbesondere der Bereich nationaler und europäischer Beschäftigungspolitik bleiben[269]. So wird immer wieder die Gefahr einer zu starken Einflussnahme durch die Europäische Gemeinschaft gesehen, die über die Strukturfondsförderung in immer größerem Maße die nationale Beschäftigungsförderung zu bestimmen sucht[270]. Diese Gefahr kann bei genauer Betrachtung indes nicht bestätigt werden. Es hat sich gezeigt, dass sich die europäischen Zielsetzungen im Wesentlichen in allgemeinen Zweckformulierungen verlieren. Die europäischen Zielvorgaben sind derart weit, dass derzeit kaum von einem starken Einfluss der europäischen Ebene auf die nationale Beschäftigungsförderung gesprochen werden kann.

---

[267] Zu nennen sind hierbei insbesondere die Art. 3, 117, 123, 130a, 103 Abs. 2, 102a EGV.

[268] *Frankfurter Allgemeine Zeitung* vom 8. 6. 1998, Sind die Strukturen der EU-Kommission noch angemessen?; *Der Spiegel* 21 / 1998, Sein oder nicht sein – Helmut Kohl will die Macht der EU-Kommission beschränken.

[269] Vgl. dazu insbesondere unten die Entwicklung einer europäischen Beschäftigungspolitik, 3. Teil, C.

[270] *Tetsch / Benterbusch / Letixerant,* Die Bund-Länder-Gemeinschaftsaufgabe „Verbesserung der regionalen Wirtschaftsstruktur", S. 34 ff.

Probleme ergeben sich allerdings dann, wenn sich zukünftig eine verstärkt zentralistisch ausgerichtete europäische Regionalpolitik entwickeln würde, d. h. die Regionalförderung in stärkerem Maße auf die europäische Ebene verlagert wird. Eine solche Entwicklung würde keinesfalls zu einem zweckbestimmten Förderrechtsrahmen führen. Die europäischen Entscheidungsgremien sind sowohl räumlich wie auch inhaltlich zu weit von den regionalen Erfordernissen und Kenntnissen entfernt. Ferner müsste eine verstärkt europäische Regionalpolitik auf einem einheitlichen Förderrechtsrahmen für sämtliche Mitgliedstaaten basieren. Dass dies zu einer Gleichschaltung der bisher eigenständigen, mitgliedstaatlichen Regionalförderung und – damit zwangsläufig verbunden – zu allgemeinen Zweckformulierungen führen würde, erscheint leicht vorhersehbar. Für regionale Besonderheiten wäre ersichtlich wenig Platz. Folglich besteht nicht nur die Gefahr eines Kompetenzverlustes zu Lasten der Regionen, sondern auch die Gefahr einer zunehmenden Zweckundeutlichkeit. Solchen Zentralisierungstendenzen ist daher vor dem Hintergrund entgegenzuwirken, dass dringende Probleme vor Ort besser erkannt und flexibler in Angriff genommen werden können als in einem starren, zentralistischen System gemeinschaftlicher Aktionen[271]. Die Kommission hat in diesem Zusammenhang schon heute ihre allgemeine Omnipräsenz bei der Vergabe der Strukturfondsmittel durchaus erkannt[272].

Betrachtet man nun die Koordination der einzelnen Ebenen im Bereich der Regionalförderung, der sich sowohl die Mitgliedstaaten als auch die Europäische Gemeinschaft annehmen, so zeigen sich auch hier Defizite[273]. Beispielhaft sei in diesem Zusammenhang die Kopplung der Gemeinschaftsförderung aus dem EFRE an das nationale Projekt der GA zu nennen. Hierbei stellt der einzelne Unternehmer seinen Antrag auf Fördermittel nach den Bestimmungen der nationalen GA und nicht nach den EFRE-Regelungen. Im Bewilligungsbescheid wird ihm dann mitgeteilt, inwieweit auch ein Anteil EFRE-Mittel enthalten ist. Die konkrete Zuteilung von EFRE-Mittel an einen Unternehmer ist eher zufällig. Letztlich wird dadurch aber nicht das Ziel erreicht, gerade solche Maßnahmen zu fördern, die den Gemeinschaftszielen besonders verpflichtet sind. Mit der GA als großem nationalen Förderprogramm verlieren sich die EFRE-Mittel als solche, der Synergieeffekt bleibt aus[274]. Als Folge mangelnder Zweckkoordination können sich Zweckdivergenzen ergeben. Als Beispiel einer Divergenz von europäischer und nationaler Förderung kann angeführt werden, dass in den alten Bundesländern die EU-Fördergebiete erheblich über die GA-Fördergebiete hinausgehen. Diese mangelnde Fördergebietsabgrenzung konterkariert die Zwecksetzung der GA, mindert deren Effizienz und

---

[271] *Franzmeyer / Seidel / Weise,* Die Reform der Strukturfonds von 1988, S. 101; *Waniek,* Die Regionalpolitik der Europäischen Gemeinschaft, S. 130 ff.

[272] Die EG-Kommission, Gemeinschaftliche Strukturpolitiken, KOM (92), 84 endg., S. 41.

[273] So auch *Hagen / Toepel,* Europäische Strukturfonds in Sachsen: Zwischenevaluierung für die Jahre 1994 bis 1996, S. 236.

[274] *Toepel,* Zwischenbilanz der Strukturfondsinterventionen und anderer EU-Programme in den neuen Bundesländern, S. 11.

lässt die Koordinierungsfunktion der GA leer laufen[275]. Diese Zweckdivergenzen werden noch durch solche auf nationaler Ebene verstärkt. So werden beispielsweise in Thüringen mit dem EFRE Fördermaßnahmen im Rahmen der GA kofinanziert, gleichzeitig aber auch Maßnahmen aus dem LIP, das gerade solche Maßnahmen unterstützt, die nicht unter die GA fallen. Damit verschärft die europäische Strukturfondspolitik die bereits auf nationaler Ebene festgestellten Zweckdivergenzen[276]. Dies ließe sich durch eine bessere Koordination auf nationaler Ebene sowie einer engeren Bindung der EFRE-Förderung an die GA vermeiden.

Die weitere Kritik betrifft die hohe Zahl von Förderprogrammen, durch die sich transparente Förderstrukturen nicht einzustellen vermögen. Dies ist einmal auf das schon komplizierte verordnungsrechtliche Gerüst zurückzuführen, andererseits auf das hohe Splitting der Fördermittel infolge der teilweisen Abkopplung der EFRE-Förderung von der GA. Dies führt dazu, dass es unzählige Förderprogramme gibt, die durch den EFRE kofinanziert werden[277]. Die Vielfalt der Programme macht es für den einzelnen Investor schwierig, die richtige Fördermaßnahme herauszufiltern. Dadurch wird aber die Chancengleichheit für den Marktteilnehmer infolge der Intransparenz eingeschränkt. So besteht durchaus die Möglichkeit – bei ausreichender Kenntnis des Instrumentariums – durch Kumulation der verschiedenen Förderprogramme eine hälftige Beteiligung des Staates bei Investitionskosten privater Unternehmen zu erreichen[278].

Im Ergebnis ist die Koordinierung von EU-, Bundes- und Landesprogrammen als unzureichend anzusehen. Vielfach stehen mehrere Förderinstrumente nebeneinander, sei es nun im Bereich von arbeitsmarktpolitischen Qualifizierungsmaßnahmen oder von Existenzgründungszuschüssen, so dass es zur ungewollten Kumulierung von Fördermittel kommen kann. Dies mag bei einer beabsichtigten Bündelung der Fördermittel auf bestimmte Ziele durchaus wünschenswert sein, nicht jedoch, wenn solche Kumulationen – wie häufig – zufälliger Natur sind[279]. Zur Lösung dieses Problems konnte der europäische Förderrechtsrahmen keinen Beitrag leisten.

5. Zwecknähe

Hinsichtlich des Erfordernisses der Zwecknähe, also der Verbindung von Primär- und Endzweck, ergeben sich auf europäischer Ebene keine neuen Aspekte.

---

[275] *Tetsch / Benterbusch / Letixerant,* Die Bund-Länder-Gemeinschaftsaufgabe „Verbesserung der regionalen Wirtschaftsstruktur", S. 42.

[276] Vgl. zu diesem Problemkreis oben 2. Teil, B., VI., 1., b.

[277] *Hagen / Toepel,* Europäische Strukturfonds in Sachsen: Zwischenevaluierung für die Jahre 1994 bis 1996, S. 236.

[278] *Meinhardt / Seidel / Stille / Teichmann,* Transferleistungen in die neuen Bundesländer und deren wirtschaftliche Konsequenzen, S. 97.

[279] *Toepel,* Zwischenbilanz der Strukturfondsinterventionen und anderer EU-Programme in den neuen Bundesländern, S. 13.

Endzweck der gesamten Strukturfondsinterventionen stellt das Ziel der Schaffung bzw. der Erhaltung von Arbeitsplätzen dar. Dieser Endzweck erscheint durch die genannten Primärzwecke durchaus erreichbar. Es ergeben sich keine wesentlichen Diskrepanzen. So nennt beispielsweise das GFK für Deutschland und die Ziel-1-Gebiete sieben Förderschwerpunkte, die im Wesentlichen der Wirtschafts-, Struktur-, Beschäftigungs-, Umwelt- und Forschungsförderung verpflichtet sind. Über diese Primärzwecke lässt sich zumindest mittelbar der Endzweck erreichen. Das Verhalten des Subventionsempfängers wird mittels der Subventionierung in Richtung des Endzwecks gelenkt. Die erforderliche Zwecknähe ist dabei zu bejahen.

6. Zweck-Mittel-Kontrolle

Abschließend soll nun das in den Förderrechtsrahmen integrierte Zweck-Mittel-Kontrollinstrumentarium betrachtet werden. Hier zeigt sich im Gegensatz zum nationalen Förderrechtsrahmen, dass bei den Strukturfondsinterventionen mehrfache Kontrollinstanzen zu durchlaufen sind. Ausgangspunkt der rechtlichen Betrachtung bilden dabei die Strukturfondsverordnungen. Nach Art. 6 RahmenVO werden die Gemeinschaftsaktionen laufend begleitet, um die Einhaltung der Zielverpflichtungen zu kontrollieren. Dadurch soll die Möglichkeit geschaffen werden, die Aktionen erforderlichenfalls neu auszurichten. Die europäische Kommission trifft nach Art. 16, 17 RahmenVO eine Berichtspflicht gegenüber den speziellen Ausschüssen bzw. dem Europäischen Parlament. Art. 6 Abs. 2 RahmenVO sieht darüber hinaus eine umfassende Vorausbeurteilung, Begleitung und ex-post Bewertung der Gemeinschaftsaktion ihrer Wirkung bezogen auf die einzelnen Ziele, sowie ihren Auswirkungen auf spezifische Strukturprobleme vor. Somit findet sich im Förderrechtsrahmen eine ausdrückliche Verpflichtung dahingehend, eine Zielerreichungs- sowie Wirkungskontrolle durchzuführen. Die weiteren Einzelheiten der Vorausbeurteilung, Begleitung und ex-post Bewertung sind in der Koordinierungs-VO näher bestimmt. Hierbei trifft die Verpflichtung im Rahmen des Prinzips der Partnerschaft sowohl die Europäische Kommission als auch die einzelnen Mitgliedstaaten. Die Vorausbeurteilung ist in Art. 26 RahmenVO geregelt. Danach wird beurteilt, ob der mittelfristig wirtschaftliche und soziale Nutzen den eingesetzten Mitteln entspricht, ob die vorgeschlagenen Aktionen mit Zielen der Gemeinschaft sowie den Förderschwerpunkten des GFKs übereinstimmen und schließlich welche Auswirkungen die Aktionen zur Folge haben. Schließlich müssen die vorgeschlagenen Aktionen mit den anderen Gemeinschaftspolitiken übereinstimmen.

Die Begleitung der Gemeinschaftsaktionen erfolgt gem. Art. 25 Koordinierungs-VO auf der Ebene der GFKe und der Operationellen Programme. Hierzu wird ein sogenannter Begleitausschuss eingesetzt, der sich aus Vertretern der Mitgliedsstaaten, der Europäischen Kommission sowie der EIB zusammensetzt. Aufgabe des Begleitausschusses ist es, die verschiedenen strukturpolitischen Maßnahmen zu koordinieren und für die Übereinstimmung mit den anderen Gemeinschaftspolitiken zu sorgen. Der Ausschuss gewährleistet die Begleitung und nimmt etwaige Änderungen und Anpassungen der Gemeinschaftsaktionen vor. Die Begleitung umfasst dabei die Organisation und Koordinierung von Daten zu den finanziellen, materiellen und sonstigen Wirkungsindikatoren, vor allem der sozioökonomischen, operationellen, juristischen und verfahrensrechtlichen Aspekte. Hierzu werden Jahresberichte erstellt, die den Fortschritt der Intervention messen. Ferner findet alle drei Jahre eine Zwischenbewertung, d. h. eine kritische Analyse der im Rahmen der Begleitung erhobenen Daten statt[280]. Diese Zwischenevaluierungen messen die Fortschritte bei der Verwirklichung der angestrebten Ziele, begründen etwaige Abweichungen und schätzen die weitere Entwicklung der Intervention voraus.

Schließlich findet auf der Grundlage des Art. 26 KoordinierungsVO eine ex-post Bewertung jeder einzelnen Intervention sowie des GFKs insgesamt statt. Grundlage hierzu bilden die Daten der Begleitung sowie die Zwischenberichte. Die abschließende Wirkungsanalyse wird, wie auch die Zwischenbewertungen, von unabhängigen Sachverständigen erstellt, um dadurch den nötigen kritischen Abstand bei der Bewertung der Maßnahmen zu haben. Daneben sieht Art. 23 KoordinierungsVO eine Finanzkontrolle nach Abschluss der Maßnahme vor. Darin ist bestimmt, dass die Mitgliedstaaten nachweisen müssen, dass die Gemeinschaftsaktionen durchgeführt, Unregelmäßigkeiten verhindert bzw. geahndet worden sind und bei etwaigen Unregelmäßigkeiten die Beträge zurückgefordert wurden. Damit liegt es im Aufgabenbereich der Mitgliedstaaten, Kontroll- und Verwaltungssysteme zu installieren, um Missbräuche zu entdecken bzw. zu ahnden.

Im Ergebnis zeigt dieser Überblick über das Instrumentarium der Zweck-Mittel-Kontrolle, dass auf europäischer Ebene dezidierte Regelungen existieren, um eine ausreichende Kontrolle zu erreichen. Insbesondere sind Verpflichtungen bzgl. der Erstellung von Vorausbeurteilungen, der Begleitung sowie der ex-post Bewertung vorhanden. Der Mitgliedstaat, wie auch die Kommission sind verpflichtet, jederzeit Rechenschaft über die Strukturfondsinterventionen ablegen zu können. Dieses System ist im Vergleich zu den Kontrollinstrumenten auf nationaler Ebene vorbildlich. Der Förderrechtsrahmen zwingt den Subventionsgeber dazu, die zweckgerechte Verwendung der Mittel nachzuweisen. Trotz dieses positiven Befundes auf europäischer Ebene gilt es zu bedenken, dass eine Zweck-Mittel-Kontrolle nur dann echte Kontrollwirkung entfalten kann, wenn die Zwecke der Förderung hinreichend bestimmt sind. Daran mangelt es allerdings, so dass das vorhandene Kontrollinstrumentarium nur begrenzt zu greifen vermag. Sind nämlich die Zwecke weitgehend unbestimmt, so lassen sich Maßnahmen leicht rechtfertigen, ohne dass Fehlsubventionierungen erkannt werden. Auch die Zweck-Mittel-Kontrolle steht und fällt im Ergebnis mit der Frage nach der hinreichenden Zweckbestimmtheit.

---

[280] Siehe exemplarisch den Zwischenbericht von *Hagen/Toepel,* Europäische Strukturfonds in Sachsen: Zwischenevaluierung für die Jahre 1994 bis 1996, S. 11 ff.

IV. Zwischenergebnis

Insgesamt konnten im Förderrechtsrahmen für die europäischen Strukturfonds einige Defizite festgestellt werden. Die zusätzliche europäische Förderebene hat kein erhöhtes Maß an Zweckbestimmtheit zur Folge. Die europäischen Regelungen sind vielmehr allgemein gehalten und belassen die Zweckkonkretisierung weitgehend den Mitgliedstaaten. Die Bestimmungen sind indes kompliziert ausgestaltet und lassen ein nur wenig transparentes und durchschaubares System der Subventionierung erkennen. Es findet eine vielfältige Rechtsetzung auf verschiedenen Ebenen statt. Eine hinreichende Zweckkonkretisierung wird indes nur selten erreicht. Die europäische Förderebene verfolgt zudem eine Vielzahl von Zielen, welche die Fördermöglichkeiten und europäischen Zielsetzungen weiter ausweiten. Anstatt eine Konzentration der Ziele voranzutreiben werden nahezu sämtliche Ziele einer Wirtschafts-, Regional-, Struktur- und Beschäftigungspolitik verfolgt. Auch die Zweckkoordination ist nicht hinreichend gelungen. So bestehen nach wie vor eine Vielzahl von Programmen, die durch die Strukturfonds kofinanziert werden. Deren unterschiedliche Zielsetzungen sind kaum überschaubar. Als positiv können demgegenüber die Regelungen der Strukturfondsverordnungen zur Zweck-Mittel-Kontrolle gelten. Diese schreiben ausdrücklich eine Vorausbeurteilung, eine Begleitung sowie eine ex-post Bewertung der verschiedenen Interventionen vor. Vergleichbare Bestimmungen existieren auf nationaler Ebene nur vereinzelt. Insoweit kann die europäische Förderebene durchaus als Vorbild dienen. Bevor nun von diesem Befund ausgehend Perspektiven der weiteren europäischen Beschäftigungsförderung aufgezeigt werden sollen, gilt es, neben den europäischen Strukturfonds noch ein weiteres Instrument europäischer Beschäftigungssubventionierung darzustellen.

B. Förderung durch die Europäische Investitionsbank

Zweifelsohne bilden die Europäischen Strukturfonds das Hauptinstrument der Europäischen Gemeinschaft zur Finanzierung der Strukturpolitik. Über diese werden – wie dargestellt[281] – in erster Linie nichtrückzahlbare Zuschüsse gewährt. Daneben existiert aber auch ein Instrument zur Vergabe von Darlehen: die Europäische Investitionsbank (EIB)[282].

---

[281] Siehe oben 3. Teil, A.

[282] Allgemein zur EIB siehe *Beutler / Bieber / Pipkorn / Streil,* Die Europäische Union, S. 156 ff.; *Bieber,* Die Verwaltungsorganisation der Europäischen Gemeinschaft, in: Schweitzer (Hrsg.), Europäisches Verwaltungsrecht, S. 104; *Bleckmann,* Europarecht, Rdnr. 360 ff.; *Dickertmann,* Öffentliche Finanzierungshilfen, S. 377 ff.; *Honohan,* The Public Policy Role of the European Investment Bank within the EU, JCM Studies 1995, 315 ff.; *Käser,* Aufgaben und Ziele der Europäischen Investitionsbank, S. 12 ff.; *Klodt / Stehn,* Die Strukturpolitik der EG, S. 64 ff.; *Müller-Borle,* Joachim, in: Groeben / Thiesing / Ehlermann (Hrsg.), Kommentar

I. Organisation

Die Errichtung der EIB basiert auf der Regelung des Art. 266 EGV. Mitglieder der EIB sind die Mitgliedstaaten. Die EIB besitzt selbst Rechtspersönlichkeit, so dass sie Trägerin von Rechten und Pflichten sein kann[283]. Die Satzung der EIB wurde dem EG-Vertrag als Protokoll beigefügt. Die Organisation der Bank besteht aus einem Gouverneursrat, einem Verwaltungsrat und einem Direktorium. Nach Art. 9 der EIB-Satzung besteht ersterer aus je einem Minister der Mitgliedstaaten. Dieses Gremium legt die allgemeinen Leitlinien für die Kreditpolitik der Bank sowie die finanzielle Ausstattung der Bank fest. Ferner können Sonderdarlehen gewährt und Investitionsvorhaben außerhalb Europas genehmigt werden. Der Verwaltungsrat setzt sich nach Art. 11 EIB-Satzung aus 24 Vertretern der Mitgliedstaaten sowie einem Mitglied der Europäischen Kommission zusammen. Der Verwaltungsrat trifft sämtliche die Geschäftstätigkeit der Bank betreffende Entscheidungen, beispielsweise die Gewährung von Darlehen und Bürgschaften oder die Aufnahme von Anleihen. Das Direktorium der EIB setzt sich gem. Art. 13 EIB-Satzung aus einem Präsidenten und fünf Vizepräsidenten zusammen und wickelt die laufenden Geschäfte der Bank ab. Im Ergebnis handelt es sich bei der EIB um eine öffentliche Einrichtung der Europäischen Gemeinschaft. Das Handeln der EIB kann der Gemeinschaft zugerechnet werden[284], so dass im Ergebnis die Gemeinschaft über die EIB nach außen hin tätig wird.

II. Förderrechtsrahmen

Die allgemeinen Aufgaben der EIB sind in Art. 267 EGV formuliert, der gleichsam einen Rahmen für die Fördertätigkeit der EIB vorgibt. Danach trägt die EIB zu einer ausgewogenen und reibungslosen Entwicklung des Gemeinsamen Marktes bei, wobei sie sich des Kapitalmarktes sowie ihrer eigenen Mittel bedient. Die EIB verfolgt dabei keinen Erwerbszweck, sondern finanziert mittels Darlehen und Bürgschaften Vorhaben zur Erschließung weniger entwickelter Gebiete (Art. 267 Abs. 1 S. 2 lit.a), Modernisierung- und Umstellungsmaßnahmen in Unternehmen, die Schaffung neuer Arbeitsplätze (lit.b) sowie Vorhaben von sonstigem gemeinsa-

---

zum EU- / EG-Vertrag, Vorbemerkung zu den Art. 198d und Art. 198e Rdnr. 1 ff.; *Müller-Borle*, Die Europäische Investitionsbank, S. 2 ff.; *Neupert*, Regionale Strukturpolitik als Aufgabe der Länder: Grundlagen, Verknüpfungen, Grenzen, S. 166 ff.; *Nicolaysen*, Europarecht II, § 38 VI, S. 354 ff.; *Schweitzer / Hummer*, Europarecht, Rdnr. 314 ff.; *Streinz*, Europarecht, Rdnr. 230b.

[283] Grundlegend dazu EuGH – Mills / Europäische Investitionsbank, 110 / 75 – Slg. 1976, 955 ff.; der nähere Umfang der Rechtspersönlichkeit wird durch Art. 28 der Satzung bestimmt.

[284] Vgl. die Entscheidung des EuGH – Société générale / Europäische Investitionsbank, C-370 / 89 – Slg. 1992, 6211 (6248).

mem Interesse für mehrere Mitgliedstaaten (lit.c). Nach Art. 267 Abs. 2 EGV erleichtert die Bank die Finanzierung von Investitionsprogrammen in Verbindung mit der Unterstützung aus den Strukturfonds und anderer Finanzierungsinstrumente. Die einzelnen Projekte werden dabei bis zu 50% (in der Regel zu 25%) kofinanziert, so dass über den Eigenmittelanteil ein gewisses Maß an Eigenverantwortung beim Subventionsempfänger erreicht wird[285].

1. Einzel- und Globaldarlehen

Die Finanzierung erfolgt über sogenannte Einzel- bzw. Globaldarlehen[286]. Einzeldarlehen können von Wirtschaftsteilnehmern im Falle von Großprojekten mit einem Gesamtvolumen von über 25 Mio. ECU in Anspruch genommen werden. Kleine und mittlere Investitionen können im Rahmen sogenannter Globaldarlehen finanziert werden. Hierbei wird Banken oder Finanzvermittlern eine Art Kreditlinie bewilligt. Die Mittler geben dann ihrerseits die Finanzmittel in Form von kleinen Darlehen nach den Kriterien der EIB weiter[287]. Die EIB hat hierzu allgemeine Richtlinien für die Kreditpolitik der Bank entwickelt[288]. Die Kredite werden insbesondere zur Erreichung folgender Ziele gewährt[289]:

• Entwicklung wirtschaftlich schwacher Regionen

• Umstellung und Modernisierung der Infrastruktur

• Schutz der Umwelt und des Lebensraumes

• Strukturverbesserung städtischer Gebiete

• Verbesserung und Sicherung der Energieversorgung

• Stärkung der internationalen Wettbewerbsfähigkeit der Industrie und ihrer Integration auf europäischer Ebene

---

285 *Nicolaysen,* Europarecht II, § 38 VI, S. 355; *Schweitzer/Hummer,* Europarecht, Rdnr. 322.

286 *Europäische Gemeinschaft,* Beihilfen und Darlehen der Europäischen Union, S. 18; *Fitzner,* Investitionsförderung in den neuen Bundesländern, VIZ 1991, 95; *Seifert/Grammel/Ufer,* Handbuch der Fördermaßnahmen für mittelständische Unternehmen, S. 104 ff.

287 Detaillierter hierzu *Dittes,* Die Finanzierungshilfen des Bundes, der Länder und der internationalen Institutionen, S. 237; *Europäische Gemeinschaft,* Beihilfen und Darlehen der Europäischen Union, S. 18.

288 Allgemeine Richtlinien für die Kreditpolitik der Bank vom 4. 12. 1958; Überblick über die Zielsetzungen in *Europäische Investitionsbank,* Jahresbericht der EIB 1958, S. 11 ff.

289 Vgl. die Darlegungen in *Bundesministerium für Wirtschaft,* Wirtschaftliche Förderung in den neuen Bundesländern, S. 132; *Dittes,* Die Finanzierungshilfen des Bundes, der Länder und der internationalen Institutionen, S. 237; *Europäische Investitionsbank,* Jahresbericht der EIB 1998, S. 11 ff.; *Käser,* Aufgaben und Ziele der Europäischen Investitionsbank, S. 24 ff.; *Neupert,* Regionale Strukturpolitik als Aufgabe der Länder: Grundlagen, Verknüpfungen, Grenzen, S. 411 ff.

• Förderung der KMU

• Förderung des Fremdenverkehrs und seiner Dienstleistungsbereiche

• Erhöhung der Effizienz der Landwirtschaft und der Agrarindustrie

Die Möglichkeit solche Globaldarlehen zu erhalten, richtet sich am Endbegünstigten aus. Danach spielen geographische und branchenspezifische Kriterien, die Größe des Unternehmens sowie das Anlagevermögen eine Rolle[290]. Der Kreditvermittler prüft die Anträge und nimmt regelmäßig eine Kontrolle der vorgenommenen Kreditzuweisung vor.

2. Europäischer Investitionsfonds

Mit dem Weißbuch der Kommission für Wachstum, Wettbewerbsfähigkeit und Beschäftigung[291] wurde 1993 eine europäische Wachstumsinitiative eingeleitet, innerhalb derer die Förderung kleiner und mittlerer Unternehmen eine bevorzugte Stellung einnimmt. Hierzu wurde im Juni 1994 der Europäische Investitionsfonds (EIF) geschaffen[292]. Der Fonds umfasst dabei ein genehmigtes Anfangskapital von 2 Mrd. ECU und wird von der EIB, der Kommission sowie Banken der Mitgliedstaaten verwaltet. Der EIF ist in erster Linie als Garantiesystem eingerichtet worden, um die Finanzierungskosten ausgewählter Projekte zu verringern. Der EIF übernimmt in erster Linie Darlehensgarantien sowie die Übernahme von Unternehmensbeteiligungen über Vermittlungseinrichtungen. Der Fonds arbeitet nach kommerziellen Grundsätzen, insbesondere werden seine Aktionäre vergütet[293]. Durch den Fonds werden Garantien für andere Finanzierungsquellen geleistet, die zu marktmäßigen Konditionen vergeben werden. Im Ergebnis wird über den EIF lediglich zusätzliches Investitionskapital zu marktmäßigen Bedingungen bereitgestellt. Dem Finanzierungssystem fehlt es aber an einer spezifischen Vergünstigung und somit am notwendigen Subventionscharakter.

III. Bewertung am Maßstab der Zweck-Mittel-Analyse

Etwas anderes ist demgegenüber im Rahmen der Darlehensvergabe durch die Europäische Investitionsbank festzustellen. Ähnlich der nationalen Förderung durch die KfW bzw. die DtA sind die Vergabekonditionen bei Krediten der Europäischen Investitionsbank günstiger ausgestaltet als dies am Kreditmarkt der Fall

---

[290] *Bundesministerium für Wirtschaft,* Wirtschaftliche Förderung in den neuen Bundesländern, S. 133; *Europäische Gemeinschaft,* Beihilfen und Darlehen der Europäischen Union, S. 18.

[291] Siehe ausführlich dazu unten 3. Teil, C., I.

[292] Vgl. die Satzung des Europäischen Investitionsfonds (EIF), ABl. L 173/1 vom 7. 7. 1994.

[293] *Europäische Gemeinschaft,* Beihilfen und Darlehen der Europäischen Union, S. 77.

ist. Dies rührt daher, dass die EIB gem. Art. 267 EGV keinen Erwerbszweck wie andere Banken verfolgt. Vielmehr ist sie in der Lage, dem Darlehensnehmer allein diejenigen Kosten weiterzugeben, die sie für von ihr am Finanzmarkt aufgenommene Anleihen zu tragen hat. Im Ergebnis sind die EIB-Darlehen zinsgünstiger und dem Begünstigten kommt dadurch ein Vorteil zugute, so dass der Subventionscharakter bei Darlehen der EIB zu bejahen ist[294]. Die Gewährung eines solchen Vorteils kann nur durch die Verfolgung eines bestimmten Förderzwecks gerechtfertigt werden. Hierzu muss dieser aber deutlich im Förderrechtsrahmen hervortreten. Der gesamte Förderrechtsrahmen muss der Zweck-Mittel-Analyse genügen[295]. Hierbei sollen in erster Linie die Kriterien der Zweckbestimmtheit, der Zweckkoordination sowie der Zweck-Mittel-Kontrolle im Vordergrund stehen.

Insgesamt hat sich gezeigt, dass der Förderrechtsrahmen der EIB einen weiten Spielraum bei der Bestimmung des Förderzwecks belässt. Weder der EGV noch die Satzung machen hierbei konkrete Zielvorgaben. So bestimmt beispielsweise Art. 20 Abs. 1b der EIB-Satzung, dass die Maßnahmen zu einer Steigerung der volkswirtschaftlichen Produktivität beitragen und die Verwirklichung des Gemeinsamen Marktes fördern sollen. Darunter lassen sich, wie ein Blick auf die weiteren Richtlinien der EIB zeigt, sämtliche Ziele der Wirtschafts- und Regionalpolitik verfolgen. Insoweit setzt der Förderrechtsrahmen den Aktivitäten der EIB lediglich global definierte Grenzen[296]. Eine hinreichende Zweckbestimmtheit wird nicht erreicht. Mit der Frage nach der Zweckdeutlichkeit ist das Problem des Gesetzesvorbehalts verbunden. Auch auf europäischer Ebene stellt sich die Frage, ob die Bestimmung des Förderzwecks durch die demokratisch legitimierten Organe erfolgt. Hier ergeben sich ähnlich dem nationalen Recht durchaus rechtsstaatliche Mängel[297]. So werden zwar in Art. 267 EGV sowie der EIB-Satzung Förderzwecke formuliert, diese sind indes allgemeiner Natur. Die weitere Konkretisierung erfolgt durch die Richtlinien der EIB, wobei auch diese den Anforderungen der Zweckbestimmtheit nur unzureichend genügen. Im Ergebnis bleibt es nahezu im Belieben der konkreten Entscheidungsinstanz der EIB, ob ein Projekt als förderungswürdig angesehen wird. Insoweit wurde schon mehrfach eine stärkere Verantwortlichkeit der Bank gefordert[298].

---

[294] *Bundesministerium für Wirtschaft,* Wirtschaftliche Förderung in den neuen Bundesländern, S. 133; *Fitzner,* Investitionsförderung in den neuen Bundesländern, VIZ 1991, 95; *Neupert,* Regionale Strukturpolitik als Aufgabe der Länder: Grundlagen, Verknüpfungen, Grenzen, S. 413.

[295] Zur Geltung der Zweck-Mittel-Analyse im europäischen Recht siehe oben 1. Teil, B., I., 2.

[296] So auch *Käser,* Die Europäische Investitionsbank und die deutsche Wirtschaft, EuR 1976, 136; *Neupert,* Regionale Strukturpolitik als Aufgabe der Länder: Grundlagen, Verknüpfungen, Grenzen, S. 414.

[297] Zum nationalen Recht bzgl. der KfW und der DtA siehe oben 2. Teil, B., II., 4., a.

[298] Entschließung des Europäischen Parlaments vom 15. 4. 1983, ABl. C 128/98 sowie vom 22. 10. 1985, ABl. C 343/27; Stellungnahme Nr. 2 des Jahres 1986 des Europäischen Rechnungshofes, ABl. C 302/6.

Aber auch das Problem der Zweckkoordination erscheint nur unzureichend gelöst. Bezüglich der Abstimmung der verschiedenen europäischen Förderinstrumente sieht Art. 3 KoordinierungsVO zwar eine Koordinierung vor; wie eine solche zu erfolgen hat, bleibt offen. Ähnlich ist das Verhältnis der EIB-Förderung zu nationalen Förderinstrumenten gekennzeichnet. Eine echte Koordinierung findet nicht statt. Die EIB nimmt bei ihren Aktivitäten Rücksicht auf die von den Mitgliedstaaten gesetzten Prioritäten. Sie achtet insbesondere auf ein Einfügen der Projekte in bestehende nationale Förderprogramme[299]. Dennoch wird eine rechtlich verpflichtende Koordination vermieden, so dass es durchaus zu Zweckdivergenzen oder ungewollten Doppelförderungen kommen kann. Ebenso ungeklärt ist das Verhältnis der EIB zu den nationalen öffentlich-rechtlichen Kreditinstituten. Gerade im Fall der KfW bzw. der DtA ergeben sich eine Reihe von Überschneidungen in der Zielausrichtung, so dass eine Koordination zwingend geboten ist. Schließlich sei noch die Zweck-Mittel-Kontrolle angesprochen. Diese erfolgt im Regelfall der Globaldarlehen durch die den Kredit vergebende Bank. Durch diese wird ein gewisses Maß an Sicherung erreicht. Dennoch fehlen im Förderrechtsrahmen Überwachungs-, Kontroll- und Sanktionsbestimmungen, die schon dann eingreifen, wenn das Projekt zu scheitern droht. Insoweit kann an den Befund auf nationaler Ebene angeknüpft werden[300].

C. Perspektiven einer europäischen Beschäftigungspolitik

Es sollen nun anknüpfend an das Ergebnis der Zweck-Mittel-Analyse europäischer Beschäftigungssubventionen Perspektiven einer europäischen Beschäftigungspolitik bzw. -förderung aufgezeigt werden. Zunächst sollen hierbei die Entwicklungslinien der europäischen Beschäftigungspolitik nachgezeichnet werden, um anschließend einen Ausblick auf den zukünftigen Weg der europäischen Beschäftigungspolitik zu wagen.

I. Die Weißbücher der Europäischen Kommission

Ausgangspunkt vieler Projekte bilden die Weißbücher der Europäischen Kommission, in denen Leitlinien der Gemeinschaftspolitik festgelegt werden. Für den Bereich der Beschäftigungsförderung ist hierbei von besonderer Bedeutung das Weißbuch „Wachstum, Wettbewerbsfähigkeit, Beschäftigung – Herausforderung

---

[299] *Käser,* Die Europäische Investitionsbank und die deutsche Wirtschaft, EuR 1976, 136; *Neupert,* Regionale Strukturpolitik als Aufgabe der Länder: Grundlagen, Verknüpfungen, Grenzen, S. 415.

[300] Hierzu oben 2. Teil, B., II., 4., d.

der Gegenwart und Wege ins 21. Jahrhundert" aus dem Jahre 1993[301]. Das Weißbuch gliedert sich in zwei Teile. Teil A fasst die Herausforderungen der Gegenwart
und die Wege ins 21.Jahrhundert zusammen. Die Begründung für dieses Weißbuch
wird im ersten Satz gegeben: wegen der Arbeitslosigkeit[302]. Sodann werden Gründen für die Arbeitslosigkeit gesucht und gleichzeitig allgemeine Ziele und Vorstellungen zur Bekämpfung der Arbeitslosigkeit im ausgehenden Jahrhundert formuliert[303]. Ansatzpunkt soll dabei eine gesunde Wirtschaft, ein stetiges Wachstum
und eine geringe Inflation sein. Das gesamte Handeln muss auf den Bereich der
Beschäftigung ausgerichtet werden. Der europäische Beitrag zu den nationalen Beschäftigungsstrategien stellt die Koordination, Bündelung und Abstimmung der
Maßnahmen dar. Um eine gesamteuropäische Beschäftigungsstrategie zu entwickeln, hat die Kommission einzelne Prioritäten der Aktion Beschäftigung gebildet[304]:

• Schwerpunkt Bildung und Ausbildung: Dazulernen ein Leben lang

• Erhöhung der externen und internen Flexibilität

• Stärkere Berücksichtigung von Dezentralisierung und Eigeninitiative

• Senkung der relativen Kosten minderqualifizierter Arbeit

• Weichenstellung für eine neue Beschäftigungspolitik

• Antworten auf neue Bedürfnisse

Diese Gesichtspunkte sollen auf europäischer Ebene insbesondere durch zwei
Schlüsselfaktoren zur Erhöhung der Wettbewerbsfähigkeit erreicht werden, nämlich der Weiterentwicklung der europäischen Infrastrukturnetze sowie der unver-
züglichen Schaffung der Grundlagen für die Informationsgesellschaft. Schließlich
werden in Teil B die Aspekte des Wachstums, der Wettbewerbsfähigkeit und der
Beschäftigung weiter ausgeführt und in konkrete Schwerpunkte und Aktionspläne
gefasst[305]. So wird unter dem Aspekt des Wachstums eine zwingende Kombination

---

[301] Das Weißbuch „Wachstum, Wettbewerbsfähigkeit, Beschäftigung – Herausforderungen
der Gegenwart und Wege ins 21.Jahrhundert" der *Europäischen Kommission* ist als Beilage
zu Heft 6/1993 des Bulletins der Europäischen Gemeinschaften abgedruckt.

[302] *Europäische Kommission,* Weißbuch „Wachstum, Wettbewerbsfähigkeit, Beschäftigung – Herausforderungen der Gegenwart und Wege ins 21.Jahrhundert", Beilage Nr. 6 zu
Bull. EG, 1993, 9.

[303] Ziel ist es, bis zum Ende des Jahrhunderts 15 Millionen Arbeitsplätze zu schaffen, *Europäische Kommission,* Weißbuch „Wachstum, Wettbewerbsfähigkeit, Beschäftigung – Herausforderungen der Gegenwart und Wege ins 21.Jahrhundert", Beilage Nr. 6 zu Bull. EG,
1993, 12 – wie die Realität gezeigt hat, wurde dieses Ziel mehr als verfehlt.

[304] *Europäische Kommission,* Weißbuch „Wachstum, Wettbewerbsfähigkeit, Beschäftigung – Herausforderungen der Gegenwart und Wege ins 21.Jahrhundert", Beilage Nr. 6 zu
Bull. EG, 1993, 18 ff.

[305] *Europäische Kommission,* Weißbuch „Wachstum, Wettbewerbsfähigkeit, Beschäftigung – Herausforderungen der Gegenwart und Wege ins 21.Jahrhundert", Beilage Nr. 6 zu
Bull. EG, 1993, 41 ff.

der makroökonomischen Politik[306] und der Strukturpolitik gefordert. Das Ziel der erhöhten Wettbewerbsfähigkeit im Rahmen der Globalisierung soll insbesondere durch eine Konzentration auf die Stärken des gemeinsamen Marktes erfolgen. Kernpunkte einer Politik der weltweiten Wettbewerbsfähigkeit bilden dabei die Neuausrichtung der staatlichen Maßnahmen im industriellen Bereich auf die zukünftigen Wachstumsmärkte, das Überdenken der diesbezüglichen staatlichen Maßnahmen vor dem Hintergrund des Konflikts zwischen industrieller Wettbewerbsfähigkeit und der Schaffung neuer Arbeitsplätze, die immaterielle Förderung zu verstärken, die FuE-Anstrengungen zu steigern sowie die nationalen Politiken besser zu koordinieren[307]. Durch diese Kernpunkte wurden viele europäische Förderprogramme in der Folgezeit gerade im Bereich KMU, FuE, transeuropäischer Netze, Biotechnologie und Informationstechnik angestoßen[308]. Letzter Ansatzpunkt bildet der Aspekt Beschäftigung selbst. Hierbei soll insbesondere unmittelbar bei den Humanressourcen angesetzt werden. Europäische Schwerpunkte bilden dabei die Erhöhung des Humankapitals durch verbesserte Ausbildung sowie die Bekämpfung von Jugend-, Langzeit- und Frauenarbeitslosigkeit. Ferner soll das Potential mittelständischer Unternehmen verstärkt zur Schaffung neuer Arbeitsplätze genutzt werden. Zudem ist auf eine Flexibilisierung der Arbeitszeit und der Einkommen hinzuwirken. Ein wichtiges Kapitel bildet schließlich die Senkung der Abgabenbelastung für den Faktor Arbeit. Die Kommission erkennt insgesamt sehr deutlich, dass die Gemeinschaft im Rahmen der aktiven Arbeitsmarktpolitik eine lediglich unterstützende Rolle einnehmen kann, beispielsweise durch Koordination und Ausbildung einer Rahmenstrategie. Eigene gemeinschaftliche Aktionen können nur ergänzend hinzutreten[309].

Weitere Impulse erhielt die europäische Beschäftigungspolitik 1994 durch das Weißbuch der Europäischen Kommission über die europäische Sozialpolitik[310]. Hierbei nimmt die Kommission ausdrücklich Bezug zum vorherigen Weißbuch und fordert gerade von der Sozialpolitik eine Abstützung des Wandlungsprozesses[311]. Erneut wird als Schwerpunktthema Nr. 1 die Schaffung bzw. die Erhaltung

---

306 Hierunter fällt die Finanz- und Haushaltspolitik, die Währungs-, aber auch die Lohnpolitik.

307 *Europäische Kommission,* Weißbuch „Wachstum, Wettbewerbsfähigkeit, Beschäftigung – Herausforderungen der Gegenwart und Wege ins 21.Jahrhundert", Beilage Nr. 6 zu Bull. EG, 1993, 72 ff.

308 Vgl. die vielen Förderprogramme hierzu in *Europäische Gemeinschaft,* Beihilfen und Darlehen der Europäischen Union, S. 3 ff.

309 *Europäische Kommission,* Weißbuch „Wachstum, Wettbewerbsfähigkeit, Beschäftigung – Herausforderungen der Gegenwart und Wege ins 21.Jahrhundert", Beilage Nr. 6 zu Bull. EG, 1993, 150.

310 *Europäische Kommission,* Weißbuch über die europäische Sozialpolitik – Ein zukunftsweisender Weg für die Union, KOM (94) 333 endg.; abgedruckt ist das Dokument ferner in BR-Drucksache 871/94 vom 19. 9. 1994.

311 *Europäische Kommission,* Weißbuch über die europäische Sozialpolitik – Ein zukunftsweisender Weg für die Union, KOM (94) 333 endg., S. 6.

von Arbeitsplätzen ausgegeben und eine Bilanz der Beschäftigungsinitiativen der Union gezogen. Im Wesentlichen werden die Strategien und Ziele des Weißbuches „Wachstum, Wettbewerbsfähigkeit, Beschäftigung" wiederholt[312]. Hierbei wird besonders betont, dass Investitionen in ein erstklassiges Arbeitskräftepotential die wesentliche Voraussetzung für die Wettbewerbsfähigkeit der Union darstellen. Insoweit sollen die Maßnahmen der Mitgliedstaaten, wie auch der Gemeinschaft, verstärkt auf dieses Ziel hin verpflichtet werden. Diese mit dem Weißbuch über die europäische Sozialpolitik verbundene Schwerpunktbildung zeigt sich insbesondere in der Ausrichtung des ESF und den damit verbundenen Gemeinschaftsinitiativen. Im Weiteren werden dann eher sozialpolitische Zielsetzungen angesprochen, welche neben den Bereich der Beschäftigungsförderung verfolgt werden sollen, um das Ziel erhöhter Beschäftigung zu erreichen[313].

Im Ergebnis zeigt sich durch die beiden Weißbücher sehr deutlich, dass die europäische Gemeinschaft durchaus eigene Strategien zur Beschäftigungspolitik und damit auch zur Förderung derselben entwickelt hat. Trotz der weitgehenden Unbestimmtheit der Strategie und der groben Zielsetzungen lässt sich eine europäische Beschäftigungsstrategie erkennen. Das Problem der anhaltend hohen Arbeitslosigkeit stellt ein Gesamteuropäisches dar, dass der Behandlung auch auf europäischer Ebene bedarf, selbst wenn die Mitgliedstaaten nach wie vor auf einer nationalen Beschäftigungspolitik beharren[314].

II. Das Beschäftigungskapitel des Amsterdamer Vertrages

Ein weiterer wichtiger Schritt auf dem Weg zu einer europäischen Beschäftigungspolitik wurde mit dem Amsterdamer Vertrag vom 2.Oktober 1997 getan, mit dem ein Beschäftigungskapitel (Titel VIII) eingeführt wurde. Dessen Art. 125 EGV verpflichtet die Mitgliedstaaten dahingehend, „auf die Entwicklung einer koordinierten Beschäftigungsstrategie und insbesondere auf die Förderung der Qualifizierung, Ausbildung und Anpassungsfähigkeit der Arbeitnehmer sowie der Fä-

---

[312] *Europäische Kommission,* Weißbuch über die europäische Sozialpolitik – Ein zukunftsweisender Weg für die Union, KOM (94) 333 endg., S. 17 ff.

[313] Dies ist die Förderung eines hohen Standards bei den Arbeitsbedingungen, die Schaffung eines europäischen Arbeitsmarktes durch erhöhte Freizügigkeit und Abbau der Hindernisse durch die sozialen Sicherungssysteme, die Chancengleichheit von Mann und Frau, die Erreichung eines sozialen Schutz für alle, gesundheitspolitische Maßnahmen, die Partnerschaft mit Gewerkschaften, Arbeitgeberorganisationen und gemeinnützigen Vereinigungen, die internationale Zusammenarbeit auf dem Gebiet der Sozialpolitik und schließlich die effizientere Anwendung europäischen Rechts.

[314] Beispielsweise wird in Deutschland in einem Beschluss des Bundesrates zum Weißbuch über die europäische Sozialpolitik betont, dass eine Vereinheitlichung der Beschäftigungspolitik nicht erstrebenswert ist und sich die Gemeinschaft auf die Koordination und Abstimmung der mitgliedstaatlichen Beschäftigungsmaßnahmen beschränken soll, BR-Drucksache 871/94 vom 25. 11. 1994, S. 2 ff.

higkeit der Arbeitsmärkte hinzuarbeiten und auf die Erfordernisse des wirtschaftlichen Wandels zu reagieren, um die Ziele des Art. 2 EGV zu erreichen". Damit wird primär auf eine Koordination der nationalen Beschäftigungspolitik gesetzt, nicht aber eine eigene originäre Beschäftigungspolitik der Gemeinschaft begründet. Nach wie vor verbleibt also die Arbeitsmarktpolitik in der Souveränität der einzelnen Mitgliedstaaten.

Demgemäss verpflichtet Art. 126 EGV die Mitgliedstaaten lediglich dazu, einen Beitrag zur Verwirklichung der in Art. 125 EGV genannten Ziele zu leisten. Auch der Abs. 2 spricht von einem Abstimmen der mitgliedstaatlichen Beschäftigungspolitiken auf das gemeinsame Interesse hin. Ausdruck der Souveränität der Mitgliedstaaten ist dabei insbesondere der letzte Halbsatz, der die einzelstaatlichen Gepflogenheiten in Bezug auf die Verantwortung der Sozialpartner ausdrücklich anerkennt. Art. 127 EGV ist als Querschnittsklausel zu verstehen, wonach das Ziel eines hohen Beschäftigungsniveaus bei der Festlegung und Durchführung der anderen Gemeinschaftspolitiken berücksichtigt werden muss. Auf Druck Deutschlands musste in Art. 127 Abs. 1 S. 2 EGV ausdrücklich die Zuständigkeit der Mitgliedstaaten für die Beschäftigungspolitik festgeschrieben werden[315]. Die Bundesregierung sah nämlich die Gefahr, dass sich durch das neue Kapitel verstärkt eine europäische Beschäftigungspolitik entwickeln könnte, womit letztlich ein weiterer Souveränitätsverlust der Mitgliedstaaten einherginge. Art. 128 – Art. 130 EGV bestimmen die Vorgehensweise bei der Koordinierung und Zusammenarbeit hinsichtlich der Arbeitsmarktpolitik zwischen den Mitgliedstaaten. Ein Jahresbericht soll dabei die Beschäftigungslage prüfen. Der Europäische Rat legt dann auf Vorschlag der Kommission und nach Anhörung des Europäischen Parlaments und der betroffenen Ausschüsse sogenannte Leitlinien fest, welche die Mitgliedstaaten bei ihrer Beschäftigungspolitik „berücksichtigen". Die Mitgliedstaaten sind ihrerseits zu jährlichen Berichten über die wichtigsten Maßnahmen verpflichtet, auf deren Grundlage Empfehlungen der Kommission ausgesprochen werden können. Der Europäische Rat kann nach Art. 129 EGV zudem Gemeinschaftsinitiativen beschließen, die darauf abzielen, den Austausch von Informationen und bewährten Verfahren zu entwickeln, vergleichende Analysen und Gutachten bereitzustellen sowie innovative Ansätze zu fördern und Erfahrungen zu bewerten. Eine Harmonisierung von einzelstaatlichen Rechtsvorschriften ist ausdrücklich nicht vorgesehen. Schließlich wird nach Art. 130 EGV ein Beschäftigungsausschuss eingerichtet, der den folgenden Aufgaben nachgeht:

- Er verfolgt die Beschäftigungslage und die Beschäftigungspolitik in den Mitgliedstaaten und der Gemeinschaft.

- Er gibt Stellungnahmen ab und trägt zu Vorbereitung von Beratungen des Europäischen Rates bei.

---

[315] Im genauen Wortlaut heißt es: „Hierbei wird die Zuständigkeit der Mitgliedstaaten beachtet".

Dieses Beschäftigungskapitel wurde durchaus kontrovers erarbeitet, so dass im Ergebnis ein politischer Kompromiss erreicht wurde. Die Beschäftigungspolitik verbleibt den Mitgliedstaaten. Auf europäischer Ebene ist lediglich die Koordinierung und Zusammenarbeit vorgesehen. Rechtsverbindliche Verpflichtungen folgen aus den Bestimmungen nicht. Daher kann man dieses Kapitel als weiteren Versuch der Begründung einer originär europäischen Arbeitsmarktpolitik verstehen. Sicher rückt damit die Bekämpfung der Arbeitslosigkeit in den Vordergrund der europäischen Politik, letztlich aber haben die Mitgliedstaaten mit dem Regelungswerk auf ihrer Souveränität beharrt. Ob dies für die Zukunft so bleiben wird, erscheint vor dem Hintergrund des Versagens der nationalen Beschäftigungsförderung mehr als fraglich. Für die Entwicklung eines neuen Fördersystems hätte der Amsterdamer Vertrag mit Blick auf europäische Beschäftigungssubventionen durchaus ein Ausgangspunkt sein können. Mit den Normen der Art. 125 ff. EGV bleibt es allerdings bei einer im Wesentlichen souveränen, mitgliedstaatlichen Beschäftigungspolitik[316].

III. Entwicklung europäischer Beschäftigungsstrategien

Auf der Grundlage der bisher dargestellten Aktivitäten – vor allem seitens der Europäischen Kommission – wurde das Problem der hohen Arbeitslosigkeit zunehmend auch auf die Tagesordnung des Europäischen Rates gesetzt. Dieser gibt in immer stärkerem Maße den Rahmen für die nationale Beschäftigungsförderung vor, indem eine Reihe von Leitlinien und Maßnahmenpakete verabschiedet wurden, die durchaus eine europäische Beschäftigungsstrategie erkennen lassen.

1. Luxemburger Beschäftigungsgipfel

Ausgangspunkt dieser Entwicklung bildet hierbei zweifelsohne die Sondertagung des Europäischen Rates über Beschäftigungsfragen in Luxemburg vom 20./ 21. November 1997. Dieser sogenannte Beschäftigungsgipfel[317] befasste sich ausschließlich mit dem Bereich der Arbeitsmarktpolitik. Auf der Grundlage der Beschlüsse von Amsterdam hat der Gipfel einen Katalog von 19 konkreten Zielen, sogenannten Leitlinien vereinbart, die sich wiederum in vier Themenbereiche gliedern lassen[318]. Ein erster Schwerpunkt bildet dabei die Verbesserung der Vermittelbarkeit von Arbeitslosen. Um der Entwicklung im Bereich der Jugend- und Langzeitarbeitslosigkeit eine neue Richtung zu geben, sollen die Mitgliedstaaten hierzu

---

[316] Allgemein dazu *Herdegen,* Europarecht, Rdnr. 430.

[317] *Capellen / Ohndorf,* Erfolgreicher Beschäftigungsgipfel, BArbBl Nr. 1, 1998, 5; *Ohndorf,* Soziale Dimension erheblich gestärkt, BArbBl Nr. 4, 1998, 28.

[318] Vgl. die Schlussfolgerungen des Sondergipfels zur Beschäftigung in Luxemburg, Bull. EU Nr. 11, 1997, Ziff.10.2 ff.

vorbeugende Strategien auf der Grundlage einer frühzeitigen Ermittlung der individuellen Bedürfnisse ausarbeiten. Diese Vorbeugungsmaßnahmen sollten mit Maßnahmen zur Wiedereingliederung verknüpft werden. Die Leistungs- und Ausbildungssysteme sind erforderlichenfalls zu überprüfen und so anzupassen, dass sie die Vermittelbarkeit aktiv verbessern und den Arbeitslosen klare Anreize bieten, Arbeits- oder Ausbildungsmöglichkeiten zu suchen und zu nutzen. Ferner werden die Sozialpartner nachdrücklich aufgefordert, auf ihren jeweiligen Zuständigkeits- und Aktionsebenen Vereinbarungen zu treffen, um zusätzliche Möglichkeiten für Ausbildung, Berufserfahrung, Praktika oder sonstige Maßnahmen zur Verbesserung der Vermittelbarkeit zu schaffen.

Ferner soll die Entwicklung des Unternehmensgeistes besonders gefördert werden. Hierzu werden der EIB neue Fazilitäten bereitgestellt, so dass in Verbindung mit den Anstrengungen der Mitgliedstaaten die Gründung neuer Unternehmen erleichtert werden soll. Die Mitgliedstaaten sollen zudem die administrativen und steuerlichen Belastungen der mittelständischen Wirtschaft reduzieren und vereinfachen. Wenn die Europäische Union die Herausforderung des Beschäftigungsproblems erfolgreich in Angriff nehmen will, müssen dazu alle Möglichkeiten für die Schaffung von Arbeitsplätzen und auch die neuen Technologien und sonstigen Innovationen effektiv genutzt werden. Des Weiteren wurde auf dem Gipfel das Maßnahmeziel der Förderung der Anpassungsfähigkeit der Unternehmen und ihrer Arbeitnehmer ausgegeben. Die Sozialpartner werden ersucht, auf den entsprechenden Ebenen, insbesondere auf Branchen- und Unternehmensebene, Vereinbarungen zur Modernisierung der Arbeitsorganisation, darunter auch anpassungsfähige Arbeitsregelungen auszuhandeln, um die Produktivität und die Wettbewerbsfähigkeit der Unternehmen zu verbessern und ein ausgewogenes Verhältnis zwischen Anpassungsfähigkeit und Sicherheit zu erreichen. Diese Maßnahmen sollen von staatlicher Seite durch flexible Rechtsvorschriften und die Beseitigung von Hemmnissen insbesondere steuerlicher Art unterstützt werden. Ein letzter Aspekt gilt der Stärkung von Maßnahmen zur Chancengleichheit von Mann und Frau. Ziel muss es sein, die Frauenbeschäftigungsquote deutlich zu erhöhen. Vor allem soll hierzu die Umsetzung der verschiedenen Richtlinien und Vereinbarungen der Sozialpartner beschleunigt werden.

Aus dieser Darstellung der Leitlinien des Luxemburger Beschäftigungsgipfels[319] wird deutlich, dass es sich hierbei in erster Linie um politische Ziele und Vereinbarungen handelt. Dadurch wurde immerhin eine gemeinsame Grundlage der europäischen Beschäftigungspolitik geschaffen. Indes kann auch der Luxemburger Beschäftigungsgipfel nicht darüber hinwegtäuschen, dass nach wie vor die Mitgliedstaaten allein für die Beschäftigungs- und Arbeitsmarktpolitik verantwortlich sind. Ferner wird deutlich, dass im Ergebnis nur unwesentlich Neues verabschiedet wurde. Die Zielformulierungen decken sich, teils wortgetreu, mit denen der Strukturfondsverordnungen, dem GFK oder der Operationellen Programme. Auch eine An-

---

[319] Siehe ausführlich dazu die Darstellung in Bull. EU Nr. 11, 1997, Ziff.10.2 ff.

bindung an die Schwerpunkte der Weißbücher ist deutlich zu erkennen. Die Ziele einer europäischen Beschäftigungspolitik sind in den Luxemburger Leitlinien noch einmal zusammengefasst worden. Sie bilden aber schon seit Bestehen der Strukturfonds die Grundlage des europäischen Fördersystems. Positiv lässt sich vermerken, dass durch die Leitlinien ein sogenannter „Konvergenzstress"[320] im Bereich der nationalen Arbeitsmarktpolitiken erzeugt wird, indem alle Mitgliedstaaten bemüht sind, die hochgesteckten Ziele zu erreichen. Insoweit kann politisch von einem durchaus erfolgreichen Gipfel gesprochen werden[321].

2. Beschäftigungspolitische Leitlinien – Nationale Aktionspläne

Mit den Ergebnissen des Luxemburger Beschäftigungsgipfels wurden die Bestimmungen des neuen Titels „Beschäftigung" im Amsterdamer Vertrag faktisch schon vor dessen Inkrafttreten umgesetzt. Angestoßen durch den Beschäftigungsgipfel nahm der Europäische Rat am 15.Dezember 1997 die ersten beschäftigungspolitischen Leitlinien für das Jahr 1998 an[322]. Diese Leitlinien geben insgesamt vier Schwerpunkte vor: Beschäftigungsfähigkeit – Unternehmergeist – Anpassungsfähigkeit – Chancengleichheit. Hierbei wurde im Wesentlichen der beschäftigungspolitische Rahmen, der durch den Luxemburger Gipfel gesetzt wurde, neu formuliert und geordnet. Bis Mitte April 1998 legten die Mitgliedstaaten anknüpfend an die Leitlinien sogenannte Nationale Aktionspläne vor, mit denen die einzelnen Beschäftigungspolitiken an die gemeinschaftlichen Ziele angepasst wurden[323]. Diese nationalen Aktionspläne stellen in erster Linie Selbstverpflichtungen der Mitgliedstaaten bei der Umsetzung der gemeinsam beschlossenen Beschäftigungsziele dar. Die nationalen Programme unterliegen daher allein politischer Verantwortlichkeit und sind somit rechtlich nicht verbindlich.

Dieser durch den Luxemburger Beschäftigungsgipfel eingeleitete Prozess befindet sich nun bereits in der zweiten Runde. So wurden am 22.Dezember 1998 die beschäftigungspolitischen Leitlinien für 1999 durch den Europäischen Rat angenommen[324]. Hierbei wurden die bisherigen vier Schwerpunkte beibehalten[325]. So

---

[320] Äußerung des luxemburgischen Premierministers Jean-Claude Juncker am Rande des Gipfeltreffens.

[321] *Capellen / Ohndorf,* Beschäftigungsgipfel, BArbBl Nr. 1, 1998, 7; *Ohndorf,* Soziale Dimension erheblich gestärkt, BArbBl Nr. 4, 1998, 27 ff.

[322] Entschließung des Rates zu den Leitlinien für beschäftigungspolitische Maßnahmen der Mitgliedstaaten 1998, Bull. EU Nr. 12, 1997, Ziff. 1.2.258.

[323] Vgl. die übersichtliche Darstellung und Bewertung der einzelnen Nationalen Aktionspläne bei *Europäische Kommission,* Von Leitlinien zu Maßnahmen: die nationalen Aktionspläne für Beschäftigung, S. 11 ff.; ferner *Ohndorf,* Soziale Dimension erheblich gestärkt, BArbBl Nr. 4, 1998, 27 ff.

[324] Entschließung des Europäischen Rates zu den beschäftigungspolitischen Leitlinien für 1999, ABl. C 69 / 1 vom 12. 3. 1999.

steht unter dem Schwerpunkt der Beschäftigungsfähigkeit nach wie vor die Bekämpfung der Jugendarbeitslosigkeit, die Konzentration auf aktive Arbeitsförderungsmaßnahmen, die Förderung von Partnerschaftskonzepten zwischen den beteiligten Sozialpartnern, die Erleichterung des Übergangs von Schule zum Beruf sowie die Schaffung eines Arbeitsmarktes, der allen offen steht. Im Rahmen der Entwicklung des Unternehmergeistes sollen auch weiterhin die Gründung und die
Führung eines Unternehmens, die Ausschöpfung des Beschäftigungspotentials der
Zukunftsbranchen Information und Dienstleistung und die beschäftigungsfreundli-
chere Ausgestaltung des Steuersystems im Vordergrund stehen. Unter dem Gesichtspunkt der Anpassungsfähigkeit von Unternehmen und Beschäftigten wird in
erster Linie auf die Partnerschaft der Beteiligten, die Aus- und Weiterbildung und
die Investition in die Humanressourcen abgestellt. Schließlich sind unter dem vierten Schwerpunkt Maßnahmen zur Herstellung der Chancengleichheit zwischen
Mann und Frau aufgeführt[326].

Bis Mitte Juni wurden die Mitgliedstaaten angewiesen, ihre Nationalen Aktionspläne für 1999 vorzulegen. Auch die bundesdeutsche Regierung hat inzwischen ihren beschäftigungspolitischen Aktionsplan erstellt[327]. Dieser orientiert sich im Wesentlichen an den vorgegebenen beschäftigungspolitischen Leitlinien, wobei die
vier Schwerpunkte in insgesamt 22 weitere Leitlinien aufgegliedert werden. Diese
fassen wiederum programmatisch einzelne nationale Maßnahmen zusammen, ohne
indes auf detaillierte Förderprogramme direkt Bezug zu nehmen. Insgesamt kann
der deutsche Aktionsplan dabei als eine querschnittsartige Zusammenfassung der
gesamten beschäftigungspolitischen Maßnahmen der Bundesregierung aufgefasst
werden[328]. So nimmt insbesondere die Darlegung des „Bündnisses für Arbeit, Ausbildung und Wettbewerbsfähigkeit", des beschäftigungspolitischen Gesprächs zwischen Gewerkschaft, Wirtschaft und Staat einen breiten Raum ein[329]. Des weiteren
setzt die neue Bundesregierung auf ein zielgerichtetes Zusammenspiel von Ange-
bots- und Nachfragepolitik und somit auf eine aktive Arbeitsmarktpolitik, die in
stärkerem Maße zielgruppenorientiert ausgestaltet werden muss. Ferner wird sich
zum Ziel gesetzt, das Steuer- und Leistungssystem beschäftigungsfördernd weiterzuentwickeln. Im Weiteren werden insbesondere die Maßnahmen der Bundesregie-

---

[325] Die beschäftigungspolitischen Leitlinien für 1999 sind ebenfalls abgedruckt in Bull.
EU Nr. 1/2, 1999, Ziff. 2.2.1.

[326] So soll ein Gender-Mainstreaming-Ansatz verfolgt, der Abbau der geschlechtsspezifi-
schen Unterschiede am Arbeitsmarkt erreicht, die Vereinbarkeit von Familie und Beruf gefördert und die Rückkehr von Frauen ins Erwerbsleben erleichtert werden, vgl. die beschäftigungspolitischen Leitlinien für 1999 in Bull. EU Nr. 1/2, 1999, Ziff. 2.2.1.

[327] Die Nationalen Aktionspläne wurden im Juni 1999 in endgültiger Fassung vorgelegt
und sind bislang allein im Internet veröffentlicht: http://www.europa.eu.int/comm/dg05/
empl&esf.htm.

[328] Die einzelnen Maßnahmen sind aufgeführt in *Regierung der Bundesrepublik Deutschland*, Beschäftigungspolitischer Aktionsplan 1999 – Bundesrepublik Deutschland, S. 12 ff.

[329] *Regierung der Bundesrepublik Deutschland*, Beschäftigungspolitischer Aktionsplan
1999 – Bundesrepublik Deutschland, S. 7 ff.

rung zur Beschäftigungspolitik hervorgehoben. Unter anderem werden hierbei das Sofortprogramm zum Abbau der Jugendarbeitslosigkeit[330], die Sicherung der Finanzierungsgrundlagen der Arbeitsmarktpolitik für 1999[331], die Reform des Arbeitsförderungsrechts[332], das Steuerentlastungsgesetz 1999/2000/2002, der Einstieg in die ökologische Steuerreform sowie die Reform der Unternehmensbesteuerung genannt[333]. Der deutsche Aktionsplan vermittelt daher einen Überblick über die beschäftigungspolitischen Maßnahmen der Bundesregierung, ohne indes die Programmebene zu verlassen und die Ziele konkret zu benennen. Insoweit genügt der Nationale Aktionsplan den Anforderungen, welcher die beschäftigungspolitischen Leitlinien vorgeben.

3. Kölner Beschäftigungspakt

Als jüngster Höhepunkt der Weiterentwicklung einer europäischen Beschäftigungsstrategie kann die Verabschiedung eines Europäischen Beschäftigungspaktes auf dem Kölner Gipfel vom 3. – 5.Juni 1999 gesehen werden, der den mit dem Luxemburger Beschäftigungsgipfel initiierten Prozess weiter forcieren möchte. Grundlage des Europäischen Beschäftigungspaktes bildete dabei eine Mitteilung der Europäischen Kommission über die Politiken der Europäischen Union zur Beschäftigungsförderung[334]. Danach soll zur Bewältigung der Beschäftigungsprobleme der EU eine ausgewogene Mischung aus makroökonomischen Politiken, verbesserten nationalen Beschäftigungspolitiken und einer Reform der Produkt-, Dienstleistungs- und Warenmärkte gefunden werden. Hierbei müssen sowohl die Mitgliedstaaten, die Sozialpartner als auch die EU-Institutionen gleichermaßen in einem europäischen Beschäftigungspakt auf das Ziel der Anhebung der Beschäftigungsquote verpflichtet werden. Die Kommission will ihrerseits durch die Förderung von Investitionen in Sachanlagen und Humanressourcen zur Stärkung der europäischen Wirtschaft, durch die Überwachung und Förderung von Strukturreformen sowie durch die Modernisierung der Sozialschutz- und Steuersysteme zur Erreichung des Ziels beitragen[335]. Als Neuerung wurde ein sogenannter „makroökonomischer Dialog" eingerichtet, der zweimal jährlich die Vertreter der Regierungen, der EU-Kommission, der Europäischen Zentralbank und der Sozialpartner

---

[330] Siehe oben 2. Teil, A., V., 1.

[331] So stehen 1999 insgesamt 45,3 Mrd. DM für arbeitsmarktpolitische Maßnahmen bereit.

[332] Hierzu oben 2. Teil, A., IV., 4.

[333] *Regierung der Bundesrepublik Deutschland,* Beschäftigungspolitischer Aktionsplan 1999 – Bundesrepublik Deutschland, S. 5.

[334] Mitteilung der Kommission über die Gemeinschaftspolitik im Dienste der Beschäftigung, Bull. EU Nr. 4, 1999, Ziff. 1.3.5.

[335] Vgl. ebenso die Mitteilung der Kommission über die Gemeinschaftspolitik im Dienste der Beschäftigung, KOM (1999) 167.

zu einem vertrauensbildenden Dialog zusammenbringen soll. Hierbei soll die Unabhängigkeit und Selbständigkeit aller respektiert werden, dennoch aber im Rahmen des Beschäftigungspaktes auf ein spannungsfreies Zusammenwirken von Lohn-, Finanz- und Geldpolitik hingearbeitet werden. Insoweit ist zwar auch im Kölner Beschäftigungspakt die Zuständigkeit der Mitgliedstaaten festgeschrieben, dennoch wurde damit eine weitere Säule der Partnerschaft und Kooperation errichtet, auf der sich eine europäische Beschäftigungsstrategie zu entwickeln vermag.

4. Bewertung

Der dargestellte Prozess zur Entwicklung einer gesamteuropäischen Beschäftigungsstrategie kann als durchaus zwiespältig bewertet werden. So ist es als positiv anzusehen, dass das Beschäftigungsproblem inzwischen als ein europäisches Problem behandelt wird und somit auch die Europäische Gemeinschaft gezwungen ist, Strategien zu entwickeln und Lösungswege anzubieten. Das Problem der hohen Arbeitslosigkeit ist derzeit von der Tagesordnung der europäischen Politik nicht mehr wegzudenken. Mit dem eingeschlagenen Weg der Kooperation lassen sich gemeinsame Ziele formulieren und verfolgen, Erfahrungen austauschen und Synergieeffekte erzielen. Die politisch Verantwortlichen sind dazu gezwungen, partnerschaftlich Konzepte zu entwickeln und Rechenschaft darüber abzulegen. Die verschiedenen Kooperationen und Planungsebenen gewähren dabei den Mitgliedstaaten einen flexiblen Spielraum zur Setzung eigener beschäftigungspolitischer Akzente.

Demgegenüber ergeben sich aber, gerade auch vor dem Hintergrund der rechtlichen Bewertung der bisherigen europäischen Beschäftigungsförderung[336] eine Reihe von Bedenken. So lässt sich in dem dargestellten Prozess die Tendenz erkennen, dass die Beschäftigungsförderung immer weiter auf die europäische Ebene verlagert wird. Diesen Zentralisierungstendenzen versuchen die Mitgliedstaaten zwar noch deutlich entgegenzuwirken, indes kann die Entwicklung der jüngsten Vergangenheit nicht darüber hinwegtäuschen, dass die Europäische Gemeinschaft an Kompetenz auf dem beschäftigungspolitischen Sektor hinzugewonnen hat. Demgegenüber weist die derzeitige Herausbildung europäischer Beschäftigungsstrategien nahezu die gleichen Schwächen auf, wie sie der Strukturfondsförderung anhaften. Die beschäftigungspolitischen Leitlinien und die Nationalen Aktionspläne sind äußerst vage formuliert. So kann aufgrund der mangelnden Detailliertheit nur schwer beurteilt werden, ob das Maßnahmepaket auf einer ganzheitlichen Strategie aufbaut. Ferner werden die Prioritäten nicht deutlich festgelegt und die vielen Einzelmaßnahmen scheinen vielfach unkoordiniert, so dass das Risiko einer Verzettelung droht[337]. Insgesamt wird zu wenig Information und Klarheit über die

---

[336] Siehe hierzu die Bewertung der europäischen Strukturfonds am Maßstab der Zweck-Mittel-Analyse, oben 3. Teil, A., III.

[337] So die Einschätzung bei *Europäische Kommission,* Von Leitlinien zu Maßnahmen: die nationalen Aktionspläne für Beschäftigung, S. 9.

Gesamtauswirkungen auf Ressourcen und das Budget abgegeben. Auch die Herausarbeitung der Verbindung nationaler Beschäftigungsmaßnahmen mit dem Europäischen Sozialfonds ist als unzureichend zu bewerten. Schließlich wird in den Nationalen Aktionsplänen versäumt, quantifizierte oder präzise beschäftigungspolitische Ziele und statistische Indikatoren festzulegen, auf deren Basis eine Evaluierung von Ergebnissen und Fortschritten stattfinden könnte[338]. Auch der Europäische Beschäftigungspakt gibt nur wenig Aussicht auf Erfolg, da in einem makroökonomischen Dialog letztlich keine verbindlichen Entscheidungen getroffen werden können, vielmehr besteht die Gefahr, dass einzelne Zuständigkeiten vermischt werden[339]. Zwar ist es keineswegs schädlich, dass die Beteiligten miteinander in einen Dialog treten, indes werden dadurch Erwartungen geweckt, die keineswegs erfüllt werden können. Hier werden im Ergebnis Probleme auf die europäische Ebene verlagert, deren Lösung auf mitgliedstaatlicher Ebene bislang nicht gelang[340].

Insgesamt lässt sich daher sagen, dass sich auch in Zukunft verstärkt eine europäische Beschäftigungsstrategie herausbilden wird. Diese ist aber – ähnlich der europäischen Beschäftigungsförderung – erneut durch Unbestimmtheit, Programmatik und Absichtserklärungen gekennzeichnet. Sollten sich die Tendenzen hin zu einer europäischen Beschäftigungspolitik noch weiter verstärken, so besteht die Gefahr, dass hier erneut ein kompliziertes System der Programmierung und Planung entsteht, das zur Lösung der Beschäftigungsprobleme nur wenig beiträgt, dagegen aber eine Reihe neuer rechtlicher Probleme schafft.

IV. Die neue Förderperiode für die Strukturfonds (2000 – 2006)

Der aktuellste Ansatz zur Weiterentwicklung einer europäischen Beschäftigungspolitik ist in der Verabschiedung des neuen Förderrechtsrahmens der Strukturfonds für die neue Förderperiode 2000 – 2006 zu sehen. So gelang es auf dem Sondergipfel des Europäischen Rates in Berlin am 26. März 1999 eine politische Einigung über die AGENDA 2000 zu erzielen, welche sowohl die Grundlage für die Erweiterung der Union durch die mittel- und osteuropäischen Länder als auch den Ausgangspunkt weitgehender europäischer Reformen bildet.

1. AGENDA 2000

Mit der AGENDA 2000 veröffentlichte die Kommission im Juli 1997 ihre Perspektiven für die Entwicklung der Europäischen Union nach der Jahrtausendwen-

---

[338] *Europäische Kommission,* Von Leitlinien zu Maßnahmen: die nationalen Aktionspläne für Beschäftigung, S. 10.

[339] *Stabenow,* Ein Pakt bringt noch keine Arbeit, in: FAZ Nr. 127, vom 5. 6. 1999, S. 13.

[340] *Stabenow,* Ein Pakt bringt noch keine Arbeit, in: FAZ Nr. 127, vom 5. 6. 1999, S. 13.

de[341]. Die AGENDA 2000 gliedert sich dabei in drei Teile, mit denen die Herausforderungen bewältigt werden sollen. Der erste Teil benennt dabei die Voraussetzungen für nachhaltiges Wachstum und dauerhafte Beschäftigung in der Gemeinschaft. Hierbei werden insbesondere Reformvorschläge für die Interventionen durch die Strukturfonds unterbreitet. Der zweite Teil beschäftigt sich mit den beitrittswilligen Ländern und beinhaltet Stellungnahmen der Kommission zu den Beitrittsanträgen der osteuropäischen Länder[342]. Der dritte Teil schließlich stellt den Finanzrahmen für die Jahre 2000 – 2006 vor.

Für die europäische Beschäftigungsförderung wurden mit der AGENDA 2000 wesentliche Reformen der Strukturfondsmaßnahmen angestoßen[343]. Als Ziele werden dabei die Steigerung der Effizienz der Strukturfonds ausgegeben. Insbesondere soll die Verwaltung vereinfacht sowie die Durchführung flexibler und dezentraler ausgestaltet werden. Demgegenüber soll bei der Ausarbeitung der Prioritäten eine erhöhte Selektivität und Präzision erreicht, gleichzeitig die Begleit-, Bewertungs- und Kontrollsysteme verbessert werden. Diese Reformansätze werden primär durch eine Reduktion der Ziele der Strukturfonds verfolgt. Die hohe Priorität für Ziel 1 wird insgesamt aufrechterhalten. Ziel 2 wird völlig neu formuliert und umfasst nun alle Regionen mit großem wirtschaftlichem und sozialem Umstrukturierungsbedarf. Dazu zählen Gebiete die vom Wandel im Industrie-, Dienstleistung- oder Fischereisektor betroffen sind, ländliche Gebiete mit stark rückläufiger Entwicklung aufgrund geringer wirtschaftlicher Diversifizierung sowie Stadtviertel mit Umstrukturierungsbedarf und wirtschaftlichen Schwierigkeiten. Damit werden die Ziele 2 und 5b zusammengefasst, städtische Problemgebiete neu aufgenommen. Die Maßnahmen der EU sollen alle Formen der Strukturhilfe kombinieren. Im Mittelpunkt der Ziel-2-Förderung werden die Bekämpfung der Arbeitslosigkeit, das Beschäftigungsniveau und der Beschäftigungswandel in der Industrie und der Landwirtschaft sowie die Verhinderung der sozialen Ausgrenzung stehen. Zukünftig soll ein Förderprogramm eine Region umfassen. Ziel 3 soll den „Mitgliedstaaten helfen, ihre Ausbildungs-, Berufs- und Beschäftigungssysteme anzupassen und zu modernisieren"[344] und ist als horizontales Ziel im gesamten Gemeinschaftsgebiet einsetzbar. Gemäß der europäischen Beschäftigungsstrategie sollen insbesondere begleitendes, lebenslanges Lernen, Weiterbildungssysteme, arbeitsmarktpolitische Maßnahmen für Arbeitslose und sozial Ausgegrenzte gefördert werden.

---

[341] *Europäische Kommission,* AGENDA 2000 – Eine stärkere und erweiterte Union, Beilage Nr. 5 zu Bull. EU, 1997, 7 ff.

[342] Beitrittsanträge hatten Ungarn, Polen, Rumänien, Slowakei, Lettland, Estland, Litauen, Bulgarien, Tschechische Republik, Slowenien gestellt; formelle Verhandlungen über den Beitritt werden derzeit nur noch mit fünf Ländern Mittel- und Osteuropas geführt: Polen, Tschechische Republik, Ungarn, Slowenien, Estland.

[343] Ausführlich dazu *Europäische Kommission,* AGENDA 2000 – Eine stärkere und erweiterte Union, Beilage Nr. 5 zu Bull. EU, 1997, 22 ff.

[344] *Europäische Kommission,* AGENDA 2000 – Eine stärkere und erweiterte Union, Beilage Nr. 5 zu Bull. EU, 1997, 25.

Des Weiteren sollen die Gemeinschaftsinitiativen deutlich reduziert und auf drei Felder konzentriert werden: der grenzüberschreitenden, transnationalen und interregionalen Zusammenarbeit, der Entwicklung des ländlichen Raumes sowie der Förderung von Humanressourcen im Kontext der Chancengleichheit. Diese Reformvorschläge in der AGENDA 2000 wurden nun weitgehend durch die Verabschiedung der neuen Strukturfondsverordnungen umgesetzt. Die Verordnungen sollen nun kurz dargestellt werden und vor dem Hintergrund der Zweck-Mittel-Analyse bewertet werden. Insbesondere ist der Frage nachzugehen, ob die aufgezeigten Defizite der letzten Förderperiode zumindest auf der Ebene des Sekundärrechts vermieden wurden[345].

2. Die neuen Strukturfondsverordnungen für die Förderperiode 2000 – 2006

Der neue Förderrechtsrahmen wird auf der Sekundärrechtsebene durch vier Verordnungen gebildet. Grundlage bildet die Verordnung Nr. 1260/1999[346], die quasi als neue RahmenVO bezeichnet werden kann. Daneben bestehen dann hinsichtlich des EFRE[347], ESF[348] und EAGFL[349] jeweils einzelne DurchführungsVOen. Im Ergebnis weggefallen ist damit die KoordinierungsVO, dessen Bestimmungen teils in die RahmenVO integriert wurden.

a) Zielsetzungen der Reform

Betrachtet man zunächst die Ziele der Reform, so finden sich in den Erwägungsgründen der neuen Verordnungen im Wesentlichen die bereits in der AGENDA 2000 genannten Ziele. So soll mit den neuen Verordnungen eine bessere Transparenz der gemeinschaftlichen Rechtsvorschriften erreicht, die Tätigkeit der Strukturfonds konzentriert und vereinfacht werden[350]. Indes sollen trotz der Bemühungen um Transparenz, Vereinfachung und Effizienz die bisherigen Grundprinzipien be-

---

345 Vgl. die Bewertung der vorherigen Strukturfondsverordnungen 3. Teil, A., II., 2., b.; ferner 3. Teil, A., III.

346 Verordnung (EG) Nr. 1260/1999 des Rates vom 21. 6. 1999 mit allgemeinen Bestimmungen über die Strukturfonds (RahmenVO 1999), ABl. L 161/1 vom 26. 6. 1999.

347 Verordnung (EG) Nr. 1783/1999 des Europäischen Parlaments und des Rates vom 12. 7. 1999 über den EFRE (EFRE-VO 1999), ABl. L 213/1 vom 13. 8. 1999.

348 Verordnung (EG) Nr. 1784/1999 des Europäischen Parlaments und des Rates vom 12. 7. 1999 über den ESF (ESF-VO 1999), ABl. L 213/5 vom 13. 8. 1999.

349 Verordnung (EG) Nr. 1257/1999 des Europäischen Parlaments und des Rates vom 17. 5. 1999 über den EAGFL (EAGFL-VO 1999), ABl. L 160/80 vom 26. 6. 1999.

350 Siehe Erwägungsgründe Nr. 2 und 4 der Verordnung (EG) Nr. 1260/1999 des Rates vom 21. 6. 1999 mit allgemeinen Bestimmungen über die Strukturfonds, ABl. L 161/1 vom 26. 6. 1999.

stehen bleiben[351]. Dennoch wurden auch diesbezüglich die rechtlichen Defizite[352] durchaus erkannt, so dass eine Neuausrichtung der Grundprinzipien erfolgen soll. So sind die Zuständigkeiten zwischen Kommission und Mitgliedstaaten genau abzugrenzen, die Koordinierung soll besser gewährleistet und das System der Programmplanung vereinfacht werden[353]. Hinsichtlich der Begleit-, Verwaltungs- und Kontrollsysteme soll eine Präzisierung und effiziente Ausgestaltung erfolgen[354]. Im Zusammenhang mit den Evaluierungen und Halbzeitrevisionen wird schließlich das Hauptdefizit der fehlenden Zweckbestimmtheit angesprochen, indem „die Ziele und Inhalte der einzelnen Bewertungsphasen konkret festzulegen"[355] sind. Damit wird erkannt, dass ohne Benennung konkreter Zwecke und Ziele eine Bewertung per se scheitern muss.

Darüber hinaus zeigen auch die Erwägungen im Rahmen der EFRE-VO 1999, dass auch hier eine Präzisierung der Fördermaßnahmen und die Klarstellung des Beitrags des EFRE zur Förderung der Regionalentwicklung die entsprechenden Reformziele sein müssen[356]. Gleiches gilt für die Aufgabenbenennung im Rahmen der ESF-VO 1999[357]. Danach soll eine enge Koppelung des ESF an die europäische Beschäftigungsstrategie[358] erreicht und somit ein Beitrag der Gemeinschaft zur Bekämpfung der Arbeitslosigkeit geleistet werden[359]. Die bislang vielfältigen Gemeinschaftsinitiativen werden auf die Programme LEADER, INTERREG, URBAN und EQUAL zu beschränken sein[360]. Die in diesem Zusammenhang ange-

---

[351] Zu nennen sind hierbei insbesondere die Koordination, die Programmplanung, die Zusätzlichkeit, die Partnerschaft – dazu schon oben 3. Teil, A., II., 2., b., bb.

[352] Dazu oben 3. Teil, A., II., 2., b., bb., (5).

[353] Siehe Erwägungsgründe Nr. 26, 29 und 32 der Verordnung (EG) Nr. 1260/1999 des Rates vom 21. 6. 1999 mit allgemeinen Bestimmungen über die Strukturfonds, ABl. L 161/4 vom 26. 6. 1999.

[354] So die Erwägungsgründe Nr. 46 und 50 der Verordnung (EG) Nr. 1260/1999 des Rates vom 21. 6. 1999 mit allgemeinen Bestimmungen über die Strukturfonds, ABl. L 161/6 vom 26. 6. 1999.

[355] Siehe Erwägungsgrund Nr. 54 der Verordnung (EG) Nr. 1260/1999 des Rates vom 21. 6. 1999 mit allgemeinen Bestimmungen über die Strukturfonds, ABl. L 161/6 vom 26. 6. 1999.

[356] Siehe Erwägungsgründe Nr. 3 und 4 der Verordnung (EG) Nr. 1783/1999 des Europäischen Parlaments und des Rates vom 12. 7. 1999 über den EFRE, ABl. L 213/1 vom 13. 8. 1999.

[357] Siehe die Erwägungsgründe Nr. 3 und 4 der Verordnung (EG) Nr. 1784/1999 des Europäischen Parlaments und des Rates vom 12. 7. 1999 über den ESF, ABl. L 213/5 vom 13. 8. 1999.

[358] Diese wurde bereits eingehend dargestellt, hierzu oben 3. Teil, C., III.

[359] Siehe Erwägungsgrund Nr. 8 der Verordnung (EG) Nr. 1260/1999 des Rates vom 21. 6. 1999 mit allgemeinen Bestimmungen über die Strukturfonds, ABl. L 161/2 vom 26. 6. 1999.

[360] Siehe Erwägungsgrund Nr. 38 der Verordnung (EG) Nr. 1260/1999 des Rates vom 21. 6. 1999 mit allgemeinen Bestimmungen über die Strukturfonds, ABl. L 161/5 vom 26. 6. 1999.

sprochenen und derzeit noch bestehenden Gemeinschaftsinitiativen mit beschäftigungsförderndem Charakter (ADAPT – BESCHÄFTIGUNG – KMU)[361] können im Ergebnis nicht weitergeführt werden.

Betrachtet man die Erwägungsgründe, so zeigt sich sehr deutlich, dass die Beteiligten die Defizite, die sich bereits in der vorliegenden Untersuchung am Maßstab der Zweck-Mittel-Analyse zeigten[362], im Ergebnis bestätigen. Die Reformziele setzen dabei durchaus bei den Schwächen des europäischen Förderrechtsrahmens an. Dennoch ist zu fragen, inwieweit diese Erwägungen tatsächlich im Förderrechtsrahmen ihren Niederschlag gefunden haben und einer Bewertung am Maßstab der Zweck-Mittel-Analyse standhalten.

b) Förderrechtsrahmen

Die RahmenVO 1999 gliedert sich in insgesamt sieben Titel. Inhaltlich wurden die frühere RahmenVO 1993 sowie die KoordinierungsVO 1993 in einer Verordnung zusammengefasst. Der dabei zunächst entstehende Eindruck, dass es sich um eine fundamentale Reform handelt, trügt. So wurden viele Bestimmungen nahezu vollständig übernommen, das Verfahren der Programmplanung und die Grundprinzipien der Strukturfondsinterventionen nur unwesentlich verändert. Insoweit wird schon deutlich, dass angesichts der erheblichen Defizite der bisherigen Förderung auch mit den neuen Strukturfondsverordnungen ein völliger Neuanfang weitgehend vermieden wurde.

aa) Allgemeine Grundsätze

Im Titel I finden sich die allgemeinen Grundsätze der Strukturfondsförderung. In Art. 1 RahmenVO 1999 werden die drei neuen – bereits in der AGENDA 2000 formulierten – Ziele genannt, die im Wesentlichen eine Zusammenfassung der bisherigen Ziele darstellen. Sodann werden die einzelnen Fonds den einzelnen Zielen zugeordnet; insoweit ergeben sich mit Blick auf den alten Art. 2 RahmenVO 1993 keine Neuerungen. Art. 3 RahmenVO 1999 nennt des Weiteren die Kennziffern für die Zuordnung der einzelnen Regionen zu den Zielgebieten. Die neuen Bundesländer gehören dabei erneut zu den Ziel-1-Gebieten und können damit auch weiterhin mit den höchsten Fördersätzen[363] seitens der europäischen Strukturfonds rechnen[364]. Die weiteren Bestimmungen setzen sich verstärkt mit den Grundprinzipien

---

361 Zu diesen ausführlich oben 3. Teil, A., II., 4.

362 Zur Gesamtbewertung der Europäischen Strukturfonds siehe oben 3. Teil, A., III.

363 Gem. Art. 7 Abs. 2 S. 2 RahmenVO 1999 stehen für die Ziel-1-Gebiete in der Förderperiode 2000 – 2006 insgesamt 135,9 Mrd. EUR zur Verfügung.

364 Insoweit gilt das von der Kommission gem. Art. 3 Abs. 2 Rahmen VO 1999 erstellte Verzeichnis.

der Strukturfondsinterventionen auseinander. So wird das Prinzip der Partnerschaft, das bislang in Art. 4 Abs. 1 RahmenVO 1993 nur schwach skizziert worden war, in Art. 8 RahmenVO 1999 näher ausgeführt, wobei trotz der Einführung eines eigenen Artikels nur wenig mehr über das Partnerschaftsprinzip ausgesagt wird. Insbesondere wird das Subsidiaritätsprinzip bemüht, um zu einer Abgrenzung der Zuständigkeiten von Mitgliedstaat und Gemeinschaft zu gelangen. Gleiches gilt für das Prinzip der Koordination (Art. 10 RahmenVO 1999), das zuvor in Art. 3 Abs. 4 RahmenVO 1993 sowie den Art. 1 – Art. 3 KoordinierungsVO 1993 niedergelegt war. Inhaltlich ergeben sich keine Änderungen; erneut wird die Koordinierung auf die weitere Planungsebene verlagert. Abschließend finden sich in Art. 11 RahmenVO 1999 Ausführungen zum Prinzip der Zusätzlichkeit der Strukturfondsinterventionen, insbesondere wie die Einhaltung derselben überprüft und kontrolliert werden soll[365]. Art. 12 RahmenVO 1999 enthält schließlich eine Querschnittsklausel, nach der die Einhaltung der anderen Gemeinschaftspolitiken zu beachten ist[366].

bb) Das System der Programmplanung

Der Titel II der RahmenVO 1999 widmet sich in seinen Art. 13 – Art. 27 der Programmplanung. Hierbei zeigt sich, dass die Entwicklung des weiteren Förderrechtsrahmens sich kaum von den Bestimmungen der Rahmen- bzw. KoordinierungsVO 1993 unterscheidet. Während die früheren Bestimmungen allerdings einerseits in Art. 8 – Art. 11 RahmenVO 1993 die Programmierungsphase den einzelnen Zielen zuordneten, andererseits in den Art. 5 – Art. 13 KoordinierungsVO noch Regelungen bzgl. der einzelnen Planungsdokumente (GFK / Operationelle Programme) enthielt, sind diese Regelungen nun einheitlich zusammengefasst worden. Art. 15 RahmenVO 1999 legt dabei das Verfahren der Programmierung fest. Der Mitgliedstaat entwickelt hinsichtlich der einzelnen Ziele einen Plan[367]. Dieser wird von der Kommission geprüft und dessen Kohärenz mit den anderen Gemeinschaftspolitiken festgestellt. Sodann wird im Einvernehmen mit dem Mitgliedstaat gem. Art. 15 Abs. 4 RahmenVO 1999 ein Gemeinschaftliches Förderkonzept entwickelt. Anschließend reicht der Mitgliedstaat die Operationellen Programme zur Umsetzung des GFKs ein, die von der Kommission genehmigt werden müssen. Nach Maßgabe des Art. 19 RahmenVO 1999 können das GFK und die Operationellen Programme zu einem einheitlichen Programmplanungsdokument zusammengefasst werden. In inhaltlicher Sicht greifen die Bestimmungen im Wesentlichen auf die bereits bestehenden Regelungen zurück. So sind die Anforderun-

---

365 Insoweit fand sich in Art. 9 RahmenVO 1993 eine durchaus ähnliche Bestimmung.

366 Dies war früher in Art. 7 Abs. 1 RahmenVO 1993 bestimmt.

367 Dieser ist in Art. 9 lit.b RahmenVO als Entwicklungsplan legaldefiniert und entspricht den früher zu erstellenden Regionalentwicklungsplänen gem. Art. 8 Abs. 4 RahmenVO 1993 für die Ziel-1-Gebiete.

gen an die Pläne nun in Art. 16 Rahmen VO 1999 aufgeführt, zuvor waren diese beispielsweise für Ziel-1-Gebiete in Art. 8 Abs. 4 RahmenVO 1993 sowie allgemein in Art. 5 KoordinierungsVO 1993 geregelt. Erneut wird eine Analyse der derzeitigen Lage, die Beschreibung einer geeigneten Strategie zur Verwirklichung der Ziele, Angaben zur vorgesehenen Verwendung der Finanzmittel sowie ein Bericht über die Konsultierung der Partner gefordert. Auch die Bestimmungen in Art. 17 RahmenVO 1999 hinsichtlich der GFKe decken sich nahezu mit den Regelungen in Art. 8 Abs. 5 RahmenVO 1993 (Ziel-1-Gebiete) und Art. 8 KoordinierungsVO 1993. Erstmals finden sich in Art. 18 RahmenVO Bestimmungen, welche formale Mindestanforderungen an die Operationellen Programme stellen. Danach muss ein Operationelles Programm die Förderschwerpunkte, die Kohärenz mit dem GFK, eine zusammenfassende Beschreibung der geplanten Maßnahmen, einen indikativen Finanzierungsplan sowie Bestimmungen zur Durchführung des Programms beinhalten. Insoweit werden bestimmte Anforderungen an die Operationellen Programme gestellt, die diese durchaus auch ohne eine spezielle Regelung bisher erfüllt haben dürften[368].

Schließlich behandeln die Art. 20, 21 RahmenVO 1999 die Gemeinschaftsinitiativen, die sich im Sinne der AGENDA 2000 auf insgesamt vier Programme begrenzen. Sämtliche beschäftigungsfördernde Gemeinschaftsinitiativen werden somit nicht weiter fortgesetzt. Die Programmplanung orientiert sich nach Maßgabe des Art. 21 RahmenVO 1999 an der Programmierung hinsichtlich der Strukturfonds. Die weiteren Bestimmungen des Titels II behandeln dann die Fördermöglichkeit innovativer Maßnahmen und die technische Hilfe, sowie Sonderbestimmungen für Großprojekte und Globalzuschüsse. Titel III der RahmenVO 1999 (Art. 28 – Art. 33) regelt die Beteiligung der Strukturfonds und damit die Förderhöhe. Insgesamt lässt sich sagen, dass die RahmenVO 1999 deutlicher das System der Programmierung erkennen lässt. Insbesondere wurden die Bestimmungen vereinheitlicht und übersichtlich zusammengefasst. Indes gibt die RahmenVO 1999 keine inhaltlichen Bestimmungen vor, an die sich die weiteren Programmebenen zu halten hätten. Die dargestellten Vorgaben sind vielmehr formaler Natur.

cc) Die neuen Durchführungsverordnungen

Für die Zweckbestimmung von besonderer Bedeutung bleiben demnach die weiteren Planungsdokumente, insbesondere die Pläne der Mitgliedstaaten, die GFKe und die Operationellen Programme. Die RahmenVO 1999 ist insgesamt zwar durchaus klarer und übersichtlicher gestaltet, indes zwingt sie die weiteren Programmplanungsebenen auch nach wie vor nur unwesentlich zu einer näheren Bestimmung des Förderzwecks. Ergänzend zur RahmenVO 1999 finden sich daher erneut in den einzelnen DurchführungsVOen einige Bestimmungen bezüglich der

---

[368] Vgl. insoweit die Operationellen Programme in Sachsen oben 3. Teil, A., II., 3., b.

Aufgaben und förderfähigen Maßnahmen. Blickt man dabei zunächst auf die EFRE-VO 1999 so ergeben sich nur wenige Änderungen im Vergleich zur EFRE-VO 1993. So nennt Art. 1 EFRE-VO 1999 als Ziel des EFRE den wirtschaftlichen und sozialen Zusammenhalt zu fördern, indem die wichtigsten regionalen Ungleichgewichte der Regionen ausgeglichen und eine Beteiligung an der Entwicklung und Umstellung der Regionen stattfindet. Darüber hinaus trägt der EFRE zur nachhaltigen Entwicklung und zur Schaffung von dauerhaften Arbeitsplätzen bei. Hiermit werden nicht nur die primärrechtlichen Aufgaben des EFRE wiederholt, sondern es eröffnet sich das gesamte Spektrum der Beschäftigungssubventionen. Dies macht Art. 2 EFRE-VO 1999 deutlich, der letztlich dieselben förderfähigen Maßnahmen benennt wie Art. 1 EFRE-VO 1993. So können produktive Investitionen, Infrastrukturinvestitionen und Aktionen zur Erschließung des endogenen Potentials gefördert werden, insbesondere in den Bereichen der KMU, der Forschung, der Information, des Fremdenverkehrs und des Umweltschutzes (Art. 2 Abs. 2 EFRE-VO 1999). Letztlich gleichen die Regelungen der alten EFRE-VO 1993 und bieten somit keine wesentliche Zweckkonkretisierung. Im Ergebnis kann nach wie vor jede beschäftigungsfördernde Maßnahme in den neuen Bundesländern mit einer Unterstützung durch den EFRE rechnen.

Auch mit Blick auf die ESF-VO 1999 kommt man kaum zu einem anderen Befund. So unterstützt der ESF gem. Art. 1 ESF-VO Maßnahmen zur Verhinderung der Arbeitslosigkeit, zur Entwicklung der Humanressourcen und der sozialen Integration, zur Gleichstellung von Mann und Frau sowie zur Förderung des wirtschaftlichen und sozialen Zusammenhalts. Insbesondere findet eine Anbindung an die europäische Beschäftigungsstrategie und die jährlichen beschäftigungspolitischen Leitlinien statt[369]. Angesichts deren programmhaften und weitgehend unbestimmten Charakters wird auch von dieser Seite keine Zweckkonkretisierung zu erwarten sein. Die weitere Bestimmung der förderfähigen Tätigkeiten in Art. 3 ESF-VO orientiert sich daher weitgehend an den Schwerpunkten der europäischen Beschäftigungsstrategie, wie diese bereits in den Weißbüchern, den Beschlüssen des europäischen Beschäftigungsgipfels in Luxemburg und den beschäftigungspolitischen Leitlinien 1998 und 1999 formuliert wurden. Darüber hinaus lassen sich in inhaltlicher Sicht nur unwesentliche Unterschiede zur ESF-VO 1993 feststellen. Im Ergebnis ergeben sich auch durch die neue ESF-VO 1999 keine Einschränkungen der Fördermöglichkeiten der Mitgliedstaaten auf dem beschäftigungspolitischen Sektor.

Angesichts der Reduzierung der Ziele konnten die DurchführungsVOen insgesamt deutlich übersichtlicher gestaltet werden. Insoweit können auch die DurchführungsVOen als Erfolg bezeichnet werden. Das Defizit der fehlenden Zweckbestimmtheit konnte jedoch nicht ausgeräumt werden. Im Ergebnis wird man auch von der weiteren Planungs- und Programmierungsphase keine wesentlichen Unterschiede im Vergleich zur letzten Förderperiode erwarten können. Erneut werden

---

[369] Vgl. insoweit oben 3. Teil, C., III., 2.

die Mitgliedstaaten versucht sein, die Förderzwecke möglichst weit zu fassen, um sich einen weiten Spielraum eigener Fördermöglichkeiten zu erhalten. Die neuen Strukturfondsverordnungen lassen daher für die weiteren Entwicklungsstufen des neuen Förderrechtsrahmens kaum eine Beseitigung der bisherigen Defizite erwarten.

dd) Leitlinien für die Programme des Zeitraums 2000 – 2006

Schließlich veröffentlichte die Europäische Kommission in einer Mitteilung über die Strukturfonds und ihre Koordinierung mit dem Kohäsionsfonds sogenannte Leitlinien für die Programme des Zeitraums 2000 – 2006[370]. Diese Leitlinien basieren dabei auf Art. 10 Abs. 3 RahmenVO 1999[371]. Sie sollen dabei den nationalen Behörden als Hilfestellung bei der Ausarbeitung ihrer Programmplanungsstrategie für die Ziele 1, 2 und 3 der Strukturfonds und ihrer Koordinierung mit dem Kohäsionsfonds dienen. Die europäische Förderung soll dadurch optimal genutzt und die Prioritäten der Gemeinschaft hinreichend deutlich gemacht werden. Erneut betont die Europäische Kommission, dass das Ziel des wirtschaftlichen und sozialen Zusammenhalts nur durch Wachstum und Wettbewerbsfähigkeit erreicht werden kann. Die Schaffung von Arbeitsplätzen stellt dabei weiterhin die größte Herausforderung für die Strukturpolitik der Union dar. Die „Nationalen Aktionspläne für Beschäftigung"[372] bilden dabei den Rahmen für Interventionen der Strukturfonds und sind aufgrund ihrer Entwicklung aus den beschäftigungspolitischen Leitlinien des Europäischen Rates Teil der europäischen Beschäftigungsstrategie[373]. Die Effizienz des Systems für die Programmdurchführung soll durch ein integriertes Entwicklungs- und Umstellungskonzept gesteigert werden. Entscheidender Ansatz bildet hierbei die Begründung dezentralisierter, effektiver und umfassender Partnerschaften. Diese integrierten mehrjährigen Strategien sollen sich auf drei grundlegende Ziele konzentrieren[374]:

– Verbesserung der Wettbewerbsfähigkeit der regionalen Wirtschaft im Hinblick auf die Schaffung dauerhafter Arbeitsplätze;

– Beschäftigungszuwachs und Stärkung des sozialen Zusammenhalts, insbesondere durch Entwicklung der Humanressourcen;

---

[370] Mitteilung der Kommission über die Strukturfonds und ihre Koordinierung mit dem Kohäsionsfonds – Leitlinien für die Programme des Zeitraums 2000 – 2006, ABl. C 267/2 vom 22. 9. 1999.

[371] Verordnung (EG) Nr. 1260/1999 des Rates vom 21. 6. 1999 mit allgemeinen Bestimmungen über die Strukturfonds (RahmenVO 1999), ABl. L 161/1 vom 26. 6. 1999.

[372] Zu den nationalen Aktionsplänen siehe oben 3. Teil, C., III., 2.

[373] Ebenso zu den beschäftigungspolitischen Leitlinien oben 3. Teil, C., III., 2.

[374] Mitteilung der Kommission über die Strukturfonds und ihre Koordinierung mit dem Kohäsionsfonds – Leitlinien für die Programme des Zeitraums 2000 – 2006, ABl. C 267/3 vom 22. 9. 1999.

- Entwicklung der städtischen und ländlichen Gebiete in einem ausgewogenen europäischen Raum.

Im Weiteren werden dann diese drei strategischen Prioritäten näher erläutert. So bilden die Verkehrsinfrastruktur, die Energienetze, die Telekommunikation, die Infrastruktur für eine hochwertige Umwelt sowie die Forschung, technologische Entwicklung und Innovation die Grundvoraussetzungen für die Schaffung wettbewerbsfähiger Regionen. Darauf aufbauend gilt es, durch Interventionen die Wettbewerbsfähigkeit von Unternehmen zu erhalten, um diesen die Schaffung dauerhafter Arbeitsplätze zu ermöglichen. Die Unternehmensförderung muss dabei insbesondere den Wettbewerbsvorschriften der Gemeinschaft entsprechen[375]. Die Unternehmensförderung muss schwerpunktmäßig kleine und mittlere Unternehmen (KMU) umfassen. Bei der Ausgestaltung der Förderung sollen verlorene Zuschüsse die Ausnahme bilden und verstärkt alternative Finanzierungsquellen in Betracht gezogen werden[376]. Die Fördermechanismen sollen dadurch verbessert werden, dass eine bessere Zielausrichtung nach den spezifischen KMU-Bedürfnissen erfolgt. Hierzu sollen integrierte und klar identifizierbare Maßnahmenbündel für KMU entwickelt werden. Als Kontrollansatz ist darauf zu achten, dass die Unternehmen die Beihilfe grundsätzlich zurückzahlen müssen, wenn sie die Vertragsbedingungen, was die Art oder Dauer der beihilfebegünstigten Tätigkeit anbelangt, nicht einhalten. Daneben soll die Förderung von Unternehmensdienstleistungen sowie spezifischer Sektoren mit besonderem Potential (z. B. Umweltschutz, Fremdenverkehr und Kultur, Sozialwirtschaft) im Vordergrund stehen.

Im 2. Teil der Leitlinien[377] wird die europäische Beschäftigungsstrategie als Hauptpriorität der Gemeinschaft hervorgehoben. Hierbei kommt gerade dem Europäischen Sozialfonds die Aufgabe der Finanzierung der Förderung der Humanressourcen im Rahmen des Ziels 3 der Strukturfonds zu[378]. Die gesamte europäische Beschäftigungsstrategie wird dabei von drei Grundprinzipien getragen, der Chancengleichheit für Männer und Frauen, der optimalen Ausschöpfung des Beschäftiugngspotentials der Informationsgesellschaft für die Gesellschaft als Ganzes und der Verstärkung der lokalen Entwicklung. Die von den Mitgliedstaaten zu erstellenden Programme sollen die in den Beschäftigungsleitlinien[379] geforderten aktiven und präventiven Ansätze konkret umsetzen. Die aktive Arbeitsmarktpolitik soll dabei vor allem die Problemgruppen der Jugend- und Langzeitarbeitslosen sowie der ausländischen Arbeitslosen umfassen. Einen Schwerpunkt soll die Förde-

---

[375] Zu den europäischen Wettbewerbsvorschriften siehe unten 4. Teil, A.

[376] Hierbei werden beispielsweise rückzahlbare Zuschüsse, Risikokapital, Kredite und revolvierende Fonds, Gesellschaften für gegenseitige Bürgschaften genannt.

[377] Mitteilung der Kommission über die Strukturfonds und ihre Koordinierung mit dem Kohäsionsfonds – Leitlinien für die Programme des Zeitraums 2000 – 2006, ABl. C 267 / 14 vom 22. 9. 1999.

[378] Insoweit ausführlich oben 3. Teil, C., IV., 2.

[379] Siehe oben 3. Teil, C., III., 2.

rung der Beschäftigungsfähigkeit durch lebenslanges Lernen bilden. Aber auch der Unternehmergeist soll anpassungsfähiger werden, damit dem Unternehmen und seinen Arbeitskräften eine bessere Anpassung an den wirtschaftlichen Wandel gelingt. Schließlich müssen spezifische Maßnahmen im Rahmen des Ziels 3 in den Ziel-1-Regionen und Ziel-2-Gebieten koordiniert werden. Die Fördermaßnahmen aus anderen Programmen sind miteinander zu verknüpfen, die Programmplanung von unten her zu entwickeln (Bottom-up-Konzept) und Doppelfinanzierungen zu vermeiden.

Im letzten Teil der Leitlinien wird dann die Entwicklung der städtischen und ländlichen Gebiete und ihr Beitrag zu einer ausgewogenen Raumentwicklung weiter ausgeführt[380].

c) Bewertung am Maßstab der Zweck-Mittel-Analyse

Die Reformvorschläge durch die AGENDA 2000 lassen zunächst deutlich erkennen, dass die Europäische Kommission die komplizierte Rechtsstruktur der Strukturfonds erkannt hat und mit der Reduzierung der Ziele zur Vereinfachung derselben beitragen wollte[381]. Auch die weiteren rechtlichen Defizite mit Blick auf die Zweck-Mittel-Analyse[382] wurden teils erkannt und in das Reformprojekt der AGENDA 2000 integriert. Dennoch ging mit der Zusammenlegung der verschiedenen Ziele auch die Gefahr einher, dass die Verordnungen noch genereller formuliert werden müssen und sich noch deutlicher in einer allgemein blumigen Programmsprache verlieren.

Betrachtet man nun die neuen Strukturfondsverordnungen, so lässt sich mit Blick auf die Zweckverdeutlichung sagen, dass diese Thesen zweifelsohne bejaht werden können. So wurde mit der RahmenVO 1999 eine Verordnung geschaffen, die ersichtlich wenig zur Zweckverdeutlichung beiträgt. Letztlich ist dies auch Aufgabe der DurchführungsVOen. Hier hat sich gezeigt, dass diese keineswegs deutlicher ausgestaltet sind als deren Vorgänger. Erneut werden Fördermaßnahmen und Interventionsformen benannt, die nach wie vor denkbar weit ausgestaltet sind und nahezu jede Form der Beschäftigungsförderung zulassen. Die Ebene der DurchführungsVOen gibt damit den weiteren Programmierungsebenen einen weiten Rahmen vor, den diese auch nutzen werden, um eine Konkretisierung des Förderzwecks zu vermeiden. Es wird im Weiteren darauf ankommen, inwieweit die Programmebene gewillt ist, den Zweck einer Fördermaßnahme genau zu benennen und sich einer möglichen Kontrolle und Bindung an diesen Zweck auszusetzen.

---

380 Mitteilung der Kommission über die Strukturfonds und ihre Koordinierung mit dem Kohäsionsfonds – Leitlinien für die Programme des Zeitraums 2000 – 2006, ABl. C 267/18 vom 22. 9. 1999.

381 *Europäische Kommission,* AGENDA 2000 – Eine stärkere und erweiterte Union, Beilage Nr. 5 zu Bull. EU, 1997, 26.

382 Siehe dazu insgesamt 3. Teil, A., III.

Mit den neuen Strukturfondsverordnungen wird deutlich, dass die Gemeinschaft angesichts der Bindung an das Subsidiaritätsprinzip davor zurückscheut, noch deutlicher eigene originäre Förderziele zu benennen. Vielmehr versucht sie, diese in den Verhandlungen mit den Mitgliedstaaten näher zu formulieren und im europäischen Sinne durchzusetzen. Indes bleibt damit aber auch die Gefahr bestehen, dass der Mitgliedstaat in den GFKen und den Operationellen Programmen auf eine möglichst weite Förderzweckbestimmungen beharren wird.

Die Umsetzung der weiteren Reformziele enttäuscht ebenfalls. So blieben die Grundprinzipien der Förderung trotz der rechtlichen Bedenken[383], die man an diesen haben kann, weitgehend unangetastet. Auch die Vereinfachung des Förderrechtsrahmens ist nur zum Teil gelungen. So fiel einerseits die KoordinierungsVO als eigene Verordnung weg, andererseits schwoll die RahmenVO dadurch auf über 50 Artikel an. Hier hätten strukturelle Reformen das gesamte System der Programmplanung sowie der Entwicklung des Förderrechtsrahmens entschlacken können. Allein die Zusammenfassung zweier Verordnungen macht noch keine Vereinfachung aus. Dennoch kann die Reduzierung der Ziele als Erfolg bezeichnet werden, da dadurch komplizierte Zuordnungen weggefallen sind und eine Vereinheitlichung der Programmplanung in der RahmenVO 1999 erst möglich wurde. Dies war insgesamt ein zweifelsohne wichtiger Beitrag zur Vereinfachung und Konzentration der Förderung. Dennoch besteht nun die Gefahr, dass die Mitgliedstaaten versucht sein könnten, die weggefallenen Ziele den verbliebenen Zielen zuzuordnen. Damit würde der Förderrechtsrahmen aber weiter an Bestimmtheit verlieren, indem nicht mehr förderwürdige Maßnahmen in Förderwürdige integriert werden, die dann zwangsläufig unbestimmt ausgestaltet sein müssen. Dies gilt es, bei der Ausarbeitung der weiteren Pläne, Konzepte und Programme zu bedenken.

Mit den sogenannten Leitlinien für die Programm des Zeitraums 2000 – 2006 verfolgt die Europäische Kommission das Ziel, die Programmplanungsphase der einzelnen Mitgliedstaaten zu beeinflussen und Schwerpunkte der nationalen Förderung mit Blick auf eine europäische Beschäftigungsstrategie zu entwickeln. Die Leitlinien können daher von ihrer Zielsetzung nur wenig zur Zweckkonkretisierung des Förderrechtsrahmens beitragen. So wiederholen die Leitlinien vielfach die Forderungen der Verordnungen. Die Schwerpunkte der Beschäftigungsförderung ergeben sich in erster Linie bereits aus den Verordnungen. Die Leitlinien vermögen darüber hinaus den Programmplanern in den nationalen Behörden nur wenig Hilfe und neue Erkenntnisse anzubieten. Dass die Fördermaßnahmen effizienter und optimaler genutzt werden sollen, wird schon seit Jahren gefordert[384]. Auch sind die Leitlinien derart allgemein gehalten, dass sich die nationalen Programme nahezu ausnahmslos unter eine europäische Beschäftigungsstrategie subsumieren lassen. Für die Frage der Zweckbestimmtheit lassen die Leitlinien daher keine neuen Erkenntnisse zu. Mit Blick auf die Zweckkoordination fordern sie integrierte

---

383 Siehe oben 3. Teil, A., II., 2., b., bb., (5).
384 Siehe die Reformen von 1988 und 1993 oben 3. Teil, A., II., 2., b., aa., (1) und (2).

Konzepte und Maßnahmenbündel, nähere Ausführungen sind allerdings zu vermissen. Positiv ist festzustellen, dass die Europäische Kommission im Rahmen der Finanzierungstechniken von der Zuschussförderung wegkommen möchte. Die Wettbewerbsbeeinträchtigungen sollen so gering wie möglich gehalten werden. In diesem Zusammenhang wird mehrfach auf die Beihilfevorschriften verwiesen. Insgesamt erneuern die Leitlinien die bereits in den Reformen 1988 und 1993 genannten Grundsätze der Struktufondsförderung: Koordinierung, Programmplanung, Zusätzlichkeit und Partnerschaft. Die Leitlinien haben damit weder eine Konkretisierung des Förderrahmens zum Ziel noch wird die Zweck-Mittel-Analyse als Maßstab zur weiteren Ausgestaltung des Förderrahmens herangezogen.

Weiterhin ist im Rahmen der neuen Förderperiode die Reduzierung der Gemeinschaftsinitiativen kritisch zu sehen. Sicher ist es richtig, dass durch diese eine Reihe von zusätzlichen Programmen und Initiativen entstanden sind[385]. Demgegenüber konnte die Gemeinschaft über die Gemeinschaftsinitiativen spezifisch eigene Ziele verfolgen. Allein über dieses Institut war es möglich, eine originär europäische Förderung zu initiieren, bei der man die Förderzwecke weitgehend selbst bestimmen konnte. Mit der Reduzierung der Gemeinschaftsinitiativen besteht die Gefahr, dass die Gemeinschaft noch stärker zu einem bloßen Kofinanzier wird, der nur bedingt in der Lage ist, Einfluss auf die Bestimmung der Förderzwecke zu nehmen. Gesteht man der Gemeinschaft eine eigene Förderpolitik zu, so stellen die Gemeinschaftsinitiativen das Hauptinstrument derselben dar. Dieses wurde nun weitgehend beschränkt. Gerade für den Bereich der Beschäftigungssubventionen bedeutet dies, dass sämtliche Gemeinschaftsinitiativen – seien es nun mittelbare oder unmittelbare Beschäftigungssubventionen – wegfallen werden. Von einer Umsetzung der europäischen Beschäftigungsstrategie seitens der Europäischen Gemeinschaft kann dann aber nur bedingt die Rede sein.

Als insgesamt positiv ist der weitere Ausbau des Begleit-, Überwachungs- und Kontrollinstrumentariums zu bewerten. Der gesamte Titel IV widmet sich der Bewertung der Strukturfondsinterventionen. Die Begleitung der Maßnahmen erfolgt dabei nach Art. 35 RahmenVO 1999 durch sogenannte Begleitausschüsse. Diese prüfen insbesondere die Effizienz und Qualität der Durchführung. Art. 36 RahmenVO 1999 legt hierzu Indikatoren fest, die eine Bewertung der Maßnahmen ermöglichen sollen. Nach Art. 37 RahmenVO 1999 hat diesbezüglich ein jährlicher Durchführungsbericht sowie ein Schlussbericht der Intervention zu erfolgen. Die Art. 38, 39 RahmenVO 1999 bestimmen darüber hinaus die Finanzkontrolle[386]. Schließlich enthalten die Art. 40 – Art. 43 RahmenVO 1999 Bestimmungen zur Bewertung der verschiedenen Maßnahmen. Insoweit wird an die Grundsätze der bisherigen Bewertung angeknüpft. Im Ergebnis bestätigen die neuen Sturktur-

---

[385] *Europäische Kommission*, AGENDA 2000 – Eine stärkere und erweiterte Union, Beilage Nr. 5 zu Bull. EU, 1997, 25.

[386] Insoweit galten früher die Art. 19 – Art. 24 KoordinierungsVO 1993.

fondsVOen durchaus den guten Eindruck, der bereits durch die alten Bestimmungen entstanden war[387].

3. Zwischenergebnis

Folglich lässt sich für die neuen Strukturfondsverordnungen festhalten, dass sich diese in neuem Kleid präsentieren, ohne jedoch völlig entschlackt und vereinfacht worden zu sein. Die Zweckbestimmung wurde durch die neuen Verordnungen keineswegs verdichtet. Es wird sich indes zeigen, inwieweit die Programmebene hier noch nachbessern wird, damit auf europäischer Ebene eine hinreichende Zweckbestimmung stattfindet. Es bleibt zu befürchten, dass auch diese Chance vertan wird. Gelingt es nämlich der europäischen Förderrechtsebene nach wie vor nicht, maßgeblichen Einfluss auf die Förderzweckbestimmung zu nehmen, kann im Ergebnis nur schwerlich von einer europäischen Förderung gesprochen werden. Es bleibt dann bei dem Befund, dass auf der europäischen Ebene zwar viel geplant und programmiert wird, die wesentlichen Regelungen aber auf der Ebene der Mitgliedstaaten bestimmt werden. Kommt es im Ergebnis weiterhin zu einer Zweckbestimmung der europäischen Strukturfondsmittel durch die Mitgliedstaaten, so bleibt die Frage im Raum, welchen Nutzen die europäische Ebene letztlich bringt. Stellt diese nämlich lediglich eine Durchlaufstelle von Finanzmitteln dar, der es nicht gelingt eigene Förderzwecke zu setzen, so kann auf eine solche letztlich verzichtet werden und den Mitgliedstaaten die Finanzmittel direkt zur Verfügung gestellt werden.

V. Ausblicke

Anknüpfend an diesen Befund ergeben sich auf europäischer Ebene zwei gegensätzlich Pole, die sich in nächster Zukunft gegenüberstehen werden. Auf der einen Seite lassen sich Tendenzen erkennen, die zu einer verstärkten Kompetenz der Europäischen Gemeinschaft auf dem Gebiet der Beschäftigungsförderung führen. Gerade die Entwicklung und Herausbildung einer europäischen Beschäftigungsstrategie[388] zeigt, dass die Europäische Gemeinschaft gewillt ist, ihre Verantwortung zur Lösung der europäischen Beschäftigungskrise wahrzunehmen. Zumindest zeigt die Reform der Strukturfonds, dass die Europäische Gemeinschaft auch im Rahmen der Strukturfondsinterventionen Einfluss auf die Beschäftigungsförderung nehmen will. Dem Willen, eine verstärkt europäische Beschäftigungspolitik zu betreiben, steht das Interesse der Mitgliedstaaten entgegen, die Beschäftigungspolitik auch weiterhin dem nationalen Zuständigkeitsbereich zuzuordnen. Die europäischen

---

[387] Vgl. dazu oben 3. Teil, A., III., 6.
[388] Dazu oben 3. Teil, C., III., 2.

Strukturfonds wie auch die beschäftigungspolitischen Leitlinien, Pläne und Pakte sollen lediglich einen Rahmen für die eigenständige mitgliedstaatliche Beschäftigungsförderung vorgeben. Hierbei werden die Mitgliedstaaten darauf beharren, dass dieser Rahmen möglichst weit und unverbindlich ausgestaltet ist, um so eine im Wesentlichen selbstbestimmte Beschäftigungsförderung durchführen zu können. Vor dem Hintergrund der Zweck-Mittel-Analyse werden dabei die Defizite des europäischen Förderrechtsrahmens weitgehend bestehen bleiben, da eine grundlegende Reform bislang – auch durch die neuen Strukturfondsverordnungen – nicht gelang. Die weitere Programmplanungsebene, die Mitte 2000 abgeschlossen sein dürfte, wird daran ersichtlich wenig ändern[389].

Aufgrund dieser gegensätzlichen Interessenlage ist nun zu fragen, wohin die weitere Entwicklung führen wird. Betrachtet man die europäische Subventionierung lediglich als Durchlaufstelle mitgliedstaatlicher Finanzmittel, über welche die Mitgliedstaaten nahezu ohne europäische Zweckbestimmung verfügen können, so gelangt man im Ergebnis zu einem europäischen Finanzausgleichssystem. Vor allem die geringe Zweckbindung im Rahmen der Strukturfonds führt immer mehr in die Richtung eines „echten" Finanzausgleichs[390]. Die Nettozahler der Gemeinschaft erhalten – schon heute – nicht sämtliche geleistete Beiträge an die Gemeinschaft auch wieder zurück. Gerade aus Sicht des Nettozahlers Deutschlands wurde dieser Zustand immer wieder moniert[391], indes politisch bis heute akzeptiert und nicht beseitigt[392]. Noch deutlicher wird dies durch die neuen StrukturfondVOen und die Reduktion auf lediglich drei Ziele. Bedenkt man, dass nach Art. 7 Abs. 2 RahmenVO 1999 fast 70% der Strukturfondsmittel auf die Ziel-1-Gebiete fallen, so kann man schon heute von einem Finanzausgleich zwischen strukturstarken und strukturschwachen Regionen sprechen. Bezieht man in die Überlegungen des Weiteren mit ein, dass die Bestimmung der Förderzwecke – und damit die Verwendung der Finanzmittel – weitgehend über die Mitgliedstaaten erfolgt, so ist man insgesamt nicht weit vom Modell eines allgemeinen europäischen Finanzausgleichs entfernt. Nach wie vor stellt sich bei genauer Betrachtung der Einfluss der Gemeinschaft trotz der vielschichtigen Planungsebenen auf die Bestimmung der Förderzwecke als gering dar. Im Ergebnis können die Mitgliedstaaten das gesamte Spektrum an Beschäftigungs-, Regional-, Wirtschafts- und Strukturfördermaßnahmen durch die Strukturfonds kofinanzieren, ohne dass eine europäische Einflussnahme

---

[389] Siehe die Bewertung der neuen StrukturfondsVOen oben 3. Teil, C., IV., 2., c.

[390] *Grossekettler*, Koordinationsprobleme in der Europäischen Finanzpolitik: Das Pro und Kontra eines Europäischen Finanzausgleichs, in: Karl (Hrsg.), Die Koordination der Finanz-, Währungs- und Strukturpolitik der EU, S. 16 spricht angesichts der noch bestehenden Zweckbindung von einem indirekten aktiven Finanzausgleich.

[391] *Arbeitsgruppe der EU-Referenten der Länderfinanzressorts an die Finanzkonferenz (Hrsg.)*, Finanzbeziehungen der Bundesrepublik Deutschland zur Europäischen Union, S. 2 ff.

[392] Zu etwaigen Gründen *Grossekettler*, Koordinationsprobleme in der Europäischen Finanzpolitik: Das Pro und Kontra eines Europäischen Finanzausgleichs, in: Karl (Hrsg.), Die Koordination der Finanz-, Währungs- und Strukturpolitik der EU, S. 24.

der eigenen Fördermaßnahmen zu befürchten ist. Angesichts dieser Entwicklung ließe sich auf die gesamte Strukturfondsförderung in der jetzigen Ausprägung verzichten. Werden nämlich im Ergebnis keine originär europäischen Zwecke verfolgt, bedarf es auch keiner europäischen Förderebene. Die Folge wäre dann ein direkter aktiver Finanzausgleich europäischer Prägung. Die rechtlichen Probleme der Zweck-Mittel-Analyse wären damit zwar aus dem Weg geräumt, neue Probleme eines solchen europäischen Finanzausgleichssystems würden sich indes einstellen[393]. Um nun einen Ausgleich zwischen einer originär europäischen Beschäftigungsförderung und einem europäischen Finanzausgleichssystem herzustellen, sollen einige Leitlinien, die sich insbesondere auch am Maßstab der Zweck-Mittel-Analyse orientieren[394], aufgezeigt werden[395]:

- Jedes Finanzausgleichssystem (auch in Form der derzeitigen Strukturfonds) bedarf des politischen Konsenses und des Zusammengehörigkeitsgefühls der Beteiligten.

- Der Entwicklungsstand der beteiligten Regionen darf keinesfalls eine derartige Diskrepanz aufweisen, dass Ausgleichszahlungen in unverhältnismäßig hohem Umfang nötig würden.

- Voraussetzung eines funktionierenden Finanzausgleichs stellt nicht nur die Harmonisierung der Ausgabenseite, sondern auch der Einnahmenseite dar.

- Der Ausgleich darf nicht über frei verwendbare Zuweisungen erfolgen, sondern bedarf der zwingenden Zweckbindung.

- Der Ausgleich muss sich dabei an europäischen Gemeinwohlzielen ausrichten, welche durch die europäische Rechtsebene bestimmt werden.

- Hierbei wird der Gemeinschaft die Kompetenz einzuräumen sein, weitgehend selbst diese Zweckbestimmung vorzunehmen.

- Angesichts der fortschreitenden Entwicklung einer europäischen Beschäftigungsstrategie sollte die Gemeinschaft zu einer selbstbestimmten Beschäftigungsförderung in der Lage sein.

- Hierbei müsste man sich auf wenige Ziele beschränken. Die Programmplanung könnte vereinfacht und das Instrument der Gemeinschaftsinitiativen ausgebaut werden.

---

[393] Vgl. die Darstellung bei *Grossekettler,* Koordinationsprobleme in der Europäischen Finanzpolitik: Das Pro und Kontra eines Europäischen Finanzausgleichs, in: Karl (Hrsg.), Die Koordination der Finanz-, Währungs- und Strukturpolitik der EU, S. 15 ff.; *Hilligweg,* Beurteilung der Regionalpolitik der Europäischen Gemeinschaft und möglicher Weiterentwicklungskonzepte unter besonderer Berücksichtigung des Reformmodells einer finanzausgleichsorientierten Neugestaltung des Systems der EG-Regionalfonds, S. 2 ff.

[394] Allgemein zu den Kriterien oben 1. Teil, C.

[395] Teils in Anlehnung an *Grossekettler,* Koordinationsprobleme in der Europäischen Finanzpolitik: Das Pro und Kontra eines Europäischen Finanzausgleichs, in: Karl (Hrsg.), Die Koordination der Finanz-, Währungs- und Strukturpolitik der EU, S. 27.

Mit der Einhaltung dieser Leitlinien würden zum einen die Gefahren, die mit einem Finanzausgleichssystem verbunden wären, eingedämmt, zum anderen die Schwächen der Strukturfondsförderung beseitigt und schließlich der europäischen Entwicklung Rechnung getragen. Indes wird allein die weitere Zukunft zeigen, in welche Richtung sich die europäische Beschäftigungsförderung weiterentwickeln wird.

D. Ergebnis für europäische Beschäftigungssubventionen

Letztendlich hat sich für den Bereich der europäischen Beschäftigungssubventionen gezeigt, dass der dortige Förderrechtsrahmen nur bedingt den Anforderungen der Zweck-Mittel-Analyse gerecht wird. Insbesondere zeichnen sich die Regelungen durch weitgehend unbestimmte Zweckformulierungen aus. Demgegenüber ist die gesamte Programmplanung kompliziert und umfangreich ausgestaltet, das gesamte Regelungssystem trägt nur wenig zur Zweckkonkretisierung bei. Die europäische Förderrechtsebene hat auch gezeigt, welche Komplikationen das Zusammenwirken verschiedener Rechtsebenen auf europäischer und nationaler Seite mit sich bringt. Hierbei gibt die europäische Ebene derzeit einen sehr weiten Rahmen der Fördermöglichkeiten vor, den die Mitgliedstaaten weitgehend nach ihren Vorstellungen ausfüllen können. Aufgrund der geringen Wirkung der europäischen Ebene auf die Ausgestaltung des Förderrechtsrahmen sind Reformen dringend notwendig. Die derzeit stattfindende Programmplanung für die Förderperiode 2000 – 2006 vermag hier nur wenig neue Impulse zu bringen. Angesichts der weitgehenden Beibehaltung der Bestimmungen in den StrukturfondsVOen und der Herausbildung einer europäischen Beschäftigungsstrategie sollte die europäische Ebene verstärkt Einfluss auf die Zweckbestimmung nehmen. Eine europäische Beschäftigungsförderung lässt sich nur dann ausgestalten, wenn diese entscheidend von der europäischen Ebene geprägt wird. Dies gelingt indes nur, wenn der Förderrechtsrahmen im Sinne der Zweck-Mittel-Analyse weiterentwickelt wird.

4. Teil

Perspektiven eines Ordnungsrahmens

Im folgenden Schlussteil sollen nun Konsequenzen aus der Bewertung des Förderrechtsrahmens für Beschäftigungssubventionen an Unternehmen in den neuen Bundesländern gezogen werden und Perspektiven einer Weiterentwicklung des Ordnungsrahmens aufgezeigt werden. Festzuhalten ist zunächst, dass mit der Zweck-Mittel-Analyse ein Maßstab existiert, anhand dessen jeder Förderrechtsrahmen einer rechtlichen Bewertung unterzogen werden kann. Die Untersuchung des nationalen und europäischen Förderrechtsrahmens für Beschäftigungssubventionen hat gezeigt, dass dieser eine Reihe von Defiziten und Mängel aufweist, die es zu beheben gilt. Angesichts dieser Schwächen ist darüber hinaus zu fragen, inwieweit diese künftig verhindert werden können. Hierzu gilt es, den Ordnungsrahmen für Subventionen so zu erweitern, dass Mängel des Förderrechtsrahmens von vornherein erkannt und behoben werden können. Ansatzpunkt bildet dabei der Gedanke, die bestehenden Aufsichtsinstanzen dergestalt zu ergänzen, dass eine Prüfung des Förderrechtsrahmens am Maßstab der Zweck-Mittel-Analyse erfolgt, bevor eine Förderung umgesetzt wird. Der Maßstab der Zweck-Mittel-Analyse wird damit institutionalisiert, um präventiv Mängel im Förderrechtsrahmens zu beseitigen.

Hierzu wird zunächst das bestehende präventive Aufsichtsinstrumentarium zu analysieren sein, um anschließend den Maßstab der Zweck-Mittel-Analyse in dieses einfügen zu können. Ausgangspunkt bildet dabei die europäische Beihilfenkontrolle. Mit dieser hat sich eine präventive Aufsichtsinstanz etabliert, die Subventionen bzw. Beihilfen auf ihre Vereinbarkeit mit dem Recht der Europäischen Gemeinschaften kontrolliert. Damit findet eine Überprüfung des Förderrechtsrahmens auf europäischer Ebene statt. Zu fragen bleibt, inwieweit die europäische Beihilfenkontrolle auf Beschäftigungssubventionen anzuwenden ist und ob die Zweck-Mittel-Analyse als Prüfungsmaßstab in die europäische Beihilfenkontrolle integriert werden kann.

A. Europäische Beihilfenkontrolle

Die Europäische Beihilfenkontrolle nach den Art. 87 – Art. 89 EGV stellt eine wesentliche Säule der im VI. Titel 1. Kapitel des EGV normierten Wettbewerbsregeln dar. Komplementiert werden diese durch das Verbot wettbewerbsbeschränkender Vereinbarungen (Art. 81 EGV) sowie des Missbrauchs einer marktbeherrschenden Stellung (Art. 82 EGV)[1]. Ausgangspunkt der Wettbewerbsvorschriften bildet Art. 3 Abs. 1 lit.g EGV, wonach die Tätigkeit der Gemeinschaft ein System umfasst, das den Wettbewerb innerhalb des Binnenmarkts vor Verfälschungen schützt. Darin wird die grundsätzliche Zielrichtung der Europäischen Beihilfenkontrolle deutlich, die Verfälschung des Wettbewerbs und die Beeinträchtigung des Handels innerhalb des Gemeinsamen Marktes zu vermeiden[2]. Auf der einen Seite soll verhindert werden, dass durch staatliche Zuwendungen einheimische Produkte verbilligt angeboten und infolgedessen Importe aus anderen Mitgliedstaaten am Markt chancenlos werden. Auf der anderen Seite besteht die Gefahr des Protektionismus, da bei der Einfuhr verbilligter Produkte Wettbewerbsschranken zugunsten der einheimischen, nichtsubventionierten Wirtschaft errichtet werden oder aber ein Subventionswettlauf zwischen den Mitgliedstaaten stattfindet[3]. Die Regelungen über die Beihilfenkontrolle sind insgesamt vor diesem wettbewerbsrechtlichen Hintergrund zu sehen.

Daneben dienen die Beihilfenregelungen dem Ausgleich des Spannungsverhältnisses, das mit Blick auf Art. 2 EGV entsteht. Danach ist es Aufgabe der Gemeinschaft, eine harmonische, ausgewogene und nachhaltige Entwicklung des Wirtschaftslebens zu fördern und – damit eng verbunden – einen hohen Grad an Wettbewerbsfähigkeit und Konvergenz der Wirtschaftsleistungen zu gewährleisten. Nun zeigen die wirtschaftlichen Entwicklungen im Gemeinsamen Markt, dass allein der Wettbewerb eine solche Konvergenz innerhalb der Gemeinschaft nicht zu vollbringen vermag[4]. Trotz aller Skepsis und des grundsätzlich wettbewerbsschädigenden Charakters von Subventionen sind diese teilweise durchaus notwendig, um Chancengleichheit herzustellen und einen Wettbewerb überhaupt erst zu ermöglichen. Die Beihilfenregelungen dienen daher dem Ausgleich von freiem Wettbewerb einerseits und wirtschaftlicher Konvergenz andererseits. Ausgehend von diesen grundsätzlichen Überlegungen soll nun die Systematik der Beihilfenkontrolle dargestellt werden. Hierbei wird sich auf die charakteristischen Merkmale und Erscheinungsformen beschränkt, um so die wesentliche Zielrichtung der Beihilfenkontrolle herauszuarbeiten. Ziel ist es, die Grundstruktur der Beihilfen-

---

[1] Die früher geltende Vorschrift des Art. 91 EGV a.F. über innergemeinschaftliches Dumping wurde aufgehoben.

[2] *Bleckmann,* Europarecht, Rdnr. 2048; *Nicolaysen,* Europarecht II, § 33 I, S. 280; *Mederer,* Wolfgang, in: Groeben / Thiesing / Ehlermann (Hrsg.), Kommentar zum EU- / EG-Vertrag, Vorbemerkungen zu den Art. 92 bis 94 Rdnr. 1.

[3] So die Darlegung der allgemeinen Zielsetzung der Beihilfenkontrolle bei *Bleckmann,* Das System des Beihilfeverbots im EWG-Vertrag, WuV 1989, 79; *Nicolaysen,* Europarecht II, § 33 I, S. 280.

[4] *Mederer,* Wolfgang, in: Groeben / Thiesing / Ehlermann (Hrsg.), Kommentar zum EU- / EG-Vertrag, Vorbemerkungen zu den Art. 92 bis 94 Rdnr. 3; *Pieper,* Subventionsrecht und Verfahren, in: Salger (Hrsg.), Handbuch der europäischen Rechts- und Wirtschaftspraxis, § 37 Rdnr. 18.

kontrolle aufzuzeigen und den Maßstab der Zweck-Mittel-Analyse in diese einzuordnen.

I. Systematik der Beihilfenkontrolle

Betrachtet man nun die Systematik der Europäischen Beihilfenkontrolle, so lassen sich im Wesentlichen vier Regelungen erkennen. So stellt Art. 87 Abs. 1 EGV den Grundsatz auf, dass „soweit in diesem Vertrag nicht etwas anderes bestimmt ist, staatliche oder aus staatlichen Mitteln gewährte Beihilfen gleich welcher Art, die durch die Begünstigung bestimmter Unternehmen oder Produktionszweige den Wettbewerb verfälschen oder zu verfälschen drohen, mit dem Gemeinsamen Markt unvereinbar sind, soweit sie den Handel zwischen Mitgliedstaaten beeinträchtigen". Demgegenüber sind in Art. 87 Abs. 2 EGV sogenannte Legalausnahmen formuliert. Diese greifen kraft Vertrages bei Vorliegen der Tatbestandsvoraussetzungen ein und bedürfen keiner verfahrensmäßigen Bestätigung[5]. Ihrem Wesen nach tragen die in Art. 87 Abs. 2 EGV genannten Fälle besonderen Notsituationen Rechnung, in denen vielfach eine schnelle Hilfe in Form von Subventionen notwendig wird. Weitere Ausnahmemöglichkeiten finden sich in Art. 87 Abs. 3 EGV, wonach unter bestimmten Voraussetzungen die Europäische Kommission durch eine Ermessensentscheidung nach Art. 88 Abs. 3 S. 2 EGV Subventionen genehmigen kann. Die Ausnahmen setzen hierbei bei dem in Art. 87 Abs. 3 EGV näher definierten gesamteuropäischen Interesse an. Schließlich finden sich in Art. 87 Abs. 3 lit.e und Art. 88 Abs. 2 UAbs. 3 EGV Generalklauseln, nach denen der Rat sonstige Arten von Beihilfen zulassen, bzw. mit dem Gemeinsamen Markt vereinbar erklären kann. Diese materiell rechtlichen Regelungen sind in das durch Art. 88 EGV bestimmte Verfahren eingebettet. Wesentlich ist hierbei, dass einerseits in Abs. 1 eine repressive Überwachung bestehender Beihilfen, andererseits in Abs. 3 eine präventive Kontrolle beabsichtigter Beihilfen installiert wurde[6].

Um die Funktion und Systematik der Beihilfenkontrolle zu verstehen, ist es notwendig, eine dogmatische Einordnung derselben vorzunehmen. Insbesondere lässt sich mit einer Bestimmung des Rechtscharakters der Beihilferegelungen das Verhältnis zum Maßstab der Zweck-Mittel-Analyse leichter herausarbeiten.

---

[5] *Nicolaysen,* Europarecht II, § 33 IV, S. 287; *Schweitzer/Hummer,* Europarecht, Rdnr. 1309; *Streinz,* Europarecht, Rdnr. 852.

[6] *Beutler/Bieber/Pipkorn/Streil,* Die Europäische Union, S. 371 ff.; *Nicolaysen,* Europarecht II, § 33 V, S. 294; *Pieper,* Subventionsrecht und Verfahren, in: Salger (Hrsg.), Handbuch der europäischen Rechts- und Wirtschaftspraxis, § 37 Rdnr. 67 ff.; *Schweitzer/Hummer,* Europarecht, Rdnr. 1311 ff.; *Streinz,* Europarecht, Rdnr. 857 ff.

1. Rechtscharakter der Beihilferegelungen

Betrachtet man die Beihilferegelungen, so ergibt sich hieraus zunächst der Problemkreis, welche Rechtsnatur diese besitzen und wie sich dieses systematisch einordnen lassen[7]. Blickt man zunächst auf Art. 87 Abs. 1 EGV, so ließe sich ein allgemeines Subventionsverbot annehmen[8]. Ein solcher Verbotscharakter lässt sich indes nur schwerlich mit den Beihilferegelungen und der Systematik derselben vereinbaren[9]. Folglich wird Art. 87 Abs. 1 EGV zwar durchaus als grundsätzliches Beihilfeverbot gesehen, jedoch bildet die Vorschrift des Abs. 2 dazu eine Legalausnahme und Abs. 3 ermöglicht die Genehmigung staatlicher Beihilfen[10]. Demnach handelt es sich bei Art. 87 Abs. 1 EGV keinesfalls um ein absolutes Beihilfeverbot, sondern dieses wird durch die weiteren Vorschriften weitgehend relativiert[11]. Dem entspricht auch die Tatsache, dass Art. 87 Abs. 1 EGV im Gegensatz zu Art. 4 lit.c EGKS bzw. den Wettbewerbsregelungen der Art. 81 Abs. 1, Art. 82 S. 1 EGV kein ausdrückliches Verbot postuliert, sondern lediglich eine Unvereinbarkeit von staatlichen Beihilfen mit dem Gemeinsamen Markt konstatiert[12]. Zudem würde ein völliges Subventionsverbot den in Art. 2 EGV formulierten Aufgaben nicht gerecht, wonach Subventionen gerade eine Maßnahme zur Entwicklung des Wirtschaftslebens, insbesondere zur Förderung des Strukturwandels darstellen können[13].

---

[7] Eine ausführliche Darstellung des Problemkreises findet sich bei *Schümann,* Wirtschaftsförderung für die neuen Bundesländer im Lichte des EWGV, S. 150 ff.

[8] *Koch,* Beihilfen nach dem EWG-Vertrag, insbesondere Unterstützungen des Staates für eigene Unternehmen, S. 1; *Scherer,* Josef, Die Wirtschaftsverfassung der EWG, S. 147.

[9] Eine genaue Begründung nimmt *Schümann,* Wirtschaftsförderung für die neuen Bundesländer im Lichte des EWGV, S. 154 ff. vor.

[10] Vgl. hierzu mit durchaus differenzierten Betrachtungen *Börner,* Gutachten zur Vereinbarkeit des sogenannten Claes Plans mit dem EWG-Vertrag, in: Börner / Neundörfer (Hrsg.), Recht und Praxis der Beihilfen im Gemeinsamen Markt, S. 144; *Haneklaus,* Regionalpolitik in der Europäischen Gemeinschaft, S. 93 ff.; *Hoischen,* Die Beihilferegelung in Artikel 92 EWGV, S. 41 ff.; *Lefèvre,* Staatliche Ausfuhrförderung und das Verbot wettbewerbsverfälschender Beihilfen im EWG-Vertrag, S. 107; *Nicolaysen,* Europarecht II, § 33 IV, S. 287; *Püttner / Spannowsky,* Das Verhältnis der europäischen Regionalpolitik zur deutschen Regionalpolitik, S. 145; *Rüber,* Die Konkurrentenklage deutscher Unternehmer gegen wettbewerbsverzerrende Subventionen im Gemeinsamen Markt, NJW 1971, 2099; *Seidel,* Das Verwaltungsverfahren in Beihilfesachen, EuR 1985, 41.

[11] So auch die Bewertung des EuGH – Steinike und Weinlig / Deutschland, 78 / 76 – Slg. 1977, 595.

[12] In der Argumentation ähnlich *Berg,* Zonenrandförderung, S. 47; *Götz,* Subventionen aus Gemeinschaftsmitteln, in: Börner / Bullinger (Hrsg.), Subventionen im Gemeinsamen Markt, S. 395 ff.; *Leibrock,* Vereinbarkeit eines Regionalförderprogramms mit dem Gemeinschaftsrecht, NJW 1989, 1416; *Lefèvre,* Staatliche Ausfuhrförderung und das Verbot wettbewerbsverfälschender Beihilfen im EWG-Vertrag, S. 104 ff.; *Mederer,* Wolfgang, in: Groeben / Thiesing / Ehlermann (Hrsg.), Kommentar zum EU- / EG-Vertrag, Art. 92 Rdnr. 1.

[13] *Lefèvre,* Staatliche Ausfuhrförderung und das Verbot wettbewerbsverfälschender Beihilfen im EWG-Vertrag, S. 106; *Mederer,* Wolfgang, in: Groeben / Thiesing / Ehlermann (Hrsg.), Kommentar zum EU- / EG-Vertrag, Vorbemerkung zu den Art. 92 bis 94 Rdnr. 3; *Schümann,* Wirtschaftsförderung für die neuen Bundesländer im Lichte des EWGV, S. 157.

2. Grundrechtsdogmatische Einordnung

Versucht man eine dogmatische Einordnung der Beihilfenregelungen, so lässt sich ein grundrechtsdogmatischer Ansatz wählen. Ausgangspunkt bildet das vom EuGH[14] entwickelte und anerkannte Grundrecht der Wettbewerbsfreiheit[15]. Es handelt sich dabei um ein Gemeinschaftsgrundrecht, das aus den Bestimmungen des EGV, den mitgliedstaatlichen Verfassungsüberlieferungen sowie der EMRK hergeleitet werden kann[16]. Dieses ist in seinem Schutzbereich weit zu verstehen und umfasst jegliche Form der individuellen wirtschaftlichen Betätigung[17]. Eine Ausprägung dieses Gemeinschaftsgrundrechts der Wettbewerbsfreiheit stellen die Beihilferegelungen dar. Betrachtet man staatliche Beihilfen unter dem grundrechtlichen Aspekt der Wettbewerbsfreiheit, so konkretisieren die Beihilferegelungen für diesen Bereich das weiter gefasste Gemeinschaftsgrundrecht der Wettbewerbsfreiheit. Die Regelungen sind im Ergebnis Ausfluss der Wettbewerbsfreiheit. Nach Art. 87 Abs. 1 EGV sind Beihilfen aufgrund ihres den Wettbewerb behindernden Charakters grundsätzlich mit der Wettbewerbsfreiheit unvereinbar. Dieser Grundsatz stellt nicht nur eine objektive Leitentscheidung dar, sondern bietet – wie gesagt – auch individualrechtlichen Schutz[18]. Verlangt Art. 87 Abs. 1 EGV den wirksamen Schutz des allgemeinen Wettbewerbs als Institution, so vermag man die individuelle Wettbewerbsfreiheit hiervon kaum zu trennen, sondern muss diese als integralen Bestandteil eines objektiv funktionierenden Marktes betrachten. Folglich beschreibt Art. 87 Abs. 1 EGV den Schutzbereich der Wettbewerbsfreiheit im Falle staatlichen Handelns mittels Beihilfen. Die Art. 87 Abs. 2 und 3 EGV stellen

---

14 Ein solches ist inzwischen anerkannt vgl. EuGH – Fruit / Company, 44 / 70 – Slg. 1971, 427 (429); EuGH – Nold / Kommission, 4 / 73 – Slg. 1974, 491 (507); EuGH – Maizena, 139 / 79 – Slg. 1980, 3393 (3421 ff.); EuGH – Walter Rau Lebensmittelwerke und andere / Bundesanstalt für landwirtschaftliche Marktordnung, 133 – 136 / 85 – Slg. 1987, 2289 (2339).

15 Vgl. dazu schon oben 1.Teil, B., III., 1., b.

16 Zur dogmatischen Herleitung von Gemeinschaftsgrundrechten *Bleckmann,* Die Rechtsquellen des Europäischen Gemeinschaftsrechts, NVwZ 1993, 827; *Bleckmann / Pieper,* Maastricht – die grundgesetzliche Ordnung und die Superrevisionsinstanz, RIW 1993, 972; *Pernice,* Gemeinschaftsverfassung und Grundrechtsschutz, NJW 1990, 2413; *Frowein,* Eigentumsschutz im Europarecht, in: Grewe / Rupp / Schneider (Hrsg.), Europäische Gerichtsbarkeit und nationale Verfassungsgerichtsbarkeit, Festschrift für Hans Kutscher, S. 196; *Schwarze,* Europäisches Verwaltungsrecht II, S. 689 ff.; *Schweitzer,* Staatsrecht III, Rdnr. 399.

17 Dazu *Ipsen,* Europäisches Gemeinschaftsrecht, S. 608; *Löw,* Der Rechtsschutz des Konkurrenten gegenüber Subventionen aus gemeinschaftsrechtlicher Sicht, S. 79; *Pernice,* Grundrechtsgehalte im Europäischen Gemeinschaftsrecht, S. 124; *Zieger,* Die Rechtsprechung des EuGH – Eine Untersuchung der Allgemeinen Rechtsgrundsätze, JöR 1973, 318.

18 *Bleckmann,* Europarecht, Rdnr. 108; *Haverkate,* Subventionsrecht, in: Schmidt, Reiner (Hrsg.), Öffentliches Wirtschaftsrecht BT1, § 4 Rdnr. 70; *Löw,* Der Rechtsschutz des Konkurrenten gegenüber Subventionen aus gemeinschaftsrechtlicher Sicht, S. 79; *Pernice,* Grundrechtsgehalte im Europäischen Gemeinschaftsrecht, S. 123; *Pieper,* Subventionsrecht und Verfahren, in: Salger (Hrsg.), Handbuch der europäischen Rechts- und Wirtschaftspraxis, § 37 Rdnr. 16.

demgegenüber Schrankenregelungen dar, über die das staatliche Handeln mittels Beihilfen gerechtfertigt werden kann[19].

Im Ergebnis fügen sich die Regelungen der Art. 87 ff. EGV daher in die europäische Grundrechtsdogmatik ein. Ähnlich der Zweck-Mittel-Analyse[20] sind folglich auch die Beihilfenregelungen im Kontext der Gemeinschaftsgrundrechte zu sehen. Es wird daher im weiteren Verlauf zu fragen sein, welche Prüfungen im Rahmen der Beihilfenkontrolle mit Blick auf Beschäftigungssubventionen vorgenommen werden und in welchem Verhältnis dazu der Maßstab der Zweck-Mittel-Analyse steht.

II. Unvereinbarkeit von Beihilfen

Wesentliche Grundlage der Beihilfenkontrolle bildet Art. 87 Abs. 1 EGV, wonach „soweit in diesem Vertrag nicht etwas anderes bestimmt ist, staatliche oder aus staatlichen Mitteln gewährte Beihilfen gleich welcher Art, die durch die Begünstigung bestimmter Unternehmen oder Produktionszweige den Wettbewerb verfälschen oder zu verfälschen drohen, mit dem Gemeinsamen Markt unvereinbar sind, soweit sie den Handel zwischen Mitgliedstaaten beeinträchtigen". Ausgangspunkt und entscheidende Hürde für die Anwendbarkeit der Beihilfevorschriften ist, dass es sich bei der mitgliedstaatlichen Maßnahme um eine Beihilfe im Sinne des Art. 87 Abs. 1 EGV handeln muss.

1. Begriff der Beihilfe

Der Beihilfenbegriff wird in erster Linie durch die Judikatur des EuGH und die Kasuistik der Europäischen Kommission bestimmt, wobei diese ein weites Begriffsverständnis zugrunde legen. Anknüpfend an den Wortlaut des Art. 87 Abs. 1 EGV, der ausdrücklich von *Beihilfen gleich welcher Art* spricht, soll möglichst jede nationale Wirtschaftsförderungsmaßnahme auf ihre Vereinbarkeit mit dem Gemeinsamen Markt hin überprüft werden können[21]. Unabhängig von den Zielen oder Zwecken einer Förderung ist allein die begünstigende Wirkung entscheidend[22]. Als Beihilfe gilt dabei jede Vergünstigung bar ihrer Form, die sich für das geförderte Unternehmen oder den Wirtschaftszweig als wirtschaftlicher Vorteil[23]

---

[19] Das Problem des Verhältnisses der weiteren im EGV genannte Ausnahmen zur Unvereinbarkeit von Beihilfen kann hier außer Betracht bleiben, da diese im Wesentlichen den Agrar-, Verkehrs- und Exportbereich betreffen: Für eine Einbeziehung in die Schrankensystematik spricht sich *Haverkate,* Subventionsrecht, in: Schmidt, Reiner (Hrsg.), Öffentliches Wirtschaftsrecht BT1, § 4 Rdnr. 72 aus.

[20] Siehe dazu schon oben 1.Teil, B., I., 2. sowie oben 1.Teil, B., III., 1., b.

[21] EuGH – Kommission / Frankreich, 290 / 83 – Slg. 1985, 448.

[22] EuGH – Italien / Kommission, 173 / 73 – Slg. 1974, 709.

darstellt[24]. Erfasst werden folglich neben Leistungsgewährungen[25] sowohl Belastungsverminderungen[26] als auch Kapitalbeteiligungen an Unternehmen[27]. Demgegenüber werden unfreiwillig erbrachte Leistungen in ständiger Rechtsprechung[28] aus dem Beihilfebegriff genommen. Diesem weiten Begriffsverständnis folgend hat die Kommission Fallgruppen gebildet, nach denen beispielsweise „Zuschüsse, Befreiung von Steuern und Abgaben, Zinszuschüsse, Übernahme von Bürgschaften zu besonders günstigen Bedingungen, unentgeltliche oder besonders preiswerte Überlassung von Gebäuden oder Grundstücken, Liefern von Gütern und Dienstleistungen zu Vorzugsbedingungen, Übernahme von Verlusten oder *jede andere Maßnahme gleicher Wirkung*"[29] dem Beihilfenbegriff unterstellt werden können[30].

Im Ergebnis wird der Beihilfenbegriff kaum durch einheitliche Kriterien festgelegt. Vielmehr kann dieser als entwicklungsoffen und flexibel bezeichnet werden[31]. Dies wird dem Wortlaut wie auch dem Sinn und Zweck des Art. 87 Abs. 1

---

[23] Es wird teilweise in Bezug auf das Steinike und Weinlig-Urteil diskutiert, ob nicht eine Unentgeltlichkeit des Vorteils erforderlich sei. Angesichts der Besonderheiten des Falles und eines möglichst weiten Beihilfebegriffs wird das Merkmal der Unentgeltlichkeit diesem Erfordernis nicht gerecht; vgl. EuGH – Steinike und Weinlig / Deutschland, 78 / 76 – Slg. 1977, 595 (613); ferner *Faber*, Europarechtliche Grenzen kommunaler Wirtschaftsförderung, S. 98 ff.; *Hoischen*, Die Beihilferegelung in Artikel 92 EWGV, S. 51 ff.; *Schümann*, Wirtschaftsförderung für die neuen Bundesländer im Lichte des EWGV, S. 167 ff.

[24] EuGH – Griechenland / Kommission, 57 / 86 – Slg.1988, 2869 (2871); EuGH – Deufil / Kommission, 310 / 85 – Slg. 1987, 921 (924).

[25] Ausgangspunkt ist dabei das Schichtprämienurtcil des EuGH – De Gesamenlijke Steenkolenmijnen in Limburg / Hohe Behörde – Slg. 1961, 1 ff. zu Art. 4c EGKSV, wobei eine erste Begriffbestimmung der Beihilfe im Verhältnis zum Subventionsbegriff erfolgt.

[26] EuGH – Italien / Kommission, 173 / 33 – Slg.1974 1974, 718; EuGH – Banco Exterior de Espana SA / Ayuntamiento de Valencia, C-387 / 92 – Slg.1994, I-907.

[27] Maßstab ist dabei die Frage, inwieweit sich ein privater Investor ebenfalls zu einer Kapitalbeteiligung veranlasst sehen könnte, vgl. EuGH – Italien / Kommission, C-305 / 89 – Slg.1991, I-1603; EuGH – Italien / Kommission, C-261 / 89 – Slg. 1991, 4458; EuGH – Frankreich / Kommission, 301 / 87 – Slg.1990, I-0307.

[28] EuGH – Amministrazione delle finanze dello stato / Denkavit, 61 / 79 – Slg. 1980, 1228; EuGH – Amministrazione delle finanze dello stato / Ariete, 811 / 79 – Slg. 1980, 2555; EuGH – Amministrazione delle finanze dello stato / Mireco, 826 / 79 – Slg. 1980, 2575; EuGH – Asteris / Griechische Republik, 106 bis 120 / 87 – Slg. 1988, 5540.

[29] Aufgrund dieser Öffnungsklausel (die Hervorhebung findet sich schon im Original) wurde der Katalog noch weiter ergänzt; vgl. zu Steuerbefreiungen, Entscheidung der Kommission vom 23. 7. 1971, ABl. L 179 / 37; zur Investitionsförderung, Entscheidung der Kommission in der Rechtssache 730 / 79 – Philip Morris – Slg. 1980, 2678; weitere Beispiele in der Antwort der Kommission im Jahre 1982 auf die schriftliche Anfrage des Abgeordneten Welsh, ABl. C 221 / 5.

[30] Antwort der Europäischen Kommission auf die schriftliche Anfrage Nr. 48 / 63 des Abgeordneten Burgbacher, ABl. vom 17. 8. 1963, S. 2235.

[31] *Bleckmann*, Europarecht, Rdnr. 2051; *Hoischen*, Die Beihilferegelung in Artikel 92 EWGV, S. 6; *Pieper*, Subventionsrecht und Verfahren, in: Salger (Hrsg.), Handbuch der europäischen Rechts- und Wirtschaftspraxis, § 37 Rdnr. 39.

EGV gerecht. Sämtliche Versuche in der Literatur[32], begrenzende Kriterien einzuführen oder gar die weiteren Tatbestandsmerkmale des Art. 87 Abs. 1 EGV bereits in den Beihilfenbegriff zu integrieren, können als verfehlt und wenig hilfreich bezeichnet werden, da sie letztlich dem Verständnis einer umfassenden Kontrolle staatlicher Fördermaßnahmen durch das Beihilferegime nicht gerecht werden[33]. Auch im Verhältnis zum nationalen Subventionsbegriff[34], der selbst als uneinheitlich bezeichnet werden kann, lässt sich konstatieren, dass weitgehend inhaltliche Deckungsgleichheit festzustellen ist, da der nationale Subventionsbegriff letztlich im Beihilfenbegriff aufgeht[35]. Der dieser Arbeit zugrunde gelegte Subventionsbegriff[36] greift gerade den Gedanken der europäischen Rechtsebene auf, möglichst alle wettbewerbsbeeinträchtigende Fördermaßnahmen unabhängig von ihrer Form, Gewährung oder Zweckrichtung dem Ordnungsrahmen des Subventionsrechts zu unterstellen. Die europäische Beihilfenkontrolle erfährt dabei die wesentliche Eingrenzung durch die Tatbestandsmerkmale des Art. 87 Abs. 1 EGV.

---

[32] So die Versuche charakteristische Kriterien des Beihilfenbegriffes herauszuarbeiten, vgl. *Bleckmann,* Subventionsprobleme des GATT und der EG (Gutachten für den 55. Deutschen Juristentag, RabelsZ 1984, 442; *Faber,* Europarechtliche Grenzen kommunaler Wirtschaftsförderung, S. 105 ff.; *Götz,* Recht der Wirtschaftssubventionen, S. 23; *Hoischen,* Die Beihilferegelung in Artikel 92 EWGV, S. 6 ff.; *Koch,* Beihilfen nach dem EWG-Vertrag, insbesondere Unterstützungen des Staates für eigene Unternehmen, S. 85; *Lefèvre,* Staatliche Ausfuhrförderung und das Verbot wettbewerbsverfälschender Beihilfen, S. 115; *Mederer, Wolfgang,* in: Groeben / Thiesing / Ehlermann (Hrsg.), Kommentar zum EU- / EG-Vertrag, Art. 92 Rdnr. 4 ff.; *Müller-Graff,* Die Erscheinungsformen der Leistungssubventionstatbestände aus wirtschaftsrechtlicher Sicht, ZHR 1988, 416 ff.; *Ose,* Beihilfen und Maßnahmen gleicher Wirkung wie mengenmäßige Beschränkungen im Recht der EWG, S. 55; *Püttner / Spannowsky,* Das Verhältnis der europäischen Regionalpolitik zur deutschen Regionalpolitik, S. 151 ff.; *Rengeling,* Europäisches Gemeinschaftsrecht als Ordnungsrahmen für Subventionen, JZ 1984, 798; *Rolfes,* Regionale Wirtschaftsförderung und EWG-Vertrag, S. 74; *Schernthanner,* Das materielle Beihilfeaufsichtsrecht nach dem EWG-Vertrag, S. 19 ff.

[33] So im Ergebnis auch *Bleckmann,* Das System des Beihilfeverbots im EWG-Vertrag, WuV 1989, 82; *Nicolaysen,* Europarecht II, § 33 II, 280 ff.; *Pieper,* Subventionsrecht und Verfahren, in: Salger (Hrsg.), Handbuch der europäischen Rechts- und Wirtschaftspraxis, § 37 Rdnr. 38; *Reufels,* Europäische Subventionskontrolle durch Private, S. 39; *Schümann,* Wirtschaftsförderung für die neuen Bundesländer im Lichte des EWGV, S. 176.

[34] Vgl. die Ausführungen dazu oben 1.Teil, A., I.

[35] Für die Abgrenzung von Subventionen und Beihilfen hat der EuGH ausgeführt, dass „der Begriff der Beihilfe weiter ist als der der Subvention, denn er umfasst nicht nur positive Leistungen wie Subventionen selbst, sondern auch Maßnahmen, die in verschiedener Form die Belastungen mindern, welche ein Unternehmen normalerweise zu tragen hat und somit zwar keine Subventionen im strengen Sinne des Wortes darstellen, diesen aber nach Art und Wirkung gleichstehen", EuGH – De gesamelijke Steenkolenmijnen in Limburg / Hohe Behörde, 30 / 59 – Slg. 1961, 42.

[36] Vgl. dazu die Herleitung des Subventionsbegriffs vor dem Hintergrund der europäischen Rechtsebene, insbesondere oben 1.Teil, A., I., 2.

2. Staatlich oder aus staatlichen Mitteln gewährt

So fordert Art. 87 Abs. 1 EGV, dass die Beihilfe aus staatlichen oder aus staatlich gewährten Mitteln erfolgen muss. Die erste Alternative umfasst hierbei die unmittelbar staatlichen Instanzen, wie den Bund bzw. die Länder und deren öffentliche Körperschaften. Ergänzend werden von der zweiten Alternative dann die Beihilfen erfasst, die zwar von nichtstaatlichen Stellen gewährt, jedoch mit staatlichen Haushaltmitteln finanziert werden[37]. Zu nennen sind hierbei die Gemeinden[38], aber auch alle anderen Einrichtungen der Mitgliedstaaten, unabhängig von ihrem Status oder ihrer Bezeichnung, wie beispielsweise Banken oder Privatunternehmen in Staatsbesitz[39]. Sinn und Zweck dieser Ergänzung ist es zu verhindern, dass die Mitgliedstaaten die Beihilfevorschriften umgehen, indem sie nichtstaatliche Institutionen bei der Beihilfegewährung zwischenschalten[40]. Insgesamt ist entscheidend auf die Zurechenbarkeit der Beihilfe zum staatlichen Tätigkeitskreis abzustellen[41]. Die staatliche Zurechenbarkeit ist zweifelsfrei zu bejahen, wenn unmittelbar staatliche Instanzen in Erscheinung treten bzw. mittelbar solche, die allein der Entscheidungsgewalt des Staates unterstehen.

Problematisch sind dabei die Konstellationen, in denen die staatliche Zurechenbarkeit zweifelhaft erscheint. So muss bei Privatunternehmen mit staatlicher Beteiligung die Einflussmöglichkeit des Staates[42] derart stark sein, dass nicht mehr von

---

37 EuGH – Deutschland / Kommission, 248 / 84 – Slg. 1987, 4041.

38 Dies klarstellend *Müller-Graff,* Die Erscheinungsformen der Leistungssubventionstatbestände aus wirtschaftsrechtlicher Sicht, ZHR 1988, 412 ff.; *Nicolaysen,* Europarecht II, § 33 II, S. 282; *Ose,* Beihilfen und Maßnahmen gleicher Wirkung wie mengenmäßige Beschränkungen im Recht der EWG, S. 41 ff.; *Rengeling,* Das Beihilferecht der Europäischen Gemeinschaften, in: Börner / Neundörfer (Hrsg.), Recht und Praxis der Beihilfen im Gemeinsamen Markt, S. 29; *Rolfes,* Regionale Wirtschaftsförderung und EWG-Vertrag, S. 79; dieses Problem für erledigt erachtet *Mederer, Wolfgang,* in: Groeben / Thiesing / Ehlermann (Hrsg.), Kommentar zum EU- / EG-Vertrag, Art. 92 Rdnr. 13.

39 EuGH – Van der Kooy / Kommission, 70 / 85 – Slg. 1988, 271.

40 *Faber,* Europarechtliche Grenzen kommunaler Wirtschaftsförderung, S. 92; *Hoischen,* Die Beihilferegelung in Artikel 92 EWGV, S. 43; *Koch,* Beihilfen nach dem EWG-Vertrag, insbesondere Unterstützungen des Staates für eigene Unternehmen, S. 5; *Lefèvre,* Staatliche Ausfuhrförderung und das Verbot wettbewerbsverfälschender Beihilfen im EWG-Vertrag, S. 117; *Mederer, Wolfgang,* in: Groeben / Thiesing / Ehlermann (Hrsg.), Kommentar zum EU- / EG-Vertrag, Art. 92 Rdnr. 13; *Rengeling,* Das Beihilferecht der Europäischen Gemeinschaften, in: Börner / Neundörfer (Hrsg.), Recht und Praxis der Beihilfen im Gemeinsamen Markt, S. 29.

41 Dies deutlich herausstellend *Müller-Graff,* Die Erscheinungsformen der Leistungssubventionstatbestände aus wirtschaftsrechtlicher Sicht, ZHR 1988, 412 ff.

42 Sei es durch hoheitliche Befugnisse, durch Finanzierung, durch Kapitalbeteiligung oder faktische Einflussnahme; vgl. EuGH – Steinike und Weinlig / Deutschland, 78 / 76 – Slg. 1977, 595 ff.; EuGH – Kommission / Irland, 249 / 81 – Slg. 1982, 4021; EuGH – Kommission / Frankreich, 290 / 83 – Slg. 1985, 449; EuGH – Deutschland / Kommission, 248 / 84 – Slg. 1987, 4041 ff.; EuGH – Van der Kooy / Kommission, 70 / 85 – Slg. 1988, 272.

einer eigenen Entscheidungsautonomie des Unternehmens gesprochen werden kann[43]. Als problematisch gilt auch die Frage, ob noch von einer staatlichen Unterstützung gesprochen werden kann, wenn beispielsweise die Beihilfe über Sonderabgaben durch die betroffenen Unternehmen selbst finanziert werden, ohne dass es zu einer Belastung der öffentlichen Haushalte kommt[44]. Auch hier lässt sich die staatliche Zurechenbarkeit bejahen[45], wenn man bedenkt, dass es sich um Zwangsbeiträge handelt, die staatlich angeordnet sind und deren Verteilung wiederum staatlich reglementiert wird[46]. Insgesamt kommt es bei der Bewertung entscheidend darauf an, wie stark der staatliche Einfluss ist. Überwiegt die Entscheidungsautonomie des Trägers, der Einrichtung oder des Unternehmens, so wird man eine Zurechnung verneinen müssen. Das faktische „Gepräge" der Gewährung der Beihilfe ist im Ergebnis maßgeblich.

---

[43] Einen wichtigen Rahmen hierfür bietet die von der Kommission erlassene Richtlinie 80/723/EWG über die Transparenz der finanziellen Beziehungen zwischen den Mitgliedstaaten und den öffentlichen Unternehmen vom 25. 6. 1985, ABl. L 195/1 vom 29. 7. 1980, geändert durch die Richtlinie 85/413/EWG der Kommission vom 25. 7. 1985, ABl. L 229/1 vom 28. 8. 1985, geändert durch die Richtlinie 93/84/EWG der Kommission vom 30. 9. 1993, ABl. L 254/1 vom 12. 10. 1993; ferner die Mitteilung der Kommission an die Mitgliedstaaten zur Anwendung der Art. 92 und 93 EWG-Vertrag und des Artikels 5 der Kommissionsrichtlinie 80/723/EWG über öffentliche Unternehmen in der verarbeitenden Industrie, ABl. C 307/3 vom 13. 11. 1993. Außerhalb des Geltungsbereichs der Richtlinie können dennoch Schwierigkeiten bei staatlichen Minderheitsbeteiligungen auftreten, vgl. EuGH – Van der Kooy/Kommission, 67, 68 und 70/85 – Slg. 1988, 263 ff.; hierzu auch *Müller-Graff,* Die Erscheinungsformen der Leistungssubventionstatbestände aus wirtschaftsrechtlicher Sicht, ZHR 1988, 413; *Schümann,* Wirtschaftsförderung für die neuen Bundesländer im Lichte des EWGV, S. 183 ff.

[44] Die Anwendbarkeit des Art. 87 Abs. 1 EGV ablehnend *Faber,* Europarechtliche Grenzen kommunaler Wirtschaftsförderung, S. 94; *Hoischen,* Die Beihilferegelung in Artikel 92 EWGV, S. 32 ff.; *Müller-Graff,* Die Erscheinungsformen der Leistungssubventionstatbestände aus wirtschaftsrechtlicher Sicht, ZHR 1988, 423; *Ose,* Beihilfen und Maßnahmen gleicher Wirkung wie mengenmäßige Beschränkungen im Recht der EWG, S. 51 ff.; *Pieper,* Subventionsrecht und Verfahren, in: Salger (Hrsg.), Handbuch der europäischen Rechts- und Wirtschaftspraxis, § 37 Rdnr. 42 ff.; *Rolfes,* Regionale Wirtschaftsförderung und EWG-Vertrag, S. 75.

[45] *Koppensteiner,* Das Subventionsverbot im EGKSV, S. 109; *Mederer, Wolfgang,* in: Groeben/Thiesing/Ehlermann (Hrsg.), Kommentar zum EU-/EG-Vertrag, Art. 92 Rdnr. 15; *Nicolaysen,* Europarecht II, § 33 II, S. 283; *Reufels,* Europäische Subventionskontrolle durch Private, S. 41; *Schümann,* Wirtschaftsförderung für die neuen Bundesländer im Lichte des EWGV, S. 186 ff.

[46] So die Rechtsprechung EuGH – Frankreich/Kommission, 47/69 – Slg. 1970, 496; EuGH – Italien/Kommission, 173/73 – Slg. 1974, 720; EuGH – Steinike und Weinlig/Deutschland, 78/76 – Slg. 1977, 612; EuGH – Kommission/Italien, 22/79 – Slg. 1980, 1429; EuGH – Frankreich/Kommission, 259/85 – Slg. 1987, 4418; EuGH – Compagnie commerciale de l'Ouest, C-78 und 83/90 – Slg. 1992, I-1882; ferner *Generalanwalt Rozès,* EuGH – Lewis, 222/82 – Slg. 1982, 4133.

3. Beihilfeempfänger

Die Beihilfevorschriften sind lediglich dann anwendbar, wenn bestimmte Unternehmen[47] oder Produktionszweige[48] begünstigt werden. Als Begünstigte kommen daher alle Wirtschaftsgruppen, die zum Unternehmenssektor gerechnet werden können[49]. Dagegen zählen Privatpersonen, kirchliche oder gemeinnützige Einrichtungen, lediglich kulturelle oder soziale Institutionen sowie wirtschaftsferne Forschungseinrichtungen nicht zum Kreis der Beihilfeadressaten, da hierbei keinerlei wirtschaftlicher Bezug festzustellen ist[50]. Andererseits kommen als Beihilfeempfänger aber öffentliche Unternehmen in Betracht[51]. Dies wird durch Art. 90 Abs. 1 EGV[52] ausdrücklich bestätigt, der die Beihilferegelungen auf öffentliche Unternehmen erstreckt[53]. Dadurch soll verhindert werden, dass der Staat über seine öffentlichen Unternehmen den Wettbewerb nachhaltig zu beeinflussen vermag. Die Rechtsform des Subventionsempfängers kann angesichts des entscheidenden Wirkungskriteriums[54] keine Rolle spielen[55]. Es ist daher nur konsequent, auch öffentliche Unternehmen zum Kreis der Beihilfeadressaten zu erklären[56].

---

[47] Ein Unternehmen kann hierbei als einheitliche, einem selbständigen Rechtssubjekt zugeordnete Zusammenfassung personeller, materieller und immaterieller Faktoren bezeichnet werden, mit welcher auf Dauer ein bestimmter wirtschaftlicher Zweck verfolgt wird, so der EuGH zu Art. 80 EGKSV – Mannesmann / Hohe Behörde, 19 / 61 – Slg. 1962, 752.

[48] Irrelevant ist dabei, ob es sich um Gruppen von Dienstleistungs-, Handels-, oder Gewerbeunternehmen handelt – eine Auflistung der relevanten Produktionszweige findet sich in *Europäische Kommission,* 28. Bericht über die Wettbewerbspolitik (1998), Anhang.

[49] *Pieper,* Subventionsrecht und Verfahren, in: Salger (Hrsg.), Handbuch der europäischen Rechts- und Wirtschaftspraxis, § 37 Rdnr. 50.

[50] *Mederer, Wolfgang,* in: Groeben / Thiesing / Ehlermann (Hrsg.), Kommentar zum EU- / EG-Vertrag, Art. 92 Rdnr. 22.

[51] So der EuGH – Steinike und Weinlig / Deutschland, 78 / 76 – Slg. 1977, 611 ff.; EuGH – Banco Exterior de Espana SA / Ayuntamiento de Valencia, C-387 / 92 – Slg. 1994, I-907.

[52] Selbstverständlich greift auch die Bereichsausnahme des Art. 86 Abs. 2 EGV ein, wonach solche öffentliche Unternehmen auszunehmen sind, die mit Dienstleistungen von allgemeinem wirtschaftlichen Interesse betraut sind oder den Charakter eines Finanzmonopols haben; vgl. hierzu EuGH – Frankreich / Kommission, C-202 / 88, Slg. 1991, I-1233.

[53] Vgl. zur Definition des öffentlichen Unternehmens Art. 2 der Richtlinie 80 / 723 / EWG über die Transparenz der finanziellen Beziehungen zwischen den Mitgliedstaaten und den öffentlichen Unternehmen vom 25. 6. 1980, ABl. L 195 / 1 vom 29. 7. 1980.

[54] Siehe hierzu oben 4.Teil, A., II., 1.

[55] Dies wurde schon bei der Ausarbeitung des nationalen Subventionsbegriffs berücksichtigt, vgl. dazu oben 1.Teil, A., I., 2.

[56] Unstreitig *Bleckmann,* Europarecht, Rdnr. 2058; *Lefèvre,* Staatliche Ausfuhrförderung und das Verbot wettbewerbsverfälschender Beihilfen im EWG-Vertrag, S. 119; *Müller-Graff,* Die Erscheinungsformen der Leistungssubventionstatbestände aus wirtschaftsrechtlicher Sicht, ZHR 1988, 427; *Nicolaysen,* Europarecht II, § 33 II, S. 282; *Pieper,* Subventionsrecht und Verfahren, in: Salger (Hrsg.), Handbuch der europäischen Rechts- und Wirtschaftspraxis, § 37 Rdnr. 52 ff.; *Püttner / Spannowsky,* Das Verhältnis der europäischen Regionalpolitik zur deutschen Regionalpolitik, S. 156.

Bei der Bestimmung des Beihilfeempfängers ist nicht allein auf den formalen Empfänger, sondern vielmehr auf den tatsächlich Begünstigten abzustellen[57]. Fallen demnach Beihilfeempfänger und tatsächlich Begünstigter auseinander, ist zunächst auf letzteren abzustellen. Verbleibt indes auch dem formalen Empfänger eine Begünstigung, so ist dieser ebenfalls als Beihilfeempfänger anzusehen. Man kann von einer sogenannten Zweitbegünstigung sprechen[58]. Als letzter Punkt im Rahmen des Beihilfeadressatenkreises ist das Bestimmtheitskriterium zu nennen, nach dem solche Maßnahmen von der Beihilfenkontrolle ausgenommen werden sollen, die allen Unternehmen oder Produktionszweigen zugute kommen[59]. Es handelt sich dann um allgemein wirtschafts- bzw. konjunkturpolitische Maßnahmen, für die gem. Art. 98 ff. EGV nach wie vor die Mitgliedstaaten die Kompetenz besitzen. Probleme ergeben sich auch hier in der Abgrenzung einer allgemeinen zu einer sektor- bzw. regionalspezifischen Wirtschaftsförderung. Man wird hier dergestalt auf eine wertende Prognose abstellen müssen, dass die Selektivität der Förderung für bestimmte Unternehmen oder Produktionszweige bezweckt und die Fördermaßnahme in diese Richtung ausgestaltet sein muss[60].

4. Verfälschung oder drohende Verfälschung des Wettbewerbs

Als ein weiteres charakteristisches Merkmal fordert Art. 87 Abs. 1 EGV eine Verfälschung oder drohende Verfälschung des Wettbewerbs. Hierbei ist es ausreichend, dass die Beihilfe geeignet ist, den Wettbewerb zu verfälschen, ein tatsächlicher Nachweis der Beeinträchtigung ist indes nicht erforderlich[61]. Hauptprüfungspunkt bildet die Feststellung eines bestehenden Wettbewerbs. Hierbei dient nicht nur der primäre Produktmarkt als Maßstab, sondern etwaige Substitutionsprodukte müssen ebenfalls in die Betrachtungen miteinbezogen werden[62]. Besteht nun ein solcher Wettbewerb, so spricht zunächst die Vermutung dafür, dass die Maßnahme den Wettbewerb verfälscht oder zu verfälschen droht, da letztlich jede

---

[57] *Mederer, Wolfgang,* in: Groeben / Thiesing / Ehlermann (Hrsg.), Kommentar zum EU- / EG-Vertrag, Art. 92 Rdnr. 22; *Ose,* Beihilfen und Maßnahmen gleicher Wirkung wie mengenmäßige Beschränkungen im Recht der EWG, S. 76 ff.; *Rengeling,* Das Beihilferecht der Europäischen Gemeinschaften, in: Börner / Neundörfer (Hrsg.), Recht und Praxis der Beihilfen im Gemeinsamen Markt, S. 30.

[58] Dazu *Mederer, Wolfgang,* in: Groeben / Thiesing / Ehlermann (Hrsg.), Kommentar zum EU- / EG-Vertrag, Art. 92 Rdnr. 23; *Müller-Graff,* Die Erscheinungsformen der Leistungssubventionstatbestände aus wirtschaftsrechtlicher Sicht, ZHR 1988, 426; *Seidel,* Grundfragen des Beihilfenaufsichtsrechts der Europäischen Gemeinschaft, in: Börner / Neundörfer (Hrsg.), Recht und Praxis der Beihilfen im Gemeinsamen Markt, S. 61.

[59] EuGH – Kirsammer-Hack / Sidal, C-189 / 91 – in EuZW 1994, 91 ff.

[60] EuGH – Kommission / Frankreich, 6 und 11 / 69 – Slg. 1969, 539; EuGH – Kommission / Griechenland, 57 / 86 – Slg. 1986, 1500.

[61] *Bleckmann,* Europarecht, Rdnr. 2059; *Pieper,* Subventionsrecht und Verfahren, in: Salger (Hrsg.), Handbuch der europäischen Rechts- und Wirtschaftspraxis, § 37 Rdnr. 48.

[62] *Nicolaysen,* Europarecht II, § 33 III 2, S. 285.

Beihilfe systemwidrig in den Marktprozess eingreift, indem der begünstigte Unternehmer seine Produktionskosten zu verringern vermag und dadurch einen Wettbewerbsvorteil gegenüber den nichtbegünstigten Unternehmen genießt[63].

Problematisch ist in diesem Zusammenhang, ob vom Bestehen eines Wettbewerbs und der eingreifenden Beihilfe automatisch auf eine Wettbewerbsbeeinflussung geschlossen werden kann[64]. Man wird diesen Kausalzusammenhang nun nicht immer bejahen können, da es Fälle gibt (z. B. Beihilfen zur Liquidation eines Unternehmens[65]), in denen es zu keiner Wettbewerbsbeeinflussung kommt. Folglich muss zumindest festgestellt werden, dass mit hinreichender Wahrscheinlichkeit eine Verfälschung des Wettbewerbs potentiell eintreten kann[66]. Hierbei wird sich die Prüfung auf die Frage konzentrieren, ob mit der Beihilfe eine Kostenentlastung des Unternehmens verbunden ist, die zu einer Wettbewerbsverfälschung führt[67]. Haben alle Unternehmen die Möglichkeit der Teilnahme am Wettbewerb, scheidet eine Beeinflussung ebenfalls aus, indes dürfen für neue Konkurrenten deshalb die Marktzutrittschancen nicht verschlechtert werden[68]. Ebenfalls schwierig sind sogenannte Retorsionsbeihilfen zu bewerten, die als Ausgleich für Beihilfen anderer Mitgliedstaaten gewährt werden. Würde man solche Ausgleichsbeihilfen nun aus der Beihilfenkontrolle herausnehmen, so wäre ein Subventionswettlauf unter den Mitgliedstaaten kaum mehr zu verhindern. Folglich ist für die Beurteilung der Wettbewerbsverfälschung allein die Ausgangslage vor der jeweiligen Beihilfegewährung entscheidend[69]. Da dann allerdings auch das Ausgleichsargument die Beihilfe nicht zu rechtfertigen vermag, sind die Retorsionsbeihilfen insgesamt dem Regime der Beihilfenkontrolle zu unterstellen[70].

---

[63] *Schernthanner,* Das materielle Beihilfeaufsichtsrecht nach dem EWG-Vertrag, S. 15.

[64] So etwa die Kommission in EuGH – Falck / Kommission, 304 / 85 – Slg. 1987, 871.

[65] *Schümann,* Wirtschaftsförderung für die neuen Bundesländer im Lichte des EWGV, S. 194.

[66] EuGH – Philip Morris / Kommission, C-730 / 79 – Slg. 1980, 2688; EuGH – Leeuwarder Papierwarenfabriek / Kommission, 296 und 318 / 82 – Slg. 1985, 809.

[67] *Mederer,* Wolfgang, in: Groeben / Thiesing / Ehlermann (Hrsg.), Kommentar zum EU- / EG-Vertrag, Art. 92 Rdnr. 34; *Müller-Graff,* Die Erscheinungsformen der Leistungssubventionstatbestände aus wirtschaftsrechtlicher Sicht, ZHR 1988, 433.

[68] *Mederer,* Wolfgang, in: Groeben / Thiesing / Ehlermann (Hrsg.), Kommentar zum EU- / EG-Vertrag, Art. 92 Rdnr. 33; *Rengeling,* Das Beihilferecht der Europäischen Gemeinschaften, in: Börner / Neundörfer (Hrsg.), Recht und Praxis der Beihilfen im Gemeinsamen Markt, S. 30.

[69] EuGH – Kommission / Frankreich, 6 und 11 / 69 – Slg. 1969, 523; EuGH – Italien / Kommission, 173 / 73 – Slg. 1974, 720; EuGH – Steinike und Weinlig / Deutschland, 78 / 76 – Slg. 1977, 612; EuGH – Philip Morris / Kommission, C-730 / 79 – Slg. 1980, 2688 ff.; EuGH – Exécutif Régional Wallon et Glaverbel / Kommission, 62 und 72 / 87 – Slg. 1988, 1573.

[70] Einhellige Ansicht vgl. *Bleckmann,* Subventionsprobleme des GATT und der EG (Gutachten für den 55. Deutschen Juristentag, RabelsZ 1984, 430; *Haneklaus,* Regionalpolitik in der Europäischen Gemeinschaft, S. 171; *Hoischen,* Die Beihilferegelung in Artikel 92 EWGV, S. 41 ff.; *Müller-Graff,* Die Erscheinungsformen der Leistungssubventionstatbestän-

Ein letzter Problemkreis bildet sich bei der Frage, inwieweit es auf ein besonderes Maß der potentiellen Beeinträchtigung, der Spürbarkeit[71], ankommt. So lässt sich beispielsweise auf das allgemeine Prinzip „de minimis non curat praetor" verweisen, wonach nicht spürbare Wettbewerbsverfälschungen den Markt kaum zu beeinflussen vermögen[72]. Demgegenüber fordert der Wortlaut des Art. 87 Abs. 1 EGV kein bestimmtes Ausmaß der Wettbewerbsbeeinflussung. Ferner würde mit dem Einführen eines Tatbestandsmerkmals der Spürbarkeit die Beihilfenkontrolle mit einem auslegungsbedürftigen Begriff aufgeweicht[73]. Auch der Vergleich mit dem Spürbarkeitskriterium in Art. 81 EGV hinkt, da das wettbewerbsbeeinflussende Verhalten ausschließlich von staatlicher Seite herrührt und folglich ein strengerer Maßstab im Rahmen des Art. 87 Abs. 1 EGV anzulegen ist[74]. Angesichts der Bedeutung des unverfälschten Wettbewerbs sollten Bagatellbeihilfen nicht im Rahmen des Art. 87 Abs. 1 EGV, sondern der Art. 87 Abs. 2 und 3 EGV berücksichtigt werden[75]. Die Rechtsprechung des EuGH zu diesem Problemkreis ist nach wie vor uneinheitlich. So wurde teilweise die Prüfung eines spürbaren Vorteils vorgenommen[76], teils unterblieb eine solche ganz[77]. Demgegenüber hat die Europäische

---

de aus wirtschaftsrechtlicher Sicht, ZHR 1988, 433; *Pieper,* Subventionsrecht und Verfahren, in: Salger (Hrsg.), Handbuch der europäischen Rechts- und Wirtschaftspraxis, § 37 Rdnr. 49; *Rengeling,* Das Beihilferecht der Europäischen Gemeinschaften, in: Börner / Neundörfer (Hrsg.), Recht und Praxis der Beihilfen im Gemeinsamen Markt, S. 30.

[71] So der Terminus der Rechtsprechung im Rahmen des Art. 81 EGV vgl. EuGH – Voelk / Vervaecke, 5 / 69 – Slg. 1969, 302; EuGH – Cadillon / Höss, 1 / 71 – Slg. 1971 356.

[72] So die Argumentation der Vertreter einer Spürbarkeitsprüfung, vgl. *Keßler,* Zur Auslegung des Art. 92 Abs. 1 EWG-Vertrag, DÖV 1977, 619 ff.; *Mederer,* Wolfgang, in: Groeben / Thiesing / Ehlermann (Hrsg.), Kommentar zum EU- / EG-Vertrag, Art. 92 Rdnr. 35; *Püttner / Spannowsky,* Das Verhältnis der europäischen Regionalpolitik zur deutschen Regionalpolitik, S. 162 ff.; *Rolfes,* Regionale Wirtschaftsförderung und EWG-Vertrag, S. 100; *Scheuing,* Anmerkung zum EuGH-Urteil – Frankreich / Kommission, 47 / 69 – vom 26. 6. 1970, EuR 1971, 136 ff.; *Schina,* State Aids under the EEC Treaty, Articles 92 to 94, S. 27.

[73] *Faber,* Europarechtliche Grenzen kommunaler Wirtschaftsförderung, S. 125; *Hoischen,* Die Beihilferegelung in Artikel 92 EWGV, S. 63; *Lefèvre,* Staatliche Ausfuhrförderung und das Verbot wettbewerbsverfälschender Beihilfen im EWG-Vertrag, S. 126; *Müller-Graff,* Die Erscheinungsformen der Leistungssubventionstatbestände aus wirtschaftsrechtlicher Sicht, ZHR 1988, 432; *Rengeling,* Das Beihilferecht der Europäischen Gemeinschaften, in: Börner / Neundörfer (Hrsg.), Recht und Praxis der Beihilfen im Gemeinsamen Markt, S. 31.

[74] Ausführlich dazu *Ose,* Beihilfen und Maßnahmen gleicher Wirkung wie mengenmäßige Beschränkungen im Recht der EWG, S. 80 ff.

[75] *Haneklaus,* Regionalpolitik in der Europäischen Gemeinschaft, S. 171 ff.; *Nicolaysen,* Europarecht II, § 33 III 2, S. 285; *Rengeling,* Das Beihilferecht der Europäischen Gemeinschaften, in: Börner / Neundörfer (Hrsg.), Recht und Praxis der Beihilfen im Gemeinsamen Markt, S. 31; *Schümann,* Wirtschaftsförderung für die neuen Bundesländer im Lichte des EWGV, S. 197.

[76] EuGH – Deutschland / Kommission, 248 / 48 – Slg. 1987, 4013; EuGH – Landbouwschap / Kommission, 65, 68 und 70 / 85 – Slg. 1988, 295.

[77] EuGH – Frankreich / Kommission, 47 / 69 – Slg. 1970, 492; EuGH – Philip Morris / Kommission, 730 / 79 – Slg. 1980, 2688; EuGH – Frankreich / Kommission, 259 / 85 – Slg. 1987, 4418; EuGH – Belgien / Kommission, 234 / 84 – Slg. 1986, 2263 (2287); EuGH –

Kommission einen pragmatischen Lösungsweg gewählt und eine „de minimis"-Regelung eingeführt, nach der Beihilfen an kleine und mittlere Unternehmen bis zur Höhe von 50.000 ECU nicht der Meldepflicht des Art. 88 Abs. 3 EGV und damit auch nicht der Beihilfenkontrolle unterliegen[78]. Der Schwellenwert darf dabei in einem Zeitraum von drei Jahren nicht überschritten werden und die Beihilfe nicht in einem der sogenannten sensiblen Bereichen erfolgen[79]. Faktisch hat die Kommission mit dieser „de minimis"-Regelung das Spürbarkeitskriterium in die Beihilfenkontrolle integriert, auch wenn die Vorschrift des Art. 87 EGV ein solches nicht erkennen lässt.

5. Beeinträchtigung des Handels zwischen den Mitgliedstaaten

Eng mit dem Merkmal der Wettbewerbsverfälschung verknüpft, ist das Erfordernis einer Beeinträchtigung des Handels zwischen den Mitgliedstaaten. Es handelt sich dabei um eine sogenannte Zwischenstaatlichkeitsklausel[80], die den Anwendungsbereich der Beihilferegelungen auf den europäischen Handel[81] beschränkt und dort eine Ungleichbehandlung zwischen konkurrierenden ausländischen und inländischen Unternehmen voraussetzt[82]. Hierbei reicht zum einen die potentielle Möglichkeit der Beeinflussung der Handelsströme aus[83], zum anderen wird angesichts der wachsenden Globalisierung nahezu jede Beihilfe den mitgliedstaatlichen Handel betreffen. Eine Handelsbeeinträchtigung beruht – ähnlich der Wettbewerbsverfälschung – auf dem Umstand, dass die Finanzkraft eines Unternehmens gestärkt, seine Wettbewerbsstellung verbessert und dadurch der Handel beeinträch-

---

Italien / Kommission, 303 / 88 – Slg. 1991, I-1433 (I-1477); Schlussanträge des GA Lenz in EuGH – Frankreich / Kommission, 102 / 87 – Slg. 1988, 4067 (4075 ff.).

[78] Gemeinschaftsrahmen für Beihilfen an kleine und mittlere Unternehmen vom 20. 5. 1992, ABl. C 213 / 2 vom 19. 8. 1992; in der Fassung ABl. C 213 / 4 vom 23. 7. 1996 – zur „de minimis"-Regelung siehe gesondert die Mitteilung der Kommission über „de minimis"-Beihilfen, ABl. C 68 / 9 vom 6. 3. 1996.

[79] Als solche gelten die Bereiche Stahl, Schiffbau, Kunstfaser, Kfz-Industrie, Verkehr, Kohlebergbau, Landwirtschaft und Fischerei – zu den jeweils geltenden Regelungen *Europäische Kommission,* Wettbewerbsrecht in den Europäischen Gemeinschaften, Band IIA, S. 385 ff.

[80] *Mederer,* Wolfgang, in: Groeben / Thiesing / Ehlermann (Hrsg.), Kommentar zum EU- / EG-Vertrag, Art. 92 Rdnr. 36; *Pieper,* Subventionsrecht und Verfahren, in: Salger (Hrsg.), Handbuch der europäischen Rechts- und Wirtschaftspraxis, § 37 Rdnr. 45.

[81] Der Begriff Handel meint dabei den gesamten Wirtschaftsverkehr, also Waren-, Dienstleistungs- und Zahlungsverkehr.

[82] *Beutler / Bieber / Pipkorn / Streil,* Die Europäische Union, S. 368; *Lefèvre,* Staatliche Ausfuhrförderung und das Verbot wettbewerbsverfälschender Beihilfen im EWG-Vertrag, S. 127; *Rengeling,* Das Beihilferecht der Europäischen Gemeinschaften, in: Börner / Neundörfer (Hrsg.), Recht und Praxis der Beihilfen im Gemeinsamen Markt, S. 32; *Schümann,* Wirtschaftsförderung für die neuen Bundesländer im Lichte des EWGV, S. 198.

[83] EuGH – Philip Morris / Kommission, 730 / 79 – Slg. 1980, 2688 ff.; EuGH – Belgien / Kommission, C-143 / 87 – in EuZW 1990, 225.

tigt werden kann[84]. Hierbei vermag selbst eine Stärkung der Wettbewerbsstellung gegenüber importierten, ausländischen Produkten[85] oder durch Subventionen bei Exporten ins Ausland[86] den zwischenstaatlichen Handel zu beeinträchtigen[87]. Ähnlich dem Merkmal der Wettbewerbsverfälschung werden auch im Zusammenhang mit dem Merkmal der Handelsbeeinträchtigung die Problemkreise der Spürbarkeit und der Vermutung einer solchen erörtert[88], wobei sich im Ergebnis keine andere Bewertungen ergeben[89]. Sowohl der EuGH als auch die Kommission nehmen vielfach eine kumulative Prüfung der beiden Merkmale vor[90]. Während die Wettbewerbsverfälschung den nationalen Markt als Bezugsgröße wählt, wird bei der Frage nach einer Handelsbeeinträchtigung auf den europäischen Markt abgestellt. Allein regional wirkende Beihilfen, die räumlich eng begrenzt gewährt werden, können von der Beihilfenkontrolle ausgenommen werden[91].

---

[84] Diese Kausalkette noch einmal besonders betonend *Mederer,* Wolfgang, in: Groeben / Thiesing / Ehlermann (Hrsg.), Kommentar zum EU- / EG-Vertrag, Art. 92 Rdnr. 38 und 40.

[85] EuGH – Italien / Kommission, C-305 / 89 – Slg. 1991, I-415; EuGH – Frankreich / Kommission, 102 / 87 – Slg. 1988, 4067 (4087); EuGH – Spanien / Kommission, 278 – 280 / 92 – Slg. 1994, I-4103 (I-4158).

[86] EuGH – Philip Morris / Kommission, 730 / 79 – Slg. 1980, 2688 ff.; EuGH – Belgien / Kommission, C-142 / 87 – Slg. 1990, I-1013; EuGH – Kommission / Frankreich, 6 und 11 / 69 – Slg. 1969, 523 ff.; EuGH – Griechenland / Kommission, 57 / 86 – Slg. 1988, 2855 (2871).

[87] Hierzu *Mederer,* Wolfgang, in: Groeben / Thiesing / Ehlermann (Hrsg.), Kommentar zum EU- / EG-Vertrag, Art. 92 Rdnr. 38; *Müller-Graff,* Die Erscheinungsformen der Leistungssubventionstatbestände aus wirtschaftsrechtlicher Sicht, ZHR 1988, 434; *Nicolaysen,* Europarecht II, § 33 III 2, S. 285 ff.; *Pieper,* Subventionsrecht und Verfahren, in: Salger (Hrsg.), Handbuch der europäischen Rechts- und Wirtschaftspraxis, § 37 Rdnr. 46; *Schümann,* Wirtschaftsförderung für die neuen Bundesländer im Lichte des EWGV, S. 199.

[88] Vgl. insoweit die Problemkreise im Rahmen des Merkmals der Wettbewerbsverfälschung oben 4.Teil, A., II., 4.

[89] So im Ergebnis ebenfalls *Bleckmann,* Europarecht, Rdnr. 2060; *Haneklaus,* Regionalpolitik in der Europäischen Gemeinschaft, S. 173; *Hoischen,* Die Beihilferegelung in Artikel 92 EWGV, S. 67; *Müller-Graff,* Die Erscheinungsformen der Leistungssubventionstatbestände aus wirtschaftsrechtlicher Sicht, ZHR 1988, 434; *Schümann,* Wirtschaftsförderung für die neuen Bundesländer im Lichte des EWGV, S. 199; *Sinz,* Die staatliche Wirtschaftsförderung im Gebiet der neuen Bundesländer, S. 250.

[90] EuGH – Belgien / Kommission, C-142 / 87 – Slg. 1990, I-959 (I-1013); EuGH – Spanien / Kommission, 278 – 280 / 92 – Slg. 1994, I-4103 (I-4158); so die Bewertung bei *Müller-Graff,* Die Erscheinungsformen der Leistungssubventionstatbestände aus wirtschaftsrechtlicher Sicht, ZHR 1988, 434; *Nicolaysen,* Europarecht II, § 33 III 2, S. 286; völlig auf eine Trennung verzichtend *Reufels,* Europäische Subventionskontrolle durch Private, S. 45.

[91] *Faber,* Europarechtliche Grenzen kommunaler Wirtschaftsförderung, S. 132; *Mederer,* Wolfgang, in: Groeben / Thiesing / Ehlermann (Hrsg.), Kommentar zum EU- / EG-Vertrag, Art. 92 Rdnr. 36; *Müller-Graff,* Die Erscheinungsformen der Leistungssubventionstatbestände aus wirtschaftsrechtlicher Sicht, ZHR 1988, 434; *Nicolaysen,* Europarecht II, § 33 III 2, S. 286.

III. Unvereinbarkeit nationaler Beschäftigungssubventionen

Nachdem die Merkmale des Art. 87 Abs. 1 EGV abstrakt aufgezeigt wurden, sollen nun die nationalen Beschäftigungssubventionen am Grundsatz der Unvereinbarkeit staatlicher Beihilfen gemessen werden. Es ist zu untersuchen, inwieweit für die nationalen Beschäftigungssubventionen das Aufsichtsregime der europäischen Beihilfenkontrolle überhaupt greift.

1. Mittelbare Beschäftigungssubventionen und Art. 87 Abs. 1 EGV

Betrachtet man zunächst den Bereich der mittelbaren Beschäftigungssubventionen – also der allgemeinen Wirtschaftsförderung – so lässt sich der Beihilfecharakter problemlos bejahen. Das gesamte beschäftigungswirksame Wirtschaftsförderungsprogramm in den neuen Bundesländern, seien es staatliche Darlehen, Bürgschaften, Steuererleichterungen, Investitionszuschüsse oder -zulagen[92], unterfällt dem Beihilfebegriff. Vereinzelt ergeben sich indes Probleme bezüglich der weiteren Tatbestandsmerkmale des Art. 87 Abs. 1 EGV. Unproblematisch werden sämtliche Fördermaßnahmen von staatlicher Seite gewährt, sei es direkt durch den Bund, über öffentlich-rechtlich organisierte Banken oder aber den Bundesländern[93]. Auf der anderen Seite, des Beihilfeempfängers, treten nicht nur formal Unternehmen auf, sondern diese stellen auch die primär Begünstigten dar.

Probleme können sich im Rahmen von Steuervergünstigungen[94] ergeben, da diese vielfach sämtliche Unternehmen in Anspruch nehmen können und es folglich an der Bestimmbarkeit des Adressatenkreises der Beihilfe mangeln könnte. Es ließe sich weiter vertreten, dass durch Steuervergünstigungen primär konjunkturpolitische Ziele verfolgt werden und es daher an der in Art. 87 Abs. 1 EGV geforderten Selektivität fehlt[95]. Demgegenüber ist im Rahmen der Abgrenzung zwischen selektiver und allgemeiner Begünstigung allein die Zielsetzung der Fördermaßnahme und deren Wirkung von entscheidender Bedeutung[96]. Nach § 2 Inv-

---

[92] Zu den von der Kommission entwickelten Fallgruppen siehe oben 4.Teil, A., II., 1.

[93] Auf das Problem der innerstaatlich autonomen Hoheitsträger im Verhältnis zur Europäischen Gemeinschaft eingehend *Hailbronner,* Die deutschen Bundesländer in der EG, EuZW 1990, 149 ff.; *Müller-Graff,* Die Erscheinungsformen der Leistungssubventionstatbestände aus wirtschaftsrechtlicher Sicht, ZHR 1988, 415; *Rengeling,* Das Beihilferecht der Europäischen Gemeinschaften, in: Börner/Neundörfer (Hrsg.), Recht und Praxis der Beihilfen im Gemeinsamen Markt, S. 29; *Sinz,* Die staatliche Wirtschaftsförderung im Gebiet der neuen Bundesländer, S. 259.

[94] Vgl. hierzu oben 2.Teil, B., IV.

[95] So *Lehner,* Die europarechtliche Problematik des § 6d EStG und des geplanten § 7g EStG, insbesondere in Bezug auf das Beihilfeverbot des Art. 92 EWGV, DB 1983, 1783 ff.; *Sinz,* Die staatliche Wirtschaftsförderung im Gebiet der neuen Bundesländer, S. 262 ff.

[96] *Müller-Graff,* Die Erscheinungsformen der Leistungssubventionstatbestände aus wirtschaftsrechtlicher Sicht, ZHR 1988, 415; vgl. ferner oben 4.Teil, A., II., 3.; sich der gesamten

ZulG 1999 steht die betriebliche Investition im Vordergrund. Begünstigt sind nach
§ 2 Abs. 2 und 3 InvZulG 1999 lediglich Betriebe des verarbeitenden Gewerbes,
produktionsnaher Dienstleistungen, des kleinen und mittleren Handwerks sowie
des kleinen und mittleren Groß- und Einzelhandels oder Betriebsstätten des Groß-
und Einzelhandels in den Innenstädten[97]. Ähnliches ist § 7g EStG zu entnehmen,
der in seinem Abs. 2 die Möglichkeit der Sonderabschreibung allein solchen Betrieben zubilligt, deren Betriebsvermögen im Zeitpunkt der Anschaffung des Wirtschaftsguts nicht mehr als 400.000 DM beträgt[98]. Dieser Blick auf die potentiellen
Subventionsempfänger zeigt, dass die Steuererleichterungen entweder dem gewerblichen bzw. diesem verwandten Sektoren oder aber kleinen und mittleren
Betrieben zugute kommen. Für das InvZulG 1999 greift darüber hinaus noch der
Gedanke, dass nach § 1 Abs. 2 InvZulG 1999 das Fördergebiet regional auf die
neuen Bundesländer beschränkt ist, so dass insoweit ein regionales Bestimmbar-
keitskriterium vorliegt[99]. Die hier zu betrachtenden Maßnahmen der Steuererleichterungen lassen folglich eine selektive Wirkung erkennen, wie sie in Art. 87
EGV Abs. 1 gefordert wird[100].

Das weitere Merkmal der potentiellen Wettbewerbsverfälschung infolge der
Beihilfe begegnet demgegenüber keinerlei Bedenken, da das begünstigte Unternehmen im Vergleich zum nichtbedachten Beihilfekonkurrenten besser gestellt
wird und sich dieser Vorteil wettbewerbsbeeinflussend auswirken kann[101]. Als problematisch gestaltet sich demgegenüber die pauschale Annahme einer Beeinträchtigung des Handels zwischen den Mitgliedstaaten bei jeder mittelbaren Beschäftigungssubvention. Bedenkt man zunächst, dass viele Programme bundesweit gelten, wird der Bezug zum gemeinschaftsrechtlichen Handel leicht zu bejahen sein,
da die begünstigten Unternehmen zumeist auf dem europäischen Markt tätig sein
werden. Allein die Regionalförderung (GA) und die Länderprogramme könnten
hiervon auszunehmen sein, da diese möglicherweise eine räumlich eng begrenzte
wettbewerbsverfälschende Wirkung entfalten. Nun richten sich die Fördermaßnahmen im Rahmen der GA primär an überregional tätige Unternehmen, so dass auch
hier eine Beeinträchtigung des zwischenstaatlichen Handels in der Regel zu bejahen ist. Zwar gelten die Landesprogramme regional begrenzt, dennoch lässt sich

---

Problematik umfassend annehmend *Frick,* Einkommensteuerliche Steuervergünstigungen
und Beihilfeverbot nach dem EG-Vertrag, S. 27 ff.

[97] Vgl. ausführlich dazu oben 2.Teil, B., IV., 1.

[98] Vgl. hierzu oben 2.Teil, B., IV., 2.

[99] So die Betrachtungsweise bei *Schümann,* Wirtschaftsförderung für die neuen Bundesländer im Lichte des EWGV, S. 210.

[100] So auch *Frick,* Einkommensteuerliche Steuervergünstigungen und Beihilfeverbot nach
dem EG-Vertrag; S. 53; *Tipke / Lang,* Steuerrecht, § 20 Rdnr. 80.

[101] Angesichts des hier gewählten funktionalen Subventionsbegriffs, der zwingend eine
Wettbewerbsbeeinflussung voraussetzt, wurde hierauf schon im Rahmen der Darstellung der
einzelnen Förderprogramme ausführlich eingegangen; vgl. nur oben 2.Teil, B, I., 2. (ERP-
Programme); 2.Teil, B., II., 2. (KfW / DtA-Programme); 2.Teil, V., 2. (GA).

deren Wirkung ebenfalls nicht auf einen regionalen Markt beschränken. Vielmehr nehmen die geförderten Unternehmen gerade auch am europäischen Handel teil, der folglich durch die Landesbeihilfen berührt wird. Um zudem eine Umgehung der Beihilfenkontrolle zu vermeiden und die Lückenlosigkeit des Systems zu erreichen, ist es notwendig die Länderprogramme von ihrer Wirkung her zu betrachten. So zeigt sich, dass diese Programme zwar formal auf regional tätige Unternehmen, wie kleine und mittlere Betriebe, die nicht am europäischen Handel teilnehmen, ausgerichtet sind, deren Wirkung gleichwohl keineswegs regional beschränkt ist[102]. Darauf kommt es aber insoweit an, so dass zumindest eine Eignung zur zwischenstaatlichen Handelsbeeinträchtigung vorliegt[103]. Lediglich Förderprogramme mit einer allein regional eng begrenzten Zielsetzung und Wirkung können von der Beihilfenkontrolle in diesem Zusammenhang ausgenommen werden[104].

2. Unmittelbare Beschäftigungssubventionen und Art. 87 Abs. 1 EGV

Betrachtet man nun die Kategorie der unmittelbaren Beschäftigungssubventionen[105], so lassen sich dort im Wesentlichen zwei Problemkreise erkennen. Unmittelbare Beschäftigungssubventionen stellen in erster Linie Sozialsubventionen dar[106]. Im Mittelpunkt der Förderung steht der Arbeitnehmer und damit unmittelbar verbunden die Schaffung bzw. die Erhaltung des Arbeitsplatzes. Charakteristikum ist dabei, dass primär der Arbeitnehmer begünstigt werden soll[107]. Folglich wäre der gesamte Bereich der unmittelbaren Beschäftigungsförderung aus dem Anwendungsbereich der Beihilfenkontrolle herauszunehmen, da insoweit der Arbeitnehmer und nicht der Unternehmer Begünstigter ist. Diese Betrachtung greift indes zu kurz. Formal erhält zunächst der Unternehmer die Förderung, meist in Form einer Lohnkostensubvention. Dadurch senken sich die Kosten des Unternehmers für den Faktor Arbeit. Dieser Vorteil verbleibt dem Unternehmer, auch wenn der Arbeitnehmer primärer Zielpunkt der Förderung ist. Folglich ist bei genauer

---

[102] Vgl. nur die Zielsetzung der einzelnen Landesprogramme oben 2.Teil, B., VI., die sich im Wesentlichen an den bundesweiten Darlehens-, Bürgschafts- oder Existenzgründerprogrammen orientieren und sich von diesen lediglich in ihrem räumlichen Geltungsbereich unterscheiden.

[103] Dieses Problem zeigt *Sinz,* Die staatliche Wirtschaftsförderung im Gebiet der neuen Bundesländer, S. 260 ff. zwar auf, entwickelt indes keinerlei Lösung hierzu. Ferner erkennt *Sinz* nicht, dass es auch im Rahmen der gemeinschaftlichen Handelsbeeinträchtigung allein auf die Eignung des Förderinstruments diesbezüglich ankommt; vgl. oben 4.Teil, A., II., 5.

[104] Insoweit ist insbesondere die kommunale Wirtschaftsförderung zu nennen, die vielfach eine regional begrenzte Wirkung aufweist.

[105] Vgl. die gesamte Darstellung des Förderinstrumentariums oben 2.Teil, A.

[106] Zu diesem Begriff *Neumann,* Die institutionelle Förderung als Instrument der Sozialplanung und Steuerung der Leistungserbringer, SDSRV 1997, 9.

[107] Er ist quasi Objekt der Förderung vgl. *Haverkate,* Finanzierung durch institutionelle oder personenbezogene Förderung, SDSRV 1997, 89.

Betrachtung der Unternehmer mittelbar Begünstigter, so dass sich diese Begünstigung potentiell beeinträchtigend auf den Wettbewerb auswirken kann[108]. Allein aus der sozialpolitischen Zielsetzung der unmittelbaren Beschäftigungssubventionen kann sich noch keine Rechtfertigung der Beihilfe ergeben[109].

Ein weiteres Problem könnte sich aus dem Umstand heraus ergeben, dass die Maßnahmen der unmittelbaren Beschäftigungsförderung in erster Linie von der die Bundesanstalt für Arbeit finanziert werden, deren Mittel gem. § 340 SGB III wiederum aus Beiträgen der Versicherungspflichtigen, der Arbeitgeber, Dritter sowie aus Umlagen, Mitteln des Bundes und sonstigen Einnahmen stammen. Folglich finanzieren die Unternehmer teils die ihnen zukommende Vergünstigung selbst mit, so dass man annehmen könnte, dass die Maßnahmen letztlich nicht aus staatlichen oder staatlich gewährten Mitteln finanziert würden. Auch hier ist an das weite Begriffsverständnis im Rahmen des Art. 87 Abs. 1 EGV zu erinnern[110]. Danach reicht es für die staatliche Zurechenbarkeit aus, wenn die Verteilung der Mittel staatlich reglementiert wird[111]. Dies ist bei den nach dem SGB III möglichen Fördermaßnahmen ersichtlich der Fall, da die Förderung über die Bundesanstalt für Arbeit erfolgt und diese anhand der gesetzlichen Vorgaben über die Förderwürdigkeit entscheidet.

Im Ergebnis kann festgestellt werden, dass sowohl unmittelbare als auch mittelbare Beschäftigungssubventionen dem Grundsatz der Unvereinbarkeit mit dem Gemeinsamen Markt gem. Art. 87 Abs. 1 EGV unterliegen[112]. Dies verwundert letztlich kaum, da die – hier betrachteten[113] – Beschäftigungssubventionen immer gegenüber Unternehmen gewährt werden, denen letztendlich ein direkter oder indirekter Vorteil verbleibt. Das gesamte Instrumentarium der Beschäftigungsförderung in den neuen Bundesländern wirft folglich europäische Wettbewerbsprobleme auf, die über das Beihilferegime zu lösen sind. Im Mittelpunkt stehen dabei mögliche Rechtfertigungen der Beschäftigungssubventionen nach Maßgabe der Art. 87 Abs. 2 und 3 EGV.

---

[108] Diese Argumentationskette wurde bei jedem Förderinstrument aufgegriffen, um den Subventionscharakter der Maßnahmen nachzuweisen; vgl. nur oben 2.Teil, A., I., 1. (ABM); 2.Teil, A., II., 4., a. (SAM); 2.Teil, A., III., 4., a. (Eingliederungszuschüsse); 2.Teil, A., IV., 3., a. (Zuschüsse zu Sozialplanmaßnahmen).

[109] *Müller-Graff,* Die Erscheinungsformen der Leistungssubventionstatbestände aus wirtschaftsrechtlicher Sicht, ZHR 1988, 418; *Sinz,* Die staatliche Wirtschaftsförderung im Gebiet der neuen Bundesländer, S. 266.

[110] Vgl. dazu ausführlich oben 4.Teil, A., II., 2.

[111] So die Rechtsprechung EuGH – Frankreich / Kommission, 47 / 69 – Slg. 1970, 496; EuGH – Italien / Kommission, 173 / 73 – Slg. 1974, 720; EuGH – Steinike und Weinlig / Deutschland, 78 / 76 – Slg. 1977, 612; EuGH – Kommission / Italien, 22 / 79 – Slg. 1980, 1429; EuGH – Frankreich / Kommission, 259 / 85 – Slg. 1987, 4418; EuGH – Compangnie commerciale de l'Ouest, C-78 und 83 / 90 – Slg. 1992, I-1882.

[112] So auch im Ergebnis *Rolfes,* Regionale Wirtschaftsförderung und EWG-Vertrag, S. 85 ff. und S. 101 ff.

[113] Zum Begriffsverständnis siehe oben 1.Teil, A., II.

IV. Rechtfertigung von Beihilfen

Anhand der Ausnahmevorschriften des Art. 87 Abs. 2 und 3 EGV soll die Wirkungsweise der Beihilfenkontrolle untersucht werden, um dann anschließend eine Einordnung der Zweck-Mittel-Analyse in dieses System vornehmen zu können. Im Mittelpunkt der Betrachtungen werden dabei die Tatbestände stehen, die für das dargestellte Förderspektrum der Beschäftigungssubventionen von Bedeutung sind.

1. Ausnahmen ipse iure – Anwendbarkeit der Teilungsklausel

Die in Art. 87 Abs. 2 EGV normierten Fallgruppen stellen Legalausnahmen vom Grundsatz der Unvereinbarkeit nach Art. 87 Abs. 1 EGV dar[114]. Auch hierbei handelt es sich um Beihilfen, denen ein wettbewerbsverfälschender Charakter zukommt, die jedoch per se als mit dem Gemeinsamen Markt vereinbar angesehen werden. Trotz des Charakters von Legalausnahmen sind die Beihilfen des Abs. 2 nicht dem Kontrollverfahren des Art. 88 EGV entzogen, wobei sich die Kontrollbefugnis der Europäischen Kommission auf eine Tatsachenüberprüfung hinsichtlich der Voraussetzungen der Beihilfe und ihrer Anwendung beschränkt[115]. Erfüllen diese Tatsachen die Maßgaben des Abs. 2, so ist die Beihilfe als gemeinschaftskonform anzusehen. Der Kommission steht insoweit kein Ermessen zu[116]. Die Fallgruppen beziehen sich in erster Linie auf außergewöhnliche und unnatürliche Wettbewerbsnachteile, die von den betroffenen Mitgliedstaaten durch die Beihilfen ausgeglichen werden sollen[117]. So sind nach Art. 87 Abs. 2 lit.a EGV Beihilfen sozialer Art an einzelne Verbraucher zulässig, wenn sie ohne Diskriminierung nach der Herkunft der Ware gewährt werden. Hierunter fallen Sozialbeihilfen, die wirtschaftlich schwachen Bevölkerungsschichten zukommen sollen, beispielsweise in Form verbilligter Kleidung oder Nahrungsmittel[118]. Der Beihilfecharakter liegt darin, dass die Verbraucher in die Lage versetzt werden, Produkte günstiger zu erwerben, somit mittelbar ein bestimmtes Unternehmen zum Kreis der Begünstigten

---

[114] *Falkenkötter,* Der Streit um die sächsischen VW-Beihilfen – Anlass für grundsätzliche Klärung?, NJW 1996, 2690; *Nicolaysen,* Europarecht II, § 33 IV, S. 287; *Schweitzer/Hummer,* Europarecht, Rdnr. 1309; *Streinz,* Europarecht, Rdnr. 852; *Uerpmann,* Der europarechtliche Rahmen für staatliche Subventionen in Ostdeutschland, DÖV 1998, 226.

[115] *Mederer, Wolfgang,* in: Groeben/Thiesing/Ehlermann (Hrsg.), Kommentar zum EU-/ EG-Vertrag, Art. 92 Rdnr. 51; *Seidel,* Das Verwaltungsverfahren in Beihilfesachen, EuR 1985, 38 ff.

[116] EuGH – Philip Morris/Kommission, C-730/79 – Slg. 1980, 2671.

[117] *Lefèvre,* Staatliche Ausfuhrförderung und das Verbot wettbewerbsverfälschender Beihilfen im EWG-Vertrag, S. 129.

[118] *Ose,* Beihilfen und Maßnahmen gleicher Wirkung wie mengenmäßige Beschränkungen im Recht der EWG, S. 88; *Rengeling,* Das Beihilferecht der Europäischen Gemeinschaften, in: Börner/Neundörfer (Hrsg.), Recht und Praxis der Beihilfen im Gemeinsamen Markt, S. 34.

gehören kann[119]. Einer solchen verschleierten mittelbaren Unternehmensbeihilfe begegnet Art. 87 Abs. 2 lit.a EGV durch das dort erwähnte Diskriminierungsverbot. Die zweite Fallgruppe (Art. 87 Abs. 2 lit.b EGV) knüpft an die Beseitigung von Schäden an, die durch Naturkatastrophen oder sonstige außergewöhnliche Ereignisse entstanden sind. Hierbei ist indes schon der Beihilfecharakter fraglich, da die Beihilfe allein schadensausgleichenden Charakter besitzen darf, und somit der Wettbewerb lediglich wieder hergestellt und nicht beeinträchtigt wird[120]. Bezieht man indes einen Standpunkt, der allein die Lage vor Erlass der Beihilfe berücksichtigt, so lässt sich eine Beihilfe nach Art. 87 Abs. 1 EGV bejahen und der Charakter des Art. 87 Abs. 2 EGV als Ausnahmevorschrift kommt zum Tragen. In jedem Fall muss es sich um außergewöhnliche Fallkonstellationen handeln, die restriktiv zu handhaben sind[121].

Als spezieller Fall eines außergewöhnlichen Ereignisses regelt Art. 87 Abs. 2 lit.c EGV, dass Beihilfen für die Gebiete der Bundesrepublik Deutschland, soweit sie zum Ausgleich der durch die Teilung verursachten wirtschaftlichen Nachteile erforderlich, mit dem Gemeinsamen Markt vereinbar sind. Hierbei wurde insbesondere auf die Peripherie-Lage einzelner Regionen abgestellt[122]. Aber auch der Ausgleich von Nachteilen infolge der Wiedereingliederung des Saarlandes oder der Integration bestimmter Personengruppen, wie Flüchtlinge, Vertriebene und anderer Kriegsopfer, wurde für zulässig erachtet[123]. Rückt man nun das hier zu untersuchende Förderspektrum der Beschäftigungssubventionen an Unternehmen in den neuen Bundesländern näher ins Blickfeld, so lässt sich diskutieren, inwieweit diese spezielle Regelung für die Förderung in den neuen Bundesländern einschlägig ist.

---

[119] Ausführlich zu diesem Problemkreis *Hoischen,* Die Beihilferegelung in Artikel 92 EWGV, S. 73; *Rengeling,* Das Beihilferecht der Europäischen Gemeinschaften, in: Börner / Neundörfer (Hrsg.), Recht und Praxis der Beihilfen im Gemeinsamen Markt, S. 34.

[120] So im Ergebnis *Hoischen,* Die Beihilferegelung in Artikel 92 EWGV, S. 74; *Lefèvre,* Staatliche Ausfuhrförderung und das Verbot wettbewerbsverfälschender Beihilfen im EWG-Vertrag, S. 130; *Ose,* Beihilfen und Maßnahmen gleicher Wirkung wie mengenmäßige Beschränkungen im Recht der EWG, S. 90; *Seidel,* Grundfragen des Beihilfenaufsichtsrechts der Europäischen Gemeinschaft, in: Börner / Neundörfer (Hrsg.), Recht und Praxis der Beihilfen im Gemeinsamen Markt, S. 65 ff.

[121] Vgl. die Beispiele bei *Mederer,* Wolfgang, in: Groeben / Thiesing / Ehlermann (Hrsg.), Kommentar zum EU- / EG-Vertrag, Art. 92 Rdnr. 58 ff.; *Rengeling,* Das Beihilferecht der Europäischen Gemeinschaften, in: Börner / Neundörfer (Hrsg.), Recht und Praxis der Beihilfen im Gemeinsamen Markt, S. 35.

[122] Hierunter fiel die Zonenrand- und die Berlinförderung, vgl. Gesetz zur Förderung des Zonenrandgebietes – ZFRG – vom 5. 8. 1971, BGBl. I S. 1237 und Gesetz zur Förderung der Berliner Wirtschaft – BerlinFG – vom 20. 10. 1970, BGBl. I S. 1481.

[123] Ausführlich zu den Förderinstrumenten, die vor der Wiedervereinigung installiert wurden und über Art. 87 Abs. 2 lit.c EGV für zulässig erachtet wurden vgl. *Berg,* Zonenrandförderung, S. 46 ff.; *Butz,* Rechtsfragen der Zonenrandförderung, S. 197 ff.; *Haneklaus,* Regionalpolitik in der Europäischen Gemeinschaft, S. 175 ff.; *Mederer,* Wolfgang, in: Groeben / Thiesing / Ehlermann (Hrsg.), Kommentar zum EU- / EG-Vertrag, Art. 92 Rdnr. 61; *Püttner / Spannowsky,* Das Verhältnis der europäischen Regionalpolitik zur deutschen Regionalpolitik, S. 176 ff.

Diese Frage hat immense praktische Bedeutung, da die Teilungsklausel des Art. 87 Abs. 2 lit.c EGV ein Vorhaben de iure als mit dem Gemeinsamen Markt vereinbar erklärt, ohne dass der Kommission ein Ermessen zustünde[124]. Gerade der Fall der Beihilfen des Freistaates Sachsen für Investitionen der Volkswagen AG in Sachsen zeigt dies deutlich auf[125]. So sollten Beihilfen in einem Gesamtvolumen von 780 Mio. DM nach der GA, dem InvZulG 1993 sowie dem Fördergebietsgesetz gewährt werden[126], indes wurden lediglich 540 Mio. DM durch die Kommission genehmigt[127]. Grundlage der Ermessensentscheidung bildete Art. 87 Abs. 3 lit.c EGV i.V.m. KfZ-Gemeinschaftsrahmen[128], woraus sich im Ergebnis eine bloße Teilgenehmigung ergab[129]. Hätte man indes Art. 87 Abs. 2 lit.c EGV für anwendbar befunden, dann wäre die Beihilfe in vollem Umfang mit dem Gemeinsamen Markt vereinbar gewesen. Einer Genehmigung bzw. Ermessensentscheidung seitens der Kommission hätte es nicht bedurft[130].

Als Hauptproblem einer Anwendung des Art. 87 Abs. 2 lit.c EGV erweist sich die Herstellung eines Kausalzusammenhangs zwischen der Teilung Deutschlands und den wirtschaftlichen Problemen auf dem Gebiet der ehemaligen DDR[131]. Es ließe sich nun dergestalt argumentieren, dass mit der Teilung Deutschlands und der Gründung der DDR die Ausgangslage für die heutigen wirtschaftlichen Probleme geschaffen wurde. Die Teilung wäre der Beginn der Planwirtschaft und damit auch der derzeitigen wirtschaftlichen Nachteile[132]. Nicht nur das westdeutsche Zonenrandgebiet stelle eine Folge der Durchtrennung eines ehemals einheitlichen Wirt-

---

124 *Kruse,* Ist die „Teilungsklausel" als Rechtsgrundlage für Beihilfen zum Ausgleich teilungsbedingter Nachteile obsolet?, EuZW 1998, 230; *Mederer,* Wolfgang, in: Groeben / Thiesing / Ehlermann (Hrsg.), Kommentar zum EU- / EG-Vertrag, Art. 92 Rdnr. 51; *Schütz,* Die Eingliederung der ehemaligen DDR in die EG unter dem Aspekt der staatlichen Beihilfen, S. 96; *Uerpmann,* Der europarechtliche Rahmen für staatliche Subventionen in Ostdeutschland, DÖV 1998, 227 ff.

125 Ausführlich zu diesem konkreten Fall *Falkenkötter,* Der Streit um die sächsischen VW-Beihilfen – Anlass für grundsätzliche Klärung?, NJW 1996, 2689 ff.; *Uerpmann,* Der europarechtliche Rahmen für staatliche Subventionen in Ostdeutschland, DÖV 1998, 230.

126 Vgl. zu diesen Instrumenten oben 2.Teil, B., IV., und V.

127 Vgl. die Entscheidungen ABl. L 385 / 1 vom 31. 12. 1994 und KOM (96) 1844 vom 26. 6. 1996.

128 Vgl. zum Gemeinschaftsrahmen für die KfZ-Industrie die Europäische Kommission, ABl. C 123 / 3 vom 18. 5. 1989; verlängert in ABl. C 81 / 4 vom 26. 3. 1991; geändert durch ABl. C 2284 / 3 vom 28. 10. 1995 und schließlich ABl. C 279 / 1 vom 15. 9. 1997.

129 Zu den Ausnahmetatbeständen vgl. unten 4.Teil, A., IV., 2.

130 *Falkenkötter,* Der Streit um die sächsischen VW-Beihilfen – Anlass für grundsätzliche Klärung?, NJW 1996, 2693.

131 Art. 87 Abs. 2 lit.c EGV fordert, dass es sich um „durch die Teilung Deutschlands betroffene Gebiete der Bundesrepublik" handeln muss und der wirtschaftliche Nachteil dieser Gebiete „durch die Teilung verursacht" sein muss.

132 *Kruse,* Ist die „Teilungsklausel" als Rechtsgrundlage für Beihilfen zum Ausgleich teilungsbedingter Nachteile obsolet?, EuZW 1998, 230; *Sinz,* Die staatliche Wirtschaftsförderung im Gebiet der neuen Bundesländer, S. 272.

schaftraumes dar, sondern gleiches gelte um so mehr für die ostdeutsche Seite[133].
Dort wurde durch das Planwirtschaftssystem der Wettbewerb völlig aufgehoben,
während in Westdeutschland eine Teilnahme am freien Wettbewerb insbesondere
auch für das Zonenrandgebiet bestand. Folglich sei es nur konsequent, das gesamte
Gebiet der ehemaligen DDR als benachteiligt im Sinne des Ausschlusses vom frei-
en Wettbewerb infolge der Teilung anzusehen. Ein zusätzliches Argument geht dahin zu fragen, warum die Teilungsklausel auch nach der Wiedervereinigung trotz
der Möglichkeiten durch die Vertragsänderungen von Maastricht und Amsterdam
nicht gänzlich beseitigt wurde[134]. Art. 87 Abs. 2 lit.c EGV sei daher für Wirtschaftsförderungsmaßnahmen in den neuen Bundesländern uneingeschränkt anwendbar[135].

Demgegenüber ist zu betonen, dass Hauptanknüpfungspunkt des Art. 87 Abs. 2
lit.c EGV die Teilung Deutschlands bildet. Schädigendes Ereignis stellt die Teilung
dar, so dass die Beihilfen sich auf die Beseitigung des damit verbundenen Scha-
dens beziehen müssen. Erforderlich ist daher eine direkte Kausalkette von der ehemaligen Teilung Deutschlands zum auszugleichenden wirtschaftlichen Nachteil[136].
Mit der Wiedervereinigung wurde die Teilung Deutschlands nun überwunden[137].

---

[133] Diesen wirtschafts-geographischen Aspekt besonders betonend *Schümann,* Wirtschaftsförderung für die neuen Bundesländer im Lichte des EWGV, S. 265; dagegen diesen
Aspekt als unzulässiges Kriterium im Rahmen des Art. 87 Abs. 2 lit.c EGV betrachtend
Kruse, Ist die „Teilungsklausel" als Rechtsgrundlage für Beihilfen zum Ausgleich teilungsbedingter Nachteile obsolet?, EuZW 1998, 231.

[134] *Geiger,* EG-Vertrag, Art. 92 Rdnr. 20; *Kruse,* Ist die „Teilungsklausel" als Rechtsgrundlage für Beihilfen zum Ausgleich teilungsbedingter Nachteile obsolet?, EuZW 1998, 230;
Schümann, Wirtschaftsförderung für die neuen Bundesländer im Lichte des EWGV, S. 267.

[135] Zu diesem Ergebnis kommen *Berg,* Zonenrandförderung, S. 61; *Carl,* Die Gemeinschaft und die deutsche Einigung, EuZW 1990, 564; *Falkenkötter,* Der Streit um die sächsischen VW-Beihilfen – Anlass für grundsätzliche Klärung?, NJW 1996, 2693; *Geiger,* EG-
Vertrag, Art. 92 Rdnr. 20; *Kruse,* Ist die „Teilungsklausel" als Rechtsgrundlage für Beihilfen
zum Ausgleich teilungsbedingter Nachteile obsolet?, EuZW 1998, 232; *Rengeling,* Das vereinte Deutschland in der EG: Grundlagen zur Geltung des Gemeinschaftsrechts, DVBl 1990,
1311; *Rolfes,* Regionale Wirtschaftsförderung und EWG-Vertrag, S. 136 ff.; *Scherer, Joachim,* EG und DDR: Auf dem Weg zur Integration, BB Beilage Nr. 16 zu Heft 12/1990,
11 ff.; *Schümann,* Wirtschaftsförderung für die neuen Bundesländer im Lichte des EWGV,
S. 269; *Schütz,* Die Eingliederung der ehemaligen DDR in die EG unter dem Aspekt der
staatlichen Beihilfen, S. 97 ff.; letztlich offengelassen *Sinz,* Die staatliche Wirtschaftsförderung im Gebiet der neuen Bundesländer, S. 274; *Stremmel/Wedderkopf,* EG-Regionalpolitik
und Deutsche Einheit, ZRP 1990, 369; *Uerpmann,* Der europarechtliche Rahmen für staatliche Subventionen in Ostdeutschland, DÖV 1998, 233.

[136] So die allgemeine Darstellung bei *Mederer,* Wolfgang, in: Groeben/Thiesing/Ehler-
mann (Hrsg.), Kommentar zum EU-/EG-Vertrag, Art. 92 Rdnr. 63.

[137] Vgl. zur europarechtlichen Behandlung der Wiedervereinigung *Carl,* Die Gemein-
schaft und die deutsche Einigung, EuZW 1990, 561 ff.; *Grabitz,* Das Gemeinschaftsrecht und
die Einheit Deutschlands, EWS 1991, 89 ff.; *Rengeling,* Das vereinte Deutschland in der EG:
Grundlagen zur Geltung des Gemeinschaftsrechts, DVBl 1990, 1307 ff.; *Scherer, Joachim,*
EG und DDR: Auf dem Weg zur Integration, BB Beilage Nr. 16 zu Heft 12/1990, 11 ff.;
Stremmel/Wedderkopf, EG-Regionalpolitik und Deutsche Einheit, ZRP 1990, 369 ff.

Die damit verbundenen wirtschaftlichen Schwierigkeiten in den neuen Bundesländern sind allerdings nicht Folge der Teilung Deutschlands, sondern der desolaten Misswirtschaft im System der DDR[138]. Durch die Wiedervereinigung kamen die Wettbewerbsnachteile der ehemaligen DDR-Unternehmen lediglich zum Vorschein und wurden offensichtlich[139]. Geht man nun aber – wie die Gegenseite[140] – davon aus, dass im Zusammenspiel der Vorschriften Art. 87 Abs. 2 lit.b und c EGV in erster Linie außergewöhnliche nichtwirtschaftliche Ereignisse den Tatbestand zu erfüllen vermögen, so wird man anerkennen müssen, dass der Bankrott der DDR-Wirtschaft primär auf den ökonomischen Fehlern der Planwirtschaft beruht. Es tritt also ein wirtschaftliches Ereignis in die Kausalkette von Teilung und Schaden. Man wird nicht umhin kommen, sich dann zu fragen, inwieweit damit eine Unterbrechung des Kausalzusammenhangs vorliegt und ob eine Anwendung auf die Fördermaßnahmen in den neuen Bundesländern mit der Ratio der Teilungsklausel noch zu vereinbaren ist.

Darüber hinaus ist nicht zu übersehen, dass in den neuen Bundesländern einige wirtschaftliche Nachteile erst mit der Integration in die Bundesrepublik aufgetreten sind, also durch die Wiedervereinigung selbst bedingt wurden[141]. Zu denken ist dabei an das – volkswirtschaftlich betrachtet – unangemessene Umtauschverhältnis 1:1 im Rahmen der Währungsunion, die rasche, nicht an der tatsächlichen Produktivität gemessene Angleichung der Löhne oder die volle Integration in die Sozial- und Rentensysteme ohne vorherige Beitragszahlungen. Gerade in den ausgehenden 90er Jahren stellen diese integrationsbedingten Belastungen eine Hauptursache der derzeitigen ökonomischen Probleme dar. Je weiter die Wiedervereinigung zurückliegt, desto stärker treten auch die durch das sozialistische Planwirtschaftssystem hervorgerufenen Transformationsprobleme zurück. Zwar ist der Transformationsprozess in den neuen Bundesländern noch nicht gänzlich abgeschlossen, jedoch bilden sich immer stärker marktorientierte Unternehmen, innovative Wirtschaftsbranchen und rentable Betriebe heraus. Gerade Investitionen im Mittelstand, die verstärkte Förderung von Existenzgründungen und Innovationsförderung unterscheiden sich kaum von Maßnahmen in anderen europäischen Gebieten mit Entwicklungsrückstand[142]. Folge dieser Entwicklung ist, dass der Kausalzusammen-

---

138 *Faber,* Europarechtliche Grenzen kommunaler Wirtschaftsförderung, S. 145 ff.; *Haneklaus,* Regionalpolitik in der Europäischen Gemeinschaft, S. 176 ff.

139 *Mederer,* Wolfgang, in: Groeben / Thiesing / Ehlermann (Hrsg.), Kommentar zum EU- / EG-Vertrag, Art. 92 Rdnr. 63.

140 *Berg,* Zonenrandförderung, S. 58; *Kruse,* Ist die „Teilungsklausel" als Rechtsgrundlage für Beihilfen zum Ausgleich teilungsbedingter Nachteile obsolet?, EuZW 1998, 230; *Schümann,* Wirtschaftsförderung für die neuen Bundesländer im Lichte des EWGV, S. 264.

141 Dies wird selbst von den Vertretern der Gegenansicht eingestanden, vgl. beispielsweise *Schümann,* Wirtschaftsförderung für die neuen Bundesländer im Lichte des EWGV, S. 261.

142 Daher spricht sich *Schütterle,* Die Rechtsgrundlagen für Beihilfen zur Überwindung der wirtschaftlichen Folgen der Teilung Deutschlands, EuZW 1994, 717 für eine differenzierte Anwendung der Teilungsklausel aus, wonach Umstrukturierungs- und Privatisierungsmaßnahmen der damaligen Treuhandanstalt unter die Legalausnahme fallen sollen, vgl. dazu

hang von der Teilung über die Planwirtschaft bis hin zu den heutigen Wettbewerbsnachteilen sich immer weiter entfernt. Man wird daher in Art. 87 Abs. 2 lit.c EGV zwingend ein degressives Element[143] erkennen müssen, dessen Endpunkt inzwischen erreicht sein dürfte. Angesichts der kausalen Ferne zwischen Teilung und wirtschaftlichen Problemen wird nicht mehr „von durch die Teilung verursachte wirtschaftliche Nachteile" sprechen können.

Betrachtet man zudem den systematischen Zusammenhang der Vorschrift, so zeigt sich, dass mit Art. 87 Abs. 2 lit.c EGV eine außergewöhnliche Schadenssituation ausgeglichen werden sollte, die ersichtlich an die Teilung Deutschlands und nicht an deren Aufhebung anknüpfte. Dem trägt auch der historische Umstand Rechnung, dass man bei der Aushandlung der Römischen Verträge[144] allein die Gebiete in der Bundesrepublik Deutschland im Blick hatte, die von der Realität des „Eisernen Vorhangs" besonders betroffen waren. Auf die Situation der Wiedervereinigung, immenser Transferleistungen und verstärkter Wirtschaftsförderung in das heutige Gebiet der neuen Länder war man ersichtlich nicht vorbereitet[145]. Angesichts des Charakters einer Legalausnahme ist es zudem geboten, eine restriktive Auslegung der Tatbestandsmerkmale vorzunehmen, um den Grundsatz des freien Wettbewerbs und der grundsätzlichen Unvereinbarkeit von staatlichen Beihilfen mit dem Gemeinsamen Markt nicht über die Ausnahmevorschriften auszuhöhlen[146]. Daher ist es verfehlt, die Teilungsklausel soweit auszudehnen, dass Fördermaßnahmen solange über Art. 87 Abs. 2 lit.c EGV gerechtfertigt werden können, bis das Entwicklungsniveau Westdeutschlands erreicht wird[147]. Vielmehr ist es sachgerecht, die Beihilfen auf dem Gebiet der ehemaligen DDR dem allgemeinen

---

Schütterle, EG-Beihilfenkontrolle über die Treuhandanstalt: die Entscheidung der Kommission vom 18. 9. 1991, EuZW 1991, 663; mit dem Abschluss der Arbeit der Treuhandanstalt und deren Umwandlung in die Bundesanstalt für vereinigungsbedingte Sonderaufgaben (BvS) dürfte auch diese Differenzierung zwischenzeitlich obsolet geworden sein.

[143] Dies durchaus feststellend, ohne aber Schlussfolgerungen hieraus ziehend *Kruse,* Ist die „Teilungsklausel" als Rechtsgrundlage für Beihilfen zum Ausgleich teilungsbedingter Nachteile obsolet?, EuZW 1998, 232; *Schümann,* Wirtschaftsförderung für die neuen Bundesländer im Lichte des EWGV, S. 262.

[144] Gesetz zu den Verträgen vom 25. 3. 1957 zur Gründung der Europäischen Wirtschaftsgemeinschaft und der Europäischen Atomgemeinschaft vom 27. 7. 1957, BGBl. II S. 753.

[145] Dies anerkennend *Falkenkötter,* Der Streit um die sächsischen VW-Beihilfen – Anlass für grundsätzliche Klärung?, NJW 1996, 2691; *Kruse,* Ist die „Teilungsklausel" als Rechtsgrundlage für Beihilfen zum Ausgleich teilungsbedingter Nachteile obsolet?, EuZW 1998, 230; *Schütterle,* Die Rechtsgrundlagen für Beihilfen zur Überwindung der wirtschaftlichen Folgen der Teilung Deutschlands, EuZW 1994, 716; *Sinz,* Die staatliche Wirtschaftsförderung im Gebiet der neuen Bundesländer, S. 273.

[146] So die Praxis der europäischen Kommission, vgl. ABl. C 43 / 14 vom 16. 2. 1993; ABl. L 385 / 1 vom 31. 12. 1994; ABl. L 308 / 46 vom 29. 11. 1996; ABl. C 298 / 2 vom 9. 10. 1996; ABl. C 290 / 1 vom 7. 10. 1996.

[147] So aber *Kruse,* Ist die „Teilungsklausel" als Rechtsgrundlage für Beihilfen zum Ausgleich teilungsbedingter Nachteile obsolet?, EuZW 1998, 231; *Schütz,* Die Eingliederung der ehemaligen DDR in die EG unter dem Aspekt der staatlichen Beihilfen, S. 108.

Beihilfenrecht zu unterstellen[148]. Nur so lässt sich eine flexible, den Umständen angepasste Förderpraxis entwickeln, da die Kommission insoweit mit einem weiten Ermessen ausgestattet ist. In dieses wird sie die Besonderheiten der Wiedervereinigung und die damit verbundenen wirtschaftlichen Probleme hinreichend einstellen[149]. Dem entspricht auch die gängige Praxis der Europäischen Kommission, die nach der Vereinigung lediglich zwei Fälle nach Art. 87 Abs. 2 lit.c EGV beurteilte, die zudem nicht in das Gebiet der neuen Bundesländer fielen[150]. Insgesamt hat es die Kommission stets vermieden, die Teilungsklausel für Fördermaßnahmen in den neuen Bundesländern heranzuziehen[151]. Vielmehr wurden entsprechende Beihilfegenehmigungen meist auf Art. 87 Abs. 3 lit.a oder c EGV gestützt[152]. So wurden die sächsischen Beihilfen an die Volkswagen AG ebenfalls konsequent an Art. 87 Abs. 3 lit.c EGV gemessen, woraufhin nur ein Teil der Beihilfen genehmigt werden konnte[153]. Im Ergebnis deckt sich die hier vertretene Sichtweise mit der Praxis der Europäischen Kommission, die insoweit faktisch die Teilungsklausel für obsolet erklärt hat.

Insgesamt vermag der Regelungscharakter des Art. 87 Abs. 2 lit.c EGV nicht die Wirtschafts- oder Beschäftigungsförderung im Gebiet der neuen Bundesländer pauschal als mit dem Gemeinsamen Markt vereinbar zu rechtfertigen[154]. Die Tei-

---

[148] Ein völlig anderes Problem stellt die Frage dar, ob die Vorschrift nach wie vor auf die Fallgestaltungen angewandt werden kann, deren Anknüpfungspunkt auch heute noch die Teilung Deutschlands bilden. Man wird – angesichts der Wiedervereinigung Deutschlands – kaum mehr solche Konstellationen antreffen, bei denen der Kausalzusammenhang zweifelsfrei zu bejahen wäre, zumal über Art. 87 Abs. 2 lit.c EGV keine Dauersubventionen etabliert werden sollen, so dass die Vorschrift im Ergebnis gegenstandslos geworden sein dürfte; wie hier *Europäische Kommission,* Die europäische Gemeinschaft und die Deutsche Vereinigung, Beilage Nr. 4 zu Bull. EG, 1990, 14; *Nicolaysen,* Europarecht II, § 33 IV, S. 290; *Rengeling,* Das vereinte Deutschland in der EG: Grundlagen zur Geltung des Gemeinschaftsrechts, DVBl 1990, 1311; *Sinz,* Die staatliche Wirtschaftsförderung im Gebiet der neuen Bundesländer, S. 271; a.A. noch *Berg,* Zonenrandförderung, S. 165.

[149] Die Kommission spricht sich ausdrücklich für eine konstruktive Anwendung der Beihilferegelungen aus, Mitteilung der Kommission der Europäischen Gemeinschaft: Die Gemeinschaft und die deutsche Einigung – Vorschläge für Rechtsvorschriften des Rates, finanzielle Auswirkungen, KOM (90) 400; dies insgesamt bestätigend *Schütterle,* EG-Beihilfenkontrolle über die Treuhandanstalt: die Entscheidung der Kommission vom 18. 9. 1991, EuZW 1991, 665; erneut *Schütterle,* Die Rechtsgrundlagen für Beihilfen zur Überwindung der wirtschaftlichen Folgen der Teilung Deutschlands, EuZW 1994, 718.

[150] So der Verkauf eines Grundstücks am Potsdamer Platz in West-Berlin, Entscheidung der Europäischen Kommission, ABl. L 263/15 vom 9. 9. 1992; ferner Beihilfen in Tettau/Bayern, Presseerklärung der Europäischen Kommission IP 94/727 vom 27. 7. 1994.

[151] Generell hierzu *Europäische Kommission,* 24. Bericht über die Wettbewerbspolitik (1994), Tz. 354.

[152] Die europäische Kommission in ABl. C 43/14 vom 16. 2. 1993; ABl. L 385/1 vom 31. 12. 1994; ABl. L 308/46 vom 29. 11. 1996; ABl. C 298/2 vom 9. 10. 1996; ABl. C 290/1 vom 7. 10. 1996.

[153] Vgl. Entscheidungen der Kommission, ABl. L 385/1 vom 31. 12. 1994 und KOM (96) 1844 vom 26. 6. 1996; ferner die Bewertung bei *Falkenkötter,* Der Streit um die sächsischen VW-Beihilfen – Anlass für grundsätzliche Klärung?, NJW 1996, 2691 ff.

lungsklausel stellt weder das adäquate Instrument zur Beurteilung der Förderpraxis in den neuen Bundesländern dar, noch lassen sich die rechtlichen Bedenken einer Anwendung aus dem Weg räumen. Im Ergebnis findet Art. 87 Abs. 2 lit.c EGV daher auf die hier zu untersuchenden Beihilfen keine Anwendung.

2. Ausnahmen kraft Entscheidung

In materiell-rechtlicher Hinsicht stehen daher die Ausnahmeregelungen des Art. 87 Abs. 3 EGV im Vordergrund. Danach können folgende Beihilfen mit dem Gemeinsamen Markt vereinbar sein: Beihilfen zur Förderung der wirtschaftlichen Entwicklung von Gebieten, in denen die Lebenshaltung außergewöhnlich niedrig oder eine erhebliche Unterbeschäftigung herrscht (lit.a); Beihilfen zur Förderung wichtiger Vorhaben von gemeinsamem europäischem Interesse oder zur Behebung einer beträchtlichen Störung im Wirtschaftsleben eines Mitgliedstaates (lit.b); Beihilfen zur Förderung der Entwicklung gewisser Wirtschaftszweige oder Wirtschaftsgebiete, soweit sie die Handelsbedingungen nicht in einer Weise verändern, die dem gemeinsamen Interesse zuwiderläuft (lit.c); Beihilfen zur Förderung der Kultur und der Erhaltung des kulturellen Erbes, soweit sie die Handels- und Wettbewerbsbedingungen in der Gemeinschaft nicht in einem Maß beeinträchtigen, das dem gemeinsamen Interesse zuwiderläuft (lit.d); sonstige Arten von Beihilfen, die der Rat durch die Entscheidung mit qualifizierter Mehrheit auf Vorschlag der Kommission bestimmt (lit.e).

Während die Entscheidungen nach den Art. 87 Abs. 3 lit.a – d EGV in der Kompetenz der Europäischen Kommission liegen, entscheidet im Fall des Art. 87 Abs. 3 lit.e EGV der Europäische Rat auf Vorschlag der Kommission[155]. Im Folgenden sollen nun die in Betracht kommenden Ausnahmetatbestände dargestellt, deren Voraussetzungen aufgezeigt und schließlich die Prüfung anhand der Maßnahmen der Beschäftigungsförderung nachvollzogen werden[156].

---

[154] Im Ergebnis ebenso *Mederer, Wolfgang,* in: Groeben / Thiesing / Ehlermann (Hrsg.), Kommentar zum EU-/EG-Vertrag, Art. 92 Rdnr. 63; *Nicolaysen,* Europarecht II, § 33 IV, S. 290; differenzierend *Schütterle,* Die Rechtsgrundlagen für Beihilfen zur Überwindung der wirtschaftlichen Folgen der Teilung Deutschlands, EuZW 1994, 717; im Ergebnis offen *Sinz,* Die staatliche Wirtschaftsförderung im Gebiet der neuen Bundesländer, S. 274.

[155] Daneben besteht nach Art. 88 Abs. 2 UAbs. 3 EGV die Möglichkeit eines Mitgliedstaates, bei außergewöhnlichen Umständen unabhängig von den Art. 87 oder 89 EGV eine Entscheidung des Rates herbeizuführen.

[156] Diesbezüglich kann sich insgesamt kurz gefasst werden, da solche Untersuchungen schon Gegenstand verschiedener wissenschaftlicher Arbeiten darstellten, vgl. insoweit nur die ausführlichen Darstellungen von *Rolfes,* Regionale Wirtschaftsförderung und EWG-Vertrag, S. 63 ff.; *Schümann,* Wirtschaftsförderung für die neuen Bundesländer im Lichte des EWGV, S. 148 ff.; *Sinz,* Die staatliche Wirtschaftsförderung im Gebiet der neuen Bundesländer, S. 216 ff.

a) Förderung unterentwickelter Gebiete

Der Tatbestand des Art. 87 Abs. 3 lit.a EGV fordert eine Unterentwicklung eines bestimmten Gebietes, die sich entweder in einer außergewöhnlich niedrigen Lebenshaltung oder aber in einer erheblichen Unterbeschäftigung niederschlägt. Vergleichsmaßstab zur Bestimmung der Unterentwicklung bildet dabei nicht das Niveau des Mitgliedstaates, sondern das der gesamten Gemeinschaft[157]. Die Bestimmung der förderwürdigen Gebiete erfolgt nach den maßgeblichen Grundsätzen, welche die Kommission in Mitteilungen[158] über die Methode zur Anwendung von Art. 87 Abs. 3 lit.a und c EGV auf Regionalbeihilfen bekannt gemacht hat[159]. Danach darf das Bruttoinlandsprodukt je Einwohner in dem förderfähigen Gebiet – gemessen in Kaufkraftstandards – nicht mehr als 75 % des Gemeinschaftsdurchschnitts betragen[160]. Neben der gebietsspezifischen Voraussetzung muss es sich in der Zielrichtung um eine Regionalbeihilfe handeln. Erfasst werden Beihilfen für Erstinvestitionen zur Neugründung oder Erweiterung eines Unternehmens und damit verbundene Beihilfen zur Schaffung von Arbeitsplätzen und in begrenztem Umfang auch Betriebsbeihilfen[161]. Dadurch soll in erster Linie gesichert werden, dass die Förderung einen kausalen Beitrag zur wirtschaftlichen Entwicklung des förderwürdigen Gebietes leistet. Dies ist bei allgemeinen Beschäftigungs- und Betriebsbeihilfen indes üblicherweise nicht der Fall, da deren Wirkungen meist mit denen der Beihilfe enden[162]. Liegen somit Regionalbeihilfen in unterentwickelten Gebieten nach Art. 87 Abs. 3 lit.a EGV vor, so begrenzen die Leitlinien die zulässige Beihilfenintensität, mit welcher das Verhältnis von Beihilfebetrag und gefördertem Gesamtinvestitionsbetrag angegeben wird[163].

---

157 Dies ist inzwischen unstreitig vgl. EuGH – Philip Morris, 730/79 – Slg. 1980, 2671 (2691); ferner *Bleckmann*, Europarecht, Rdnr. 2064; *Haneklaus*, Regionalpolitik in der Europäischen Gemeinschaft, S. 182; *Hoischen*, Die Beihilferegelung in Artikel 92 EWGV, S. 76; *Mederer*, Wolfgang, in: Groeben/Thiesing/Ehlermann (Hrsg.), Kommentar zum EU-/EG-Vertrag, Art. 92 Rdnr. 79; *Pieper*, Subventionsrecht und Verfahren, in: Salger (Hrsg.), Handbuch der europäischen Rechts- und Wirtschaftspraxis, § 37 Rdnr. 11; *Rolfes*, Regionale Wirtschaftsförderung und EWG-Vertrag, S. 149 ff.

158 Bisher geltende Regelungen ABl. C 212/2 vom 12. 8. 1988; geändert durch ABl. C 163/6 vom 4. 7. 1990 sowie ABl. C 364/8 vom 20. 12. 1994; die neuen Leitlinien der Kommission zur Beurteilung von Regionalbeihilfevorhaben ABl. C 74/9 vom 10. 3. 1998 – insgesamt dazu *Europäische Kommission*, Wettbewerbsrecht in den Europäischen Gemeinschaften, Band IIA, S. 321 ff.

159 Vgl. zum Rechtscharakter dieser Bestimmungen unten 4.Teil, A., IV., 3.

160 Zur Methode der Klassifizierung der Gebiete vgl. *Erlbacher*, Die neuen Leitlinien der Kommission für die Vergabe staatlicher Regionalbeihilfen, EuZW 1998, 518; *Jestaedt/Schelling*, Regionalbeihilfen im Binnenmarkt, EWS 1999, 3 ff.

161 Ausführlich hierzu *Jestaedt/Schelling*, Regionalbeihilfen im Binnenmarkt, EWS 1999, 3.

162 *Mederer*, Wolfgang, in: Groeben/Thiesing/Ehlermann (Hrsg.), Kommentar zum EU-/EG-Vertrag, Art. 92 Rdnr. 79; *Schernthanner*, Das materielle Beihilfeaufsichtsrecht nach dem EWG-Vertrag, S. 149.

Die deutsche Regionalförderung ist im Wesentlichen in der GA gebündelt. Um die Förderbedingungen der Leitlinien zu erfüllen, ist die GA insbesondere auf Erstinvestitionen und der Schaffung neuer Arbeitsplätze ausgerichtet[164]. Nachdem es zunächst als unsicher galt, inwieweit die GA-Förderung in den neuen Bundesländern nach Maßgabe des Art. 87 Abs. 3 lit.a oder aber lit.c EGV zu beurteilen ist[165], wird die Genehmigung hinsichtlich der neuen Bundesländer derzeit auf erstere Regelung gestützt[166]. Dies ist auch konsequent, da die neuen Bundesländer insgesamt zu den Ziel-1-Gebieten im Rahmen der Strukturfonds gehören und die Kommission eine verstärkte Kohärenz zwischen nationaler Regionalförderung – und damit eben auch der Beihilfenkontrolle – und den Strukturfonds erreichen möchte[167]. Angesichts der nach wie vor anhaltenden wirtschaftlichen Schwierigkeiten und der hohen Arbeitslosigkeit[168] ist es angebracht, das Gebiet der neuen Bundesländer als ein solches im Sinne des Art. 87 Abs. 3 lit.a EGV zu betrachten.

b) Gemeinsames europäisches Interesse oder Behebung einer Störung des Wirtschaftslebens

Art. 87 Abs. 3 lit.b EGV nennt zwei weitere Alternativen, nach denen Beihilfen gerechtfertigt werden können. Erstere fordert ein wichtiges Vorhaben von gemeinsamen europäischen Interesse. Hierunter fallen insbesondere solche Vorhaben, die den Zielen der Art. 2 und 3 EGV verpflichtet sind, wobei auch außergemeinschaftliche Interessen verfolgt werden können, wie die Wortwahl „europäisch" zeigt[169].

---

[163] Ausführlich dazu *Erlbacher,* Die neuen Leitlinien der Kommission für die Vergabe staatlicher Regionalbeihilfen, EuZW 1998, 518; *Jestaedt/Schelling,* Regionalbeihilfen im Binnenmarkt, EWS 1999, 4.

[164] Vgl. zur Zielsetzung der GA ausführlich oben 2.Teil, B., V., 1., c.

[165] Vgl. noch *Mederer,* Wolfgang, in: Groeben/Thiesing/Ehlermann (Hrsg.), Kommentar zum EU-/EG-Vertrag, Art. 92 Rdnr. 81; *Schümann,* Wirtschaftsförderung für die neuen Bundesländer im Lichte des EWGV, S. 276; *Sinz,* Die staatliche Wirtschaftsförderung im Gebiet der neuen Bundesländer, S. 279.

[166] Vgl. Anhang I in *Europäische Kommission,* 28. Bericht über die Wettbewerbspolitik (1998); ferner Entscheidung der Kommission vom 21. 12. 1993, ABl. 1994 L 114/21; *Götz,* Subventionsrecht, in: Dauses (Hrsg.), Handbuch des EU-Wirtschaftsrecht, H III Rdnr. 76; *Jestaedt/Schelling,* Regionalbeihilfen im Binnenmarkt, EWS 1999, 2; *Streinz,* Europarecht, Rdnr. 854; *Tetsch/Benterbusch/Letixerant,* Die Bund-Länder-Gemeinschaftsaufgabe „Verbesserung der regionalen Wirtschaftsstruktur", S. 26; *Wallenberg,* Gabriela von, in: Grabitz/Hilf (Hrsg.), Kommentar zur Europäischen Union, Art. 92 Rdnr. 48.

[167] *Götz,* Subventionsrecht, in: Dauses (Hrsg.), Handbuch des EU-Wirtschaftsrecht, H III Rdnr. 76; *Schümann,* Wirtschaftsförderung für die neuen Bundesländer im Lichte des EWGV, S. 277.

[168] Vgl. nur die Angaben bei *Sachverständigenrat zur Begutachtung der gesamtwirtschaftlichen Entwicklung,* Vor weitreichenden Entscheidungen – Jahresgutachten 1998/99, S. 79 zur Arbeitslosigkeit und S. 90 zur wirtschaftlichen Entwicklung in den neuen Bundesländern.

[169] *Hoischen,* Die Beihilferegelung in Artikel 92 EWGV, S. 78; *Mederer,* Wolfgang, in: Groeben/Thiesing/Ehlermann (Hrsg.), Kommentar zum EU-/EG-Vertrag, Art. 92 Rdnr. 98;

Um nun aber das Wettbewerbsinteresse nicht völlig in den Hintergrund treten zu lassen, muss das verfolgte Ziel zum einen das Wettbewerbsinteresse überwiegen, zum anderen muss es sich um ein solches handeln, dass allen Mitgliedstaaten gemein ist und von diesen ebenfalls verfolgt wird[170]. An diesem ausreichenden europäischen Bezug mangelt es hinsichtlich der Beschäftigungsförderung in den neuen Bundesländern. Die positive Wirkung der Förderung begrenzt sich im Wesentlichen auf den innerstaatlichen Wirtschaftsraum und lässt darüber hinaus nur geringe Gemeinschaftsbezüge erkennen. Vor allem der beschäftigungsfördernde Charakter zielt primär auf die Verringerung der Arbeitslosigkeit im Gebiet der neuen Bundesländer, also auf einen begrenzten Wirtschaftsraum ab. Zudem kann dann nicht von einem Überwiegen des gemeinschaftlichen Interesses gegenüber dem Interesse an einem freien Wettbewerb gesprochen werden[171].

Im Rahmen der zweiten Alternative muss die Förderung zur Behebung einer beträchtlichen Störung im Wirtschaftsleben eines Mitgliedstaates erfolgen. Ansatzpunkt bildet dabei die gesamte Wirtschaft, wobei auch mehrere Regionen oder Wirtschaftsbereiche für ausreichend erachtet werden[172]. Angesichts dieser Interpretation könnte man geneigt sein, für die Förderung in den neuen Bundesländern den Art. 87 Abs. 3 lit.b 2.Alt. EGV eingreifen zu lassen. Hierfür würde insbesondere die desolate wirtschaftliche Lage im Gebiet der fünf neuen Bundesländer sprechen, die insoweit als beträchtliche Störung im Wirtschaftsleben gelten könnte. Demgegenüber gilt aber zu bedenken, dass über diese Ausnahmeregelung primär Dringlichkeitsmaßnahmen erfasst werden sollen, die vor allem der Sicherung der Beschäftigung in Form von Investitions-, Liquiditätshilfen und Beschäftigungsprogrammen dienen[173]. Nun besitzt das Instrumentarium des SGB III – insbesondere die ABM und SAM – beschäftigungssichernden Charakter, jedoch stellen diese Maßnahmen nicht allein eine Reaktion auf die einigungsbedingte Situation dar. Zwar befindet sich die ostdeutsche Wirtschaft nach wie vor in einer schwierigen Phase, es kann indes zehn Jahre nach der Wiedervereinigung nicht mehr von einer beträchtlichen Störung des Wirtschaftslebens gesprochen werden. Fordert man zu-

---

Rengeling, Das Beihilferecht der Europäischen Gemeinschaften, in: Börner / Neundörfer (Hrsg.), Recht und Praxis der Beihilfen im Gemeinsamen Markt, S. 37.

[170] Grundlage bilden dabei vielfach zwischenstaatliche Programme, die ein gemeinsames europäisches Interesse erkennen lassen, vgl. EuGH – Exécutif Regional Wallon / Kommission, 62 und 72 / 87, Slg. 1988, 1595.

[171] Diesen Tatbestand gar nicht prüfend *Schümann,* Wirtschaftsförderung für die neuen Bundesländer im Lichte des EWGV, S. 277; im Ergebnis ebenso *Sinz,* Die staatliche Wirtschaftsförderung im Gebiet der neuen Bundesländer, S. 281.

[172] *Mederer, Wolfgang,* in: Groeben / Thiesing / Ehlermann (Hrsg.), Kommentar zum EU- / EG-Vertrag, Art. 92 Rdnr. 102; *Schütterle,* EG-Beihilfenkontrolle über die Treuhandanstalt: die Entscheidung der Kommission vom 18. 9. 1991, EuZW 1991, 663.

[173] *Mederer, Wolfgang,* in: Groeben / Thiesing / Ehlermann (Hrsg.), Kommentar zum EU- / EG-Vertrag, Art. 92 Rdnr. 103; *Nicolaysen,* Europarecht II, § 33 IV, S. 287; *Pieper,* Subventionsrecht und Verfahren, in: Salger (Hrsg.), Handbuch der europäischen Rechts- und Wirtschaftspraxis, § 37 Rdnr. 11.

dem, dass die Beeinträchtigung einen gesamtwirtschaftlichen Bezug aufweisen muss, so wird man Art. 87 Abs. 3 lit.b EGV als Rechtfertigung der nationalen Beschäftigungssubventionen ablehnen müssen[174].

c) Förderung von Wirtschaftszweigen oder -gebieten (Auffangtatbestand)

Wichtigster Ausnahmetatbestand für Beschäftigungssubventionen bildet daher Art. 87 Abs. 3 lit.c EGV, der gleichsam als Auffangtatbestand dient[175]. Während sektorale Beihilfen zur Förderung der Entwicklung gewisser Wirtschaftszweige und regionale Beihilfen zur Förderung von Wirtschaftsgebieten ausdrücklich aufgeführt sind, werden auch allgemeine Beihilfen, die dem Ziel der Umstrukturierung und Modernisierung der Wirtschaft dienen, und horizontale Beihilfen, mit denen neue Arbeitsplätze geschaffen, kleine und mittlere Unternehmen gefördert und die Forschung verstärkt werden sollen, von der Ausnahmeregelung erfasst. Neben diese Kategorisierung muss die Beihilfe die Entwicklung fördern, sich also nicht in einer bloßen Erhaltungssubvention erschöpfen und den status quo sichern[176]. Insgesamt erfährt Art. 87 Abs. 3 lit.c EGV eine weitere Einschränkung, wonach die Handelsbedingungen nicht in einer Weise verändert werden dürfen, die dem gemeinsamen Interesse zuwiderläuft. Hiermit wird dergestalt ein Abwägungsgebot an die Kommission im Rahmen ihres Entscheidungsspielraums gerichtet[177], dass beispielsweise zu überprüfen ist, ob eine Beihilfe unabhängig von der wirtschaftlichen Situation in anderen Mitgliedstaaten gewährt[178], ob die Art der Gewährung dem gemeinsamen Interesse zuwiderläuft[179] oder aber ob das Ziel auch ohne Beihilfe erreicht werden kann[180].

aa) Sektorale Beihilfen

Hinsichtlich der Beihilfen für bestimmte Wirtschaftszweige – sektorale Beihilfen – wurden, ähnlich der Regionalbeihilfen, sogenannte Gemeinschaftsrahmen

---

174 Letztlich offengelassen *Sinz,* Die staatliche Wirtschaftsförderung im Gebiet der neuen Bundesländer, S. 283.

175 *Mederer,* Wolfgang, in: Groeben / Thiesing / Ehlermann (Hrsg.), Kommentar zum EU- / EG-Vertrag, Art. 92 Rdnr. 104; *Pieper,* Subventionsrecht und Verfahren, in: Salger (Hrsg.), Handbuch der europäischen Rechts- und Wirtschaftspraxis, § 37 Rdnr. 12.

176 EuGH – Italien / Kommission, 173 / 73 – Slg. 1974, 709; EuGH – Deutschland / Kommission, 84 / 82 – Slg. 1984, 1451 (1469 ff.); Entscheidung der Kommission 88 / 605 / EWG vom 8. 6. 1988, ABl. L 334, S. 22; Entscheidung der Kommission 90 / 197 / EWG vom 4. 10. 1989, ABl. L 105, S. 15.

177 *Bleckmann,* Europarecht, Rdnr. 2068; *Mederer,* Wolfgang, in: Groeben / Thiesing / Ehlermann (Hrsg.), Kommentar zum EU- / EG-Vertrag, Art. 92 Rdnr. 107.

178 EuGH – Frankreich / Kommission, 301 / 87 – Slg. 1990, I-307.

179 Entscheidung der Kommission, ABl. Nr. L 263 / 15 vom 9. 9. 1992.

180 EuGH – Philip Morris / Kommission, C-730 / 79 – Slg. 1980, 2671 (2678).

aufgestellt, anhand derer sich die Abwägungsentscheidung vollzieht. Solche Gemeinschaftsrahmen existieren insbesondere für die KfZ-Industrie[181], die Kunstfaserindustrie[182], Eisen- und Stahlindustrie[183] sowie den Fischereisektor[184]. Ohne nun auf die einzelnen Gemeinschaftsrahmen und die sektorspezifischen Besonderheiten einzugehen, lassen sich dennoch einige Grundsätze festhalten, an denen sich die Genehmigung sektoraler Beihilfen orientiert[185]. So müssen sektorale Beihilfen insbesondere der Umstrukturierung und Modernisierung des Wirtschaftszweigs dienen und dürfen nicht auf eine Erhaltung des status quo ausgerichtet sein. Ferner müssen die Beihilfen degressiv ausgestaltet und zeitlich begrenzt sein. Das Ausmaß und die Intensität der Beihilfe werden durch das Verhältnismäßigkeitsprinzip beschränkt, wonach die Wettbewerbsverzerrungen auf das geringste Maß zu beschränken sind. Angesichts der vielfach ähnlichen Probleme der Mitgliedstaaten muss ein Subventionswettlauf in den einzelnen Sektoren vermieden werden, damit sich die Probleme nicht vom einen in den anderen Mitgliedstaat verlagern. Betrachtet man hier noch einmal den Fall der sächsischen VW-Beihilfen, so wird erneut deutlich, welchen wichtigen Stellenwert die Beihilfenkontrolle einnimmt[186]. So wurde gerade aufgrund des Gemeinschaftsrahmens für die KfZ-Industrie, den die Kommission dem Fall zugrundelegte und für anwendbar hielt, das gesamte Beihilfevolumen um 240 Mio. DM gekürzt.

bb) Regionale Beihilfen

Regionalbeihilfen werden ebenfalls nach den von der Kommission erstellten Grundsätzen beurteilt[187]. Während sich die Förderung in den alten Bundesländern

---

[181] Gemeinschaftsrahmen für die KfZ-Industrie, ABl. C 123/3 vom 18. 5. 1989; verlängert ABl. C 81/4 vom 26. 3. 1991; geändert ABl. C 284/3 vom 28. 10. 1995; schließlich ABl. C 279/1 vom 15. 9. 1997.

[182] Beihilfenkodex für die Kunstfaserindustrie, ABl. C 346/2 vom 30. 12. 1992; verlängert ABl. C 224/4 vom 12. 8. 1994; ferner ABl. C 94/11 vom 30. 3. 1996.

[183] Entscheidung der Kommission 2496/96/EGKS, ABl. L 338/42 vom 28. 12. 1996.

[184] Leitlinien für die Prüfung der einzelstaatlichen Beihilfen im Fischerei- und Aquakultursektor, ABl. C 313 vom 8. 12. 1988; ABl. C 152/1 vom 17. 6. 1992; ABl. C 260/3 vom 17. 9. 1994 und schließlich ABl. C 100/12 vom 27. 3. 1997.

[185] Vgl. die Darstellung der Grundsätze bei *Börner*, Gutachten zur Vereinbarkeit des sogenannten Claes Plans mit dem EWG-Vertrag, in: Börner/Neundörfer (Hrsg.), Recht und Praxis der Beihilfen im Gemeinsamen Markt, S. 150 ff.; *Hoischen*, Die Beihilferegelung in Artikel 92 EWGV, S. 83 ff.; *Mederer*, Wolfgang, in: Groeben/Thiesing/Ehlermann (Hrsg.), Kommentar zum EU-/EG-Vertrag, Art. 92 Rdnr. 178 ff.; *Sinz*, Die staatliche Wirtschaftsförderung im Gebiet der neuen Bundesländer, S. 290; *Wallenberg*, Gabriela von, in: Grabitz/Hilf (Hrsg.), Kommentar zur Europäischen Union, Art. 92 Rdnr. 63.

[186] Vgl. ausführlich dazu *Falkenkötter*, Der Streit um die sächsischen VW-Beihilfen – Anlass für grundsätzliche Klärung?, NJW 1996, 2689 ff.

[187] Es wurden dabei gemeinsame Grundsätze zur Beurteilung von Regionalhilfen nach Art. 87 Abs. 3 a und c EGV erstellt, vgl. ABl. C 212/2 vom 12. 8. 1988; geändert durch ABl.

im Rahmen der GA am Maßstab des Art. 87 Abs. 3 lit.c EGV orientiert, ist in den neuen Bundesländern über Art. 87 Abs. 3 lit.a EGV eine erhöhte Beihilfenintensität möglich[188]. Insgesamt gestaltet sich indes die Aufsicht über Regionalbeihilfen als schwierig. Dies liegt einerseits daran, dass jeder Mitgliedstaat seine strukturschwachen Regionen mit Hilfe von Subventionen attraktiv machen möchte, die Gemeinschaft selbst nach Art. 2 EGV zur Stärkung des wirtschaftlichen und sozialen Zusammenhalts verpflichtet ist, andererseits ein Subventionswettlauf zwischen den Mitgliedstaaten verhindert werden muss[189]. Darüber hinaus ist die Bewertung der wirtschaftlichen und sozialen Lage einzelner Regionen und die prognostische Zielanalyse als schwierig anzusehen[190].

cc) Allgemeine Beihilfen

Unter die Kategorie der allgemeinen Beihilfen fallen solche, die weder regional noch sektoral wirken, aber dennoch der Modernisierung, Anpassung und Förderung des Wirtschaftswachstums dienen[191]. Die Kommission hat angesichts der mitgliedstaatlichen Kompetenz auf dem Gebiet der Wirtschafts-, Sozial- und Gesellschaftspolitik, die sich gerade auch in weiteren Beihilfenformen äußert, Art. 87 Abs. 3 lit.c EGV zu einer Art Auffangtatbestand ausgebaut und somit die Beihilfenkontrolle der Rechtswirklichkeit angepasst[192]. Teilweise wird noch zwischen allgemeinen und horizontalen Beihilfen unterschieden[193], indes hat diese Differenzierung lediglich terminologische Bedeutung. Eine Begründung für eine weitere Unterteilung wird nicht gegeben, so dass auf eine solche letztlich verzichtet werden kann[194]. Zu nennen sind hierbei beispielsweise Rettungs- und Umstrukturie-

---

C 163/6 vom 4. 7. 1990 sowie ABl. C 364/8 vom 20. 12. 1994; am 16. 12. 1997 neugefasst und veröffentlicht in ABl. C 74/9 vom 10. 3. 1998.

[188] Vgl. dazu die Darstellung oben 4.Teil, A., IV., 2., c.

[189] *Mederer,* Wolfgang, in: Groeben/Thiesing/Ehlermann (Hrsg.), Kommentar zum EU-/EG-Vertrag, Art. 92 Rdnr. 81.

[190] Ausführlich zur Darstellung der Methode der Bewertung *Erlbacher,* Die neuen Leitlinien der Kommission für die Vergabe staatlicher Regionalbeihilfen, EuZW 1998, 517 ff.; *Jestaedt/Schelling,* Regionalbeihilfen im Binnenmarkt, EWS 1999, 1 ff.; *Mederer,* Wolfgang, in: Groeben/Thiesing/Ehlermann (Hrsg.), Kommentar zum EU-/EG-Vertrag, Art. 92 Rdnr. 85 ff.; *Rolfes,* Regionale Wirtschaftsförderung und EWG-Vertrag, S. 149 ff.

[191] *Sinz,* Die staatliche Wirtschaftsförderung im Gebiet der neuen Bundesländer, S. 292; *Wallenberg,* Gabriela von, in: Grabitz/Hilf (Hrsg.), Kommentar zur Europäischen Union, Art. 92 Rdnr. 75.

[192] *Mederer,* Wolfgang, in: Groeben/Thiesing/Ehlermann (Hrsg.), Kommentar zum EU-/EG-Vertrag, Art. 92 Rdnr. 104.

[193] So beispielsweise *Sinz,* Die staatliche Wirtschaftsförderung im Gebiet der neuen Bundesländer, S. 292 ff.

[194] Uneinheitlich stellt sich das Bild in der Literatur dar *Beutler/Bieber/Pipkorn/Streil,* Die Europäische Union, S. 199 ff. („allgemeine horizontale Beihilfen"); *Nicolaysen,* Europarecht II, § 33 IV, S. 293 („horizontale Beihilfen"); *Wallenberg,* Gabriela von, in: Grabitz/Hilf (Hrsg.), Kommentar zur Europäischen Union, Art. 92 Rdnr. 75 („allgemeine Beihilfen").

rungsbeihilfen, die einem Unternehmen in Schwierigkeiten vorübergehend das wirtschaftliche Überleben sichern und dessen Wettbewerbsfähigkeit wieder herstellen sollen. Da es sich hierbei um Erhaltungssubventionen handelt, unterliegen diese Beihilfen strengen Voraussetzungen, die erneut in Leitlinien zusammengefasst sind[195]. Danach werden Rettungsbeihilfen in Form von Kreditbürgschaften oder rückzahlbarer Kredite vergeben, eine Gewährung erfolgt nur bis zur Erstellung eines Sanierungsplans und kann nur aus akuten sozialen Gründen heraus gerechtfertigt werden. Umstrukturierungsbeihilfen sind ferner an einen Umstrukturierungsplan gekoppelt, mit dem das Unternehmen wieder wettbewerbsfähig gemacht werden soll. In den neuen Bundesländern finden sich nun eine Reihe von Programmen, die speziell als Rettungs- und Umstrukturierungsbeihilfen ausgestaltet sind, beispielsweise das KfW-Mittelstandsprogramm,[196] der Konsolidierungsfonds „Impuls 2000" in Sachsen-Anhalt[197] sowie die Bürgschaftsprogramme in Berlin[198]. Sämtliche Programme sind in ihrer Ausgestaltung an den Leitlinien der Kommission ausgerichtet.

Des Weiteren sind Beschäftigungshilfen zu nennen, für die ebenfalls Leitlinien entwickelt wurden[199]. Beschäftigungsprogramme werden vor allem dann genehmigt, wenn dadurch neue, zukunftsorientierte Dauerarbeitsplätze geschaffen werden[200]. Dies gilt insbesondere für am Arbeitsplatz benachteiligte Gruppen, wie Langzeitarbeitslose, Jugendliche und Behinderte. Demgegenüber werden allgemeine Betriebsbeihilfen, die lediglich die Betriebskosten senken, als nicht mit Art. 87 Abs. 3 lit.c EGV vereinbar angesehen, da von ihnen kein positiver Beitrag zur Verbesserung der Beschäftigungslage ausgeht[201]. Dennoch sind auch Betriebsbeihilfen zur Erhaltung von Arbeitsplätzen genehmigungsfähig, wenn diese mit umfassenden Umstrukturierungsmaßnahmen des Unternehmens einhergehen und

---

[195] Leitlinien für Beihilfen zur Rettung und Umstrukturierung von Unternehmen in Schwierigkeiten, ABl. C 368/12 vom 23. 12. 1994; ferner die Mitteilung der Kommission über die Verlängerung der Geltungsdauer der Leitlinien für staatliche Beihilfen zur Rettung und Umstrukturierung von Unternehmen in Schwierigkeiten, ABl. C 74/31 vom 10. 3. 1998; insgesamt dazu *Europäische Kommission,* Wettbewerbsrecht in den Europäischen Gemeinschaften, Band IIA, S. 229 ff.; *Jestaedt/Miehle,* Rettungs- und Umstrukturierungsbeihilfen für Unternehmen in Schwierigkeiten, EuZW 1995, 659 ff.

[196] Vgl. oben 2.Teil, B., II., 3., b.

[197] Hierzu oben 2.Teil, B., VI., 2.

[198] Vgl. dazu oben 2.Teil, B., VI., 4.

[199] Leitlinien für Beschäftigungshilfen, ABl. C 334/4 vom 12. 12. 1995; ABl. C 218/4 vom 27. 7. 1996; ferner die Mitteilung der Kommission betreffend Beihilfenüberwachung und Senkung der Arbeitskosten, ABl. C 1/10 vom 3. 1. 1997; ausführlich *Europäische Kommission,* Wettbewerbsrecht in den Europäischen Gemeinschaften, Band IIA, S. 259 ff.

[200] *Mederer, Wolfgang,* in: Groeben/Thiesing/Ehlermann (Hrsg.), Kommentar zum EU-/ EG-Vertrag, Art. 92 Rdnr. 165; *Sinz,* Die staatliche Wirtschaftsförderung im Gebiet der neuen Bundesländer, S. 294.

[201] *Mederer, Wolfgang,* in: Groeben/Thiesing/Ehlermann (Hrsg.), Kommentar zum EU-/ EG-Vertrag, Art. 92 Rdnr. 162.

dadurch wettbewerbsfähige Arbeitsplätze geschaffen werden[202]. Die Maßnahmen müssen hierzu insbesondere von temporärer Natur und nicht als reine Erhaltungsbeihilfe ausgestaltet sein, sondern eine Art „Initialzündung" für eine positive Wirtschaftsentwicklung geben. Blickt man nun auf die Beschäftigungsförderung in den neuen Bundesländern, so lassen sich hinsichtlich der Schaffung von Arbeitsplätzen die vielfältigen Existenzgründerprogramme anführen[203]. Im Bereich der unmittelbaren Beschäftigungsförderung sind vor allem die Einstellungszuschüsse bei Neugründungen[204] und der Eingliederungsvertrag[205] zu nennen. Die weiteren Instrumente, wie ABM und SAM[206] stellen demgegenüber primär Dringlichkeitsmaßnahmen mit wirtschaftsförderndem Charakter dar. Eingliederungszuschüsse[207] oder aber die Sonderprogramme gegen Langzeit- und Jugendarbeitslosigkeit[208] setzen gerade bei besonders benachteiligten Gruppen an und wollen deren Wiedereingliederung in den Arbeitsmarkt erleichtern. Schließlich sind noch die Zuschüsse zu Sozialplanmaßnahmen[209] zu nennen, die zwar Erhaltungsbeihilfen darstellen, indes aber an einen Umstrukturierungsplan gebunden sind. Insgesamt zeigt sich deutlich, dass die Zielrichtung der nationalen Beschäftigungsförderung sich an den Leitlinien der europäischen Beihilfenkontrolle orientiert und die Programme danach ausgerichtet sind, so dass an der Genehmigungsfähigkeit im Ergebnis keine Zweifel bestehen.

Als letzte relevante Gruppe sind noch die Fördermaßnahmen für kleine und mittlere Unternehmen zu erwähnen. In den diesbezüglichen Grundsätzen findet sich eine Definition, wann von einem kleinen oder mittleren Unternehmen gesprochen werden kann[210]. Nach dem Gemeinschaftsrahmen[211] sind Vergünstigungen zur Kreditbeschaffung, die Bereitstellung von Risikokapital und sonstige allgemeine Investitionshilfen grundsätzlich positiv zu beurteilen. Ferner werden de-mi-

---

[202] *Wallenberg,* Gabriela von, in: Grabitz / Hilf (Hrsg.), Kommentar zur Europäischen Union, Art. 92 Rdnr. 76a.

[203] Vgl. hierzu ausführlich oben 2.Teil, B., I., 1., a., bb., (1) zu den ERP-Programmen; ferner oben 2.Teil, B., II., 3., b. hinsichtlich der DtA-Existenzgründerprogramme; schließlich das spezielle Existenzgründerprogramm in Sachsen oben 2.Teil, B., VI., 3.

[204] Vgl. oben 2.Teil, A., IV., 1.

[205] Hierzu oben 2.Teil, A., IV., 2.

[206] Ausführlich zu ABM und SAM oben 2.Teil, A., I. und II.

[207] Dargestellt oben 2.Teil, A., III.

[208] Vgl. oben 2.Teil, A., V., 1.

[209] Ebenfalls oben dargestellt 2.Teil, A., IV., 3.

[210] Kriterien für kleine und mittlere Unternehmen sind eine Beschäftigtenzahl unter 250, entweder ein Jahresumsatz von nicht mehr als 20 Mio. ECU oder aber eine Bilanzsumme von nicht mehr als 10 Mio. ECU und schließlich darf sich nicht mehr als 25 % des Unternehmens im Besitz eines oder mehrerer diese Definition nicht erfüllende Unternehmen befinden; vgl. Empfehlung der Kommission vom 3. 4. 1996 betreffend die Definition der kleinen und mittleren Unternehmen, ABl. L 107/4 vom 30. 4. 1996.

[211] Rahmenregelung für Beihilfen an kleine und mittlere Unternehmen, ABl. C 213/2 vom 19. 8. 1992; ABl. C 213/4 vom 23. 7. 1996.

nimis-Beihilfen[212] von der Notifizierungspflicht ausgenommen. Zudem greift für die allgemeine KMU-Förderung unter bestimmten Voraussetzungen ein beschleunigtes Genehmigungsverfahren ein. Die KMU-Förderung in den neuen Bundesländern erfolgt im Wesentlichen über die KfW / DtA-Mittelstandsprogramme[213], die speziellen Steuererleichterungen für mittelständische Unternehmen[214] sowie gesonderte Landesprogramme, wie beispielsweise das Landesinvestitionsprogramm für den Mittelstand in Thüringen[215]. Diese entsprechen insgesamt dem erstellten Gemeinschaftsrahmen[216]. Die Kommission trägt damit dem Umstand Rechnung, dass kleine und mittlere Unternehmen die Basis für eine gesunde Wirtschaftsstruktur bilden.

d) Ausnahmen kraft Entscheidung des Rates

Als letzte Ausnahmeregelung ist noch Art. 87 Abs. 3 lit.e EGV zu nennen, dem indes eine nur geringe Bedeutung zukommt. Danach kann der Europäische Rat Beihilfen abweichend von den Bestimmungen des Art. 87 Abs. 2 und 3 EGV als mit dem Gemeinsamen Markt vereinbar erklären. Bislang wurde von dieser Möglichkeit allein im Fall der Werftindustrie Gebrauch gemacht[217]. Danach setzt die Kommission Höchstgrenzen für Subventionen fest, die sich am Auftragswert, bzw. dem Jahresumsatz der Werft ausrichten[218]. Für die Werftindustrie in den neuen Bundesländern gelten hierbei höhere Fördersätze[219]. 1994 wurde ein Übereinkommen über die Einhaltung normaler Wettbewerbsbedingungen in der gewerblichen Schiffbau- und Schiffsreparaturindustrie im Rahmen der OECD geschlossen, das derzeit allerdings noch nicht in Kraft getreten ist[220]. Dennoch wurden seitdem einige Verordnungen des Rates verabschiedet, die faktisch das OECD-Übereinkommen umsetzen und restriktive Voraussetzungen für Beihilfengenehmigungen vorse-

---

[212] Dazu schon oben 4.Teil, A., II., 4.

[213] Ausführliche Darstellung oben 2.Teil, B., II., 3., b.

[214] Dazu oben 2.Teil, B., IV.

[215] Hierzu oben 2.Teil, B., VI., 1.

[216] Im Ergebnis ebenso *Mederer,* Wolfgang, in: Groeben / Thiesing / Ehlermann (Hrsg.), Kommentar zum EU- / EG-Vertrag, Art. 92 Rdnr. 156; *Sinz,* Die staatliche Wirtschaftsförderung im Gebiet der neuen Bundesländer, S. 298; *Wallenberg,* Gabriela von, in: Grabitz / Hilf (Hrsg.), Kommentar zur Europäischen Union, Art. 92 Rdnr. 82.

[217] Vgl. die Richtlinie 90/684/EWG des Rates der EU vom 21. 12. 1990 über Beihilfen für den Schiffbau, ABl. L 380/27 vom 31. 12. 1990 sowie die Verordnung Nr. 1540/98 des Rates vom 29. 6. 1998 zur Neuregelunge der Beihilfen für den Schiffbau, ABl. L 202/1 vom 18. 7. 1998; ferner ausführlich in *Europäische Kommission,* Wettbewerbsrecht in den Europäischen Gemeinschaften, Band IIA, S. 441.

[218] *Nicolaysen,* Europarecht II, § 33 IV, S. 291.

[219] Vgl. die Änderungsrichtlinie vom 20. 7. 1992, ABl. L 219/54 vom 4. 8. 1992.

[220] Übereinkommen über die Einhaltung normaler Wettbewerbsbedingungen in der gewerblichen Schiffbau- und Schiffsreparaturindustrie, ABl. C 375/3 vom 20. 12. 1994.

hen[221]. Das Förderprogramm des Bundesministeriums für Wirtschaft[222], das vor allem die Werftindustrie in den neuen Bundesländern stützen soll, ist an den gemeinschaftsrechtlichen Schiffsbau-Richtlinien zu messen[223]. Einen ersten Bericht über die Kontrolle zur Umstrukturierung der Schiffswerften in Deutschland wurde von der Kommission angenommen[224].

e) Zwischenergebnis

Mit der bisherigen Untersuchung konnte gezeigt werden, welche Kriterien die Kommission im Rahmen der Beihilfenkontrolle überprüft. Insbesondere zeigt sich, dass das gesamte nationale Förderspektrum der Beschäftigungssubventionen nicht nur dem Beihilfenregime unterfällt, sondern nach Maßgabe des Art. 87 Abs. 3 EGV gerechtfertigt werden kann. Hierbei greifen hinsichtlich der einzelnen Förderprogramme unterschiedliche Ausnahmeregelungen, welche selbst wiederum in ihrer Struktur unterschiedlich ausgestaltet sind. Insgesamt sind die Beihilfenregelungen flexibel ausgestaltet, um eine einzelfallgerechte Lösung zu ermöglichen. Im Mittelpunkt der materiell-rechtlichen Prüfung steht dabei die Europäische Kommission. Um den Maßstab der Zweck-Mittel-Analyse in das Konzept der Beihilfenkontrolle integrieren zu können, ist es daher notwendig, die Handlungsparameter der Europäischen Kommission kurz zu umreißen und deren Entscheidungsspielraum zu skizzieren.

3. Entscheidungsspielraum der Kommission

Insgesamt steht der Kommission bei der Bewertung der Ausnahmeregelungen ein weiter Entscheidungsspielraum zu[225]. Dieser bezieht sich – im Gegensatz zur Differenzierung im deutschen Recht – sowohl auf die Tatbestandsebene und die Auslegung der unbestimmten Rechtsbegriffe als auch auf die Rechtsfolgenebene der Ermessensentscheidung[226]. Es handelt sich dabei um eine, dem deutschen

---

[221] Vgl. die verschiedenen Verordnungen des Europäischen Rates Nr. 3094/95 vom 22. 12. 1995, ABl. L 332/1 vom 30. 12. 1995; Verordnung Nr. 1013/97 vom 2. 6. 1997, ABl. L 148/1 vom 6. 6. 1997 und schließlich Verordnung Nr. 1540/98 vom 29. 6. 1998, ABl. L 202/1 vom 18. 7. 1998.

[222] Vgl. dazu oben 2.Teil, B., III.

[223] Ausführlich dazu *Sinz,* Die staatliche Wirtschaftsförderung im Gebiet der neuen Bundesländer, S. 300 ff.; *Wallenberg,* Gabriela von, in: Grabitz/Hilf (Hrsg.), Kommentar zur Europäischen Union, Art. 92 Rdnr. 86.

[224] Die Europäische Kommission in KOM (1998) 71.

[225] EuGH – Ianelli/Meroni, 74/76, Slg. 1977, 557 (575); EuGH – Steinike und Weinlig/Deutschland, 78/76 – Slg. 1977, 595 (609 ff.); EuGH – Exécutif Régional Wallon/Kommission, 62 und 72/87 – Slg. 1988, 1573 (1595 ff.); EuGH – Spanien/Kommission, 278 – 280/92 – Slg. 1994, I-4103 (I-4162).

Recht weniger bekannte Mischform aus Beurteilungs- und Ermessensspielraum, die sich neutral als Entscheidungsspielraum bezeichnen lässt[227]. Kriterien dieses Entscheidungsspielraums bilden auf der einen Seite der durch Art. 87 Abs. 1 EGV aufgestellte Grundsatz der Wettbewerbsfreiheit, auf der anderen Seite stehen die Zielsetzungen des Art. 87 Abs. 3 EGV. Diesen zur Seite gestellt sind darüber hinaus die sonstigen im EGV verankerten sozialen und wirtschaftlichen Wertungen, wie sie insbesondere in den Art. 2 und 3 EGV zum Ausdruck kommen[228]. Damit verfolgt die Beihilfenkontrolle sowohl ein marktlogisches als auch ein integrationspolitisches Konzept[229].

Aus dieser Dipolarität der Entscheidungsfindung ergeben sich die Probleme der Beihilfenkontrolle. Einerseits hat die Kommission das Gemeinschaftsinteresse zu wahren, gleichzeitig aber auch die jeweilige Lage des Mitgliedstaates zu berücksichtigen[230]. Dieser schwierige Ausgleich wird durch die im Wesentlichen unbestimmten Rechtsbegriffe des Art. 87 Abs. 3 EGV nicht unbedingt erleichtert, da die Prüfung dadurch an wenig festen Parametern gebunden ist. Indes wird der Kommission damit eine umfassende und flexible Abwägung der Interessen gestat-

---

[226] *Falkenkötter*, Der Streit um die sächsischen VW-Beihilfen – Anlass für grundsätzliche Klärung?, NJW 1996, 2691; *Cremer*, Forschungssubventionen im Lichte des EGV, S. 104 ff.; *Grabitz*, Gemeinsamer Markt und nationale Subventionen, in: Magiera (Hrsg.), Entwicklungsperspektiven im Gemeinsamen Markt, S. 109; *Mederer*, Wolfgang, in: Groeben / Thiesing / Ehlermann (Hrsg.), Kommentar zum EU- / EG-Vertrag, Art. 92 Rdnr. 66, 67; *Pieper*, Subventionsrecht und Verfahren, in: Salger (Hrsg.), Handbuch der europäischen Rechts- und Wirtschaftspraxis, § 37 Rdnr. 80; *Schwarze*, Europäisches Verwaltungsrecht I, S. 374; *Varadinek*, Ermessen und gerichtliche Nachprüfbarkeit im französischen und deutschen Verwaltungsrecht und im Recht der Europäischen Gemeinschaft, S. 205 ff.

[227] Dies erkennt *Cremer*, Forschungssubventionen im Lichte des EGV, S. 92 zwar durchaus richtig, nimmt dann aber inkonsequenterweise eine differenzierte Betrachtung hinsichtlich Tatbestand- und Rechtsfolgenseite vor, vgl. ebenda S. 104 ff.

[228] Vgl. zur Bedeutung der Ziele des EGV bei der Entscheidungsfindung EuGH – Philip Morris / Kommission, C-730 / 79 – Slg. 1980, 2671 (2688); EuGH Deufil / Kommission, 310 / 85 – Slg. 1987, 901 (926); EuGH – Exécutif Régional Wallon / Kommission, 62 und 72 / 87 – Slg. 1988, 1573 (1597); EuGH – Frankreich / Kommission, 301 / 87 – Slg. 1990, I-307 (I-363 ff.).

[229] Zu diesen Konzeptionen ausführlich *Bleckmann*, Das System des Beihilfeverbots im EWG-Vertrag, WuV 1989, 80; *Börner*, Gutachten zur Vereinbarkeit des sogenannten Claes Plans mit dem EWG-Vertrag, in: Börner / Neundörfer (Hrsg.), Recht und Praxis der Beihilfen im Gemeinsamen Markt, S. 142 ff.; *Cremer*, Forschungssubventionen im Lichte des EGV, S. 114 ff.; *Grabitz*, Gemeinsamer Markt und nationale Subventionen, in: Magiera (Hrsg.), Entwicklungsperspektiven im Gemeinsamen Markt, S. 95.

[230] *Matthies*, Grundlagen des Subventionsrechtes und Kompetenzen aus EG-rechtlicher Sicht, ZHR 1988, 449 ff.; *Nicolaysen*, Europarecht II, § 33 IV, S. 288; *Pieper*, Subventionsrecht und Verfahren, in: Salger (Hrsg.), Handbuch der europäischen Rechts- und Wirtschaftspraxis, § 37 Rdnr. 81; *Rengeling*, Das Beihilferecht der Europäischen Gemeinschaften, in: Börner / Neundörfer (Hrsg.), Recht und Praxis der Beihilfen im Gemeinsamen Markt, S. 35; *Schümann*, Wirtschaftsförderung für die neuen Bundesländer im Lichte des EWGV, S. 273; *Seidel*, Grundfragen des Beihilfenaufsichtsrechts der Europäischen Gemeinschaft, in: Börner / Neundörfer (Hrsg.), Recht und Praxis der Beihilfen im Gemeinsamen Markt, S. 66.

tet. Ein wesentlicher Leitfaden bei der Abwägungsentscheidung bilden die so genannten Gemeinschaftsrahmen, Rahmenregelungen, Kodizes, welche für bestimmte Sachbereiche entwickelt wurden[231]. In diesen werden die Kriterien für die Entscheidungen der Kommission offengelegt, um diese für die Betroffenen besser vorhersehbar und nachvollziehbar zu machen[232]. Problematisch ist dabei, welchen Rechtscharakter diese Gemeinschaftsrahmen besitzen. Es handelt sich um eine Handlungsform, die nicht in Art. 249 EGV aufgeführt ist. Die darüber hinaus gehenden Handlungsmittel sind im Grundsatz unverbindlich und besitzen keine Außenwirkung, insbesondere kann sich weder ein Mitgliedstaat noch ein sonstiger Dritter darauf berufen[233]. Dies muss nun auch für die Gemeinschaftsrahmen gelten, die sich weder auf eine Rechtsgrundlage stützen noch sonst in einem formellen Verfahren erstellt werden[234]. Vielmehr gleichen diese den im deutschen Recht bekannten Verwaltungsrichtlinien. Diese sollen ebenfalls keine Verbindlichkeit nach außen entfalten und allein eine Einheitlichkeit der Entscheidungen der Verwaltung garantieren. Allerdings lässt sich diskutieren, inwieweit nicht die Verwaltungspraxis, die sich ja gerade über die Gemeinschaftsrahmen entwickelt hat, nicht doch zu einem Vertrauensschutz der Betroffenen führt. Über das Prinzip der Selbstbindung der Verwaltung lässt sich zumindest eine Bindung der Kommission an ihre Entscheidungspraxis erreichen[235]. Mittelbar entfalten dann aber auch die Gemeinschaftsrahmen Rechtswirkung. Damit ist eine Berufung auf diese Leitlinien zwar dennoch nicht möglich, indes wird der Kommission bei einer Änderung ihrer Rechtspraxis ein erhöhter Begründungsaufwand abverlangt. Sie muss für die Abweichung ausreichend sachliche Differenzierungsgründe benennen.

---

[231] So beispielsweise für die Förderung von FuE-Vorhaben (ABl. C 45/5 vom 17. 2. 1996), kleinen und mittleren Unternehmen (ABl. C 213/2 vom 19. 8. 1992), Unternehmen der KfZ-Industrie (ABl. C 279/1 vom 15. 9. 1997), für Umweltschutzvorhaben (ABl. C 72/3 vom 10. 3. 1994), Rettungsbeihilfen an bedrohte Unternehmen (ABl. C 368/12 vom 23. 12. 1994), Maßnahmen in der Kunstfaserindustrie (ABl. C 94/11 vom 30. 3. 1996) und Regionalbeihilfen (ABl. C 74/9 vom 10. 3. 1998).

[232] *Pieper*, Subventionsrecht und Verfahren, in: Salger (Hrsg.), Handbuch der europäischen Rechts- und Wirtschaftspraxis, § 37 Rdnr. 92.; *Schütterle*, Die Beihilfenkontrollpraxis der Europäischen Kommission im Spannungsfeld zwischen Recht und Politik, EuZW 1995, 394.

[233] *Beutler/Bieber/Pipkorn/Streil*, Die Europäische Union, S. 199 ff.; *Schütterle*, Die Beihilfenkontrollpraxis der Europäischen Kommission im Spannungsfeld zwischen Recht und Politik, EuZW 1995, 393 ff.

[234] *Pieper*, Subventionsrecht und Verfahren, in: Salger (Hrsg.), Handbuch der europäischen Rechts- und Wirtschaftspraxis, § 37 Rdnr. 91; *Schütterle*, Die Beihilfenkontrollpraxis der Europäischen Kommission zwischen Recht und Politik, EuZW 1995, 393 ff.

[235] So *Falkenkötter*, Der Streit um die sächsischen VW-Beihilfen – Anlass für grundsätzliche Klärung?, NJW 1996, 2693; *Jestaedt*, Die Bindungswirkung von Gemeinschaftsrahmen und Leitlinien im EG-Beihilfenrecht, EuZW 1995, 787 ff.; *Löw*, Der Rechtsschutz des Konkurrenten gegenüber Subventionen aus gemeinschaftsrechtlicher Sicht, S. 105; *Pieper*, Subventionsrecht und Verfahren, in: Salger (Hrsg.), Handbuch der europäischen Rechts- und Wirtschaftspraxis, § 37 Rdnr. 94; *Schwarze*, Europäisches Verwaltungsrecht I, S. 65 ff.

Unabhängig vom Bestehen solcher Gemeinschaftsrahmen ist die Kommission bei der Abwägung der verschiedenen Interessen gezwungen, die Beihilfe am Verhältnismäßigkeitsprinzip – und damit auch an der Zweck-Mittel-Analyse – zu messen[236]. Dies ergibt sich zwangsläufig aus der Einordnung der Beihilfereglungen in die Grundrechtsdogmatik[237]. Demnach stellen die Beihilfereglungen besondere Ausprägungen des Gemeinschaftsgrundrechts der Wettbewerbsfreiheit für den Bereich der staatlichen Beihilfegewährung dar. Art. 87 Abs. 3 EGV kann folglich als eine Art Schrankenregelung betrachtet werden, nach der staatliche Beihilfen gerechtfertigt werden können. Um nun einen gerechten Ausgleich zwischen der grundsätzlichen Unvereinbarkeit von Beihilfen mit dem Gemeinsamen Markt (Art. 87 Abs. 1 EGV) und den Schrankenregelungen (Art. 87 Abs. 3 EGV) zu erreichen, müssen diesen selbst wieder Schranken gesetzt werden. Eine solche stellt der Grundsatz der Verhältnismäßigkeit, bzw. die Zweck-Mittel-Analyse dar[238]. Die Kommission wird daher im Rahmen ihres Ermessens die nationalen Beihilfen dahingehend überprüfen, dass diese zur Erreichung eines öffentlichen Zwecks geeignet, erforderlich und angemessen sind[239]. Hierbei ist erforderlich, dass die nationalen Beihilfen einen der in den Ausnahmeregelungen genannten Ziele verfolgen. Hierbei gilt es die Zielverwirklichung im Gemeinschaftskontext zu bewerten[240]. Des Weiteren muss die Beihilfe zur Herbeiführung dieses gemeinschaftlichen Ziels notwendig sein[241]. Hauptschwerpunkt der Verhältnismäßigkeitsprüfung bildet abschließend die Angemessenheitsprüfung, in der eine Abwägung zwischen der Garantie der Wettbewerbsfreiheit und dem angestrebten Ziel der Beihilfe vorgenommen werden muss[242]. Hinsichtlich der gerichtlichen Überprüfbarkeit der Entschei-

---

[236] *Bleckmann,* Europarecht, Rdnr. 2071; *Caspari,* Die Beihilferegeln des EWG-Vertrages und ihre Anwendung, in: Mestmäcker/Möller/Schwarz (Hrsg.), Eine Ordnungspolitik für Europa, Festschrift für Hans von der Groeben, S. 81 ff.; *Löw,* Der Rechtsschutz des Konkurrenten gegenüber Subventionen aus gemeinschaftsrechtlicher Sicht, S. 113; *Mederer,* Wolfgang, in: Groeben/Thiesing/Ehlermann (Hrsg.), Kommentar zum EU-/EG-Vertrag, Art. 92 Rdnr. 68 ff.

[237] Vgl. dazu ausführlich oben 4.Teil, A., I., 1.

[238] Zur Herleitung und Geltung im europäischen Recht vgl. oben 1.Teil, B., I. 2.

[239] *Bleckmann,* Das System des Beihilfeverbots im EWG-Vertrag, WuV 1989, 87; *Caspari,* Die Beihilferegeln des EWG-Vertrages und ihre Anwendung, in: Mestmäcker/Möller/Schwarz (Hrsg.), Eine Ordnungspolitik für Europa, Festschrift für Hans von der Groeben, S. 81 ff.; *Hoischen,* Die Beihilferegelung in Artikel 92 EWGV, S. 81 ff.; *Sinz,* Die staatliche Wirtschaftsförderung im Gebiet der neuen Bundesländer, S. 303; *Wallenberg,* Gabriela von, in: Grabitz/Hilf (Hrsg.), Kommentar zur Europäischen Union, Art. 92 Rdnr. 44.

[240] EuGH – Frankreich/Kommission, 47/69 – Slg. 1970, 487 (494 ff.); EuGH – Philip Morris/Kommission, 730/79 – Slg. 1980, 2671 (2691); EuGH – Leeuwarder Papierwarenfabrik/Kommission, 296 und 318/82 – Slg. 1985, 809 (825); ferner Entscheidung der Kommission 88/173/EWG vom 20. 1. 1988, ABl. L78 S. 44.

[241] *Cremer,* Forschungssubventionen im Lichte des EGV, S. 109; *Mederer,* Wolfgang, in: Groeben/Thiesing/Ehlermann (Hrsg.), Kommentar zum EU-/EG-Vertrag, Art. 92 Rdnr. 72; *Sinz,* Die staatliche Wirtschaftsförderung im Gebiet der neuen Bundesländer, S. 304; *Wallenberg, Gabriela von,* in: Grabitz/Hilf (Hrsg.), Kommentar zur Europäischen Union, Art. 92 Rdnr. 43.

dung ist zu sagen, dass diese angesichts des Entscheidungsspielraums nur begrenzt justitiabel ist[243]. Jedoch hat der EuGH seine Prüfungskompetenz immer weiter ausgedehnt. Während früher allein eine Zweckverfehlung gerügt wurde, findet nun auch eine Überprüfung der Abwägung der verschiedenen Interessen statt[244].

Im Ergebnis zeigt sich, dass der Entscheidungsspielraum der Europäischen Kommission maßgeblich vom Verhältnismäßigkeitsprinzip geprägt ist. Der Entscheidungsprozeß vollzieht sich in den Kategorien der Geeignetheit, Erforderlichkeit und Angemessenheit. Um die Abwägungsentscheidungen insgesamt transparenter und für die Beteiligten vorhersehbarer zu machen, hat die Kommission Gemeinschaftsrahmen entwickelt, die für bestimmte Fallgruppen die Abwägungsentscheidung abstrakt vorwegnehmen. Im Ergebnis kommt die Kommission aber nicht an einer Verhältnismäßigkeitsprüfung vorbei.

V. Verfahrensrechtliche Absicherung der Beihilfenkontrolle

Die materiellen Regelungen des Art. 87 EGV werden nun durch ein detailliertes Prüfungsverfahren der Kommission abgesichert[245]. Art. 88 Abs. 3 EGV regelt hierbei das präventive Verfahren bei der Einführung neuer Beihilfen. Danach trifft jeden Mitgliedstaat die Pflicht, eine einzuführende Beihilfe gegenüber der Kommission zu notifizieren. Diese Anzeige muss rechtzeitig erfolgen, damit eine Prüfung durch die Kommission vor Anlaufen der Maßnahmen möglich ist[246]. Zugleich besteht bis zur endgültigen Entscheidung gem. Art. 88 Abs. 3 S. 3 EGV ein absolutes Durchführungsverbot[247]. Kommt es zu einer positiven Entscheidung der Kommis-

---

[242] *Bleckmann,* Europarecht, Rdnr. 2071; *Cremer,* Forschungssubventionen im Lichte des EGV, S. 111; *Löw,* Der Rechtsschutz des Konkurrenten gegenüber Subventionen aus gemeinschaftsrechtlicher Sicht, S. 116.

[243] *Löw,* Der Rechtsschutz des Konkurrenten gegenüber Subventionen aus gemeinschaftsrechtlicher Sicht, S. 104; *Pieper,* Subventionsrecht und Verfahren, in: Salger (Hrsg.), Handbuch der europäischen Rechts- und Wirtschaftspraxis, § 37 Rdnr. 83 *Wallenberg,* Gabriela von, in: Grabitz / Hilf (Hrsg.), Kommentar zur Europäischen Union, Art. 92 Rdnr. 46.

[244] EuGH – Steinike und Weinlig / Deutschland, 78 / 76 – Slg. 1977, 595 (610); EuGH – Iannelli / Meroni, 74 / 76 -Slg. 1977, 557 (575); EuGH – Philip Morris / Kommission, 730 / 79 – Slg. 1980, 2691; Exécutif Régional Wallon / Kommission, 62 und 72 / 87 – Slg. 1988, 1573.

[245] Ausführlich zum allgemeinen Beihilfeverfahren siehe *Klingbeil,* Das Beihilfeverfahren nach Art. 93 EG-Vertrag, S. 19 ff. Auf der Grundlage des Art. 89 EGV erging eine Verordnung Nr. 659 / 1999 des Rates über besondere Vorschriften für die Anwendung von Artikel 93 des EG-Vertrages vom 22. 3. 1999, ABl. L 83 / 1 vom 27. 3. 1999. Dadurch soll das Prüfverfahren insgesamt transparenter und rechtssicherer ausgestaltet werden, vgl. zu dieser Verfahrensverordnung *Europäische Kommission,* Wettbewerbsrecht in den Europäischen Gemeinschaften, Band IIA, S. 131 ff.; *Sinnaeve,* Der Kommissionsvorschlag zu einer Verfahrensordnung für die Beihilfenkontrolle, EuZW 1998, 268 ff.

[246] Zum Merkmal der Rechtzeitigkeit *Klingbeil,* Das Beihilfeverfahren nach Art. 93 EG-Vertrag, S. 115; *Pieper,* Subventionsrecht und Verfahren, in: Salger (Hrsg.), Handbuch der europäischen Rechts- und Wirtschaftspraxis, § 37 Rdnr. 67 ff.

sion, so ist die Beihilfe mit dem Gemeinsamen Markt vereinbar. Mangelt es indes ganz an einer Entscheidung, so ist die Beihilfe zwar nicht materiell genehmigt, jedoch wird sie nun als bestehend im Sinne des Art. 88 Abs. 1 EGV angesehen. Im Anschluss an eine negative Entscheidung wird das Hauptverfahren nach Art. 88 Abs. 2 EGV eingeleitet. In diesem wird den Beteiligten, d. h. allen betroffenen Mitgliedstaaten, den tatsächlich oder potentiell begünstigten Unternehmen, den Wettbewerbskonkurrenten sowie etwaigen Verbänden die Gelegenheit gegeben, sich zur Beihilfe zu äußern, um so ein facettenreiches Bild über die mögliche Wirkung der Beihilfe zu erhalten[248]. Abschließend ergeht gem. Art. 249 UAbs. 4 EGV eine Entscheidung der Kommission[249]. Demgegenüber ist in Art. 88 Abs. 1 EGV ein repressives Verfahren geregelt, das eine laufende Kontrolle bestehender mitgliedstaatlicher Beihilfen ermöglicht. Als bestehend gelten die Beihilfen, die schon vor Inkrafttreten des EGV installiert waren, nach der Vorprüfung nicht beanstandet oder aber nach dem Hauptverfahren genehmigt wurden[250]. Folglich besteht die Möglichkeit einer erneuten Prüfung, um eine ständige Vereinbarkeit der Beihilfe mit einem sich veränderten Gemeinsamen Markt zu gewährleisten. Beginn des Verfahrens ist ein Auskunftsersuchen durch die Kommission an den Mitgliedstaat. Anschließend schlägt sie zweckdienliche Maßnahmen vor, welche die fortschreitende Entwicklung und das Funktionieren des Gemeinsamen Marktes erfordern (Art. 88 Abs. 1 S. 2 EGV). Wird diesen Empfehlungen indes nicht entsprochen, so wird ebenfalls das Hauptverfahren gem. Art. 88 Abs. 2 EGV eingeleitet. Der Rechtsschutz gegen die in den einzelnen Verfahren ergangenen Rechtsakte ist äußerst vielfältig[251]. So besteht sowohl für den betroffenen Mitgliedstaat als auch für die sonstigen Beteiligten[252] die Möglichkeit, mit der Nichtigkeitsklage nach Art. 230 EGV gegen die Kommissionsentscheidungen im Sinne des Art. 88 Abs. 2 EGV vorzugehen. Insbesondere kann gegen die Kommission eine Konkurrentenklage angestrengt werden[253]. Daneben bleibt das nationale Rechtsschutzinstrumen-

---

[247] Zur Sperrwirkung EuGH – Lorenz / Deutschland, 120 / 73 – Slg. 1973, 1471 (1483).

[248] EuGH – Intermills / Kommission, 323 / 82 – Slg. 1984, 3809 (3826); EuGH – British Aerospace und Rover / Kommission, C-294 / 90 – Slg. 1992, I-493 (I-522).

[249] Nach Art. 88 Abs. 2 UAbs. 3 und 4 EGV besteht noch die Möglichkeit, dass der Europäische Rat trotz einer negativen Entscheidung der Kommission die Beihilfe genehmigt.

[250] EuGH – Lorenz / Deutschland, 120 / 73 – Slg. 1993, 1471 (1481); EuGH – Spanien / Kommission, C-312 / 90 – Slg. 1992, I-4117 (I-4142).

[251] Vgl. die Darstellungen über den Rechtsschutz bei *Europäische Kommission*, Wettbewerbsrecht in den Europäischen Gemeinschaften, Band IIA, S. 23 ff.; *Klingbeil*, Das Beihilfeverfahren nach Art. 93 EG-Vertrag, S. 177 ff.; *Martin-Ehlers*, Staatliche Beihilfen: Ein Plädoyer für Verfahrensrecht in der Vorprüfungsphase nach Art. 93 Abs. 3 EGV, EWS 1998, 245 ff.; *Pieper*, Subventionsrecht und Verfahren, in: Salger (Hrsg.), Handbuch der europäischen Rechts- und Wirtschaftspraxis, § 37 Rdnr. 95 ff.

[252] Vgl. zur Klagemöglichkeit von Gebietskörperschaften nur EuGH – Exécutif Régional Wallon / Kommission, 62 und 72 / 87 – Slg. 1988, 1573.

[253] EuGH – Cofaz / Kommission, 169 / 84 – Slg. 1986, 391; EuGH – Irish Cement Ltd. / Kommission, 166 und 220 / 86 – Slg. 1988, 6473.

tarium bestehen, wobei sich Dritte im Rahmen nationaler Verfahren auf Kommissionsentscheidungen berufen können[254].

B. Anwendbarkeit der Beihilfenkontrolle
auf europäische Beschäftigungssubventionen

Bevor nun der Maßstab der Zweck-Mittel-Analyse in das System der Beihilfenkontrolle eingeordnet werden kann, muss im Zusammenhang mit der europäischen Beihilfenkontrolle noch ein Sonderproblem behandelt werden. Bislang wurden die Beihilferegelungen nahezu selbstverständlich allein auf nationale Beihilfen angewandt. Nun hat aber gerade der Bereich der Beschäftigungssubventionen gezeigt, dass dort eine ebenfalls rege Fördertätigkeit seitens der Europäischen Gemeinschaft existiert[255]. Zu untersuchen ist, in welchem Verhältnis die Vorschriften über die Gewährung europäischer Beschäftigungssubventionen zu den Beihilferegelungen stehen. Hierbei ist problematisch, inwieweit die Beihilferegelungen der Art. 87 ff. EGV auf europäische Beschäftigungssubventionen Anwendung finden.

I. Ansatz der allumfassenden Beihilfenkontrolle

Zunächst ließe sich vertreten, dass die europäische Beihilfenkontrolle auch für europäische Beschäftigungssubventionen uneingeschränkt Anwendung findet. Für eine solche Sichtweise spricht der Gedanke, dass die Beihilferegelungen ihrem Ursprung nach eine Konkretisierung der Art. 2 und 3 EGV darstellen[256]. Die Maßnahmen der Gemeinschaft dürfen danach nicht den Grundsätzen des Gemeinsamen Marktes entgegenstehen. Nach Art. 3 Abs. 1 lit.g EGV soll ein System errichtet werden, das den Wettbewerb innerhalb des Binnenmarktes vor Verfälschung schützt. Diese Verpflichtung bindet dabei nicht nur die Mitgliedstaaten, sondern auch die Gemeinschaft selbst. Daher sei auch das Subventionierungssystem der Gemeinschaft an diesen Vorschriften auszurichten, die durch die Art. 87 ff. EGV wiederum näher konkretisiert werden[257]. Auch vor dem Hintergrund der grund-

---

[254] EuGH – Capolongo / Maya, 77 / 72 – Slg. 1973, 611 (622).

[255] Vgl. die Darstellung der europäischen Beschäftigungssubventionen oben 3. Teil.

[256] *Bleckmann / Koch,* Stellen Ausnahmen von gesetzlichen Umweltbestimmungen nach Art. 92 Abs. 1 EG-Vertrag verbotene Beihilfen dar?, in: Verfassungsrecht im Wandel, Festschrift für Carl Heymanns-Verlag, S. 305 ff.; *Reufels,* Europäische Subventionskontrolle durch Private, S. 66.

[257] So die Argumentation bei *Pieper,* Subventionsrecht und Verfahren, in: Salger (Hrsg.), Handbuch der europäischen Rechts- und Wirtschaftspraxis, § 37 Rdnr. 23; *Reufels,* Europäische Subventionskontrolle durch Private, S. 67, der sich für eine analoge Anwendung der Maßstäbe der Art. 87 ff. EGV ausspricht.

rechtsdogmatischen Einordnung der Beihilfevorschriften ließe sich eine Anwendung der Beihilfenkontrolle auf europäische Beschäftigungssubventionen vertreten[258]. Sind die Art. 87 ff. EGV als Konkretisierung der Wettbewerbsfreiheit für den Bereich der Beihilfen zu verstehen, so wird die Wettbewerbsfreiheit durch Subventionen sowohl der Mitgliedstaaten als auch der Gemeinschaft beeinträchtigt. Für das Gemeinschaftsgrundrecht der Wettbewerbsfreiheit mache es daher keinen Unterschied, welche Ebene die Beeinträchtigung vornimmt. Jedenfalls, so wird weiter argumentiert, müssen die Anforderungen an eine Rechtfertigung von Subventionen gleich sein, unabhängig ob diese seitens der Gemeinschaft oder der Mitgliedstaaten erfolgen. Es erscheine daher nur konsequent, die Kriterien der Beihilfenkontrolle auch auf Gemeinschaftssubventionen anzuwenden[259].

Als eine weitere Begründung wird angeführt, dass die Beihilfevorschriften nicht umgangen werden dürfen. Es sei als widersprüchlich anzusehen, wenn die Mitgliedstaaten an die Regelungen gebunden sind, die Europäische Kommission ihrerseits aber den Sinn und Zweck der Beihilfenkontrolle durch die gemeinschaftliche Subventionierung zu konterkarieren vermag. Ferner gilt im Bereich der Strukturfonds das Prinzip der Kofinanzierung, so dass die europäische an die mitgliedstaatliche Subventionierung gekoppelt ist. Unterliegt nun das mitgliedstaatliche Subventionssystem der Beihilfenkontrolle, so sei zwangsläufig auch die Kofinanzierung – die europäische Förderung – derselben zu unterstellen. Im Interesse einer normativen Wertungsstimmigkeit müssen daher für nationale und gemeinschaftliche Subventionen gleiche Kriterien gelten[260].

II. Ansatz der eingeschränkten Beihilfenkontrolle

Demgegenüber lässt sich ein Ansatz wählen, der die Beihilfenkontrolle allein auf nationale Beihilfen und Subventionen beschränkt. Dies überzeugt insbesondere deshalb, weil die Beihilferegelungen ersichtlich auf mitgliedstaatliche Beihilfen zugeschnitten sind. Die Verfahrensvorschriften in Art. 88 EGV nennen ausdrücklich den Mitgliedstaat als Verfahrensbeteiligten. Bei einer Gemeinschaftssubvention würde das Verfahren so nicht eingreifen können und folglich leer laufen. Zudem käme es zu einer wenig ergiebigen Selbstkontrolle durch die Kommission[261]. Auf der einen Seite würde sie nämlich die Gemeinschaftssubventionen vergeben, auf der anderen Seite deren Vergabe dann im Rahmen der Beihilfenkontrolle überprüfen[262]. Aber auch die materiellen Regelungen lassen eine Anwendbarkeit kaum zu.

---

[258] Vgl. zur dogmatischen Einordnung oben 4. Teil, A., I., 1.

[259] *Löw,* Der Rechtsschutz des Konkurrenten gegenüber Subventionen aus gemeinschaftsrechtlicher Sicht, S. 90.

[260] *Müller-Graff,* Die Erscheinungsformen der Leistungssubventionstatbestände aus wirtschaftsrechtlicher Sicht, ZHR 1988, 410.

[261] *Cremer,* Forschungssubventionen im Lichte des EGV, S. 190.

So bestimmt Art. 87 Abs. 1 EGV ausdrücklich, dass es sich um staatliche oder aus staatlichen Mitteln gewährte Beihilfen handeln muss. Bei einer am Wortlaut orientierten Auslegung zeigt sich, dass darunter solche Beihilfen zu verstehen sind, die von den Mitgliedstaaten selbst oder von staatlichen Stellen der Mitgliedstaaten gewährt werden[263]. Von der europäischen Gemeinschaft getätigte Subventionen lassen sich hierunter nicht subsumieren.

Selbst wenn man in den Vorschriften eine Konkretisierung der allgemeinen Regelungen der Art. 2 und 3 EGV sieht, so ergibt sich nicht zwangsläufig deren Anwendung. Immerhin stellen die Vorschriften allein auf mitgliedstaatliche Beihilfen ab. Für Gemeinschaftsbeihilfen muss dann allerdings nicht zwingend eine Konkretisierung der allgemeinen Vorschriften gesehen werden. Es bleibt insoweit bei den allgemeinen Regelungen. Auch eine analoge Anwendung der Beihilfevorschriften[264] verbietet sich, da es angesichts der Art. 2 und 3 EGV an einer Lücke im EG-Vertrag mangelt. Ferner wollen die Art. 87 ff. EGV ihrem Normzweck nach keineswegs ein prinzipielles Subventionsverbot für jede Art von Fördermaßnahmen aufstellen[265]. Vielmehr soll über diese der Wettbewerb im Gemeinsamen Markt vor Beeinträchtigungen mittels mitgliedstaatlicher Subventionierung gesichert werden[266]. Allein hierfür bieten die Beihilfevorschriften Maßstäbe und Kriterien an. Für Gemeinschaftsbeihilfen gelten indes die speziellen primär- und sekundärrechtlich Regeln der Strukturfonds sowie die allgemeinen Bestimmungen und Grundsätze. Angesichts dieses Normenbefunds lässt der EG-Vertrag keine normative Wertungsunstimmigkeit erkennen, die über eine Anwendung der Beihilfenvorschriften beseitigt werden müsste[267]. Auch das Umgehungsargument vermag lediglich auf den ersten Blick zu überzeugen. Im Rahmen der Kofinanzierung durch die Strukturfonds wird die mitgliedstaatliche Subventionierung von der Kommission überprüft. Findet diese ihre Genehmigung, so ist nicht ersichtlich, warum nun

---

[262] Dieses Problem sieht auch *Reufels,* Europäische Subventionskontrolle durch Private, S. 68, ohne indes eine Lösung anzubieten.

[263] Diese Erkenntnis ist unbestritten *Cremer,* Forschungssubventionen im Lichte des EGV, S. 189; *Haverkate,* Subventionsrecht, in: Schmidt, Reiner (Hrsg.), Öffentliches Wirtschaftsrecht BT1, § 4 Rdnr. 74; *Hoischen,* Die Beihilferegelung in Artikel 92 EWGV, S. 32; *Löw,* Der Rechtsschutz des Konkurrenten gegenüber Subventionen aus gemeinschaftsrechtlicher Sicht, S. 90; *Mederer, Wolfgang,* in: Groeben / Thiesing / Ehlermann (Hrsg.), Kommentar zum EU- / EG-Vertrag, Vorbemerkungen zu den Art. 92 bis 94 Rdnr. 5; *Pieper,* Subventionsrecht und Verfahren, in: Salger (Hrsg.), Handbuch der europäischen Rechts- und Wirtschaftspraxis, § 37 Rdnr. 21; *Sinz,* Die staatliche Wirtschaftsförderung im Gebiet der neuen Bundesländer, S. 244.

[264] Hierfür spricht sich aus *Pieper,* Subventionsrecht und Verfahren, in: Salger (Hrsg.), Handbuch der europäischen Rechts- und Wirtschaftspraxis, § 37 Rdnr. 24.

[265] So aber die Einschätzung von *Bleckmann,* Subventionsprobleme des GATT und der EG (Gutachten für den 55. Deutschen Juristentag, RabelsZ 1984, 430.

[266] *Haverkate,* Subventionsrecht, in: Schmidt, Reiner (Hrsg.), Öffentliches Wirtschaftsrecht BT1, § 4 Rdnr. 74.

[267] So aber *Müller-Graff,* Die Erscheinungsformen der Leistungssubventionstatbestände aus wirtschaftsrechtlicher Sicht, ZHR 1988, 410.

die Kofinanzierung durch die europäischen Strukturfonds einer Überprüfung bedarf. Ein ebenfalls positives Ergebnis wäre die logische Konsequenz. Auch wenn man die nationalen und europäischen Fördersysteme durchaus zu trennen vermag, bei der Beihilfenkontrolle ist die Verzahnung der Systeme entscheidend, so dass eine Anwendung der Beihilfenregelungen auf die mitgliedstaatliche Subventionierung als ausreichend anzusehen ist.

Diese Sichtweise widerspricht auch keineswegs der grundrechtsdogmatischen Einordnung der Beihilfevorschriften. Die Gegenansicht verkennt nämlich völlig, dass die Beihilferegelungen das Gemeinschaftsgrundrecht der Wettbewerbsfreiheit nur so weit konkretisieren können wie deren Wortlaut, Systematik und Teleologie letztlich reichen. Da die gesamte Systematik, wie auch der Wortlaut der Beihilfevorschriften allein auf mitgliedstaatliche Beihilfen zugeschnitten ist, bilden die Bestimmungen der Art. 87 ff. EGV lediglich eine Konkretisierung der Wettbewerbsfreiheit im Falle der mitgliedstaatlichen Subventionierung[268]. Mit diesem Ergebnis ist aber keineswegs ein geringerer Grundrechtsschutz verbunden. Auch Gemeinschaftsbeihilfen sind am Maßstab des Gemeinschaftsgrundrechts der Wettbewerbsfreiheit zu messen und bedürfen der Rechtfertigung nach den allgemeinen Grundsätzen der europäischen Grundrechtsdogmatik[269]. Insgesamt ist es jedoch als verfehlt anzusehen, die Beihilfenkontrolle unmittelbar auf das System der europäischen Subventionierung anzuwenden. Dies würde den Wortlaut und den Charakter der Beihilfenregelungen bei weitem überdehnen.

Des Weiteren wird beim ersten Ansatz verkannt, dass zwar die Regelungen der Art. 87 ff. EGV für die Gemeinschaftssubventionierung nicht greifen, die europäische Gemeinschaft gleichwohl einer Bindung an die Beihilfevorschriften unterliegt. Eine Umgehung der Beihilferegelungen ist schon deshalb nicht möglich, da auch die Kommission nach Art. 211 EGV dazu verpflichtet ist, das ordnungsgemäße Funktionieren und die Entwicklung des Gemeinsamen Marktes zu gewährleisten[270]. Darunter fällt auch die Verpflichtung bei der Gewährung von Gemeinschaftshilfen darauf zu achten, dass diese weder den innergemeinschaftlichen Wettbewerb verfälschen oder zu verfälschen drohen, noch den Handel zwischen den Mitgliedstaaten beeinträchtigen[271]. Ferner würde ein solches Verhalten bei der Subventionsgewährung dem Prinzip *patere legem quem ipse fecisti* verstoßen[272].

---

[268] So im Ergebnis auch *Haverkate,* Subventionsrecht, in: Schmidt, Reiner (Hrsg.), Öffentliches Wirtschaftsrecht BT1, § 4 Rdnr. 75, der eine Neuorientierung der Gemeinschaftsgrundrechte für wünschenswert hält, gleichzeitig aber auf den bestehenden Rechtsrahmen durch den EG-Vertrag hinweist.

[269] *Cremer,* Forschungssubventionen im Lichte des EGV, S. 190.

[270] Die Bindung an im EGV bzw. im Sekundärrecht verankerte Prinzipien gilt nicht nur für die Kommission, sondern für sämtliche Gemeinschaftsorgane, vgl. ausdrücklich für den Rat Art. 202 EGV, für den Gerichtshof Art. 220 EGV, ferner Art. 7 EGV.

[271] Ausführlich dazu *Cremer,* Forschungssubventionen im Lichte des EGV, S. 190 ff.

[272] *Carl,* Hilfen der Europäischen Gemeinschaften für Problemregionen, EuZW 1992, 303; *Mederer,* Wolfgang, in: Groeben/Thiesing/Ehlermann (Hrsg.), Kommentar zum EU-/EG-Vertrag, Vorbemerkungen zu den Art. 92 bis 94 Rdnr. 5.

444   4. Teil: Perspektiven eines Ordnungsrahmens

Diesbezüglich findet sich auch in Art. 7 Abs. 1 RahmenVO 1993 eine Bestimmung, wonach die Aktionen, die Gegenstand einer Finanzierung durch die Strukturfonds oder einer Finanzierung der EIB oder eines sonstigen vorhandenen Finanzierungsinstruments sind, den Verträgen und den aufgrund der Verträge erlassenen Rechtsakten sowie den Gemeinschaftspolitiken, einschließlich der Wettbewerbsregeln, der Vergabe öffentlicher Aufträge, des Umweltschutzes und der Anwendung des Grundsatzes der Chancengleichheit für Männer und Frauen entsprechen müssen. Die Kommission ist folglich verpflichtet, sich bei der Gemeinschaftssubventionierung an die von ihr im Rahmen der Beihilfenkontrolle aufgestellten Regeln zu halten.

III. Zwischenergebnis

Im Ergebnis sind die Regelungen der Art. 87 ff. EGV nicht auf Gemeinschaftsbeihilfen anwendbar. Die Beihilfenkontrolle bezieht sich allein auf nationale Subventionen und einer Prüfung derselben. Eine Erweiterung der Regelungen auf Gemeinschaftsbeihilfen ist weder geboten noch rechtlich zulässig[273]. Dies heißt indes nicht, dass die Vergabe von Gemeinschaftsbeihilfen keinerlei Bindungen unterliegen. Vielmehr greifen die Bestimmungen des Primär- und Sekundärrechts sowie die allgemeinen Bestimmungen. Insbesondere sind Gemeinschaftssubventionen am Gemeinschaftsgrundrecht der Wettbewerbsfreiheit zu messen. Für die Frage der Integration des Maßstabes der Zweck-Mittel-Analyse in die Beihilfenkontrolle ist festzuhalten, dass die derzeitige Ausgestaltung der Beihilfenkontrolle eine solche Integration für den Bereich der europäischen Beschäftigungssubventionen nicht gestattet. Die Beihilfenkontrolle vermag lediglich nationale Beihilfen zu prüfen. Insoweit ist nun zu fragen, ob die Zweck-Mittel-Analyse in die Beihilfenkontrolle als weiterer Maßstab integriert und damit institutionalisiert werden kann.

---

[273] So im Ergebnis ebenfalls der EuGH – Norddeutsches Vieh- und Fleischkontor / BALM, 213–215/81 – Slg. 1982, 3583 (3601); *Cremer,* Forschungssubventionen im Lichte des EGV, S. 190; *Faber,* Europarechtliche Grenzen kommunaler Wirtschaftsförderung, S. 91; *Haneklaus,* Regionalpolitik in der Europäischen Gemeinschaft, S. 169; *Haverkate,* Subventionsrecht, in: Schmidt, Reiner (Hrsg.), Öffentliches Wirtschaftsrecht BT1, § 4 Rdnr. 74; *Mederer,* Wolfgang, in: Groeben / Thiesing / Ehlermann (Hrsg.), Kommentar zum EU- / EG-Vertrag, Vorbemerkung zu den Art. 92 bis 94 Rdnr. 5; *Rengeling,* Das Beihilferecht der Europäischen Gemeinschaften, in: Börner / Neundörfer (Hrsg.), Recht und Praxis der Beihilfen im Gemeinsamen Markt, S. 28; *Schümann,* Wirtschaftsförderung für die neuen Bundesländer im Lichte des EWGV, S. 180; *Seidel,* Grundfragen des Beihilfenaufsichtsrechts der Europäischen Gemeinschaft, in: Börner / Neundörfer (Hrsg.), Recht und Praxis der Beihilfen im Gemeinsamen Markt, S. 82; *Sinz,* Die staatliche Wirtschaftsförderung im Gebiet der neuen Bundesländer, S. 244.

C. Integration der Zweck-Mittel-Analyse in die Beihilfenkontrolle

Nachdem nun die bestehende Praxis der Beihilfenkontrolle hinsichtlich Beschäftigungssubventionen an Unternehmen dargestellt wurde, gilt es das Verhältnis zwischen Beihilfenkontrolle und dem Maßstab der Zweck-Mittel-Analyse herauszuarbeiten. Hierbei sind sowohl die Parallelen als auch die strukturellen Unterschiede darzulegen. Sodann soll der Versuch unternommen werden, den Maßstab der Zweck-Mittel-Analyse in das System der Beihilfenkontrolle derart zu integrieren, dass zukünftig über die Beihilfenkontrolle eine Einhaltung der Kriterien der Zweck-Mittel-Analyse erreicht wird.

I. Strukturelle Probleme

Entscheidender Ansatzpunkt für die Herausarbeitung des Verhältnisses von Beihilfenkontrolle und Zweck-Mittel-Analyse bildet der Prozess der Entscheidungsfindung[274]. Kernpunkt stellt dabei die Abwägung der unterschiedlichen Interessen dar, die anhand des juristischen Leitfadens des Verhältnismäßigkeitsprinzips erfolgt. Mit dem Abwägungsergebnis steht und fällt die Beihilfeentscheidung der Kommission. Betrachtet man nun diesen Abwägungsprozess, so zeigt sich zunächst ein sehr deutlicher Unterschied zwischen Beihilfenkontrolle und dem Maßstab der Zweck-Mittel-Analyse. Während die Kommission das mitgliedstaatliche Interesse gegen das gemeinschaftliche Interesse abzuwägen hat, muss sie die nationale Zwecksetzung durch das Beihilfeprogramm als vom Mitgliedstaat vorgegeben ansehen. Während der Maßstab der Zweck-Mittel-Analyse das Ergebnis der Zwecksetzung überprüfen will, setzt die Beihilfenkontrolle demgegenüber eine Stufe später an. Die Zweckdeutlichkeit einer Maßnahme wird von der Kommission nicht in Frage gestellt, sondern der vom Mitgliedstaat vorgegebene Zweck dem gemeinschaftlichen Interesse gegenübergestellt. Bleibt der Förderzweck indes unbestimmt, so ändert die Beihilfenkontrolle hieran nichts. Vielmehr fällt es angesichts der Unbestimmtheit des Zwecks und der Vielzahl der dann möglichen Förderzielen um so schwerer eine negative Abwägungsentscheidung zu treffen. Auch hier gilt, je weiter der Förderzweck, desto eher tritt das gemeinschaftliche Interesse zurück.

Auch die weitgehende Unbestimmtheit der Tatbestandsmerkmale des Art. 87 Abs. 3 EGV wirken einer Integration des Maßstabes der Zweck-Mittel-Analyse geradezu entgegen. Die Mitgliedstaaten werden sich an dieser Unbestimmtheit orientieren und ihre Beihilfenprogramme ebenfalls offen und unbestimmt ausgestalten. Dies zahlt sich in zweierlei Hinsicht aus. Zum einen wird bei möglichst weiter Zweckbeschreibung eine Genehmigung wesentlich gefördert, da die Kommission

---

[274] Vgl. allgemein zum Entscheidungsprozeß oben 4. Teil, A., IV., 3.

dann mehrere nationale Zielsetzungen in die Abwägung einzubeziehen hat und somit das Gewicht des mitgliedstaatlichen Interesses scheinbar verstärkt wird. Im Ergebnis wird indes die Abwägung verwässert. Dies wird durch die Praxis der Kommission dahingehend unterstützt, dass allgemeine Beihilfen in der Regel großzügiger gehandhabt werden als Branchen- oder Regionalbezogene. Die nationalen Subventionssysteme werden daher verstärkt in der Form der allgemeinen Beihilfen gefasst werden. Dies hat indes eine weitere Verallgemeinerung der Förderung zur Folge und führt im Ergebnis zu einer geringeren Begründungserheblichkeit der Maßnahmen[275]. Auf der anderen Seite lassen sich unbestimmte Förderprogramme leichter den unbestimmten Ausnahmeregelungen zuordnen. Sind die Ausnahmeregelungen schon stark interpretationsbedürftig, so werden die Chancen einer positiven Kommissionsentscheidung wesentlich erhöht, wenn der Mitgliedstaat sich ebenfalls allgemein zum Förderzweck äußert. Unter einen offenen Tatbestand lässt sich ein offener Sachverhalt eher subsumieren, als wenn konkrete Aussagen über Sinn und Zweck der Förderung gemacht werden.

Damit korrespondierend ist die Beihilfenkontrolle der Kommission personell nur schwach ausgestaltet (etwa 50 Mitarbeiter), so dass eine effektive und dezidierte Kontrolle der einzelnen Fördermaßnahmen kaum zu bewerkstelligen ist. Die Kommission ist daher vor allem auf die Informationen der Mitgliedstaaten angewiesen, die sich indes zurückhaltend und weitgehend unbestimmt äußern werden, da nationale Subventionen ein zentrales Instrument mitgliedstaatlicher Wirtschaftspolitik darstellen und möglichst frei von europäischen Einflüssen gehalten werden sollen[276]. Ein weiterer wesentlicher struktureller Unterschied zur Zweck-Mittel-Analyse liegt darin, dass die Kommission im Rahmen ihrer Entscheidungsfindung lediglich dazu befugt ist, eine Übereinstimmung der Beihilfenpolitik der Mitgliedstaaten mit den europäischen Allgemeininteressen vorzunehmen[277]. Damit hat die Beihilfenkontrolle aber primär europäische Fragestellung im Blick. Allein nationale Problemkreise werden unbehandelt bleiben müssen.

Ein weiterer struktureller Mangel im Beihilfenkontrollsystem zeigt sich bei genauer Betrachtung der sogenannten Gemeinschaftsrahmen, Leitlinien und Kodizes[278]. Deren Rechtscharakter ist nach wie vor fraglich[279]. Zum einen entfalten sie keine rechtliche Verbindlichkeit nach außen[280], zum anderen kann ihnen eine faktische Wirkung nicht abgesprochen werden, da die Kommission im Rahmen der Beihilfenprüfung die Leitlinien als Prüfungsmaßstab heranzieht[281]. Faktisch muss die

---

[275] So ausdrücklich *Haverkate,* Subventionsrecht, in: Schmidt, Reiner (Hrsg.), Öffentliches Wirtschaftsrecht BT1, § 4 Rdnr. 73.

[276] *Nicolaysen,* Europarecht II, § 33 IV, S. 287.

[277] *Pieper,* Subventionsrecht und Verfahren, in: Salger (Hrsg.), Handbuch der europäischen Rechts- und Wirtschaftspraxis, § 37 Rdnr. 81.

[278] Vgl. dazu ausführlich oben 4. Teil, A., IV., 2., c. bzw. 4. Teil, A., IV., 3.

[279] Vgl. zum Rechtscharakter oben 4. Teil, A., IV., 3.

[280] *Schütterle,* Die Beihilfenkontrollpraxis der Europäischen Kommission im Spannungsfeld zwischen Recht und Politik, EuZW 1995, 393.

nationale Beihilfe also diesen entsprechen. Dieser faktischen Wirkung steht nun der Mangel an Rechtsstaatlichkeit bei der Erstellung der Leitlinien, deren Kontrolle und Überprüfbarkeit gegenüber[282]. So haben sich die Beteiligten, sei es nun der Mitgliedstaat, der Beihilfeempfänger oder aber der Beihilfekonkurrent an den Leitlinien zu orientieren, indes erwächst den Beteiligten keinerlei Rechtspositionen. Es handelt sich um ein von Art. 249 EGV abweichendes Handlungsinstrument, das zwar einerseits faktische Bindungswirkung für die Beteiligten aufweist, ihnen jedoch die Möglichkeit nimmt, die Gemeinschaftsrahmen gerichtlich überprüfen zu lassen[283]. Hier sollte mit Blick auf Art. 89 EGV die Möglichkeit genutzt werden, über Durchführungsverordnungen klare rechtsstaatliche Rahmenregelungen zu schaffen, die nicht nur rechtliche Wirkung entfalten, sondern auch rechtsstaatlich überprüfbar sind[284]. Zuletzt sei noch ein weiterer Kritikpunkt erwähnt, der insbesondere die Kontrolle von Regionalbeihilfen betrifft. So werden für diese meist langjährige Förderprogramme entwickelt, so gilt der 27.Rahmenplan der GA für den Zeitraum 1998 – 2001[285]. Die Kommission prüft nun diesen Plan in seiner Gesamtheit. Zu diesem Zeitpunkt ist aber für ein Unternehmen vielfach noch gar nicht absehbar, ob es selbst oder sein Konkurrent von der Maßnahme betroffen ist und somit gegen das gesamte Programm vorgehen kann. Zumeist zeigt sich dies erst sehr viel später, wobei dann gegen eine bereits genehmigte Beihilfe vorgegangen werden muss[286].

Insoweit ergeben sich eine Reihe von strukturellen Problemen im Verhältnis von Beihilfenkontrolle und Zweck-Mittel-Analyse. Die Beihilfenkontrolle möchte die Wettbewerbsfreiheit in der Gemeinschaft garantieren und einen Ausgleich der widerstreitenden Interessen erreichen. Die Kommission nimmt hierbei eine Abwägungsentscheidung vor, die sie am Prinzip der Verhältnismäßigkeit auszurichten hat. Demgegenüber setzt der Maßstab der Zweck-Mittel-Analyse einen Schritt früher an, indem über dessen Kriterien eine sinnvolle Verhältnismäßigkeitsprüfung überhaupt erst ermöglicht wird.

---

[281] *Falkenkötter*, Der Streit um die sächsischen VW-Beihilfen – Anlass für grundsätzliche Klärung?, NJW 1996, 2693.

[282] Nun will der Maßstab der Zweck-Mittel-Analyse aber gerade ein verstärktes Maß an Rechtsstaatlichkeit erreichen, vgl. allgemein dazu oben 1. Teil, C.

[283] Ganz ähnlich in der Argumentation stellt sich der Streit im nationalen Recht dar, inwieweit im Leistungsrecht der Gesetzesvorbehalt gilt. Auch hier wird nach der Wirkung und dem Rechtscharakter von Verwaltungsrichtlinien gefragt; vgl. insoweit oben 1. Teil, C., I., 2.

[284] So im Ergebnis *Falkenkötter*, Der Streit um die sächsischen VW-Beihilfen – Anlass für grundsätzliche Klärung?, NJW 1996, 2694; *Schütterle*, Die Beihilfekontrollpraxis der Europäischen Kommission im Spannungsfeld zwischen Recht und Politik, EuZW 1995, 394.

[285] 27.Rahmenplan der Gemeinschaftsaufgabe „Verbesserung der regionalen Wirtschaftsstruktur" für den Zeitraum 1998 – 2001 (2002), BT-Drucksache 13/9992, S. 1 ff.

[286] Vgl. dazu *Jestaedt / Schelling*, Regionalbeihilfen im Binnenmarkt, EWS 1999, 5.

II. Vergleichbare Entscheidungsparameter

Demgegenüber lassen sich aber auch eine Vielzahl von parallelen Entscheidungsparametern und Prüfungsansätzen erkennen, die eine Integration des Maßstabs der Zweck-Mittel-Analyse in das Beihilfenkontrollsystem nahe legen. Zum einen greift die Beihilfenkontrolle in dem nach Art. 88 Abs. 3 EGV vorgesehen Verfahren präventiv ein[287]. Damit handelt es sich bei genauer Betrachtung um einen Fall der präventiven Aufsicht[288]. Die Prüfung setzt zu einem Zeitpunkt an, in dem die Subventionierung noch nicht durchgeführt wird. Gleiches gilt aber für die Überprüfung des Förderrechtsrahmens am Maßstab der Zweck-Mittel-Analyse, da sich nur so eine Wirkung auf den Förderrechtsrahmen ergeben kann.

Aber nicht nur die zeitliche Parallelität ist auffällig. Inhaltlich werden mit der Beihilfenkontrolle abstrakte Rechtssysteme auf ihre Vereinbarkeit mit den Beihilfevorschriften und den Regeln des Gemeinsamen Marktes überprüft[289]. Ebenso setzt der Maßstab der Zweck-Mittel-Analyse mit den Kriterien am abstrakten Förderrechtsrahmen an. Schließlich ist auch die Zielsetzung der beiden Ansätze vergleichbar. So will die Beihilfenkontrolle in erster Linie eine Verzerrung des europäischen Wettbewerbs durch nationale Beihilfen verhindern und durch die Regeln der Art. 87 ff. EGV hierfür einen Rahmen schaffen. Hierbei wurde ein Katalog erstellt, nach dem allein nationale Beihilfen gerechtfertigt werden können. Die nationalen Förderrechtssysteme sind daher gezwungen, diese Bedingungen zu erfüllen. Ganz ähnlich ist der Maßstab der Zweck-Mittel-Analyse ausgestaltet. Dieser soll die potentiellen Wettbewerbsbeeinträchtigungen und die damit verbundenen individuellen Freiheitsbeeinträchtigungen begrenzen und den Förderrechtsrahmen rechtsstaatlichen Anforderungen unterwerfen. Der subventionierende Staat wird in die Rechtfertigungspflicht genommen und insbesondere dazu gezwungen, seiner Pflicht zur Zweckverdeutlichung der beabsichtigten Fördermaßnahme nachzukommen. Dadurch haben sich Kriterien herausgebildet, welche ebenfalls von den Förderrechtssystemen erfüllt werden müssen.

Greift man nun die grundrechtsdogmatische Einordnung der Beihilfevorschriften auf[290], wonach diese in erster Linie eine Konkretisierung des Gemeinschaftsgrundrechts der Wettbewerbsfreiheit darstellen, so werden die vergleichbaren Ansätze noch deutlicher. Sieht man in Art. 87 Abs. 1 EGV für den Bereich nationaler Beihilfen eine Konkretisierung des Gemeinschaftsgrundrechts der Wettbewerbsfreiheit und bilden die Art. 87 Abs. 2 und 3 EGV Schrankenregelungen desselben,

---

287 Vgl. zum Verfahren der Beihilfenkontrolle oben 4. Teil, A., V.

288 So die klare Einordnung der Beihilfenkontrolle bei *Ipsen,* Subventionen, in: Isensee / Kirchhof (Hrsg.), Handbuch des Staatsrechts IV, § 92 Rdnr. 89.

289 Dass die Beihilfenkontrolle darüber hinaus einzelne konkrete Subventionsvorhaben prüft, ist indes unschädlich. Vielmehr geht diese in ihrer Prüfung weiter als dies im Maßstab der Zweck-Mittel-Analyse angelegt ist.

290 Vgl. dazu oben 4. Teil, A., I., 1.

so kommt man nicht umhin, auch die Frage nach einer Begrenzung der staatlichen Handlungsmöglichkeiten zu diskutieren. Hierbei ist vorrangig das Verhältnismäßigkeitprinzip zu nennen, dem die Schrankenregelungen entsprechen müssen[291]. Die nationalen Beihilfesysteme müssen mit Blick auf die Wettbewerbsfreiheit verhältnismäßig sein. Folglich ist man im Rahmen der Beihilfenkontrolle gezwungen, eine Verhältnismäßigkeitsprüfung vorzunehmen. Vorstufe einer solchen „klassischen" Verhältnismäßigkeitsprüfung bildet der Maßstab der Zweck-Mittel-Analyse. Erst wenn der Förderrechtsrahmen die Kriterien der Zweck-Mittel-Analyse erfüllt, ist es überhaupt möglich, eine sinnvolle Verhältnismäßigkeitsprüfung durchzuführen[292]. Die Zweck-Mittel-Analyse stellt eine Ausprägung des Verhältnismäßigkeitsprinzips dar und ist dieser zwingend vorgelagert.

Führt man sich zudem noch einmal die dogmatische Entwicklung und Begründung der Zweck-Mittel-Analyse vor Augen, so ergeben sich weitere materiell-inhaltliche Parallelen[293]. So besteht ein Bedürfnis nach Überprüfung der Förderrechtsrahmen deshalb, weil durch die Förderung potentiell Grundrechtspositionen des Begünstigten oder aber des nichtbedachten Konkurrenten betroffen sind[294]. Insbesondere das Grundrecht der Wettbewerbsfreiheit[295] steht im Mittelpunkt des Schutzinteresses der Zweck-Mittel-Analyse. Nicht viel anders stellt sich die Zielrichtung bei der Beihilfenkontrolle dar. Diese ist primär auf die Garantie eines funktionierenden Wettbewerbs im Gemeinsamen Markt ausgerichtet. Versteht man diese Garantie nicht lediglich als objektiv-rechtliche Aufgabe, sondern eben auch als individual-rechtlichen Schutz[296], so lassen sich kaum noch Unterschiede in der Zielrichtung der beiden Institute, Beihilfenkontrolle und Zweck-Mittel-Analyse, erkennen. Führt man den grundrechtsdogmatischen Ansatz daher konsequent zu Ende, lässt sich eine deutliche Parallelität zwischen der Beihilfenprüfung und der Zweck-Mittel-Prüfung konstatieren. Im Ergebnis ist dies eine logische Konsequenz der anzuwendenden Grundrechtsdogmatik.

Folglich lassen sich nicht nur in struktureller, sondern vielmehr auch in materiell-rechtlicher Hinsicht Ähnlichkeiten zwischen Beihilfenkontrolle und Zweck-Mittel-Analyse aufzeigen. Es gilt nun, den Maßstab der Zweck-Mittel-Analyse in das Beihilfenkontrollsystem zu integrieren und die strukturellen Unterschiede zu überwinden. Mit einer solchen Integration gelingt es, zukünftig jede unter Art. 87 EGV fallende Beihilfe auch der Zweck-Mittel-Analyse zu unterwerfen. Zwar entfaltet der Maßstab der Zweck-Mittel-Analyse bereits als Rechtsprinzip seine allge-

---

[291] So ausdrücklich *Haverkate*, Subventionsrecht, in: Schmidt, Reiner (Hrsg.), Öffentliches Wirtschaftsrecht BT1, § 4 Rdnr. 71.

[292] Vgl. zu dieser Herleitung oben 1. Teil, C.

[293] Hierzu oben 1. Teil, B., I.

[294] Vgl. die ausführliche Darstellung der betroffenen Positionen und dem Bedürfnis nach einer Zweck-Mittel-Analyse oben 1. Teil, B., III.

[295] Sei es nun in der engen nationalen Ausgestaltung oder aber in der weiter gefassten Bedeutung, die der EuGH diesem Grundrecht beimisst, vgl. oben 1. Teil, B., I.

[296] So die Einordnung der Beihilfenkontrolle oben 4. Teil, A., I., 1.

meine Wirkung, indes wird mit einer solchen Integration eine wirksame Durchsetzung und Institutionalisierung desselben erreicht.

III. Einordnung in das System der Beihilfenkontrolle

Angesichts der vielfachen Parallelen zwischen Beihilfenkontrolle und der Zweck-Mittel-Analyse lässt sich die Beihilfenkontrolle nahezu problemlos um den Kontrollmaßstab der Zweck-Mittel-Analyse erweitern. Demnach hat die Kommission im Rahmen der Prüfung der Ausnahmeregeln des Art. 87 Abs. 2 und 3 EGV nicht nur die Verhältnismäßigkeit zwischen Wettbewerbsfreiheit und nationalem Förderzweck zu untersuchen. Vielmehr ist die Prüfung um die Kriterien der Zweckbestimmtheit, Zweckbeschränkung, Zweckklarheit, Zweckkoordination, Zwecknähe und integrierter Zweck-Mittel-Kontrolle zu erweitern[297]. Damit wäre der Forderung nach zweckdeutlichen Subventionsstrukturen zu einer praktischen Umsetzung in Form einer verstärkten Aufsicht und Kontrollpraxis verholfen. Weitere Vorteile dieses Ansatzes liegen darin, dass sich aus der zusätzlichen Prüfung nur geringe zeitliche Verzögerungen ergeben. Die Förderprogramme liegen der Kommission sowieso schon vor, es wird durch die erweiterte Prüfung keine zusätzliche Institution bzw. Aufsichtsinstanz geschaffen. Indes müsste die Europäische Kommission in ihrer Personalstruktur deutlich verstärkt werden, um so die anspruchsvolle Prüfung anhand des Maßstabes der Zweck-Mittel-Analyse wirksam und mit praktischem Gewinn durchführen zu können.

Bestehen also an der praktischen Umsetzung keine wesentlichen Bedenken, so sind dennoch die zuvor aufgeworfenen strukturellen Probleme nicht von der Hand zu weisen[298]. Ein erstes Problem stellen kompetenzrechtliche Fragen dar. So ist die Kommission nach der Konstruktion der Art. 87 ff. EGV nur dazu befugt, solche Beihilfensysteme zu überprüfen, die den Gemeinsamen Markt berühren. Zwar wird dieser europäische Bezug in vielen Fällen zu bejahen sein, jedoch bei allein regional wirkenden Beihilfen würde die Beihilfenkontrolle nicht mehr greifen. Dies gilt insbesondere auch für die – vielfach nur begrenzt wirkende – kommunale Beschäftigungsförderung. Hieraus ergeben sich also strukturelle Lücken in der Prüfungsdichte, die sich als Folge der europäischen Kompetenzordnung darstellen.

Damit eng verbunden ist das Problem der gemeinschaftsbezogenen Abwägung im Rahmen der Beihilfenkontrolle. Die Europäische Kommission ist lediglich in der Lage, das gemeinschaftliche Interesse dem vorgegebenen mitgliedstaatlichen Interesse gegenüberzustellen. Dieses Manko erweist sich bei genauer Betrachtung indes als geringe Hürde bei der Integration der Zweck-Mittel-Analyse. Zwar kann die Kommission ihre Abwägungsentscheidung allein im gemeinschaftsbezogenen

---

[297] Vgl. zu diesen Kriterien ausführlich oben 1. Teil, C.
[298] Siehe oben 4. Teil, C., I.,

Rahmen treffen, gleichwohl hindert dies nicht daran, das nationale Förderprogramm am Maßstab der Zweck-Mittel-Analyse zu messen. Die Zweck-Mittel-Analyse lässt sich problemlos von der eigentlichen Abwägung unterscheiden. Mit den Kriterien der Zweck-Mittel-Analyse werden vielmehr Anforderungen an das Abwägungsmaterial selbst gestellt, so dass die lediglich gemeinschaftsbezogene Abwägung kein Hindernis für die Integration der Zweck-Mittel-Analyse darstellt.

Darüber hinaus wird man die berechtigte Frage stellen, inwieweit die Beihilfenkontrolle, gerade auch angesichts der oben aufgezeigten Mängel[299], überhaupt in der Lage ist, weitere Prüfungsaufgaben zu übernehmen. Vielfach ist es doch so, dass sich schon die konkrete Abwägungsentscheidung als äußerst schwierig darstellt, um wie viel größer werden die Probleme sein, wenn zuvor zusätzlich noch der Maßstab der Zweck-Mittel-Analyse anzulegen ist. Gerade die Prüfung der Zweckkoordination dürfte letztlich leer laufen, da nicht alle nationalen Maßnahmen – mangels europäischen Bezugs – der Beihilfenkontrolle unterliegen. Dieser Kritik ist zu entgegnen, dass man die europäische Rechtsebene insgesamt als Chance für das Subventionsrecht begreifen muss. Erstmals wurde mit der Beihilfenkontrolle eine Aufsichtsinstanz eingerichtet, die in der Lage ist, nationale Fördermaßnahmen verbindlich zu überprüfen. Dieses Novum – als solches stellt es sich insbesondere für das nationale Recht dar – gilt es zu erkennen und in seiner Wirkung zu verstärken und auszubauen. Gerade die Möglichkeiten, die sich auf europäischer Ebene bieten, müssen stärker genutzt werden. So ermöglicht der hier verfolgte Ansatz beispielsweise ungeahnte Chancen hinsichtlich der geforderten Zweckkoordination, indem auf europäischer Ebene eine Abstimmung der Fördersysteme und Ziele der verschiedenen Mitgliedstaaten erzwungen wird. Ferner wird der Zweckverdeutlichungspflicht über die Beihilfenkontrolle zur nötigen Stringenz und Durchsetzung verholfen.

Sicher bleibt die europäische Beihilfenkontrolle ein unvollständiges Prüfungssystem. Indes sollte dieser Mangel angesichts verstärkter Europäisierung und Globalisierung nicht überbewertet werden. Angesichts der stark ausgeprägten Beihilfenkontrolle auf europäischer Ebene gilt es, das nationale, aber auch das internationale Aufsichtsinstrumentarium behutsam auszubauen. Ziel ist es, zu einer umfassenden, lückenlosen Subventionskontrolle zu gelangen, welche die Einhaltung der rechtsstaatlichen Standards von Förderrechtssystemen überwacht.

IV. Zwischenergebnis

Im Ergebnis hat sich gezeigt, dass mit der europäischen Beihilfenkontrolle eine Aufsichtsinstanz existiert, in dessen Kompetenz die Prüfung von nationalen Förderrechtssystemen anhand der Zweck-Mittel-Analyse fällt. Betrachtet man die Beihilfenkontrolle unter dem Aspekt der Grundrechtsdogmatik, so bietet die Beihil-

---

[299] Zu diesen Mängel oben, 4. Teil, C., I.

fenkontrolle letztlich präventiven Grundrechtsschutz. Hierbei gilt es in Zukunft, die europäische Beihilfenkontrolle um den Maßstab der Zweck-Mittel-Analyse zu ergänzen. Eine solche Integration lässt sich im Ergebnis problemlos vollziehen. Indes konnte auch gezeigt werden, dass die europäische Beihilfenkontrolle kein komplettes System zur Überprüfung von Fördermaßnahmen darstellt. So greift die Beihilfenkontrolle insbesondere im Bereich der Gemeinschaftssubventionierung sowie nationaler Fördermaßnahmen, die lediglich einen eng regional begrenzten Bezug aufweisen. Diese Lücken gilt es nun durch eine Ergänzung des bestehenden Aufsichtsinstrumentariums zu schließen. Die europäische Beihilfenkontrolle kann hierbei als Vorbild dienen.

D. Notwendige Ergänzung der europäischen Beihilfenkontrolle

Die europäische Beihilfenkontrolle gilt es nun, zur Schließung der aufgezeigten Lücken zu ergänzen. Das derzeitige Beihilfensystem ist nicht in der Lage, Gemeinschaftssubventionen zu überprüfen. Darüber hinaus endet die europäische Prüfungskompetenz mit der den Mitgliedstaaten verbleibenden Zuständigkeit bezüglich allein national wirkender Fördermaßnahmen. Schließlich gilt es zu erkennen, dass die europäischen und nationalen Subventionssysteme in einem internationalen Zusammenhang zu sehen sind. So stellen sich die gesamten Subventionsprobleme nicht allein auf nationaler und europäischer, sondern auch auf internationaler Ebene. Folglich existiert auf internationaler Ebene ein Aufsichtsinstrumentarium, das möglicherweise die europäische Beihilfenkontrolle zu ergänzen vermag.

I. Internationale Subventionsaufsicht

Die bisherigen Betrachtungen beschränkten sich bisweilen auf die nationale und europäische Rechtsebene. Indes greift diese Sichtweise angesichts der immer stärkeren Verflechtung der Weltwirtschaft und der zunehmenden Globalisierung zu kurz. Subventionen entfalten nicht nur auf dem nationalen und europäischen Markt Wirkung, sondern beeinflussen zusehends auch den internationalen Wettbewerb. So macht das Beispiel der Förderung der Werftindustrie deutlich, dass Subventionen teilweise aufgrund der Internationalisierung der Märkte installiert werden[300]. So dienen die nationalen Schiffbausubventionen primär dem Zweck, die deutsche Werftindustrie im Vergleich zu anderen internationalen Konkurrenten wettbewerbsfähig zu halten. Vor diesem internationalen Hintergrund lässt sich nun fragen, inwieweit sich eine internationale Subventionsaufsicht etabliert hat und sich diese zur Lückenschließung eignet.

---

[300] Vgl. dazu oben 2. Teil, B., III.

1. Grundprinzipien des GATT und der WTO

Hierbei kommt dem seit 1. 1. 1995 in Kraft befindlichen WTO-Abkommen eine entscheidende Bedeutung zu[301]. Dieses ersetzt und erweitert die früher im Rahmen des GATT bestehenden Regelungen[302]. Das erste GATT-Abkommen wurde 1947 unterzeichnet und konzentrierte sich primär auf die Herabsetzung der Zolltarife und den Abbau von Handelsschranken[303]. Im Laufe der sogenannten Handelsrunden traten neben das eigentliche GATT weitere Sonderabkommen[304]. Für den Bereich des Wettbewerbsrechts von besonderem Interesse war der Antidumping-Kodex, der 1968 auf der Grundlage des Art. VI GATT entwickelt wurde[305]. Die Tokio-Runde des GATT brachte 1979 einen neuen Antidumping-Kodex und ein weiteres Übereinkommen zur Auslegung und Anwendung der Art. VI, XVI und XXIII GATT betreffend Subventionen und Ausgleichzölle[306]. Den GATT-Abkommen lag hierbei stets der Gedanke zugrunde, dass allein mittels eines möglichst ungehinderten Wettbewerbs auf dem Weltmarkt die Ziele einer Erhöhung des Lebensstandards, der Vollbeschäftigung, der wirksamen Nachfrage und Erschließung von Rohstoffen erreicht werden können[307]. Ein neuer internationaler Rechtsrahmen wurde schließlich durch die Uruguay-Runde des GATT 1994 und die Gründung der WTO geschaffen[308]. So wurde ein neues Übereinkommen zur Durchführung des Art. VI GATT 1994, also ein neues Antidumpingrecht, verabschiedet[309].

---

[301] Übereinkommen zur Errichtung der Welthandelsorganisation (WTO), ABl. L 336/3 vom 23. 12. 1994.

[302] Zur historischen Entwicklung des GATT vgl. *Benedek,* Die Rechtsordnung des GATT aus völkerrechtlicher Sicht, S. 27 ff.; *Hanel,* Vom GATT zur WTO, ZfZ 1996, 105 ff.

[303] *Senti,* GATT – Allgemeines Zoll- und Handelsabkommen als System der Welthandelsordnung, S. 17 ff.

[304] Zu nennen sind hierbei im Rahmen der Tokio-Runde von 1979 die Multilateral Trade Negotiations, das Multifaserabkommen, das Protokoll betreffend Handelsverhandlungen zwischen Entwicklungsländern sowie die „Enabling Clause"; vgl. dazu *Benedek,* Die Rechtsordnung des GATT aus völkerrechtlicher Sicht, S. 104 ff.; *Hanel,* Vom GATT zur WTO, ZfZ 1996, 105; *Senti,* GATT – Allgemeines Zoll- und Handelsabkommen als System der Welthandelsordnung, S. 113 ff.

[305] BGBl. II 1968, S. 1200; in Bezug auf die gemeinsame europäische Handelspolitik erging schließlich in Übereinstimmung mit diesen Regeln die Verordnung des Rates Nr. 459/68 über den Schutz gegen Praktiken von Dumping, Prämien oder Subventionen aus nicht zur EWG gehörenden Ländern, ABl. L 93/1 vom 17. 4. 1968.

[306] Dieser findet sich in ABl. L 71/72 und das Übereinkommen in ABl. L 71/90 vom 17. 3. 1980; deren Realisierung erneut durch die Europäische Gemeinschaft erfolgte, Verordnung Nr. 3017/79, ABl. L 339/1 vom 31. 12. 1979; ferner VO Nr. 2176/84 vom 23. 7. 1984 in ABl. L 201/1 vom 30. 7. 1984 sowie die VO Nr. 2423/88 vom 11. 7. 1988, ABl. L 209/1 vom 2. 8. 1988.

[307] *Hanel,* Vom GATT zur WTO, ZfZ 1996, 105; *Jackson,* World Trade and the Law of GATT, S. 25 ff.; *Langer,* Grundlagen einer internationalen Wirtschaftsverfassung, S. 76; *Nieder-Eichholz,* Die Subventionsordnung, S. 137.

[308] Das gesamte Vertragswerk als Ergebnis der Uruguay-Runde des GATT ist abgedruckt in ABl. L 336/1 vom 23. 12. 1994.

Gleichfalls wurde auch das internationale Subventionsrecht auf neue rechtliche Grundlagen gestellt[310]. Kernstück bildet aber nach wie vor das Allgemeine Zoll- und Handelsabkommen (GATT 1994). Dieses umfasst vier Teile[311]. So behalten die Regelungen des GATT 1947[312] sowie einzelne Rechtsinstrumente[313], die auf der Grundlage des GATT 1947 entstanden, im Wesentlichen ihre Gültigkeit. Hinzugefügt wurden bestimmte, sich auf die GATT-Artikel beziehende Vereinbarungen sowie das Marakesch-Protokoll zum GATT 1994[314].

Das GATT 1994 lässt sich trotz der teils sehr kompliziert und abstrakt abgefassten Artikel auf einige wenige Ordnungsprinzipien reduzieren. Es handelt sich dabei um den Reziprozitätsgrundsatz, wonach Verhandlungen auf der Grundlage der Gegenseitigkeit und des wechselseitigen Nutzens basieren[315]. Damit eng verbunden ist das Prinzip der Meistbegünstigung[316], das Gebot der Gleichbehandlung sowie das Verbot der Diskriminierung ausländischer Ware im Vergleich zu inländischer Ware[317]. Eines der Hauptziele, die mit dem GATT verfolgt werden, ist die Gewährleistung eines offenen, fairen und unverzerrten Wettbewerbs. Indes wird dieses

---

[309] Übereinkommen zur Durchführung des Art. VI GATT 1994, im Anhang 1 A zum WTO-Übereinkommen, ABl. L 336/103 vom 23. 12. 1994; die Ausfüllung des Rahmens erfolgte durch die Antidumping-VO Nr. 3283/94 vom 22. 12. 1994, ABl. L 349/1 vom 31. 12. 1994; in der Fassung der VO Nr. 384/96 vom 22. 12. 1995, ABl. L 56/1 vom 6. 3. 1996; speziell für den Schiffbau erging die VO Nr. 385/96 vom 29. 1. 1996, ABl. L 56/21 vom 6. 3. 1996.

[310] Der sogenannte Subventionskodex findet sich in ABl. L 336/156 vom 23. 12. 1994; darauf basierend erging die VO Nr. 3284/94 vom 22. 12. 1994, ABl. L 349/23 vom 31. 12. 1994.

[311] Einen guten Überblick über das gesamte Vertragswerk bei *Schulz,* Hartwig, Die Verhandlungsergebnisse der Uruguay-Runde des GATT, ZfZ 1994, 162 ff.

[312] Die Bestimmungen des Allgemeinen Zoll- und Handelsabkommen vom 30. 10. 1947 sind in deutscher Fassung abgedruckt bei *Senti,* GATT – Allgemeines Zoll- und Handelsabkommen als System der Welthandelsordnung, S. 371 ff.; *Liebich,* Das GATT als Zentrum der internationalen Handelspolitik, S. 69 ff.

[313] Zusammenstellung bei *Schulz,* Hartwig, Die Verhandlungsergebnisse der Uruguay-Runde des GATT, ZfZ 1994, 162 ff.

[314] Siehe dazu Anhang 1A zum WTO-Übereinkommen ABl. L 336/11 vom 23. 12. 1994.

[315] Ausführlich zum Reziprozitätsprinzip *Benedek,* Die Rechtsordnung des GATT aus völkerrechtlicher Sicht, S. 63 ff.; *Brösskamp,* Meistbegünstigung und Gegenseitigkeit im GATT, S. 63 ff.; *Langer,* Grundlagen einer internationalen Wirtschaftsverfassung, S. 86 ff.; *Senti,* GATT – Allgemeines Zoll- und Handelsabkommen als System der Welthandelsordnung, S. 371 ff.

[316] Dahinter steht die Pflicht zur gleichmäßigen Erstreckung aller Zugeständnisse auf alle Staaten unabhängig davon, ob diese überhaupt eine Gegenleistung erbracht haben.

[317] Vgl. ausführlich zum Meistbegünstigungsprinzip *Benedek,* Die Rechtsordnung des GATT aus völkerrechtlicher Sicht, S. 438 ff.; *Brösskamp,* Meistbegünstigung und Gegenseitigkeit im GATT, S. 23 ff.; *Jackson,* World Trade and the Law of GATT, S. 249 ff.; *Kramer,* Die Meistbegünstigung, RIW 1989, 473 ff.; *Langer,* Grundlagen einer internationalen Wirtschaftsverfassung, S. 107 ff.; *Liebich,* Das GATT als Zentrum der internationalen Handelspolitik, S. 19 ff.; *Senti,* GATT – Allgemeines Zoll- und Handelsabkommen als System der Welthandelsordnung, S. 100 ff.

Ziel nicht absolut verfolgt. Vielmehr trägt auch das GATT dem Umstand Rechnung, dass einzelne Schutzmaßnahmen durchaus notwendig und gerechtfertigt sein können. Das GATT gibt hierzu einen Ordnungsrahmen für den Welthandel vor, wie beispielsweise das Antidumping- und Antisubventionsrecht zeigen. So besteht nach Art. XVI Abschnitt A Ziff. 1 GATT 1994 eine allgemeine Verpflichtung hinsichtlich der Notifizierung von Subventionen. Nach Art. VI Ziff. 3 GATT 1994 besteht die Möglichkeit, auf subventionierte Waren Ausgleichsabgaben zu erheben, die der Neutralisierung der Subventionswirkung dienen. Ähnliches gilt für den Fall, dass Waren im Export günstiger angeboten werden als im Ursprungsland (Dumping). Auch hier kann der von gedumpter Ware betroffene Markt durch Antidumpingzölle reguliert werden, so dass sich das Dumping letztlich nicht weiter auswirkt[318]. Das GATT verbietet daher nicht gänzlich jede Form von Schutzmaßnahmen, sondern beschränkt diese auf die Erhebung von Zöllen, da diese weitgehend erkennbar und berechenbar sind. Nicht-tarifäre Handelsbeschränkungen sollen vermieden werden[319].

Während das GATT damit die materiellen Ordnungsmaxime vorgibt, wurde mit Abschluss der Uruguay-Runde die Welthandelsorganisation (WTO) errichtet[320]. Sie bildet den institutionellen Rahmen für das GATT 1994, die modifizierten Regelungen des GATT 1947, den Sonderabkommen, Interpretationsregeln, den rechtskräftigen Beschlüssen sowie dem Marakesch-Protokoll. Die WTO stellt damit die Dachorganisation des Welthandelssystems dar[321]. Nach Art. II WTO-Übereinkommen werden die genannten Rechtsinstrumente für alle Mitglieder als verbindlich erklärt. Nach Art. III WTO-Übereinkommen ist es Aufgabe der WTO, die Durchführung, die Verwaltung und die Wirkungsweise des Übereinkommens und der multilateralen Handelsübereinkommen sowie die Verwirklichung ihrer Ziele zu erleichtern. Ferner dient die WTO als Verhandlungsforum der Vertragsparteien in internationalen handelspolitischen Fragen. Von besonderer Bedeutung ist schließlich die Verwaltung des Streitschlichtungsverfahrens[322] nach Anhang 2 sowie des Verfahrens zur Überprüfung der Handelspraktiken nach Anhang 3 des

---

318 *Adamantopoulos,* Das Subventionsrecht des GATT in der EWG, S. 36 ff.; *Hanel,* Vom GATT zur WTO, ZfZ 1996, 107; *Nieder-Eichholz,* Die Subventionsordnung, S. 138.

319 Vgl. insoweit Art. XI GATT 1994, wobei in Art. XII und XIII GATT 1994 hiervon Ausnahmen geregelt sind.

320 Übereinkommen zur Errichtung der Welthandelsorganisation (WTO), ABl. L 336/3 vom 23. 12. 1994.

321 *Heselhaus,* Die Welthandelsorganisation, JA 1999, 76 ff.; *Ipsen/Haltern,* Rule of Law in den internationalen Wirtschaftsbeziehungen: Die Welthandelsorganisation, RIW 1994, 717 ff.; *Jansen,* Die neue Welthandelsorganisation, EuZW 1994, 333 ff.; *Oppermann,* Die Europäische Gemeinschaft und Union in der Welthandelsorganisation (WTO), RIW 1995, 921; *Schulz,* Hartwig, Die Verhandlungsergebnisse der Uruguay-Runde des GATT, ZfZ 1994, 163; *Zeller,* Die Welthandelsorganisation (WTO), in: Thürer/Kux (Hrsg.), GATT 94 und die Welthandelsorganisation, S. 35 ff.

322 Das Streitschlichtungsverfahren (DSM) ist besonders für das Subventionsrecht von Bedeutung, siehe daher die Darstellung unten 4. Teil, D., I., 2., a.

WTO-Übereinkommens[323]. Die weiteren Regelungen sind im Wesentlichen organisationsrechtlicher Natur und bilden Rahmenvorschriften für die Arbeit und Funktionsweise der WTO[324].

2. Subventionskodex 1994

Die Regelungen des eigentlichen GATT und des WTO-Übereinkommens werden – wie schon angesprochen – ergänzt durch zwölf weitere Sonderabkommen, die spezifische Regelungen für bestimmte Teilgebiete des internationalen Wirtschaftsverkehrs enthalten[325]. Ferner wurde ein neues Allgemeines Übereinkommen über den Handel mit Dienstleistungen (GATS)[326] und ein solches über handelsbezogene Aspekte der Rechte des geistigen Eigentums (TRIPS)[327] verabschiedet. Für das Subventionsrecht ist dabei das Übereinkommen über Subventionen und Ausgleichsmaßnahmen – der sogenannte Subventionskodex 1994 – entscheidend. Dieser konkretisiert die bereits erwähnten Grundsätze des GATT und entwickelt diese mit Blick auf die spezielle Materie des Subventionsrechts fort.

a) Internationales Antisubventionsrecht

So findet sich in Art. 1 Subventionskodex 1994 eine detaillierte Bestimmung des Subventionsbegriffes. Im Weiteren wird zwischen drei Kategorien von Subven-

---

[323] Anhang 3, Mechanismus zur Überprüfung der Handelspolitik, zum Übereinkommen zur Errichtung der Welthandelsorganisation (WTO), ABl. L 336/251 vom 23. 12. 1994.

[324] Zur Organisationsstruktur der WTO vgl. ausführlich *Hanel*, Vom GATT zur WTO, ZfZ 1996, 174 ff.

[325] Diese sind: Das Übereinkommen über die Landwirtschaft, über die Anwendung gesundheitspolizeilicher und pflanzenschutzrechtlicher Maßnahmen, über Textilwaren und Bekleidung, über technische Handelshemmnisse, über handelsbezogene Investitionsmaßnahmen, das Übereinkommen zur Durchführung des Artikels VI und VII des GATT 1994, ein Übereinkommen über Vorversandkontrollen, über Ursprungsregeln, über Einfuhrlizenzverfahren, über Subventionen und Ausgleichsmaßnahmen sowie über Schutzmaßnahmen; vgl. Überblick im Anhang 1A zum WTO-Übereinkommen ABl. L 336/10 vom 23. 12. 1994.

[326] Ausführlich dazu *Barth*, Dietrich, Das Allgemeine Übereinkommen über den internationalen Dienstleistungshandel (GATS), EuZW 1994, 455 ff.; *Oppermann*, Die Europäische Gemeinschaft und Union in der Welthandelsorganisation (WTO), RIW 1995, 923; *Senti*, GATT-WTO, Die neue Welthandelsordnung nach der Uruguay-Runde, S. 102 ff.; *Senti/Weber*, Das allgemeine Dienstleistungsabkommen (GATS), in: Thürer/Kux (Hrsg.), GATT 94 und die Welthandelsorganisation, S. 129 ff.; *Stoll*, Die WTO: Neue Welthandelsorganisation, neue Welthandelsordnung, ZaöRV 1994, 323 ff.

[327] Vgl. *Cottier*, Das Abkommen über handelsrelevante Aspekte der Rechte an geistigem Eigentum, in: Thürer/Kux (Hrsg.), GATT 94 und die Welthandelsorganisation, S. 193 ff.; *Drexl*, Entwicklungsmöglichkeiten des Urheberrechts im Rahmen des GATT, S. 255 ff.; *Oppermann*, Die Europäische Gemeinschaft und Union in der Welthandelsorganisation (WTO), RIW 1995, 923; *Senti*, GATT-WTO, Die neue Welthandelsordnung nach der Uruguay-Runde, S. 110 ff.; *Stoll*, Die WTO: Neue Welthandelsorganisation, neue Welthandelsordnung, ZaöRV 1994, 310 ff.

tionen unterschieden[328]. Für die erste Kategorie gilt ein Verbot für Subventionen, die mit einer Ausfuhrleistung, einschließlich der in einer Beispielliste aufgeführten Ausfuhrsubventionen verbunden sind. Gleiches gilt für Subventionen, die zu einer begünstigten Verwendung inländischer gegenüber eingeführter Ware führen (Art. 3 Subventionskodex 1994). Des Weiteren gibt es sogenannte anfechtbare Subventionen, die eine Schädigung eines inländischen Industriezweiges oder der Interessen eines anderen Mitgliedslandes verursachen. Dies ist regelmäßig der Fall, wenn mehr als 5 % des Wertes der Ware aus der Subventionierung selbst besteht[329]. Als letzte Kategorie werden nicht anfechtbare Subventionen unterschieden. Diese sind im Sinne des Art. 2 Subventionskodex 1994 nicht-spezifisch ausgestaltet[330]. Diesen werden bestimmten spezifischen Subventionen gleichgestellt, u.a. Beihilfen für Forschung und Bildung, für die Entwicklung wirtschaftlich schwacher Regionen oder für Umweltschutzmaßnahmen[331]. Des Weiteren sieht der Subventionskodex Mechanismen vor, welche die Handelshindernisse infolge von Subventionsmaßnahmen beseitigen sollen. So wird zunächst versucht, die Subventionsmaßnahmen möglichst durch bilaterale Konsultationen zu bereinigen. Gelingt dies nicht, greift das vorgesehene Streitbeilegungsverfahren ein. Erst nach dem Scheitern desselben kommt die Anwendung von Ausgleichsmaßnahmen in Betracht, die sich dann nach den Vorschriften der jeweiligen Subventionskategorie richten.

b) Sanktionswirkung

Damit werden im Subventionskodex 1994 auch die Rechtsfolgen bei Vorliegen von Subventionen angesprochen. Hieraus ergeben sich nicht nur nachträgliche Sanktionen, sondern gleichzeitig auch aufsichtsrechtliche Wirkungen. Über die Notifizierungspflicht des Art. 25 Subventionskodex 1994 wird erreicht, dass jedes Mitglied des GATT seine Subventionen anzeigt, so dass eine Überwachung und Kontrolle am Maßstab des Subventionskodex 1994 erfolgen kann. Als Abwehrmaßnahmen kennt der Subventionskodex 1994 zwei verschiedene Arten. Zum einen besteht die Möglichkeit, sogenannte Ausgleichszölle zu erheben. Dadurch werden die wettbewerbsbehindernden Subventionswirkungen beim internationalen Handelsverkehr gleichsam aufgehoben. Maßgebliche Regelungen zu den verschiedenen Kategorien von Subventionen finden sich in Art. VI GATT 1994. Die zweite sanktionsrechtliche Schiene stellt das auf Art. XXIII GATT 1994 zurückgehende Streitbeilegungsverfahren dar. Den dadurch vorgegebenen Rahmen füllen dabei einerseits die neuen allgemeinen Vereinbarungen über Regeln und Verfahren zur

---

328 Vgl. insoweit die Darstellung bei *Scheffler*, Juristische Aspekte der Subventionsproblematik, RIW 1993, 403 ff.; *Schulz*, Hartwig, Die Verhandlungsergebnisse der Uruguay-Runde des GATT, ZfZ 1994, 166.

329 Vgl. ausführlich dazu Art. 5 ff. Subventionskodex 1994.

330 Spezifisch meint dabei eine Subvention für ein Unternehmen oder einen Wirtschaftszweig oder eine Gruppe von Unternehmen / Wirtschaftszweigen.

331 Vgl. dazu Art. 8 Subventionskodex 1994.

Beilegung von Streitigkeiten (DSM)[332], andererseits spezielle Ergänzungen durch den Subventionskodex 1994 dar. Das Verfahren ist quasi judikativer Natur, wobei dem sogenannten Streitbeilegungsgremium eine Schlichtungsfunktion zuteil wird. Den Abschluss eines solchen mehrstufigen Verfahrens bildet eine Empfehlung zur Beilegung der Streitigkeit. Kommt ein Mitgliedstaat dieser nicht nach, so kann das Streitbeilegungsgremium den klagenden Mitgliedstaat dazu ermächtigen, geeignete Gegenmaßnahmen zu treffen.

Damit hat sich auf internationaler Ebene ein Sanktionssystem entwickelt, das dazu beitragen soll, die im GATT und dem Subventionskodex vereinbarten Regelungen einzuhalten. Das Sanktionsrecht entfaltet damit auch dergestalt präventive Wirkung, dass der Mitgliedstaat schon bei der Errichtung einer neuen Fördermaßnahme die Subventionsregeln der internationalen Rechtsgemeinschaft berücksichtigt, um sich nicht den dargestellten Sanktionsmaßnahmen auszusetzen.

3. GATT-Regelungen und europäisches bzw. nationales Recht

Insgesamt zeigt sich, dass auf internationaler Ebene materielle Regelungen für die Zulässigkeit von Subventionen geschaffen wurden, die in erster Linie Dumping und Exportsubventionen einschränken sollen. Das internationale Recht umspannt sowohl das europäische als auch das nationale Recht. Die GATT-Regelungen zählen dabei zum Außenwirtschaftsrecht, in dem sich die Mitgliedstaaten der Europäischen Union gem. Art. 133 EGV als Wirtschaftsgemeinschaft präsentieren. Die Bestimmungen betreffen das Verhältnis der Europäischen Gemeinschaft bzw. ihrer Mitgliedstaaten zu Drittstaaten[333]. Das Außenwirtschaftsrecht wird primär durch die gemeinsame europäische Handelspolitik geprägt, die nach Art. 133 Abs. 1 EGV insbesondere die Änderung von Zollsätzen, den Abschluss von Zoll- und Handelsabkommen, die Vereinheitlichung der Liberalisierungsmaßnahmen, die Ausfuhrpolitik und die handelspolitischen Schutzmaßnahmen, zum Beispiel im Fall von Dumping und Subventionen umfasst. Ziel ist es, eine nach einheitlichen Grundsätzen ausgestaltete gemeinsame Handelspolitik zu betreiben. Diese Zielset-

---

[332] Anhang 2, Vereinbarung über Regeln und Verfahren zur Beilegung von Streitigkeiten, zum Übereinkommen zur Errichtung der Welthandelsorganisation (WTO), ABl. L 336/234 vom 23. 12. 1994; ausführlich zum Streitbeilegungsverfahren *Langer,* Grundlagen einer internationalen Wirtschaftsverfassung, S. 268 ff.; *Oppermann,* Die Europäische Gemeinschaft und Union in der Welthandelsorganisation (WTO), RIW 1995, 924; *Suntum / Vehrkamp,* Mehr Freihandel oder mehr Reglementierung durch die Schaffung der Welthandelsorganisation WTO?, in: Frenkel / Bender (Hrsg.), GATT und neue Welthandelsordnung, S. 53 ff.

[333] Zum Verhältnis von GATT und der EG vgl. *Herdegen,* Europarecht, Rdnr. 443 ff.; *Ipsen,* Subventionen, in: Isensee / Kirchhof (Hrsg.), Handbuch des Staatsrechts IV, § 92 Rdnr. 90; *Nicolaysen,* Europarecht II, § 45 I, S. 476 ff.; *Oppermann,* Die Europäische Gemeinschaft und Union in der Welthandelsorganisation (WTO), RIW 1995, 919 ff.; *Sack,* Das Außenwirtschaftsrecht der Europäischen Union, in: Birk / Ehlers (Hrsg.), Rechtsfragen des europäischen Steuer-, Außenwirtschafts- und Zollrechts, S. 75 ff.

zungen sind in Art. 131 EGV als dem gemeinsamen Interesse an einer harmonischen Entwicklung des Welthandels, der schrittweisen Beseitigung der Beschränkungen im internationalen Handelsverkehr und dem Abbau der Zollschranken zusammengefasst. In dem Bestehen einer gemeinsamen Handelspolitik nach den Art. 131 ff. EGV zeigt sich zudem einer der Wesentlichen Gründe für den Zusammenschluss zur Europäischen Gemeinschaft, nämlich die Position der europäischen Wirtschaft im internationalen Konkurrenzkampf zu stärken[334]. Die Europäische Gemeinschaft tritt daher nach außen im Wesentlichen als Rechtseinheit auf. Nach innen erlangen die Regelungen des GATT 1994 rechtliche Wirkung über besondere Verordnungen zum Antidumpingrecht[335] bzw. Antisubventionsrecht[336]. Die Europäische Gemeinschaft hat damit in ihrem Rechtsgebiet die Vorgaben und Ordnungsvorschriften des GATT umgesetzt.

Die internationalen Regeln entfalten aber auch unmittelbare Rechtswirkung in den einzelnen Mitgliedstaaten der Europäischen Gemeinschaft. Nach Art. 300 EGV sind die Mitgliedstaaten zur Einhaltung des Subventionskodex 1994 verpflichtet, der als integrierender Bestandteil des Gemeinschaftsrechts anzusehen ist[337]. Damit sind sowohl die Europäische Gemeinschaft als auch ihre Mitgliedstaaten mit ihrem jeweiligen Subventionsgebaren an die internationalen Regelungen gebunden. Etwaige Kollisionen der einzelnen Rechtsebenen ergeben sich insbesondere deshalb nicht, weil die Vorgaben des GATT mit der Umsetzung in die europäische Rechtsordnung integriert wurden. Ferner sind die Vorschriften des Subventionskodex 1994 weiter gefasst als die strengen Beihilfevorschriften der Art. 87 ff. EGV, so dass sich auch hier keine Diskrepanzen oder Unstimmigkeiten ergeben.

4. Globalisierung als Chance?

Das internationale Recht zeigt damit deutlich, dass Subventionen eine Gefahr für den internationalen Wettbewerb darstellen. Mit dem Subventionskodex 1994, dem GATT 1994 und der Errichtung der WTO wurden formelle und materielle Regelungen geschaffen, die in der Lage sind, die Subventionswirkungen auf den freien Handelsverkehr zu beschränken. Als positiv zu bewerten ist die Bestimmung eines Subventionsbegriffes, über den die Vertragsparteien verpflichtet sind, ihre Fördermaßnahmen anzumelden. In der Vergangenheit bestand lediglich eine Bei-

---

[334] *Nicolaysen,* Europarecht II, § 45 I, S. 477.

[335] Antidumping-VO Nr. 3283/94 vom 22. 12. 1994, ABl. L 349/1 vom 31. 12. 1994; in der Fassung der VO Nr. 384/96 vom 22. 12. 1995, ABl. L 56/1 vom 6. 3. 1996; speziell für den Schiffbau erging die VO Nr. 385/96 vom 29. 1. 1996, ABl. L 56/21 vom 6. 3. 1996.

[336] Der Subventionskodex wurde umgesetzt durch die Subventions-VO Nr. 3284/94 vom 22. 12. 1994, ABl. L 349/23 vom 31. 12. 1994.

[337] EuGH – Amministrazione delle finanze dello Stato/Società Petrolifera Italiana und Michelin Italiana, 267 – 269/81 – Slg.1983, 801 (829).

spielsliste, wonach die Vertragsparteien selbst einschätzen konnten, ob eine Notifizierung zu erfolgen hat oder nicht[338]. Dies führte zu einer insgesamt sehr zurückhaltenden Notifizierungspraxis[339]. Als Schwachpunkt erweist sich aber, dass die Notifizierungspflicht des Art. 25 Subventionskodex 1994 nur gewährte oder aufrechterhaltene Subventionen umfasst. Damit aber verliert der Subventionskodex stark an aufsichtsrechtlichem Charakter hinsichtlich der einzelnen Subventionssysteme der Mitgliedstaaten. Hier wäre es angebracht, die Notifizierungspflicht gerade auch auf beabsichtigte Subventionen zu erstrecken, um so im Vorfeld den schädigenden Charakter einer Subventionierung schon möglichst frühzeitig beseitigen zu können. Als weiterer Nachteil sind die materiellen Bestimmungen des Subventionskodex 1994 zu nennen. Diese sind weitgehend unbestimmt und auslegungsbedürftig. Gerade die Bestimmung der Kausalität von Subvention und geltendgemachter Schädigung eines anderen Staates erweist sich als schwierig[340]. Selbst die umfangreichen Darlegungen zum Begriff der Schädigung in Art. 15 Subventionskodex 1994 vermögen nicht darüber hinwegzutäuschen, dass die Feststellung der Schädigung nur über elastische Begrifflichkeiten und einen äußerst weiten Beurteilungsspielraum bei der Auslegung der unbestimmten Rechtsbegriffe erfolgen kann.

Darüber hinaus vermag das internationale Antisubventionsrecht kaum die Lücken in der europäischen Beihilfenkontrolle zu schließen. Dies liegt zum einen an den weit weniger detaillierten und restriktiv ausgestalteten Bestimmungen, zum anderen aber auch an der Zielrichtung der internationalen Subventionsaufsicht. So hat der Subventionskodex primär die Gewährleistung des internationalen freien Handelverkehrs im Blick. Dieser soll durch einen objektiv-rechtlichen Ordnungsrahmen gewährleistet werden. Im Gegensatz zum nationalen und europäischen Recht lassen sich im internationalen Subventionsrecht individual-rechtliche Aspekte nicht unterbringen. Da nun aber die Zweck-Mittel-Analyse eng an individualrechtliche Positionen geknüpft ist, lässt sich diese kaum auf die internationale Rechtsebene übertragen, geschweige denn als Maßstab in die internationale Subventionsaufsicht integrieren. Die Zielrichtung der internationalen Subventionsaufsicht ist objektiv-rechtlicher Natur. Mit dem grundrechtsdogmatischen Verständnis der Zweck-Mittel-Analyse verbietet sich daher eine Anwendung auf internationaler Ebene. Im Ergebnis können also mittels der internationalen Subventionsaufsicht die aufgezeigten Lücken der europäischen Beihilfenkontrolle nicht geschlossen werden.

Dennoch stellt das Ergebnis der Uruguay-Runde einen beträchtlichen Schritt zu einem „sicheren, gerechten, nichtdiskriminierenden, transparenten, offenen, effizi-

---

[338] So die Kritik bei *Nieder-Eichholz,* Die Subventionsordnung, S. 139.

[339] *Adamantopoulos,* Das Subventionsrecht des GATT in der EWG, S. 25.

[340] Zu diesem Problem ausführlich *Adamantopoulos,* Das Subventionsrecht des GATT in der EWG, S. 25 ff.; *Bleckmann,* Subventionsprobleme des GATT und der EG (Gutachten für den 55. Deutschen Juristentag, RabelsZ 1984, 446; *Nieder-Eichholz,* Die Subventionsordnung, S. 139.

enten und auf gestärkten Regeln basierenden, multilateralen Handelssystem"[341] dar. Hierzu hat auch die Institutionalisierung des internationalen Antisubventionsrechts beigetragen. So existieren mit dem Subventionskodex 1994 sowohl materielle als auch formelle Regelungen, die einen internationalen Ordnungsrahmen für Subventionen bilden. Dieser gewährleistet zwar objektiv-rechtlich einen freien Handelsverkehr zwischen den Vertragsparteien, indes ist er nicht in der Lage, individualrechtliche Fragestellungen zu behandeln. Insbesondere kann auch der Maßstab der Zweck-Mittel-Analyse nicht in das derzeit bestehende internationale Aufsichtsinstrumentarium integriert werden.

II. Nationale Subventionsaufsicht

Angesichts der Analyse des internationalen Rechts gilt es nun, das nationale Aufsichtsinstrumentarium dahingehend zu untersuchen, inwieweit dieses in der Lage ist, die Lücken der europäischen Beihilfenkontrolle zu schließen. Insbesondere vermag es die europäische Subventionsaufsicht (Beihilfenkontrolle) nicht, die Gemeinschaftssubventionierung sowie allein regional wirkende, nationale Fördermaßnahmen zu überprüfen. Fraglich ist nun, ob der nationalen Aufsicht dies gelingt.

1. Bestehendes Aufsichtsinstrumentarium

Betrachtet man das nationale Aufsichtsinstrumentarium, so fällt auf, dass kein der europäischen Beihilfenkontrolle entsprechendes System etabliert ist. Im Vergleich zur europäischen Rechtsebene lässt sich daher kaum von einer nationalen Subventionsaufsicht sprechen. Es existieren nur wenige, meist nur indirekt wirkende Rechtsinstitute einer präventiven Subventionsaufsicht.

a) Verfassungsrechtliche Prinzipien

Hierbei sind zunächst die verfassungsrechtlichen Prinzipien zu erwähnen, die eine präventive Wirkung auf die Fördersysteme ausüben[342]. Es handelt sich hierbei um verfassungsrechtliche Standards, die für die Entwicklung einzelner Subventionsprogramme den Ordnungsrahmen vorgeben. Zu nennen sind hierbei insbesondere das Subsidiaritätsprinzip und die Haushaltsgrundsätze. Nach dem

---

[341] So die Einschätzung bei *Schulz,* Hartwig, Die Verhandlungsergebnisse der Uruguay-Runde des GATT, ZfZ 1994, 168.

[342] *Ipsen,* Subventionen, in: Isensee / Kirchhof (Hrsg.), Handbuch des Staatsrechts IV, § 92 Rdnr. 87.

Grundsatz der Subsidiarität geht die Eigenhilfe der Staatshilfe vor, die individuelle wirtschaftliche Entfaltung besitzt Vorrang gegenüber einer Eigenwirtschaft des Staates[343]. Einerseits bedeutet dies eine Verpflichtung des Staates zur Stärkung des Individuums, andererseits aber auch zur Zurückhaltung staatlicher Intervention[344]. Weitere Grenzen werden durch die Haushaltsgrundsätze[345] vorgegeben[346], die teils aus dem Verfassungsrecht entwickelt, teils durch das HGrG und die BHO konkretisiert wurden[347]. Der Bezug zum Subventionsrecht wird über die Einstellung der Ausgaben, und damit auch der beabsichtigten Subventionen, in den Haushaltsplan gem. §§ 23, 14, 8 HGrG erreicht. Die Haushaltsgrundsätze wirken daher auf die Subventionssysteme ein. Dennoch ist diese Wirkung gering, da der eigentliche Förderrechtsrahmen – um den es letztlich geht – aufgrund des Bepackungsverbots nach Art. 110 Abs. 4 S. 1 GG nicht in den Haushalt eingestellt werden kann und folglich auch nicht dessen Grundsätzen zu entsprechen braucht[348]. Im Kontext der verfassungsrechtlichen Prinzipien ist schließlich auch der Maßstab der Zweck-Mittel-Analyse zu sehen. Dieser wurde aus der Verfassung, insbesondere den Grundrechten entwickelt und bildet einen wesentlichen Ordnungsrahmen für Subventionen[349]. Mit den Kriterien der Zweck-Mittel-Analyse werden dem Förderrechtsrahmen Grenzen gesetzt und Mindestanforderungen an denselben gestellt[350]. Indes hat die Untersuchung gezeigt[351], dass ein bloßes Verfassungsprinzip nicht ausreicht, um den Förderrechtsrahmen in eine zweckgerechte Struktur zu zwingen.

---

[343] Vgl. ausführlich zum Subsidiaritätsprinzip oben 1. Teil, B., IV., 3.

[344] *Desch,* Subsidiaritätsprinzip und Sozialhilferecht, S. 31; *Isensee,* Gemeinwohl und Staatsaufgaben im Verfassungsstaat, in: Isensee / Kirchhof (Hrsg.), Handbuch des Staatsrechts III, § 57 Rdnr. 167; *v. Münch,* Staatliche Wirtschaftshilfe und Subsidiaritätsprinzip, JZ 1960, 303; *Stober,* Handbuch des Wirtschaftsverwaltungs- und Umweltrechts, § 15 I, S. 287; *Vogel,* Begrenzung von Subventionen durch ihren Zweck, in: Stödter / Thieme (Hrsg.), Hamburg Deutschland Europa, Festschrift für Hans-Peter Ipsen, S. 550.

[345] Zu diesen zählen der Grundsatz der Vollständigkeit, der Haushaltseinheit, der Vorherigkeit, der Jährlichkeit, der Klarheit und Wahrheit, der zeitlichen und sachlichen Spezialität, der Ausgeglichenheit, der Gesamtdeckung, der Öffentlichkeit, der Wirtschaftlichkeit und Sparsamkeit sowie das Bepackungsverbot; vgl. die Aufstellung bei *Stern,* Das Staatsrecht der Bundesrepublik Deutschland II, S. 1238 ff.

[346] Ausführlich zum Rechtscharakter und dem Wesen der Haushaltsgrundsätze *Kisker,* Staatshaushalt, in: Isensee / Kirchhof (Hrsg.), Handbuch des Staatsrechts III, § 89 Rdnr. 57 ff.

[347] *Kisker,* Staatshaushalt, in: Isensee / Kirchhof (Hrsg.), Handbuch des Staatsrechts III, § 89 Rdnr. 59.

[348] Im Zusammenhang mit der Frage nach der Geltung des Gesetzesvorbehalts im Leistungsrecht wurde die Wirkung des Haushaltsplans und dessen Grundsätze hinreichend erörtert, vgl. dazu oben 1. Teil, C., I., 2.

[349] Vgl. dazu oben 1. Teil, B., I. und III.

[350] Zu den Kriterien, die an den Förderrechtsrahmen gestellt werden, vgl. oben 1. Teil, C.

[351] Siehe dazu den gesamten 2. Teil, der eine Reihe von Mängeln des nationalen Förderrechtsrahmens zeigt.

b) Subventionsberichterstattung

Eine weitere präventive Wirkung entfaltet die Subventionsberichterstattung nach § 12 Abs. 2 StWG, wonach alle zwei Jahre eine zahlenmäßige Übersicht der Finanzhilfen zusammengestellt wird[352]. Neben der repressiven Kontrollfunktion enthält der Subventionsbericht auch präventive Elemente[353]. So muss nach § 12 Abs. 4 StWG die voraussichtliche Beendigung der Subvention benannt und Vorschläge zum stufenweisen Abbau von Subventionen gemacht werden[354]. So gibt der 16. Subventionsbericht als Losung aus[355], dass der nationale und internationale Wettbewerb längerfristig nicht durch Subventionen behindert werden soll, der Markt im Endeffekt die besseren Ergebnisse erreicht. Im Weiteren werden die negativen Folgen von Subventionen benannt, wie die Verzerrung des Preis- und Leistungswettbewerbs, die Verzögerung des Strukturwandels, die künstliche Aufrechterhaltung von nicht mehr wettbewerbsfähigen Unternehmen und die hohen fiskalischen und volkswirtschaftlichen Kosten. Der Subventionsabbau bleibt daher eine Daueraufgabe. Damit entfaltet der Subventionsbericht durchaus eine begrenzende Wirkung auf die zukünftige Ausgestaltung der Förderprogramme, indem der Subventionsabbau zu einem wichtigen politischen Ziel erklärt wird.

c) Rechnungsprüfung

Eine letzte Aufsichtswirkung kommt der Rechnungsprüfung zu. Hierbei nimmt der Bundesrechnungshof eine Prüfung der Rechnungslegung sowie der Wirtschaftlichkeit und Ordnungsgemäßheit der Haushalts- und Wirtschaftsführung vor[356]. Die Rechnungsprüfung ist dabei in den §§ 88 ff. BHO detailliert geregelt. Im Rahmen der Ordnungsgemäßheitsprüfung wird auf der einen Seite die rechnungstechnische Korrektheit überprüft[357]. Auf der anderen Seite findet aber auch eine Rechtmäßigkeitskontrolle insbesondere bezüglich des Haushaltsrechts

---

[352] Vgl. den aktuellen 16. Subventionsbericht für die Jahre 1995 bis 1998, BR-Drucksache 598/97 vom 29. 8. 1997.

[353] Zur Kontrollfunktion des Subventionsberichts siehe oben schon 2. Teil, A. I., 3., f., bb.

[354] *Hansmeyer,* Bemerkungen zum Subventionsbericht, FinArch 1971, 103; *Ipsen,* Subventionen, in: Isensee/Kirchhof (Hrsg.), Handbuch des Staatsrechts IV, § 92 Rdnr. 12; *Nieder-Eichholz,* Die Subventionsordnung, S. 174; *Preußner,* Kontrolle und Beherrschbarkeit von Wirtschaftssubventionen, S. 83.

[355] Siehe 16. Subventionsbericht für die Jahre 1995 bis 1998, BR-Drucksache 598/97 vom 29. 8. 1997, S. 9.

[356] *Gröbner,* Subventionen – Eine kritische Analyse, S. 217; *Grupp,* Die Stellung der Rechnungshöfe in der Bundesrepublik Deutschland, S. 160; *Menzel,* Der staatsrechtliche Standort der Finanzkontrolle in der Bundesrepublik und im Ausland, DÖV 1968, 593 ff.; *Schäfer,* Der Bundesrechnungshof im Verfassungsgefüge der Bundesrepublik, DÖV 1971, 542 ff.; *Zuleeg,* Subventionskontrolle durch Konkurrentenklage, S. 30.

[357] *Jarass/Pieroth,* Grundgesetz-Kommentar, Art. 114 Rdnr. 6; *Vogel, Klaus/Kirchhof, Paul,* in: Bonner Kommentar zum Grundgesetz, Art. 114 Rdnr. 85 und 93.

statt[358]. Diese Prüfung umfasst schließlich die Übereinstimmung des staatlichen Handelns mit der Rechtsordnung[359]. Dabei werden die Rechtsgrundlagen der Subventionen, die Haushaltsansätze sowie der Haushaltsplan auf ihre Rechts- und Verfassungsmäßigkeit hin überprüft[360]. Die Regelungen sind aber primär auf eine nachträgliche Kontrolle[361] bereits abgeschlossener Vorgänge ausgerichtet[362]. So ist in § 90 Nr. 1 BHO ausdrücklich formuliert, dass sich die Prüfung insbesondere darauf erstreckt, dass „das Haushaltsgesetz und der Haushaltsplan *eingehalten worden sind*".

Der Aufsichtscharakter der eigentlichen Rechnungsprüfung kann daher lediglich indirekter Natur sein. Allein über die Möglichkeit etwaiger Sanktionsmaßnahmen kann eine präventive Wirkung erreicht werden. Eine echte Subventionsaufsicht steht dem Bundesrechnungshof unmittelbar nicht zu. Gleichwohl erstattet der Bundesrechnungshof gem. Art. 114 Abs. 2 S. 2 GG der Bundesregierung, dem Bundestag und Bundesrat Bericht. Insbesondere besteht über den Finanzkontrollbericht, den sogenannten Bemerkungen i. S. d. § 97 BHO die Möglichkeit, die Öffentlichkeit zu mobilisieren und auf Missstände aufmerksam zu machen[363]. Daneben ermöglicht § 88 Abs. 2 BHO eine beratende Tätigkeit des Bundesrechnungshofs für den Bundestag, den Bundesrat, die Bundesregierung sowie für einzelne Bundesministerien. Des Weiteren ist nach § 99 BHO jederzeit eine Unterrichtung über Angelegenheiten von besonderer Bedeutung möglich. Diese Beratungstätigkeit lässt eine präventive Einflussnahme des Bundesrechnungshofes in die Haushalts- und Wirtschaftsführung dergestalt zu, dass der Bundesrechnungshof zur Entscheidungsfindung beiträgt und Orientierungshilfe leistet[364]. Insgesamt ist das präven-

---

358 *Kisker*, Staatshaushalt, in: Isensee / Kirchhof (Hrsg.), Handbuch des Staatsrechts III, § 89 Rdnr. 110.

359 BVerfGE 20, 56 (96).

360 So auch *v. Arnim*, Grundprobleme der Finanzkontrolle, DVBl 1983, 668; *Jarass / Pieroth*, Grundgesetz-Kommentar, Art. 114 Rdnr. 6; *Maunz,* Theodor, in: Maunz / Dürig (Hrsg.), Kommentar zum GG, Art. 114 Rdnr. 48; *Stern*, Das Staatsrecht der Bundesrepublik Deutschland II, S. 434; *Vogel, Klaus / Kirchhof, Paul*, in: Bonner Kommentar zum Grundgesetz, Art. 114 Rdnr. 94 ff.

361 Zur nachträglichen Kontrolle durch den Bundesrechnungshof vgl. oben 2. Teil, A., I., 3., f., bb.

362 *Klein*, Grundgesetz und Haushaltskontrolle, DÖV 1961, 805; *Maunz,* Theodor, in: Maunz / Dürig (Hrsg.), Kommentar zum GG, Art. 114 Rdnr. 13; *Nieder-Eichholz,* Die Subventionsordnung, S. 163; *Vogel,* Verfassungsrechtliche Grenzen der öffentlichen Finanzkontrolle, DVBl 1970, 196; *Zuleeg,* Subventionsrecht zur Schaffung und Erhaltung von Arbeitsplätzen, in: Kittner (Hrsg.), Arbeitsmarkt – ökonomische, soziale und rechtliche Grundlagen, S. 165.

363 *v. Arnim,* Grundprobleme der Finanzkontrolle, DVBl 1983, 673 ff.; *Birk,* Steuerung der Verwaltung durch Haushaltsrecht und Haushaltskontrolle, DVBl 1983, 873; *Kisker,* Staatshaushalt, in: Isensee / Kirchhof (Hrsg.), Handbuch des Staatsrechts III, § 89 Rdnr. 114.

364 *Kisker,* Staatshaushalt, in: Isensee / Kirchhof (Hrsg.), Handbuch des Staatsrechts III, § 89 Rdnr. 103; *Krebs,* Kontrolle in staatlichen Entscheidungsprozessen, S. 170 ff.; *Maunz,* Theodor, in: Maunz / Dürig (Hrsg.), Kommentar zum GG, Art. 114 Rdnr. 30; *Preußner,* Kon-

tive Aufsichtsinstrumentarium, das dem Bundesrechnungshof nach dem Grundgesetz, der BHO und dem HGrG zur Verfügung steht, als schwach ausgeprägt zu bezeichnen.

2. Mängel der nationalen Subventionsaufsicht

Es hat sich gezeigt, dass es einige Mühe macht, im nationalen Recht ein Instrumentarium der Subventionsaufsicht überhaupt festzustellen. So bestehen zwar verfassungsrechtliche Vorgaben, indes vermögen diese den Förderrechtsrahmen nicht hinreichend zu beeinflussen[365]. Gerade die Zweck-Mittel-Analyse veranschaulicht das Dilemma. So besteht mit dem Maßstab der Zweck-Mittel-Analyse ein effektives Instrument zur juristischen Überprüfung des Förderrechtsrahmens. Der Gesetz- bzw. Richtliniengeber indes setzt die Vorgaben teils nur mangelhaft um. Dies hat die Betrachtung der Beschäftigungssubventionen in den neuen Bundesländern deutlich gezeigt[366]. Folglich besteht eine Diskrepanz zwischen verfassungsrechtlichem Prinzip und tatsächlicher Rechtswirklichkeit. Gerade dieser Mangel zwingt dazu, den Förderrechtsrahmen der Aufsicht einer unabhängigen Instanz zu unterstellen, die präventiv die Einhaltung der Mindeststandards überprüft. Hierbei ist der Förderrechtsrahmen insbesondere am Maßstab der Zweck-Mittel-Analyse zu messen und zwar bevor die Subventionierung bereits vollzogen wird. Im Ergebnis bilden die verfassungsrechtlichen Prinzipien den Ordnungsrahmen, sie geben Mindeststandards vor. Sie bieten aber keine Möglichkeit, die Einhaltung derselben in der Praxis zu überwachen. Hierzu bedarf es der Einrichtung einer Aufsichtsinstanz.

Aber auch der Subventionsbericht stellt im Ergebnis kein wirksames Aufsichtsinstrument im Sinne einer präventiven Prüfung des Förderrechtsrahmens dar. Dem Ziel des Subventionsabbaus wurden die Subventionsberichte bislang nicht gerecht[367]. Als ein Grund sind die vielfach wirtschaftlichen und politischen Gegeben-

---

trolle und Beherrschbarkeit von Wirtschaftssubventionen, S. 48; *Stern,* Das Staatsrecht der Bundesrepublik Deutschland II, S. 431 ff.

[365] So insbesondere für die geringe präventive Wirkung des Haushaltsrechts *Birk,* Steuerung der Verwaltung durch Haushaltsrecht und Haushaltskontrolle, DVBl 1983, 866; *Hirsch,* Haushaltsplan und Haushaltskontrolle in der Bundesrepublik Deutschland, S. 44; *Ipsen,* Subventionen, in: Isensee/Kirchhof (Hrsg.), Handbuch des Staatsrechts IV, § 92 Rdnr. 87, *Nieder-Eichholz,* Die Subventionsordnung, S. 125; *Preußner,* Kontrolle und Beherrschbarkeit von Wirtschaftssubventionen, S. 37.

[366] Vgl. die Analyse des Förderrechtsrahmens oben 2. Teil.

[367] *Bleckmann,* Gutachten zum Thema „Ordnungsrahmen für das Recht der Subventionen", in: Ständige Deputation des DJT (Hrsg.), Verhandlungen des 55. DJT, Bd. I, S. D69; *Friauf,* Referat zum Thema „Ordnungsrahmen für das Recht der Subventionen", in: Ständige Deputation des DJT (Hrsg.), Verhandlungen des 55. DJT, Bd. II, S. M33; *Karehnke,* Subventionen und ihre Kontrolle, DÖV 1975, 629; *Nieder-Eichholz,* Die Subventionsordnung, S. 174; *Werner,* Subventionsabbau – gesetzliche Zwänge schaffen, S. 86 ff.; *Zuleeg,* Subventionskontrolle durch Konkurrentenklage, S. 18.

heiten zu nennen, die immer wieder zu einer Verlängerung der Subventionsmaßnahmen führen. Der Subventionsabbau ist zudem im Subventionsbericht keineswegs rechtsverbindlich festgelegt, so dass der politische Entscheidungsspielraum
kaum begrenzt wird[368]. Schließlich erschöpft sich die präventive Wirkung in der
Forderung nach einem Subventionsabbau, eine präventive Kontrolle des Förderrechtsrahmens am Maßstab der Zweck-Mittel-Analyse ist nicht möglich. Beispielsweise kann eine Zweckkoordination über die Subventionsberichterstattung schwerlich erfolgen, da die Finanzhilfen der Länder gar nicht benannt werden. Im Ergebnis entfaltet der Subventionsbericht nur geringe aufsichtsrechtliche Wirkung[369].

Schließlich kann auch die Rechnungsprüfung durch den Bundesrechnungshof
eine wirksame Aufsicht von Subventionsmaßnahmen nicht gewährleisten. Zum einen liegt dies an der lediglich nachträglichen Kontrolle bereits erfolgter Subventionen[370]. Der Bundesrechnungshof ist mit keiner präventiven Prüfungsbefugnis ausgestattet. Folglich vermag der Maßstab der Zweck-Mittel-Analyse bei der rückwär-
tigen Betrachtung erfolgter Subventionen keine Rechtswirkung auf den Förderrechtsrahmen mehr auszuüben. Zum anderen liegt dies an den Rechtsfolgen der
Rechnungsprüfung. Selbst wenn das Ergebnis zu einer Rechtswidrigkeit von
Rechtsvorschriften führt, so hat dies keinerlei rechtliche Auswirkungen[371]. Die
Normprüfung durch den Bundesrechnungshof ist folgenlos. Echte Sanktionsmög-
lichkeiten sind nicht vorgesehen. Selbst eine Verweigerung der Entlastung durch
den Bundestag bzw. Bundesrat zieht keine negativen Rechtsfolgen nach sich[372].
Allein die Mobilisierung der Öffentlichkeit verbleibt dem Bundesrechnungshof als
„Schwert"[373]. Im Ergebnis steht dem Bundesrechnungshof aber keine echte Ent-
scheidungsbefugnis zu. Selbst die Klagebefugnis zur Anstrengung eines abstrakten
Normenkontrollverfahrens ist dem Bundesrechnungshof angesichts des Art. 93
Abs. 1 Nr. 2 GG verwehrt. Auch die schwachen präventiven Einflussmöglichkeiten

---

[368] *Werner,* Subventionsabbau – gesetzliche Zwänge schaffen, S. 120 ff.

[369] *Zuleeg,* Nationales Subventionsrecht als Wirkungsfeld und Wirkungsfaktor des europäischen Subventionsrechts, in: Börner / Bullinger (Hrsg.), Subventionen im Gemeinsamen
Markt, S. 19 ff.

[370] *Klein,* Grundgesetz und Haushaltskontrolle, DÖV 1961, 805; *Maunz,* Theodor, in:
Maunz / Dürig (Hrsg.), Kommentar zum GG, Art. 114 Rdnr. 13; *Nieder-Eichholz,* Die Subventionsordnung, S. 163; *Vogel,* Verfassungsrechtliche Grenzen der öffentlichen Finanzkontrolle, DVBl 1970, 196; *Zuleeg,* Subventionsrecht zur Schaffung und Erhaltung von Arbeitsplätzen, in: Kittner (Hrsg.), Arbeitsmarkt – ökonomische, soziale und rechtliche Grundlagen,
S. 165.

[371] BVerfGE 20, 56 (95 ff.).

[372] *Jarass/Pieroth,* Grundgesetz-Kommentar, Art. 114 Rdnr. 3; *Kisker,* Staatshaushalt, in:
Isensee / Kirchhof (Hrsg.), Handbuch des Staatsrechts III, § 89 Rdnr. 94; *Maunz,* Theodor, in:
Maunz / Dürig (Hrsg.), Kommentar zum GG, Art. 114 Rdnr. 13 und 63; *Röper,* Nicht-Entlastung einer Regierung, DVBl 1980, 525; *Vogel, Klaus / Kirchhof, Paul,* in: Bonner Kommentar
zum Grundgesetz, Art. 114 Rdnr. 158.

[373] *v. Arnim,* Grundprobleme der Finanzkontrolle, DVBl 1983, 673 ff.; *Birk,* Steuerung der
Verwaltung durch Haushaltsrecht und Haushaltskontrolle, DVBl 1983, 873; *Kisker,* Staatshaushalt, in: Isensee / Kirchhof (Hrsg.), Handbuch des Staatsrechts III, § 89 Rdnr. 97.

ändern an dieser Feststellung wenig. So bedeutet die Beratungsfunktion lediglich, dass Informationen und Know-how zur Verfügung gestellt werden. Ein Mehr an Entscheidung ist damit allerdings nicht verbunden[374]. Auch birgt eine Beratung, die meist auf die Herstellung eines Konsenses gerichtet ist, die Gefahr in sich, dass man gezwungen wird, Entscheidungen mitzutragen, die später kaum mehr einer kritischen Prüfung zugänglich sein dürften[375].

Im Ergebnis zeigt das nationale Aufsichtsinstrumentarium erhebliche Mängel. Gerade im Vergleich zur europäischen Beihilfenkontrolle existiert keine unabhängige Aufsichtsinstanz, welche in der Lage ist, den Förderrechtsrahmen auf die Vereinbarkeit mit dem Maßstab der Zweck-Mittel-Analyse zu überprüfen. Weder die Verfassungsprinzipien, die Subventionsberichterstattung noch die Rechnungsprüfung konnten diesen Mangel bislang beseitigen. Die nationale Subventionsaufsicht ist äußerst schwach ausgestaltet. Ein Instrument, das die Lücken der europäischen Beihilfenkontrolle zu schließen vermag, ist nicht ersichtlich. Es wird daher zu fragen sein, inwieweit insbesondere das nationale Konzept der Subventionsaufsicht erweitert werden kann, damit eine umfassende präventive Aufsicht von Subventionsmaßnahmen gewährleistet wird.

III. Perspektiven

Hinsichtlich der Perspektiven einer Weiterentwicklung der Subventionsaufsicht sind zwei Ebenen deutlich voneinander zu trennen. Zum einen bedarf die nationale Subventionsaufsicht dergestalt eine Ergänzung, dass lediglich national wirkende Fördermaßnahmen, die nicht der Beihilfenkontrolle unterfallen, am Maßstab der Zweck-Mittel-Analyse überprüft werden. Zum anderen muss aber auch die europäische Subventionsaufsicht dahingehend ergänzt werden, dass auch die Gemeinschaftssubventionierung am Maßstab der Zweck-Mittel-Analyse überprüft wird. Im Folgenden sollen nun abschließend mögliche Ansätze einer Ergänzung der europäischen Beihilfenkontrolle aufgezeigt werden.

1. Auf nationaler Rechtsebene

Beginnend mit der nationalen Rechtsebene lassen sich insgesamt drei Reformansätze verfolgen, welche zu einer Ergänzung der europäischen Beihilfenkontrolle führen können. Sämtliche Ansätze versuchen, den Ordnungsrahmen für Subventio-

---

[374] *Birk,* Steuerung der Verwaltung durch Haushaltsrecht und Haushaltskontrolle, DVBl 1983, 870; *Preußner,* Kontrolle und Beherrschbarkeit von Wirtschaftssubventionen, S. 48; *Vogel,* Verfassungsrechtliche Grenzen der öffentlichen Finanzkontrolle, DVBl 1970, 196.

[375] Auf diese Gefahr hinweisend *Kisker,* Staatshaushalt, in: Isensee / Kirchhof (Hrsg.), Handbuch des Staatsrechts III, § 89 Rdnr. 104; *Stern,* Das Staatsrecht der Bundesrepublik Deutschland II, S. 431 ff.

nen weiterzuentwickeln. Zu fragen bleibt, ob diese Reformansätze für die hier interessierende Fragestellung genutzt werden können.

a) Subventionsabbau

Einer der einfachsten, wirkungsvollsten, aber praktisch am wenigsten durchzusetzenden Ansätze bietet mithin der Abbau von Subventionen. Dieser wird immer wieder gefordert[376], indes nur selten und mit geringem Nachdruck in die Praxis umgesetzt[377]. Die Gründe hierfür sind vielfältig. So stellen Subventionen eines der wichtigsten Instrumente politischen Handelns dar. Über Subventionen wird nicht nur Wirtschafts-, Beschäftigungs- und Sozialpolitik, sondern auch Forschungs-, Innovations- und Kulturpolitik betrieben. Subventionen sollen darüber hinaus einen wesentlichen Beitrag zum Abbau der Arbeitslosigkeit leisten, sei es nun über unmittelbare oder aber mittelbare Beschäftigungssubventionen. Der rechtliche Rahmen bei der Vergabe von Subventionen ist äußerst weit gefasst. Es handelt sich um einen nahezu rechtsfreien Raum. Kontrollen finden nur in geringem Umfang statt. Präventive Maßnahmen gibt es fast nicht. Die Förderzwecke und der Einsatz der Mittel bleiben im Ergebnis vage und unbestimmt[378]. Über Subventionen lässt sich nahezu unbemerkt die politische Wählerklientel bedienen[379]. Subventionen geraten verstärkt unter den Einfluss von Sonderinteressen[380]. Dies hat *Zacher* deutlich zusammengefasst, indem er aussprach, „was Subventionen zu einem Lieblingskind demokratischer Politik macht, ist die Anonymität und Diffusion der Last bei Bestimmtheit der Gunst"[381]. Die Beteiligten sind daher weder an einer effektiven

---

[376] Angestoßen von einem öffentlichen Vorstoß des Deutschen Industrie- und Handelstages gab Bundeswirtschaftsminister Müller das Ziel vor, nach etlichen Jahrzehnten verbaler Anläufe fünf Jahre lang jeweils 2 Prozent aller Subventionen zu streichen, vgl. FAZ Nr. 84 vom 12. 4. 1999, S. 17; dies auf einer Tagung der Bundesvereinigung der Deutschen Arbeitgeberverbände bestätigend, vgl. FAZ Nr. 116 vom 21. 5. 1999, S. 15; ferner die Forderung im 16. Subventionsbericht für die Jahre 1995 bis 1998, BR-Drucksache 598/97 vom 29. 8. 1997, S. 9; ferner *Bohling,* Wirtschaftspolitische und wirtschaftsverfassungsrechtliche Probleme staatlicher und kommunaler Subventionen, S. 399 ff.; *Werner,* Subventionsabbau – gesetzliche Zwänge schaffen, S. 5 ff.

[377] Vgl. nur *Sachverständigenrat zur Begutachtung der gesamtwirtschaftlichen Entwicklung,* Den Aufschwung sichern – Arbeitsplätze schaffen, Jahresgutachten 1994/95, Tz. 289.

[378] Dies lässt sich nach der Betrachtung der Subventionsprogramme zur Beschäftigungsförderung sagen, vgl. dazu oben den 2. Teil.

[379] *v. Arnim,* Subventionen – von den Schwierigkeiten der Finanzkontrolle, FinArch 1986, 86 ff.; *Haverkate,* Rechtsfragen des Leistungsstaats, S. 21; *Issing,* Eigennutz und Politikerverhalten, in: Hanusch/Roskamp/Wiseman (Hrsg.), Staat und Politische Ökonomie heute, Festschrift für H.C. Recktenwald, S. 23 ff.; *Klemp,* Öffentliche Finanzhilfen (Subventionen) – Instrumente staatlicher Finanzintervention, S. 161 ff.; *Nieder-Eichholz,* Die Subventionsordnung, S. 143 ff.

[380] Vgl. dazu das Kriterium der Zweckklarheit oben 1. Teil, C., III.

[381] *Zacher,* Verwaltung durch Subventionen, VVDStRL 1967, 311.

Subventionsordnung noch an einem Abbau von Subventionen interessiert. All dies führt schließlich zu den Beharrungs- und Ausweitungstendenzen, die einen Abbau der Subventionen immer wieder verhindern[382].

Dabei würde der Abbau von Subventionen die hier aufgezeigten Probleme obsolet machen. Je weniger der freie Wettbewerb durch Subventionen beeinträchtigt wird, desto geringer würden sich die Freiheitsprobleme darstellen. Indes kann ein absoluter Subventionsabbau nicht das Ziel solcher Überlegungen sein. Es gilt anzuerkennen, dass Subventionen teils durchaus notwendig sind und den Staat aus verfassungsrechtlicher Sicht gar eine gewisse Pflicht zur Unterstützung trifft. Dies gebietet nicht nur das Sozialstaatsprinzip, sondern auch etwaige Grundrechtspositionen[383]. In einem Satz zusammengefasst, der Bedürftige bedarf der staatlichen Unterstützung[384]. Folglich kann nicht der völlige Abbau von Subventionen zur Diskussion stehen, sondern die Beschränkung auf die Förderung des Notwendigen. Dem Staat müssen Subventionen als Form staatlichen Handelns zur Verfügung stehen, so dass es trotz Subventionsabbaus eines rechtlichen Ordnungsrahmens bedarf. Vor diesem Hintergrund sind daher zwei Diskussionen zu unterscheiden, die sich in ihrer Wechselwirkung durchaus ergänzen. Mit einem Abbau der Subventionen sinkt das Volumen der Förderung, die Wettbewerbsbeeinträchtigungen nehmen ab, gleichwohl lösen sich die Freiheitsprobleme nicht auf. Die Entwicklung rechtsstaatlicher Förderrechtsstrukturen muss daher zwingend neben den Subventionsabbau gestellt werden, um so einen effektiven Ordnungsrahmen für das Subventionswesen zu entwerfen.

b) Ein allgemeines Subventionsgesetz

Ein weiterer, viel diskutierter Reformansatz stellt die Errichtung eines allgemeinen Subventionsgesetzes dar[385]. Hiervon zu unterscheiden ist die Frage nach der

---

382 Ausführlich die Darstellung bei *Nieder-Eichholz,* Die Subventionsordnung, S. 109 ff.; *Werner,* Subventionsabbau – gesetzliche Zwänge schaffen, S. 45 ff.

383 Das Sozialstaatsprinzip als Sozialgestaltungsauftrag an den Gesetzgeber, siehe *Bleckmann,* Subventionsrecht, S. 29; *Götz,* Recht der Wirtschaftssubventionen, S. 260 ff.; *Pöttgen,* Verfassungsrechtliche Grenzen staatlicher Wirtschaftsförderung durch Subventionen, S. 39; *Riedel,* Investitionsförderung mittelständischer Unternehmen in strukturschwachen Regionen, S. 24.

384 Zu dem damit verbundenen Problem der Teilhaberechte vgl. *Grabitz,* Freiheit und Verfassungsrecht, S. 254 ff.; *Haverkate,* Rechtsfragen des Leistungsstaats, S. 63 ff.; *Murswiek,* Grundrechte als Teilhaberechte, soziale Grundrechte, in: Isensee / Kirchhof (Hrsg.), Handbuch des Staatsrechts V, § 112 Rdnr. 1 ff.

385 Dafür sprechen sich insbesondere aus *Bleckmann,* Gutachten zum Thema „Ordnungsrahmen für das Recht der Subventionen", in: Ständige Deputation des DJT (Hrsg.), Verhandlungen des 55. DJT, Bd. I, S. D73; *Dickertmann / Diller,* Subventionsabbau, WiSt 1990, 543; *Friauf,* Referat zum Thema „Ordnungsrahmen für das Recht der Subventionen", in: Ständige Deputation des DJT (Hrsg.), Verhandlungen des 55. DJT, Bd. II, S. M19; *Nieder-Eichholz,* Die Subventionsordnung, S. 268; *Preußner,* Kontrolle und Beherrschbarkeit von Wirtschafts-

gesetzlichen Rechtsgrundlage für jede einzelne Subvention. Ein allgemeines Subventionsgesetz soll die wesentlichen Grundsätze für die Subventionsvergabe normieren und ähnlich dem Verwaltungsverfahrensgesetz ein einheitliches Subventionsverfahren gewährleisten. Demgegenüber muss die konkrete Zweckbestimmung dennoch durch ein Einzelgesetz erfolgen[386]. Insoweit bildet ein allgemeines Subventionsgesetz den Rahmen, welcher der weiteren Ausfüllung durch konkretisierende Einzelgesetze bedarf. Der Vorteil eines solchen allgemeinen Subventionsgesetzes liegt in der Vereinheitlichung des Subventionsrechts und der Erstellung eines umfassenden Ordnungskonzeptes. Gleichwohl sind die Wirkungen eines allgemeinen Gesetzes beschränkt. So ließen sich lediglich die Grundsätze für das Subventionsrecht festlegen[387]. Diese müssten weitgehend unbestimmt formuliert sein, um für sämtliche Subventionen gleichermaßen zu gelten. Je allgemeiner aber ein solches Gesetz formuliert ist, desto weniger wird es seiner eigentlichen Intention gerecht, einen stringenten Ordnungsrahmen für das Subventionswesen zu bilden. Ferner werden die Hauptprobleme des Förderrechtsrahmens, insbesondere die Zweckbestimmtheit und -koordination, nicht gelöst. Der einzelne Subventionszweck würde durch ein allgemeines Subventionsgesetz nicht deutlicher bestimmt werden. Dem Gebot des Gesetzesvorbehalts – gerade auch der Zweckverdeutlichungspflicht – würde damit nicht nachgekommen. Eine Bestimmung der Subventionszwecke durch ein allgemeines Subventionsgesetz muss im Ergebnis scheitern[388], denn die Vielzahl von Förderprogrammen und ihre verschiedenen Zielsetzungen werden sich kaum in einem Abschnitt eines allgemeinen Subventionsgesetzes zusammenfassen lassen[389].

Im Ergebnis wäre der Gewinn für eine zweckdeutlichere Förderrechtsstruktur gering. Sicher ließe sich über ein allgemeines Subventionsgesetz einiges an Transparenz und Rechtsstaatlichkeit für das Subventionsvergabeverfahren, die anschließende Subventionskontrolle sowie einer etwaigen Rückabwicklung von Subventionen erreichen. Gleichwohl ist darin kein entscheidender Beitrag zur Weiterentwicklung der nationalen Subventionsaufsicht zu sehen. Die Lücke der europäischen Beihilfenkontrolle wird dadurch keineswegs geschlossen. Es besteht vielmehr die Gefahr, dass man dem Trugschluss erliegt, ein allgemeines Subventionsgesetz würde das Subventionswesen ausreichend ordnen und disziplinieren,

---

subventionen, S. 133 ff.; *Zuleeg,* Zur künftigen Entwicklung des Subventionsrechts, DÖV 1984, 735.

[386] Zu der Frage nach der Geltung des Gesetzesvorbehalts vgl. oben 1. Teil, C., I., 2.

[387] *Haverkate,* Subventionsrecht, in: Schmidt, Reiner (Hrsg.), Öffentliches Wirtschaftsrecht BT1, § 4 Rdnr. 36; *Nieder-Eichholz,* Die Subventionsordnung, S. 267; *Preußner,* Kontrolle und Beherrschbarkeit von Wirtschaftssubventionen, S. 134.

[388] So aber die Ansicht von *Friauf,* Referat zum Thema „Ordnungsrahmen für das Recht der Subventionen", in: Ständige Deputation des DJT (Hrsg.), Verhandlungen des 55. DJT, Bd. II, S. M19, der vorschlägt, in ein solches Gesetz die legitimen Subventionszwecke aufzunehmen.

[389] So auch die Kritik von *Haverkate,* Subventionsrecht, in: Schmidt, Reiner (Hrsg.), Öffentliches Wirtschaftsrecht BT1, § 4 Rdnr. 37.

ohne dann allerdings die eigentlichen Probleme gelöst zu haben. Betrachtet man das Subventionsrecht in all seinen Facetten, so zeigt sich, dass keineswegs ein Mangel an Prinzipien, Grundsätzen und Maßstäben, sondern ein Mangel an Durchsetzung derselben besteht[390]. Es fehlt die Schaffung rechtlicher Verbindlichkeiten. Dies gilt gerade auch für den Maßstab der Zweck-Mittel-Analyse. Es werden an den Förderrechtsrahmen Kriterien angelegt, die sich nicht als unverbindliche Leitlinien darstellen, sondern Teil eines verfassungsrechtlichen Prinzips bilden[391]. An dessen rechtlicher Geltungskraft bestehen keine Zweifel. Dennoch konnte die Untersuchung zeigen, dass der Förderrechtsrahmen sich keineswegs an die Kriterien der Zweck-Mittel-Analyse hält[392]. Es fehlt daher nicht ein tauglicher Maßstab oder gar ein Ordnungsrahmen. Vielmehr ist der rechtliche Zwang gegenüber dem Gesetz- bzw. Richtliniengeber zu gering, sich bei der Erstellung von Subventionsprogrammen an die verfassungsrechtlichen Vorgaben zu halten. An diesem Mangel vermag allein eine effektive, unabhängige und rechtsverbindliche Aufsicht etwas zu ändern. Ein allgemeines Subventionsgesetz trägt dazu nur wenig bei.

c) Eine unabhängige Subventionsaufsicht

Abschließend sollen nun die Perspektiven für eine unabhängige nationale Subventionsaufsicht aufgezeigt werden. Da sich das bestehende Instrumentarium der Subventionsaufsicht als lückenhaft erwiesen hat, gilt es dieses zu erweitern. Damit der entwickelte Mindeststandard, der an einen Förderrechtsrahmen zu stellen ist, nicht im rechtstheoretischen Nebel der Grundrechtsdogmatik verschwindet, muss ihm eine rechtsverbindliche Durchsetzungskraft verliehen werden. Ausgangspunkt der Betrachtungen bildet dabei die europäische Beihilfenkontrolle. Die Lücken, die sich in dem System aufgrund mangelnder Kompetenz der europäischen Rechtsebene ergeben, sind durch die Nationale zu schließen. Der europäischen Beihilfenkontrolle soll quasi ein nationaler Unterbau gegeben werden, um so sämtliche nationale Subventionen einer rechtsstaatlichen Aufsicht und Prüfung zu unterziehen.

Ohne nun durch die Errichtung von Bundes- bzw. Landessubventionsämter den Verwaltungsaufwand zu erhöhen[393], sollen vorhandene Instanzen ausgebaut und in ihren Befugnissen gestärkt werden. Ziel muss die Schaffung einer externen, unabhängigen Aufsichtsinstanz sein, ohne einen völlig neuen Behördenapparat zu installieren[394]. Ein Ansatzpunkt könnte die Einrichtung eines unabhängigen Subven-

---

[390] *Nieder-Eichholz,* Die Subventionsordnung, S. 186.

[391] Vgl. zur dogmatischen Herleitung oben 1. Teil, B., I.

[392] Vgl. dazu insgesamt den 2. Teil.

[393] Für die Einführung von Bundes- und Landessubventionsämter spricht sich aus *Bohling,* Wirtschaftspolitische und wirtschaftsverfassungsrechtliche Probleme staatlicher und kommunaler Subventionen, S. 408; *Klemp,* Öffentliche Finanzhilfen (Subventionen) – Instrumente staatlicher Finanzintervention, S. 166 ff.

[394] *Werner,* Subventionsabbau – gesetzliche Zwänge schaffen, S. 138.

tionsrates darstellen, der sich in seiner Ausgestaltung an dem bereits bestehenden Sachverständigenrat zur Begutachtung der gesamtwirtschaftlichen Lage orientieren könnte[395]. Dessen Aufgabe bestünde darin, die Subventionspolitik in regelmäßigen Abständen zu begutachten[396]. Das Augenmerk sollte dabei auf die Darlegung der Ziele und Zwecke der Subventionen gerichtet sein. Zweckundeutlichkeiten sind aufzuzeigen, Mängel anhand der Zweck-Mittel-Analyse aufzudecken[397]. Eine rechtsverbindliche Prüfung von Subventionen wäre damit zwar nicht möglich, indes könnte ein solcher Sachverständigenrat für Subventionen auf die Wirkung der öffentlichen Aussprache setzen[398]. Lediglich mit anderen termini versehen, wurde dieser Ansatz schon unter dem Begriff des Subventionsombudsmannes diskutiert. Dieser wäre als neutrale Instanz dazu befugt, alle Subventionen einer Einzelfallprüfung zu unterziehen[399]. Ähnliches gilt für einen von der Bundesregierung berufenen Subventionsbeauftragten, dem ebenfalls die Aufgabe zukäme, die nationalen Fördermaßnahmen präventiv zu begutachten bzw. eine repressive Kontrolle derselben vorzunehmen[400].

Ein anderer Ansatz bietet sich mit der Erweiterung der Kompetenzen des Bundesrechnungshofes an[401]. Mit diesem besteht eine intakte Organisation, der durchaus weitere Aufgaben zugewiesen werden könnten. So lassen sich gem. § 7 BRHG durchaus weitere Abteilungen bilden, die sich mit der Prüfung nationaler Förderprogramme befassen könnten. Der Bundesrechnungshof ist zudem in seiner organisationsrechtlichen Struktur derart unabhängig ausgestaltet[402], dass sich Interessenkonflikte weitgehend ausschließen. Auch der nötige Sachverstand hinsichtlich der

---

[395] Vgl. zu diesem das Gesetz über die Bildung eines Sachverständigenrates zur Begutachtung der gesamtwirtschaftlichen Entwicklung, BGBl. I S. 685 vom 14. 8. 1963; ferner das Gesetz zur Förderung der Stabilität und des Wachstums der Wirtschaft, BGBl. I S. 582 vom 8. 6. 1967.

[396] In diesem Sinne äußerten sich bereits *v. Arnim,* Gemeinwohl und Gruppeninteressen, S. 338 ff.; *Haller,* Finanzpolitik, Grundlagen und Hauptprobleme, S. 337 ff.; *Hansmeyer,* Bemerkungen zum Subventionsbericht, FinArch 1971, 117; *Werner,* Subventionsabbau – gesetzliche Zwänge schaffen, S. 143 ff.;

[397] Ähnlich *Werner,* Subventionsabbau – gesetzliche Zwänge schaffen, S. 151.

[398] So beispielsweise *Werner,* Subventionsabbau – gesetzliche Zwänge schaffen, S. 153 ff.

[399] *Bleckmann,* Gutachten zum Thema „Ordnungsrahmen für das Recht der Subventionen", in: Ständige Deputation des DJT (Hrsg.), Verhandlungen des 55. DJT, Bd. I, S. D69; *Friauf,* Referat zum Thema „Ordnungsrahmen für das Recht der Subventionen", in: Ständige Deputation des DJT (Hrsg.), Verhandlungen des 55. DJT, Bd. II, S. M34; *Ipsen,* Subventionen, in: Isensee / Kirchhof (Hrsg.), Handbuch des Staatsrechts IV, § 92 Rdnr. 88.

[400] *Dickertmann,* Öffentliche Finanzierungshilfen, S. 533; *Klemp,* Öffentliche Finanzhilfen (Subventionen) – Instrumente staatlicher Finanzintervention, S. 164.

[401] Ähnlich *Friauf,* Referat zum Thema „Ordnungsrahmen für das Recht der Subventionen", in: Ständige Deputation des DJT (Hrsg.), Verhandlungen des 55. DJT, Bd. II, S. M32; *Karehnke,* Subventionen und ihre Kontrolle, DÖV 1975, 631; *Klemp,* Öffentliche Finanzhilfen (Subventionen) – Instrumente staatlicher Finanzintervention, S. 166; *Nieder-Eichholz,* Die Subventionsordnung, S. 269.

[402] Vgl. Art. 114 Abs. 2 GG, § 3 Abs. 4 BHRG.

rechtlichen Bewertung von Subventionen ist zweifelsohne vorhanden. Die Integration einer unabhängigen Subventionsabteilung unter dem Dach des Bundesrechnungshofes begegnet daher keiner organisationsrechtlicher Bedenken. Hinsichtlich der kompetenzrechtlichen Ausgestaltung ist indes zu beachten, dass dem Bundesrechnungshof nur geringe aufsichtsrechtliche Befugnisse zugewiesen sind[403]. So geht Art. 114 GG lediglich von einer nachträglichen Prüfungskompetenz des Bundesrechnungshofes aus. Insoweit müsste verfassungsrechtlich die Grundlage geschaffen werden, damit eine aufsichtsrechtliche Prüfung von Förderprogrammen unter dem Dach des Bundesrechnungshofes erfolgen könnte. Die Prüfungskompetenz des Bundesrechnungshofes wäre dabei auf solche Fördermaßnahmen zu beschränken, die nicht der europäischen Beihilfenkontrolle unterliegen. Da der Bundesrechnungshof lediglich dazu befugt sein kann, Subventionsprogramme des Bundes zu überprüfen, müssten analog dazu die Kompetenzen der Landesrechnungshöfe erweitert werden, um die Lückenlosigkeit des Aufsichtssystem zu gewährleisten[404].

Betrachtet man die Einrichtung einer unabhängigen nationalen Subventionsaufsicht – sei es nun durch einen Sachverständigenrat, einen Subventionsombudsmannes, eines Subventionsbeauftragten oder unter dem Dach der Rechnungshöfe – so ergibt sich das Problem, inwieweit diese nationalen Aufsichtsinstanzen mit Entscheidungs- und Verwerfungskompetenz ausgestattet werden können. Das Grundgesetz setzt solchen möglichen Instanzen in zweierlei Hinsicht Grenzen. Zum einen muss die Verwerfungskompetenz der Gerichte unangetastet bleiben. Zum anderen darf keineswegs die politische Entscheidungsbefugnis bei der Erstellung von Subventionsprogrammen beeinträchtigt werden[405]. Dieses verfassungsrechtliche Kompetenzgefüge muss bei der Ausgestaltung einer nationalen Aufsichtsinstanz beachtet werden. Folglich kann eine nationale Subventionsaufsicht keinesfalls mit denjenigen Entscheidungskompetenzen ausgestattet werden, wie dies bei der europäischen Beihilfenkontrolle der Fall ist. Bei genauer Betrachtung ist diese verfassungsrechtliche Beschränkung weit weniger folgenreich. Immerhin wird ein Großteil der nationalen Fördermaßnahmen der europäischen Beihilfenkontrolle unterliegen, lediglich ein geringer Teil wird der nationalen Subventionsaufsicht unterfallen. Darüber hinaus handelt es sich um Fördermaßnahmen, die ihre wettbewerbsbeeinflussende Wirkung regional begrenzen, so dass die Gefahren für den freien Wettbewerb insgesamt überschaubar und von eher geringer Natur sind. Eine verfassungskonforme Lösung könnte der Ansatz darstellen, der nationalen Subventionsaufsicht – unabhängig von ihrer Ausprägung – die Befugnis einzuräumen, etwaige Förderprogramme gerichtlich überprüfen zulassen. So könnte beispielsweise dem Bundesrechnungshof die Berechtigung zur Anstrengung einer abstrakten Nor-

---

[403] Vgl. dazu oben 4. Teil, D., II., 1., c.

[404] So auch *Klemp,* Öffentliche Finanzhilfen (Subventionen) – Instrumente staatlicher Finanzintervention, S. 165; *Nieder-Eichholz,* Die Subventionsordnung, S. 269.

[405] Bezüglich präventiver Aufsichtsmaßnahmen weist *Werner,* Subventionsabbau – gesetzliche Zwänge schaffen, S. 156 darauf deutlich hin.

menkontrolle vor dem Bundesverfassungsgericht eingeräumt werden. Auf diesem Wege könnte ein bedenkliches Förderprogramm gerichtlich überprüft werden. Dadurch würde die fehlende Entscheidungsbefugnis durch die Einräumung einer Klagemöglichkeit kompensiert[406]. Insoweit könnte eine den verfassungsrechtlichen Gegebenheiten angepasstes Pendant zur europäischen Beihilfenkontrolle auf nationaler Ebene installiert werden.

2. Auf europäischer Ebene

Dadurch sind allerdings nicht alle Lücken des europäischen Beihilfenkontrollsystems geschlossen. So lässt sich die europäische Beihilfenkontrolle – wie gezeigt[407] – nicht auf Gemeinschaftssubventionen anwenden. Fraglich ist nun, ob auch die europäische Ebene einer Ergänzung bedarf. Hier lässt sich zum einen sehr gut vertreten, dass auf eine solche im Ergebnis verzichtet werden kann, da die Gemeinschaftssubventionierung auf dem Prinzip der Zusätzlichkeit beruht und somit immer mitgliedstaatliche Maßnahmen kofinanziert werden[408]. Diese mitgliedstaatlichen Fördermaßnahmen unterliegen aber insoweit der Beihilfenkontrolle, so dass eine Subventionsaufsicht im Ergebnis stattfindet[409]. Hierbei wird aber verschwiegen, dass der Förderrechtsrahmen der Kofinanzierung damit aber keineswegs einer aufsichtsrechtlichen Prüfung unterliegt. Einer solchen bedarf es aber dringend, wie die Defizite im Rahmen der Strukturfondsförderung gezeigt haben[410]. Darüber hinaus ist vor dem Hintergrund der zukünftig stärkeren Einflussnahme der europäischen Ebene auf die Bestimmung des Förderzwecks[411], eine gesonderte Aufsichtsinstanz bezüglich Gemeinschaftssubventionen einzurichten. Hierbei lässt sich der dargestellte nationale Ansatz[412] durchaus analog übertragen. Auch auf europäischer Ebene könnte eine Art europäischer Subventionsbeauftragter beispielsweise von der europäischen Kommission eingesetzt werden, dem dann die präventive Prüfung der Gemeinschaftssubventionierung am Maßstab der Zweck-Mittel-Analyse zukäme. Aber auch das Modell einer unabhängigen Aufsicht durch die Rechnungshöfe ließe sich auf europäischer Ebene konsequent zu Ende führen. Hierzu

---

406 Für eine solche Klagebefugnis sich aussprechend *v. Arnim*, Grundprobleme der Finanzkontrolle, DVBl 1983, 668; *Friauf*, Referat zum Thema „Ordnungsrahmen für das Recht der Subventionen", in: Ständige Deputation des DJT (Hrsg.), Verhandlungen des 55. DJT, Bd. II, S. M34; *Nieder-Eichholz*, Die Subventionsordnung, S. 274; *Preußner*, Kontrolle und Beherrschbarkeit von Wirtschaftssubventionen, S. 252; *Zuleeg*, Subventionskontrolle durch Konkurrentenklage, S. 96; *Zuleeg*, Zur künftigen Entwicklung des Subventionsrechts, DÖV 1984, 739.

407 Siehe dazu oben 4. Teil, B.

408 Siehe zum Prinzip der Zusätzlichkeit oben 3. Teil, A., II., 2., b., bb., (3).

409 So auch die Argumentation oben 4. Teil, B., II.

410 Zusammenfassend oben 3. Teil, A., III.

411 Zur zukünftigen Entwicklung der europäischen Subventionierung oben 3. Teil, C., V.

412 Vgl. oben 4. Teil, D., III., 1., c.

müssten die dem Europäischen Rechnungshof gem. Art. 246 ff. EGV eingeräumten Kompetenzen dahingehend erweitert werden, dass eine aufsichtliche Prüfung der Gemeinschaftssubventionierung möglich wird[413]. Insgesamt lassen sich daher auch auf europäischer Ebene die Lücken im System der Subventionsaufsicht schließen.

E. Ergebnis zur Weiterentwicklung des Ordnungsrahmens

Im Ergebnis hat sich gezeigt, dass die Zweck-Mittel-Analyse als Maßstab in das bestehende aufsichtsrechtliche Instrumentarium integriert werden kann. Gerade die europäische Beihilfenkontrolle lässt sich nahezu problemlos um den Maßstab der Zweck-Mittel-Analyse erweitern. Dadurch wird dem Anforderungsprofil der Zweck-Mittel-Analyse die notwendige Durchsetzungskraft verliehen, um den Bereich der Beschäftigungssubventionen fassbarer zu machen. Indes stellt die europäische Beihilfenkontrolle kein System zur vollständigen Überprüfung aller Beschäftigungssubventionen dar. Lücken ergeben sich insbesondere mit Blick auf lediglich regional wirkende Subventionen und Gemeinschaftssubventionen. Folglich muss die europäische Beihilfenkontrolle diesbezüglich ergänzt werden. Auf der Suche nach möglichen aufsichtsrechtlichen Ergänzungen hat sich gezeigt, dass das internationale Subventionsrecht hierfür nicht in Betracht kommt. Zwar hat sich mit dem GATT, dem Subventionskodex 1994 und der Errichtung der WTO ein funktionsfähiges internationales Subventionsrecht herausgebildet, in das sich der Maßstab der Zweck-Mittel-Analyse jedoch nur schwerlich integrieren lässt. Auf nationaler Ebene ist die Subventionsaufsicht insgesamt nur schwach ausgeprägt, so dass neue Instrumentarien zur Ergänzung der europäischen Beihilfenkontrolle nötig sind. Hierbei bietet sich die Installation eines Sachverständigenrates, eines Subventionsbeauftragten bzw. einer Subventionsabteilung unter dem Dach der Rechnungshöfe an. Diese unabhängigen Gremien sollen diejenigen nationalen Förderprogramme am Maßstab der Zweck-Mittel-Analyse bewerten, die nicht der europäischen Beihilfenkontrolle unterfallen. Für den Bereich der europäischen Gemeinschaftssubventionierung lassen sich analoge Aufsichtsgremien entwickeln. Insgesamt kann somit über die Zweck-Mittel-Analyse als Ordnungsmaßstab eine erhöhte Fassbarkeit von Subventionen erreicht werden. Insbesondere die Integration des Maßstabes der Zweck-Mittel-Analyse in das aufsichtsrechtliche Instrumentarium führt zu einer praktischen Durchsetzung der verfassungsrechtlichen Vorgaben. Im Ergebnis kann die Uferlosigkeit des Subventionsrechts begrenzt und der Subventionsdschungel gelichtet werden. Die Unfassbarkeit von Subventionen bildet also keineswegs ein Wesensmerkmal derselben.

---

[413] Zur Tätigkeit des Europäischen Rechnungshofs siehe *Bieber,* Die Verwaltungsorganisation der Europäischen Gemeinschaft, in: Schweitzer (Hrsg.), Europäisches Verwaltungsrecht, S. 102 ff.; *Bleckmann,* Europarecht, Rdnr. 345 ff.; *Ehlermann,* Der Europäische Rechnungshof, S. 1 ff.

Zusammenfassung

Abschließend sollen nun die Ergebnisse der Arbeit noch einmal zusammenge-faßt werden. Hierzu werden die wesentlichen Aspekte herausgegriffen und thesen-artig dargestellt.

1. Beschäftigungssubventionen lassen sich als vermögenswerte Leistungen des Staates, die zu einer möglichen Beeinflussung des Wettbewerbs führen, an öffentlich-rechtliche oder privatrechtliche Unternehmen qualifizieren, die hierfür keine marktübliche, äquivalente Gegenleistung erbringen. Unmittelbarer bzw. mittelbarer Zweck der Förderung stellt die Schaffung oder Erhaltung von Arbeitsplätzen dar.

2. Die Zweck-Mittel-Analyse stellt ein Rechtsprinzip dar, welches das staatliche Handeln begrenzt. Die inhaltliche Ausgestaltung orientiert sich an den Kategorien der Geeignetheit, Erforderlichkeit und Angemessenheit. In dogmatischer Hinsicht steht die Zweck-Mittel-Analyse in engem Zusammenhang mit Grundrechtspositionen. Die Zweck-Mittel-Analyse ist dabei nicht nur ein Verfassungsprinzip nationaler Prägung, sondern vielmehr Bestandteil der europäischen Rechtsordnung.

3. Ein Bedürfnis nach einer Begrenzung staatlichen Handelns besteht auch für den Bereich des Leistungsrechts. Staatliche Subventionen berühren Grundrechtspositionen, sei es auf Seiten des nichtbedachten Subventionskonkurrenten oder aber des Subventionsempfängers. Diese potentiellen Freiheitsbeeinträchtigungen ergeben sich dabei sowohl auf nationaler als auch europäischer Rechtsebene. Die Zweck-Mittel-Analyse gewährleistet hierbei den Schutz individueller Freiheitspositionen, indem das staatliche Handeln an dieser zu messen ist.

4. Die Zweck-Mittel-Analyse läßt sich scharf von scheinbar verwandten Prinzipien wie der Kosten-Nutzen-Analyse, dem Zweckmäßigkeitsprinzip und dem Subsidiaritätsprinzip abgrenzen. So stellt das Subsidiaritätsprinzip in erster Linie eine Kompetenzregel dar. Die Kosten-Nutzen-Analyse vermag das staatliche Handeln lediglich unter wirtschaftlichen Gesichtspunkten zu bewerten, während das Zweckmäßigkeitsprinzip noch weitere Gesichtspunkte mit einbindet. Indes ist allein die Zweck-Mittel-Analyse in der Lage, Freiheitsbeeinträchtigungen zu bewerten. Ihr gelingt es, die hierfür tauglichen Maßstäbe bereitzustellen, anhand denen eine rechtliche Bewertung möglich wird.

5. Die Zweck-Mittel-Analyse setzt dabei als Rechtsmaßstab in dreifacher Hinsicht an. So werden nicht nur an den Rechtsrahmen der Förderung gewisse An-

forderungen gestellt, sondern auch die konkrete Subventionsvergabe wird am Maßstab der Zweck-Mittel-Analyse gemessen. Insbesondere bei der nachträglichen gerichtlichen Überprüfung bildet die Zweck-Mittel-Analyse den entscheidenden Ansatzpunkt.

6. Von entscheidender Bedeutung sind dabei die Anforderungen an den Förderrechtsrahmen, da dieser derart ausgestaltet sein muss, damit die Zweck-Mittel-Analyse auf den weiteren Ebenen überhaupt eingreifen kann. Im Mittelpunkt der Anforderungen steht dabei der Förderzweck. Dieser muss ausreichend bestimmt sein. Den Gesetzgeber trifft diesbezüglich eine Zweckverdeutlichungspflicht, der dieser zwingend selbst nachkommen muss. Der Gesetzesvorbehalt entfaltet auch im Leistungsrecht uneingeschränkte Wirkung. Als weitere Kriterien sind zu nennen:

- Zweckbeschränkung

- Zweckklarheit – Verbot der Zweckverschleierung

- Zweckkoordination

- Zwecknähe

- Integrierte Zweck-Mittel-Kontrolle

7. Betrachtet man dabei zunächst den Bereich der unmittelbaren Beschäftigungssubventionen, deren primärer Zweck direkt auf die Schaffung bzw. Erhaltung von Arbeitsplätzen gerichtet ist, so sind diese vornehmlich im SGB III geregelt. Eines der Hauptinstrumente bilden dabei Arbeitsbeschaffungsmaßnahmen (§§ 260 – 271 SGB III). Der Förderrechtsrahmen von ABM weist einige Mängel auf. So bildet das Tatbestandsmerkmal des „öffentlichen Interesses" eine Art Generalklausel, über die eine Zweckbegrenzung letztlich nicht stattfindet. Mit dem Erfordernis der Zusätzlichkeit von ABM werden überwiegend sinnlose und überflüssige Tätigkeiten gefördert. Neue, innovative und wettbewerbsfähige Arbeitsplätze werden dadurch nicht geschaffen. Daneben soll die Förderung den Arbeitnehmer noch beruflich weiterqualifizieren, so dass im Ergebnis eine Vielzahl von Förderzwecken verfolgt werden. Eine Zweckbeschränkung findet nicht statt. Die ABM-Förderung wandelt sich dadurch immer stärker zu einer allgemeinen Unternehmensförderung, ohne dass der Förderrechtsrahmen dieser Veränderung angepasst wurde. Vielmehr verliert der Normzweck weiter an Klarheit. Im Ergebnis führt dies gar zu Zieldivergenzen zwischen dem Zweck der Förderung und den Zielen des durchführenden Unternehmens. Mitnahmeeffekte werden dadurch provoziert. Darüber hinaus fehlt es an einer integrierten Zweck-Mittel-Kontrolle, so dass allein das allgemeine Kontrollinstrumentarium zur Verfügung steht, das jedoch eine begleitende Überwachung der Subventionierung nicht zu gewährleisten vermag.

8. Daher gilt es, den Förderrechtsrahmen für ABM zu reformieren. In einem Modell 1 könnten ABM wieder am Wesen der wertschaffenden Arbeitslosenfürsorge orientiert werden. Allein der Staat dürfte ABM durchführen, jegliche

Einbindung privatwirtschaftlicher Unternehmen verbietet sich. Es dürften nur solche Arbeiten getätigt werden, für die es letztlich keinen regulären Markt gibt. Freiheitsprobleme treten dann nicht auf. Das vorzugswürdigere Modell 2 hingegen sieht eine Anpassung des Förderrechtsrahmens an die Entwicklung hin zu einer modernen Unternehmensförderung vor. Das Merkmal der Zusätzlichkeit ist aufzugeben, die Förderung streng am Ziel der Schaffung von Dauerarbeitsplätzen auszurichten. Die Zwecksicherung ist über eine verstärkte und auf das Förderinstrument zugeschnittene Kontrolle zu erreichen. Belohnungssysteme bei Zielerreichung sind einzurichten. Nur so entspricht der Förderrechtsrahmen den Kriterien der Zweck-Mittel-Analyse.

9. Ein weiteres Instrument aktiver Arbeitsmarktpolitik bilden Strukturanpassungsmaßnahmen (§§ 272 – 279, § 415 SGB III). Diese orientieren sich im Gegensatz zu ABM nicht an einer Individualförderung, sondern an der Förderung einzelner Projektbereiche. Damit wurden zwar die Merkmale des öffentlichen Interesses und der Zusätzlichkeit aufgegeben, indes sind die förderfähigen Bereiche teils sehr weit gefasst (vgl. Umweltschutz). Auch erscheint eine gewisse Zwecküberfrachtung zu bestehen, wenn neben dem Ziel der Schaffung von Arbeitsplätzen auch noch das Ziel der Flankierung des Strukturwandels der Wirtschaft verfolgt wird. Ein besonderes Problem stellt sich im Rahmen der Zweckkoordination dar, da infolge der erforderlichen Komplementärfinanzierung mehrere Finanziers auftreten. Zum einen besteht die Gefahr, dass Kofinanziers allgemeine Aufgaben auf SAM verlagern. Zum anderen bringen eine Vielzahl von Beteiligten unterschiedliche Interessen mit, Zieldivergenzen treten auf und es besteht ein erhöhter Koordinierungsbedarf. Diesem wird der Förderrechtsrahmen indes nicht gerecht. Auch die Zweck-Mittel-Kontrolle ist kaum ausgestaltet. Als positiver Ansatz ist hingegen § 415 Abs. 3 SGB III zu werten, der verstärkt auf die Schaffung von Arbeitsplätzen ausgerichtet ist.

10. Hinsichtlich der weiteren unmittelbaren Beschäftigungssubventionen zeichnet sich ein positives Bild ab. So entspricht der Förderrechtsrahmen für Eingliederungszuschüsse (§§ 217 – 224 SGB III) weitgehend den Anforderungen der Zweck-Mittel-Analyse. Der Förderzweck tritt deutlich zutage, durch § 223 SGB III wurde eine spezielle Kontrollnorm geschaffen, eine Koordination mit den anderen Förderinstrumenten ist erfolgt. Ähnliches kann auch für die Einstellungszuschüsse bei Neugründungen (§§ 225 – 228 SGB III) konstatiert werden. Der Förderzweck – einerseits Arbeitsplätze zu schaffen, andererseits Unternehmensneugründungen zu unterstützen – tritt deutlich hervor. Die Zwecksicherung ist ausreichend, spezielle Kontrollinstrumente sind normiert. Auch für die Fördermöglichkeit mittels Eingliederungsvertrag (§§ 229 – 234 SGB III) lässt sich nur wenig Kritisches anmerken. So werden durch den Förderrechtsrahmen Zweckverfehlungen und Mitnahmeeffekte nur unzureichend vermieden. Auch die Koordination mit den anderen Förderinstrumenten des SGB III wurde teils unsauber gelöst. Schließlich sind noch die Zuschüsse zu Sozialplanmaßnahmen zu nennen (§§ 254 – 259 SGB III), deren Vorausset-

zungen indes nahezu unbestimmt gefasst sind und nur einen groben Rahmen vorgeben. Detaillierte Angaben über Fördermaßnahmen fehlen, so dass den Beteiligten ein weiter Spielraum eingeräumt wurde. Mit der damit verbundenen Flexibilität sind indes erhöhte Missbrauchsgefahren verbunden. Strukturelles Defizit stellt das Problem dar, dass durch das Förderinstrument Betriebsaufgaben möglicherweise angeregt werden können.

11. Ebenso facettenreich ist auch der Förderrechtsrahmen für mittelbare Beschäftigungssubventionen an Unternehmen (sog. Wirtschaftssubventionen) ausgestaltet. So konnte für die ERP-Förderung festgehalten werden, dass mittels der Richtlinien eine weitgehende Zweckverdeutlichung erreicht wird, diese jedoch dem Gesetzesvorbehalt nicht genügen. Der Gesetzgeber ist daher gehalten, die Richtlinien in Gesetzesform zu gießen. Ferner konnten Defizite bei der Bestimmung des Endzwecks der ERP-Förderung sowie der Zweck-Mittel-Kontrolle herausgearbeitet werden. Insbesondere die Koordination der einzelnen Wirtschaftsförderungsprogramme kann als unzureichend betrachtet werden. Ein ähnlicher Befund zeigt sich bei den speziellen Programmen der KfW und der DtA.

12. Um im Rahmen der Wirtschaftssubventionen den Bereich der sektorspezifischen Subventionierung abzudecken, wurde der Förderrechtsrahmen der Hilfen für die deutsche Werftindustrie dargestellt. Auch die dortige Richtlinienförderung ist mit dem Gesetzesvorbehalt unvereinbar. Der Primärzweck – Wettbewerbsnachteile deutscher Werften infolge ausländischer Subventionen auszugleichen – ist wenig konkret. Neben der fehlenden Zweck-Mittel-Kontrolle ist die Geeignetheit der Subventionierung zur Erreichung der Förderzwecke in Zweifel zu ziehen. Die Förderung des deutschen Schiffbaus stellt eine Dauersubvention dar, die nicht nur Mitnahmeeffekte provoziert, sondern den nötigen Strukturwandel der Werftindustrie verzögert. Insgesamt sind im Bereich dieser sektorspezifischen Förderung Reformen nach Maßgabe der Zweck-Mittel-Analyse unabdingbar notwendig.

13. Auch ein weiterer Bereich der mittelbaren Beschäftigungssubventionen, die steuerliche Förderung, weist rechtliche Defizite auf. So sind beispielsweise die Mitnahmeeffekte steuerlicher Begünstigungen hoch anzusiedeln. Die Zielgenauigkeit der Förderung lässt sich nur schwer feststellen. Steuerliche Fördermaßnahmen, insbesondere in der Form wirtschaftslenkender Steuervergünstigungen bieten daher nur ein geringes Maß an Zieladäquanz. Das Förderinstrumentarium ist insgesamt kaum überschaubar und nur wenig transparent ausgestaltet. Eine Zweckkoordination findet weder im Bereich der steuerlichen Förderung selbst noch mit anderen Förderinstrumenten statt. An diesen Punkten gilt es, im Rahmen einer Steuerreform anzusetzen.

14. Hauptinstrument der Wirtschafts- wie auch der Regionalförderung bildet die Gemeinschaftsaufgabe „Verbesserung der regionalen Wirtschaftsstruktur"

(GA). Der Förderrechtsrahmen der GA ist dabei komplex ausgestaltet und setzt sich aus verfassungsrechtlichen, einfachgesetzlichen Normen sowie dem Rahmenplan und länderspezifischen Plänen und Richtlinien zusammen. Mit Blick auf die Zweckverdeutlichungspflicht konnte gezeigt werden, dass die gesetzlichen Bestimmungen einen lediglich allgemeinen Charakter aufweisen. Im Mittelpunkt der gesamten GA-Förderung steht der Rahmenplan der GA. Hierbei konnte ein weitgehend hoher Konkretisierungsgrad der einzelnen Maßnahmen festgestellt werden. Die landesspezifischen Regelungen dagegen konnten gegenüber dem Rahmenplan kaum etwas zur Zweckkonkretisierung beitragen. Im Ergebnis findet eine Zweckkonkretisierung durch den Gesetzgeber nicht statt. Auch die weitere Programmplanung im Rahmen der GA kann den Anforderungen, die der Gesetzesvorbehalt an den Förderrechtsrahmen stellt, nicht erfüllen. Hauptschwachpunkt des Förderrechtsrahmens für die GA stellt die mangelnde Zweckkoordination dar. So existieren neben der GA eine Reihe weiterer länderspezifischer Regionalprogramme, die teils die Wirkungen der GA kompensieren. Aber auch eine Abstimmung mit weiteren Politiken, die über die GA koordiniert werden sollen, findet im Ergebnis nicht statt. Auch gelingt es der GA nicht, einheitliche Förderstandards zu formulieren, die auf andere Förderprogramme anzuwenden wären. Mit Blick auf die erforderliche Zwecknähe ist festzuhalten, dass kleine und mittlere Unternehmen im Ansatz benachteiligt werden, da ihnen vielfach die geforderte Überregionalität des Absatzgebietes fehlt. Im Rahmen der Zweck-Mittel-Kontrolle ergibt sich ein insgesamt ambivalentes Bild. Auf der einen Seite ist der Kontrollrahmen deutlich stärker ausgestaltet als bei vielen anderen Förderprogrammen. Auf der anderen Seite gibt es aber auch hier Defizite und das Optimum an integrierter Zweck-Mittel-Kontrolle ist noch nicht erreicht. Insbesondere eine Wirkungs- und Erfolgskontrolle findet nicht statt.

15. Komplementiert wird das Bild der nationalen Beschäftigungssubventionen durch die Förderebene der Bundesländer. So existiert auch dort eine bunte Förderlandschaft, wie die Darstellung des Landesinvestitionsprogramms für den Mittelstand in Thüringen, das Konsolidierungsprogramm in Sachsen-Anhalt, das Existenzgründungsprogramm in Sachsen sowie die Bürgschaftsgewährung im Lande Berlin zeigen. Hauptproblem der gesamten Länderförderung stellt die mangelnde Zweckkoordinierung mit anderen Programmen dar. Zwar fordert der Rechtsrahmen vielfach eine Koordinierung, indes findet diese in der Praxis nicht statt. Dem Problem der Mehrfachsubventionierung wird nur mangelhaft begegnet. Auch die Zweck-Mittel-Kontrolle ist im Förderrechtsrahmen schwach ausgestaltet. Schließlich konnte mit dem Bürgschaftsprogramm des Landes Berlin eine weitere Form der Subventionierung dargestellt werden. Hierbei ergeben sich zwar nur geringe Wettbewerbsprobleme, indes wird den verfassungsrechtlichen Anforderungen, die an die Rechtsgrundlagen gestellt werden, vielfach nicht entsprochen. Die Programme lassen eine ausreichende Zweckdeutlichkeit vermissen.

16. Neben die nationale tritt nun die europäische Förderebene. Mit den sogenannten Strukturfonds hat sich ein weiterer Förderrechtsrahmen entwickelt, der sich wesentlich von dem des nationalen Rechts unterscheidet. Ausgehend von den primärrechtlichen Normen des EGV wurden Verordnungen entwickelt, welche die weitere Programmierung durch Gemeinschaftliche Förderkonzepte und Operationelle Programme festlegen. Die Zweckkonkretisierung mittels der Verordnungen ist insgesamt als unzureichend zu bewerten. Insbesondere gelingt es der europäischen Förderrechtsebene nicht, eigene konkrete Ziele zu benennen. Diese sind vielmehr allgemein und vage formuliert und gestatten dem Mitgliedstaat, jede eigene Fördermaßnahme durch die Strukturfonds kofinanzieren zu lassen. Aber auch auf der Programmebene ist die Zweckkonkretisierung nur schwach ausgeprägt. Insgesamt hat sich damit ein komplexes System an Rechtsvorschriften gebildet, das kaum zu überschauen ist. Ferner treten die Förderzwecke nicht deutlich genug zutage. Auch die Zweckkoordination, insbesondere mit nationalen Förderinstrumenten, gelingt nur zum Teil. Hinsichtlich der Zweck-Mittel-Kontrolle hingegen zeigt die europäische Ebene positive Ansätze, die durchaus in das nationale Recht übertragen werden können. Neben der Strukturfondsförderung existieren als weitere Instrumente der Beschäftigungssubventionierung Förderprogramme der Europäischen Investitionsbank. Hier kann im Wesentlichen auf die Ergebnisse bzgl. der Förderung durch die KfW bzw. DtA auf nationaler Ebene verwiesen werden. Angesichts der geringen Einflussnahme der europäischen Ebene auf die Ausgestaltung des Förderrechtsrahmen, insbesondere des Förderzwecks, sind Reformen dringend notwendig. Vor allem auch die weitgehende Beibehaltung der Regelungen der StrukturfondsVOen vermag der derzeit stattfindenden Programmplanung für die Förderperiode 2000 – 2006 nur wenig neue Impulse geben. Dabei sollte die europäische Ebene angesichts der Herausbildung einer europäischen Beschäftigungsstrategie verstärkt Einfluss auf die Zweckbestimmung nehmen können. Eine europäische Beschäftigungsförderung muss primär von der europäischen Ebene geprägt werden. Dies gelingt allerdings nur, wenn der Förderrechtsrahmen im Sinne der Zweck-Mittel-Analyse weiterentwickelt wird.

17. Ausgehend von der Bewertung des Förderrechtsrahmens für Beschäftigungssubventionen am Maßstab der Zweck-Mittel-Analyse konnten Perspektiven zur Weiterentwicklung des Ordnungsrahmens für Subventionen aufgezeigt werden. So ist der Maßstab der Zweck-Mittel-Analyse in die europäische Beihilfenkontrolle zu integrieren. Dadurch wird dem Anforderungsprofil zur praktischen Durchsetzung verholfen. Angesichts der Unvollständigkeit der europäischen Beihilfenkontrolle in Bezug auf lediglich regional wirkende und Gemeinschaftssubventionen gilt es, diese zu ergänzen. Hierbei zeigt sich, dass auf internationaler Ebene im Rahmen des GATT, des Subventionskodexes 1994 bzw. der WTO eine Ergänzung der Beihilfenkontrolle mit Blick auf die Zweck-Mittel-Analyse nicht in Betracht kommt. Aber auch auf nationaler Ebene gestaltet sich eine Ergänzung als schwierig, da das nationale Recht

kaum Ansatzpunkte einer Subventionsaufsicht bietet. Folglich ist die nationale Subventionsaufsicht zu erweitern. Dies kann über einen Sachverständigenrat, einen Subventionsbeauftragten oder einer Subventionsabteilung unter dem Dach der Rechnungshöfe erfolgen. Eine solche Aufsichtsinstanz wäre in der Lage, die europäische Beihilfenkontrolle zu ergänzen. Für den Bereich der Gemeinschaftssubventionierung könnte hier eine analoge Erweiterung der Subventionsaufsicht vorgenommen werden. Insgesamt lässt sich damit ein lückenloses Aufsichtssystem errichten, dem es gelingt die Einhaltung der Kriterien der Zweck-Mittel-Analyse zu gewährleisten.

Literaturverzeichnis

Adamantopoulos, Konstantinos, Das Subventionsrecht des GATT in der EWG, Köln / Berlin / Bonn / München 1987

Albrecht, Dietrich / *Thormählen,* Thies, Subventionen – Politik und Problematik, Frankfurt / Bern / New York 1985

Ammermüller, Martin, Das neue Recht, in: Bundesministerium für Arbeit und Sozialordnung (Hrsg.), Wegweiser durch das neue Arbeitsförderungsrecht, Bonn 1998, S. 150 ff.

– Reform der Arbeitsförderung – Grundlinien, BArbBl Nr. 7 – 8, 1997, S. 7 ff.

Andel, Norbert, Finanzwissenschaft, 3. Auflage, Tübingen 1992

Andresen, Hans-Jörg, Die Anfechtungsklage des nichtsubventionierten Konkurrenten, Kiel 1974

– Arbeitsgruppe der EU-Referenten der Länderfinanzressorts an die Finanzkonferenz (Hrsg.), Finanzbeziehungen der Bundesrepublik Deutschland zur Europäischen Union, Bonn 1995

Arndt, Hans-Wolfgang, Europarecht, 3. Auflage, Heidelberg 1998

– Wirtschaftsverwaltungsrecht, in: Steiner, Udo (Hrsg.), Besonderes Verwaltungsrecht, 6. Auflage, Heidelberg 1999, S. 783 ff.

Arndt, Hans-Wolfgang / *Rudolf,* Walter, Öffentliches Recht, 11. Auflage, München 1996

Arnim, Hans Herbert von, Gemeinwohl und Gruppeninteressen – Die Durchsetzungsschwäche allgemeiner Interessen in der pluralistischen Demokratie, Frankfurt 1977

– Grundprobleme der Finanzkontrolle, DVBl. 1983, S. 664 ff.

– Staatslehre der Bundesrepublik Deutschland, München 1984

– Subventionen – von den Schwierigkeiten der Subventionskontrolle, FinArch Band 44, 1986, S. 81 ff.

Ast, Susanne, Institutionelle Anpassungsreaktionen im europäischen Mehrebenensystem?, DÖV 1998, S. 535 ff.

Bach, Hans-Uwe / *Spitznagel,* Eugen, Arbeitsmarktpolitische Maßnahmen – Entlastungswirkungen und Budgeteffekte, BeitrAB Nr. 163, 1992, S. 207 ff.

Bach, Heinz Willi, Pauschalierte Lohnkostenzuschüsse zur produktiven Arbeitsförderung (§§ 249h, 242s AFG), SF 1995, S. 220 ff.

Badura, Peter, Das Subventionsverhältnis, WuV 1978, S. 137 ff.

– Wirtschaftsverwaltungsrecht, in: Schmidt-Aßmann, Eberhard (Hrsg.), Besonderes Verwaltungsrecht, 11. Auflage, Berlin / New York 1999, S. 219 ff.

Barth, Bruno, Beschäftigungspolitik in der EU – In eigener Verantwortung, BArbBl Nr. 7 – 8, 1996, S. 8 ff.

Barth, Dietrich, Das Allgemeine Übereinkommen über den internationalen Dienstleistungshandel (GATS), EuZW 1994, S. 455 ff.

Bauer, Hartmut, Der Gesetzesvorbehalt im Subventionsrecht, DÖV 1983, S. 53 ff.

Baumgart, Egon R., Investitionen und ERP-Finanzierung, Berlin 1961

Bayer, Hermann-Wilfried, Grundlagen der Wirtschaftslenkung durch Steuerbefreiungen, StuW 1972, S. 149 ff.

Becker, Wolf-Dieter, Öffentliche Banken als Instrumente der staatlichen Ordnungspolitik, ZögU Band 3, 1980, S. 257 ff.

Becker, Wolf-Dieter / *Zweig,* Gerhard, Unternehmen der Kreditwirtschaft, in: Brede Helmut / Loesch Achim von (Hrsg.), Die Unternehmen der öffentlichen Wirtschaft in der Bundesrepublik Deutschland – Ein Handbuch, Baden-Baden 1986, S. 179 ff.

Becker, Wolfgang, Das ERP-Sondervermögen – Entstehung und Verwaltung, Göttingen 1968

Bellstedt, Christoph, Bedürfen Subventionen einer gesetzlichen Grundlage?, DÖV 1961, S. 161 ff.

Benedek, Wolfgang, Die Rechtsordnung des GATT aus völkerrechtlicher Sicht, Berlin / Heidelberg 1990

Berg, Wilfried, Zonenrandförderung – verfassungs- und gemeinschaftsrechtliche Grundlagen und Perspektiven, Berlin 1989

Berliner Senatsverwaltung für Wirtschaft und Betriebe, Förderfibel 1998, Berlin 1998

Bernhardt, Wilfried, Verfassungsprinzipien – Verfassungsgerichtsfunktion – Verfassungsprozessrecht im EWG-Vertrag: Zur Auslegung des Gemeinschaftsprozessrechts, insbesondere der Bestimmungen über Zuständigkeit, Zugang und Entscheidungswirkungen am Maßstab des Art. 164 EWGV, Berlin 1987

Berthold, Ursula, Zur Theorie der Subventionen, Bern / Stuttgart 1967

Beutler, Bengt / *Bieber,* Roland / *Pipkorn,* Jörn / *Streil,* Jochen, Die Europäische Union: Rechtsordnung und Politik, 4. Auflage, Baden-Baden 1993

Beyme, Klaus von, Interessengruppen in der Demokratie, 4. Auflage, München 1974

Bieback, Karl-Jürgen, Effizienzanforderungen an das sozialstaatliche Leistungsrecht, in: Hoffmann-Riem, Wolfgang / Schmidt-Aßmann, Eberhard (Hrsg.), Effizienz als Herausforderung an das Verwaltungsrecht, Baden-Baden 1998, S. 127 ff.

Bieber, Roland, Die Verwaltungsorganisation der Europäischen Gemeinschaft, in: Schweitzer, Michael (Hrsg.), Europäisches Verwaltungsrecht, Wien 1991, S. 85 ff.

Birk, Dieter, Das Leistungsfähigkeitsprinzip als Maßstab der Steuernormen, Köln 1983

– Steuerrecht, Heidelberg 1998

– Steuerung der Verwaltung durch Haushaltsrecht und Haushaltskontrolle, DVBl. 1983, S. 865 ff.

Blank, Michael, Sorgfältig überlegt – Verfassungsbeschwerde gegen § 249h AFG, Der Gewerkschafter Nr. 12, 1993, S. 12 ff.

Blechmann, Wolfgang, Arbeitsbeschaffungsmaßnahmen, Sozialrechtliche Voraussetzungen und arbeitsrechtliche Folgen, Neuwied 1987

Bleckmann, Albert, Das System des Beihilfeverbots im EWG-Vertrag, WuV 1989, S. 75 ff.

– Die Rechtsquellen des Europäischen Gemeinschaftsrechts, NVwZ 1993, S. 824 ff.

– Europarecht, 6. Auflage, Köln / Berlin / Bonn / München 1997

– Ordnungsrahmen für das Recht der Subventionen, Gutachten D für den 55. Deutschen Juristentag, in: Ständige Deputation des Deutschen Juristentages (Hrsg.), Verhandlungen des 55. Deutschen Juristentages, Band I (Gutachten), S. D7 ff., München 1984

– Subventionsprobleme des GATT und der EG (Gutachten für den 55. Deutschen Juristentag) RabelsZ 1984, S. 419 ff.

– Subventionsrecht, Stuttgart / Berlin / Köln / Mainz 1978

Bleckmann, Albert / *Koch,* Tanja, Stellen Ausnahmen von gesetzlichen Umweltbestimmungen nach Art. 92 Abs. 1 EG-Vertrag verbotene Beihilfen dar?, in: Verfassungsrecht im Wandel, Festschrift für Carl Heymanns-Verlag, Köln / Berlin / Bonn / München 1995, S. 305 ff.

Bleckmann, Albert / *Pieper,* Stefan Ulrich, Maastricht, die grundgesetzliche Ordnung und die Superrevisionsinstanz, RIW 1993, S. 969 ff.

Blüm, Norbert, Reform der Arbeitsförderung – Vom Kopf auf die Füße, BArbBl 1997, Nr. 7 – 8, S. 5 ff.

Blümel, Willi, Verwaltungszuständigkeit, in: Isensee, Josef / Kirchhof, Paul (Hrsg.), Handbuch des Staatsrechts – Finanzverfassung – Bundesstaatliche Ordnung, Band IV, Heidelberg 1990, § 101 S. 857 ff.

Bohling, Wolfgang, Wirtschaftspolitische und wirtschaftsverfassungsrechtliche Probleme staatlicher und kommunaler Subventionen, Zum Verhältnis von Staat und Wirtschaft, Frankfurt / Bern / New York / Paris 1989

Bonner Kommentar zum Grundgesetz, 9 Bände, Loseblattsammlung, 90. Ergänzungslieferung, Heidelberg, Stand: April 1999 (zitiert: *Bearbeiter,* in: Bonner Kommentar zum Grundgesetz, Art. Rdnr.)

Bordewin, Arno, Steuererleichterung durch Investitionen nach § 6b EStG, DStR 1992, S. 1463 ff.

Bormann, Michael, Bilanzierung eigenkapitalersetzender Gesellschafterleistungen in der Handels- und Überschuldungsbilanz, Manuskript, Heidelberg 1999

Börner, Bodo, Gutachten zur Vereinbarkeit des sogenannten Claes Plans mit dem EWG-Vertrag, in: Börner, Bodo / Neundörfer, Konrad (Hrsg.), Recht und Praxis der Beihilfen im Gemeinsamen Markt, KSE Band 32, Köln / Berlin / Bonn / München 1984, S. 137 ff.

Bottenschein, Florian, Restriktionen der Wertreklame – eine schutzzweckbezogene Analyse auf dem Gebiet des Wettbewerbsrechts, Manuskript, Heidelberg 1999

Breuer, Rüdiger, Die öffentlichrechtliche Anstalt, VVDStRL Band 44, 1986, S. 211 ff.

Brösskamp, Marcus, Meistbegünstigung und Gegenseitigkeit im GATT, Köln / Berlin 1990

Bruche, Gert / *Reissert,* Bernd, Die Finanzierung der Arbeitsmarktpolitik – System, Effektivität, Reformansätze, Frankfurt / New York 1985

Bubeck, Thomas / *Schneider,* Philipp, Arbeitsförderungsrecht, Systematische Darstellung für Ausbildung und Praxis, Freiburg 1990

Buhbe, Matthes / *Hilmer,* Sabine, Konjunktur und Staat, Würzburg 1981

Buhren, Gert D., Zur materiell geschützten Rechtsposition des Dritten im Wirtschaftsverwaltungsrecht DVBl. 1975, S. 328 ff.

Bullinger, Martin, Staatsaufsicht in der Wirtschaft – Leitsätze, VVDStRL Band 22, 1965, S. 264 ff.

– Vertrag und Verwaltungsakt, Stuttgart 1962

Bullmann, Udo, Die Politik der dritten Ebene, Regionen im Europa der Union, Baden-Baden 1994

Bundesministerium für Arbeit und Sozialordnung (Hrsg.), Wegweiser durch das neue Arbeitsförderungsrecht, Bonn 1998

Bundesministerium für Wirtschaft (Hrsg.), Die Entwicklung des ERP-Sondervermögens, BMWi Dokumentation Nr. 259, Bonn 1983

Bundesministerium für Wirtschaft (Hrsg.), ERP-Programm 1999 – Wirtschaftsförderung für den Mittelstand, Bonn, Stand: Januar 1999

Bundesministerium für Wirtschaft (Hrsg.), Wirtschaftliche Förderung in den neuen Bundesländern, Bonn, Stand: März 1998

Bundesverband der Deutschen Industrie, Entlasten statt entlassen: Für eine Trendwende am Arbeitsmarkt, Positionspapier, Köln 1997

Buttler, Friedrich, Zwei aktuelle Arbeitsmarktprobleme, in: Kantzenbach, Erhard / Mayer, Otto G. (Hrsg.), Beschäftigungsentwicklung und Arbeitsmarktpolitik, Berlin 1992

Butz, Michael-Andreas, Rechtsfragen der Zonenrandförderung, Köln / Berlin / Bonn / München 1980

Cannivé, Klaus, Infrastrukturgewährleistung in der Telekommunikation zwischen Staat und Markt – eine verfassungsrechtliche Untersuchung des Universaldienstkonzepts im TKG, Manuskript, Heidelberg 1999

Capellen, Jörg / *Ohndorf,* Wolfgang, Erfolgreicher Beschäftigungsgipfel, BArbBl Nr. 1, 1998, S. 5 ff.

Carl, Dieter, Die Gemeinschaft und die deutsche Einigung, EuZW 1990, S. 561 ff.

– Hilfen der Europäischen Gemeinschaften für Problemregionen, EuZW 1992, S. 301 ff.

Caspari, Manfred, Die Beihilferegeln des EWG-Vertrages und ihre Anwendung, in: Mestmäcker, Ernst-Joachim / Möller, Hans / Schwarz, Hans-Peter (Hrsg.), Eine Ordnungspolitik für Europa, Festschrift für Hans von der Groeben zum 80. Geburtstag, Baden-Baden 1987, S. 69 ff.

Churchill, Gilbert, Revision of the EEC's Common Fisheries Policy – Part I, ELR 1980, S. 3 ff.

Collins, Doreen, The European Communities, the social policy of the First Phase, Part 2, London 1975

Cottier, Thomas, Das Abkommen über handelsrelevante Aspekte der Rechte an geistigem Eigentum, in: Thürer, Daniel / Kux, Stephan (Hrsg.), GATT 94 und die Welthandelsorganisation, Herausforderung für die Schweiz und Europa, Zürich 1996, S. 193 ff.

Cremer, Wolfram, Forschungssubventionen im Lichte des EGV – zugleich ein Beitrag zu den gemeinschaftsrechtlichen Rechtsschutzmöglichkeiten gegenüber Subventionen, 1. Auflage, Baden-Baden 1995

Dechsling, Rainer, Das Verhältnismäßigkeitsgebot, München 1989

Degenhart, Christoph, Staatsrecht I, Staatszielbestimmungen, Staatsorgane, Staatsfunktionen, 14. Auflage, Heidelberg 1998

Desch, Volker, Subsidiaritätsprinzip und Sozialhilferecht, Bamberg 1965

Deutsche Ausgleichsbank, Chronik 1998, Bonn / Bad Godesberg 1999

– Das DtA-Förderangebot für Existenzgründer und mittelständische Betriebe, Bonn / Bad Godesberg, Stand: Januar 1999

– Geschäftsbericht 1997, Bonn / Bad Godesberg 1998

– Programme – Richtlinien – Merkblätter, Bonn / Bad Godesberg, Stand: Februar 1999

Deutscher Industrie- und Handelstag, Impulse für den Arbeitsmarkt – Beschäftigungswirkungen arbeitsmarktrelevanter Gesetzesänderungen, Ergebnisse einer DIHT-Umfrage im Frühsommer 1998, Bonn 1998

– Kombi-Einkommen: Rezept für neue Jobs?, Fakten und Argumente zur Wirtschaftspolitik Nr. 2, 1998, S. 1 ff.

Dickertmann, Dietrich, Öffentliche Finanzierungshilfen – Darlehen, Schuldendiensthilfen und Bürgschaften als Instrumente des finanzwissenschaftlichen Interventionismus, 1. Auflage, Baden-Baden 1980

Dickertmann, Dietrich / *Diller,* Klaus Dieter, Subventionsabbau – Strategien zur Reduktion des subventionspolitischen Interventionismus, WiSt 1990, S. 538 ff.

Dierendonck van, Marie, Deux ans et demi de Fonds social européen, Droit Social (Paris) 1960, S. 531 ff.

Dittes, Heinrich, Die Finanzierungshilfen des Bundes, der Länder und der internationalen Institutionen – Gewerbliche Wirtschaft, Ausgabe 1998 / 99, Frankfurt 1998

Dittmann, Armin, Die Bundesverwaltung – verfassungsgeschichtliche Grundlagen, grundgesetzliche Vorgaben und Staatspraxis ihrer Organisation, Tübingen 1983

Drexl, Josef, Entwicklungsmöglichkeiten des Urheberrechts im Rahmen des GATT, München 1990

Drygalski von, Andrea, Die Fonds der Europäischen Gemeinschaften, Eine systematische Darstellung ihrer rechtlichen Grundlagen, München 1988

Dückert, Thea, Arbeitsbeschaffungsmaßnahmen – ein beschäftigungspolitisches Instrument?, Frankfurt / New York 1984

Ehlermann, Claus-Dieter, Der Europäische Rechnungshof – Haushaltskontrolle in der Gemeinschaft, Baden-Baden 1976

Ehlers, Dirk, Die Handlungsformen bei der Vergabe von Wirtschaftssubventionen, VerwArch Band 74, 1983, S. 112 ff.

– Wirtschaftsaufsicht, in: Achterberg, Norbert / Püttner, Günter (Hrsg.), Besonderes Verwaltungsrecht, Band I, Wirtschafts-, Bau-, Kultus-, Dienstrecht, Heidelberg 1990, Kapitel 1, S. 65 ff.

Eichenhofer, Eberhard, Sozialrecht, 2. Auflage, Tübingen 1997

Eichler, Martin, ABM in Sachsen-Anhalt: Vorläufige Ergebnisse einer Untersuchung der Beschäftigungschancen von Teilnehmern im ersten Arbeitsmarkt, in: Ministerium für Arbeit, Soziales und Gesundheit (Hrsg.), Arbeitsmarktdaten Sachsen-Anhalt, Magdeburg 1997, S. 25 ff.

Eppe, Franz, Subventionen und staatliche Geschenke, Stuttgart / Berlin / Köln 1966

Erlbacher, Friedrich, Die neuen Leitlinien der Kommission für die Vergabe staatlicher Regionalbeihilfen, EuZW 1998, S. 517 ff.

Europäische Gemeinschaft, Beihilfen und Darlehen der Europäischen Union – Leitfaden der Gemeinschaftsfinanzierungen, Luxemburg 1997

Europäische Investitionsbank, Jahresbericht der EIB 1958, Luxemburg 1959

– Jahresbericht der EIB 1998, Luxemburg 1999

Europäische Kommission, 16. Bericht über die Wettbewerbspolitik (1986), Luxemburg 1987

– 17. Bericht über die Wettbewerbspolitik (1987), Luxemburg 1988

– 24. Bericht über die Wettbewerbspolitik (1994), Luxemburg 1995

– 28. Bericht über die Wettbewerbspolitik (1998), Luxemburg 1999

– AGENDA 2000 – Eine stärkere und erweiterte Union, Beilage Nr. 5 zu Bulletin der Europäischen Union, 1997

– Das EFRE-dominierte Operationelle Programm 1994 – 1999 in Sachsen, Brüssel 1995

– Deutschland – Gemeinschaftliches Förderkonzept 1994 – 1999, Ziel Nr. 3: Bekämpfung der Langzeitarbeitslosigkeit und Erleichterung der Eingliederung der Jugendlichen und der vom Ausschluss aus dem Arbeitsmarkt bedrohten Personen in das Arbeitsleben, Brüssel 1995

– Die europäische Gemeinschaft und die Deutsche Vereinigung, Beilage Nr. 4 zu Bulletin der Europäischen Gemeinschaften, 1990

– Gemeinschaftliches Förderkonzept 1994 – 1999, Deutschland – Neue Länder, Ziel Nr. 1: Förderung der Entwicklung und der strukturellen Anpassung der Regionen mit Entwicklungsrückstand, Luxemburg 1995

– Von Leitlinien zu Maßnahmen: die nationalen Aktionspläne für Beschäftigung, Luxemburg 1998

– Weißbuch „Wachstum, Wettbewerbsfähigkeit, Beschäftigung – Herausforderungen der Gegenwart und Wege ins 21.Jahrhundert", Beilage Nr. 6 zu Bulletin der Europäischen Gemeinschaften, 1993

– Weißbuch über die europäische Sozialpolitik – Ein zukunftsweisender Weg für die Union, KOM (94) 333 endg.

– Wettbewerbsrecht in den Europäischen Gemeinschaften, Band IIA, Wettbewerbsregeln für staatliche Beihilfen, Stand: 30.Juni 1998, Brüssel/Luxemburg 1999

Ewingmann, Dieter/*Freund,* Ulrich/*Hansmeyer,* Karl-Heinrich/*Kortenkamp,* Lydia/*Vorholz,* Fritz, Die Gemeinschaftsaufgabe „Verbesserung der regionalen Wirtschaftsstruktur" unter veränderten Rahmenbedingungen, Berlin 1986

Ewringmann, Dieter/*Hansmeyer,* Karl Heinrich, Zur Beurteilung von Subventionen, Opladen 1975

Eyermann, Erich, Subventionen im Rechtsstaat: Gesetzmäßigkeit – Rechtmäßigkeit, WuV 1978, S. 149 ff.

Faber, Angela, Europarechtliche Grenzen kommunaler Wirtschaftsförderung, Berlin 1992

Falkenkötter, Thomas, Der Streit um die sächsischen VW-Beihilfen – Anlass für grundsätzliche Klärung?, NJW 1996, S. 2689 ff.

Feckler, Klaus, Neuer Fixstern im Westen, BArbBl Nr. 10, 1994, S. 22 ff.

Federmann, Hans-Wolfgang, Öffentliche Kredite an die gewerbliche Wirtschaft, Münster 1977

Fischer, Cornelia, Staatliche Arbeitsförderung – Ein Lehrstück deutscher Sozialpolitik, Frankfurt/New York 1981

Fitzner, Gisela, Investitionsförderung in den neuen Bundesländern – Überblick, VIZ 1991, S. 92 ff.

Flaig, Gerhard, Subventionsrecht, in: Klein, Franz (Hrsg.), Öffentliches Finanzrecht, 2. Auflage, Neuwied/Kriftel/Berlin 1993, S. 323 ff.

Flessa, Richard, Schuldverhältnisse des Staates auf Grund Verwaltungsaktes (Gestaltungsmöglichkeiten für Staatskredite), DVBl. 1957, S. 81 ff. und S. 118 ff.

Fox, Klaus-Peter, Erfolgskontrolle der regionalen Wirtschaftsförderung, in Eichhorn, Peter/Kortzfleisch, Gert von (Hrsg.), Erfolgskontrolle bei der Verausgabung öffentlicher Mittel, Baden-Baden 1986, S. 35 ff.

Fox, Klaus-Peter/*Zeitel,* Gerhard, Subventionsabbau, DÖV 1984, S. 865 ff.

Franz, Roland/*Rupp,* Thomas, Das Standortsicherungsgesetz, Beilage 20 zu Heft 31, BB 1993, S. 1 ff.

Franzmeyer, Fritz/*Seidel,* Bernhard/*Weise,* Christian, Die Reform der Strukturfonds von 1988, Konzeption – Umsetzung – Weiterentwicklung- aus deutscher Sicht, Berlin 1993

Friauf, Karl-Heinrich, Anmerkung zum BVerwG-Urteil vom 25. 10. 1968, DVBl. 1969, S. 368 ff.

– Bemerkungen zur verfassungsrechtlichen Problematik des Subventionswesen, DVBl. 1966, S. 729 ff.

– Referat zum Thema „Ordnungsrahmen für das Recht der Subventionen", in: Ständige Deputation des Deutschen Juristentages (Hrsg.), Verhandlungen des 55. Deutschen Juristentages, Band II (Sitzungsberichte), Teil M, München 1984, S. M8 ff.

– Staatskredit, in: Isensee, Josef / Kirchhof, Paul (Hrsg.), Handbuch des Staatsrechts – Finanzverfassung – Bundesstaatliche Ordnung, Band IV, Heidelberg 1990, § 91 S. 321 ff.

Frick, Karl Alois, Einkommensteuerliche Steuervergünstigungen und Beihilfeverbot nach dem EG-Vertrag, Sinzheim 1994

Friehe, Heinz-Josef, Das Abwehrrecht des Wettbewerbers gegen die Subventionierung eines Konkurrenten, JuS 1981, S. 867 ff.

Friele, Klaus / *Jarosch,* Klaus-Reiner, Die Investitionszulage zur Förderung der Beschäftigung, Stuttgart / München / Hannover 1983

Froch, Manfred / *Gusy,* Christoph, Das Übermaßverbot als Maßstab staatlicher Subventionsvergabe?, VerwArch Band 81, 1990, S. 512 ff.

Fröhler, Ludwig / *Lenz,* Helmuth, Die Konkurrentenklage im Subventionsrecht, GewArch 1976, S. 73 ff.

Frotscher, Werner, Wirtschaftsverfassungs- und Wirtschaftsverwaltungsrecht, München, 1988

Frowein, Jochen Abr., Eigentumsschutz im Europarecht, in: Grewe, Wilhelm G. / Rupp, Hans / Schneider, Hans (Hrsg.), Europäische Gerichtsbarkeit und nationale Verfassungsgerichtsbarkeit, Festschrift für Hans Kutscher zum 70.Geburtstag, Baden-Baden 1981, S. 189 ff.

– Gemeinschaftsaufgaben im Bundesstaat, VVDStRL Band 31, 1973, S. 13 ff.

Füchsel, Wolf-Dieter, Gemeinschaftsaufgaben – Eine finanzwissenschaftliche Analyse der Gemeinschaftsaufgaben nach Art. 91a, b GG und der Investitionshilfen nach Art. 104a Abs. 4 GG, Spardorf 1985

Fürst, Dietrich / *Klemmer,* Paul / *Zimmermann,* Klaus, Regionale Wirtschaftspolitik, Tübingen 1976

Gagel, Alexander, Arbeitsförderungsgesetz, Kommentar, 2 Bände, Loseblattsammlung, 13.Ergänzungslieferung, München, Stand: Januar 1998 (zitiert: *Bearbeiter* in: Gagel, AFG, § Rdnr.)

Geiger, Rudolf, EG-Vertrag, Kommentar, München 1993

Gesellschaft für öffentliche Wirtschaft, Öffentliche Kreditinstitute in der Bundesrepublik Deutschland und EG-Binnenmarkt, ZögU Band 13, 1990, S. 409 ff.

Giersch, Herbert, Allgemeine Wirtschaftspolitik, Grundlagen, Band 1, Wiesbaden 1961

Gitter, Wolfgang, Sozialrecht, 4. Auflage, München 1996

Gladis, Alois, Existenzgründungen mit Bundesmitteln, Rheinbach 1984

Glaesner, Adrian, Der Grundsatz des wirtschaftlichen und sozialen Zusammenhalts im Recht der Europäischen Wirtschaftsgemeinschaft, 1. Auflage, Baden-Baden 1990

Goedecke, Wolfgang, Die Rechtsgrundlagen der Wirtschaftshilfe der Vereinigten Staaten, in: Jahrbuch für internationales Recht, Band 6, Göttingen 1956, S. 139 ff.

Görgens, Egon, Beschäftigungspolitik, München 1981

Görlitz, Stephan, Steuerliche Förderung von Investitionen in den neuen Bundesländern, in: Daumke, Michael (Hrsg.), Grundriss des deutschen Steuerrechts – Die wesentlichen Steuerarten, Verfahrensrecht, Internationales Steuerrecht, 3. Auflage, Bielefeld 1998, S. 271 ff.

Gornig, Martin / *Seidel,* Bernhard / *Vesper,* Dieter / *Weise,* Christian, Regionale Strukturpolitik unter den veränderten Rahmenbedingungen der 90er Jahre, Berlin 1996

Götz, Volkmar, Bekämpfung der Subventionserschleichung, Köln 1974

– Recht der Wirtschaftssubventionen, München / Berlin 1966

– Subventionen im Gemeinsamen Markt: Subventionen aus Gemeinschaftsmitteln (unter Berücksichtigung von EAGFL, Sozialfonds, Regionalfonds) – Generalbericht, in: Börner, Bodo / Bullinger, Martin (Hrsg.), Subventionen im Gemeinsamen Markt, Arbeitssitzung für Vergleichendes Öffentliches Recht und der Fachgruppe für Europarecht auf der Tagung für Rechtsvergleichung am 15. / 16.September 1977 in Münster, KSE Bd. 29, Köln / Berlin / Bonn / München 1978, S. 371 ff.

– Subventionsrecht, in: Dauses, Manfred A. (Hrsg.), Handbuch des EU-Wirtschaftsrecht, Band 2, München 1998, Kapitel H III

Grabitz, Eberhard, Das Gemeinschaftsrecht und die Einheit Deutschlands, EWS 1991, S. 89 ff.

– Freiheit und Verfassungsrecht, Kritische Untersuchung zur Dogmatik und Theorie der Freiheitsrechte, Tübingen 1976

– Gemeinsamer Markt und nationale Subventionen, in: Magiera, Siegfried (Hrsg.), Entwicklungsperspektiven im Gemeinsamen Markt, Baden-Baden 1985, S. 95 ff.

Grabitz, Eberhard / *Hilf,* Meinhard, Kommentar zur Europäischen Union, 2 Bände, Loseblattsammlung, 11. Ergänzungslieferung, München Juli 1997 (zitiert: *Bearbeiter,* in: Grabitz / Hilf (Hrsg.), Kommentar zur Europäischen Union, Art. Rdnr.)

Gramlich, Ludwig, Recht der Bankwirtschaft, in: Schmidt, Reiner (Hrsg.), Öffentliches Wirtschaftsrecht, Besonderer Teil 1, Berlin / Heidelberg / New York 1995

Gröbner, Bruno F., Subventionen – Eine kritische Analyse, Göttingen 1983

Groeben, Hans von der / *Thiesing,* Jochen / *Ehlermann,* Claus-Dieter (Hrsg.), Kommentar zum EU- / EG-Vertrag, 5 Bände, 5. Auflage, Baden-Baden 1997 – 1999 (zitiert: *Bearbeiter,* in: Groeben / Thiesing / Ehlermann (Hrsg.), Kommentar zum EWG-Vertrag, Art. Rdnr.)

Groeschke, Peer, Der wettbewerbsrechtliche Unterlassungs- und Schadensersatzanspruch aufgrund der unrechtmäßigen Subventionierung von Konkurrenten, BB 1995, S. 2329 ff.

Grossekettler, Heinz, Konzepte zur Beurteilung der Effizienz von Koordinationsmethoden, in: Jahrbuch der Neuen Politischen Ökonomie, Band 1, Tübingen 1982, S. 213 ff.

– Koordinationsprobleme in der Europäischen Finanzpolitik: Das Pro und Kontra eines Europäischen Finanzausgleichs, in: Karl, Helmut (Hrsg.), Die Koordination der Finanz-, Währungs-, und Strukturpolitik der EU, Bonn 1996

Grosser, Hans-Dieter, Die Spannungslage zwischen Verfassungsrecht und Verfassungswirklichkeit bei Vergabe von staatlichen Wirtschaftssubventionen durch die öffentliche Hand, Berlin 1983

Grupp, Klaus, Die Stellung der Rechnungshöfe in der Bundesrepublik Deutschland – unter besonderer Berücksichtigung der historischen Entwicklung der Rechnungsprüfung, Berlin 1972

– Steuerung des Verwaltungshandelns durch Wirtschaftlichkeitskontrolle?, DÖV 1983, S. 661 ff.

Gündisch, Jürgen, Allgemeine Rechtsgrundsätze in der Rechtsprechung des Europäischen Gerichtshofs, in: Schwarze, Jürgen (Hrsg.), Das Wirtschaftsrecht des Gemeinsamen Marktes in der aktuellen Rechtsentwicklung, Referate und Diskussionsberichte der Tagung des Instituts für Integrationsforschung der Stiftung Europa-Kolleg Hamburg am 3./4. Dezember 1982, Baden-Baden 1983, S. 97 ff.

Gusy, Christoph, Subventionsrecht, Teil 1 und 2, JA 1991, S. 286 ff. und S. 327 ff.

Gutowski, Armin / *Thiel,* Eberhard, Referat zum Thema „Ordnungsrahmen für das Recht der Subventionen", in: Ständige Deputation des Deutschen Juristentages (Hrsg.), Verhandlungen des 55. Deutschen Juristentages, Band II (Sitzungsberichte), Teil M, München 1984, S. M45 ff.

Häberle, Peter, Gemeinwohljudikatur und Bundesverfassungsgericht, AöR Band 95 1970, S. 86 ff.

Hagen, Kornelia / *Toepel,* Kathleen, Der Einsatz der Europäischen Strukturfonds im Freistaat Sachsen: Zwischenevaluierung für die Jahre 1994 bis 1996, DIW Wochenbericht Nr. 43, 1997, S. 801 ff.

– Europäische Strukturfonds in Sachsen: Zwischenevaluierung für die Jahre 1994 bis 1996, Berlin 1997

Hailbronner, Kay, Die deutschen Bundesländer in der EG, EuZW 1990, S. 149 ff.

Hailbronner, Kay / *Magiera,* Siegfried / *Klein,* Ekhart / *Müller-Graff,* Peter-Christian, Handkommentar zum Vertrag über die Europäische Union (EUV / EGV), Loseblattsammlung, 6. Ergänzungslieferung, Köln / Bremen / Bonn / München 1997

Haller, Heinz, Finanzpolitik, Grundlagen und Hauptprobleme, 5. Auflage, Tübingen 1972

Hanau, Peter, Der Eingliederungsvertrag, Rechtsgutachten für die Bertelsmann-Stiftung im Rahmen der Modellinitiative, Gütersloh 1998

– Der Eingliederungsvertrag – Ein neues Instrument der Arbeitsförderung, DB 1997, S. 1278 ff.

Haneklaus, Winfried, Regionalpolitik in der Europäischen Gemeinschaft, Münster 1991

Hanel, Reiner, Vom GATT zur WTO, Entwicklungen und Strukturen, Teil I – III, ZfZ 1996, S. 104 ff., S. 138 ff. und 174 ff.

Hansmeyer, Karl Heinrich, Subventionen in der Bundesrepublik Deutschland, Berlin 1963

– Bemerkungen zum Subventionsbericht, FinArch Band 30, 1971, S. 103 ff.

Hartig, Rainer, Ökonomische und polit-ökonomische Aspekte des Einsatzes von Subventionen als Instrument der Wirtschaftspolitik – Eine theoretische und empirische Analyse am Beispiel des Landes Niedersachsen, Beiträge zur angewandten Wirtschaftsforschung, Band 19, Berlin 1990

Hartmann, Rainer, Investitionszulagengesetz, Stuttgart / Berlin / Köln / Mainz 1981

Hauck, Karl / *Noftz,* Wolfgang, Sozialgesetzbuch, SGB III, Arbeitsförderung, Loseblattsammlung, 2.Ergänzunslieferung, Berlin, Stand: 1.April 1998 (zitiert: *Bearbeiter,* in: Hauck / Noftz, SGB III, K § Rdnr.)

Haverkate, Görg, Finanzierung durch institutionelle oder personenbezogene Förderung, SDSRV Band 43, 1997, S. 89 ff.

– Gesetzesgestaltung und Rechtsanwendung im Leistungsrecht, NVwZ 1988, S. 769 ff.

– Rechtsfragen des Leistungsstaats – Verhältnismäßigkeitsgebot und Freiheitsschutz im leistenden Staatshandeln, Tübingen 1983

– Subventionsrecht, in: Schmidt, Reiner (Hrsg.), Öffentliches Wirtschaftsrecht, Besonderer Teil 1, Berlin / Heidelberg / New York 1995, S. 331 ff.

Haverkate, Görg / *Huster,* Stefan, Europäisches Sozialrecht – Eine Einführung, 1. Auflage, Baden-Baden 1999

Helmstädter, Ernst, Wirtschaftsförderung für „Starke oder Schwache"?, Berlin 1983

Henke, Wilhelm, Das Recht der Wirtschaftssubventionen als öffentliches Vertragsrecht, Tübingen 1979

Henkes, Andreas, Reform der Arbeitsförderung – Vom Entwurf zum Gesetz, BArbBl Nr. 7 – 8, 1997, S. 13 ff.

Henning, Werner / *Henke,* Norbert / *Schlegel,* Rainer / *Theuerkauf,* Walter, Sozialgesetzbuch Drittes Buch (SGB III) – Arbeitsförderung, Kommentar mit Nebenrecht, Loseblattsammlung, 5. Ergänzungslieferung, Neuwied / Kriftel / Berlin, Stand: Oktober 1998

Henning, Werner / *Kühl,* Horst / *Heuer,* Ernst / *Henke,* Norbert, Arbeitsförderungsgesetz, Kommentar, 3 Bände, Loseblattsammlung, 102. Ergänzungslieferung, Neuwied / Kriftel / Berlin, Stand: Juli 1998

Henseler, Paul, Staatliche Verhaltenslenkung durch Subventionen im Spannungsfeld zur Unternehmerfreiheit des Begünstigten, VerwArch Band 77, 1986, S. 249 ff.

Herdegen, Matthias, Europarecht, München 1999

Herrmann, Carl / *Heuer,* Gerhard / *Raupach,* Arndt, Einkommensteuer- und Körperschaftsteuergesetz, Kommentar, 19 Bände, Loseblattsammlung, 172.Ergänzungslieferung, Köln, Stand: März 1993

Herzog, Roman, Subsidiaritätsprinzip und Staatsverfassung, Der Staat 1963, S. 399 ff.

Heselhaus, Sebastian, Die Welthandelsorganisation – Veränderungen des GATT und Grundprobleme der rechtlichen Geltung, JA 1999, S. 76 ff.

Hesse, Konrad, Grundzüge des Verfassungsrechts der Bundesrepublik Deutschland, 20. Auflage, Heidelberg 1995

Hilf, Meinhard, Ein Grundrechtskatalog für die Europäische Gemeinschaft, EuR 1991, S. 19 ff.

Hilligweg, Gerd, Beurteilung der Regionalpolitik der Europäischen Gemeinschaft und möglicher Weiterentwicklungskonzepte unter besonderer Berücksichtigung des Reformmodells einer finanzausgleichsorientierten Neugestaltung des Systems der EG-Regionalfonds, Bochum 1994

Hilz, Wolfram, Subsidiaritätsprinzip und EU-Gemeinschaftsordnung – Anspruch und Wirklichkeit am Beispiel des Maastricht-Prozesses, Opladen 1998

Hirsch, Joachim, Haushaltsplanung und Haushaltskontrolle in der Bundesrepublik Deutschland, Parlament und Verwaltung, 2.Teil, Stuttgart / Berlin / Mainz / Köln 1968

Hirschberg, Lothar, Der Grundsatz der Verhältnismäßigkeit, Göttingen 1981

Hoffmann-Becking, Michael, Die Begrenzung der wirtschaftlichen Betätigung der öffentlichen Hand durch Subsidiaritätsprinzip und Übermaßverbot, in: Menger, Christian-Friedrich (Hrsg.), Fortschritte des Verwaltungsrechts, Festschrift für Hans J. Wolff zum 75.Geburtstag, München 1973, S. 445 ff.

Hohmann, Rolf / *Krüger,* Heinrich / *Weyrich,* Klaus-Dieter, Missbrauch von Arbeitsbeschaffungsmaßnahmen – arbeitsgerichtliche Klärungsversuche, PersV 1983, S. 6 ff.

Hoffmann-Riem, Wolfgang, Effizienz als Herausforderung an das Verwaltungsrecht – Einleitende Problemskizze, in: Hoffmann-Riem, Wolfgang / Schmidt-Aßmann, Eberhard (Hrsg.), Effizienz als Herausforderung an das Verwaltungsrecht, Baden-Baden 1998, S. 11 ff.

Hoischen, Stefan, Die Beihilferegelung in Artikel 92 EWGV, Köln / Berlin / Bonn / München 1989

Hölscheidt, Sven, Regionalpolitik der EG in den neuen Ländern und Ost-Berlin, EuZW 1993, S. 474 ff.

Honohan, Patrick, The Public Policy Role of the European Investment Bank within the EU, JCM Studies 1995, S. 315 ff.

Hoppe, Werner, Planung, in: Isensee, Josef / Kirchhof, Paul (Hrsg.) Handbuch des Staatsrechts – Das Handeln des Staates, Band III, 2. Auflage, Heidelberg 1996, § 71 S. 653 ff.

Hrbek, Rudolf (Hrsg.), Das Subsidiaritätsprinzip in der Europäischen Union – Bedeutung und Wirkung für ausgewählte Politikbereiche, Beiträge für eine Tagung des Arbeitskreises Europäische Integration e.V. mit dem Staatsministerium Baden-Württemberg, Tübingen vom 13. – 15.Mai 1994, Baden-Baden 1994

– Die Anwendung des Subsidiaritätsprinzip in der Europäischen Union – Erfahrungen und Perspektiven, Beiträge einer Tagung des Europäischen Zentrums für Föderalismus-Forschung in Zusammenarbeit mit dem Staatsministerium Baden-Württemberg, Schloss Bebenhausen / Tübingen, vom 18. – 20.Mai 1995, Baden-Baden 1995

Hrbek, Rudolf / *Weyand,* Sabine, Betrifft: Das Europa der Regionen, Faktoren, Probleme, Perspektiven, München 1994

Huster, Stefan, Rechte und Ziele – Zur Dogmatik des allgemeinen Gleichheitssatzes, Berlin 1993

Institut für Wirtschaftsforschung Halle / Institut für Strukturpolitik und Wirtschaftsförderung Halle-Leipzig e.V., Kombilohn in Sachsen-Anhalt – Gutachten zu den erwarteten fiskalischen Wirkungen des Vorschlags des Bundesministeriums für Gesundheit zu den Freibeträgen bei der Anrechnung von Erwerbseinkommen auf die Sozialhilfe, in: Ministerium für Arbeit, Frauen, Gesundheit und Soziales des Landes Sachsen-Anhalt (Hrsg.), Forschungsbeiträge zum Arbeitsmarkt in Sachsen-Anhalt, Band 12, Magdeburg 1998

Ipsen, Hans-Peter, Europäisches Gemeinschaftsrecht, Tübingen 1972

- Öffentliche Subventionierung Privater, Berlin / Köln 1956

- Subventionen, in: Isensee, Josef / Kirchhof, Paul (Hrsg.), Handbuch des Staatsrechts – Finanzverfassung – Bundesstaatliche Ordnung, Band IV, Heidelberg 1990, § 92 S. 357 ff.

- Verwaltung durch Subventionen, VVDStRL Band 25, 1967, S. 257 ff.

Ipsen, Knut / *Haltern,* Ulrich R., Rule of Law in den internationalen Wirtschaftsbeziehungen: Die Welthandelsorganisation, RIW 1994, S. 717 ff.

Isensee, Josef, Gemeinwohl und Staatsaufgaben im Verfassungsstaat, in: Isensee, Josef / Kirchhof, Paul (Hrsg.), Handbuch des Staatsrechts – Das Handeln des Staates, Band III, 2. Auflage, Heidelberg 1996, § 57 S. 3 ff.

- Subsidiaritätsprinzip und Verfassungsrecht – Eine Studie über das Regulativ des Verhältnisses von Staat und Gesellschaft, Berlin 1968

Issing, Otmar, Eigennutz und Politikerverhalten – Einige historische Streiflichter, in: Hanusch, Horst / Roskamp, Karl / Wiseman, Jack (Hrsg.), Staat und Politische Ökonomie heute, Festschrift zum 65. Geburtstag von Horst Claus Recktenwald, Stuttgart / New York 1995, S. 23 ff.

Jackson, John H., World Trade and the Law of GATT, Indianapolis / Kansas City / New York 1969

Jakobs, Michael Ch., Der Grundsatz der Verhältnismäßigkeit, DVBl. 1985, S. 97 ff.

- Rechtsfragen des Subventionswesens, BayVBl 1985, S. 353 ff.

Jakobs, Norbert, Warten auf die Verlängerung des Fördergebiets- und Investitionszulagengesetzes hemmt Investitionen, DB 1996, S. 653 ff.

Janknecht, Hans, Rechtsformen von Subventionierungen, Münster 1964

Jansen, Bernhard, Die neue Welthandelsorganisation (World Trade Organization – WTO), EuZW 1994, S. 333 ff.

Jarass, Hans D., Der Vorbehalt des Gesetzes bei Subventionen, NVwZ 1984, S. 473 ff.

- EG-Kompetenzen und das Prinzip der Subsidiarität nach Schaffung der Europäischen Union, EuGRZ 1994, S. 209 ff.

- Elemente einer Dogmatik der Grundfreiheiten, EuR 1995, S. 202 ff.

- Wirtschaftsverwaltungsrecht, 3. Auflage, Neuwied / Kriftel / Berlin 1997

Jarass, Hans D. / *Pieroth,* Bodo, Grundgesetz, Kommentar, 4. Auflage, München 1997

Jecht, Hans, Die Anstalt des öffentlichen Rechts – Ihre Wandlungen und gegenwärtige Struktur, Heidelberg 1962

Jentsch, Gerhart, ERP – Der Marshallplan und Deutschlands Platz darin, Frankfurt 1950

Jesch, Dietrich, Gesetz und Verwaltung, – eine Problemstudie zum Wandel des Gesetzmäßigkeitsprinzips, Tübingen 1961

Jestaedt, Thomas, Die Bindungswirkung von Gemeinschaftsrahmen und Leitlinien im EG-Beihilfenrecht, EuZW 1995, S. 787 ff.

Jestaedt, Thomas / *Miehle,* Andreas, Rettungs- und Umstrukturierungsbeihilfen für Unternehmen in Schwierigkeiten, EuZW 1995, S. 659 ff.

Jestaedt, Thomas / *Schelling,* Nicola, Regionalbeihilfen im Binnenmarkt, EWS 1999, S. 1 ff.

Joachimsen, Framz, Autonomieverlust für die Regionen?, EG-Magazin Nr. 1/2, 1990, S. 34 ff.

Jooss, Gerhard, Subventionsrecht, in: Klein, Franz, (Hrsg.), Lehrbuch des öffentlichen Finanzrechts, Festschrift für Kurt, Meßmer, zum 65.Geburtstag, Neuwied / Darmstadt 1987, S. 283 ff.

Jüttemeier, Karl Heinz, Deutsche Subventionspolitik in Zahlen 1973 – 1981, Kiel 1984

Kahl, Wolfgang, Möglichkeiten und Grenzen des Subsidiaritätsprinzip nach Art. 3b EG-Vertrag, AöR Band 118, 1993, S. 414 ff.

Kapteyn, Paul J.G., Community Law and the Principle of Subsidiarity, RAE 1991, S. 35 ff.

Karasch, Jürgen, Das AFG ist tot – es lebe das SGB III, ZfS 1997, S. 321 ff.

Karehnke, Helmut, Subventionen und ihre Kontrolle – Möglichkeiten und Grenzen, DÖV 1975, S. 623 ff.

Käser, Jörg, Aufgaben und Ziele der Europäischen Investitionsbank, Brüssel 1970

– Die Europäische Investitionsbank und die deutsche Wirtschaft, EuR 1976, S. 130 ff.

Keßler, Werner, Zur Auslegung des Art. 92 Abs. 1 EWG-Vertrag, DÖV 1977, S. 619 ff.

Kilian, Michael, Nebenhaushalte des Bundes, Berlin 1993

Kimminich, Otto, Die Subsidiarität in der Verfassungsordnung des freiheitlich-demokratischen Rechtsstaates, in: Kimminich, Otto (Hrsg.), Subsidiarität und Demokratie, Düsseldorf 1981, S. 30 ff.

Kirchhof, Paul, Der verfassungsrechtliche Auftrag zur Besteuerung nach der finanziellen Leistungsfähigkeit, StuW 1985, S. 310 ff.

– Empfiehlt es sich, das Einkommensteuerrecht zur Beseitigung von Ungleichbehandlungen und zur Vereinfachung neu zu ordnen?, in: Ständige Deputation des deutschen Juristentages (Hrsg.), Verhandlungen des 57. Deutschen Juristentages, Band 1 (Gutachten), München 1988, S. F1 ff.

– Mittel staatlichen Handelns, in: Isensee, Josef / Kirchhof, Paul (Hrsg.) Handbuch des Staatsrechts – Das Handeln des Staates, Band III, 2. Auflage, Heidelberg 1996, § 59 S. 121 ff.

– Staatliche Einnahmen, in: Isensee, Josef / Kirchhof, Paul (Hrsg.), Handbuch des Staatsrechts – Finanzverfassung – Bundesstaatliche Ordnung, Band IV, Heidelberg 1990, § 88 S. 87 ff.

– Verwalten durch mittelbares Einwirken, Köln / Berlin / Bonn / München 1977

Kirchhoff, Gerd, Subventionen als Instrument der Lenkung und Koordinierung, Berlin 1973

Kirchhoff, Ulrich, Zielwandel bei öffentlichen Unternehmen, aufgezeigt am Beispiel der Banken des Bundes, Berlin 1986

Kisker, Gunter, Staatshaushalt, in: Isensee, Josef / Kirchhof, Paul (Hrsg.), Handbuch des Staatsrechts – Finanzverfassung – Bundesstaatliche Ordnung, Band IV, Heidelberg 1990, § 89 S. 235 ff.

– Kooperation im Bundesstaat, Tübingen 1971

Klatt, Hartmut, Das Europa der Regionen nach Maastricht, Analysen und Perspektiven, München 1995

Klein, Franz, Grundgesetz und Haushaltskontrolle, DÖV 1961, S. 805 ff.

Klemp, Alfred H., Öffentliche Finanzhilfen (Subventionen) – Instrumente staatlicher Finanzintervention – Eine Untersuchung zum investiven Wirkungspotential und zur Effizienz staatlicher Finanzhilfen, Frankfurt / Bern / New York / Paris 1990

– Subventionen – Einsparungen ohne Aufgabeneinschränkung, WSI-Mitteilungen 1988, S. 543 ff.

Klenke, Reinhard, Wirtschaftssubventionen und Eigentumsgarantie des Art. 14 Grundgesetz, Bochum 1975

Klingbeil, Thilo F., Das Beihilfeverfahren nach Art. 93 EG-Vertrag, Baden-Baden 1998

Klodt, Henning / *Stehn,* Jürgen, Die Strukturpolitik der EG, Tübingen 1992

Kloepfer, Michael, Gesetzgebung im Rechtsstaat, VVDStRL Band 40, 1982, S. 63 ff.

Knemeyer, Franz-Ludwig, Subsidiarität – Föderalismus, Dezentralisation, ZRP 1990, S. 173 ff.

Knigge, Arnold / *Ketelsen,* Jörg-Volker / *Marschall,* Dieter / *Wittrock,* Achim, Kommentar zum Arbeitsförderungsgesetz, 2. Auflage, Baden-Baden 1988

Knigge, Rainer, Regionale Wirtschaftspolitik – Gemeinschaftsaufgabe „Verbesserung der regionalen Wirtschaftsstruktur" (GRW), wisu 1978, S. 83 ff. und S. 139 ff.

Knuth, Matthias, ABS-Gesellschaften – Strukturpolitische Potentiale der Arbeitsmarktpolitik, Beschäftigungsobservatorium Ostdeutschland Nr. 8, 1993, S. 3 ff.

Koch, Rüdiger, Beihilfen nach dem EWG-Vertrag, insbesondere Unterstützungen des Staates für eigene Unternehmen, Göttingen 1967

Kopp, Joachim, Reform der Arbeitsförderung, NZS 1997, S. 456 ff.

Koppensteiner, Hans-Georg, Das Subventionsverbot im Vertrag über die Europäische Gemeinschaft für Kohle und Stahl, Baden-Baden 1965

Köttgen, Arnold, Der Einfluss des Bundes auf die deutsche Verwaltung und die Organisation der bundeseigenen Verwaltung, JöR Band 11, 1962, S. 173 ff.

– Subventionen als Mittel der Verwaltung, DVBl. 1953, S. 485 ff.

Kramer, Stefan, Die Meistbegünstigung, RIW 1989, S. 473 ff.

Krebs, Walter, Kontrolle in staatlichen Entscheidungsprozessen – ein Beitrag zur rechtlichen Analyse von gerichtlichen, parlamentarischen und Rechnungshof-Kontrollen, Heidelberg 1984

– Probleme der rechtlichen Steuerung und Kontrolle von Wirtschaftssubventionen, ZRP 1984, S. 224 ff.

– Zur Rechtsetzung der Exekutive durch Verwaltungsvorschriften, VerwArch Band 70, 1979, S. 259 ff.

Kreditanstalt für Wiederaufbau, Geschäftsbericht 1997, Frankfurt am Main 1998

– Unternehmen Sie was – Förderprogramme für gewerbliche Investitionen und Umweltschutz in Deutschland, Frankfurt, Stand: März 1998

Kriele, Martin, Das demokratische Prinzip im Grundgesetz, VVDStRL Band 29, 1971, S. 51 ff.

Kruse, Eberhard, Ist die „Teilungsklausel" als Rechtsgrundlage für Beihilfen zum Ausgleich teilungsbedingter Nachteile obsolet?, EuZW 1998, S. 229 ff.

Kutscher, Hans, Zum Grundsatz der Verhältnismäßigkeit im Recht der Europäischen Gemeinschaften, in: Deutsche Sektion der Internationalen Juristenkommission (Hrsg.), Der Grundsatz der Verhältnismäßigkeit in europäischen Rechtsordnungen: Europäische Gemeinschaft, Europäische Menschenrechtskonvention, Bundesrepublik Deutschland, Frankreich, Italien, Österreich; Vorträge und Diskussionsbeiträge auf der Deutsch-Französischen Juristenkonferenz am 26. / 27. November in Straßburg, Heidelberg 1985, S. 89 ff.

Lammers, Konrad, Mehrfachsubventionen (EG, Bund, Länder, Gemeinden, Sondervermögen, KW, LAB) – Generelle Problematik, Fallstudien und Vorschläge zum Abbau, Kiel 1984

– Regionalförderung und Schiffbausubventionen in der Bundesrepublik, Tübingen 1989

Lang, Joachim, Systematisierung der Steuervergünstigungen, Berlin 1974

Lange, Klaus, Die öffentlichrechtliche Anstalt, VVDStRL Band 44, 1986, S. 169 ff.

Langer, Stefan, Grundlagen einer internationalen Wirtschaftsverfassung – Strukturprinzipien, Typik und Perspektiven anhand von Europäischer Union und Welthandelsorganisation, München 1995

Larenz, Karl, Methodenlehre der Rechtswissenschaft, Studienausgabe, 2. Auflage, Berlin / Heidelberg / New York 1992

Lefèvre, Dieter, Staatliche Ausfuhrförderung und das Verbot wettbewerbsverfälschender Beihilfen im EWG-Vertrag, Baden-Baden 1977

Lehner, Moris, Die europarechtliche Problematik des § 6d EStG und des geplanten § 7g EStG, insbesondere in Bezug auf das Beihilfeverbot des Art. 92 EWGV, DB 1983, S. 1783 ff.

Leibrock, Gero, Vereinbarkeit eines Regionalförderprogramms mit dem Gemeinschaftsrecht, NJW 1989, S. 1416 ff.

Leinfellner, Werner, Einführung in die Erkenntnis- und Wissenschaftstheorie, 3. Auflage, Mannheim / Wien / Zürich 1980

Leisner, Anna, Die Leistungsfähigkeit des Staates, Berlin 1998

Lerch, Wolfgang, Arbeitsmarktpolitik aus der Perspektive der Bundesländer, SF 1986, S. 222 ff.

Lerche, Peter, Grundrechtsschranken, in: Isensee, Josef / Kirchhof, Paul (Hrsg.), Handbuch des Staatsrechts – Allgemeine Grundrechtslehre, Band V, Heidelberg 1992, § 122 S. 775 ff.

– Übermaß und Verfassungsrecht – Zur Bindung des Gesetzgebers an die Grundsätze der Verhältnismäßigkeit und der Erforderlichkeit, Köln / Berlin / München / Bonn 1961

Liebich, Ferdinand, Das GATT als Zentrum der internationalen Handelspolitik, Baden-Baden 1971

Loeser, Roman, Die Bundesverwaltung in der Bundesrepublik Deutschland – Bestand, Rechtsformen und System der Aufbauorganisation, Band 1 – Systematische Bestandsaufnahme, 2. Auflage, Speyer 1987

Lohre, Werner / *Mayer,* Udo / *Stevens-Bartol,* Eckart, Arbeitsförderungsgesetz, Basiskommentar mit Anordnungen, Köln 1995

Löw, Norbert, Der Rechtsschutz des Konkurrenten gegenüber Subventionen aus gemeinschaftsrechtlicher Sicht, Baden-Baden 1992

Löwisch, Manfred, Die Flankierung von Sozialplänen durch die Bundesanstalt für Arbeit (§§ 254 ff. SGB III), RdA 1997, S. 287 ff.

Lübbe-Wolff, Gertrude, Die Grundrechte als Eingriffsabwehrrechte – Struktur und Reichweite der Eingriffsdogmatik im Bereich staatlicher Leistungen, 1. Auflage, Baden-Baden 1988

Lücke, Jörg, Die Grundsätze der Verhältnismäßigkeit und der Zumutbarkeit, DÖV 1974, S. 769 ff.

Lüdiger, Martin, Die Kreditanstalt für Wiederaufbau, wisu 1989, S. 676 ff.

Magiera, Siegfried, Verwaltungsorganisation: Finanz- und Fondsverwaltung, in: Schweitzer, Michael (Hrsg.), Europäisches Verwaltungsrecht, Wien 1991, S. 115 ff.

Maier, Hans E., Arbeitsbeschaffungsmaßnahmen als regional differenziertes Instrument der Arbeitsmarkt- und Beschäftigungspolitik, in: Garlichs, Dietrich / Maier, Friedericke / Semmlinger, Klaus (Hrsg.), Regionalisierte Arbeitsmarkt- und Beschäftigungspolitik, Frankfurt / New York 1983, S. 214 ff.

Marnitz, Siegfried, Die Gemeinschaftsaufgaben des Art. 91a GG als Versuch einer verfassungsrechtlichen Institutionalisierung der bundesstaatlichen Kooperation, Berlin 1974

Martin, Renate, Interessenausgleich und Sozialplan, Berlin 1995

Martin-Ehlers, Andrés, Staatliche Beihilfen: Ein Plädoyer für Verfahrensrecht in der Vorprüfungsphase nach Art. 93 Abs. 3 EGV, EWS 1998, S. 245 ff.

Matthies, Heinrich, Grundlagen des Subventionsrechtes und Kompetenzen aus EG-rechtlicher Sicht, ZHR Band 152, 1988, S. 442 ff.

Maunz, Theodor, Die staatliche Verwaltung der Zuschüsse und Subventionen, BayVBl 1962, S. 1 ff.

Maunz, Theodor / *Dürig,* Günter, Grundgesetz, Kommentar, 4 Bände, Loseblattsammlung, 34.Ergänzungslieferung, München, Stand: Juni 1998 (zitiert: *Bearbeiter,* in: Maunz / Dürig (Hrsg.), Kommentar zum GG, Art. Rdnr.)

Maurer, Hartmut, Allgemeines Verwaltungsrecht, 12. Auflage, München 1999

– Kontinuitätsgewähr und Vertrauensschutz, in: Isensee, Josef / Kirchhof, Paul (Hrsg.), Handbuch des Staatsrechts – Das Handeln des Staates, Band III, 2. Auflage, Heidelberg 1996, § 60 S. 211 ff.

Maydell, Bernd Baron v. / *Ruland,* Franz, Sozialrechtshandbuch (SRH), 2. Auflage, Neuwied / Kriftel / Berlin 1996 (zitiert: *Bearbeiter,* Titel, in: Maydell / Ruland, Sozialrechtshandbuch, Kapitel Abschnitt Rdnr.)

Mayer, Udo R., ABM und tarifliche Entlohnung in den neuen Bundesländern, ArbuR 1993, S. 309 ff.

– Untertarifliche Bezahlung für subventionierte Arbeitsverhältnisse auf dem 2.Arbeitsmarkt im geplanten AFRG – verfassungsrechtliche Bedenken, SozSich 1997, S. 14 ff.

Meinhardt, Volker / *Seidel,* Bernhard / *Stille,* Frank / *Teichmann,* Dieter, Transferleistungen in die neuen Bundesländer und deren wirtschaftliche Konsequenzen, Berlin 1995

Menzel, Eberhard, Der staatsrechtliche Standort der Finanzkontrolle in der Bundesrepublik und im Ausland, DÖV 1968, S. 593 ff.

Merten, Detlef (Hrsg.), Die Subsidiarität Europas, 2. Auflage, Berlin 1994

Meyer, Bernd / *Ball,* Jochen, Die neue Ansparabschreibung für Existenzgründer gem. § 7g Abs. 7 EStG, FR 1997, S. 77 ff.

Meyer, Paul, Die Notstandsarbeiten und ihre Probleme, Jena 1914

Ministerium für Raumordnung und Umwelt des Landes Sachsen-Anhalt, Landesförderung in Sachsen-Anhalt – Alle Förderrichtlinien des Landes und ausgewählte Programme des Bundes, der Deutschen Ausgleichsbank und der EU, 11. Auflage, Magdeburg 1998

Ministerium für Wirtschaft, Technologie und Europaangelegenheiten des Landes Sachsen-Anhalt, Förderung der mittelständischen Wirtschaft, Magdeburg, Stand: Juni 1997

Model, Otto / *Müller,* Klaus, Grundgesetz für die Bundesrepublik Deutschland – Taschenkommentar für Studium und Praxis, 11. Auflage, Köln / Berlin / Bonn / München 1996

Mössner, Manfred Jörg, Die öffentlichrechtliche Konkurrentenklage – BVerwGE 30, 191, JuS 1971, S. 131 ff.

Müller-Borle, Joachim, Die Europäische Investitionsbank, Baden-Baden 1983

Müller-Graff, Peter-Christian, Die Erscheinungsformen der Leistungssubventionstatbestände aus wirtschaftsrechtlicher Sicht, ZHR Band 152, 1988, S. 403 ff.

– Unternehmensinvestitionen und Investitionssteuerung im Marktrecht, Tübingen 1984

Münch, Ingo von, Grundgesetz-Kommentar, 3 Bände, 3. Auflage, München 1996 (zitiert: *Bearbeiter,* in: v. Münch, GG-Kommentar, Art. Rdnr.)

– Staatliche Wirtschaftshilfe und Subsidiaritätsprinzip, JZ 1960, S. 303 ff.

Munsberg, Hendrik / *Niejahr,* Elisabeth / *Schäfer,* Ulrich, Sehnsucht nach Konsens, DER SPIEGEL Nr. 50, 1998, S. 26 ff.

Murswiek, Dietrich, Grundrechte als Teilhaberechte, soziale Grundrechte, in: Isensee, Josef / Kirchhof, Paul (Hrsg.), Handbuch des Staatsrechts – Allgemeine Grundrechtslehre, Band V, Heidelberg 1992, § 112 S. 243 ff.

Mutius, Albert von, Die Steuerung des Verwaltungshandelns durch Haushaltsrecht und Haushaltskontrolle, VVDStRL Band 42, 1984, S. 147 ff.

Narjes, Karl-Heinz, Europäische Technologiepolitik, – Ein Vorstoß gegen die Marktpolitik?, in: Mestmäcker, Ernst-Joachim / Möller, Hans / Schwarz, Hans-Peter (Hrsg.), Eine Ordnungspolitik für Europa, Festschrift für Hans von der Groeben zum 80.Geburtstag, Baden-Baden 1987, S. 267 ff.

Naß, Klaus Otto, Das Europa der Regionen – verfassungs-, struktur- und agrarpolitische Aspekte, AgrarR 1995, S. 289 ff.

Nehring, Karl-Dietrich, Mittelstandsförderung durch das ERP-Sondervermögen, Der Landkreis 1982, S. 166 ff.

Neumann, Volker, Die institutionelle Förderung als Instrument der Sozialplanung und Steuerung der Leistungserbringer, SDSRV Band 43, 1997, S. 7 ff.

Neupert, Helmuth, Regionale Strukturpolitik als Aufgabe der Länder: Grundlagen, Verknüpfungen, Grenzen – Eine Untersuchung wirtschaftsrechtlicher und wirtschaftspolitischer Aspekte der regionalen Strukturpolitik im Verhältnis der Länder zum Bund und zu den Europäischen Gemeinschaften, Baden-Baden 1986

Nicolaysen, Gert, Europarecht II, Das Wirtschaftsrecht im Binnenmarkt, 1. Auflage, Baden-Baden 1996

Nieder-Eichholz, Markus, Die Subventionsordnung – Ein Beitrag zur finanzwirtschaftlichen Ordnungspolitik, Berlin 1995

Niesel, Klaus, Arbeitsförderungsgesetz, Kommentar, 2. Auflage, München 1997

– Sozialgesetzbuch, Arbeitsförderung, SGB III, Kommentar, München 1998

Niess, Frank, Geschichte der Arbeitslosigkeit, Köln 1979

Ohndorf, Wolfgang, Soziale Dimension erheblich gestärkt, BArbBl Nr. 4, 1998, S. 27 ff.

Olbertz, Peter, Die Erweiterung der Ansparabschreibung des § 7g EStG bei Existenzgründung, BB 1996, S. 1967 ff.

Oldiges, Martin, Richtlinien als Ordnungsrahmen der Subventionsverwaltung, NJW 1984, S. 1927 ff.

Oppermann, Thomas, Die Europäische Gemeinschaft und Union in der Welthandelsorganisation (WTO), RIW 1995, S. 919 ff.

Orville, Hans de, Probleme einer Erfolgskontrolle regionalpolitischer Maßnahmen – dargestellt am Beispiel der Gemeinschaftsaufgabe „Verbesserung der regionalen Wirtschaftsstruktur", Frankfurt 1979

Ose, Ludwig, Beihilfen und Maßnahmen gleicher Wirkung wie mengenmäßige Beschränkungen im Recht der EWG, Saarbrücken 1976

Ossenbühl, Fritz, Autonome Rechtsetzung der Verwaltung, in: Isensee, Josef / Kirchhof, Paul (Hrsg.), Handbuch des Staatsrechts – Das Handeln des Staates, Band III, 2. Auflage, Heidelberg 1996, § 65 S. 425 ff.

– Gesetz und Recht – Die Rechtsquellen im demokratischen Rechtsstaat, in: Isensee, Josef / Kirchhof, Paul (Hrsg.), Handbuch des Staatsrechts – Das Handeln des Staates, Band III, 2. Auflage, Heidelberg 1996, § 61 S. 281 ff.

– Selbstbindung der Verwaltung, DVBl. 1981, S. 857 ff.

– Verwaltungsvorschriften und Grundgesetz, Bad Homburg 1968

502   Literaturverzeichnis

– Vorrang und Vorbehalt des Gesetzes, in: Isensee, Josef / Kirchhof, Paul (Hrsg.) Handbuch des Staatsrechts – Das Handeln des Staates, Band III, 2. Auflage, Heidelberg 1996, § 62 S. 315 ff.

– Zumutbarkeit als Verfassungsmaßstab, in: Rüthers, Bernd / Stern, Klaus (Hrsg.), Freiheit und Verantwortung im Verfassungsstaat, Festgabe zum 10jährigen Jubiläum der Gesellschaft für Rechtspolitik, München 1984, S. 315 ff.

Ost, Wolfgang / *Mohr,* Gerhard / *Estelmann,* Martin, Grundzüge des Sozialrechts, 2. Auflage, München 1998

Papier, Hans-Jürgen, Der Wandel der Lehre von Ermessens- und Beurteilungsspielräumen als Reaktion auf die staatliche Finanzkrise, in: Hoffmann-Riem, Wolfgang / Schmidt-Aßmann, Eberhard (Hrsg.), Effizienz als Herausforderung an das Verwaltungsrecht, Baden-Baden 1998, S. 231 ff.

Patzig, Werner, Die Gemeinschaftsfinanzierung von Bund und Ländern – Notwendigkeit und Grenzen des kooperativen Föderalismus, Bonn 1981

Pauker, Erhard, Das ERP-Sondervermögen – Wirtschaftsförderung im Bundesstaat, Frankfurt / Bern / New York 1987

Paus, Bernhard, Lohnt sich die Ansparabschreibung nach § 7g EStG?, DStR 1994, S. 1104

Pernice, Ingolf, Gemeinschaftsverfassung und Grundrechtsschutz – Grundlage, Bestand und Perspektiven, NJW 1990, S. 2409 ff.

– Grundrechtsgehalte im Europäischen Gemeinschaftsrecht; Ein Beitrag zum gemeinschaftsimmanenten Grundrechtsschutz durch den Europäischen Gerichtshof, Baden-Baden 1979

Petersen, Ulrich, Zur Rolle der Regionen im künftigen Europa, DÖV 1991, S. 278 ff.

Pieper, Stefan Ulrich, Subsidiarität – Ein Beitrag zur Begrenzung der Gemeinschaftskompetenzen, Köln 1994

– Subsidiaritätsprinzip – Strukturprinzip der Europäischen Union, DVBl. 1993, S. 705 ff.

– Subventionsrecht und Verfahren, in: Salger, Hanns-Christian (Hrsg.), Handbuch der europäischen Rechts- und Wirtschaftspraxis, Berlin 1996, S. 1435 ff.

Pieroth, Bodo / *Schlink,* Bernhard, Grundrechte, Staatsrecht II, 14. Auflage, Heidelberg 1998

Pietzcker, Jost, Selbstbindungen der Verwaltung, NJW 1981, S. 2087 ff.

– Vorrang und Vorbehalt des Gesetzes, JuS 1979, S. 710 ff.

– Staatliche Förderung industrieller Forschung und Entwicklung – öffentlichrechtlich betrachtet, ZHR Band 146, 1982, S. 393 ff.

Pinkos, Erich, Standortsicherungsgesetz: Die Ansparabschreibung als Förderung des Mittelstands, DB 1993, S. 1688 ff.

Plückebaum, Rudolf / *Wendt,* Wilhelm / *Ehmcke,* Torsten / *Niemeier,* Gerhard / *Schlierenkämper,* Klaus-Peter, Einkommensteuer, 18. Auflage, Bremen 1996

Pommernelle, Lothar, Die Notstandsarbeiten der produktiven Erwerbslosenfürsorge, Jena 1929

Poth-Mögele, Angelika, Das Prinzip der „Partnerschaft" in der Strukturpolitik der europäischen Gemeinschaft, Frankfurt 1993

Pöttgen, Albert, Verfassungsrechtliche Grenzen staatlicher Wirtschaftsförderung durch Subventionen, Köln 1965

Preußner, Karin, Kontrolle und Beherrschbarkeit von Wirtschaftssubventionen, Frankfurt / Bern / New York / Paris 1989

Priebe, Reinhard, Die Beschlüsse des Rates zur Eingliederung der neuen deutschen Bundesländer in die Europäischen Gemeinschaften, EuZW 1991, S. 113 ff.

– Zum Rechtsrahmen der gemeinschaftlichen Strukturfonds, in: Randelzhofer, Albrecht / Scholz, Rupert / Wilke, Dieter (Hrsg.), Gedächtnisschrift für Eberhard Grabitz, München 1995, S. 551 ff.

Püttner, Günter, Subventionierung von Anzeigeblättern – OLG Frankfurt a.M., NVwZ 1993, 706, in JuS 1995, S. 1069 ff.

Püttner, Günter / *Spannowsky,* Willi, Das Verhältnis der europäischen Regionalpolitik zur deutschen Regionalpolitik, Bonn 1986

Rabe, Birgitta, Implementation wirtschaftsnaher Arbeitsmarktpolitik – Lohnkostenzuschüsse nach § 249h AFG in Berlin und Sachsen, Discussion Paper FS I 95 – 206, Wissenschaftszentrum für Sozialforschung, Berlin 1995

Rausch, Heinz, Bundestag und Bundesregierung, München 1976

Recktenwald, Horst Claus, Steuerüberwälzungslehre – Theoretische und empirische Verteilung von Abgaben und Kosten, 2. Auflage, Berlin 1966

Reissert, Bernd, „Zweiter Arbeitsmarkt" – Begriff, Umfang, Erfahrungen, Konflikte, Perspektiven, in: Jarre, Jan / Westmüller, Horst (Hrsg.), Kommunale Sozialpolitik – Kommunale Arbeitsmarktpolitik, Rehburg-Loccum 1985, S. 74 ff.

Rengeling, Hans-Werner, Das Beihilferecht der europäischen Gemeinschaften, in: Börner, Bodo / Neundörfer, Konrad (Hrsg.), Recht und Praxis der Beihilfen im Gemeinsamen Markt, KSE Bd. 32, Köln / Berlin / Bonn / München 1984, S. 23 ff.

– Das vereinte Deutschland in der Europäischen Gemeinschaft: Grundlagen zur Geltung des Gemeinschaftsrechts, DVBl. 1990, S. 1307 ff.

– Europäisches Gemeinschaftsrecht als Ordnungsrahmen für staatliche Subventionen, JZ 1984, S. 795 ff.

– Gesetzgebungszuständigkeit, in: Isensee, Josef / Kirchhof, Paul (Hrsg.), Handbuch des Staatsrechts – Finanzverfassung – Bundesstaatliche Ordnung, Band IV, Heidelberg 1990, § 100 S. 723 ff.

Ress, Georg, Der Grundsatz der Verhältnismäßigkeit im deutschen Recht, in: Deutsche Sektion der Internationalen Juristenkommission (Hrsg.), Der Grundsatz der Verhältnismäßigkeit in europäischen Rechtsordnungen: Europäische Gemeinschaft, Europäische Menschenrechtskonvention, Bundesrepublik Deutschland, Frankreich, Italien, Österreich; Vorträge und Diskussionsbeiträge auf der Deutsch-Französischen Juristenkonferenz am 26. / 27. November in Straßburg, Heidelberg 1985, S. 5 ff.

Reufels, Martin J., Europäische Subventionskontrolle durch Private, Köln / Berlin / Bonn / München 1996

Riedel, Harald, Investitionsförderung mittelständischer Unternehmen in strukturschwachen Regionen, Frankfurt / Berlin / Bern / New York / Paris / Wien 1993

Roellecke, Gerd, Forschungsförderung für die Industrie, BB 1981, S. 1905 ff.

Roider, Claudia, Perspektiven einer europäischen Rundfunkordnung, Manuskript, Heidelberg 1999

Rolfes, Karl-Heinrich, Regionale Wirtschaftsförderung und EWG-Vertrag – Die Aktionsräume von Bund, Ländern und Kommunen, Köln / Berlin / Bonn / München 1991

Ronellenfitsch, Michael, Wirtschaftliche Betätigung des Staates, in: Isensee, Josef / Kirchhof, Paul (Hrsg.) Handbuch des Staatsrechts – Das Handeln des Staates, Band III, 2. Auflage, Heidelberg 1996, § 84 S. 1171 ff.

Röper, Erich, Nicht-Entlastung einer Regierung, DVBl. 1980, S. 525 ff.

Rüber, Hans-Josef, Die Konkurrentenklage deutscher Unternehmer gegen wettbewerbsverzerrende Subventionen im Gemeinsamen Markt, NJW 1971, S. 2097 ff.

Ruppe, Hans Georg, Das Abgabenrecht als Lenkungsinstrument der Gesellschaft und Wirtschaft und seine Schranken in den Grundrechten, Gutachten Band I, 1.Teil A, Wien 1982

Sabel, Hans-Jürgen, Sozialgesetzbuch (Drittes Buch), Textausgabe mit Begründung, Anmerkungen und weiterführenden Hinweisen, Loseblattsammlung, Sankt Augustin, 160. Ergänzungslieferung, Stand: 1.September 1998

Sachs, Michael, Grundgesetz, Kommentar, 2. Auflage, München 1999 (zitiert: *Bearbeiter,* in: Sachs, Grundgesetz-Kommentar, Art. Rdnr.)

Sächsisches Staatsministerium für Wirtschaft und Arbeit, Arbeit und Qualifizierung für Sachsen, Arbeitsmarktpolitisches Programm des Freistaates Sachsen, Dresden 1997

– Der Europäische Sozialfonds im Freistaat Sachsen, Dresden 1995

– Förderfibel Sachsen 1998 – Die Förderung der gewerblichen Wirtschaft in Sachsen, Dresden, Stand: Mai 1998

– Programm KMU im Rahmen einer Gemeinschaftsinitiative für die Anpassung kleiner und mittlerer Unternehmen an den Binnenmarkt im Freistaat Sachsen, Dresden 1996

Sachverständigenrat zur Begutachtung der gesamtwirtschaftlichen Entwicklung, Den Aufschwung sichern – Arbeitsplätze schaffen, Jahresgutachten 1994 / 95, Stuttgart 1994

– Vor weitreichenden Entscheidungen – Jahresgutachten 1998 / 99, Stuttgart 1998

Sack, Jörn, Das Außenwirtschaftsrecht der Europäischen Union, in: Birk, Dieter / Ehlers, Dirk (Hrsg.), Rechtsfragen des europäischen Steuer-, Außenwirtschafts- und Zollrechts, Köln 1995, S. 66 ff.

Schäfer, Hans, Der Bundesrechnungshof im Verfassungsgefüge der Bundesrepublik, DÖV 1971, S. 542 ff.

– Kontrolle der öffentlichen Finanzwirtschaft, in: Neumark, Fritz von (Hrsg.), Handbuch der Finanzwirtschaft, Band 1, 3. Auflage, Tübingen 1977, S. 520 ff.

Schäffer, Heinz, Wirtschaftsrecht und Europäische Regionen, Berlin 1994

Scheffler, Dietrich, Juristische Aspekte der Subventionsproblematik im GATT, RIW 1993, S. 401 ff.

Schelter, Kurt, Subsidiarität – Handlungsprinzip für das Europa der Zukunft, EuZW 1990, S. 217 ff.

Schenke, Wolf-Rüdiger, Subventionen und Gesetzesvorbehalt, GewArch 1977, S. 313 ff.

Scherer, Joachim, EG und DDR: Auf dem Weg zur Integration, BB Beilage Nr. 16 zu Heft 12 / 1990, S. 11 ff.

Scherer, Josef, Die Wirtschaftsverfassung der EWG, Baden-Baden 1970

Schernthanner, Martina, Das materielle Beihilfeaufsichtsrecht nach dem EWG-Vertrag, Wien / New York 1993

Schetting, Gerd, Rechtspraxis der Subventionierung, Eine Untersuchung zur normativen Subventionspraxis in der Bundesrepublik Deutschland, Berlin 1973

Scheuing, Dieter Helmut, Anmerkung zum EuGH-Urteil – Frankreich / Kommission, 47 / 69 – vom 26. 6. 1970, EuR 1971, 136 ff.

Schiller, Klaus-Volker, Der Verhältnismäßigkeitsgrundsatz im Europäischen Gemeinschaftsrecht nach der Rechtsprechung des EuGH, RIW 1983, S. 928 ff.

Schina, Despina, State Aids under the EEC Treaty, Articles 92 to 94, Oxford 1987

Schlink, Bernhard, Abwägung im Verfassungsrecht, Berlin 1976

Schmidt, Karl-Heinz, Wirtschaftspolitik – Eine problemorientierte Einführung, Stuttgart 1979

Schmidt, Kurt, Das Leistungsfähigkeitsprinzip und die Theorie vom proportionalen Opfer, FinArch Band 26, 1967, S. 385 ff.

Schmidt, Ludwig (Hrsg.), Einkommensteuergesetz, Kommentar, 17. Auflage, München 1998 (Zitiert: *Bearbeiter,* in: Schmidt, Ludwig (Hrsg.), Einkommensteuergesetz, § Rdnr.)

Schmidt, Reiner, Klagebefugnis des Konkurrenten bei Subvention an Wettbewerber, BB 1969, S. 652 ff.

– Wirtschaftspolitik, Wirtschaftsverwaltungsorganisation, Wirtschaftsförderung in: Achterberg, Norbert / Püttner, Günter (Hrsg.), Besonderes Verwaltungsrecht, Band I, Wirtschafts-, Bau-, Kultus-, Dienstrecht, Heidelberg 1990, Kapitel 1, S. 3 ff.

Schmidt, Robert, Arbeitsbeschaffungsmaßnahmen – Neue Förderung, BArbBl Nr. 7 – 8, 1980, S. 28 ff.

– Produktive Arbeitsförderung Ost, BArbBl Nr. 1, 1993, S. 10 ff.

– Vorschläge zur Weiterentwicklung des ABM-Systems, BlStSozArbR 1980, S. 59 ff.

Schmidt-Aßmann, Eberhard, Effizienz als Herausforderung an das Verwaltungsrecht – Perspektiven der verwaltungsrechtlichen Systembildung, in: Hoffmann-Riem, Wolfgang / Schmidt-Aßmann, Eberhard (Hrsg.), Effizienz als Herausforderung an das Verwaltungsrecht, Baden-Baden 1998, S. 245 ff.

Schnapp, Friedrich E., Die Verhältnismäßigkeit des Grundrechtseingriffs, JuS 1983, S. 850 ff.

Schneider, Dieter, Investition, Finanzierung und Besteuerung, 7. Auflage, Wiesbaden 1992

– Sinn und Widersinn der steuerlichen Investitionsförderung für die neuen Bundesländer und des Solidaritätszuschlags, DB 1991, S. 1081 ff.

Schneider-Gädicke, Karl-Herbert, Der öffentliche Kredit an die gewerbliche Wirtschaft, Berlin 1963

Schroers, Fritz, Wertschaffende Arbeitslosenfürsorge, Stuttgart / Köln 1955

Schulin, Bertram, Sozialrecht – Ein Studienbuch, 5. Auflage, Düsseldorf 1993

Schulz, Hartwig, Die Verhandlungsergebnisse der Uruguay-Runde des GATT, ZfZ 1994, S. 162 ff.

Schulz, Otto, Europäischer Sozialraum – Schrittweise errichten, BArbBl Nr. 11, 1986, S. 18 ff.

Schümann, Anja, Wirtschaftsförderung für die neuen Länder im Lichte des EWGV, Bayreuth 1993

Schuppert, Gunnar Folke, Die Erfüllung öffentlicher Aufgaben durch verselbständigte Verwaltungseinheiten – Eine verwaltungswissenschaftliche Untersuchung, Göttingen 1981

Schütterle, Peter, Die Beihilfenkontrollpraxis der Europäischen Kommission im Spannungsfeld zwischen Recht und Politik, EuZW 1995, S. 391 ff.

– Die Rechtsgrundlagen für Beihilfen zur Überwindung der wirtschaftlichen Folgen der Teilung Deutschlands, EuZW 1994, S. 715 ff.

– EG-Beihilfenkontrolle über die Treuhandanstalt: die Entscheidung der Kommission vom 18. 9. 1991, EuZW 1991, S. 662 ff.

Schütz, Charlotte, Die Eingliederung der ehemaligen DDR in die EG unter dem Aspekt der staatlichen Beihilfen, Frankfurt / Bern / New York / Paris 1994

Schwarze, Jürgen, Europäisches Verwaltungsrecht: Entstehung und Entwicklung im Rahmen der Europäischen Gemeinschaft, 2 Bände, 1. Auflage, Baden-Baden 1988

Schweitzer, Michael, Staatsrecht III – Staatsrecht, Völkerrecht, Europarecht, 6. Auflage, Heidelberg 1997

Schweitzer, Michael / *Hummer,* Waldemar, Europarecht, Das Recht der Europäischen Union – Das Recht der Europäischen Gemeinschaften (EGKS, EG, EAG) – mit Schwerpunkt EG, 5. Auflage, Neuwied / Kriftel / Berlin 1996

Seidel, Martin, Das Verwaltungsverfahren in Beihilfesachen, EuR 1985, S. 22 ff.

– Grundfragen des Beihilfenaufsichtsrechts der Europäischen Gemeinschaften, in: Börner, Bodo / Neundörfer, Konrad (Hrsg.), Recht und Praxis der Beihilfen im Gemeinsamen Markt, KSE Band 32, Köln / Berlin / Bonn / München 1984, S. 55 ff.

– Subventionshoheit und Finanzierungslast in der Europäischen Wirtschaftsgemeinschaft, in: Börner, Bodo / Jahrreiß, Hermann / Stern, Klaus (Hrsg.), Einigkeit und Recht und Freiheit – Festschrift für Karl Carstens zum 70. Geburtstag am 14. Dezember 1984, Band 1, Europarecht, Völkerrecht, Köln / Berlin / Bonn / München 1984, S. 273 ff.

Seifert, Michael / *Grammel,* Ralf / *Ufer,* Jörg, Handbuch der Fördermaßnahmen für mittelständische Unternehmen – Steueranreize und Förderprogramme, Bonn 1997

Selmer, Peter, Anmerkungen zu BVerwGE 30, 191, NJW 1969, S. 1266 ff.

Sendler, Horst, Normenflut und Richter, ZRP 1979, S. 227 ff.

– Subventionen in der höchstrichterlichen Rechtsprechung, WuV 1978, S. 156 ff.

Senti, Richard, GATT – Allgemeines Zoll- und Handelsabkommen als System der Welthandelsordnung, Zürich 1986

– GATT-WTO, Die neue Welthandelsordnung nach der Uruguay-Runde, Zürich 1994

Senti, Richard / *Weber,* Rolf H., Das allgemeine Dienstleistungsabkommen (GATS), in: Thürer, Daniel / Kux, Stephan (Hrsg.), GATT 94 und die Welthandelsorganisation – Herausforderung für die Schweiz und Europa, Zürich 1996, S. 129 ff.

Siegers, Josef, Zu einigen Neuregelungen des Arbeitsförderungsgesetz, BArbBl Nr. 6, 1969, S. 353 ff.

Silvestro, Massimo, La quatrième programme – cadre communautaire de recherche, RevMC 1994, S. 304 ff.

Sinnaeve, Adinda, Der Kommissionsvorschlag zu einer Verfahrensordnung für die Beihilfenkontrolle, EuZW 1998, S. 268 ff.

Sinz, Gerhard Benedikt, Die staatliche Wirtschaftsförderung im Gebiet der neuen Bundesländer – Rechtsgrundlagen und Praxis unter Berücksichtigung des EG-Beihilferechts, München 1992

Soltwedel, Rüdiger / *Lammers,* Konrad / *Krieger-Boden,* Christiane / *Hilgart,* Reinhard / *Bothe,* Adrian, Subventionssysteme und Wettbewerbsbedingungen in der EG, Kiel 1988

Spanke, Elisabeth, Die steuerliche Förderung der neuen Länder ab 1999, DB 1997, S. 1734 ff.

Spannowsky, Willi, Die Leistungsfähigkeit von Effizienzkontrollen am Beispiel der regionalen Wirtschaftsförderung, DÖV 1995, S. 41 ff.

Stabenow, Michael, Ein Pakt bringt noch keine Arbeit, in: FAZ Nr. 127, vom 5. 6. 1999, S. 13

Stadler, Peter M., Die parlamentarische Kontrolle der Bundesregierung, Opladen 1984

Stahlberg, Jürgen, Europäisches Sozialrecht, Bonn 1997

Starck, Christian, Übermaß an Rechtsstaat, ZRP 1979, S. 209 ff.

Stern, Klaus, Das Staatsrecht der Bundesrepublik Deutschland, Band I, 2. Auflage, München 1984

– Das Staatsrecht der Bundesrepublik Deutschland, Band II, München 1980

– Rechtsfragen der öffentlichen Subventionierung Privater, JZ 1960, S. 518 ff.

Stober, Rolf, Allgemeines Wirtschaftsverwaltungsrecht, 11. Auflage, Stuttgart / Berlin / Köln 1998

– Besonderes Wirtschaftsverwaltungsrecht, 11. Auflage, Stuttgart / Berlin / Köln 1998

– Der Vorbehalt des Gesetzes und Verwaltungsvorschriften im Subventionsrecht, GewArch 1993, S. 136 ff.

– Handbuch des Wirtschaftsverwaltungs- und Umweltrechts, Stuttgart / Berlin / Köln 1989

– Zur Problematik des § 44a Abs. 1 BHO und des entsprechenden Länderrechts, DÖV 1984, S. 265 ff.

– Zur wirtschaftlichen Bedeutung des Bundesstaatsprinzip, BayVBl 1989, S. 97 ff.

Stoll, Peter-Tobias, Die WTO: Neue Welthandelsorganisation, neue Welthandelsordnung, ZaöRV Band 54, 1994, S. 242 ff.

Strahl, Martin, Änderungen der Investitionsförderung in den neuen Ländern und Berlin (West), BB 1998, S. 293 ff.

Streinz, Rudolf, Europarecht, 4. Auflage, Heidelberg 1999

Stremmel, Jörg / *Wedderkopf,* Wolfgang, EG-Regionalpolitik und Deutsche Einheit, ZRP 1990, S. 369 ff.

Stücke, Andreas, Eigentum an Wirtschaftssubventionen, Köln / Berlin / Bonn / München 1991

Suntum, Ulrich van / *Vehrkamp,* Robert, Mehr Freihandel oder mehr Reglementierung durch die Schaffung der Welthandelsorganisation WTO?, in: Frenkel, Michael / Bender, Dieter (Hrsg.), GATT und neue Welthandelsordnung – Globale und regionale Auswirkungen, Wiesbaden 1996, S. 45 ff.

Teichmann, Ulrich, Das Subsidiaritätsprinzip, WiSt 1983, S. 363 ff.

Tetsch, Friedmann / *Benterbusch,* Ulrich / *Letixerant,* Peter, Die Bund-Länder-Gemeinschaftsaufgabe „Verbesserung der regionalen Wirtschaftsstruktur" – Leitfaden zur regionalen Wirtschaftsförderung in Deutschland, Köln 1996

Tettinger, Peter J., Die Investitionszulage als Instrument des Wirtschaftsverwaltungs- und Steuerrechts, DVBl. 1980, S. 632 ff.

– Verwaltungsgerichtliche Kontrollmaßstäbe im Subventionsrecht, GewArch 1981, S. 105 ff.

Thun-Hohenstein, Christoph, Der Vertrag von Amsterdam, die neue Verfassung der EU, Wien, Mainz 1997

Thüringer Institut für akademische Weiterbildung (Hrsg.), Das Förderbuch für den Freistaat Thüringen, Loseblattsammlung, Erfurt, Stand: 12. 1. 1999

Thüringer Ministerium für Wirtschaft und Infrastruktur, Die Europäische Strukturfondsförderung in Thüringen – Förderrichtlinien, Förderbeispiele, Ansprechpartner, Erfurt 1998

– Infrastrukturförderung – Technologie- und Einzelbetriebliche Förderung, 1. Auflage, Erfurt, Stand: Juni 1997

– Jahreswirtschafts- und Mittelstandsbericht 1997, Erfurt 1998

Tipke, Klaus, Steuergerechtigkeit in Theorie und Praxis, Köln 1981

Tipke, Klaus / *Lang,* Joachim, Steuerrecht, 16. Auflage, Köln 1998

Toepel, Kathleen, Zwischenbilanz der Strukturfondsinterventionen und anderer EU-Programme in den neuen Bundesländern, Berlin 1996

Toparkus, Karsten, Die wichtigsten Neuerungen des reformierten AFG (SGB III), ZfSH / SGB 1997, S. 397 ff.

Triantafyllou, Dimitris, Vom Vertrags- zum Gesetzesvorbehalt – Beitrag zum positiven Rechtmäßigkeitsprinzip in der EG, Baden-Baden 1996

Tuchfeldt, Egon, Über Wirkungen und Verbesserungsmöglichkeiten der Subventionspolitik, Monatsblätter für freiheitliche Wirtschaftspolitik 1966, S. 591 ff.

Uerpmann, Robert, Der europarechtliche Rahmen für staatliche Subventionen in Ostdeutschland, DÖV 1998, S. 226 ff.

Unkelbach, Michael, Grundrechtliche Bindungen des Bundesgesetzgebers bei der Vergabe von Leistungssubventionen zugunsten der gewerblichen Wirtschaft, Bonn 1968

Varadinek, Brigitta, Ermessen und gerichtliche Nachprüfbarkeit im französischen und deutschen Verwaltungsrecht und im Recht der Europäischen Gemeinschaft, Berlin 1995

Vitzthum, Wolfgang Graf, Parlament und Planung, Baden-Baden 1978

Vogel, Klaus, Begrenzung von Subventionen durch ihren Zweck, in: Stödter, Rolf / Thieme, Werner (Hrsg.), Hamburg Deutschland Europa, Festschrift für Hans-Peter Ipsen zum 70. Geburtstag, Tübingen 1977, S. 539 ff.

– Verfassungsrechtliche Grenzen der öffentlichen Finanzkontrolle, DVBl. 1970, S. 193 ff.

Wagner, Alexandra, Der Paragraph 249h AFG – Ein neues arbeitsmarktpolitisches Instrument in Ostdeutschland, WSI-Mitteilungen 1993, S. 464 ff.

Wallace, Williams, Was an ihre Stelle treten könnte, Frankfurter Allgemeine Zeitung vom 4. 6. 1998, S. 11

Waniek, Roland, Die Regionalpolitik der Europäischen Gemeinschaft – eine kritische Bestandsaufnahme, Ruhr-Forschungsinstitut für Innovations- und Strukturpolitik e.V., Nr. 1 / 1992, Bochum 1992

Wartenberg, Uwe, Regionale Wirtschaftsförderung in der Sackgasse?, Wirtschaftsdienst 1981, S. 139 ff.

Weber, Albrecht, Das Verwaltungsverfahren, in: Schweitzer, Michael (Hrsg.), Europäisches Verwaltungsrecht, Wien 1991, S. 55 ff.

Weiblen, Willi, Beschäftigungsförderung – Eine kommunale Aufgabe zwischen Personalhoheit und Finanzhoheit, Berlin 1990

Weiland, Martin J., ABM-Neuorientierung am Zweiten Arbeitsmarkt, in: Bundesministerium für Arbeit und Sozialordnung (Hrsg.), Wegweiser durch das neue Arbeitsförderungsrecht, Bonn 1998, S. 234 ff.

– Die Förderung von Arbeitsbeschaffungs- und Strukturanpassungsmaßnahmen nach dem ArbeitsförderungsReformgesetz, BB 1997, S. 938 ff.

Weilepp, Manfred, Subventionierung im Weltschiffbau, Hamburg 1989

Weller, Bernhard, Arbeitslosigkeit und Arbeitsrecht, Stuttgart 1969

Welsch, Johann, Kommunale Wirtschaftsförderung zwischen Ansiedlungskonkurrenz und Beschäftigungspolitik, WSI-Mitteilungen 1986, S. 718 ff.

Welter, Hilarius, Subventionen als Rechtsbegriff, BB 1962, S. 493 ff.

Werner, Georg, Subventionsabbau – gesetzliche Zwänge schaffen, Vorschläge zur Ergänzung des Haushaltsgrundsätzegesetz zwecks besserer Kontrolle und Kürzung von Subventionen, Wiesbaden 1995

Weßling, Johannes, Mögliche Vorteile aus der Ansparabschreibung gemäß § 7g EStG bei späterem Unterlassen der Investition, BB 1993, S. 2347 ff.

Wewers, Otger, Steuerliche Förderinstrumente für die neuen Bundesländer und Berlin – Sonderabschreibungen, Abzugsbeträge, Investitionszulagen, Heidelberg 1991

Wise, Mark, The Common Fisheries Policy of the European Community, London 1984

Wittig, Peter, Zum Standort des Verhältnismäßigkeitsgrundsatz im System des Grundgesetzes, DÖV 1968, S. 817 ff.

Wittkowski, Bernd, Das Maastricht-Urteil des Bundesverfassungsgerichts vom 12. 10. 1993 als „Solange III"-Entscheidung?, BayVBl 1994, S. 359 ff.

Wolff, Hans-J./ *Bachof,* Otto, Verwaltungsrecht III (Ordnungs-, Leistungs- und Verwaltungsverfahrensrecht), 4. Auflage, München 1978

Zacher, Hans-Friedrich, Staatliche Wirtschaftsförderung in der Bundesrepublik Deutschland, WiR 1972, S. 185 ff.

– Verwaltung durch Subventionen, VVDStRL Band 25, 1967, S. 308 ff.

Zeitel, Gerhard, Staatliche Darlehensgewährung als Mittel der Finanz- und Wirtschaftspolitik, FinArch, Band 26, 1967, S. 193 ff.

– Theoretische und technische Aspekte öffentlicher Darlehen und Gewährleistungen, in: Andel, Norbert/Neumark, Fritz/Haller, Heinz (Hrsg.), Handbuch der Finanzwissenschaft, 3. Auflage, Band 1, Tübingen 1977, S. 997 ff.

Zeitler, Franz-Christoph, Auswirkungen des Standortsicherungsgesetzes auf die steuerliche Praxis, BB 1993, S. 1704 ff.

Zeller, Willy, Die Welthandelsorganisation (WTO), in: Thürer, Daniel/Kux, Stephan (Hrsg.), GATT 94 und die Welthandelsorganisation – Herausforderung für die Schweiz und Europa, Zürich 1996, S. 35 ff.

Zenthöfer, Wolfgang/ *Schulze zur Wiesche,* Dieter, Einkommensteuer, 5. Auflage, Stuttgart 1999

Zieger, Gottfried, Die Rechtsprechung des Europäischen Gerichtshofs – Eine Untersuchung der Allgemeinen Rechtsgrundsätze, JöR Band 22 (1973), S. 299 ff.

Ziemer, Gerhard, Zwanzig Jahre Lastenausgleichsbank, Bonn/Bad Godesberg 1970

Zippelius, Reinhold, Das Wesen des Rechts, 3. Auflage, München 1973

Zitzmann, Gerhard, Investitionszulagengesetz, 4. Auflage, Herne 1987

Zuleeg, Manfred, Die Rechtsform der Subventionen, Berlin 1965

– Nationales Subventionsrecht als Wirkungsfeld und Wirkungsfaktor des europäischen Subventionsrechts, in: Börner, Bodo/Bullinger, Martin (Hrsg.), Subventionen im Gemeinsamen Markt, Arbeitssitzung für Vergleichendes Öffentliches Recht und der Fachgruppe für Europarecht auf der Tagung für Rechtsvergleichung am 15./16.September 1977 in Münster, KSE Bd. 29, Köln/Berlin/Bonn/München 1978, S. 7 ff.

– Querverbindungen des Sozialrechts zum öffentlichen Wirtschaftsrecht, GewArch 1986, S. 313 ff.

− Subventionskontrolle durch Konkurrentenklage, Frankfurt 1974

− Subventionsrecht zur Schaffung und Erhaltung von Arbeitsplätzen in: Kittner, Michael (Hrsg.), Arbeitsmarkt − ökonomische, soziale und rechtliche Grundlagen, Heidelberg, 1982, S. 155 ff.

− Zur künftigen Entwicklung des Subventionsrechts, DÖV 1984, S. 733 ff.

Sachwortverzeichnis